LAURENT DESBOIS

A odisseia do cinema brasileiro

Da Atlântida a Cidade de Deus

Tradução
Julia da Rosa Simões

Copyright © 2011 by L'Harmattan
Originalmente publicado na França.

*Grafia atualizada segundo o Acordo Ortográfico da Língua Portuguesa de 1990,
que entrou em vigor no Brasil em 2009.*

Título original
L'Odyssée du cinéma brésilien, de l'*Atlantide* à la *Cité de Dieu*

Adaptação para edição brasileira
Cássio Starling Carlos

Capa e caderno de fotos
Mariana Newlands

Foto de capa e quarta capa
Cartazes dos filmes
Macunaíma: Filmes do Serro; *Barravento, Deus e o diabo na terra do sol* e *Terra em transe*:
Associação dos Amigos do Tempo Glauber Rocha; *Central do Brasil*: Videofilmes; *Vidas
secas*: Regina Filmes/ Acervo Cinemateca Brasileira/ SAv/ MinC; *Iracema: Uma transa
amazônica*: Jorge Bodanzky; *A falecida*: Joffre Rodrigues/ Acervo Cinemateca Brasileira/
SAv/ MinC; *Cidade de Deus* (versão francesa): O2Filmes.

Preparação
Lígia Azevedo

Índice remissivo
Luciano Marchiori

Revisão
Isabel Cury
Luciane Gomide Varela

Dados Internacionais de Catalogação na Publicação (CIP)
(Câmara Brasileira do Livro, SP, Brasil)

Desbois, Laurent
    A odisseia do cinema brasileiro : da Atlântida a Cidade de Deus /
Laurent Desbois ; tradução Julia da Rosa Simões. — 1ª ed. — São
Paulo : Companhia das Letras, 2016.

    Título original: L'Odyssée du cinéma brésilien, de l'Atlantide
à la Cité de Dieu
    Bibliografia.
    ISBN 978-85-359-2822-8

    1. Cinema – Brasil – História e crítica 2. Filmes cinematográfi-
cos – Brasil – História e crítica I. Título.

16-07289
CDD-791.430981

Índices para catálogo sistemático:
1. Brasil : Cinema : História   791.430981
2. Cinema brasileiro : História   791.430981

[2016]
Todos os direitos desta edição reservados à
EDITORA SCHWARCZ S.A.
Rua Bandeira Paulista, 702, cj. 32
04532-002 — São Paulo — SP
Telefone: (11) 3707-3500
Fax: (11) 3707-3501
www.companhiadasletras.com.br
www.blogdacompanhia.com.br
facebook.com/companhiadasletras
instagram.com/companhiadasletras
twitter.com/cialetras
www.blogdacompanhia.com.br

Este ensaio, fruto de uma temporada que passei no Brasil e de minha paixão por esse país, sua cultura e seus habitantes, é dedicado

*à minha mãe
a meu pai
às minhas irmãs Claire e Yvonne*

à memória de minhas amigas, tragicamente mortas, as atrizes Olga Georges-Picot e Dany Robin, e do ator brasileiro Kadu Carneiro, morto prematuramente, encarnação do poeta "maldito" Cruz e Sousa

às admiráveis atrizes que conheci ao longo do caminho: Yvonne Clech, Nicole Maurey, Simone Simon, Beata Tyskiewicz, Arletty, Suzanne Flon, Ruth de Souza, Michèle Morgan, Florinda Bolkan, Geneviève Page, Maria Ceiça, Léa Garcia, Bulle Ogier, Jacqueline Laurence, Renée Faure, Beth Goulart, Anne Wiazemsky, Amy Irving, Alexandra Stewart, Arielle Dombasle, Patricia Neal, Olivia de Havilland, Leslie Caron, Betty Faria, Cécile Aubry, Isabella, Zezé Motta, Dominique Sanda, Giulia Gam, Fernanda Montenegro, Catherine Deneuve, Mila Parély, Sophie Marceau, Krystyna Janda, Cristiana Reali, Marie-Hélène Breillat e Anna Mouglalis, belo encontro no Rio de Janeiro

*ao cineasta e amigo Walter Salles
a Claudia e Fernando Moreira Salles, Lucas e André
a Caio e Fabiano Gullane, tão entusiasmados e criativos
a minha rainha da Espanha, Esperanza Alarcón Navio
a Marco Antonio G. da Silva, príncipe das areias*

a meu orientador de doutorado, Francis Vanoye, que me sugeriu este tema de pesquisa em Buenos Aires, na Argentina

muito obrigado a Sophie Bernard

aos sonhos eternamente recomeçados do cinema brasileiro.

Sumário

Nota do autor 9

Prefácio: Cinema em construção — Walter Salles 10

Prólogo: Terra dos índios 13

PRIMEIRA PARTE: OS SONHOS DE ÍCARO (1940-70)

1. Atlântida, um continente perdido 25
2. Utopialand 60
3. Esperando um Cinema Novo 93
4. Erupção, clarões e tempestades do Cinema Novo 116
5. O complexo de Macunaíma: Em busca do *homo brasilis* 197
6. Iracema e América. 216

SEGUNDA PARTE: O LAMENTO DA FÊNIX (1970-2000)

7. Um cinema à margem. 235
8. Ditadura e cinema oficial 253
9. Os anos 1980 273
10. As cinematografias são mortais? 309

11. A primeira fase da Retomada 326
12. A segunda fase da Retomada. 364

Epílogo 471

Agradecimentos 483
Notas. 485
Listas 523
Créditos das imagens 525
Índice remissivo 527

Nota do autor

O percurso aqui seguido privilegiará os longas-metragens de ficção e não abordará documentários ou curtas. No entanto, será impossível não evocá-los, pois as relações entre a ficção brasileira e a vida real, bem como a participação de não profissionais no cinema autoral, são estreitas.

Prefácio
Cinema em construção

Walter Salles

Não somos nem europeus nem norte-americanos. Privados de cultura original, nada nos é estrangeiro pois tudo o é.

Paulo Emílio Sales Gomes

A história do cinema brasileiro exprime, antes de mais nada, o desejo de refletir uma identidade nacional em construção na tela. Cinema plural, impuro, de correntes que muitas vezes colidem mas convergem no desejo de oferecer um reflexo multifacetado de nós mesmos. Das nossas contradições, imperfeições e querências, dos embates sociais, políticos, existenciais que nos caracterizam.

O Brasil teve uma intuição precoce para o cinema, costuma apontar Cacá Diegues. Poderia ser dito o mesmo da fotografia: radicado em Campinas, o fotógrafo Hercule Florence a descobre em 1833, antes, portanto, de Daguerre. Em 1896, apenas um ano depois da descoberta do cinematógrafo em Lyon, foi feita a primeira projeção pública de imagens realizadas pelos irmãos Lumière em São Paulo. Os irmãos Segreto logo filmariam as primeiras imagens realizadas no Brasil. Cedo, muito cedo, comenta Cacá.

Contar a história dessa atração pelas imagens em movimento não é tarefa simples, tal o número de vertentes, ciclos regionais e movimentos que, como o Cinema Novo, redefiniram as possibilidades do cinema brasileiro. Em *Les Rêves d'Icare* (*1940-1970*) ["Os sonhos de Ícaro"], Laurent Desbois ofereceu uma interpretação cuidadosa de nossa cinematografia, desde as primeiras investigações com o cinematógrafo até o cinema dos anos 1970, em luta para sobreviver ao golpe militar. Publicado na França pela editora L'Harmattan, é um livro indispensável para quem quer mergulhar na história do cinema brasileiro. Um segundo volume foi publicado a seguir com o título *La Complainte du phoenix* (*1970-2000*) [O canto da fênix].

Doutor em literatura e ciências da arte pela faculdade Paris x, Laurent Desbois elegeu o Brasil como sua segunda casa. É um observador atento e independente, com o distanciamento crítico de quem vive entre culturas. Além de cinéfilo e pesquisador, é também um profundo conhecedor da nossa história social e política, das utopias e desilusões que nos definem.

A publicação de *A odisseia do cinema brasileiro: da Atlântida a Cidade de Deus* pela Companhia das Letras oferece um mergulho amplo e generoso sobre grande parte da nossa cinematografia. O recorte passa pelos anos da Atlântida ao turbilhão criativo do Cinema Novo (com um olhar atento às obras fundamentais de Glauber Rocha e Nelson Pereira dos Santos), do Tropicalismo ao cinema marginal, dos anos da Embrafilme à crise do desgoverno Collor e às indagações da Retomada. Desbois traça não somente um registro de uma cinematografia em constante reconstrução, mas também a relaciona com os momentos políticos e sociais que muitas vezes determinaram suas mutações.

Na introdução do livro *La Politique des auteurs*, publicado em francês em 1984, o crítico dos *Cahiers du Cinéma* Serge Daney disse:

Numa arte tão impura quanto o cinema, feito coletivamente e composto de elementos heterogêneos, submetido à ratificação do público, não seria razoável pensar que só existe um autor, ou seja, uma singularidade, quando este está em confrontação a um sistema? O autor é não somente aquele que encontra a força de se expressar contra tudo e contra todos, mas também aquele que descobre a distância correta para desvendar o sistema que ele critica.

A exemplo de seu conterrâneo Daney, Desbois mostra que a história do cinema brasileiro é a história dos autores que, além de desvendar um país, souberam sonhá-lo. Se o cinema brasileiro sobreviveu ao longo dos anos, foi graças à singularidade, ao inconformismo daqueles que registraram a nossa geografia física e humana, nossas carências e injustiças estruturais, mas também graças àqueles que anteviram um país possível.

O cinema, como a literatura, existe para nomear aquilo que ainda não foi nomeado. Para oferecer uma memória possível de seu tempo. De quem nós somos, ou fomos, em momentos distintos da nossa história. E, quando o olhar pertence a visionários como Glauber Rocha, de antever quem poderíamos eventualmente ter sido.

Ao final de uma sessão de *Deus e o diabo na terra do sol*, o psicanalista Hélio Pellegrino me disse uma vez: "Esse filme pega na jugular da brasilidade". Ao contrário da Europa, somos uma sociedade na qual a questão da identidade não está cristalizada. Talvez seja por isso que temos tanta necessidade do cinema, para que possamos nos descobrir nos espelhos conflitantes que nos refletem, e que só ele oferece.

Prólogo
Terra dos índios

Para os índios quéchua da Bolívia, o tempo passa de maneira diferente: de trás para a frente. Para os tupinambás e guaranis do Brasil também. Se a vida deles fosse um filme, o futuro seria apresentado em flashback. Seria essa inversão justaposta da escala de tempo uma das chaves para o mistério sul-americano em geral, e para o enigma brasileiro em particular? O Brasil, "país do futuro" para Stefan Zweig — e que, para outros, nunca passará disso —, é um país sem memória do eterno retorno das coisas esquecidas, em especial de seu cinema. Desde os primórdios, em 1898, a história do cinema brasileiro é um perpétuo vaivém: mortes, renascimentos, idades de ouro ou prata, desaparecimentos, clarões. Há incensamento, esquecimento, insatisfação ou deificação; sempre surge um pioneiro em cada mudança de geração, que se entrega ao trabalho com a energia e o entusiasmo dos principiantes; há também o Leitmotiv da imprensa: "nosso cinema enfim nasceu" ou, versão mais atualizada, "o cinema brasileiro entra no Primeiro Mundo".[1] Ao fazer uma leitura histórica e analítica de mais de meio século de cinema brasileiro, comentaremos os sobressaltos ciclotímicos de uma cinematografia sempre balbuciante, confrontada — procuraremos explicar por que — com a indiferença nacional ou internacional.

Nossa tarefa será ainda mais árdua porque grande parte da cinematografia brasileira está perdida ou deteriorada — 70%[2] dos filmes anteriores a 1960 foram perdidos, queimados ou reciclados, e muitos estão em mau estado de conservação.

De modo geral, o cinema brasileiro está pouco presente nas histórias e enciclopédias internacionais de cinema do século xx. As compactas mil páginas da edição de bolso da *Histoire du cinéma en deux volumes*, de Maurice Bardèche e Robert Brasillach, nem sequer o mencionam. O cinema dos "países de língua espanhola" ou o dos "países-satélites" da União Soviética têm direito a um capítulo, no entanto. Ausência tristemente reveladora para uma obra publicada na França, país campeão em livros sobre cinema, tão aberto às cinematografias periféricas. Em 1990, o balanço não era muito mais favorável. A primeira edição do *Guide des films*, em dois volumes, organizada por Jean Tulard, enumera cerca de 10 mil produções mundiais. Do Brasil? Apenas dezesseis:

O cangaceiro (1953, Lima Barreto)
Os cafajestes (1962, Ruy Guerra)
Vidas secas (1963, Nelson Pereira dos Santos)
Deus e o diabo na terra do sol (1964, Glauber Rocha)
Os fuzis (1964, Ruy Guerra)
A grande cidade (1966, Cacá Diegues)
Terra em transe (1967, Glauber Rocha)
Os herdeiros (1969, Cacá Diegues)
Os deuses e os mortos (1970, Ruy Guerra)
Como era gostoso o meu francês (1970, Nelson Pereira dos Santos)
Dona Flor e seus dois maridos (1976, Bruno Barreto)

Xica da Silva (1977, Cacá Diegues)
Bye bye Brasil (1979, Cacá Diegues)
Pixote, a lei do mais fraco (1980, Hector Babenco)
Gaijin (1980, Tizuka Yamazaki)
Kuarup (1989, Ruy Guerra)

Quanto a *Orfeu negro* (1959, Marcel Camus) e *O beijo da mulher aranha* (1985, Hector Babenco), são produções citadas não exclusivamente brasileiras. Assim como *O leão de sete cabeças* (1969), filmado na África (Congo), e *Cabeças cortadas* (1970), ambos de Glauber Rocha, produzidos na França e na Espanha. Dezesseis filmes em 10 mil: ínfima e trágica porcentagem do lugar simbólico do Brasil no mercado cinematográfico é de 0,16%.

O volumoso *Variety movie guide 2000*, organizado por Derek Elley um ano depois de três indicações sucessivas de filmes brasileiros ao Oscar, cita apenas *Dona Flor e seus dois maridos*, de Bruno Barreto, *Central do Brasil*, de Walter Salles, e *Pixote*, de Hector Babenco. Ele cita três filmes ingleses de Alberto Cavalcanti, mas nenhum de Cacá Diegues, Glauber Rocha, Ruy Guerra ou Nelson Pereira dos Santos. Do ponto de vista norte-americano, a importância do cinema brasileiro não chega a 0,03%!

Consultemos a versão revista e ampliada do *Dictionnaire des films*, de Georges Sadoul, ou os quatro volumes de críticas de Jean-Louis Bory para o *Le Nouvel Observateur*, de 1961 a 1971. Em pleno boom do Cinema Novo, Bory analisa apenas cinco filmes (sendo dois não brasileiros) de Glauber Rocha (*O dragão da maldade contra o santo guerreiro, Barravento, O leão de sete cabeças, Terra em transe* e *Cabeças cortadas*), um de Ruy Guerra (*Os fuzis*) e um de Joaquim Pedro de Andrade (*Macunaíma*). Cinco brasileiros em cerca de trezentos filmes. No entanto, Sadoul e Bory sempre demonstraram interesse pelas cinematografias alternativas.

A cinematografia brasileira foi por muito tempo, e em vários aspectos ainda é, uma *terra incognita* para o resto do mundo. "A história do cinema brasileiro", segundo Paulo Antônio Paranaguá,[3] "não é independente da história do Brasil. Só o subdesenvolvimento permite entender sua evolução convulsiva, arrítmica, entrecortada." Portanto, este ensaio será um convite a uma viagem iniciática, desde a Atlântida submersa dos anos 1940 até a abominável e fabulosa *Cidade de Deus* dos anos 2000, por um país que está sempre se questionando a respeito de si mesmo. No Brasil, o cinema se esforça para adquirir uma identidade própria, ao mesmo tempo que, desde sempre, volta seus olhos para a Europa ou Hollywood, espelhos e repelentes incessantemente citados e copiados, imitados e pastichados. Se considerarmos o Festival de Cannes como uma grande vitrine das produções mundiais, o cinema brasileiro foi pouco representado na primeira década do século XXI. Para o quinto maior país do mundo, a proporção é pequena. Entre os gigantes geofísicos do planeta, o Brasil é o país com a importância cinematográfica mais desproporcional à sua dimensão.

Existe um grande hiato, no que diz respeito ao grau de percepção cultural, entre o Brasil e o mundo exterior; os sucessos compartilhados são raros. Seria a constatação de que se trata de uma filmografia ausente e incompreendida, inacessível e sem nenhum alcance externo? Pois a moda "globalizante" chegou aos filmes iranianos, aos do Extremo Oriente, mesmo aos palestinos e tchetchenos. O Brasil estaria avançando no terceiro milênio sem uma verdadeira cinematografia? E será que algum dia teve uma de fato?

O primeiro grande crítico de cinema brasileiro, Paulo Emílio Sales Gomes, apresenta da seguinte maneira o ensaio de Vicente de Paula Araújo, *A bela época do cinema brasileiro*: "O livro contribui para a nossa descolonização cinematográfica, que um dia chegará [...] Como a história de nosso cinema é a de uma cultura oprimida, o esclarecimento de qualquer uma de suas etapas ou facetas se transforma em ato de libertação".[4] Portanto, a violência do trauma colonial continua mais forte que nunca. Na impossível expressão de uma alienação subconsciente e insuperável, passado--presente-futuro são indissociáveis. Pós-colonialismo europeu? Neocolonialismo norte-americano? Todo cineasta que queira realizar seu primeiro filme imediatamente se depara com esses conflitos de ordem edipiana.

Contudo, há um raio de esperança quando o festival-vitrine de Cannes apresenta, em 2002 e depois em 2003, em sessões paralelas, dois filmes bastante modernos, audaciosos e relativamente pessoais, produzidos no Rio de Janeiro e em sintonia com o momento, num mundo em que mais nada é circunstancial. Simbólicos tanto pela especificidade requintada quanto pelo respeito às convenções internacionais, são exibidos *Madame Satã*, ardente primeiro filme de Karim Aïnouz, cheio de um erotismo gay na moda, e depois *Cidade de Deus*, colaboração entre Fernando Meirelles e Katia Lund, com montagem de videoclipe inspirada no hip-hop. Indicado em quatro categorias no Oscar 2004, *Cidade de Deus* foi o fenômeno do ano, colocando Meirelles — sem Lund — entre os melhores cineastas de Hollywood. Ele recupera a tocha erguida por Walter Salles seis anos antes, quando um filme brasileiro surgira de repente na cena internacional. *Central do Brasil* conhecera um triunfo de crítica e público em 1998. Os mais de cinquenta prêmios do *road movie* o haviam levado ao Globo de Ouro e quase ao Oscar de melhor filme estrangeiro. Desde os *Cahiers du Cinéma* até a *Variety*, muito se havia falado, um pouco apressadamente, numa renovação do Cinema Novo.

O filme de Salles é, a seu tempo, a ponta de um iceberg chamado, então, de Retomada. Esta, iniciada em 1994 com a farsa histórica *Carlota Joaquina, princesa do Brazil*, de Carla Camurati, e *Alma corsária*, poético filme de Carlos Reichenbach, continuaria atual mesmo depois de dezesseis anos. Mas dezesseis anos de Retomada não seria um pouco demais? Esse novo período do cinema brasileiro, que por conveniência também chamaremos de Retomada, cobriu os anos de 1994 a 2010. Bem antes disso, na década de 1940, a companhia Atlântida reinou paralela à Radio Nacional. Esse continente carioca rapidamente desaparecido representou as bodas do grande público com um cinema "genuinamente" nacional, popular e criticado pelas classes privilegiadas. Nos anos 1950, a elite intelectual e burguesa reagiu com o sonho logo despedaçado de uma Cinecittà local, a Vera Cruz. A partir de *Caiçara* (1950), ela impôs ao cinema brasileiro um patamar técnico. Depois, houve o apogeu-miragem do Cinema Novo, por volta de 1963, um dos "focos insurrecionais"[5] que "surgiram em meados dos anos 60, inflamando as tépidas planícies cinematográficas em quase todo o mundo", suscitando a admiração de intelectuais estrangeiros por esse cinema diferente que, por infelicidade, foi morto ao nascer pelo golpe militar de 1964. Enquanto o Cinema Novo se "tropicalizava" e depois se "marginalizava", a ditadura favorecia a reconciliação da nação com seu cinema graças à Embrafilme, criada pelo governo em 1969.

Qual é a receita para que o público brasileiro passe a gostar de seus próprios produtos? Atlântida, Vera Cruz, Cinema Novo, Embrafilme, Retomada: cinco períodos de uma cinematografia cujos meandros precisaremos seguir para entender seus eternos retornos. Começaremos por uma descrição dos anos 1940-50. Sob o impulso de visionários como Georges Sadoul[6] e Jean Rouch,[7] com o surgimento, graças a André Bazin,[8] dos *Cahiers du Cinéma* (1951), e em seguida a criação, por Henri Langlois,[9] da Cinemateca Francesa, o início dos anos 1950 atestou um novo e súbito interesse pelo cinema dos países do Terceiro Mundo.

O cinema, de repente, não era mais uma exclusividade europeia ou norte-americana. Descobriu-se a importância das produções orientais ou asiáticas (Egito, Índia, Japão), e os festivais de Veneza e Cannes revelaram a existência de cinematografias antes insuspeitadas. Primeiro consideradas com olhos condescendentes e paternalistas, depois realmente interessados, inclusive fascinados, elas proliferaram. No pós-guerra, houve o retorno do menino prodígio Alberto Cavalcanti. Nascido no Rio de Janeiro em 1897, ex-vanguardista na França e documentarista na Inglaterra, voltou decidido a dotar sua terra natal de legítimas técnicas e indústrias cinematográficas. Dois dos dezoito filmes que começou a produzir no Brasil chamaram a atenção: *O cangaceiro*, de Lima Barreto, sensação do Festival de Cannes de 1953, e *Sinhá moça*, de Tom Payne e Oswaldo Sampaio, que recebeu, em 1953, o Leão de Bronze em Veneza e, em 1954, um Prêmio Especial do Senado em Berlim. Essas obras de técnica bem apurada — ainda que tradicional — constituíram a "certidão de nascimento" internacional do cinema brasileiro, propondo uma imagem bastante folclórica do país, embora mais séria e autêntica do que a das comédias musicais de Hollywood com a vulcânica e bananeira Carmen Miranda, até então única embaixadora de seu país (de adoção).

O cangaceiro (1953) deu início ao ciclo dos "filmes de cangaço" e criou o gênero "nordestern". Carlos Coimbra se tornou o mestre desse faroeste tipicamente brasileiro, em que as grandes paisagens do oeste norte-americano são substituídas pelo deserto do sertão nordestino, e em que os caubóis são substituídos pelos bandidos que aterrorizavam as estradas nos anos 1920 — que o Cinema Novo também representará (*Deus e o diabo na terra do sol*) e que a Retomada atualizará (*Baile perfumado*).

Sinhá moça (1953) é uma reconstituição histórica suntuosa sobre a abolição da escravatura no final do Império, em 1888. O filme prenunciou o entusiasmo do público por esses *...E o vento levou* nacionais que a televisão transformará em novelas de audiência popular. Premiados em Cannes, Veneza e Berlim, os sucessos da Vera Cruz obtiveram um sucesso discreto nas capitais cinéfilas.

Em oposição à Vera Cruz, um fenômeno vulcânico irromperia nos anos 1960: o Cinema Novo, filho do Neorrealismo italiano e da Nouvelle Vague francesa, gerado nos trópicos e nascido internacionalmente em Cannes, apadrinhado pelo presidente do júri, Fritz Lang. Alguns viram nesse movimento consagrado na Europa uma criação da intelligentsia dos *Cahiers du Cinéma*. Muitos o criticaram por ter afastado o público das produções locais com suas obras improvisadas, apressadas, muitas vezes abstrusas, alegóricas demais para ser entendidas inclusive por aqueles a que se dirigiam!

Na verdade, o cinema e o público brasileiros raras vezes viveram uma grande história de amor. Isso só aconteceu de maneira incontestе uma vez. Sérgio Augusto escreve, no início de *Este mundo é um pandeiro*: "Afinal, em nenhum outro momento de sua trajetória o cinema brasileiro se relacionou tão intensa e carinhosamente com o grande público como nos tempos em que Oscarito e Grande Otelo formavam uma dupla do barulho".[10] A Atlântida surgiu em 1941, buscando uma via nobre e séria: as preocupações sociorraciais de *Moleque Tião* e *Também somos irmãos*. Ela resistiu 22 anos graças à invenção de um gênero popular e fácil, a chanchada. Esta conquistou o público de norte a sul de um modo que, hoje em dia, somente a Rede Globo consegue, fazendo uso de fórmulas parecidas com as de suas telenovelas. O cinema brasileiro algum dia voltará a conquistar o lugar que atualmente é monopolizado pela televisão?

A relação entre as duas *mass medias* se tornou interativa a partir do final dos anos 1990, com a criação da Globo Filmes. Folhetins encurtados e remixados deram origem a filmes de sucesso: *O auto da Compadecida, Caramuru, Lisbela e o prisioneiro*. A Globo Filmes produz comédias, gênero preferido do público desde os sucessos da Atlântida.

Sobre esse eterno recomeço, Carlos Augusto Calil enfatizou, em 1999:

> Quando se examina a história do cinema brasileiro, é triste verificar a repetição dos equívocos e constatar que cada nova geração costuma ignorar ou desqualificar o passado, como absolutamente inútil ou obra crônica de incompetentes! Assim, o cinema brasileiro renasce do zero a cada ciclo e os problemas se repetem infinitamente, sem o vislumbre de uma solução estrutural, que permita enfim a superação dos mesmos entraves. O caso atual — o dito "renascimento do cinema brasileiro", inventado pela mídia — não é diferente. A retomada da produção mais uma vez se coloca como o marco zero.[11]

Portanto, o cinema no Brasil parece viver sem tirar lições do passado e das dúvidas dos predecessores, por isso a recorrência dos erros e dos problemas.

Entre inconstância e permanência, percebemos os tropeções e as errâncias de um cinema em busca de reconhecimento nacional e internacional. Da Atlântida até *Cidade de Deus*, era uma vez a história de um continente perdido sempre prestes a ressurgir: pousemos nele, com curiosidade e entusiasmo, nosso olhar externo, distanciado e subjetivo, para percorrer a odisseia de um cinema que muitas vezes foi desviado de seu caminho pelas sereias hollywoodianas e europeias. Alguns poderão nos criticar por utilizar uma chave de leitura crítica eurocêntrica para as sinuosidades desse labirinto. Para nos ajudar a vencer esses desafios, eis de que modo Paulo Emílio Sales Gomes apresenta o país em 1966, no início de seu ensaio fundamental intitulado *Cinema: Trajetória no subdesenvolvimento*:

> O Brasil se interessa pouco pelo próprio passado. Essa atitude saudável exprime a vontade de escapar a uma maldição de atraso e

miséria. O descaso pelo que existiu explica não só o abandono em que se encontram os arquivos nacionais, mas até a impossibilidade de se criar uma cinemateca. Essa situação dificulta o trabalho do historiador, particularmente o que se dedica a causas sem importância como o cinema brasileiro.[12]

Ao que dou fé.

PRIMEIRA PARTE
OS SONHOS DE ÍCARO (1940-70)

1. Atlântida, um continente perdido
Uma fábrica de sonhos nas cores do Brasil — 1941-62

> *Não há povo no mundo inteiro que não anseie mais por um cinema seu, por ouvir sua língua, observar seu habitat, comunicar-se mais intimamente com os tipos apresentados.*
>
> Moacyr Fenelon (1903-53), principal fundador da Atlântida Cinematográfica

ANTES DA ATLÂNTIDA

Primórdios do cinema no Brasil

Para contradizer a opinião dos que duvidam da importância do local e das circunstâncias de um nascimento para o decurso de uma vida, acompanharemos a trepidante odisseia do cinema brasileiro, entre Cila e Caríbdis, de Citera para Ítaca. Pois o cinema brasileiro nasceu num navio, num barco francês chamado *Brésil*, em 19 de junho de 1898, domingo, na baía de Guanabara. Desde então, não parou de oscilar.

Pouco depois do surgimento do cinematógrafo na Europa e

nos Estados Unidos, dez anos após a abolição oficial da escravatura na antiga colônia de Portugal, nove anos depois da proclamação da República, naquele 19 de junho, depois de dezesseis dias de travessia, o navio francês *Brésil* chegou. A bordo, um certo Afonso Segreto, que trazia um cinematógrafo Lumière comprado em Paris, filmou a chegada do navio à baía de Guanabara, capturando assim as primeiras imagens conhecidas do cinema brasileiro.

Assim como nos países vizinhos da América do Sul (Chile, Bolívia, Argentina), o cinematógrafo logo despertou o entusiasmo das multidões e conheceu, depois de um primeiro momento de estagnação por razões técnicas, um crescimento importante no início do século xx, paralelo ao das classes dominantes. A elite burguesa e intelectual do continente era, na verdade, europeia: ao mesmo tempo que construía um mundo quase feudal de suseranos, vassalos e subvassalos, estava sempre sonhando com novas Londres, Roma ou Paris.

A primeira fase do cinema brasileiro, de 1898 a 1907, como a dos irmãos Lumière, foi essencialmente documental: cerimônias oficiais, "vistas naturais", atualidades, festas populares. Uma marca constante de todo o século vindouro: o gosto pronunciado pela reconstituição das atualidades ou docudramas.

Naquela época, os irmãos Segreto fizeram os primeiros filmes de propaganda econômica: o governo os encomendava para celebrar as atividades agrícolas do país. Mas a produção se desenvolvia lentamente, devido à demora da eletrificação do Rio de Janeiro e de São Paulo. Graças à construção da usina hidrelétrica de Ribeirão das Lages, a chegada da energia elétrica à capital, em 1907, favoreceu o comércio cinematográfico, a instalação de salas de cinema fixas e as produções locais.

A idade de ouro da belle époque do cinema brasileiro, breve período de felicidade que corresponde ao sonho alimentado pelo Rio de Janeiro de ser uma Paris do outro lado do Atlântico, vai de

1908 a 1912. Os temas recorrentes da filmografia nacional são prenunciados:

adaptações literárias;
partidas de futebol;
"canções ilustradas" e operetas;
filmes de arte, de cunho religioso e sátiras políticas;
repertório da literatura de cordel;
reconstituições de "atualidades" (as primeiras ficções ecoando o noticiário policial fazem um sucesso extraordinário).

Mas a Primeira Guerra Mundial, da mesma forma que na Europa, de onde vêm os materiais, paralisa a produção e destrói o sonho da belle époque. A Paramount aproveita para abrir uma filial brasileira em 1916: os norte-americanos começam a colonizar cinematograficamente o país, explorado desde 1911. É o início do fim — os ianques logo entendem as implicações econômicas do cinema.

Para Paranaguá, "o Brasil se torna um mercado cinematográfico completamente dominado pela produção estrangeira". "Situação", escreve Sylvie Debs, "que perdura até os dias de hoje, sancionada pelo tratado comercial Brasil-Estados Unidos de 1935, no qual o primeiro se compromete a exportar matérias-primas e a importar produtos manufaturados."[1]

A São Paulo dos anos 1920 substitui por algum tempo o Rio de Janeiro como centro cinematográfico, enquanto "ciclos regionais" efêmeros se sucedem: Pernambuco, Rio Grande do Sul, Paraíba, Amazônia. Minas Gerais vê os primeiros passos de Humberto Mauro, que, com a ajuda do diretor de fotografia Edgar Brasil, dirige o "ciclo de Cataguases" (sua cidade): *Na primavera da vida* (1926), *Tesouro perdido* (1927), *Brasa dormida*[2] (1928) e *Sangue mineiro* (1929). Humberto Mauro é considerado o "pai" espiritual do cinema brasileiro pelo "pai" do Cinema Novo, Nelson Pereira dos Santos. Glauber Rocha escreve, em *Revisão crítica do cinema brasileiro*: "[Humberto Mauro] Obtém o quadro real do Brasil — que é, pela alienação dos costumes, sociologicamente mistificado de romantismo. Neste quadro não se esconde a violência da miséria".[3] Para Paulo Emílio Sales Gomes, Humberto Mauro é "a primeira personalidade de primeiro plano revelada pelo cinema brasileiro".[4] Na província natal, ele filmará seu último longa-metragem, de título sugestivo: *O canto da saudade* (1952).

De Minas a Manaus, essa cultura do entusiasmo passageiro e febril favorece a criação, em toda parte, de escolas de arte ou de estudos de cinema, e revistas especializadas são lançadas. Atividade descentralizada e efervescente em todos os sentidos, a explosão criativa do cinema mudo não apresenta uma unidade geográfica, artística, temática, estratégica ou econômica. A chegada do cinema falado interrompe tudo, apagando os ciclos regionais, eclipsando São Paulo e devolvendo ao Rio de Janeiro seu lugar de capital do cinema. Assim, dos anos 1920 aos 2000, o esquema mantém-se o mesmo: sem unidade geográfica, artística, temática, estratégica ou econômica. A cada vez, tudo recomeça do zero.

Entre os sucessos do cinema mudo, conta-se *Lucíola*, melodrama urbano de 1916 adaptado da obra de José de Alencar. O filme é rodado pelo veterano português António Leal, que cria um estúdio inteiro de vidro, primeira tentativa "industrializante" no país. O romance *O guarani* inspira reiterados sucessos. A partir da interpretação de Benjamin de Oliveira,[5] estrela negra de circo, do índio Peri, em 1908, essa é a obra da literatura brasileira mais adaptada, ganhando versões em 1908, 1911, 1916, 1920, 1926, 1948, 1979 e 1996.

Luiz de Barros (1893-1981), por sua vez, o mais prolífico cineasta do país, vê sua vocação nascer ao assistir, nas ruas de Paris, a uma filmagem do famosíssimo Max Linder. Ele filma cem longas-metragens entre 1914 (*A viuvinha*)[6] e 1977 (*Ele, ela, quem?*). Segue a moda "indianista" com *Ubirajara* (1919), também baseado em José de Alencar, lança-se no "pornô" com *Depravação* (1926) e filma um *peplum* erótico: *Messalina* (1930).

Os primeiros estúdios: nihil novi sub sole

Quando a Atlântida, o mais importante, popular e duradouro (21 anos) estúdio a surgir no Brasil, foi fundada, não propôs nada de novo sob o sol do Rio de Janeiro. Fazia então quatro décadas que os brasileiros realizavam filmes, abordavam temas nacionais e sonhavam em criar uma verdadeira indústria. Quantos projetos, quantos estúdios pré-fabricados e derrubados como castelos de areia! Até o suíço Blaise Cendrars,[7] poeta inovador e modernista, desembarcou em terras sul-americanas, nos anos 1920, com o projeto de uma Kinetópolis, uma cidade do cinema, uma Hollywood "amazônica". O autor de *O ouro* volta para a Europa depois da revolução de 1930 sem concretizar o sonho de filmar caboclos, gaúchos e garimpeiros lutando para se estabelecer na floresta ou no sertão.

Nos anos 1925-35, tentativas concretas de produção nacional organizada florescem, murcham ou viram cinzas. Elas levarão sucessivamente à Cinédia, à Brasil Vita Filme e à Sonofilms, apagando uma dezena de outros sonhos efêmeros. Foi assim que nasceu e morreu a Visual Film, com seus pequenos estúdios no bairro da Barra Funda em São Paulo, em 1935 — o filme *Cinzas*, de título agourento, anuncia seu desaparecimento. Assim também a Associação Brasileira de Arte Muda (ABAM), que existiu apenas durante a breve produção de *Gigi*, de José Medina. Algumas tentativas, contudo, são transformadas graças a personalidades unificadoras e carismáticas: o cineasta Adhemar Gonzaga, a atriz Carmen Santos e o empresário Alfredo Byington Jr., sem esquecer Raul Roulien, galã latino em Hollywood que também sonhou com uma Hollywood brasileira. Sonho, como veremos, reduzido a cinzas.

Cinédia: a maldição de *É tudo verdade*

Empresa fundada em 1930 no Rio de Janeiro, pelo jornalista e cineasta Adhemar Gonzaga (1901-78), a Cinédia inaugura no Brasil um modelo de estúdio de envergadura, em busca de uma estrutura semelhante à dos primeiros estúdios europeus e hollywoodianos. Ela é fruto da campanha de criação de uma indústria cinematográfica nacional, que ocorre ao longo de toda a fervilhante e desordenada década de 1920.

Em 1926, a revista *Cinearte*, criada por Adhemar Gonzaga e Mário Behring, revela-se um instrumento fundamental dessa estratégia de implantação, preconizando uma atualização técnica e estética do cinema brasileiro, para que se alinhe à produção internacional. Ora, Adhemar Gonzaga herda, em 1929, um terreno de 8 mil metros quadrados no número 26 da rua Abílio, perto do Palácio de São Cristóvão. Como George Méliès no fim do século anterior, Adhemar Gonzaga mandou construir em sua propriedade, a partir de janeiro de 1930, aquilo que se tornaria a Cinédia. Inaugurado em 15 de março mas concluído em outubro, o primeiro estúdio da história brasileira produz três títulos sem igual: *Lábios sem beijos* (1930, Humberto Mauro), *Mulher* (1931, Otávio Gabus Mendes) e *Ganga bruta* (1933, Humberto Mauro). A companhia se distingue pela qualidade técnica de seus filmes, pelas narrativas depuradas e pela audácia temática: condição feminina, certo erotismo e novo modelo de vida dos jovens de classe média no início do Estado Novo de Getúlio Vargas.

No começo da década de 1930, com uma defasagem de alguns anos, o cinema brasileiro conhecia o apogeu de seu cinema mudo, ao mesmo tempo que o cinema falado conquistava o mundo. O filme *Limite* (1931), de Mário Peixoto, experimental e modernista, nunca lançado comercialmente mas apresentado pela Cinédia numa sessão privada no Chaplin Club do Rio de Janeiro, é uma obra-prima surgida no exato momento em que a arte cuja quintessência expressa já se tornou obsoleta.

A Cinédia queria recuperar o atraso o mais rápido possível. A partir de 1933, o sucesso de *A voz do Carnaval*, dirigido por Adhemar Gonzaga e Humberto Mauro (1933), lança um novo tipo de produto, que se tornaria a marca da companhia: o "musicarnavalesco" (ancestral das chanchadas da Atlântida). Esses filmes populares, nos quais músicas eram cantadas e dançadas sobre um fundo de Carnaval, permitiam a experimentação dos efeitos sonoros e sua adequação tecnológica.

A voz do Carnaval é um semidocumentário que mescla cenas reais de Carnaval de rua a sequências filmadas em estúdio. Assim como "Pelo telefone", o primeiro samba gravado em disco, esse aparelho influencia os títulos dos primeiros sucessos musicarnavalescos: *Alô, alô, Brasil* (1933) e *Alô, alô, Carnaval* (1935), o mais conhecido musical nacional. A atração principal desses sucessos era a cantora de cores vibrantes, mesmo em preto e branco, Carmen Miranda. A "pequena notável" e futura *brazilian bombshell* de Hollywood estreia em *A voz do Carnaval* revelando um temperamento excepcional. Prolongado em *Estudantes* (1935), o díptico *Alô, alô* aproximou a Cinédia do grande público. Os espectadores imediatamente adotam esse novo gênero de cores nacionais, versão "genuinamente" brasileira do musical hollywoodiano, o musicarnavalesco, mistura de texto e números musicais, sátira dos fatos contemporâneos. *Alô, alô, Carnaval* foi o primeiro sucesso popular nacional em número de espectadores. No ano seguinte, outro sucesso de público e bilheteria: *Bonequinha de seda* (1936), virada artística e técnica — o roteirista e diretor Oduvaldo Viana pretende fazer um filme que não fique em nada atrás das produções norte-americanas. Aos cenários e figurinos suntuosos, aos textos enunciados por atores de sólida experiência teatral, somam-se inovações técnicas: a primeira sequência filmada com uma grua e as primeiras transparências.

Em 1940, surge *Pureza*, inspirado na obra do escritor regionalista José Lins do Rego. É a produção mais ambiciosa da companhia, que, preocupada em contar com a participação de técnicos competentes, confiou a direção ao português Chianca de Garcia (1898-1983). O astro é Procópio Ferreira. Melhor filme brasileiro projetado em 1940-2, segundo Máximo Barro,[8] ele custou caro: inúmeros cenários foram recriados em estúdio, como uma estação de trem. Apesar de grandes momentos e de uma cena antológica de beleza patética e admiravelmente filmada (o negrinho Joca, interpretado por Jaime Pedro Silva, levado com sua barca pela correnteza de uma cachoeira, luta mas morre afogado), o resultado decepciona. A crítica é impiedosa com o diretor português, denunciando o ridículo dos diálogos, a comicidade involuntária das situações, a ingenuidade e o descuido na estrutura, e enfatizando a pretensão da realização. O desventurado investimento esgota quase que totalmente os recursos da empresa. Após esse fracasso, uma grave crise de distribuição afeta a Cinédia no final de 1941. As atividades são repentinamente interrompidas, os estúdios de São Cristóvão são fechados e Adhemar Gonzaga escreve ao presidente Vargas:

> A Cinédia nascera com a revolução de 30 e logo depois a indústria sofria radicais modificações [...] com o advento do cinema sonoro, mas a Cinédia se equipou e permitiu a sobrevivência do Cinema brasileiro. Apesar da guerra e da luta contra os exibidores estrangeiros, foi o único estúdio brasileiro a funcionar sem interrupção. Não somente inaugurou no Brasil o filme sonoro de grande metragem, como ainda criou o primeiro jornal cinematográfico editado regu-

larmente, o *Cinédia Jornal*. A Cinédia também formou equipes técnicas de brasileiros. Deu trabalho a centenas de artistas e elementos das mais diversas atividades artísticas [...] realizou trinta filmes de longa-metragem. Sustentei uma luta sem tréguas [...] empreguei o meu patrimônio pessoal, herança recebida e por receber [...] Sem ambição pessoal, no mais puro e sincero patriotismo.[9]

Em 1942, apesar de a companhia ter suspendido suas atividades, os estúdios são momentaneamente reabertos para a filmagem das cenas internas de um filme americano: autorizado pelo ditador Vargas, que vê nisso a oportunidade de uma inesperada publicidade para seu país, Orson Welles desembarca no Rio de Janeiro no mês de fevereiro. Os estúdios da Cinédia serão alugados para *É tudo verdade*, filme em três partes que teria uma filmada no México ("My Friend Bonito") e duas no Brasil. "Carnaval" se passa no Rio, e a praça Onze é recriada em estúdio; "Quatro homens numa jangada" se inspira na história verídica dos pescadores do Ceará que em 1941 viajaram com sua frágil embarcação de Fortaleza até o Rio de Janeiro — percorrendo 2650 quilômetros em 61 dias — para se encontrar com o presidente Vargas e exigir direitos humanos e sociais. Grande Otelo é escolhido para "Carnaval", no qual uma cabocla de treze anos e a população do Ceará são imortalizados em grandes planos esplendidamente expressionistas e *contre-plongées* audaciosas típicas do cineasta. Evocando Eisenstein, eles prenunciam *Barravento*, de Glauber Rocha, e a escola fotográfica em preto e branco de Sebastião Salgado. Welles (autor "maldito" antes, durante ou depois do Brasil?) começa o filme mas nunca o termina, vítima de má sorte desde o primeiro dia de filmagem na baía de Guanabara, quando da morte por afogamento de um dos protagonistas do filme: Jacaré, o pescador líder do grupo, é carregado por uma onda. O cineasta faz de tudo para terminar "Quatro homens numa jangada", mas as forças adversas o vencem, para grande alegria do presidente Vargas, preocupado com o enfoque crítico assumido pelo projeto que no início fora aceito enquanto objeto de propaganda. O filme inacabado ficou desaparecido até 1985. Ao filmar, durante aquele Carnaval, as primeiras imagens em cores do país, Welles declarou a propósito da Cinédia: "Neste estúdio, com equipamento um pouco melhor do que o que ele possui, podem-se fazer ótimos filmes. Porque está muito bem construído".[10]

Adhemar Gonzaga aguenta firme e volta a produzir filmes (*Samba em Berlim, Berlim da batucada*), mas a Cinédia se extingue, para proveito da Atlântida. Exilada desde 1957 (em Jacarepaguá), com outros estúdios emprestados para Tarzãs[11] de produções B americanas, a empresa nunca mais se recuperou das consequências da Segunda Guerra Mundial nem do fracasso do filme de Welles. Adhemar Gonzaga morreu discretamente em 1978 e se tornou um objeto de culto, mantido por sua filha Alice, que se recusa a fechar os estúdios e comemorou, em 2005, os 75 anos de uma companhia todavia virtual cuja única razão de ser é reviver o passado. Vítima de uma inundação em 2001, a Cinédia perdeu muitos arquivos. Defensora ardorosa da preservação do patrimônio cinematográfico, Alice Gonzaga, segundo Luiz Carlos Merten "a avó dedicada do cinema brasileiro", sonha com a criação de um Museu do Cinema.

O empreendedorismo de Carmen Santos

Atriz (estrela) e produtora (excepcional), Maria do Carmo Santos Gonçalves, ou Carmen Santos (1904-52), é, até hoje, a maior figura feminina do cinema brasileiro. Como a outra Carmen (a Miranda), nasceu em Portugal. Depois de estrear aos quinze anos no filme do americano William Jansen *Urutau* (1919), seria a protagonista, em 1924, de um filme audacioso que ela mesma produziria, *A carne*. Carmen Santos fundou, em 1925, a companhia Filmes Artísticos Brasileiros (FAB) e encarnou a *Mademoiselle Cinema*. Esses dois filmes inacabados não foram lançados comercialmente (outro fenômeno recorrente no Brasil), mas Carmen se tornou a estrela local mais conhecida da época, graças a fotografias sensuais publicadas nas revistas de novidades cinematográficas, no momento em que uma nova fase de entusiasmo pela produção nacional tinha início. Ela seria a protagonista de *Sangue mineiro* (1930), de Humberto Mauro, e também do primeiro grande sucesso da Cinédia, *Lábios sem beijos* (1930), de Adhemar Gonzaga. Tendo participado do experimental e sofisticado *Limite*, de Mário Peixoto, produziria o filme seguinte deste jovem cineasta dândi e precoce: *Onde a terra acaba* (1933).

O combate vanguardista e precursor de Carmen Santos nos anos 1930 e as diferentes etapas de sua luta não deixam de lembrar as batalhas dos cineastas brasileiros nos anos 2000. Em 1932, essa empreendedora militante participou da Primeira Convenção Cinematográfica Nacional e proferiu um discurso defendendo a produção brasileira. A seguir, passou a integrar a primeira Associação Cinematográfica dos Produtores Brasileiros (ACPB), instituição que lutava por uma legislação protecionista. A partir de 1932, a lei 21240 tornou obrigatória a projeção (garantindo também o retorno financeiro) de documentários nacionais antes dos longas-metragens. Em 1933, secundada pelo pioneiro Humberto Mauro, cuja carreira ela relança, Carmen Santos fundou a companhia cinematográfica Brasil Vox Film, que em 1935 se tornaria a Brasil Vita Filme, depois de um processo da 20th Century Fox devido à confusão sonora entre Vox e Fox. Os estúdios da companhia seriam os maiores construídos no país, nos terrenos da Tijuca. O primeiro longa-metragem de ficção produzido seria *Favela dos meus amores* (1935), obra realista e poética dirigida por Humberto Mauro, em que Carmen interpreta uma professora ingênua: pedra de toque do ciclo das favelas, fonte inesgotável desde o Cinema Novo, com *Cinco vezes favela* (1962), até a Retomada: *Cidade de Deus*, espécie de negativo do primeiro filme, poderia ser intitulado *Favela dos meus ódios*. Para Alex Viany, *Favela dos meus amores* é o primeiro filme de ficção[12] a abordar a vida e a cultura das camadas populares dos morros cariocas. O grande sucesso de público autoriza Carmen a produzir e interpretar outras obras ambiciosas de Humberto Mauro: *Cidade mulher* (1936) e *Argila* (1940), filme nacionalista em harmonia com as ideias sobre a cultura brasileira do Estado Novo de Getúlio Vargas.

Inconfidência mineira, importante e caro afresco histórico sobre o levante revolucionário de Tiradentes em Minas Gerais, foi um estrondoso fracasso. De público e crítica, apesar da força épica, da excepcional documentação e da reconstituição histórica, além dos extraordinários cenários do jovem arquiteto Lúcio Costa, futuro criador de Brasília. Prevista para 1937 e rodada em 1939, a superprodução é lançada em 1948, não sem enfraquecer a Brasil Vox Film, onde foi proporcional à *Cleópatra* de Mankiewicz na 20th Century Fox.

Pioneira excepcional, Carmen Santos morreu de maneira brutal e prematura aos 48 anos, no momento em que ocorria o Primeiro Congresso Nacional do Cinema Brasileiro no Rio de Janeiro, em 1952. Os estúdios da Vita Filme serão recuperados em 1959 pelo produtor Herbert Richers, para a filmagem de *Vidas secas*. Nelson Pereira dos Santos ainda filmará neles *Boca de ouro*, em 1962. Depois eles serão comprados pela hoje onipotente Rede Globo.

Raul Roulien, galã de Hollywood e cineasta nacional

Além das três empresas mais estáveis — Cinédia (Thomas Gonzaga), Brasil Vita Filme (Carmen Santos) e Sonofilms (Alberto Byington Jr.) —, certo número de produtoras minúsculas tentam realizar filmes e são bem-sucedidas. Obcecadas pelo mesmo sonho de industrialização mas sem recursos financeiros suficientes para construir estúdios e equipá-los, elas alugam as dependências dessas três grandes empresas ou filmam improvisando estúdios em acampamentos à maneira dos cineastas da década anterior.

Entre os independentes dos anos 1930, um único goza de certo prestígio: Raul Roulien. Seu nome, na época, era motivo de orgulho para os brasileiros, pois aparecia nos cartazes de muitos filmes sonoros americanos, cantados em inglês ou espanhol. Apesar de não ser de fato a grande estrela aclamada no Rio, o ator voltou para o Brasil aureolado por um enorme prestígio que lhe permitiu lançar-se na produção com magnífico entusiasmo. Sustentado por sua incomparável experiência hollywoodiana, ele pretendia fazer filmes de qualidade em quantidade.

Roulien nunca conseguirá montar seu próprio estúdio, mas não deixará de insistir na necessidade da edificação de estúdios modernos e sofisticados aos moldes dos edifícios americanos. A primeira experiência foi *Grito da mocidade* (1937), que acompanha a vida de jovens médicos ou estudantes de medicina no Rio de Janeiro. O filme foi muito bem recebido pela crítica, e o cineasta o fez seguir, em 1939, por *Aves sem ninho*, grande sucesso de público. Adaptação de uma peça teatral melodramática espanhola, esse filme se debruça sobre o drama social das órfãs. Patrocinado pela Casa das Meninas, instituição ligada a Darcy Vargas, mulher do ditador Getúlio, o filme padece de um tom oficial: uma fotografia de Darcy aparece antes da palavra "fim", e ele seria, segundo a propaganda da época, um "hino oficial à mulher brasileira de amanhã".

Tudo dava certo, portanto, para o galã latino de Hollywood que se tornava produtor e cineasta de filmes oficiais de grande sucesso. No auge da glória local, porém, enquanto suas novas produções eram aguardadas com impaciência, uma maldição se abatia sobre o novo Ícaro. Logo antes da estreia de *Asas do Brasil* (1940), hino ao Correio Aéreo Nacional, o filme pegaria fogo no incêndio da Sonofilms (Moacyr Fenelon retomará o roteiro em 1947 e o dirigirá para a Atlântida). A mesma catástrofe aconteceria na próxima ficção de Roulien, *Jangada*, filmada no Ceará. O filme queimaria alguns dias antes da estreia. Fúria do acaso? Mau-olhado? Incêndios criminosos resultantes da inveja despertada pela glória? O autor-cineasta-produtor pouco a pouco abandona o cinema, deixando inacabado, em 1950, seu semidocumentário *Maconha, erva maldita*. No mais completo anonimato, Raul Roulien morre no início dos anos 2000, em São Paulo. Outro grande sonho perdido do cinema brasileiro.

Sonofilms: *Coisas nossas* ou o misterioso sr. Byington

Cronologicamente, entre a Cinédia e a Brasil Vita Filme, é fundada em São Paulo, pelo empresário Alberto Byington Jr., a São Paulo Sonofilm, que no Rio se torna Sonofilms. Esse americano enigmático com negócios ligados à Columbia Records, fascinado pelo surgimento do cinema sonoro, investe na associação entre música e cinema e inventa um equipamento sonoro chamado "fonocinex". Ao lado do diretor técnico-musical Wallace Downey, do sonoplasta Moacyr Fenelon e do fotógrafo Adalberto Kemeny, em 1931 ele dirige *Coisas nossas*, filme precursor da chanchada e primeiro grande sucesso do cinema sonoro local. Exilado no Brasil, ao que parece por suas posições políticas, e influenciado pelas técnicas de produção norte-americanas, Byington cria, em 1936, uma companhia cinematográfica de peso: com distribuição, dublagem, produções populares e eruditas. Em 1939, *Banana-da-terra* é um imenso sucesso: a canção de Dorival

Caymmi, "O que é que a baiana tem?", impulsiona a carreira internacional de Carmen Miranda. Seja com filmes esportivos (*Futebol em família*, 1938) ou patrióticos (*Asas do Brasil*), a Sonofilms finalmente daria ao Brasil aquilo com que Adhemar Gonzaga, Carmen Santos e depois Raul Roulien haviam sonhado: um estúdio hollywoodiano. Contudo, em 1940 tudo seria destruído num misterioso incêndio: sonho reduzido a cinzas! Sonofilms destruída pelo fogo, Brasil Vita Filme arruinada pelo megalomaníaco *Inconfidência mineira*, Cinédia paralisada: no início dos anos 1940, as três grandes companhias cariocas estavam gravemente feridas. Olho grande no país da macumba? Maldição cinematográfica? Sabotagem?

Ora, tal fênix renascendo das cinzas, o cinema reergue a cabeça: em 18 de setembro de 1941, surge de conversas entre amigos a Atlântida Empresa Cinematográfica Brasil S.A.

MAPA SENTIMENTAL DE UM NOVO CONTINENTE: A
ATLÂNTIDA

O manifesto de 1941

Constantemente oscilando entre divisões e influências, o cinema brasileiro muitas vezes se revelou cheio de contradições e imitações: a Atlântida, chamada por Humberto Mauro de Hollywood brasileira, é uma prova disso. "Adeptos de ideias comunistas", lembra Silvana Arantes,

> os jovens Moacyr Fenelon e Alinor Azevedo juntaram-se aos irmãos José Carlos e Paulo Burle e ao amigo Arnaldo Farias para defender um cinema engajado, com a cara do Brasil [...]. Eles contestavam a ideia de que o povo brasileiro seria incapaz de assimilar

obras de alto valor artístico e se dispunham a produzir, em ritmo industrial, um cinema popular e cultivado.[13]

A Atlântida surge na sede do *Jornal do Brasil*. O conde Pereira Carneiro — o proprietário — dá seu apoio aos irmãos Burle e a Moacyr Fenelon, Arnaldo Farias e Alinor Azevedo. Dois caminhos se abrem, a princípio, a essa cooperativa de amigos entusiastas e idealistas: busca da arte ou desejo popular. Sob o impulso de Fenelon e dos irmãos Burle, "no início, a intenção era produzir ficção séria, adaptações de clássicos literários".[14]

Seu manifesto de 20 de agosto de 1941 proclama o ideal de "contribuir para o desenvolvimento industrial do cinema nacional, filmar temas brasileiros capazes de conferir à realidade uma existência nas telas, unir o cinema artístico ao dito popular". Trata-se de um texto nacionalista:

> O cinema, arte resultante de todas as artes e com maior poder, dentre todas, de objetivar e divulgar, adquiriu métodos próprios de expressão, fez-se arte independente e, por esse grande poder de penetrar e persuadir as mais diversas multidões, tornou-se indústria de vulto universal, órgão essencial de educação coletiva. Entretanto, no Brasil, sempre nos resignamos em aceitá-lo exclusivamente como atividade estrangeira, assimilando influências nem sempre boas [...] porque fixássemos a ideia de cinema brasileiro, como brincadeira sem gosto de sonhadores teimosos. Contamos com a arte brasileira [...] que, em gloriosa tradição, tem fixado toda expressão de nossa terra e de nossa gente, ajudando a assegurar essa incomparável unidade de nação civilizada. Contamos com o apoio do Governo Brasileiro, tão característico nos empreendimentos nacionais de idealismo nitidamente construtor, apoio tantas vezes testemunhado à cinematografia nacional pelo estímulo que lhe vem emprestando, isentando de taxas alfandegárias o mate-

rial importado [...] e recentemente obrigando aos exibidores manterem em cartaz, pelo menos uma vez ao ano, um filme brasileiro de longa-metragem.

No precário estúdio da rua Visconde de Rio Branco, número 51, sede oficial da Atlântida, tenta-se escapar ao amadorismo e às incertezas de uma indústria rudimentar. Com a produção de filmes documentários informativos, artístico-culturais, longas e curtas de ficção, desenhos animados dublados, a finalidade é implantar uma indústria e uma arte cinematográfica no Brasil. Moacyr Fenelon e os irmãos Burle conseguirão ter êxito onde Adhemar Gonzaga, Carmen Santos e Byington fracassaram? O primeiro longa-metragem de ficção da Atlântida é fundamental, sério e ambicioso, com fotografia de Edgar Brasil: *Moleque Tião*, "etapa de primeira grandeza na evolução do cinema brasileiro", para Alex Viany.

Esse semissucesso (de José Carlos Burle) é seguido pelo fracasso total de *É proibido sonhar* (Moacyr Fenelon). Para tentar outra via e compensar o déficit, segue-se um filme mais popular, de título esconjurador do destino: *Tristezas não pagam dívidas*. O comediante Oscarito é contratado, e seu sucesso dá o "tom" da Atlântida, que logo se torna sinônimo de divertimento "carnavalesco". Trampolim para o reino da chanchada de títulos anunciadores do clima da época, *Tristezas* precede *Não adianta chorar, Este mundo é um pandeiro, E o mundo se diverte, Carnaval no fogo, Tudo azul* e *Rico ri à toa*.

Quando o distribuidor-exibidor, homem de negócios e comerciante Severiano Ribeiro adquire a maioria das ações da companhia e se torna, em 1947, senhor desse continente cinematográfico, ele impõe uma direção definitiva: tudo será chanchada, produto rentável e fácil de enlatar. Desde 24 de janeiro de 1946, pelo decreto-lei 20493, um filme brasileiro precisava sair a cada quadrimestre. Portanto, azar dos ideais nacionalistas e comunistas do grupo fundador! *É com esse que eu vou,* diz um título de 1948. Seria esse o caminho para o êxito material?

Os filmes sociais

Moleque Tião: nascimento de um monstro sagrado

Desaparecido como muitos outros títulos da produção brasileira da primeira metade do século, este filme é o símbolo das aspirações sociais e humanistas de seus produtores. Em sua origem estava uma reportagem sobre a difícil trajetória de um jovem menino negro do agreste de Minas Gerais, neto de escravos, que busca sua condição de homem e cidadão livre no Brasil dos anos 1930 através da via artística. Fascinado pela miragem do teatro, ele vai à cidade grande e sofre mil desilusões antes de conseguir triunfar. Trata-se da história verídica de Sebastião Bernardes de Souza Prata, nascido em Uberlândia, que mais tarde se tornaria o primeiro astro negro e ator mais popular do país: Grande Otelo interpreta seu próprio papel. Tendo chegado ao Rio de Janeiro em 1935, o aprendiz de ator havia atuado em *Noites cariocas* (1935), da Cinédia, e em *João ninguém* (1936), filme perdido de Mesquitinha,[15] cuja sequência final é a primeira em cores no país. Welles o dirigiu em "Carnaval", esquete em technicolor de *É tudo verdade.* Grande Otelo, símbolo do povo brasileiro segundo Jorge Amado,[16] aparece no primeiro plano das primeiras imagens em cores filmadas no Rio de Janeiro. Mas é *Moleque Tião* que, confirmando a intuição de Welles, revela um ator prodigioso. "Natural", Grande Otelo não interpreta: ele *é,* enche a tela com sua presença, confirmando a teoria de Renée Saint-Cyr: "Não se *é* ator, se *nasce* ator".[17] Grande Otelo "transmite todas as emoções, da comédia ao drama, com a maior facilidade", segundo Eva Todor.[18] Ele vai se destacar em todos os gêneros.

Moleque Tião anunciou o fenômeno e a moda dos filmes baseados em crônicas cotidianas e reportagens jornalísticas, de *Rio, zona norte* (com Grande Otelo) a *Central do Brasil*; abriu com brilhantismo o caminho pouco frequentado dos filmes centrados em questões sociais, como *É proibido sonhar*, um ano antes em que *Gente honesta* é dirigido pelo próprio Moacyr Fenelon. Na verdade, o público não gostou muito da seriedade dessas produções, e a Atlântida se viu obrigada a orientar-se para a via das comédias populares que lhe trarão glória e fortuna.

Quando tentou retomar um tom mais sério, a frieza do público a impediu: Burle, obstinado, apresenta *Luz dos meus olhos* (1947), melodrama sobre a cegueira que revelou Cacilda Becker, depois dirigiu *Também somos irmãos*, inaugurando o tema da discriminação racial. *Moleque Tião* apresentou o primeiro protagonista negro (excetuada a atuação de Benjamim de Oliveira maquiado de índio em *Os guaranis*, de 1908). Marcou a estreia, nas telas, de Nelson Gonçalves, grande cantor da época ao lado de Francisco Alves e Orlando Silva. Infelizmente, o filme se perdeu, com a exceção de alguns fragmentos divulgados num cinejornal.

Também somos irmãos: obra incompreendida

"Realista", séria e engajada, esta é uma obra comovente, miragem meteórica de uma via rica e construtiva a ser seguida para se abordar de maneira dramática e eficaz os problemas reais do país: nem falsamente documental, nem alegórico-metafórico, nem complacentemente cruel. *Também somos irmãos* precisa ser reavaliado não enquanto objeto fílmico, mas sócio-histórico. Desde 1949, nenhum cineasta tratou *da mesma maneira*, numa ficção, o problema da população negra no Brasil. De maneira tão clara: ra-

cismo não velado, explicitamente denunciado; de maneira tão direta: longe das metáforas alegóricas cinema-novistas; de maneira tão cotidiana: com uma história simples que se passa longe das periferias problemáticas ou do pitoresco macumba-carnaval-
-samba-favela.

A audácia desse melodrama racial, com roteiro de Alinor Azevedo, sem dúvida explica o fracasso de público de uma obra anterior aos filmes de Sidney Poitier nos Estados Unidos. É verdade que suas premissas nos mergulham no universo folhetinesco dos amores proibidos às vezes abordados pelas telenovelas ou pelo cinema: um viúvo rico adota quatro filhos, duas meninas brancas (uma delas é Vera Nunes) e dois meninos negros (Grande Otelo e Aguinaldo Camargo). Mas a trama amorosa que se estabelece assume ares de tragédia social. Burle explica o insucesso deste que foi considerado o melhor filme de 1949 pela Associação Brasileira de Críticos de Cinema: "Os brancos se sentiam inconfortavelmente atingidos com a denúncia e os negros não se encontravam suficientemente politizados para alcançar sua mensagem". Nessa obra incômoda, aparecem dois pioneiros do Teatro Experimental do Negro,[19] o protagonista Aguinaldo e, como coadjuvante, a promissora Ruth de Souza.

A Atlântida, que virou sinônimo de diversões populares e fáceis, produziu um filme socialmente ousado, enfrentando o tabu do racismo latente e encoberto sem eliminar a possibilidade de conflito racial (e não apenas social, como a burguesia branca afirma, resoluta). A crítica recompensa Grande Otelo e Vera Nunes, mas o público faz cara feia.

A companhia sonhava então com adaptações literárias prestigiosas: *Terra violenta* (1948) representaria para ela quase o mesmo que *Inconfidência mineira* para a Brasil Vita Filme — um sorvedouro. A adaptação espetacular do romance de Jorge Amado *Terras do sem-fim* fora confiada ao americano Edmond Bernoudy, assistente de Hitchcock (*Rebecca, Correspondente estrangeiro*). Ao que parece, o filme foi boicotado pela equipe técnica, o que explicaria seu fraco resultado final. Apesar dos altos custos, o casal protagonista é lançado: o galã Anselmo Duarte e a jovem heroína Maria Fernanda, filha da poeta Cecília Meireles e estrela de superproduções inacabadas. Na verdade, a Atlântida fora beneficiada pela nova Constituição, consecutiva à eleição do presidente Gaspar Dutra, em 1945, depois de quinze anos de ditadura Vargas. Uma oportunidade se apresentara, com a ajuda governamental à produção de três filmes nacionais por ano, em vez de um único. Dutra, no poder até 1950, complementou o interesse de Vargas pelo cinema. Em 24 de janeiro de 1946, ele assinou o decreto 20493, cujo artigo 25 determinava que os cinemas eram obrigados a projetar, anualmente, no mínimo três filmes nacionais de longa-metragem declarados de boa qualidade pelo Serviço de Censura de Diversões Públicas do Departamento Federal de Segurança Pública. Medida tímida, mas que incitou os exibidores a se lançar na produção para obter benefícios. A Atlântida resistiu a seus fracassos encontrando um filão seguro e rentável a partir de 1944, com dois títulos que são como lições de alegria de viver tropical e respostas veladas aos problemas materiais da companhia: *Tristezas não pagam dívidas* e *Não adianta chorar*.

O diretor Watson Macedo, depois de José Carlos Burle e antes de Carlos Manga, foi um dos mestres do gênero. Seu grande achado foi ter reunido a dupla sintética da "brasilidade" com uma química em preto e branco: Oscarito e Grande Otelo. Foi assim que teve início, na Atlântida, o incomparável reinado da chanchada, ligado aos cálculos de rentabilidade do distribuidor Severiano Ribeiro, cujo grupo era dono das principais salas de cinema do Brasil. Ele detinha, naquele momento, a quase totalidade das ações da companhia e garantia o lançamento do filme produzido, rentabilizando a excepcional força cômica da dupla.

A chanchada: arte brasileira

A primeira *Enciclopédia do cinema brasileiro*[20] define "chanchada" da seguinte maneira:

> Gênero cinematográfico de ampla aceitação popular que melhor sintetiza e define o cinema brasileiro das décadas de 30, 40 e principalmente 50, produzido majoritariamente no Rio de Janeiro. Diante de um mercado cinematográfico completamente dominado pela produção estrangeira de origem norte-americana, a chanchada tornou-se, para o bem ou para o mal, a forma mais visível e contínua de presença brasileira nas telas do país.

Sobre a etimologia imprecisa e polissêmica da palavra, eis uma das explicações possíveis: "A designação pejorativa, adotada por vários críticos de cinema, possui origem etimológica no italiano *cianciata*, que significa um discurso sem sentido [...] vulgar, argumento falso". Fantasia popular e enganosa é o que será a "cianciata-chanchada".

Engodo? O cinema, "fita de sonhos", segundo Welles,[21] é por definição uma rede de mentiras: pérola falsa e cambiante, inconstante, em curvas ou movimentos, de facetas efêmeras, *trompe-l'œil* animado por espectros que de tanto serem considerados verídicos fizeram viver de verdade, sabendo serem falsos. Ilusão cômica ou trágica, sempre mágica, de títulos evocativos, como *Absolutamente certo* (1957), chanchada de Anselmo Duarte sobre os primórdios da televisão, em que, apesar do título, tudo é falso.

Popular? Desde o início, o cinema foi um espetáculo itinerante, de feira ou circo: saltimbancos e acrobatas, ilusionistas e prestidigitadores foram os primeiros a acreditar no cinematógrafo, que, segundo Lumière, era "uma invenção sem futuro".

Fantasia? O primeiro sucesso do cinema foi uma comédia, *L'Arroseur arrosé*. O público foi conquistado pelo riso. Apesar de o Oscar ou os grandes festivais pouco premiarem as comédias, uma das missões do cinema, desde seu surgimento, não seria o entretenimento? No Brasil, o primeiro sucesso popular foi uma comédia de Júlio Ferrez, *Nhô Anastácio chegou de viagem* (1908). José Gonçalves Leonardo interpreta um caipira que desembarca no Rio de Janeiro, dando início a um ciclo cômico camponês que passará pelas chanchadas da Atlântida e chegará aos filmes de Mazzaropi (como *Candinho*) e aos dias de hoje (Matheus Nachtergaele retoma o "tipo" Zé em *Tapete vermelho*, de 2006).

Comédia fácil e artificial? A chanchada satisfaz os gostos básicos dos espectadores. Antes que a Atlântida consagre o gênero, ela surge no horizonte com *Nhô Anastácio chegou de viagem* e o advento do cinema sonoro. *Acabaram-se os otários*, dirigido por Luiz de Barros em 1929, foi o primeiro filme sonorizado (Vitaphone). Ele prenuncia as comédias musicais dos anos 1930, com roteiro esquemático e elementar cheio de piadas de teatro de revista e com números musicais quase autônomos. *Coisas nossas*, de Wallace Downey, produzido em 1931 por Byington e influenciado por Hollywood, é um modelo. A Cinédia triunfa com o díptico *Alô, alô* e suas vedetes radiofônicas: as irmãs Batista[22] (Linda, Dircinha) ou Miranda (Aurora, Carmen).

Portanto, quando Moacyr Fenelon e os irmãos Burle experimentaram a comédia musical, eles renunciaram a suas ambições sociais e estéticas: sabendo que o sucesso os aguardava, criaram um fenômeno social ao inventar uma expressão artística original e inimitável. Assim como a "geleia geral" dos tropicalistas, a partir de fontes externas heterogêneas, por meio de um fenômeno de "deglutição" original, produziu-se algo único no gênero. Pois a chanchada, de nome meio italiano meio espanhol e contudo brasileiro, está na interseção de vários registros:

musical hollywoodiano
teatro de revista
vaudevile teatral parisiense
commedia dell'arte

Em *Cem anos de cinema brasileiro*,[23] Bilharinho lembra que a especificidade local "não tem definição completa e exata", citando Regina Paranhos Pereira, que chama esse produto híbrido de "fil-musicarnavalesco". Para Alex Viany,[24] trata-se de uma "comédia populista com intervalos musicais"; Jean-Claude Bernardet a considera uma comédia, musical ou não, mas sempre de registro popular. Alguns negam a etimologia italiana. Em 1975, em sua obra "revisionista" que revaloriza o gênero, *Filmusical brasileiro e chanchada, pôsters e ilustrações*, o argentino Rudolf Piper se pergunta: "Qual a definição correta de chanchada? Quantas foram realizadas? Qual sua importância dentro do nosso contexto cultural? Estas são questões de ainda difícil resposta, mesmo passados quinze anos desde o seu desaparecimento oficial".[25] Em suma, as chanchadas são comédias com interlúdios musicais, de Carnaval ou não. Sérgio Augusto detecta um esquema "rigidamente estruturado",[26] inspirado na *commedia dell'arte* e bastante utilizado por Molière, seguindo Plauto ou Terêncio, muito antes da televisão:

- mocinho e mocinha se metem em apuros
- cômico tenta proteger os dois
- vilão leva vantagem
- vilão perde vantagem e é vencido

Esse esquema mecânico e maniqueísta é reivindicado por Carlos Manga, mestre da telenovela baseada nesses mesmos truques básicos mas eficazes. A diferença essencial em relação a Terêncio e Molière é que o "corrigere (castigare) mores ridendo"[27] passa para o segundo plano, apesar de a sátira aos costumes contemporâneos não ser esquecida. Da comédia latina ou da *commedia dell'arte* a chanchada também adapta o par senhor-criado, mas a dialética hegeliana ou brechtiana é enfeitada com trunfos de Gordo e Magro para a criação de um par excepcional: a "dupla do barulho".

A parceria Oscarito-Grande Otelo

"A dupla Oscarito-Grande Otelo foi sem dúvida o carro-chefe das chanchadas da Atlântida. Um casamento perfeito, que levava multidões às salas de cinema",[28] resume Helena Salem. Um é branco, o outro é negro: dois Brasis se encontram na tela, graças a uma dupla de comediantes que sela a mais bela história de amor do público local com seu cinema. Mendigos ou cowboys, Romeus ou malandros, eles formam uma parceria cúmplice e complementar sem igual. Os dois atores se frequentam desde *Tristezas não pagam dívidas*, fazendo juntos, em dez anos, catorze filmes de títulos significativos que tecem uma teia de fantasia e alegria de viver:

Não adianta chorar (1945)

Fantasma por acaso (1946)

Este mundo é um pandeiro (1946)

É com esse que eu vou (1948)

E o mundo se diverte (1948)

Carnaval no fogo (1949)

O caçula do barulho (1949)

Aviso aos navegantes (1950)

Barnabé tu és meu (1951)

Carnaval Atlântida (1952)

Os três vagabundos (1952)

A dupla do barulho (1953)

Matar ou correr (1954)

Trata-se do encontro picaresco de um andaluz de Málaga (vindo ainda criança para o Brasil, Oscarito foi ator de circo e, depois, de teatro de revista) com um pequeno negro de Minas que sonha com a cidade grande e em trocar as roupas dos escravos pelas lantejoulas do teatro, choque entre dois atores de temperamentos suficientemente difíceis para permitir a distância tragicômica.

"Oscarito talvez se torne o novo Cantinflas, que na época ocupava, injustamente, o segundo degrau de importância no campo dos cômicos universais. Renegavam-se Danny Kaye, Totó, Fernandel, Alec Guinness. Acima dele, só Chaplin."[29] Segundo João Luís Vieira, "é difícil destacar este ou aquele traço interpretativo da persona cinematográfica construída pelo cômico Oscarito".[30] O biógrafo cita a imitação de Rita Hayworth (*Este mundo é um pandeiro*), a dança moderna à maneira de Nijinski (*A dupla do barulho*), a paródia do presidente Vargas (*Nem Sansão nem Dalila*), a fantasia de Eva Todor (*Os dois ladrões*).

Quanto a Grande Otelo, sua veia cômica era tão excepcional quanto a trágica. Para seus colegas de geração (Ruth de Souza, Fernanda Montenegro) ou seus admiradores modernos (Walter Salles),[31] ele é o maior ator brasileiro. Eis como Grande Otelo, entrevistado por Helena Salem, fala de seu parceiro:

> O Oscarito usou a experiência do circo e da revista para fazer cinema. Ele estudava os mínimos detalhes de cada cena que interpretava. Tudo era medido, praticamente cronometrado. Diferente de mim, que era do improviso. Então, o Oscarito já entrava em cena comigo pronto para os improvisos que eu iria fazer. Mas a gente fazia esse improviso porque estava acostumado com o teatro de revista. Eu trabalhei com o Oscarito na Companhia Walter Pinto. Nós combinávamos maravilhosamente bem, até mesmo sem ensaiar. Durante a filmagem, ele se lembrava de alguma coisa e fazia, e

eu acompanhava. O exemplo patente disso está no filme *A dupla do barulho*.[32]

Emblemático dessa parceria (o fotograma de Oscarito e Grande Otelo de fraque, saudando o público, sorrindo, de chapéu--coco é dele), o filme de Carlos Manga é o único dos catorze a abordar de maneira explícita a relação entre o homem branco e o homem negro, por meio do realce da hierarquia das cores e da subutilização do ator negro.

Escada do Oscarito? No fundo eu era, observe, seu *partenaire*. Mas aguentava a situação, porque era um ganha-pão como outro qualquer. Então me tornei o coadjuvante privilegiado — um pouco porque eu tinha o meu talento, e também o Oscarito facilitava a minha situação. Isso aconteceu ainda com o Ankito e o Golias, outros dois parceiros que tive. Eu sempre fui escada, a não ser em *Moleque Tião*. Por que isso? Não sei, talvez seja da própria condição social do negro no Brasil. Ele é sempre escada.[33]

O divórcio pedido por Grande Otelo depois de *Matar ou correr* fez verter muita saliva e tinta, tendo o comediante provado, entrementes, seu gênio dramático no filme dos iniciantes Jorge Ileli e Paulo Wanderley, *Amei um bicheiro*. Sua morte por asfixia, no filme, é uma grande cena de interpretação.

Depois da Atlântida — onde ainda filmará —, Grande Otelo seguirá uma brilhante carreira e formará inclusive um novo par com o cômico Ankito. Ligado para sempre à vida do estúdio e desnorteado depois da partida do companheiro, Oscarito tentará, no fim, substituí-lo por Vagareza.

Oscarito nasceu na Europa, em Málaga, em 16 de agosto de 1906; morreu em 1970, no Rio de Janeiro. Seu parceiro conheceu um percurso continental inverso. Nascido em 18 de outubro de

1915, no centro escravocrata que foi Minas Gerais, morreu aos 78 anos ao desembarcar em Paris, em 26 de novembro de 1993. "Ele é dos primeiros que, com seu talento, vêm vencendo, rompendo barreiras, rompendo preconceitos, fazendo história. Milagre dos milagres! Sobreviveu numa dramaturgia que não o levou em conta. Mesmo assim seu talento explodiu", constata Milton Gonçalves,[34] ator negro da segunda geração, com quem contracenou em *Macunaíma*, de Joaquim Pedro de Andrade, que escreveu para Grande Otelo o papel de um papa negro (*Casa-grande e senzala*, não filmado). Depois de Ganga Zumba e Chico Rey, antes do Rei Pelé, Grande Otelo com certeza foi a mais brilhante pérola negra do Brasil.

(R)evolução: produção/distribuição; exibição/desaparição

O sucesso de uma comédia era garantido por seus números musicais. Como em *Gol da vitória* (1946), de José Carlos Burle, sátira insólita e audaciosa que colocava em causa o futebol, paixão nacional. Grande Otelo interpreta o craque Laurindo, sósia do famoso jogador da época, Leônidas da Silva, o Diamante Negro. No mesmo ano, *Segura esta mulher*, de Watson Macedo, levou seu sucesso até a Argentina, apesar da crítica massacrante aos esquetes de Grande Otelo e Mesquitinha. No ano seguinte, Macedo deu uma forma definitiva à chanchada, cujo nome, então, era profundamente desprezado: *Este mundo é um pandeiro*, comédia carnavalesca, pastiche da cultura norte-americana, que furtivamente atacava a vida política e social do país. Oscarito se travestia em Rita Hayworth, parodiando a famosa "Put the blame on Mame", de *Gilda*, e os personagens denunciavam o recente fechamento dos cassinos. Em *E o mundo se diverte* (1948), Oscarito fazia um pastiche de Esther Williams em *Escola de sereias* (1944, George Sidney).

Entre 1949 e 1952, o gênero chegou ao apogeu com outro filme de Macedo: *Carnaval no fogo*. Depois dele, *Carnaval Atlântida*, de José Carlos Burle, foi um imenso sucesso, facilitado pelo principal acionista da Atlântida desde 1947 e dono da principal empresa de distribuição do país, Severiano Ribeiro. Com suas redes e um laboratório cinematográfico, ele produzia filmes que seriam projetados em seus próprios cinemas e distribuídos por todo o Brasil, gerando lucros diretamente redistribuídos na criação e manutenção de uma atividade com um dinamismo industrial então inédito no Rio de Janeiro.

Carnaval no fogo é um sucesso da síntese entre comédia, música e filme de ação: numa cena antológica, Oscarito-Romeu e Grande Otelo-Julieta parodiam[35] a cena do balcão num jogo de disfarces e máscaras proveniente da comédia aristofânica. *Carnaval Atlântida*, por sua vez, oferece uma interessante leitura da relação edipiana entre Brasil e Hollywood. Caricatura de Cecil B. DeMille, célebre por suas superproduções históricas, o personagem Cecílio B. de Milho é uma projeção da impossibilidade de quem quer que seja de desabrochar num contexto precário em que Helena de Troia se transforma em Lolita "furacão de Cuba" e afirma a seu tio produtor: "O público quer cantar, dançar e se divertir, tio!".

Antes cenógrafo e depois montador, o diretor de *Carnaval no fogo* foi Watson Macedo (1918-81), primeiro mestre da chanchada. "Soube transformar o improviso em virtude e, principalmente, em estilo."[36] Tendo estreado aos dezenove anos como assistente de direção de Carmen Santos em *Inconfidência mineira*, ele afirmava detestar a comédia. Será por isso que abandona relativamente cedo a Atlântida e funda seu próprio estúdio? Apesar de seus sucessos, Watson Macedo se torna diretor independente (*Samba em Brasília*), passando o cargo a seu discípulo Carlos Manga (nascido em 1928), mestre da segunda fase das chanchadas e autor de dois clássicos de 1954: *Nem Sansão nem Dalila*, alusão ao *peplum* de

Cecil B. DeMille, e *Matar ou correr*, paródia de *Matar ou morrer*, de Fred Zinnemann.

O pastiche dos clássicos do cinema americano mescla duas atitudes contraditórias, ambíguas e eloquentes: repulsa e fascínio, combinação de orgulho e lucidez autoderrisórios. Essas sátiras são ao mesmo tempo homenagens subjugadas e zombarias afirmadas, que realçam uma severa autodepreciação em relação ao próprio subdesenvolvimento do país.

Em 1977, Manga relembra sua chegada ao continente perdido, seu entusiasmo de fã, e depois sua desilusão profissional:

> Atlântida para mim era uma instituição de fábula... uma Metro. Cheguei lá pensando: vou conhecer um tremendo estúdio [...] Cyll Farney me falou: "Vou te levar para conhecer o Watson Macedo". "Não brinca!" Watson Macedo era o máximo, era o rei dos musicais [...] Mas logo comecei a desmoronar. Encontrei com Cyll numa garagem... tábuas encostadas pelas paredes, chão sujo [...] Prosseguimos percorrendo labirintos, tudo bagunçado. E chegamos a uma carpintaria onde estava um cara serrando madeira. O Cyll falou: "Aqui é a carpintaria". Apontou o homem do serrote e disse: "Este aqui é o Watson Macedo" [...] Foi aí que comecei a compreender a realidade nacional.[37]

Em sua biografia, Anselmo Duarte confirma a precariedade de condições: "De 1948 a 1951 fui o principal galã da Atlântida, mas recebia pouco por isso. O salário não dava sequer para comprar um carro, o que causava grande transtorno. Andava pendurado nos bondes e ônibus".[38] Ele também evoca Watson Macedo: "Dirigia de graça, só recebia o salário de montador, que era pouco mais que o salário mínimo".[39]

Quando Macedo lhe propôs sua primeira chanchada, Anselmo recusou:

"Filme de Carnaval não faço. Não sou cômico, não sou cantor, não faço. As histórias são bobas." Daí o Macedo contra-argumentou: "É divertido e rápido, fazemos em vinte dias". Como nunca disse não ao Macedo, impus uma condição: "Só participo se você me deixar escrever a história". Ele concordou e escrevi *Carnaval no fogo*. Descarreguei no roteiro tudo quanto sentia falta nos filmes de Carnaval [...]: suspense, policial, social.

A princípio reticente e convencido de que seria um fracasso, Watson Macedo dirigiu aquela que se tornaria "uma chanchada--modelo, consagrando a fórmula ação-confusão-canção", com o grande público aprovando o elemento policial.

Chanchada ou dramalhão, vaudevile ou melodrama

Portanto, o nome chanchada, recuperado nos dias de hoje como patrimônio nacional, por mais negativo que fosse na origem, perdeu seu peso de preciosidade rococó. Quando a onda de filmes eróticos invadir o cinema brasileiro decadente e moribundo dos anos 1970, esse novo movimento será chamado de pornochanchada, em referência autoderrisória, apesar de esses filmes serem comédias eróticas, e não pornográficas ou "chanchadescas", mas genuinamente brasileiras.

A chanchada sempre incomodou a elite e a intelligentsia, descontentes que o espírito e a alma brasileira fossem daquele modo retratados. Os paulistas nunca aceitaram o "jeito carioca" dos personagens, a "molecagem" mesclada de "malandragem", e o fato de "tudo acabar em samba". O gênero acabou por se esgotar e, 22 anos depois da protochanchada *Tristezas não pagam dívidas*, Jarbas Barbosa assinará, em 1966, o último representante do gênero com a paródica metachanchada *007 ½ no Carnaval*, em que, entre James Bond e o Pão de Açúcar, bem antes de *007 contra o foguete da morte*, aparece a rainha do rádio e da Cinédia, Dircinha Batista (*Alô, alô*).

A chanchada reinou no cinema brasileiro porque "seu humor mais ingênuo encantava as crianças, seu humor mais malicioso divertia os adultos e seus interlúdios românticos e musicais fechavam o círculo da sedução familiar".[40] "Quem disse", pergunta Sérgio Augusto, "que a chanchada não deveria ser levada a sério?" Em *Nem Sansão nem Dalila*, o personagem de Oscarito é

> uma paródia de Getúlio Vargas, o maior líder populista da história política brasileira. Quando o filme foi feito, ele vivia seus últimos momentos como chefe do governo. *Nem Sansão nem Dalila* é um dos momentos mais expressivos do cinema político brasileiro. E sem dúvida a caricatura mais engraçada da luta pelo poder no Brasil, onde o populismo é ao mesmo tempo companheiro e vítima de alianças políticas descaradas com as Forças Armadas. Ao interpretar o papel de Sansão, Oscarito imita deliberadamente os gestos e a retórica de Vargas.

O público sempre gosta muito de veladas alusões contemporâneas, mas a chanchada soube combinar os ingredientes necessários para o sucesso, declinando e conjugando estereótipos. Além da dupla Oscarito-Grande Otelo, encontramos o galã, o vilão e a mocinha.

Entre os galãs, destacaram-se Anselmo Duarte (1920-2009), futuro astro da Vera Cruz e cineasta premiado, e Cyll Farney (1925--2003), "mocinho bonito, elegante e bem-vestido, geralmente filho de papai".[41] O malvado era principalmente José Lewgoy (1920--2003), a partir de *Carnaval no fogo*, um ator inconfundível, de inteligência que dominava a cena ("seus olhos esbugalhados transportavam uma atmosfera maligna").[42] A mocinha ingênua era a boneca loira Eliana (1926-90), sobrinha de Watson Macedo, com ares de Debbie Reynolds, professora metamorfoseada em primeira estrela feminina nacional (Carmen Miranda foi consagrada por Hollywood). Às vezes era oposta a uma morena fatal como Fada Santoro.

Concedamos um lugar especial à vulcânica, petulante e imutável Dercy Gonçalves, morta aos 101 anos em 2008, "mito vivo da arte cômica brasileira. [...] Seu carisma, sua irreverência e deboche a tornam muito querida entre o público brasileiro [...] Fazendo escola".[43] Revelação da Cinédia (*Samba em Berlim*, 1943, *Abacaxi azul*, 1944), ela se torna um ícone da Atlântida, criando, numa dezena de comédias endiabradas, um personagem cheio de cores e barulhento, de "um estilo próprio, espontâneo e escrachado",[44] culminando em *Uma certa Lucrécia* (1957) e *A grande vedete* (1958). Soltando livremente todos os seus palavrões, histriônica sem complexos, como Oscarito e Grande Otelo, Dercy é culpada pelo sucesso da chanchada.

O fim do Carnaval

A Atlântida produziu poucos melodramas, depois de seus filmes sociais. O mais nobre foi *Amei um bicheiro* (1952, de Paulo Wanderley e Jorge Ileli), sobre o suspeito mundo dos jogos e da noite, com atmosfera de filme noir com ruas brilhosas e loira fatal, além da presença dramática de Grande Otelo.

Um incêndio danificou o equipamento e consumiu seus arquivos, mas a companhia conseguiu se manter por vinte anos num país onde durar parece tão difícil. Seu último filme foi *Os apavorados*, vã tentativa de estabelecer a nova dupla cômica Oscarito-Vagareza.

A Atlântida dominou com autoridade, em duração e quantidade, as outras companhias: a Brasil Vita Filme, a Sonofilms e as recém-chegadas como Pan-American e Régia Filmes, no Rio de

Janeiro. A Cinédia renascia das cinzas em 1946, com um dramalhão produzido por Adhemar Gonzaga e dirigido por Gilda de Abreu, *O ébrio*. Para Fred Lee, o filme diverte, interessa e "renova nossas esperanças no cinema nacional",[45] fórmula cujo eterno retorno confirma a própria teoria. Sucesso total, ficou vinte anos em cartaz, e foi um raio de luz na Cinédia. Para Alice Gonzaga:

> *O ébrio* pertence à fase mais importante da evolução do cinema brasileiro. Um aspecto industrial se esboçava, após muita luta e persistência. Era um filme de equipe. Sintetiza toda uma etapa de pioneirismo e aventuras. Não apenas os produtores, mas os distribuidores e exibidores começavam a ver o horizonte de um cinema de raízes populares, que vinha ao encontro direto dos anseios de nossa gente, cansada dos filmes importados.[46]

Além da queda de qualidade, do gosto versátil do público que se renovava a cada geração e da etiqueta excessivamente carioca dos filmes da empresa, a Atlântida foi enfraquecida por disputas internas. De Fenelon a Macedo, que produziu sua própria dezena de filmes, todos partiam contrariados para filmar por conta própria melodramas ou chanchadas. Sem falar dos idealistas que, estimulados pelo êxito da Atlântida, se lançavam em empresas de produção: entre 1949 e 1950, cinco companhias nasceram, dentre as quais a Cinedistri e a Maristela, em São Paulo. A cada onda de entusiasmo, indivíduos tentavam a sorte isoladamente, num momento em que sinergia e unidade ainda eram muito necessárias.

Dividir para melhor reinar? Em 1953, quando de um encontro de cineastas em São Paulo, José Carlos Burle denunciou (coragem ou paranoia?) um pacto segundo o qual os norte-americanos ameaçavam não comprar mais o maior produto de exportação brasileiro (na época, o café) se o país produzisse mais filmes para o mercado interno. Na verdade, convém relativizar os sucessos dos anos 1930-40: os distribuidores americanos estabelecidos no Brasil desde os anos 1920 dominavam então 90% dos programas; o país era o segundo mercado de distribuição do cinema dos Estados Unidos. Ao mesmo tempo que favoreceu, com leis protecionistas, o crescimento da produção nacional, Vargas — cuja política era tão ambígua quanto os sentimentos do povo brasileiro em relação a ela —, no entanto, respeitou certas cláusulas do tratado de "boa vizinhança"[47] com os norte-americanos, não apenas exportando Carmen Miranda como recusando a dublagem dos filmes hollywoodianos, exceto para produções infantis. O sucesso popular da Atlântida nos anos 1950 não favoreceu muito as companhias americanas, que nunca tiveram interesse em que o povo brasileiro ostentasse grande consideração por sua produção nacional (ele já venerava sua música popular e seu futebol). Se começasse a preferir seu próprio cinema, os benefícios financeiros diminuiriam substancialmente e a colonização cultural perderia seu alcance. A falta de autoestima dos espectadores quanto a seu próprio cinema teria sido alimentada? É o que denuncia, em 2002, a carta[48] do cineasta Helvécio Ratton na estreia de *Uma onda no ar*, no Rio de Janeiro. Alguns combatentes continuarão lutando, a cada nova década: no Brasil, o cinema sempre foi uma forma de resistência, de vontade de exceção cultural fascinada pela constância europeia diante do invasor hollywoodiano.

Às vésperas dos anos 1950, em contraponto às fantasias da Atlântida e nessa busca de identidade cinematográfica, um outro sonho toma forma, alicerçado sobre um mal-entendido vindo da Europa. Ilusão de existência verdadeira na via crucis do cinema brasileiro, a Vera Cruz foi fundada em São Paulo no ano de *Carnaval no fogo* (1949), mas seus fogos de artifício se apagarão cinco anos depois — menos de um quarto da existência da Atlântida.

2. Utopialand[1]
O sonho perdido da Vera Cruz (1949-1954)

DE CENDRARS A CAVALCANTI: NO RASTO DA UTOPIALAND

No verbete "Brasil" da *Encyclopédie du cinéma*,[2] de Roger Boussinot, lê-se: "O capítulo que diz respeito à atividade de Alberto Cavalcanti no Brasil, ligada à da Vera Cruz, é um dos mais interessantes do cinema brasileiro". Controversa, objeto de disputas e polêmicas incessantes, a Vera Cruz, segundo o rigoroso Alex Viany, "se enganou bastante por querer demais sem saber como nem por quê". Para Carlos Augusto Calil, sua ruína não pode ser explicada nem pelo excesso de ambição nem pela arrogância de seus diretores, visto que sua ambição legítima era alcançar uma linha de produção industrial, mesmo que, afirmando fazer filmes "de qualidade", ela considerasse que o que fora feito antes não era. Além disso, enfatiza Calil, a Vera Cruz inovou no campo da publicidade, conseguindo introduzir-se no mercado interno e exportar-se. "A falência de Vera Cruz", escreve ele com meio século de afastamento, "constitui o momento mais dramático da história do cinema brasileiro, porque coincide com seu auge comercial, em que se beneficia dos dois filmes de maior bilheteria."[3]

Tudo começou em 1949, em pleno boom econômico de São Paulo, enquanto no Rio de Janeiro, a capital, o sucesso da Atlântida e das chanchadas chegava ao apogeu. O empresário italiano Franco Zampari, ligado à poderosa família de barões do café Matarazzo, sonhava em tornar-se um Goldwyn ou Zanuck sul-americano: ele pôs em marcha um projeto já sonhado pela grande burguesia paulista dos anos 1920, "suficientemente forte e amadurecida para poder dar-se ao luxo de financiar a produção de cultura".[4]

Antes, houvera o estímulo do poeta modernista Blaise Cendrars: Kinetópolis, cidade do cinema a ser edificada nos arredores de São Paulo. A concorrente do Rio de Janeiro havia sido objeto de uma importante obra vanguardista do cinema mudo: *São Paulo, a sinfonia da metrópole* (Rodolfo Rex Lustig e Adalbert Kemeny, 1929), em que se percebia a influência do alemão Walter Ruttmann (*Berlim, sinfonia da metrópole*). Cendrars, no entanto, voltaria para a Europa sem nada ter filmado ou fundado. Algumas produtoras haviam sido criadas (empresas como Sincrosinex e Cuba, nos anos 1930), mas nada de grandioso surgiu nos anos 1940, quando a cidade emergente se dedicou a rivalizar com a capital declinante.

Em São Paulo, o pós-guerra era dinâmico no plano das ideias, rico em realizações e projetos. Em alguns anos, a cidade passou a dispor de dois museus de arte, uma companhia teatral de excelente nível, uma cinemateca e uma bienal internacional de artes plásticas (hoje uma das mais importantes do mundo). Escolas de arte, manifestações musicais, exposições de alto nível e conferências se multiplicavam. Alberto Cavalcanti (1897-1982) foi convidado para uma conferência sobre cinema no Museu de Arte de São Paulo (Masp). A nova rival do Rio afetava certo desprezo por todas as tentativas ou formas de cinema (amador e artesanal) precedentes no país, sobretudo pela chanchada.

Convidando esse filho da terra, anunciado com grande alarde pelos jornais a partir de novembro de 1949, escolheu-se para a empresa um padrinho fora do comum, que:

- estudara arquitetura e direito na Suíça
- frequentara, em Paris, a juventude dourada da vanguarda que tivera por chefe espiritual Marcel L'Herbier
- fizera os cenários de duas obras-primas do cinema mudo: *L'Inhumaine* (1924) e *O morto que ri* (1925), ambos de L'Herbier
- dirigira, em 1926, seu primeiro e inovador filme, *Rien que les Heures*
- trouxera ao ambicioso cinema francês da época um humanismo e um intelectualismo refinados, cheios de verdade psicológica, com *En Rade* (1927)
- representara a grande esperança cinematográfica francesa do fim dos anos 1920, em igualdade com Jean Renoir, cuja esposa, Catherine Hessling, ele dirigira em *Yvette* e *La P'tite Lili*
- colaborara com Renoir em *Tire-au-Flanc* (1928) e *Le Petit Chaperon Rouge* (1929)
- fora um dos mestres do realismo documental e participara do grupo experimental britânico de John Grierson
- filmara a vida dos mineiros subterrâneos, assim como Sebastião Salgado os fotografará, em *Coal Face* (1935)
- dirigira filmes na Inglaterra, como *Film and Reality* (1942), sobre o realismo no cinema
- dirigira um clássico do cinema fantástico inglês, *Na solidão da noite* (1945)

Por meio desse convite, os poderosos paulistas elevaram, e muito, o padrão de qualidade. Com isso, infelizmente ignoraram ou subestimaram o rancor profundamente nacional dos brasileiros em relação à Europa.

Essa recusa é evocada no prefácio de Benedito J. Duarte para a publicação, em 1952, do livro *Filme e realidade*, no qual os cinema-novistas se inspirarão profundamente sem nunca o reivindicar, apesar de Nelson Pereira dos Santos reconhecer que a juventude intelectual da época, cheia de preconceitos, havia sido severa e injusta com o mestre.

Se Cavalcanti houvesse publicado este seu *Filme e realidade* em qualquer outro país que não o Brasil, ele não precisaria de nenhuma apresentação, de nenhum prefácio. Pois, em qualquer outro país que não o Brasil, haverá alguém que não saiba quem é Cavalcanti? Em verdade, não existe livro sobre cinema, qualquer que seja a língua em que é editado, que não tenha, em seu índice onomástico, o nome desse realizador brasileiro citado mais de uma vez. Em qualquer centro de cultura e produção cinematográfica não há quem desconheça a obra de Cavalcanti, quem não a respeite, quem negue a influência por ele exercida ou no cinema antigo da França, ou no cinema contemporâneo da Inglaterra. [...] Só o Brasil teima em ignorar Cavalcanti.[5]

O próprio Alberto Cavalcanti nunca será perdoado por ter escrito nesse mesmo livro, em 1952:

Enquanto surgia no Brasil uma plêiade de grandes arquitetos, como Oscar Niemeyer, Lúcio Costa e vários outros, que levavam o nosso país a aparecer entre os primeiros no domínio da arquitetura; enquanto nossa pintura evoluía e crescia em importância, tendo à frente as figuras de Portinari, Segall e Di Cavalcanti; enquanto nossa escultura, com Brecheret e Bruno Giorgi, nossa música com Villa-Lobos e nossa literatura com Graciliano Ramos ascendiam a planos excepcionais [...] nosso cinema se mantinha em desesperadora infantilidade.[6]

UMA INDÚSTRIA SEM IGUAL NO BRASIL

A Vera Cruz foi a terceira grande tentativa (depois da Cinédia e da Atlântida) de fazer com que o cinema nacional entrasse na era industrial. A burguesia paulista sonhava em alçar-se a um nível internacional, distante do amadorismo artesanal tradicional ou da suposta vulgaridade criticada na chanchada carioca. Estúdios imponentes foram construídos, portanto, um exército de técnicos excepcionais foi convocado, e uma equipe de estrelas nacionais foi composta, estando o todo na interseção de três matrizes culturais:

- Hollywood, pela escolha de um sistema de estúdios com equipe de estrelas (muitas vezes criadas a partir do nada) e pelos códigos de narração cinematográfica inspirados em vitoriosos modelos americanos (panoramas históricos ou biográficos, melodrama, filme noir).
- Europa, pelo apelo aos talentos de especialistas estrangeiros que constituirão, por sua vez, funcionários de valor indubitável. A maioria, incluindo muitos pioneiros (como Luciano Salce ou Adolfo Celi), vem da Itália, de onde são originários os grandes investidores da Vera Cruz, influenciados pelo neorrealismo. Mas também encontramos o diretor de fotografia inglês Henry Chick Fowle (colaborador de Norman MacLaren em *News for the navy*, 1938), o fotógrafo francês formado no Institut des Hautes Études Cinématographiques (IDHEC) Jacques Deheinzelin, o montador aus-

tríaco Oswald Hafenrichter (*O terceiro homem, O ídolo caído*) e o engenheiro de som dinamarquês Eric Rasmussen.

- América Latina (Tom Payne é argentino), e o Brasil em particular, pelas temáticas abordadas e pela seleção musical (grandes compositores nacionais são convidados).

A Vera Cruz pretendia trazer ao país a qualidade e a experiência técnica europeias, mas preservar e depois valorizar e revelar as características profundas da cultura brasileira. Ela se propôs a elaborar uma série de filmes "genuinamente" locais com uma exigência de qualidade segundo regras de organização financeira e planificadora.

Alberto Cavalcanti, mestre do realismo documental, buscava a autenticidade total. O artifício dos grandes estúdios construídos em São Bernardo do Campo e a preocupação com glamour das novas estrelas criadas do nada a proporcionariam? O trágico hiato entre o projeto "brasileiro" e a maneira "colonial" de produzir suscitaria, de imediato, uma polêmica: como propor uma arte "genuinamente" brasileira a partir de um modelo importado e recorrendo a profissionais absolutamente desenraizados do solo nacional? Além disso, havia dois erros graves:

- O pouco conhecimento que Cavalcanti tinha de seu país e aquele que os paulistas lhe transmitiram sobre seus recursos o fizeram subestimar os profissionais existentes. Por que não recorrer a Humberto Mauro? Por que não contatar cineastas desembaraçados formados sobre as bases da Atlântida, como Carlos Manga?
- A negação, pela burguesia intelectual de São Paulo, de tudo o que fora feito antes, inclusive na escolha dos atores, salvo duas exceções: o galã Anselmo Duarte e a revelação do Teatro Experimental do Negro Ruth de Souza.

Mas a maioria das estrelas eram desconhecidas, desde a rica e bem-nascida Eliane Lage (*Caiçara*) até a futura esposa de um presidente do México, Leonora Amar (*Veneno*), ou não eram consagradas, como Maria Fernanda (*Luz apagada*). Nesse contexto ambíguo, dava-se o apogeu do filme de gênero: melodramas clássicos (*Caiçara*, para começar, *Floradas na serra*, para terminar), comédias rurais (*Candinho*) ou sofisticadas (*Uma pulga na balança*), filmes de aventuras (*O cangaceiro*), dramas históricos (*Sinhá moça*), filmes noir (*Na senda do crime, Veneno*).

Os dezoito filmes da Vera Cruz foram:

Caiçara (1950, Adolfo Celi)
Terra é sempre terra (1951, Tom Payne)
Ângela (1951, Tom Payne e Abílio Pereira de Almeida)
Tico-tico no fubá (1952, Adolfo Celi)
Sai da frente (1952, Abílio Pereira de Almeida)
Appassionata (1952, Fernando de Barros)
Veneno (1952, Gianni Pons)
Nadando em dinheiro (1953, Abílio Pereira de Almeida e
    Carlos Thiré)
O cangaceiro (1953, Lima Barreto)
Uma pulga na balança (1953, Luciano Salce)
Sinhá moça (1953, Tom Payne e Oswaldo Sampaio)
Esquina da ilusão (1953, Ruggero Jacobbi)
Família Lero-Lero (1953, Alberto Pieralisi)
Luz apagada (1953, Carlos Thiré)
Candinho (1954, Abílio Pereira de Almeida)
Na senda do crime (1954, Flamínio Bollini Cerri)
É proibido beijar (1954, Ugo Lombardi)
Floradas na serra (1954, Luciano Salce)

Caiçara

Alberto Cavalcanti relembra: "O sr. Franco Zampari convidou-me, então, para dirigir um filme no Brasil, com a condição de, antes da filmagem, orientar o trabalho do sr. Adolfo Celi que, conforme já fora decidido, seria o diretor do primeiro filme da empresa".[7]

Para o primeiro filme dos estúdios Vera Cruz, a escolha de um título em língua indígena é simbólica de uma reivindicada volta às origens. "Caiçara", em tupi, significa homem do mar ou da praia, pescador do litoral. O filme inicia didaticamente com um zoom num artigo do dicionário que explica o sentido da palavra. No *Dicionário de filmes brasileiros*, o comentário sobre *Caiçara*, filmado em Ilhabela, enfatiza: "Primeiro filme da Vera Cruz. Entre outros problemas, Ilhabela não tinha energia elétrica, e portanto tiveram que ser levados para lá gigantescos geradores. Técnicos europeus vieram para o Brasil e fizeram um filme denso e altamente profissional, elevando o padrão do cinema brasileiro da época".[8]

Caiçara venceu o prêmio de melhor filme sul-americano no Festival de Punta del Este, no Uruguai, em 1951. No Brasil, no entanto, a acolhida não foi muito calorosa. "Natural", comenta o professor Máximo Barro, "que sofresse tantas reprimendas, principalmente dos que já haviam-nas escrito antes de assistir ao filme [...] Uma visão despreconceituosa feita hoje prova que ele pouco envelheceu e, esquecidos os vínculos partidários, continua tão interessante quando o era em 1951." É verdade que Almeida Salles[9] afirma que, com esse filme, "nasce [...] o cinema brasileiro de escala industrial e internacional", bem como uma "consciência muito clara das exigências de um cinema nacional típico". Maria Rita Galvão constata que o filme provoca uma discussão sobre a "brasilidade", apesar de ele se contentar, segundo ela, em justapor "uma estrutura tomada emprestada do cinema estrangeiro a uma realidade nacional. [...] A realidade brasileira é tratada num estilo compassado e artificial que não escapou à crítica".[10] Mas a identidade brasileira deveria necessariamente vir acompanhada de amadorismo, artesanato, improvisação, "jeitinho" e "bagunça"? Pois, segundo Maria Rita Galvão e Carlos Roberto de Souza, traduzidos no livro *Le Cinéma brésilien* (1987): "Desde seus primeiros lançamentos [...], os melhoramentos que a companhia introduz no cinema, no plano técnico, saltam aos olhos; um salto qualitativo inegável, em todos os âmbitos: fotografia, som, montagem, tratamento em laboratório etc. Do dia para a noite, a cinematografia nacional se apropriou de todos os progressos realizados pela linguagem cinematográfica convencional desde seu surgimento".[11]

É verdade que nesse filme colaboraram os estetas Adalberto Kemeny e Rex Lustig, pais de *São Paulo, a sinfonia da metrópole*. O compositor da suntuosa melodia do filme era um mestre da música erudita, Francisco Mignone. Aliás, todos os filmes da Vera Cruz têm trilhas notáveis, como os flamejantes temas de *Floradas na serra* (Enrico Simonetti) e *Terra é sempre terra* (Guerra Peixe).

Melodrama marítimo, *Caiçara* relata as desventuras de uma bela jovem (Eliane Lage), malcasada com um homem autoritário e antes viúvo, numa aldeia de pescadores. Objeto de cobiça dos habitantes da ilha, ela vive entediada e melancólica até o dia em que desembarca um jovem marinheiro aventureiro (Mário Sérgio). O roteiro será criticado por sua simplicidade e insipidez, e a história se desenrolará em meio a uma atmosfera de misticismo que os críticos brasileiros sistematicamente considerarão folclórico demais, como será o caso, mais tarde, com *Orfeu negro* (1959), de um cineasta europeu, apesar do incensamento desse mesmo folclore místico em *Barravento*. Por que este seria do baiano e trotskista Glauber? De qualquer modo, *Caiçara* e *Barravento* têm uma ligação.

O autor do roteiro e diretor foi um italiano convidado para ir a São Paulo por Zampari depois da Segunda Guerra Mundial, Adolfo Celi. Homem de teatro mais do que de cinema, ele nunca havia dirigido um filme. Seria essa uma das contradições da Vera Cruz? Se o objetivo era encher a cinematografia nacional de especialistas, por que confiar os primeiros filmes a iniciantes, italianos como Celi ou Salce, o argentino Payne ou Lima Barreto, o único brasileiro? Supervisionar e orientar esses novatos conviria a Alberto Cavalcanti? Contratado como diretor-geral de produção, o pai de *Yvette* e de *La P'tite Lili* filmou, na verdade, por procuração. Sua impossibilidade contratual de dirigir por conta própria era, sem dúvida, um obstáculo para esse cineasta experimental nato, tentado pela câmera nas mãos. No ensaio *Filme e realidade,*[12] ele propõe uma radiografia sem anestesia do cinema nacional. Sua análise dos oito fatores que impediam o cinema brasileiro de funcionar é premonitória. Os "princípios" que ele analisa sob seu ponto de vista ao mesmo tempo endógeno e exógeno, sobre os quais as gerações modernas de cineastas podem refletir meio século depois, são:

- fator étnico: "Nossa gente, como os latinos em geral, sofre do mal de aprender depressa demais [...], da falta de paciência indispensável a um acabamento minucioso de toda obra que se preze. Aí estão nossas cidades, com seu crescimento vertiginoso e não planificado".
- fator ético: "Sofremos, em geral, da falta de equilíbrio e da falta de confiança em nós mesmos. O brasileiro é o homem dos extremos: às vezes julga poder fazer tudo, e outras vezes acha que não pode fazer nada, que aqui no Brasil tudo é péssimo. Existe entre nós, além disso, uma evidente falta de coragem de mostrar nossas fraquezas [...] e certa falta de

respeito à hierarquia, indispensável à organização de uma indústria complexa, como a cinematografia".

- fator industrial ou a produção propriamente dita: "Neste setor reinava, à minha chegada, completo caos, devido, acima de tudo, à falta de comunicação, que prejudica também todas as demais atividades brasileiras. O número de estúdios era reduzidíssimo [...] praticamente, não havia administração". Ele também assinala a negligência e o desperdício de material.
- fator econômico: "No Brasil, o capital circula com tal rapidez e com juros tão elevados que se torna difícil fazer compreender aos capitalistas que um filme só produz lucros depois de dois anos de distribuição".
- fator profissional ou técnico: "À minha chegada, os produtores, no Brasil, eram unicamente administradores financeiros [...]. A partir de então, os produtores artísticos se multiplicaram e, por saber o quanto é complicada a longa aprendizagem de um produtor, vejo essa multiplicação rápida com indisfarçável ceticismo. É enorme, além disso, a deficiência técnica que se observa ainda hoje. Praticamente não temos argumentistas especializados; nossos iluminadores e diretores contam-se pelos dedos. Não se encontram editores de prestígio. E quanto a bons engenheiros de som, conheço, entre nós, apenas dois. A falta de argumentistas tem provocado lamentável desperdício de nossa literatura. Quando importei uma dezena de técnicos estrangeiros [...] fui severamente criticado. No entanto, esta mesma crítica jamais ergueu a voz contra a infiltração constante de elementos estrangeiros sem credenciais que vêm inundando a indústria cinematográfica nacional com evidentes prejuízos materiais e humanos".
- fator distribuição: "Aqui, o quadro é ainda mais desolador.

Temos leis, e leis bastante inteligentes. Entretanto de nada nos adiantam, já que não são respeitadas [...] Basta dizer que os filmes nacionais de maior sucesso não foram exibidos em 50% sequer das nossas salas [...]. Quanto ao complemento nacional obrigatório, este chegou até, por causa de sua qualidade inferior, a comprometer seriamente as possibilidades do documentário no Brasil".

- fator exibição: "Em contraste com o seu custo de vida, que é um dos mais elevados em todo o mundo, em nenhuma parte são as entradas de cinema tão baratas quanto no Brasil. Naturalmente, isto retarda sensivelmente o retorno do capital aplicado na produção nacional. Por outro lado, nas salas do interior a projeção é, em geral, de péssima qualidade, sendo impossível, em muitos casos, ter-se uma ideia do idioma em que a película é falada". Cavalcanti sugere "uma inspeção técnica que exigisse projeção decente e fiscalização rigorosa para impedir a fuga às leis de proteção ao filme nacional".

- fator crítico: "É sempre perigoso, para um diretor cinematográfico, atacar os críticos. A crítica no Brasil é abundante, comparada ao alcance de nossa produção. Salvo as honrosas exceções, reina, também neste setor, empirismo geral. [...] Para certos críticos, basta o filme ser nacional para não ter valor. Laboram, porém, em absoluta falta de compreensão do quadro geral da direção técnica de nosso cinema".

Consequentemente, Alberto Cavalcanti proporá ao presidente Vargas uma total reorganização da legislação brasileira, uma revisão de alto a baixo das leis de proteção aos produtores e de distribuição, e a criação de um Instituto de Cinema ou de uma Cinemateca como a de Paris. Não apenas o recém-chegado criticava tudo como também, convidado para dez conferências no

Museu de Arte de São Paulo (então recentemente criado, em 1946), ele passava à ação e concretizava projetos inovadores. Era demais. A ira de seus inimigos fustigou a primeira produção da Vera Cruz. Sem chance. Ela foi "objetivamente" vencida. Podia-se falar mal de *Caiçara*, mas era evidente que o filme enobrecia o panorama local. A primeira estrela feminina da Vera Cruz escolhida para encarnar a Emma Bovary de Ilhabela em *Caiçara* foi criada a partir do zero: a "muito chique" Eliane Lage. A última estrela será Cacilda Becker,[13] presente na noite de inauguração — também protagonista, quatro anos depois, de outro melodrama, *Floradas na serra*. A estreia desse derradeiro belo filme será marcada por uma grande tristeza: junto com a palavra FIM em letras imensas ao término da projeção, os sinos dobram pelo sonho da Vera Cruz.

Eliane Lage, estrela e meteoro da Vera Cruz

Nascida na alta sociedade industrial do Brasil, Eliane pertence à ilustre família carioca dos condes Lage. Nada predestinava essa jovem privilegiada nascida em Paris em 1928, que falava português com sotaque britânico (sua mãe era inglesa), a esse ofício de saltimbanco considerado, nos anos 1940, inconveniente para uma jovem moça de boa família. Principalmente uma quatrocentona. Como nas cenas romanescas em voga na época, durante um jantar em São Paulo na casa dos poderosos condes Ciccillo e Yolanda Matarazzo, prestes a fundar com Zampari a Vera Cruz, Eliane conheceu o jovem cineasta argentino Tom Payne, e um romance teve início. Payne era um dos profissionais estrangeiros ao lado de Alberto Cavalcanti. Eliane aceitou a contragosto um teste para o papel principal de *Caiçara*. Contra sua vontade, e contra a vontade dela também, Alberto Cavalcanti a contratou. Sua fotogenia, que lembrava Joan Fontaine ou Ingrid Bergman, não o seduzira, mas Eliane seria a protagonista de três produções da Vera Cruz: *Caiçara* (1950), *Ângela* (1951) e *Sinhá moça* (1953). Ela participaria também de *Terra é sempre terra* (1951) e depois só filmaria *Ravina* (1958), refinada obra pós-Vera Cruz do crítico Rubem Biáfora.

Eliane Lage confirma ter aceitado o papel por influência da paixão: "Isso implicava deixar o passado e todos os planos bem-comportados que tivera ao longo dos últimos anos para embarcar num futuro desconhecido. Inexplicavelmente sentia uma atração enorme por esse futuro, uma espécie de vertigem que me impelia para o abismo sem volta. A volúpia da aventura!".[14] Ela desapareceu do mesmo jeito que havia aparecido: "Depois da experiência de *Ravina* eu jurara não filmar mais".[15]

Um "star system" paradoxal

O historiador do cinema Salvyano Cavalcanti de Paiva, em *História ilustrada dos filmes brasileiros, 1929-1988*, não é muito amável com os filmes da Vera Cruz. Em relação a *Caiçara*, ele afirma que para o grande público "os caiçaras de verdade, os não profissionais recrutados na praia, que serviam de pano de fundo para o desenvolvimento da trama, pareciam mais naturais frente às câmeras do que o pessoal do elenco estelar".[16] Ele conclui o artigo do seguinte modo: "Foi o início — e o fim — da maior aventura industrial do cinema sul-americano".

Inclemência também por *Terra é sempre terra*: a "segunda produção da Vera Cruz, dirigida por Tom Payne, produzida por Cavalcanti, possuía a qualidade técnica de *Caiçara* mas era muito mais mórbida e reacionária".[17] Adaptação do escritor Guilherme de Almeida de uma peça do ator Abílio Pereira de Almeida (*Paiol velho*), é a história de uma fazenda de café abandonada pelo proprietário e comprada pelo administrador, jogador inveterado que se tornara rico e cuja mulher mantinha uma ligação com o ex-

-patrão. Para Alex Viany, "o problema da terra era visto com vaga simpatia, sim, mas através dos olhos de um homem da cidade, sem um pingo daquela simplicidade que caracterizara *João da Mata*, em 1923".[18]

No entanto, o filme ganhou inúmeros prêmios em São Paulo, em 1951, como o de melhor atriz para a segunda estrela feminina criada pela Vera Cruz: Marisa Prado.[19] A propaganda do filme focaliza no lançamento dessa star *overnight*, Cinderela da Vera Cruz nascida numa cidade (Araçatuba) em que todos os jornais repetem o mesmo conto de fadas. Era uma vez uma mocinha do interior, bonita, doce, simples, que queria um emprego e o obteve. Datilógrafa e depois assistente de montagem na Vera Cruz, ela foi descoberta por Alberto Cavalcanti, que gostou de seu tipo brasileiro, fez um teste e contratou-a para o papel principal de sua grande produção campestre. A simplicidade autêntica de Marisa Prado era um contraponto à sofisticação de Eliane Lage. A Vera Cruz teria sua diáfana Greta Garbo e sua rústica Barbara Stanwyck. Marisa participa de quatro filmes: *Terra é sempre terra*, *O cangaceiro*, *Tico-tico no fubá* e *Candinho*.

Como Vanja Orico,[20] ela se beneficiou do sucesso internacional do filme de Lima Barreto e se tornou uma estrela na Espanha, em Portugal, no México e em Cuba, antes de morrer misteriosamente[21] aos 52 anos, em 1982. Na lógica desse *star system* copiado de Hollywood, Marisa Prado recebeu o mesmo par que Eliane Lage em *Caiçara*: Mário Sérgio. Este, atleta de beira de praia (de Santos), foi contratado na rua por seu físico, assim como o jovem protagonista de *Ângela*, Alberto Ruschel, campeão de natação, futuro par, na Espanha, de Marisa Prado em *Orgulho*.

Espantam, aqui, essas escolhas por desconhecidos para quem luta contra o artesanato e o amadorismo. Nem Lage nem Prado nem Sérgio nem Ruschel haviam atuado antes de serem alçados ao primeiro plano dos filmes mais ambiciosos do cinema nacional:

os críticos foram impiedosos em relação a isso. Sem dúvida a influência de Rossellini ou de De Sica podia ser percebida sobre um cineasta que prefigurava, por sua vez, o que as nouvelles vagues de todos os países fariam: escolher na rua a estrela de amanhã. Sua valorização dos "habitantes de Ilhabela" nos créditos de *Caiçara* é significativa dessa vontade de "parecer verdadeiro" de um cineasta ávido por "dramatizar o real"[22] com "veracidade".

Ângela não escapa do massacre da crítica, mas consagra como atores, em seus papéis coadjuvantes, Ruth de Souza e o italiano Luciano Salce, futuro diretor. Eis o que diz Salvyano de Paiva: "*Ângela* é a terceira filha da Vera Cruz — e o estúdio já estava em crise [...]. Argumento baseado num conto de Hoffmann (quanta brasilidade!) [...] Direção de Tom Payne (marido da estrela). Um filme glacial. Um desperdício para o velho Cav".[23] O nome de Alberto Cavalcanti é familiarmente,[24] voluntariamente, deixado incompleto. Como confidencia Abílio Pereira de Almeida para Maria Rita Galvão, "logo depois do primeiro filme começou a campanha da imprensa contra a Vera Cruz. [...] Os jornais do Rio, sobretudo [...] Mesmo em São Paulo a imprensa não foi nada reticente".[25] Recém-surgida, ela será morta ao nascer? Já em crise? Em 10 de janeiro de 1951, a *Folha da Tarde* publica na primeira página, em letras maiúsculas, uma notícia sensacional imediatamente desmentida por Franco Zampari na *Folha da Noite*: CAVALCANTI ROMPEU COM A VERA CRUZ.

ENTRE CRISE INTERNA E SUCESSO EXTERIOR

Alberto Cavalcanti, o homem providencial que fora convocado, aquele sem o qual a imprensa, os meios intelectuais e culturais, a alta burguesia paulista e mesmo o governo não teriam apoiado a criação de um estúdio de cinema de tais dimensões, abandonou a

Vera Cruz no início das filmagens da terceira produção, *Ângela*. A personalidade exigente e complexa do cineasta sem dúvida o levou a um choque com os proprietários da companhia.

Acostumado com sua independência criadora e frustrado por não poder dirigir, Alberto Cavalcanti pede demissão para se dedicar ao projeto de um Instituto Nacional de Cinema, em nome do presidente Vargas. Enquanto isso, em São Bernardo do Campo, os filmes se encadeiam, ambicionando agradar aos públicos brasileiro e internacional: as produções locais são enviadas para os festivais de Punta del Este, Edimburgo, Escócia, Berlim, Cannes e Veneza (este último o mais importante da época). Esforço inútil? Pretensão abusiva? Para desespero de seus detratores, a Vera Cruz venceu os primeiros prêmios internacionais de peso da história do cinema local. Feitos que este penará para reproduzir durante as cinco décadas seguintes.

Nascimento internacional do cinema brasileiro

Apesar de não trabalhar mais na Vera Cruz, Alberto Cavalcanti formou diretores como Lima Barreto e Tom Payne, e contribuiu para produzir seus sucessos. Os festivais associaram seu nome a três produções tecnicamente sólidas e, sobretudo, repletas, para um olhar externo, de "brasilidade". Profunda ou de fachada?, eis a questão.

Santuário

Da época em que curtas-metragens e atualidades precediam a projeção do filme principal, *Santuário*, de Lima Barreto, foi pensado para preceder *Terra é sempre terra*, na pré-estreia em São Paulo, no Cine Marabá, no dia 4 de abril de 1951. "Com música de Gabriel Migliori cantada pela famosa soprano Maria Kerska", segundo o material de divulgação, trata-se de um documentário filmado em Congonhas, Minas Gerais. Afetando uma religiosidade mística, o curta conquista o júri de Veneza em 1952, que lhe atribui o Primeiro Prêmio da Seção de Filmes de Arte, provando que o documentário é uma linha mestra do cinema brasileiro.

O cangaceiro

Mesmo os adversários da Vera Cruz precisaram se curvar diante desse êxito de Lima Barreto em 1953, que foi a alegria e o infortúnio de uma companhia que não soube administrar nem a distribuição nem o sucesso financeiro do filme, cedendo os direitos internacionais à Columbia. Vencedor do prêmio de Melhor Filme de Aventura no Festival de Cannes, em 1953, com menção especial à música (Gabriel Migliori e a famosa canção "Mulher rendeira", cantada por Vanja Orico), primeiro filme brasileiro distribuído mundialmente, *O cangaceiro* lançou um gênero discretamente ilustrado desde seu surgimento em Recife no ano de 1925 (com *Filhos sem mãe*): o filme de cangaço, gênero de western que conta as aventuras dos bandidos que assolaram o Nordeste até 1939, Lampião sendo o mais conhecido deles. Assim, cria-se o neologismo "nordestern".

Seu sucesso se deve à sua eloquência lírica e ao exotismo tropical da história (ela parece acontecer no século anterior, apesar de ser quase contemporânea), dos trajes, da paisagem agreste ainda pouco conhecida no exterior, mas também, é preciso reconhecer, a receitas diretamente tiradas do cinema americano, em especial do western: heróis e bandidos, amores e traições, perseguições, cavalgadas e tiros. Os *topoï* narrativos hollywoodianos são adaptados — de maneira inteligente e eficaz — às realidades nacionais.

Essa primeira vitória internacional acontece, paradoxalmente, ao mesmo tempo que a falência da Vera Cruz é anunciada. Antes mesmo de ser projetado em Cannes, o filme é um sucesso no Brasil: lançado no dia 20 de janeiro de 1953 em 24 cinemas, em dez semanas ele foi visto por 800 mil espectadores, recorde absoluto de bilheteria no país.

No final de abril, a Vera Cruz anuncia orgulhosamente ter conquistado para o Brasil a maior vitória do cinema nacional em toda a sua existência, seu filme *O cangaceiro* tendo obtido o Primeiro Prêmio Internacional de Cinema de Cannes de 1953. Com o imenso sucesso local e internacional, seguido pelo de *Sinhá moça*, a Vera Cruz poderia contradizer os rumores que já a desacreditavam. Mas não: numa coletiva de imprensa, Zampari, que, segundo Alex Viany, por muito tempo hesitara em aceitar *O cangaceiro* e adiara as filmagens por nove meses, desmentiu o otimismo da imprensa que saudava em conjunto o reconhecimento mundial e a aparente recuperação da empresa: "O apoio do povo e do governo", diz ele, "é indispensável para o cinema brasileiro".

O que acontecera nesse meio-tempo? Mais uma peripécia adversa do folhetim melodramático do cinema brasileiro? Segundo Lima Barreto, diante da soma de 14 milhões de cruzeiros devidos à Columbia, a Vera Cruz foi obrigada a ceder-lhe imediatamente todos os direitos sobre *O cangaceiro*. E por que não esperou um pouco mais? A arrecadação do filme atingiria o dobro do que a companhia devia a todos, americanos ou bancos locais como o Banco do Brasil ou o Banco do Estado de São Paulo. A Columbia só precisaria esperar alguns meses: a Vera Cruz teria prosperado, pois outros sucessos a esperavam.

Sabotagem? Zampari, um dos homens mais ricos e empreendedores do Brasil, morreu absolutamente arruinado, esquecido e miserável, consumido por sua paixão cega e incondicional pela criação de um cinema de peso. Sua esposa Débora confidencia a Maria Rita Galvão:

E não havia necessidade de as coisas acabarem desse modo. Basta pensar que, mesmo na época, só o terreno de São Bernardo teria dado para pagar a dívida da Vera Cruz. Era um terreno enorme que naqueles quatro anos se valorizou brutalmente. Franco poderia ter vendido [...] para as fábricas [...] Mas ele não quis. Ele queria preservar aquilo como um centro de produções de filmes, doía-lhe pensar que tanto esforço pudesse simplesmente ser jogado fora. [...] Era um crime desmanchar aquilo, era preciso manter a qualquer custo.[26]

Zampari lá perderia fortuna e saúde. Pois no rastro de um cangaceiro o sonho assumira formas tão belas que não devia ser dissipado.

Em sua primeira ficção, Lima Barreto (1906-82), ex--jornalista, demonstrou espantosa maestria, confirmando a segurança com que dirigiu a corrida de cavalos em *Ângela*. Ele soube, segundo Carlos Roberto de Souza, com sua forte personalidade,

amalgamar os elementos mais díspares — influências do cinema épico mexicano e do faroeste, diálogos de Rachel de Queiroz, canções de Zé do Norte e partituras de Gabriel Migliori, fotografia acadêmica do inglês Chick Fowle — e criar um filme que impressionou o Brasil inteiro. Conseguiu, além disso, dar origem a uma série de fitas de sucesso popular.[27]

"Vetor importante da cristalização do sertão como símbolo da identidade nacional", o filme é o primeiro a "destacar o cangaço, fenômeno típico e local, de seu ancoradouro realista para fazer dele uma representação legendária e identitária nacional."[28]

Pouco satisfeito com o fato de o filme ter sido rodado em São Paulo (na região de Itu, bastante árida e rochosa), apesar de terem sido feitas pesquisas de locações na Bahia, Lima Barreto começou as filmagens de *O sertanejo*, sobre Antônio Conselheiro, profeta de Canudos, inspirado em *Viva Zapata*. Os problemas da Vera Cruz provocam inúmeros adiamentos: um filme sobre o assunto será produzido 44 anos mais tarde por Sérgio Rezende (*Guerra de Canudos*, 1998). Lima Barreto, autor da primeira vitória do cinema brasileiro, dirigiu documentários (*São Paulo em festa*, 1954) ou filmes de encomenda institucional e um único outro longa--metragem, que passou despercebido pelo Festival de Cannes de 1961: *A primeira missa* (1960), obra magistral "sequência por sequência", segundo Sérgio Augusto: "admirável emprego artístico e técnico das fusões e dos cortes [...] Os diálogos atingem uma perfeição nunca vista em nosso cinema".[29] Vítima do cruel destino reservado aos pioneiros, Lima Barreto morre anônimo num asilo de idosos, em 1982. Depreciado no Brasil, ao passo que em vida aparece nas enciclopédias mundiais, foi alvo do encarniçamento crítico de Glauber Rocha, que, como Truffaut diante de Delannoy ou Autant-Lara, se insurge de má-fé: "*O cangaceiro* realmente embruteceu o público. Produto industrial baseado numa ideologia nacionalista tipicamente pré-fascista, é um filme negativo para o cinema brasileiro, como toda a obra de Barreto".[30]

Esta, no entanto, fez o mundo conhecer o Brasil e seu cinema. A Vera Cruz, por sua vez, encadeia sucessos, como *Sinhá moça* — para muitos o mais belo —, triunfo local inspirado em *A cabana do pai Tomás* e *...E o vento levou*.

Sinhá moça

"Ninguém garante que teria sido feito, não fosse a história baseada num romance da senhora do então presidente do Banco do Estado de São Paulo",[31] segundo Alex Viany. A romancista Maria Dezzone Pacheco Fernandes participou da adaptação ao lado de grandes escritores: Oswaldo Sampaio, Guilherme de Almeida e

Carlos Vergueiro. A primeira "verdadeira" superprodução (grandes cenas e figurações) do cinema brasileiro, em 1953, propunha uma esplêndida fotografia em preto e branco de Ray Sturgess e uma música brilhante de Francisco Mignone, com direção de Tom Payne e Oswaldo Sampaio. Esse drama histórico romanceava a história da filha de um rico proprietário de terra e escravos que se rebelava contra o pai tomando o partido da campanha abolicionista anterior a 1888. Além de o refinamento do filme refletir, para alguns, uma ambição industrial, condenou-se também o tratamento ingênuo, mesmo demagógico, da relação senhor-escravo. José Carlos Monteiro reabilita o filme: "Melodramático, paternalista, grandiloquente? Talvez. Mas *Sinhá moça*, caprichada produção da Vera Cruz, defendeu com brio as cores verde-amarelas na competição em Veneza".[32] Na época em que esse festival exigente era o mais importante, *Sinhá moça* recebe um Leão de Bronze. O casal protagonista Eliane Lage/Anselmo Duarte demonstrava charme e bravura, mas os aplausos iam para os atores negros Henricão e Ruth de Souza, que segundo Sadoul[33] ninguém poderá esquecer: seu nome circulou para o prêmio de interpretação, obtido por Lilli Palmer. Uma estrela diferente nascia em Veneza para brilhar no Brasil. A revista *Manchete* apresentou — acontecimento sociológico — pela primeira vez uma artista negra na capa.

Como seria de esperar, Veneza não premiou qualquer coisa: má-fé, rancor e inveja são manifestados em terras brasileiras contra as evidentes e objetivas qualidades do filme, primeiro a abordar o tema da escravidão com rigorosa documentação histórica. A complexidade da relação negros-brancos não foi tratada desde *Também somos irmãos*. Ela não será abordada, depois, até o lançamento de *Compasso de espera*[34] e *Abolição*, filme chocante de Zózimo Bulbul, de 1988, enquanto *A dupla do barulho* (1953) não passa de uma comédia "involuntariamente" crítica dessa relação.

O Cinema Novo, por sua vez, interessou-se mais pelas ressonâncias político-marxistas (*Ganga Zumba*), alegóricas e místicas (o Cristo negro de *A idade da terra*) e mesmo folclóricas (*Quilombo*) da luta de classes. Para além das disputas internas na Vera Cruz, da má-fé dos detratores, de suas qualidades estéticas, *Sinhá moça*, paternalista ou condescendente, é um filme-patamar, obra indispensável na evolução do movimento da negritude no Brasil: o Festival de Havana, em Cuba, não se equivocou ao conceder-lhe o prêmio de melhor filme do ano de temática social. A produção da Vera Cruz "deu ao país uma aula de cinema, em todos os sentidos".[35]

Técnica e reflexão. O filme teria sido premiado em Veneza e Berlim se não satisfizesse um mínimo de exigências técnicas de acordo com os cânones europeus? É verdade que a megalomania da autora do romance, mulher de banqueiro, permitira um orçamento de 9,5 milhões de cruzeiros (500 mil dólares, na época); é verdade que a revista *Cena Muda* criticara o filme por "aderir, em certos momentos, às fórmulas americanas",[36] mas *Sinhá moça* foi dirigido com mãos de mestre por Sampaio e Tom Payne, ex-assistente, na Inglaterra, em produções de grandes espetáculos como *César e Cleópatra* ou *Os sapatinhos vermelhos*. Seria a fotografia de Ray Sturgess, colaborador de Laurence Olivier em *Hamlet*? O olhar de azeviche de Ruth de Souza? A força hercúlea de Henricão? Todas as cenas com atores negros são marcantes, como os movimentos da multidão. A Vera Cruz poderia ter continuado a explorar o filão dos filmes históricos cutucando as feridas da história nacional.

A trágica ilusão: crônica de um fim anunciado

O cangaceiro e *Sinhá moça* obtiveram alguns ganhos no mercado brasileiro, mas os americanos os capturaram. Todas as outras produções foram verdadeiros sorvedouros. Zampari inclusive lançaria um apelo à população, em abril de 1953:

Sem a revisão dos preços das entradas, não será possível converter a indústria cinematográfica brasileira numa organização realmente capaz de progredir continuamente. Os brasileiros, creio, entenderão que o aumento do preço dos ingressos é justo, inevitável, pois, apesar de todos os custos de produção terem aumentado, o público continua pagando uma soma irrisória por um filme que custa vários milhões.[37]

Surdo à argumentação, o público fez cara feia. No início de novembro de 1953, os jornais anunciaram "a paralisia das atividades da Companhia Cinematográfica Vera Cruz". Desde agosto de 1953, o Banco do Estado tinha suspendido seus financiamentos. Mas a Vera Cruz não teria gastado demais com seus atores, diretores e técnicos fixos sob contrato? Primeiro assistente de Celi em *Caiçara* e *Tico-tico no fubá*, e de Barros em *Appassionata*, diretor de filmes de Mazzaropi como *Gato de madame*, Agostinho Martins Pereira comenta com Helena Salem:

Não se conhecia a estrutura do mercado. Foi uma aventura mesmo. Tanto que o Fernando de Barros dizia que, se Franco Zampari pegasse um lápis e um papel, ele nunca teria montado a Vera Cruz. No Rio se faziam filmes com 800 mil, 1 milhão de cruzeiros. Inclusive na época em que a Atlântida começou a caprichar investindo mais — em *Carnaval no fogo*, por exemplo —, na Vera Cruz já partíamos do triplo — mais de 3,5 milhões, 4 milhões, 5 milhões. Tinha até bastante público, mas aí entrava a questão do preço do ingresso, os interesses americanos, e isso derrubou a Vera Cruz, como derrubou a Maristela e outras produtoras. Por mais público que a gente tivesse — duzentos metros de fila, às vezes a dar volta no quarteirão —, com o ingresso tabelado num preço baixíssimo, o dinheiro não era suficiente para pagar os custos da produção [...] Só depois de quatro anos é que Franco Zampari foi descobrir que a Vera Cruz era uma aventura.[38]

Para as filmagens de *Appassionata*, cenários particularmente grandiosos e impecáveis reconstituíram a Suécia, com uma profusão de neve artificial e algodão!

Para *Tico-tico no fubá*, biografia romanceada do compositor popular Zequinha de Abreu, construiu-se nos estúdios de São Bernardo uma verdadeira cidade, com lago e avenidas, circo e grandes multidões — um exército completo foi necessário para as filmagens.

Para *Floradas na serra*, o último filme, de clima melancólico (tanto pela história quanto pelas condições externas), Campos do Jordão foi inundada com torrentes de chuva artificial, num desperdício de recursos ainda mais patético porque a companhia se sabia arruinada. Essa riqueza hollywoodiana impressionava os próprios atores, inconscientes das dificuldades materiais da empresa.

Nos bastidores, Zampari lutava. O comediante Amácio Mazzaropi havia sido contratado para *Sai da frente* e depois para *Nadando em dinheiro*, empregando um novo caminho para conquistar o grande público apreciador de sotias[39] provinciais. Que ironia! Voltou-se, por necessidade pecuniária, às receitas tão criticadas das comédias populares, e inventou-se uma espécie de chanchada paulista!

Antigo artista circense, Mazzaropi retomou o papel de Genésio Arruda nos anos 1930: o do caipira. Evocando o vagabundo chaplinesco ou Cantinflas, ele atraiu milhões de espectadores e interpretou um Cândido moderno e brasileiro em *Candinho* (1954), distante adaptação do conto filosófico de Voltaire. Mas a questão não era nem o público nem o sucesso. Mazzaropi não podia fazer nada. A Vera Cruz, endividada demais, tinha vivido nas nuvens, muito além de seus recursos. Galileu Garcia, assistente de direção em *O cangaceiro*, explica:

> Ela devia muito dinheiro a vários órgãos do governo, ao Banco do Estado de São Paulo e à Columbia Pictures também, que tinha

dado um adiantamento sobre a distribuição. Evidentemente, eles viram que um filme muito bom estava sendo feito, e nada melhor que começar a adiantar dinheiro. Mas chegou um momento em que eles tinham de receber esse dinheiro e, pior, todas as fontes haviam secado para a Vera Cruz. Realmente, o fim da estrada.[40]

O que todos criticaram e ainda criticam foi a Vera Cruz não ter sabido administrar o imenso sucesso de *O cangaceiro* e, endividada, ter-se deixado devorar por Hollywood. Ora, a companhia, vítima de seus orçamentos desproporcionais, foi traída por seu distribuidor norte-americano. "Ela teve", continua Garcia,

> de sacrificar o filme, que seria assim a salvação financeira da Vera Cruz. Ela entregou o filme mais ou menos pelo dobro do custo da produção. O custo foi de 9 milhões, a Vera Cruz entregou por 18 milhões de cruzeiros, mas o filme depois fez mais de 1 bilhão. Exibido em Paris, ficou seis meses no mesmo cinema, com filas diárias. Aquele sucesso extraordinário. Determinou moda de roupa, de música. Também em Tóquio, no Japão, foi o maior sucesso. Inclusive, o filme virou um carro-chefe, cabeça de lote da Columbia [...] Foi pena o que aconteceu. *O cangaceiro* teria sido a salvação da Vera Cruz.

O cangaceiro foi sua danação. A Columbia foi hábil e pérfida, e soube tirar proveito de um sucesso local e exótico para impedir que ele ganhasse terreno e prejudicasse os interesses americanos. Alguns anos mais tarde, em 1958, durante uma entrevista em Paris, Alberto Cavalcanti, citado por Alex Viany, resumiu com clareza a situação, afirmando que o cinema brasileiro nunca poderia avançar "por causa dos americanos em primeiro lugar. Como o Brasil é um dos melhores mercados mundiais para um filme de Hollywood, os americanos não têm nenhum interesse que exista um cinema brasileiro".[41]

MARISTELA: DE ESTRELA DO MAR A ROSA DOS VENTOS

A Maristela foi uma empresa cinematográfica que tirou proveito da efervescência cultural e econômica do pós-guerra em São Paulo após o surgimento, em 1949, da Vera Cruz. Surgiu em 1950, dirigida por uma família de industriais proprietários de terras e meios de transporte: os Audrá, para quem Mario Civelli representou o que Cavalcanti foi para os Matarazzo e Zampari. Os estúdios foram construídos no bairro de Jaçanã, menos imponentes que os da Vera Cruz em São Bernardo, mas contrataram uma centena de atores e técnicos muitas vezes estrangeiros. Apesar de seus primeiros filmes não serem rentáveis, eles tinham qualidade: destaca-se o perturbador e perverso *Presença de Anita*, que revelou uma atriz não convencional de modernidade surpreendente, Antoinette Morineau, filha da grande dama francesa do teatro brasileiro, Henriette Morineau. A Maristela abrigou as filmagens do primeiro filme infantil, *O saci* (1953), de Rodolfo Nanni, que teve como assistentes Alex Viany e Nelson Pereira dos Santos. Esse êxito poético, adaptação de um conto de Monteiro Lobato, abriu caminho para um gênero muito valorizado no Brasil, tanto no cinema quanto no teatro. Nanni nunca acabaria seu segundo filme para a companhia, *O mistério de São Paulo*.

O demissionário da Vera Cruz Alberto Cavalcanti foi recebido de braços abertos na Maristela, e colocou em marcha *Simão, o caolho*. Mas nenhum dos filmes da nova companhia, apesar do sucesso, rentabilizou o investimento inicial, e a família Audrá foi condenada a vender estúdios e equipamentos para uma nova companhia que estava se constituindo, a Kinofilmes, com Cavalcanti à sua frente. A terceira tentativa do cineasta-produtor foi um rápido fracasso: definitivamente, o mau-olhado assolava. Ele dirigiu *O canto do mar* e *Mulher de verdade*, fracassos comerciais. A Kinofilmes entrou em falência e devolveu os estúdios aos antigos proprietários, que reconsideraram uma possível ressurreição da Maristela. A (des)aventura dura alguns meses: surgimento em 1950, um excelente 1951, venda no final de 1952, metamorfose como Kinofilmes em 1953, nova morte no início de 1954 para talvez um novo renascimento. Um percurso cíclico e labiríntico. Maristela e Vera Cruz são alegorias do destino do cinema brasileiro, com seus brilhos efêmeros, como os amores de Carnaval: "Tristeza não tem fim, felicidade sim".[42]

A Vera Cruz estava arruinada, a Kinofilmes também; a Maristela manteve o nome latino, remodelada pelas mãos do filho Audrá, mas se aliou imediatamente à Columbia Pictures. Esta, a Universal e a União Cinematográfica Brasileira de Severiano Ribeiro Jr. (igualmente comprometido com os grandes trustes — única condição para que a Atlântida continuasse suas chanchadas) dominavam o mercado brasileiro. Essa aliança com "o inimigo" permitiria à Maristela produzir filmes interessantes e às vezes espetaculares, como *Mãos sangrentas, Quem matou Anabela?* ou *Leonora dos sete mares*, e participar de obras como *Rosa dos ventos, Rio, zona norte* ou *O grande momento*, precursoras do Cinema Novo.

Simão, o caolho, Mulher de verdade e O canto do mar

O projeto de um Instituto Nacional de Cinema, articulado por Alberto Cavalcanti junto a Getúlio Vargas, também fracassa. Sua personalidade e autoridade assustavam conservadores e comunistas, burgueses ricos e intelectuais, governos e profissionais. Ele decidiu, não obstante, dirigir três filmes no Brasil, revelando com isso suas intenções originais e o motivo de ter deixado a Vera Cruz. *Simão, o caolho* (1952), pela Maristela, *O canto do mar* e *Mulher de verdade*, de 1954, pela Kinofilmes. Além disso, Alberto Cavalcanti produziu um filme raro, *Rosa dos ventos*.

Simão, o caolho, adaptado de um romance de Galeão Coutinho (1897-1951), era uma comédia urbana protagonizada por Mesquitinha. O tom da chanchada carioca era abandonado, nos bairros populares de São Paulo, em proveito de um toque de neorrealismo, com uma fantasia ingênua de inflexões sociais, políticas e religiosas. Para a revista *Cena Muda*, "seu grande mérito reside no ar cotidiano, doméstico, íntimo que Cavalcanti deu ao filme".[43]

Já *Mulher de verdade* tentava imprimir um tom mais sofisticado à comédia, gênero preferido do cinema brasileiro dos anos 1950. A energia da atriz e cantora Inezita Barroso (1925-2015), vinda da Vera Cruz, conferia-lhe um tom original.

O filme mais rico de Cavalcanti, com toques de realismo humanista, seria *O canto do mar*, filmado no Nordeste. A *Enciclopédia do cinema brasileiro* afirma que:

> reduzir *O canto do mar* a um simples remake de *En Rade* ou criticar seus aspectos folclóricos é parte da miopia da época. O hibridismo entre a antiga vanguarda e a crescente sensibilidade social mostra que tanto o filme quanto o cineasta são figuras de transição entre o velho e o novo. O próprio tom desesperado, afastado dos padrões então vigentes no "realismo socialista", parece sintonizado com o sentimento moderno perceptível nos filmes do Cinema Novo [...] *O canto do mar* seria suficiente para garantir a Cavalcanti um lugar de destaque na história do cinema brasileiro.[44]

Em 1997, houve uma reabilitação do filme, quinze anos depois da melancólica morte do cineasta cosmopolita e 42 anos depois de sua partida definitiva do país natal. Benedito J. Duarte escreve:

> Quase um ano de realização, ora em São Paulo, ora em Pernambuco. Um canto terrível de se ouvir, de voz afinada à escola que Cavalcanti criara em suas andanças pela Europa, na escola do documen-

tário do norte do Brasil, com suas imagens despojadas de qualquer virtuosismo, o seu tema áspero, cruel, pessimista, o drama da terra, sem concessões. *O canto do mar* se apresenta com a brutalidade de um instrumento contundente. Suas imagens, seus diálogos vêm à tela dotados de uma profundidade sociológica.[45]

MULTIFILMES

Este foi o último grande investimento da burguesia paulista no cinema. Seu fracasso foi uma prova de fogo. Um projeto cultural sem dinâmica econômica é inválido. Malraux[46] havia afirmado que o "cinema é uma arte e uma indústria", mas os industriais poderiam *gerir* a arte?

A Multifilmes surgiu no dia 19 de setembro de 1952, como sociedade anônima. Seus capitais vinham das indústrias de tecido e papel, da mecânica, das finanças. Quatro estúdios e três geradores foram instalados a uma hora de São Paulo, com um laboratório, restaurante e duzentos empregados, no município de Mairiporã. O diretor chamado foi Mario Civelli, que estava saindo da Maristela. Atores foram contratados (Procópio Ferreira, Hélio Souto, Luigi Picchi, Paulo Autran), bem como técnicos e roteiristas (Ruy Santos, Alinor Azevedo, Harry Hand, da Vera Cruz).

Em uma última chance, remanescentes da Vera Cruz, da Maristela e mesmo da Atlântida foram acolhidos. José Carlos Burle filmou assim *O craque* e *Chamas no cafezal.* Houve inclusive impostores, como o norte-americano H. B. Corell, que afirmava ter trabalhado com Richard Thorpe em *Festa brava* (1947) e lançado o procedimento Ansco Color, ficando responsável pelas primeiras cores de um filme de ficção nacional: *Destino em apuros* (1953). Pouquíssimos filmes foram produzidos por essa companhia-miragem. É verdade que a comédia *A carrocinha*, com Mazzaropi, foi um sucesso, como todos os filmes[47] do comediante, mas isso não bastava.

O ano de 1954 foi terrível para São Paulo, cinematograficamente falando: o sonho da Vera Cruz afundou ao bater nas rochas da megalomania e da mitomania. É verdade que, sempre movida pelo "complexo de fênix", como o resto do cinema brasileiro, essa companhia recusou a extinção definitiva e ainda viveu duas fases. A primeira, sob o comando de Abílio Pereira de Almeida, a partir de 1955, utilizou essas infraestruturas (excepcionais para o Brasil).

Sete filmes foram discretamente produzidos pela Multifilmes, sob o selo Brasil Filmes:

O sobrado (1956, Walter George Durst e Cassiano Gabus Mendes)
O gato de madame (1956, Agostinho Martins Pereira)
Osso, amor e papagaios (1957, Carlos Alberto de Souza Barros)
Paixão de gaúcho (1958, Walter George Durst)
Estranho encontro (1958, Walter Hugo Khouri)
Rebelião em Vila Rica (1958, Geraldo e Renato Santos Pereira)
Ravina (1959, Rubem Biáfora)

A segunda (início dos anos 60) seria de recuperação dos estúdios, por Walter Hugo Khouri (que neles dirigiu *Fronteiras do inferno* e *Noite vazia*) e seu irmão William, mas alguns dos filmes produzidos (*Pindorama* e *Um certo capitão Rodrigo*) foram gravados, com grandes despesas, em locações externas. Ora, as companhias americanas detinham a penhora:

Pindorama: Columbia
Capitão Rodrigo: United Artists
O palácio dos anjos: Metro Goldwyn Mayer
Anjo mau: 20th Century Fox

Mais tarde, os americanos coproduziriam *O beijo da mulher aranha*, de Hector Babenco (1985), com William Hurt e Sônia Braga.

O FIM DO SONHO DO CINEMA PAULISTA

Podia-se ainda falar em sonho do cinema brasileiro? O nome Vera Cruz, despossuído de sua própria personalidade, não passava de um simulacro. Depois do retumbante fracasso financeiro (e não artístico) desse Hollywood contra Brasil, Cavalcanti voltou para sua Montmartre parisiense, retomando a vida de nômade europeu: trabalhou com Bertolt Brecht em Berlim (*Senhor Puntilla e o seu criado Matti*) e Vittorio de Sica na Itália (*A primeira noite*), sonhando filmar *O bosque das ilusões perdidas*, de Alain--Fournier. Adaptou para a televisão francesa *A visita da velha senhora*, de Dürrenmatt (1971). Como muitos desbravadores do cinema, aqui e alhures, ele teve um fim discreto. Nem o Brasil, país de origem, nem a França, terra de adoção,[48] nem a Inglaterra, laboratório profissional, lhe dedicaram, até o momento, uma bibliografia digna de sua obra e de sua importância nessas três cinematografias. Santo de casa não faz milagre!

O ano de 1954 foi o do Primeiro Festival de Cinema do Brasil, iniciado no dia 12 de fevereiro, por ocasião do quarto centenário da fundação de São Paulo. Uma constelação de estrelas improváveis brilhou naquele verão como nunca Hollywood as alugara — a qual preço! — no Trópico de Capricórnio: John Wayne, Joan Fontaine, Jeannette MacDonald, Walter Pidgeon, Tyrone Power, Linda Christian, Irene Dunne, Rhonda Fleming, Jane Powell, Edward G. Robinson, Jeffrey Hunter, Barbara Rush e Errol Flynn, com o cortejo de todos os seus excessos multiplicados pelo calor do Brasil. Essas estrelas honraram com sua presença as grandes noites no cinema Marrocos, ligado ao Theatro Municipal de São Paulo por um tapete vermelho coberto. Essa vontade de glamour trará ainda, em menor número a cada vez, estrelas como Kim Novak e Debbie Reynolds, Pier Angeli ou Charlton Heston.

O ano de 1954 foi marcante e estupefaciente não apenas para a cidade de São Paulo, mas para todo o Brasil. No Rio de Janeiro, a capital, no palácio à beira-mar, depois de tantos anos de governo, o presidente Vargas se suicidou, no dia 24 de agosto.

3. Esperando um Cinema Novo

GETÚLIO VARGAS E O CINEMA

Representado de longe (ao lado de Roosevelt) em *For all* (Lacerda e Ferraz, 1997), fugitivamente em *Villa-Lobos* (Viana, 2000), mimeticamente por Osmar Prado em *Olga* (Monjardim, 2004) antes de Tony Ramos em 2014 (*Getúlio*, de João Jardim), objeto de inúmeros documentários, Vargas dominou a política brasileira por um quarto de século, da Revolução de 1930 até seu suicídio, em 1954. Ele foi o mais importante, amado, odiado, controverso e ambíguo dos presidentes do Brasil. Derrubado pelo Exército em 1945, o antigo ditador foi eleito em 1950.

Cara: o ditador. Aquele que exilou e depois mandou prender, em 1936, Luís Carlos Prestes, dirigente do Partido Comunista Brasileiro; que deportou para a Alemanha sua mulher grávida, Olga Benário (*Olga*), judia e comunista. Aquele que comandou um golpe de Estado em 1937 e proclamou o Estado Novo, ditadura fascista que lhe deu plenos poderes. Aquele que proibiu, em 1938, publicações, emissões e ensino em língua estrangeira, além da Frente Negra Brasileira e seu jornal, *A Voz da Razão*. Aquele que simpatizou com Hitler e Mussolini até 1942, ano em que bases americanas e a Coca-Cola se instalaram no Brasil (*Berlim da batucada* [1944], comédia de Luiz de Barros com Procópio Ferreira, aborda essa nova aliança). Coroa: o pai do povo. Aquele que criou o Ministério do Trabalho (1931) e depois instaurou um salário mínimo (1940), superior, comparativamente, ao de hoje. Aquele que estendeu o voto às mulheres, em 1932, ano em que impôs a jornada de oito horas de trabalho. Aquele que livrou o Nordeste das vilanias do cangaceiro Virgulino Ferreira da Silva, o Lampião, morto no sertão do Sergipe. Aquele que se interessou pela música (Villa-Lobos) e pelo cinema nacional.

Enquanto acontecia, em 1932, o I Congresso Nacional de Cinema, no Rio de Janeiro, e surgia a Associação Cinematográfica dos Produtores Brasileiros, Vargas inaugurava uma legislação protecionista: a chamada lei do "complemento nacional". Todo longa-metragem exibido no país deveria ser precedido por um curta-metragem brasileiro (e por um cinejornal louvando o governo, é claro). Aproveitando essa ajuda ao cinema, em 1933 seria criada a primeira comissão de censura federal no Ministério da Educação, sob a presidência de Roquette-Pinto. A partir de 1934, a censura passaria a depender do Ministério da Justiça.

Em 1936, foi criado o Instituto Nacional do Cinema Educativo (INCE), também sob os auspícios de Roquette-Pinto, para o qual Humberto Mauro dirigiu centenas de curtas-metragens. Em 1939, impôs-se a exibição de um longa-metragem brasileiro por ano em cada sala de cinema do país. O decreto assinado por Vargas em 30 de dezembro foi o primeiro a proteger o cinema nacional. Em 1946, sob Gaspar Dutra, a imposição passa a três filmes.

A primeira-dama Darci Vargas, à frente da Casa das Meninas, foi a inspiradora do filme sobre a infância abandonada que Raul

Roulien filmou em 1939, *Aves sem ninho*. De maneira geral, no entanto, a relação do presidente com o cinema foi distante, apesar de não deixar de haver, como na Alemanha ou na Itália, uma instituição estatal encarregada da propaganda política. Ele sem dúvida subestimou o poder demagógico do meio e a arma política que poderia representar.

Isso não se aplicava ao rádio, que na época representava para as massas o que a televisão representa hoje. A Rádio Nacional foi, nos anos 1940-50, a porta-voz de um sistema de manipulação ideológica. Fundada em 1936 e recuperada pelo governo Vargas em 1940, teria, segundo a pesquisadora e cientista política Miriam Goldfeder, "um papel de controle social, implícito e difuso", disseminando na população "a excelência de valores ético-morais e um modelo de sociedade ideal positivo, sem jamais integrar-se diretamente e explicitamente a um projeto político".[1] De norte a sul, a população quase sempre analfabeta ligava o rádio ao mesmo tempo, para sintonizar os concursos de miss ou as radionovelas, da mesma forma que hoje se instala na frente dos programas da onipotente Globo.

A relação de Vargas com o mundo do cinema decorreu do curso pessoal de sua vida. Assim como Kennedy (John) teve Marilyn (Monroe), Getúlio teve Virginia. Vedete do casino da Urca, cantora de rádio e boates, depois estrela de comédias musicais, Virginia Lane cantou com um sósia de Stálin em *Samba em Berlim* (1943, Luiz de Barros). A cena foi censurada. Inveja do presidente? A estrela, dizia-se (e dizia ela), era amante do chefe de Estado. Nesse ponto, muitos invejavam Vargas, sobretudo depois que ela apareceu nua em *Anjo do lodo* (1951, Barros). É verdade que a censura (por pressão do presidente?) cortou uma cena de dança e orgia, ousada para a época, mas restara o suficiente para atiçar a libido dos espectadores. A população de nenhum país jamais odiou seus chefes de Estado por manter relações com belas favoritas, cortesãs ou atrizes. Pelo contrário. Questão de coração, segundo Virginia Lane (1920-2014),[2] questão de Estado segundo os historiadores, o suicídio de Getúlio Vargas tornou-se um mito.

CREPÚSCULO DA ATLÂNTIDA

O fim da Vera Cruz no mesmo ano do suicídio do presidente Vargas pouco afetou o Rio de Janeiro. Treze anos depois de seu surgimento, sob a direção do distribuidor Severiano Ribeiro, a Atlântida continuou sua existência bastante nacional oferecendo ao público a dupla Grande Otelo-Oscarito em *Matar ou correr.* Mas o último de seus catorze filmes depois de *Tristezas não pagam dívidas* marcou o fim de uma fase. O ano de 1954 anunciou uma ruptura nas produções da companhia, que sobreviverá até 1959 com suas receitas congeladas.

Pois a festa continuou. Com um solitário Oscarito que continuava atraindo multidões em *Papai fanfarrão* (1956) e no simpático e muito rentável *Colégio de brotos* (1956). Enquanto isso, Melvis Prestes, o rei do rock — paródia de Elvis Presley —, estrelava *De vento em popa* (1957) e superava-se com *Esse milhão é meu* (1958) e depois *Dois ladrões* (1960).

Era um retorno aos esquetes circenses do início do cinema itinerante. Não havia nada de novo sob o sol da Atlântida, que esgotou até a última gota as receitas conhecidas e eficazes, pelo menos até 1962, ano em que os estúdios foram fechados. Uma menção especial precisa ser feita ao *opus ultimum, O homem do Sputnik,* de Carlos Manga (1959), paródia de espionagem com o espírito crítico irreverente próprio da comédia carioca. Em plena Guerra Fria, a União Soviética envia seu primeiro satélite para o espaço, que aterrissa em pleno interior brasileiro, no galinheiro de Anastácio (Oscarito) e de sua mulher (Zezé Macedo). Os soviéticos, americanos e franceses enviam seus agentes secretos para o Rio de Janeiro e começa então uma saborosa aventura de espionagem envolvendo o rústico casal.

A última estrela criada pela Atlântida, Norma Bengell, em breve representaria, para o Cinema Novo (em *Os cafajestes*), o mesmo que Bardot para a Nouvelle Vague (em *E Deus criou a mulher* e *O desprezo*).

Entre os concorrentes, o dissidente da Atlântida que se tornara produtor independente, Watson Macedo, filmaria duas comédias musicais de sucesso, *Sinfonia carioca* (1955) e *Rio fantasia* (1957). Sua sobrinha Eliane, a ingênua ideal, hesitava entre Debbie Reynolds e Leslie Caron, mas sem Gene Kelly ou Fred Astaire, muito menos Minnelli. Tudo isso numa época em que a "qualidade francesa" e o academicismo irritavam alguns críticos na França, que prescreveram então a *caméra-stylo*[3] e o "cinema de autor".

No Rio de Janeiro, Nelson Pereira dos Santos lera os artigos de Alexandre Astruc e vira os primeiros filmes de Rossellini, De Sica e Visconti: seus longas-metragens iniciais (*Rio, 40 graus* e *Rio, zona norte*) estão nos antípodas das produções da Atlântida e da Vera Cruz, e sacodem a produção local anunciando a eclosão de uma nova onda entusiasta e engajada que revolucionará o cinema nacional: uma ideia na cabeça e uma câmera na mão.[4] Entre o fim brutal da Vera Cruz (1954) e a agonia sufocada da Atlântida (1960-2), convém destacar um punhado de obras. Dez filmes de feitio superior (técnico ou semântico) honram a paisagem cinematográfica brasileira.

MÃOS SANGRENTAS E LEONORA DOS SETE MARES

Para suceder ao Leão de Bronze de *Sinhá moça*, era preciso um filme de grande qualidade para representar o Brasil em Veneza. O diretor, mais uma vez, é argentino: a Tom Payne segue-se Carlos Hugo Christensen (1914-99). Produzido pela Maristela, irmã mais nova da falimentar Vera Cruz, o filme não foi premiado, mas causou sensação por sua violência e seu realismo cruel, não costumeiros para a época. Meio século antes de *Carandiru*, de Babenco (outro argentino), também baseado num fato real, trata-se de uma história de prisioneiros. A rebelião, seguida da fuga da penitenciária da ilha Anchieta (no estado de São Paulo), é conduzida com mão de ferro pelo grande ator mexicano Arturo de Córdova, ao lado de Tônia Carrero, a estrela loira da Vera Cruz. *Mãos sangrentas* é a primeira verdadeira coprodução internacional do cinema brasileiro: foi vendida tanto no Japão quanto na Alemanha e em Israel. Mas os 12 milhões de cruzeiros que o filme fez no Brasil foram rapidamente engolidos pela companhia já endividada. A crítica foi muito melhor no exterior.[5]

Em voga, Christensen dirigiu outra superprodução de qualidade com Córdova, *Leonora dos sete mares*. O clima insólito, enigmático e poético desse filme lançado em dezembro de 1956 poderia ser desnorteante, mas encantou todos os públicos. Mais tarde, o cineasta retoma esse toque original no audacioso e perturbador *O menino e o vento* e em *A intrusa*, baseado em seu conterrâneo Jorge Luis Borges. Ele não passou incógnito pelo cinema brasileiro, ao qual imprimiu um raro onirismo erótico (*Viagem aos seios de Duília*, 1964) ou bastante ousado (no diabólico *Anjos e demônios*, de 1969, com cenas de total nudez adolescente). Depois de ter filmado a primeira produção argentino-brasileira do Mercosul (*Casa de açúcar*, 1996), Christensen morreu quase esquecido.

NASCIMENTO DE UM CINEASTA FORA DO COMUM: WALTER HUGO KHOURI

Assistente técnico em *O cangaceiro*, o cineasta paulista de origem libanesa Walter Hugo Khouri (1929-2003) seguiu uma trajetória original. Além de ter sido o maior diretor de atrizes do cinema brasileiro, também foi um de seus raros autores. Ao lado de Glauber Rocha, seu oposto estético e semântico, sua obra (que consiste em 24 longas-metragens) é a única até o momento de *real* coerência.[6] Sua sofisticada formação técnica e sua exigente personalidade logo o colocam nos antípodas da nascente Nouvelle Vague que está atrás da "brasilidade" absoluta e foi seduzida pelas improvisações ou pela aparente negligência dos novos cinemas europeus. Até mesmo seu primeiro filme, *O gigante de pedra* (1954), filmado nos estúdios declinantes da Vera Cruz, anuncia um cineasta promissor fascinado pelo mundo mineral e feminino (Odette Lara). Mas é *Estranho encontro*, de 1958, que o revela: sua técnica de alto nível, que lembra as exigências de Cavalcanti, encontra detratores, pois é impossível estar mais do que ele na contracorrente temática e estética de *Rio, 40 graus*. Um artigo de Paulo Emílio Sales Gomes hoje antológico, "Rascunhos e exercícios",[7] faz época ao opor dois filmes e duas correntes, passado e futuro, descolonizados e alienados culturais. De um lado, Nelson Pereira dos Santos, influenciado pelo neorrealismo italiano, opta pelo testemunho da vida real, câmera na mão, na rua, sem artifícios. Do outro, um cineasta formado pelos grandes estúdios no ambiente da Vera Cruz, que tem grandes recursos técnicos e uma vontade de qualidade superior.

A fotografia de Rudolf Icsey exalta o casal de astros Mário Sérgio e Andréa Bayard, de origem americana. Walter Hugo Khouri, com a câmera na mão, proporciona às atrizes seus mais belos planos no cinema. O que os modernos criticam ao neoclássico Walter Hugo Khouri? Não suas qualidades técnicas (invejáveis), mas a escolha de um drama intimista sofisticado e existencial dentro de quatro paredes privilegiadas longe da realidade cotidiana brasileira, a léguas das grandes questões nacionais, humanas e sociais. Ele é imediatamente criticado por seu universalismo artificial e sua alienação cinematográfica. Por que se colocar sob a influência metafísica de Bergman ou Antonioni? À guisa de resposta, alimentando o debate, ele filma, ainda por cima em cores (Eastmancolor), *Fronteiras do inferno* (1959), um drama sufocante carregado de conflitos psicológicos. O elenco feminino é mais uma vez superior, de Lola Brah a Ruth de Souza. Esse filme reafirma as intenções artísticas e a proposta estilística do autor. Ele filmará dos anos 1960 (*Noite vazia*) aos 1970 (*Eros, o deus do amor*) até esgotar essa veia antonioni-bergmanesca abrasileirada.

RAVINA

No mesmo registro, um filme refinado e intelectual, controverso na época e hoje reavaliado, surge como um meteoro. *Ravina* é um drama romântico passional ambientado numa antiga e suntuosa morada dos anos 1910. Produção luxuosa que marca a estreia do crítico Rubem Biáfora,[8] o filme impressiona por sua beleza plástica vera-cruciana: imagens de Chick Fowle, último papel de Eliane Lage, música de Enrico Simonetti, montagem de Mauro Alice. No elenco, encontramos membros da família Vera Cruz, cujos estúdios abrigam as filmagens: Mário Sérgio, Lola Brah, Victor Merinow, Ruth de Souza, Sérgio Hingst. Última produção da Brasil Filme (sucessora da Vera Cruz), trata-se de um filme claro-escuro, crepuscular e por fim muito expressionista. Um poema introspectivo para iniciados, para quem não é um dos *happy fews*, um filme glacial. Salvyano Cavalcanti de Paiva afirma que ele suscita "emoções siberianas".[9] *Ravina* foi a afirmação da corrente estética da qual participava Walter Hugo Khouri: um verdadeiro filme de autor. Biáfora escreveu o argumento e o roteiro, dirigiu e supervisionou os cenários, fascinado por *Soberba*, de Orson Welles, e pelas suntuosas escadarias por onde Anne Baxter e Bette Davis deslizavam em Hollywood. Na contracorrente, esse diamante bruto resiste mais ao tempo do que muitos filmes do futuro Cinema Novo, talvez porque representasse a carta da metáfora intemporal.

AS OBRAS FUNDADORAS DA NOUVELLE VAGUE BRASILEIRA

Rio, 40 graus e Rio, zona norte

Em seu dicionário, Leão da Silva escreve sobre *Rio, 40 graus*: "Um dos primeiros filmes brasileiros rodado inteiramente em locações, é o precursor do Cinema Novo. Dirigido com bastante competência, é uma das melhores obras do cinema nacional, marcando a estreia de Nelson Pereira dos Santos na direção".[10] Obtendo vários prêmios, como o de "jovem talento" no festival de Karlovy Vary, em 1956, essa reviravolta decisiva se inscreve no quadro das crônicas urbanas *Amei um bicheiro* e *Agulha no palheiro*, nos quais Nelson Pereira dos Santos foi assistente de direção. Reagindo contra a leviandade das comédias da Atlântida e as pretensões estetizantes da Vera Cruz, Alex Viany, feroz detrator de Cavalcanti, pendia mais para o neorrealismo italiano, com essa história de jovem moça do interior que parte para a cidade grande. Filme intimista e humano, *Agulha no palheiro* enfatiza a necessidade de tratar com autenticidade as temáticas nacionais de inspiração popular e próximas da vida cotidiana. Nelson Pereira dos Santos, que estreou como assistente de Alex Viany no belo filme de Rodolfo Nanni *O saci*, aprenderá a lição.

Rio, 40 graus, produção cooperativa entre cineasta, atores e técnicos, é a história de um domingo de verão carioca, seguindo cinco pequenos vendedores de amendoim interpretados por meninos dos morros. Eles se dividem em cinco pontos turísticos da cidade do Rio de Janeiro: Copacabana, Pão de Açúcar, Corcovado, Quinta da Boa Vista e Maracanã. Em cada um desses bairros, é relatado um episódio típico. Tudo sob um calor sufocante que liga simbolicamente um episódio ao outro.

A polícia e a censura quase proibiram o filme, alegando que os termômetros nunca chegam a quarenta graus no verão do Rio de Janeiro e que o título do filme prejudicaria a imagem da cidade. Mas, graças à pressão da crítica e da opinião pública, o filme foi liberado e o público se entusiasmou com suas quatro canções, como o samba de roda de Zé Keti que se tornou um clássico, "A voz do morro". Com esse filme simples e puro, Nelson Pereira dos Santos realiza uma aliança entre verdade e poesia que Paul Éluard teria admirado. O cineasta iniciante previra essa virada em abril de 1952, quando defendera uma tese no Congresso Paulista de Cinema intitulada "O problema do conteúdo do cinema brasileiro", em que sugeria que refletisse "a vida, as histórias, as lutas, as aspirações de nossa gente", claramente reivindicando uma "orientação nacionalista", com "temas nacionais, propriamente nacionais". Ele especificava que esses filmes deveriam ser "contados com força e calor, e ser o reflexo das experiências humanas". Para Nelson Pereira dos Santos, quatro filmes recentes tinham esse "conteúdo nacional" e essa proximidade com o cotidiano do povo:

- *Simão, o caolho*, de Cavalcanti (1952), que acabara de publicar *Filme e realidade*;
- *Tico-tico no fubá*, de Adolfo Celi (1952);
- *O saci*, de Nanni (1953);
- *O comprador de fazendas*, de Alberto Pieralisi (1951).

Mas seria possível conciliar indústria e temática nacional? O cinema reivindicado por Nelson Pereira dos Santos não estaria condenado às produções alternativas? A gestação de *Rio, 40 graus* é um belo exemplo. O projeto original era um filme sobre o Carnaval intitulado *Cidade maravilhosa*. Em contato diário com a vida dos subúrbios e das escolas de samba do Rio de Janeiro, ele teve a ideia de filmar *Um domingo no Rio de Janeiro*. Nascido em 1928, chegara de São Paulo com um olhar fresco. A descoberta da favela, diz, foi primeiro uma "visão mais ou menos jornalística". Trabalhando perto da entrada de uma comunidade, um dia ele se perguntou: "Por que não fazer um filme?". Diante da recusa de todos os financiadores, adotou um sistema dos primórdios do cinema e do pós-guerra italiano (Rossellini, Zavattini): um regime de cooperativa entre técnicos e artistas (76 pessoas), constituindo uma sociedade sui generis com participação nos lucros do filme, proporcionais ao trabalho de cada um e ao investimento financeiro. Essa coletividade era totalmente inovadora, e a imprensa, muitas vezes, mencionava quão original era essa república cinematográfica, que permitia total liberdade do autor na condução da narrativa, percebida ao longo de todo o filme, sem dúvida o primeiro a mostrar sem condescendência o povo brasileiro em sua diversidade (branco, negro, pobre, rico). Proibido sob um pretexto falacioso — na verdade porque seu modo de produção comunitário, portanto comunista, causava um pouco de medo —, o filme foi liberado com a chegada ao poder de Juscelino Kubitschek, no início de 1956.

Liberado, *Rio, 40 graus* se beneficiou do escândalo, da surpresa e da novidade, sendo anunciado como o "divisor de águas" do cinema nacional. Essa produção barata filmada longe dos estúdios mostra a realidade do povo tomando cinco crianças negras não profissionais como protagonistas, desafiando convenções e provando que é possível fazer um filme de qualidade com poucos recursos e imaginação, fincando os pés na realidade social.

Rio, zona norte, em contrapartida, "foi massacrado pela crítica, e o público foi apático diante dele", comenta Nelson Pereira dos Santos. Não tinha a novidade de *Rio, 40 graus*. Prêmio do Júri no Festival de Montevidéu, em 1958, esse filme inspirado na vida do compositor popular e ator do filme, Zé Keti, coescrito com Mário Audrá Jr., era "uma especulação sobre a vida de um compositor popular, as relações entre a cultura popular e a erudita, e também sobre a cultura em suas dimensões de classe". Iniciando na estação Central do Brasil, essa obra, de um humanismo fraterno, filma sem maquiagem as pessoas nas ruas. Os documentários de Eduardo Coutinho e o cinema de Walter Salles tiram dele sua inspiração mais profunda. Com Grande Otelo e Jece Valadão, *Rio, zona norte*, depois de *Rio, 40 graus*, é a segunda parte de uma trilogia que nunca foi concluída, pois *Rio, zona sul* nunca foi filmado. Alguns críticos, porém, compreenderam o valor do filme. Assim, é possível ler no *Jornal da Tarde*:

> A verdadeira obra de arte é aquela cujo conteúdo tem carga emocional capaz de comover e impressionar a massa [...] Há em *Rio, zona norte* esta qualidade chapliniana de comover as massas, de impressionar as elites. As influências de escolas cinematográficas estrangeiras não chegam a desfigurar a obra que é, sem sombra de dúvida, caracteristicamente brasileira [...] *Rio, zona norte* é brasileiro de ponta a ponta. Tem autenticidade.[11]

Rosa dos ventos e O grande momento

Entre as curiosidades desse período de transição, há o curta-metragem de ficção *Ana*, episódio brasileiro de um filme produzido pela República Democrática Alemã em 1957: *Rosa dos ventos*, também filmado na França (Yannick Bellon), na Itália (Gillo Pontecorvo), na Rússia (Sergei Guerasimov) e na China (Vu Kuo Yin). "O plano do Partido Comunista", comenta Máximo Barro,

> era fazer um filme internacional, filmado em cinco países com a mesma temática, a fome, logicamente menos a União Soviética. A supervisão era de Joris Ivens. Consta que Brecht participava anonimamente, tanto que sua esposa, Hélène Weigel, era a introdutora de todas as histórias. No Brasil, a produção tinha como participante técnico a Cinematográfica Maristela. Mario Audrá Jr. recebia do Partido Comunista Brasileiro em dólares, por intermédio de Jorge Amado. A direção da parte brasileira fora confiada a Cavalcanti, que, por motivos pouco explicáveis, repentinamente partiu para a Europa, assumindo em seu lugar Alex Viany. É indiscutivelmente seu melhor trabalho. Cru, direto, sem concessões. A fotografia de Chick Fowle antecede de muitos anos o que veremos em *Vidas secas* e *Deus e o diabo na terra do sol*. Nunca foi exibido comercialmente no Brasil. Pena, porque é um filme que muito nos honra artisticamente.[12]

O Cinema Novo, apesar da participação de Trigueirinho Neto (roteirista) e Alex Viany, poderia reconhecer sua dívida para com aqueles contra quem se insurgia, como Cavalcanti e Fowle (Vera Cruz), Audrá (Maristela)? Para justificar o nome "Novo", não seria preciso *tabula rasa*?

Outro filme, paulista, produzido por Audrá Jr. também se inscreve como precursor do movimento cinema-novista. Helena Salem o resume:

> Toda a trama de *O grande momento* se passa num só dia, o do casamento do jovem mecânico, Gianfrancesco Guarnieri, com Myriam

Pérsia. O rapaz, sem dinheiro para pagar a festa, se desespera, e acaba por vender a própria bicicleta, objeto de estima e de trabalho. Com humor, muita poesia e sensibilidade, Roberto Santos (1928--87) fez um filme urbano, influenciado pelo neorrealismo italiano, que se tornou um clássico da cinematografia paulista e um marco no cinema brasileiro.[13]

Guarnieri recorda:

Hoje, o filme é considerado um clássico daquele novo tipo de cinema que se iniciava. Ele tem a preocupação de ver os homens nas suas relações sociais, como eles atuam, procurando o ponto de vista do proletariado. Não é aquele filme feito do ponto de vista da classe dominante, que observa o trabalhador, o homem do povo, com distância quase aristocrática. O Roberto se colocava dentro, no coração do trabalhador, das pessoas que fazem a cidade [...] Acho que o Roberto se colocou como um dos diretores mais ligados ao povo desse país [...] Há toda uma geração que deve muitíssimo a Roberto Santos.[14]

Filmado nos arredores do bairro operário da Mooca e nos estúdios Maristela, o filme foi produzido por Nelson Pereira dos Santos. Mestre de uma geração de cineastas de São Paulo, Roberto Santos dirige mais oito filmes, mas somente *A hora e a vez de Augusto Matraga*, obra maior do Cinema Novo sete anos mais tarde, tem a mesma força e beleza. Este é o mistério do cinema brasileiro: começar com um grande filme, para um cineasta, ou um grande papel, para um ator, não garante o futuro profissional. Pelo contrário. Quem se revelou excepcional raras vezes tem a oportunidade de prová-lo uma segunda vez. Os sucessos justificados pelo talento frequentemente parecem imperdoáveis: *Orfeu negro*, de Marcel Camus, é um exemplo eloquente.

Orfeu negro, ou o mal-entendido de Marcel Camus

Obra que precisa ser reavaliada na trajetória do cinema mundial, *Orfeu negro* cristaliza metaforicamente as contradições do cinema brasileiro colocando a questão de sua relação com as cinematografias estrangeiras e da identidade brasileira, integrando-se a um complexo processo sociológico e racial. Analisemos, para além de seu impacto exótico-folclórico, sua importância polimórfica na história do cinema.

Orfeu negro é uma adaptação de 1959 da peça brasileira *Orfeu da Conceição*. Considerado um filme de autor ao ser lançado, em razão da promissora personalidade de Marcel Camus, o decepcionante futuro da carreira desse cineasta cada vez mais impessoal favoreceu um olhar mais crítico sobre os dados pessoais na escrita do filme. Contudo, Truffaut incluiu Camus como um dos pioneiros da Nouvelle Vague e colocou *Orfeu negro* entre os filmes fundadores do movimento ao lado de *Acossado* e *Hiroshima, meu amor*.

Nascido em 1912 e morto em 1982, Camus tinha fascínio pelas terras distantes e desconhecidas ao olhar europeu. Assistente de Astruc, pai da *caméra-stylo* (*Les Mauvaises Rencontres*), aprendeu com Jacques Feyder (*Hotel clandestino*) e Jacques Becker, poeta da vida popular (*Amores de apache*). Acompanhou os delírios surreais de Buñuel em *Cela s'Appelle l'Aurore* antes de propor um primeiro longa-metragem de grande impacto: *O rio do arrozal sangrento* — comovente primeira obra sobre o Vietnã.

As diferentes influências de seus mestres e a atração pelas terras estrangeiras são encontradas na trilogia que dedica a seu país de eleição afetiva, o Brasil. Ele se interessa pelos construtores de Brasília em *Os bandeirantes* (1960), aventura de exotismo ingênuo. O pequeno sucesso não se repetirá em 1976 com *Os pastores da noite* (adaptação de um romance de Jorge Amado), do qual sobrevivem principalmente as canções e a cativante aparição de Grande Otelo. Entre os dois, há o milagre de Orfeu. *Orfeu negro* é uma coprodução. Esse filme venceu todos os prêmios, sob a insígnia francesa, erro imperdoável para com os sócios brasileiros. Aí residiu, certamente, um dos motivos do boicote no país das filmagens. "Nominalmente", escreve Alex Viany,

> é uma coprodução franco-ítalo-brasileira [...] Entretanto, por sua origem (a peça teatral *Orfeu da Conceição* de Vinicius de Moraes), por sua inspiração étnica e musical (o negro brasileiro e as escolas de samba cariocas), pela preponderância absoluta do elemento local no elenco (em que só havia mesmo de estrangeiro a norte--americana Marpessa Dawn), e em alguns setores técnicos-artísticos, pôde e mereceu ser apresentada como produção brasileira.[15]

Essas palavras foram esquecidas no Brasil, pois *Orfeu negro*, sob o estandarte francês, conseguiu acumular, além de prêmios em Edimburgo, Estocolmo, Caracas e México, a Palma de Ouro no Festival de Cannes, o Globo de Ouro de Melhor Filme Estrangeiro e o Oscar de Melhor Filme Estrangeiro, tudo em 1959.

Recoloquemos o filme em seu contexto histórico-colonial, humano e racial. Filmada num país ainda pouco reconhecido internacionalmente, toda falada e cantada em português (quantos filmes nessa língua haviam tido ampla distribuição?), sem estrelas ou atores profissionais, protagonizada por negros, essa produção não tinha a priori em 1959 — um ano antes dos indispensáveis movimentos de independência na África — *nenhuma* chance de suscitar um entusiasmo universal, em quaisquer países ou classes sociais, intelectuais e culturais. *Nunca* a história do cinema produziu um fenômeno similar. Convém entender os motivos da projeção internacional desmesurada, tão inesperada quanto a recusa e negação, até hoje, desse filme no Brasil.

Razões do sucesso mundial

Na França, os anos 1950 foram marcados pelas guerras da Indochina e da Argélia, depois pelo deslocamento do império colonial, especialmente na África. Longe dos temas candentes do momento, a terra incógnita brasileira oferecia o encanto utópico do "tudo é possível", Eldorado concreto modelado ao sabor dos sonhos de viagens e leituras, de Voltaire a Júlio Verne. Cinematograficamente, o Brasil oferecia ao imaginário europeu um espaço tão virgem e gigantesco quanto a floresta amazônica ou o sertão nordestino.

Esse espaço foi preenchido pelo filme de Camus e, para grande lamento de alguns no Brasil, fixado por inabaláveis clichês sobre o Rio de Janeiro, metonímia do país. Somente *O cangaceiro* e *Sinhá moça* tinham sido premiados e distribuídos fora do país, e essas obras também veiculavam o exotismo folclórico de um Brasil caboclo ou negro, de seu deserto e de seus bandidos das estradas, dos senhores brancos e dos escravos revoltos. A ação de *O cangaceiro* se passava apenas quinze anos antes do filme; os atores e figurantes negros de *Sinhá moça* eram netos de escravos.

Declaração de amor pelo Brasil, *Orfeu negro* se revela "um filme muito folclórico para os brasileiros, uma visão europeia alegre e exótica dos nossos usos e costumes".[16] O *Dicionário de filmes brasileiros* faz um comentário elíptico e restritivo ao filme: "Visão fotogênica da Cidade Maravilhosa e trilha musical inesquecível de Vinicius de Moraes, Luis Bonfá e Tom Jobim. A canção "Manhã de Carnaval", com Agostinho dos Santos, emocionará sempre".[17] O *Guide des films*, por sua vez, atribui-lhe apenas uma estrela e afirmou: "Esse filme deve seu sucesso essencialmente à música, com a alternância de sambas de ritmo trepidante e uma bela melodia no violão. Mas o mito do Orfeu nada traz a essa visão muito colorida (e muito turística) do Carnaval do Rio".[18]

Folclore, exotismo, música, Carnaval, samba: isso com certeza encantou o público numa época em que ainda reinava o cinema em preto e branco. Mas teriam esquecido, no Brasil, que o filme revelou ao mundo o Pão de Açúcar e o Carnaval do Rio de Janeiro, divulgando a visão eufórica de um país caloroso, alegre e colorido? Teriam esquecido que propagou o ritmo frenético do samba e associou-o para sempre ao Brasil e à vida carioca? Teriam esquecido que a canção "A felicidade" revelou a bossa nova, da qual os parceiros Bonfá e Jobim (com João Gilberto, ausente aqui) foram os pioneiros? Pode-se censurar esse filme por veicular clichês que não existiam antes e que na verdade ele próprio criou com o impacto de suas imagens e de seu sucesso mundial?

Trata-se de um exemplo de obra de arte ultrapassada por suas próprias qualidades de invenção: variação imaginária e poética sobre uma realidade documental, nunca pretendeu ater-se ao real, mas inspirar-se nele para transcendê-lo. O texto de Godard nos *Cahiers du Cinéma*, que critica o filme rodado em cenários naturais por parecer fabricado em estúdio,[19] volta-se contra si mesmo do ponto de vista ficcional, artístico e até cinematográfico, pois o filme, em essência, justamente se afasta do real. Em primeiro lugar, ele retoma um mito antigo: Orfeu e Eurídice renascem na comunidade negra brasileira, ela própria rica em mitologias africanas que remontam às mesmas fontes originais.[20] Em terceiro lugar, a peça na qual o filme se inspira é antinaturalista em sua sublimação do cotidiano mais cru: definida como uma "tragédia carioca" por seu autor, o poeta Vinicius de Moraes, alterna a prosa do morro aos versos de um coro mitológico. Em terceiro lugar, a cidade do Rio de Janeiro é deliberadamente restringida à sua comunidade afro-brasileira, num país que o baiano Jorge Amado descreve como "leito de amor das três raças". Em quarto lugar, as unidades de tempo, espaço e ação são impostas pelo tema: cinco dias de Carnaval, época de metamorfose e do impossível. Por último, a defasagem enigmática do casal protagonista: Orfeu/Breno Mello não é ator, mas jogador de futebol; Eurídice/Marpessa Dawn não é brasileira, mas norte-americana. Criticados pelos profissionais, eles têm a graça, é verdade que ectoplásmica mas cinegênica, dos espectros puramente cinematográficos. Para além do primeiro estágio exótico-folclórico, dos artifícios técnicos e das ingenuidades de um "gringo" fascinado, o público mundial — exceto a burguesia brasileira — foi sensível à transcendência poética de uma realidade metamorfoseada.

Razões do fracasso na terra natal

Quando retomou o *Orfeu*, em 1998, Cacá Diegues condenou a primeira adaptação, referindo-se às reticências do autor da peça em relação ao trabalho de Camus[21] e à crítica destruidora de Godard. A promoção de seu filme esteve baseada na reapropriação pelo Brasil de um tema folclorizado por estrangeiros incapazes de restituir a verdade nacional. As orelhas de Camus (morto em 1982) devem ter ficado vermelhas no além, pois todas as entrevistas do cineasta, dos atores e sobretudo do novo compositor (Caetano Veloso) ironizaram a ingenuidade exótica e ridícula da primeira versão.

Cacá Diegues e Caetano Veloso haviam subestimado o velho adversário, e o cineasta, quando da volta ao mundo promocional, confessou sua surpresa diante do impacto do filme de Camus nos cinco continentes. Segundo ele, Vinicius repudiou *Orfeu negro*, embora tenha coescrito o filme, assinado a letra das canções e o tenha traduzido, perfeito diplomata bilíngue que era. Nos anos 1970, Cacá Diegues e Vinicius de Moraes readaptaram a peça, enquanto uma nova encenação no teatro (com Zózimo Bulbul e Zezé Motta) a reatualizou. *Orfeu* foi, para Cacá Diegues, um sonho de trinta anos e uma promessa feita ao autor da peça.

Vinicius teria gostado da versão de 1999, muito mais distante do espírito original? *Orfeu da Conceição* é uma "tragédia carioca" no contexto do pós-guerra e do surgimento do Teatro Experimental do Negro.[22] Encenada no Theatro Municipal do Rio de Janeiro em 1955, com cenário futurista de Oscar Niemeyer, a peça foi um acontecimento social, racial e artístico. Essa aliança de prosa e verso, trágico e cotidiano afro-brasileiro, está a quilômetros de distância da reescrita do mito por Cocteau[23] em Paris. (A primeira versão da peça é anterior ao filme francês, pois é de 1942.)[24]

Para o dramaturgo, o elenco deveria ser negro. Camus respeitou esse desejo. É verdade que ele substituiu o protagonista original (Haroldo Costa)[25] por Breno Mello e escolheu uma Eurídice estrangeira, mas conservou a excelente Léa Garcia, que interpretou Mira no teatro (feita, no filme, por Lourdes de Oliveira) e seria Serafina no filme, prima de Eurídice. Cacá Diegues, por sua vez, não respeitou as vontades de Vinicius de Moraes. Orfeu é negro, evidentemente (o cantor Toni Garrido), Mira e sua prima também (as excepcionais Isabel Fillardis e Maria Ceiça), mas Eurídice está mais para branca (Patrícia França). Já o rival de Orfeu é branco: Murilo Benício. A única ligação entre a peça e os dois filmes é a participação de Léa Garcia, homenagem que se torna uma lamentável alusão: ela surge numa cena inútil e desagradável, pouco simpática por parte do cineasta, que a compensará com um papel em *O maior amor do mundo*.

Fora, porém, com a audácia de seu elenco exclusivamente negro que o filme de Camus encontrara a chave para o sucesso. Em 1959, aquilo era um acontecimento. Desde *Aleluia* (1929, King Vidor) e *Uma cabana no céu* (1943, Vincente Minnelli), somente se destacara *Carmen Jones* (1954), de Otto Preminger. *Orfeu negro* trazia, portanto, rostos novos e nobres[26] para a tela.

Para além do conceito estético, surgia uma ideologia política. Como *Eu, um negro*, de Jean Rouch, lançado no mesmo ano,[27] o filme se inscrevia no processo de descolonização histórica e cultural. Pela primeira vez o continente africano via sua cor na tela, numa obra alegre e nobre para a glória da raça etíope. Aqui tocamos um ponto sensível — e tabu — da cultura brasileira: aquilo que representou uma vantagem nos países colonizados do Terceiro Mundo foi o principal obstáculo para a aceitação do filme no Brasil. O público de cinema — branco em sua imensa maioria — logo rejeitou aquele Rio de Janeiro negro, onde não se via e que recusava enquanto símbolo do país. É verdade que o filme de Camus fazia pensar que a população brasileira era toda ela negra, e contribuía para o tópos indelével do "mulato" e da "mulata", secundado pela eclosão, no mundo do futebol, do fenômeno Pelé. A burguesia branca, que tinha acesso financeiro às salas de cinema, não gostou dessa visão "africana" e, portanto, "subdesenvolvida" do país que construiu Brasília.

Poucos negros do Brasil, por sua vez, tiveram acesso ao filme. Léa Garcia adorou as filmagens e sempre fala da produção com nostalgia e carinho,[28] mas o "clã" cinematográfico renega seu sucesso internacional (assim como de *Sinhá moça* ou *Mãos sangrentas*, dos argentinos Payne e Christensen), em grande parte porque o diretor é estrangeiro. Quando *O quatrilho*, *O que é isso companheiro?*, *Central do Brasil* e depois *Cidade de Deus* foram indicados ao Oscar, nenhum jornal lembrou as vitórias múltiplas e sem igual de *Orfeu negro*. O único Oscar quase nacional é desse filme franco--ítalo-brasileiro filmado inteiramente no Rio de Janeiro, falado e cantado em português, que celebra a população negra dos morros e das favelas do Rio, com atores brasileiros como Breno Mello,[29] Lourdes de Oliveira e Léa Garcia. Segundo Jean-Christophe Camus,[30] o cineasta morreu ainda entristecido pelo fracasso de seu filme de amor num país que recusava, na verdade, ser tão amado. Ivana Bentes resume de maneira moderada o ponto de vista brasileiro num livro sobre a favela no imaginário cinematográfico, no qual, feitas todas as contas, o cineasta francês é poupado por sua pluma mordaz:

> Em *Orfeu negro* os favelados são quase transformados em índios ou nativos exóticos, mostrados como uma espécie humana original sobre uma terra exuberante que autoriza sonhos de democracia racial e sexual. [...] imprimiu definitivamente a imagem do Rio como Cidade Maravilhosa. É sem sombra de dúvida o filme que mais contribuiu para a construção de um Rio mítico, em que a favela se assemelha a um Havaí incrustado no alto do morro.[31]

Historicamente, *Orfeu negro* continua sendo, apesar de tudo, um filme fundador da Nouvelle Vague que surgia, no ano de *Acossado* em Cannes, *Os incompreendidos* (Truffaut) e *Hiroshima, meu amor* (Resnais-Duras). Sobre a foto histórica do grupo heterogêneo da Nouvelle Vague, figura Camus. Seu filme atraiu o (bom) olhar sobre o Brasil e sem querer estabeleceu, dois anos depois, a ligação entre os dois "novos" cinemas no festival que o consagrou. Truffaut, membro do júri de 1962, referia-se a ele o tempo todo e convenceu o resto da assembleia (como Romain Gary e Sophie Desmarets,[32] reticentes) a não dar a Palma de Ouro ao filme grego adaptado de Eurípides, *Electra* (Cacoyannis), mas a um filme brasileiro da Nouvelle Vague sul-americana. Ora, *O pagador de promessas*, de Anselmo Duarte, é uma adaptação quase ipsis litteris (Truffaut o ignora?) de uma peça de teatro, e não tem nenhuma relação com o cinema que está nascendo em seu continente de origem, representando a quintessência daquilo que se fazia antes.

Cinco anos depois, em contrapartida, em 1964, nesse mesmo festival, *Ganga Zumba* (Cacá Diegues) e a trilogia do sertão *Os fuzis* (Ruy Guerra), *Vidas secas* (Nelson Pereira dos Santos) e *Deus e o diabo na terra do sol* (Glauber Rocha) dão início oficialmente ao Cinema Novo no Brasil, ao mesmo tempo que, no país, esse movimento recém-eclodido é desarticulado por um golpe de Estado militar. Deus, diabo, aparição, desaparição, eclosão, ruptura: princípios binários maniqueístas dos quais o cinema brasileiro parece às vezes depender.

4. Erupção, clarões e tempestades do Cinema Novo
De Glauber a Rocha: revisão do cinema brasileiro

O Cinema Novo não é uma questão de idade, mas uma questão de verdade.

Paulo César Saraceni

Como trazer novas águas ao moinho do Cinema Novo? Muito se escreveu sobre o assunto, até mesmo fora do Brasil. Ele representa, para a crítica e para a universidade, aquilo que o cinema do país produziu de mais interessante, profundamente autóctone e universal, graças à figura de proa, emblemática e carismática, do baiano Glauber Rocha (1939-81). Carregando uma etiqueta tão simples e eficaz quanto a de Nouvelle Vague, *free cinema* ou cinema independente, esse movimento concretamente efêmero representa uma espécie de utopia cinematográfica, um Eldorado avistado por raros mas poderosos visionários. Pois, conforme lembrado por Sérgio Augusto num artigo intitulado "Como fomos tratados pela bíblia dos cinéfilos",[1] os cinema-novistas e seus filmes não foram tão incensados assim, nem mesmo pelos *Cahiers du Cinéma*, que em meio século de existência dedicaram uma única capa (julho de 1969) a um filme brasileiro: *O dragão da maldade contra o santo guerreiro.*

Para Paulo Emílio Sales Gomes, o Cinema Novo foi um movimento carioca, "que engloba de forma pouco discriminada tudo o que se fez de melhor — em matéria de ficção ou documentário — no moderno cinema brasileiro".[2] Para além da etiqueta tão prática, o crítico analisa a gênese sociopolítica do movimento:

> Os quadros de realização e, em boa parte, de absorção do Cinema Novo foram fornecidos pela juventude que tendeu a se dessolidarizar da sua origem ocupante em nome de um destino mais alto para o qual se sentia chamada [...] Ela sentia-se representante dos interesses do ocupado e encarregada de função mediadora no alcance do equilíbrio social. Na realidade esposou pouco o corpo brasileiro, permaneceu substancialmente ela própria, falando e agindo para si mesma. Essa delimitação ficou bem marcada no fenômeno do Cinema Novo. A homogeneidade social entre os responsáveis e o seu público nunca foi quebrada. O espectador da antiga chanchada ou o do cangaço quase não foram atingidos e nenhum novo público potencial de ocupados chegou a se constituir.[3]

O crítico resume três pontos essenciais do "fenômeno":

- a etiqueta jornalística Cinema Novo é uma expressão guarda-chuva, como Nouvelle Vague ou "cinema independente"
- trata-se de um movimento da juventude burguesa branca do Brasil, revoltada contra o meio de onde saiu (os "ocupantes") e em busca de um melhor equilíbrio social com os "ocupados" (descendentes de índios ou escravos negros)
- o público do Cinema Novo vem do mesmo meio que o dos

cineastas, portanto esse cinema nunca terá um impacto sobre as populações que retrata

Mas Paulo Emílio Sales Gomes constata:

Apesar de ter escapado tão pouco ao seu círculo, a significação do Cinema Novo foi imensa: refletiu e criou uma imagem visual e sonora, contínua e coerente, da maioria absoluta do povo brasileiro disseminada nas reservas e quilombos [...] Tomado em conjunto, o Cinema Novo monta um universo uno e mítico integrado por sertão, favela, subúrbio, vilarejos do interior ou da praia, gafieira e estádio de futebol.[4]

Pressentido no início dos anos 1950, lançado por *Rio, 40 graus*, ilustrado pelo ciclo da Bahia (1959-61), concretizado em *Cinco vezes favela* (1962) e reconhecido no Festival de Cannes de 1964, o Cinema Novo se une a Itália, França, Inglaterra e Polônia no pelotão dos renovadores temáticos e estéticos. Na *Grande história ilustrada da sétima arte*,[5] no capítulo "O cinema do Terceiro Mundo", constatamos que

no quadro da produção latino-americana, o Cinema Novo brasileiro, movimento que foi ativo principalmente de 1960 a 1965 e que relançou um cinema nacional em plena crise, merece uma atenção especial. Os novos diretores não têm apenas o objetivo de combater o cosmopolitismo desenfreado de Hollywood, eles também se insurgem contra as produções indignamente populistas dos estúdios nacionais como Atlântida e Vera Cruz [...] Os cineastas desse movimento se esforçam por encontrar uma linguagem visual capaz de mostrar a realidade dos problemas do Brasil, país vítima da violência, da fome e de uma gritante injustiça social.[6]

Ora, em plena expansão do movimento, o golpe militar de 1964 lhe dá um golpe ao mesmo tempo fatal e que lhe traz a força de mito. Apontando-lhe o dedo, censurando-o e pouco a pouco exilando seus membros, principalmente depois do endurecimento do regime a partir de dezembro de 1968, a ditadura faz dele o que havia sonhado: um porta-voz e porta-bandeira de todos os oprimidos do Brasil na construção de um país melhor. O exílio, portanto, foi a desgraça e a felicidade desse movimento, enquanto, no país, "outros enfrentam o duplo poder da censura militar e dos distribuidores do cinema de consumo corrente".[7]

NELSON PEREIRA DOS SANTOS: O SONHO POSSÍVEL DO CINEMA BRASILEIRO

No livro de Helena Salem sobre o pai do Cinema Novo, Cacá Diegues conta:

Quando ele [Nelson] era jovem e queria fazer cinema, dizia-se que o brasileiro não era cinematográfico. Os filmes foram aparecendo e negando a tese, passaram a dizer que era a língua portuguesa que não servia para o cinema. Dominou-se a língua [...] disseram que os diretores até que tinham talento, mas o nível técnico era muito baixo. Os laboratórios melhoraram, surgiram grandes fotógrafos (o Brasil já está até exportando alguns!), acusaram o som de má qualidade. Descobriu-se que o som ruim era problema das salas, colonizadamente preparadas apenas para o filme estrangeiro com suas legendas, o filme para ser lido e não ouvido. Agora, a mania é de falar mal dos roteiros, que nós não sabemos escrever. "O que é que eles ainda querem de nós?"[8]

Tendo lido *Filme e realidade*, de Cavalcanti, abalou o rotineiro cinema brasileiro dos anos 1950 com o polêmico *Rio, 40 graus.* "A cidade do Rio de Janeiro é a principal estrela do filme", Nelson Pereira dos Santos dizia na época. Para Helena Salem: "Em termos de cinema brasileiro essa era uma postura absolutamente subversiva para os anos 50: mostrar o favelado, o povo de pé no chão, sem preconceito, vivendo os seus dramas reais, falando a língua do seu próprio jeito (com erros, gíria), o negro com alma de negro e na luta diária pela sobrevivência nas favelas".[9] Mais adiante, falando do povo, ela escreve que Nelson "mergulha na sua alma, sua alegria, sua dor, no espírito carioca mesmo. E que diferença em relação àqueles filmes da Vera Cruz como *Caiçara,* em que o povo brasileiro era tratado como preguiçoso, incapaz, um vazio estereótipo!".

Figura associada ao Rio de Janeiro, Nelson Pereira dos Santos nasceu em sua rival econômica e cultural, São Paulo, no ano de 1928, no auge do cinema mudo, numa família de classe média no bairro italiano do Brás. Seu pai, cinéfilo, levava-o para as matinês do Teatro Colombo. Era assíduo das maratonas dos cineclubes e dos clássicos do cinema europeu e americano (incluindo John Ford). Exceto *Limite,* nunca exibido comercialmente, ele não se lembra de ter visto algum filme brasileiro nessa época. Depois de vários estudos dignos de um jovem da pequena burguesia intelectual do pós-guerra paulista, Nelson viajou para a França com o objetivo (não atingido) de integrar o IDHEC e descobre a Cinemateca Francesa de Langlois. A visão de filmes surpreendentes, de cinematografias inesperadas de países econômica ou culturalmente "subdesenvolvidos", despertou nele um sentimento novo por seu próprio país. De volta ao Brasil, abandonou os estudos de direito e filmou com Mendel Charatz os jovens trabalhadores de São Paulo, depois enviou um documentário de média-metragem de 45 minutos intitulado *Juventude* ao Festival da Juventude Comunista de Berlim. Segundo Charatz, "o negativo ficou com o Partido, depois desmancharam para usar pedacinhos em filmes de propaganda. Mas ele inspirou muito os outros filmes de política".[10] O segundo documentário de Nelson, também político, foi para a Campanha da Paz.

Desde esses ensaios que desapareceram, percebem-se o engajamento e as preocupações do diretor de *Vidas secas*. Com semelhante idealismo, ele só podia chocar-se intelectualmente com o projeto internacional da Vera Cruz. Um jovem pensador comunista rejeita a priori a tentativa de industrialização do cinema por grandes famílias capitalistas de São Paulo. Assim, não foi o último a criticar com violência Alberto Cavalcanti, apesar de reconhecer, hoje,[11] que nem todas as críticas da época eram fundamentadas. Em 1952, Nelson troca São Paulo, que para ele era "o túmulo do cinema", pelo Rio de Janeiro.

Produções como *Caiçara* ou *Sinhá moça*, que colocavam em cena pescadores ou escravos negros sob um ponto de vista exótico e paternalista do colonizador, o incomodavam. Não obstante, essa efervescência cinematográfica se revelava uma incrível oportunidade para quem desejava fazer cinema e assim mostrar o mundo como ele era, com vistas a, se não mudá-lo, ao menos melhorá-lo. Assim, Nelson Pereira dos Santos começa a carreira de assistente. Três dos quatros filmes em que trabalha o influenciam: *O saci*, de Rodolfo Nanni, *Aglaia*, de Ruy Santos, e *Agulha no palheiro*, de Alex Viany.

O saci por sua concisão e inteligente adaptação de um livro, pela sensibilidade da direção das crianças, como o protagonista Paulo Matozinho (que aparece depois no primeiro filme de Nelson). Desde *Aves sem ninho* (1939) e *Pureza* (1940), um ator mirim negro jamais tivera tanto destaque na tela.

Aglaia (filme inacabado de 1950)[12] pela exigência do realizador, grande diretor de fotografia. Ruy Santos estreara como assistente de Edgar Brasil na fotografia de *Limite*. Muito amigo de

Graciliano Ramos, apresentou Nelson ao escritor e inculcou-lhe o cuidado com as imagens. *Agulha no palheiro* por seu parentesco com o neorrealismo italiano e sua poesia do cotidiano.

Alex Viany, Rodolfo Nanni e Nelson Pereira dos Santos foram assistentes de Ruy Santos, que fotografará o primeiro filme de Nanni, *O saci*, depois o segundo de Viany, *Sol sobre a lama*. Nelson Pereira dos Santos se destacaria nessa "panela" com o divisor de águas *Rio, 40 graus*. A escolha de cinco crianças negras, saídas do povo e que falam seu próprio jargão incorreto e expressivo, pretendia contrabalançar as inverossimilhanças dos filmes da Vera Cruz em que o português falado não era o das ruas e em que os negros apareciam em papéis estereotipados.

Primeira objeção: alguma vez se falou nos filmes como se fala na vida real, mesmo em documentários ou nos filmes das "novas ondas"? A gravação com som direto não seria uma falsificação da percepção auditiva real, mais psicológica e seletiva? Numa discussão à mesa de um café, o ouvido do destinatário elimina naturalmente uma grande parte dos ruídos anexos (copos se chocando, garfos, deglutição) que o microfone capta, restitui e amplifica num caos sonoro talvez real, mas não verdadeiro, pois se a realidade é absoluta, a verdade é subjetiva e relativa, como a noção de cinema-verdade.

Segunda objeção: se a Vera Cruz só oferecia aos atores negros papéis estereotipados, ela não contratou Ruth de Souza? Que papéis atribuir-lhes naquele momento,[13] vistas as estruturas sociais do país sessenta anos depois da libertação dos escravos? Quando Nelson Pereira dos Santos convida, mais tarde, a estrela negra da Vera Cruz ao lado de Grande Otelo para fazer *Jubiabá* (1987), ele lhe oferece um pequeno papel estereotipado de baiana no estilo macumba-candomblé-acarajé que somente o talento da atriz torna consistente e pungente. Por outro lado, sem a Vera Cruz para vilipendiar, Nelson Pereira dos Santos teria existido? As estrelas só podem brilhar num céu escuro. O Cinema Novo teria surgido do nada? Ele só poderia nascer de um choque de ideias no espaço das imagens animadas. *Rio, 40 graus* impressionou, coisa que *Rio, zona norte*, em 1957, não conseguiu fazer. Ao preto e branco dos bairros pobres do Rio, o público preferiu o sertão em Eastmancolor do cangaço *Dioguinho*,[14] as pilhérias da comediante Dercy Gonçalves (*Uma certa Lucrécia*), as peripécias em plena selva de Anselmo Duarte e Odette Lara em *Arara vermelha* ou ainda as aventuras da portenha Susana Freire em *Meus amores no Rio*, de seu marido, o argentino Christensen. O grande fracasso de *Rio, zona norte* condenou Nelson Pereira dos Santos a abandonar o projeto de concluir sua trilogia carioca. Ele nunca filmou *Rio, zona sul*, mas se dedicou a uma obra maior da literatura brasileira contemporânea, tão literariamente original que a princípio parece inadaptável: *Vidas secas*. Como o projeto não vinga num primeiro momento, Nelson Pereira dos Santos passa a integrar a moda dos filmes de cangaço lançada pela Vera Cruz e, revisitando o mesmo mito nacional ilustrado por *O cangaceiro* e *Dioguinho*, filma um western local em 1960.

Mandacaru vermelho

Nelson Pereira dos Santos escreve o enredo e o roteiro, ocupa-se da cenografia e atribui-se, pela única vez, o papel principal: público e crítica preferiram, no mesmo gênero, *Dioguinho*, *O capanga* (1958, Alberto Severi) e *Chão bruto* (1959, Dionysio Azevedo). *A morte comanda o cangaço* (1960), de Carlos Coimbra, é sem dúvida, por seu sopro épico e sua sensibilidade lírica, o melhor dessa série de nordesterns em cores.

Poucos críticos se deram ao trabalho de assistir a *Mandacaru vermelho* e escrever sobre ele, exceto Cláudio Mello e Souza, que gostou do filme:

> *Mandacaru* é, seguramente, uma das primeiras tentativas válidas de descobrir o Brasil no que ele oferece de melhor e mais autêntico em termos de cultura. Não é mais nacionalismo infantil e teimoso, nem principalmente uma visão contaminada de exotismo. Pelo contrário, é um filme que devassa o Nordeste brasileiro e constata a sua realidade primitiva trágica, às vezes grotesca, dando-lhe uma dimensão dramática, ainda que precária.[15]

Segundo ele, o fracasso do filme decorre da direção de atores: "o diretor é, na maior parte do filme, mais ingênuo do que a história, e os atores são mais desajeitados do que desejariam os personagens". Nelson Pereira dos Santos se corrige três anos depois adaptando Graciliano Ramos e dirigindo-o com mão de mestre.

O encontro dos Nelsons: Boca de ouro

Vidas secas ainda não é produzido, então Nelson Pereira dos Santos aceita uma encomenda que lhe permite consolidar sua técnica, chegando à virtuosidade. Ele é o primeiro brasileiro[16] a filmar uma peça de Nelson Rodrigues. *Boca de ouro* traz no papel principal Jece Valadão, que tem sua condição de astro consolidada pelo sucesso do filme. Casado com Dulce Rodrigues,[17] ele está na origem do projeto. Enquanto *Mandacaru vermelho* — citado por Ruy Guerra em *Os cafajestes*[18] — faz parte das obras consideradas menores ou fracassadas (*Jubiabá, Brasília 18%*),[19] *Boca de ouro* é um de seus melhores filmes, pela atmosfera cheia de violência e erotismo própria ao audacioso Nelson Rodrigues, reforçada pela direção vigorosa de um cineasta lúcido e autocrítico, até mesmo na avaliação que faz sobre sua relação com o país, julgando ter um olhar "paulista" sobre o Brasil, isto é, um olhar em primeiro lugar europeizado e depois americanizado.

Segundo Cavalcanti de Paiva, "Jece Valadão tem um desempenho grandioso traduzindo a grosseria, o cinismo e até a ingenuidade do banqueiro de bicho".[20] Construção em quebra-cabeça de um personagem assassinado com 29 facadas e que em cada cena tem revelada uma de suas facetas, trata-se de um exercício de estilo urbano e noir que situa o filme entre *Amei um bicheiro* (1953) e *Lúcio Flávio* (1977). Apesar do cartaz sedutor ("O filme de todos os amores e de todos os pecados"),[21] Nelson Rodrigues acha o filme "light": "Você puritanizou minha peça",[22] ele disse ao cineasta. O dramaturgo não foi simpático à escolha de seu cunhado Jece Valadão, que considerava um pouco "quadrado" demais para o papel. Não sendo o produtor, aceitara a singular cenografia, apesar de o filme ser o oposto de seus princípios, pois não é filmado em cenários naturais mas dentro dos estúdios Herbert Richers. Ao partir para a França, o cineasta deixa, aliás, ao assistente — o próprio Valadão — a responsabilidade de seguir com o trabalho durante sua ausência.

O filme conheceu certo sucesso, do qual Nelson Pereira dos Santos não usufruiu financeira, mas artisticamente, pois pôde retomar o projeto de adaptar Graciliano Ramos. Graças a Ruy Santos, o escritor autorizou a adaptação que, para Walter Salles, é, ao lado de *Limite*, a obra-prima do cinema brasileiro.

Vidas secas, um filme de autor?

Para Paulo Emílio Sales Gomes,[23] as duas revelações do fim dos anos 1950 são Walter Hugo Khouri e Nelson Pereira dos Santos, antitéticos e complementares na afirmação de uma dupla identidade cinematográfica a partir de dois modelos europeus reformulados para o contexto brasileiro. Essa dicotomia é constatada quando cada uma das duas correntes estéticas assinaladas produz uma obra excepcional: Walter Hugo Khouri dirige uma obra-prima do filme urbano paulistano "bergmano-antonioniano", *Noite vazia*, e Nelson Pereira dos Santos cria uma do filme do sertão, neorrealista e poético.

Vidas secas seria realmente um filme de autor? Stricto sensu, não, ao contrário de *Noite vazia*, já que o roteiro não era original, e sim uma adaptação de um romance de 1936 já clássico da literatura brasileira. Tratava-se de um texto tão essencialmente literário, austero e sutil — criador de uma língua e de um universo —, tão intraduzível, que ninguém poderia imaginar, a começar pelo próprio autor, transpô-lo para a tela. Somente alguém que amava desafios poderia ser movido por essa ideia fixa (como Leon Hirszman, que adapta *São Bernardo*, do mesmo autor). O cronista Tristão de Ataíde, mais do que convencido, tinha certeza de que o filme nunca teria o menor sucesso. "Como acreditar", diz ele, "na versão cinematográfica brasileira desse Machado de Assis do sertão, seco como uma queimada de agosto, com seu intencional estrangulamento emotivo e despojamento paisagístico?"[24] Por outro lado, B. J. Duarte percebe, já em 9 de maio de 1964, as qualidades intrínsecas de um filme. Ele lembra que o cineasta, pesquisando locações no Nordeste alguns anos antes, decidiu adiar a filmagem em razão de um ano excepcionalmente chuvoso. As filmagens foram feitas em Alagoas, na fazenda do irmão de Graciliano Ramos, um vaqueiro que deu muitas dicas à equipe.

O filme foi construído no exato clima do livro, no mesmo chão pisado pelo personagem Fabiano, à sombra do juazeiro onde as crianças e a cadela Baleia caçavam preás e se atiravam na terra, na mesma cabana em que sinhá Vitória, agachada, a saia presa entre as pernas, assoprava a chama do fogo. Todos têm a mesma autenticidade animal (portanto profundamente humana?) da cadela Baleia, que não pode ter consciência de ser um personagem do filme e que, no entanto, tem uma das melhores atuações de um animal na tela, a ponto de seu nome aparecer em terceiro lugar nos créditos.

Essa verdade elementar e documental se reflete na escolha dos atores. O pai, Fabiano, é interpretado pelo conhecido ator Átila Iório: era preciso um profissional para afinar aquela orquestra de câmara. As crianças trazem consigo sua verdade primitiva: depois de *O saci* e do trabalho com os cinco vendedores de amendoim de *Rio, 40 graus*, Nelson Pereira dos Santos sabe evitar a afetação e extrair o suco natural dos irmãos Gilvan e Genivaldo Lima. A escolha daquela que viveria sinhá Vitória seria um desafio. Ao escolher para interpretar a mãe a desconhecida e não profissional Maria Ribeiro (técnica de laboratório), Nelson assume um grande risco, mas ilustra concreta e logicamente as teorias de cinema-verdade preconizadas por ele desde 1950, contrabalançando com inteligência a escolha dos outros membros da família. A combinação do profissionalismo de Átila Iório com a espontaneidade dos irmãos Lima e a "não atuação" de Maria Ribeiro produz um efeito alquímico.

Sem demagogia ou didatismo, trata-se, para o antigo estudante comunista, de um filme artisticamente engajado, de um cinema de combate nacional e universal em nome dos direitos do homem, da mulher, das crianças e da fauna brasileira, cujo canto elegíaco estridente é assobiado desde os créditos iniciais por esse quarteto humano acompanhado por uma cadela e um papagaio, metáfora do mundo e de seus deserdados que erram pelos desertos sem oásis da África, da Ásia ou da América.

No início do filme, somos informados de que aquilo que veremos não é de outro tempo, de outra época ou de outro lugar. O espectador tem 23 segundos para ler oito linhas de uma advertência culpabilizante: "Este filme não é apenas uma transposição fiel para o cinema de uma obra imortal da literatura brasileira. É antes de tudo um depoimento sobre a dramática realidade social de nossos dias e extrema miséria que escraviza 27 milhões de nordestinos e que nenhum brasileiro digno pode mais ignorar".

Vencedor em Cannes do prêmio da Organização Católica Internacional do Cinema e do Audiovisual (OCIC), premiado em Edimburgo, Lisboa, Gênova e Varsóvia, filmado em *caméra-stylo* como um livro, com uma das menores equipes que um longa-metragem de ficção até então tivera, *Vidas secas* é em primeiro lugar uma luz ofuscante, dando a sensação de que se está caminhando e transpirando de suor sob aquele sol infernal eternamente. Com a câmera na mão, o cineasta e o diretor de fotografia improvisado (Luiz Carlos Barreto,[25] que nunca trabalhara com cinema — Glauber Rocha aconselhara a contratação de um não especialista para dar autenticidade ao filme) seguem passo por passo essa família condenada num deserto perpétuo do qual nunca sairá. Maria Ribeiro recorda: "Caminhávamos por horas. Para que fosse mais verídico, a mala que eu levava na cabeça estava realmente cheia. Eu não interpretava, eu sofria em silêncio como sinhá Vitória".[26] Todos sofriam na pele as exigências intelectuais do cinema-verdade.

GLAUBER ROCHA, O MESSIAS DO CINEMA BRASILEIRO

Apesar de o Cinema Novo estar bastante ligado ao Rio de Janeiro, para muitos ele evoca o baiano Glauber Rocha, a ponto de seu nome metonimicamente resumir o aporte essencial brasileiro para a sétima arte em geral. Antes dele, entre a centena de cineastas surgidos desde 1898, somente Cavalcanti e Lima Barreto, às vezes Humberto Mauro, haviam conquistado um lugar nos dicionários mundiais. Sem dúvida a trajetória convulsiva de um artista engajado e maldito, morto prematuramente aos 42 anos, contribuiu para alimentar uma lenda que esse gênio precoce também soube, a exemplo de Truffaut,[27] provocar, ficando mais conhecido ou reconhecido em vida e post mortem no exterior do que em seu país de origem.

Glauber Rocha é o principal teórico das escolhas ideológicas e estéticas do movimento celebrizado por Nelson Pereira dos Santos de maneira bem diferente. *Vidas secas* e *Deus e o diabo na terra do sol*, obras-primas apresentadas pelo Cinema Novo em Cannes em 1964, não poderiam ser mais parecidos e mais distantes. Ponta de lança de um movimento surgido das necessidades históricas de um país com duas velocidades, Glauber recusa a falsificação estilística da realidade e opõe edição e montagem à profundidade de campo, planos-sequência e câmeras fixas para substituir a mise-en-scène por uma *mise-en-présence*.[28] Ele deve muito a René Gardies, autor, de uma (primeira) tese sobre Glauber,[29] quando ele ainda estava vivo, e à sua amiga Sylvie Pierre, que assina em 1987 a obra mais completa sobre o cineasta, lançada pelos *Cahiers du Cinéma*.

Presságios e reis magos: gênese de um profeta

Glauber Pedro de Andrade Rocha nasceu em Vitória da Conquista, na Bahia, em 1939, numa família de classe média que se instalou em Salvador em 1948. Glauber — um nome estranho, dado em homenagem ao cientista alemão Rudolf Glauber, que descobriu o sulfato de sódio no século XVII — tinha quinze anos quando *Rio, 40 graus*, censurado e depois liberado, lhe revelou sua vocação. Apaixonado por poesia, montara com amigos de colégio recitais em que coreografara e interpretara poemas de Carlos Drummond de Andrade, Manuel Bandeira, João Cabral de Melo Neto e Vinicius de Moraes. Ele provocou uma polêmica religiosa nos jornais da Bahia com uma montagem de "Blasfêmia", de Cecília Meireles. Essa vocação poética e provocadora acompanhará toda a sua obra.

Apaixonado pela escrita e pelo cinema, Glauber desde cedo escreveu críticas cinematográficas de todo tipo, participando da revista *Mapa*, cujo primeiro número sai em julho de 1957, com um artigo intitulado "O western: Introdução ao estudo de um gênero e de um herói". Como seu predecessor, escreveu para os periódicos do Partido Comunista local e se iniciou na prática do cineclube no Clube de Cinema da Bahia, fundado em 1950 pelo crítico Walter da Silveira. Salvador tinha, nos anos 1950, a mesma efervescência cultural das outras grandes cidades do país. A antiga capital fundara um Museu de Arte Moderna, intelectuais como o francês Pierre Verger[30] davam uma caução europeia a suas reivindicações, e o Nordeste em geral se tornava centros de filmagens de precursores do Cinema Novo — o documentário *Aruanda* (Linduarte Noronha), *Bahia de todos os santos* (Trigueirinho Neto), *Redenção*, *A grande feira* e *Tocaia no asfalto* (os três de Roberto Pires).

Esses filmes influenciaram Glauber, que não surgiu por geração espontânea. Num quadro profundamente enraizado e autenticamente reproduzido, *Bahia de todos os santos* conta, à maneira de Sartre ou Camus em *Os justos* e *Mortos sem sepultura*, os debates existenciais de um grupo de jovens trabalhadores entre greves e repressões sob a ditadura Vargas.

A grande feira (1961) se passa numa favela miserável de Salvador e consegue conciliar pitoresco baiano e estudo sociológico. Pobres feirantes são ameaçados de expulsão por uma empresa imobiliária e lutam para manter o pequeno terreno onde bem ou mal conseguiam vender o mínimo necessário para a sobrevivência de suas famílias, numa metáfora simples e eficaz da sociedade capitalista antropofágica. Em torno desse fio condutor se entrelaçam vários temas: condição feminina, demagogia eleitoral, política petrolífera, racismo, projeto revolucionário, imperialismo. A estrutura dicotômica da sociedade brasileira é claramente expressa e denunciada, sem páthos nem maniqueísmo, mas com um pessimismo naturalista lúcido próximo do Zola de *O regabofe*: de um lado os ricos poderosos, do outro o povo marginalizado, num universo miserável e corrompido onde o fim justifica os meios. É desse inferno que Glauber extrai seu diabo loiro Geraldo del Rey, protagonista de *Redenção* (1958) e *Tocaia no asfalto* (1962): psicopata violador e depois assassino profissional, ele se move com uma visão marxista de mundo aplicada ao contexto da vida baiana, cuja cor local não folclórica mas exótica esconde e ao mesmo tempo revela a força do objetivo.

Eis o paradoxo de um cinema de combate em que aquilo que é denunciado, apesar de cotidiano e contemporâneo, parece tão longe no tempo e no espaço que a força estética do que é mostrado se sobrepõe ao debate social e político. Mesmo sóbrio e austero, *Vidas secas* sofre disso por sua própria beleza depurada, como as fotografias de Sebastião Salgado, com seu preto e branco tão trabalhado e seu senso de composição, como o cinema explosivo repentinamente alegórico, poético e místico de Glauber desde *Barravento*.

O fascínio do fílmico puro e do visual depurado transparece já no primeiro trabalho, o curta-metragem insólito de onze minutos em preto e branco que Glauber fez aos dezoito anos: *Pátio*.[31] Mudo em 1958, sonorizado com música concreta em 1959, seria este "um exercício de cinema puro de um filmólatra iniciante e decidido a não fazer nenhuma concessão ao cinema de entretenimento?", pergunta-se Sylvie Pierre.[32] Provocação vanguardista? Em "um terraço suspenso entre o céu e o mar e com grandes ladrilhos pretos e brancos", que evocam "um tabuleiro de xadrez em que os peões teriam sido esculpidos em tamanho real", dois personagens se movimentam, um homem e uma mulher, às vezes deitados, às vezes em pé, afastando-se ou aproximando-se um do outro. Eles parecem querer tocar-se e estarem vagamente impedidos de fazê-lo: dificuldade, interdição, indiferença ou jogo? As regras e o que está em jogo nesta estranha partida de xadrez escapam totalmente ao espectador. De todo modo, são antes as decisões da câmera e do enquadramento que dão consistência a esses dois corpos parados ou em movimento.

Barravento escapará desse formalismo artístico cuja expressão absoluta será, três anos depois na França, *Ano passado em Marienbad*, de Alain Resnais e Robbe-Grillet.

Glauber, o teórico

As raízes do Cinema Novo

Em Paris, Glauber Rocha escreve, em 3 de dezembro de 1980, o prefácio de *Revolução do Cinema Novo*, publicado em 1981, ano de sua morte:

> Este livro não é reedição de *Revisão crítica do cinema brasileiro*,[33] que trata das raízes autorais do Cinema Novo: Humberto Mauro, Mário Peixoto, Alberto Cavalcanti,[34] Lima Barreto,[35] Nelson Pereira dos Santos, Trigueirinho Netto, Walter Hugo Khouri e outros cineastas independentes do fracasso da Vera Cruz em 1954 e do terrorismo chanchadyxtyku[36] servil a Hollywood. Em *Revolução do cinema novo*, trato do movimento nascido em 1960 que resgatou o cinema brazyleyro de uma miséria econômica & cultural. É a Heuztorya de uma geração de intelectuais (a minha) — dilacerada pelo cruel processo nacyonal. Sofre o Cinema Novo uma guerra interna e externa que ameaça destruí-lo desde suas origens até hoje. Internamente os vinte principais membros do movimento se dividem

em revolucionários e conservadores. [...] O livro é também revisão crítica do crítico que sou há 25 anos.

Para Sylvie Pierre, Rocha sempre esteve dividido "entre a vontade de afirmar-se como cineasta consciente e responsável, falando na maioria das vezes em nome de uma coletividade nacional de cineastas (Cinema Novo) e seu discurso de poeta solitário que reivindica seus direitos à incoerência, e mesmo a certa culpa, exorcizada no lirismo, diante da irresponsabilidade do poeta".[37]

Rocha relembra seus encontros com o grupo fundador, Cacá Diegues, Leon Hirszman, Paulo César Saraceni, Joaquim Pedro de Andrade e David Neves, mais ou menos aos vinte anos:

Nos reuníamos em bares de Copacabana e do Catete para discutir os problemas do cinema brasileiro. Havia uma revolução no teatro, o concretismo agitava a literatura e as artes plásticas, em arquitetura a cidade de Brasília evidenciava que a inteligência do país não encalhara. E o cinema? Vínhamos do fracasso de *Ravina*, de uma súbita interrupção em Nelson Pereira dos Santos, do fracasso Vera Cruz & Cavalcanti e sofríamos na tirania da chanchada. [...] Discutíamos muito: eu era eisensteiniano, como todos os outros, menos Saraceni e Joaquim Pedro, que defendiam Bergman, Fellini, Rossellini, e me lembro do ódio que o resto da turma devotava a esses cineastas [...] Mas o que queríamos? Tudo era confuso.[38]

Rocha lembra que a expressão Cinema Novo, "palavra mágica no Brasil, embora velha em outros lados do mundo", vem de Eli Azeredo:[39] "O nome pega e dá briga. Descobrimos na luta que Alex Viany era o pai do Rio e Paulo Emílio, o pai de São Paulo". E completa:

Hoje nós sabemos os caminhos. Gustavo Dahl gritou [...] que nós não queremos saber de cinema. Queremos ouvir a voz do homem. Gustavo definiu nosso pensamento. Nós não queremos Eisenstein, Rossellini, Bergman, Fellini, Ford, ninguém. O nosso cinema é novo não por causa da nossa idade. O nosso cinema é novo como pode ser o de Alex Viany e o de Humberto Mauro que nos deu em *Ganga bruta* nossa raiz mais forte. Nosso cinema é novo porque o homem brasileiro é novo e a problemática do Brasil é nova e nossa luz é nova e por isso nossos filmes nascem diferentes dos cinemas da Europa. [...] Queremos fazer filmes anti-industriais; queremos fazer filmes de autor, quando o cineasta passa a ser um artista comprometido com os grandes problemas do seu tempo; queremos filmes de combate na hora do combate e filmes para construir no Brasil um patrimônio cultural [...] No Brasil o cinema novo é uma questão de verdade e não de fotografismo. Para nós a câmera é um olho sobre o mundo, o travelling é um instrumento de conhecimento, a montagem não é demagogia mas pontuação de nosso ambicioso discurso sobre a realidade humana e social do Brasil! Isto é quase um manifesto.

Percebe-se nessa teorização do Cinema Novo as influências diretas, mesmo rejeitadas, do cinema soviético (Eisenstein ou Dziga Vertov), do neorrealismo de Rossellini, do cinema-verdade, de *Os boas-vidas* e de *Vinhas da ira*. Até sua morte, Glauber lutará para "manter ferozmente a ficção de unidade do Cinema Novo e construir o edifício intelectual de uma espécie de necessidade teórica, histórica, moral, ideológica deste na cinematografia brasileira".[40] Em "Por uma estética da fome," texto inspirado em *Os condenados da terra*, de Frantz Fanon,[41] Rocha clama: "Onde houver um cineasta disposto a filmar a verdade e a enfrentar os padrões hipócritas e policialescos da censura intelectual, aí haverá um germe vivo do Cinema Novo [...] Onde houver um cineasta

[...] pronto a pôr seu cinema e sua profissão a serviço das causas de seu tempo, aí haverá um germe do Cinema Novo".[42]

Cinema-verdade

Em 1965, Glauber lembra que o cinema-verdade é uma espécie de documentário com som direto e que interroga as pessoas, "recolhendo som da realidade, fotografando de uma forma direta, procurando captar o maior realismo possível [...] refletir uma verdade".[43] Ele enfatiza com precisão e ironia que não é uma novidade, do ponto de vista cronológico, pois

> o cinema é verdade desde que Lumière filmou a saída dos operários ou a chegada do trem. Mas o cinema-verdade como conceituação crítica é recente [...] um dos frutos da Nouvelle Vague francesa que, se não foi a criadora desse cinema, foi uma das escolas que agitaram o problema, como também os americanos do cinema independente que, após experiências de TV e jornalismo, chegaram fatalmente ao cinema.

Rocha traça um paralelo entre a escola moderna de cinema e o jornalismo televisivo inaugurado pelas empresas Lumière lançadas pelo mundo a partir de 1896 e depois pelo *Pathé--Journal*. O travelling, "questão de moral" para Godard[44] ou "instrumento de conhecimento" para Glauber, não foi descoberto por acaso numa gôndola por Auguste Promio por ocasião de uma reportagem em Veneza?

O verdadeiro pioneiro do cinema-verdade seria Chris Marker, que "se transformou em cineasta à medida que o seu contato com a realidade na qualidade de repórter de rádio e de TV o levou ao cinema e fez dele um desbravador do cinema-verdade".[45] Quanto a Jean Rouch, outra figura importante do cinema-verdade, não é propriamente um cineasta. É sobretudo um homem interessado em antropologia e sociologia que, por necessidade de uma informação e de uma pesquisa maior, de um conhecimento científico mais profundo, passou a usar o cinema como instrumento e, a partir daí, se transformou em cineasta que chegou a inovar em matéria de linguagem cinematográfica e a criar métodos técnicos que contribuíram ao desenvolvimento do cinema-verdade.[46]

Rocha faz uma homenagem ao cinema político de Marker, que "filmou em cinema-verdade todas as revoluções modernas" e que, de "repórter político", se tornou "um intérprete e quase um transfigurador em termos poéticos de uma realidade" e saudou o olhar antropológico de Rouch, "um dos grandes reveladores da África para o mundo da África", cujo paternalismo, no entanto, critica. Glauber afirma paradoxalmente, depois de ter demonstrado que não se tratava de verdadeiros cineastas, que "no panorama europeu, Chris Marker e Jean Rouch [...] são os dois cineastas mais importantes". Existiriam "verdadeiros" cineastas? O cinema-verdade é cinema ou verdade?

Em *Rio, 40 graus*, ao deixar cinco vendedores de amendoim falarem como nos bairros populares, Nelson Pereira dos Santos surpreendeu e incitou Glauber, aos quinze anos, a fazer cinema: "O fato de o cinema-verdade gravar a voz do povo é fundamental por ser uma contribuição para o desenvolvimento e o conhecimento da língua, e para o conhecimento da linguagem que é a expressão exata de todo um sistema psicológico".[47] Glauber lembra de ter visto um filme cubano sobre a revolução e perguntado ao diretor: "Como é que o senhor me faz um filme sobre a revolução campesina em estúdio e em cena, no momento em que o senhor começa a dramatizar essa realidade segundo dados culturais, ficcionais, acadêmicos, o senhor não está fazendo um filme revolucionário, está tratando um tema de esquerda com um ponto de vista da direita".[48]

Em "Teoria e prática do cinema latino-americano" (1967), ele reivindica "filmes baratos, explosivos, bárbaros, radicais, antinaturalistas e polêmicos. Um cinema épico e didático [...] É épica, revolução".[49]

Estética da fome

Em janeiro de 1965, em Gênova, quando de uma retrospectiva do cinema latino-americano, o ponta de lança do Cinema Novo, conhecido por seus filmes revoltados, torrenciais, excessivos, flamejantes, estigmatiza a incompreensão de seus colegas europeus perante a realidade social e cultural do Brasil. Diante do paternalismo para com o Terceiro Mundo, nasce sua tese a respeito do tema da fome. Analisando sem concessões as realidades intrínsecas, ele as apreende por inteiro e sem meias palavras: "Mais uma vez o paternalismo é o método de compreensão para uma linguagem de lágrimas ou de mudo sofrimento. A fome latina, por isso, não é somente um sintoma alarmante: é o nervo de sua própria sociedade".[50]

Antes, Glauber condenara a análise do observador europeu: "Assim, enquanto a América Latina lamenta suas misérias gerais, o interlocutor estrangeiro cultiva o sabor dessa miséria, não como sintoma trágico, mas apenas como dado formal em seu campo de interesse. Nem o latino comunica sua verdadeira miséria ao homem civilizado nem o homem civilizado compreende verdadeiramente a miséria do latino".[51] Nesse discurso *in cute* visceral e severo, Glauber não hesita em afirmar que a América Latina continua sendo uma colônia, com a diferença de que o colonizador, hoje, é muito mais refinado e perfeccionista. "Esse condicionamento econômico e político nos levou ao raquitismo filosófico e à impotência, que, às vezes inconscientes, às vezes não, geram no primeiro caso a esterilidade e no segundo a histeria."[52] No capítulo sobre a esterilidade, para Glauber, entre bienais e coquetéis, "exposições carnavalescas e monstruosidades universitárias", o artista brasileiro "se castra em exercícios formais que, todavia, não atingem a plena possessão de suas formas. O sonho frustrado da universalização; artistas que não despertam do ideal estético adolescente". No registro da histeria, desenvolve-se, segundo ele, o anarquismo ou o sectarismo. Mas "nosso possível equilíbrio não resulta de um corpo orgânico, mas de um titânico e autodevastador esforço no sentido de superar a impotência: e, no resultado dessa operação a fórceps, nós nos vemos frustrados, apenas nos limites inferiores do colonizador".[53]

Nesse contexto violento e cruel, Rocha explica por que a trágica originalidade do Cinema Novo é a fome.

> De *Aruanda* a *Vidas secas*, o Cinema Novo narrou, descreveu, poetizou, discursou, analisou, excitou os temas da fome [...] personagens comendo raízes, personagens roubando para comer, personagens matando para comer, personagens fugindo para comer, personagens sujas, feias, descarnadas, morando em casas sujas, feias, escuras: foi uma galeria de famintos que identificou o Cinema Novo com o miserabilismo tão condenado pelo governo, pela crítica a serviço dos interesses antinacionais [...] e pelo público — este último não suportando as imagens da própria miséria. Esse miserabilismo do Cinema Novo opõe-se a [...] filmes de gente rica, em casas bonitas, andando em automóveis de luxo: filmes alegres, cômicos, rápidos, sem mensagens, de objetivos puramente industriais[54] [...] Como se, na estufa e nos apartamentos de luxo, os cineastas pudessem esconder a miséria moral de uma burguesia indefinida e frágil ou se mesmo os próprios materiais técnicos e cenográficos pudessem esconder a fome que está enraizada na própria incivilização.

Central do Brasil, filmado num Rio monocromático sem Pão de Açúcar nem Corcovado, primeiro sucesso da Retomada que aborda um tema social, chocará pelas mesmas razões, 33 anos depois, a classe média acostumada ao ilusório luxo do "Primeiro Mundo", dos apartamentos e dos carros novos das telenovelas, construtoras de uma ideologia social, política e cultural a serviço do "embranquecimento" do Brasil e de um *trompe-l'oeil* nos antípodas do cinema-verdade de Glauber. "O que fez do Cinema Novo um fenômeno de importância internacional", escreve ele, "foi justamente seu alto nível de compromisso com a verdade; foi seu próprio miserabilismo, que, antes escrito pela literatura de 30, foi agora fotografado pelo cinema de 60; e, se antes era escrito como denúncia social, hoje passou a ser discutido como problema político".[55]

Nascida em 1961,[56] a corrente refletiu o período de crises de consciência e rebeliões, agitação e revolução que desembocou no golpe militar de 1964. Ao transformar a câmera em arma de combate, os cinema-novistas entenderam o potencial do cinema, superior à literatura porque pode tocar os analfabetos. As instâncias políticas logo perceberam os perigos dessa linguagem acessível demais: talvez por isso na América do Sul, desde então, ninguém tenha interesse a que uma verdadeira cinematografia se imponha. Pois para ser original ela só pode abordar os temas do próprio país. E estes, aparentemente mais sofisticados, são e continuam sendo, no fundo, os que Glauber anunciava. Miséria, fome, desigualdades e violência, por exemplo. Porta-voz dos cinema-novistas, ele também escreve:

> Nós compreendemos essa fome que o europeu e o brasileiro na maioria não entende. Para o europeu é um estranho surrealismo tropical. Para o brasileiro é uma vergonha nacional [...] Sabemos nós — que fizemos esses filmes feios e tristes, esses filmes gritados e

desesperados em que nem sempre a razão falou mais alto — que a fome não será curada pelos planejamentos de gabinete e que os remendos do tecnicolor não escondem mas agravam seus tumores. Assim, somente uma cultura da fome, minando suas próprias estruturas, pode superar-se qualitativamente; e a mais nobre manifestação cultural da fome é a violência.[57]

E Rocha, o baiano, torna-se então "cangaceiro" da sétima arte, "campeão" sem rival e inconteste dos combates artísticos e políticos do Terceiro Mundo.

Estética da violência

O Cinema Novo estourou impondo a violência de suas imagens e de seus sons em 22 festivais internacionais. A música estridente que acompanha o plano-sequência inicial de *Vidas secas* até a passagem da família diante do espectador prolonga-se aos limites do suportável para o ouvido humano, como o estômago das crianças roncando de fome além do que um ser humano consegue suportar: "o comportamento exato de um faminto é a violência, e a violência de um faminto não é primitivismo [...] somente conscientizando sua possibilidade única, a violência, o colonizador pode compreender, pelo horror, a força da cultura que ele explora".[58]

De *Barravento*, em que é estilizada (capoeira) até *O leão de sete cabeças*, em que é representada (em terras africanas), por meio dos arabescos atordoantes da câmera rodopiante de *Terra em transe*, ou a corrida, até o fim da película, para as ondas oceânicas de *Deus e o diabo na terra do sol*, Glauber dará vários tons à expressão da violência em seu cinema dessa fome que esteriliza o amor.

"O amor que essa violência encerra é tão brutal quanto a própria violência, porque não é um amor de complacência mas um amor de ação e transformação"; para ele, "as mulheres do Cinema Novo sempre foram em busca de uma saída possível para o amor, dada a impossibilidade de amar com fome".[59] Ele cita a "mulher protótipo" de *Porto das caixas*, que não tem outra saída para eliminar seu amor além de matar o marido. Alguns anos depois, no cinema tropicalista, ela vai comê-lo.

Barravento, esboço genial

O primeiro produto da Vera Cruz foi *Caiçara*, história de pescadores do litoral de São Paulo. O primeiro longa-metragem de Glauber, começado por Luís Paulino dos Santos, produzido por Rex Schindler e montado por Nelson Pereira dos Santos onze anos depois, é *Barravento*, história de pescadores do litoral da Bahia, com um trio de atores negros locais: Luiza Maranhão, Antônio Pitanga e Aldo Teixeira. "A importância fundamental de *Barravento* na história do cinema brasileiro", escreve Jean-Claude Bernardet em *Brasil em tempo de cinema*, "vem do fato de que é o primeiro filme — e continua sendo um dos raros — que captou aspectos essenciais da atual sociedade brasileira; um filme cuja estrutura transpõe para o plano da arte uma das estruturas da sociedade em que ele se insere."[60]

Antes dos créditos, o cineasta convida didaticamente o espectador a participar da reflexão que o filme proporá. Nada de assistir a ele passivamente: os elementos poéticos ou épicos da obra estão a serviço da denúncia social e de um pensamento revolucionário:

No litoral da Bahia, vivem pescadores negros de "xaréu" cujos antepassados vieram escravos da África. Permanecem até hoje os cultos aos deuses africanos e todo esse povo é dominado por um misticismo trágico e fatalista. Aceitam a miséria, o analfabetismo e a exploração com a passividade característica daqueles que esperam o reino divino. Iemanjá é a rainha das águas [...] senhora do mar que ama, guarda e castiga os pescadores. "Barravento" é o momento de violência quando as coisas de terra e mar se transformam, quando no amor, na vida e no meio social ocorrem súbitas mudanças [...] *Barravento* foi realizado numa aldeia de pescadores na praia de Buraquinho, alguns quilômetros depois de Itapuã, Bahia.

Rocha dedica o filme aos pescadores, lança os créditos iniciais e depois começa em preto e branco com um plano do céu com nuvens carregadas diante do oceano cheio de ondas. De fundo, uma música afro-brasileira batucada por um homem negro que parece velho mas não deve ser, desdentado mas sorridente, magro como um escravo esfomeado e condenado a trabalhos forçados. "Uma das mais extraordinárias intuições que um cineasta brasileiro já teve",[61] segundo Bernardet, *Barravento* é o filme de Glauber mais bem recebido pela crítica brasileira, sem dúvida por ser seu primeiro. Da parte de um cineasta de 21 anos, o desempenho técnico e artístico é impressionante. Mesmo o convencional Cavalcanti de Paiva, feroz detrator de Glauber, é de uma ternura condescendente com esta obra que evoca, por seu tema e emprego da população local, *Tabu*, de Murnau e Flaherty: "Um grande filme de estreante". Essa obra que questiona o misticismo da macumba e a alienação das práticas religiosas seduz por seus momentos de beleza plástica e de poesia cinematográfica. Iemanjá, deusa do mar, é um personagem completo, e o oceano possui vida própria. Involuntariamente, o cético intelectual comunista e revolucionário trotskista parece levado pela febre dos transes místicos dos rituais de candomblé. Lembremos a cena em que Luiza Maranhão, nua, provoca Iemanjá banhando-se sensualmente nas ondas para seduzir o filho pródigo da aldeia (Aldo Teixeira), noivo e prometido da divindade para a qual precisa guardar sua virgindade. O belo pescador não conseguirá resistir à tentação nesse Éden em que Eva é negra: Iemanjá acabará chamando-o até ela, engolindo-o avidamente em suas ondas. Evoquemos também a vingança da deusa marinha, ajudada nesse complô contra a mortal provocadora pelos outros deuses: a fuga desesperada da mesma Luiza Maranhão em meio à tempestade, contra ventos e marés, árvores e céus, é um momento surpreendente, o do "barravento".

A câmera impetuosa de Glauber anuncia os grandes momentos finais de *Deus e o diabo na terra do sol* e o frenesi recorrente de *Terra em transe*. Raras vezes a folia antropomórfica dos elementos encolerizados contra o humano será representada na tela de maneira tão intensa e bela. As sinestesias desse panteísmo mitológico conferem a *Barravento* uma dimensão épica e única no gênero, que poderia erigir esse filme como uma obra normativa do conceito de "brasilidade", como *Macunaíma* de Joaquim Pedro de Andrade.

A partir de uma situação de conflito de classes e apesar de certa esquematização didática, Glauber elaborou uma obra de belezas imperfeitas louvadas por Jean-Louis Bory:

> Primeiro aspecto do filme: o documentário "à la Rouch" sobre as condições de vida dessa população de pescadores [...] Estes morrem de fome e dançam samba. Falsa felicidade, se não necessariamente falsa alegria. O samba é o tempero que faz conseguirem comer seu peixe, do qual só têm as espinhas. O que Glauber Rocha quer com esse documentário é levar seus espectadores a uma tomada de consciência. E uma tomada de consciência capaz de provocar modificações [...] É evidente que Rocha não fica no documentário: correntes de homens ritmando na areia o puxar da rede de pesca ou procissões das matronas em transe. O pitoresco não o interessa; é o que está por trás. O folclore muitas vezes não passa de um conservadorismo paralisante e de um obscurantismo que, justamente, facilita a escravidão. O que Rocha deseja, para além da tomada de

consciência, é o conflito. Um conflito que sublevará não mais os elementos da natureza mas os homens. *Barravento* ilustra bem o caminho que todo um cinema pretende seguir, e não apenas no Brasil, da constatação à contestação.[62]

Criticado por Louis Marcorelles,[63] esse primeiro trabalho caótico começado por um (Luís Paulino dos Santos), montado por outro (Nelson Pereira dos Santos) e personalizado por Glauber é uma sinfonia negra do oceano e do vento, do ar e da água. Dois anos depois, seu filme seguinte será colocado sob a insígnia dos dois outros elementos: a terra e o fogo. O gigantesco espaço marinho que engolira, um depois do outro, o pescador que pecara e a pecadora apaixonada por ele são substituídos pelo espaço infinitamente árido e desolado do sertão. Ali também coabitam religião e alienação. Assim como reescreveu *Caiçara*, Rocha reinventará *O cangaceiro*.

Deus e o diabo na terra do sol

Na opinião de Cavalcanti de Paiva, o filme de 1964 "apresentava momentos de extraordinária criatividade e trechos caóticos — características da inconsequência ideológica e pessoal do diretor Glauber Rocha. Embora plasticamente bonito e provocante, o filme carecia de uma reflexão lastreada no conhecimento profundo da cultura brasileira. Era cinema e ópera-bufa".[64] Dadá, mulher do cangaceiro Corisco, que ainda estava viva quando o filme estreou, também criticou Glauber por transmitir uma falsa imagem, dizendo que não sabia nada do cangaço. Trata-se de um comentário incongruente, no entanto: essa é uma obra ficcional e não de um documentário, obra de arte e não dever histórico, que o cineasta primeiro chamou, à la Dreyer, de *A ira de Deus*.

A Palma de Ouro em Cannes foi para *Os guarda-chuvas do*

amor (registro colorido e ácido), mas o choque veio com Glauber. Em *História visual do cinema brasileiro,* José Carlos Monteiro escreve: "Cangaceiros e fanáticos, jagunços e camponeses. Opulência visual e imaginação sociológica, numa experiência singular e plural, que inventava uma estética e definia uma visão do mundo".[65] Para Carlos Roberto de Souza em *Nossa aventura na tela,* é "a liberação completa da linguagem cinematográfica de seus entraves coloniais".[66] Não é da relação com o anedótico e autêntico acontecimento do qual Corisco (Othon Bastos) e Dadá (Yoná Magalhães) são os verdadeiros anti-heróis que o filme tira seu valor, mas da "projeção na tela do inconsciente do camponês brasileiro", para citar o próprio Glauber. O cineasta, comenta Carlos Roberto de Souza, "dava um espaço para que o próprio instinto vital da cultura brasileira explodisse com liberdade, entrando em choque mortal com o cinema estrangeiro. Os planos finais de *Vidas secas* e *Deus e o diabo,* que se tornaram tradicionais nos filmes do Cinema Novo — os personagens sumindo por largos horizontes —, exprimem bem a ampliação das perspectivas que se abriam".

Alguns críticos, como Patrice Chagnard em *Télécinè,*[67] mostraram-se sensíveis ao frenesi da montagem, à "pontuação" que Glauber desejava fiel aos batimentos taquicardíacos dos corações perdidos sul-americanos: "A montagem responde, em primeiro lugar, a uma preocupação de estrita eficácia. *Deus e o diabo na terra do sol* é um filme sobre a violência, e Rocha recorreu a tudo o que a montagem podia lhe oferecer em matéria de recursos de agressão".

Para Jean de Baroncelli no *Le Monde,* "esse filme tem o brilho às vezes insuportável do sol brasileiro. Mas sem dúvida era preciso um cinema 'em transe', sem dúvida era preciso esse barroquismo luxuriante (em que reconhecemos o vestígio ainda vivo do velho 'romanceiro') para expressar a tragédia de um povo que só conheceu da esperança seus aspectos mais quiméricos".[68] O filme, inspirado de (muito) longe na peça sartriana *O diabo e o bom Deus,* coloca-se sob a insígnia do distanciamento interpretativo de Bertolt Brecht e do épico revolucionário e popular de Eisenstein. Para Fritz Lang, presidente naquele ano do júri de Cannes, "é uma das mais fortes manifestações da arte cinematográfica que jamais vi".[69] Da parte do demiurgo de *Metrópolis*, um elogio que coloca a obra num nível estético exigente e supremo. Buñuel, por sua vez, diz que "foi o que vi de mais belo nos últimos dez anos".

A construção sinfônica do filme, ele próprio habitado pela música de Heitor Villa-Lobos, o faz ascender aos cimos da magia própria da ópera. "Do lirismo frenético de Glauber Rocha", escreve Baroncelli, "nasce uma espécie de encantamento. Ao longo de todo o relato somos carregados por um turbilhão de imagens explosivas, ardentes, provocantes, sob a força das quais nos é impossível resistir. Por vezes a grandiloquência parece ameaçar o diretor. Mas ele eleva o tom mais ainda e encontra a salvação no próprio excesso de sua inspiração."[70]

O roteiro é de Glauber e Walter Lima Jr. Manuel (Geraldo del Rey) é um pobre camponês das zonas áridas do Nordeste que num momento de desespero mata o patrão escravagista, foge para a caatinga e se une a um grupo de fanáticos que seguem Sebastião (Lídio Silva), profeta negro que afirma que um dia o mar se tornará sertão e o sertão se tornará mar, e que do sol choverá ouro. Mas, para provocar esse milagre, é preciso matar todos os que praticam o mal, principalmente os padres e as prostitutas. A partir disso, sucedem-se alucinações, visões, práticas e modos de conduta que a fome, a miséria e a ignorância podem inspirar a um povo vítima do desespero. Manuel se une ao bando de Corisco, personagem real interpretado por Othon Bastos,[71] poderoso ator baiano nascido em 1933 que estreou em *O pagador de promessas* antes de se tornar um ícone do Cinema Novo para Glauber, Paulo César Saraceni, Ruy Guerra, Leon Hirszman, Joaquim Pedro de Andrade e Walter Lima Jr.

Encontramos na maioria dos filmes de Glauber um esquema parecido: diante do mundo dos que possuem — proprietários ou homens do poder —, sobrevivem os deserdados, miseráveis pescadores de *Barravento* ou camponeses do sertão. Entre estes, destacam-se os violentos como Corisco ou os místicos como Sebastião. Manuel, *homo duplex*, passa de um a outro em sua iniciação de *homo brasilis* nas realidades divinas e diabólicas do mundo terrestre queimado pelo sol. Intervém então o personagem de Antônio das Mortes. Este, que em 1969 dará seu título internacional a *O dragão da maldade contra o santo guerreiro*, é ao mesmo tempo instrumento implacável de um poder absoluto e expressão extrema de uma ideia revolucionária que se alimenta do terror. Matador profissional, ele resolve o conflito social com sua carabina, figura sinistramente melancólica e impiedosamente lógica de assassino visionário. Uma vez eliminados todos os obstáculos para a obtenção da felicidade, através dessa sanguinária guerra de libertação, a revolução vai se apoderar do sertão. E Antônio das Mortes abaterá o místico profeta Sebastião e o cangaceiro Corisco. Somente Manuel, símbolo do povo brasileiro preso nesse fogo cruzado, escapa e corre para o mar.

Esse roteiro alegórico de uma "ópera popular primitiva, brasileira e sem refinamentos"[72] foi dirigido segundo os preceitos defendidos nos artigos de Glauber. Benedito J. Duarte não seria nem um pouco tocado por esse modo de agir e compara, nas mãos do baiano, essa *caméra-stylo* à dos jovens cineastas amadores que descobrem um novo mundo com olhos de aprendiz. Para ele, não se trata de uma ópera primitiva, mas de um filme "primário" por sua forma e conteúdo: "projeção trêmula, quadros trepidantes, incríveis vaivéns de panorâmicas sem função, iluminação precária da fotografia (não raro fora de foco), totalmente apartada da dramaturgia cinematográfica, ausência de qualquer elemento criador na montagem, narrativa fragmentada, descosida, muitas vezes incompreensível".[73]

Essa crítica de setembro de 1964 mostra a que ponto a obra é inovadora, pois o que Duarte condena constitui justamente sua originalidade: sob as influências de Eisenstein e Brecht, Glauber inventou uma linguagem pessoal e singular em simbiose com o transe das terras do Brasil e da América do Sul, e mesmo do Terceiro Mundo. Messianismo, banditismo, fanatismo e sacrifícios: nessa Idade Média contemporânea, como na época da cavalaria — mescla de cortesia e barbárie em nome de Cristo —, "derrama-se cérebro e sangue" antes de se obter a sagração de cavaleiro. Não há revolução sem cego derramamento de sangue: o Terror o provou, com a origem da noção de terrorismo e, paradoxalmente, também com os direitos humanos.

Com seu questionamento narrativo e a resposta ofensiva que deu à relação colonizador-colonizado, Glauber agitou uma bandeira logo considerada subversiva. Mas ele estava na Europa durante o golpe militar de 1964, acontecimento político que desarticularia as perspectivas de ação cultural e política de toda uma geração. Justo no momento em que esse novo cinema se tornava conhecido e reconhecido, ele sofria esse baque sério. Nos rastos do predecessor Nelson Pereira dos Santos e levados pelo entusiasmo elétrico do vulcão Glauber, jovens cineastas haviam transformado o cinema brasileiro, dando-lhe uma identidade apreciada no exterior, principalmente na França (*Cahiers du Cinéma* e Festival de Cannes). Sua expressão estava baseada na ruptura, em mais de um sentido:

- com o cinema de entretenimento, com pretensões populares, em oposição à chanchada, com vistas a transformar as relações do cinema com a realidade e conduzir a uma descolonização econômica e cultural

- temática, concedendo o protagonismo às pessoas do povo, em especial aos das regiões desfavorecidas como o Nordeste: os pescadores de *Barravento*, a família faminta de *Vidas secas*, os camponeses do sertão, os habitantes das favelas filmados em preto e branco, como para apagar a imagem folclórica em technicolor" de *Orfeu negro*
- estilística, adotando uma forma de despojamento hiper-realista (*Ganga Zumba*) próximo às técnicas de documentário ou uma sublimação lírica das imperfeições técnicas colocadas a serviço de um país subdesenvolvido em busca de seu próprio eu, ao contrário do artifício da Vera Cruz ou da grandiloquência das cenas externas (*Caiçara, Sinhá moça*)

É a política do cinema de autor, na linhagem das escolhas já efetuadas pelos cinemas britânico, francês ou polonês. Reivindica-se uma escrita pessoal: câmera na mão, planos longos, planos fixos, planos-sequência e profundidade de campo para abarcar a realidade, imagens barrocas ou metafóricas, música expressiva, trabalho de montagem. A cada autor sua crítica: Nelson Pereira dos Santos é rigoroso, Cacá Diegues é sensível ao gosto do público, Glauber Rocha é flamejante. Mas todos, num primeiro momento, são movidos pelo entusiasmo otimista, convencidos de que o cinema pode e deve tomar parte em uma possível e desejável transformação social da qual Glauber, mais que Ruy Guerra, apesar de *Os fuzis*, é o cineasta messiânico, como seu Sebastião negro.

Segundo Sylvie Pierre,

> um filme como *Deus e o diabo* tinha, de certo modo, tudo para agradar aos poucos que o amor do deus do cinema havia preparado para o conjunto de ginásticas críticas necessárias para que o travelling fosse uma questão de moral, e a imagem uma questão de retidão e justiça [...] Além disso, não estou dizendo que todos

os cinéfilos se tornaram terceiro-mundistas em torno de *Deus e o diabo*, mas tudo o que o amor pelo cinema podia preparar de abertura à expressão real do outro, produziu em torno desse filme, mesmo ele tendo sido apreciado apenas por um público relativamente restrito, uma espécie de pequeno estalo. Um início, um esboço de êxtase.[74]

O golpe de Estado de 31 de março de 1964 reduziu as expectativas a nada, portanto, e fez o Cinema Novo entrar numa segunda fase. De 1954 a 1964, o Brasil viveu uma crise política intensa, marcada pela sucessão de dez governos, e uma mudança de capital, a partir da construção de uma cidade futurista no meio do deserto. O cinema busca-se, perde-se, encontra-se, vive uma crise da qual surge, no meio de um vazio, uma obra-prima visionária que logo se torna emblemática, de título premonitório. No momento em que essa busca de identidade está prestes a acabar, em que a obra em eterna construção do cinema brasileiro encontra a pedra angular de sua catedral e uma repercussão internacional que pode mudar sua existência, no momento em que poesia e verdade, cinema e realidade encontram sua expressão absoluta na expressão da cantilena[75] brasileira, o presidente João Goulart é derrubado por um golpe militar que mergulhou o país numa ditadura que, apesar de menos midiatizada e menos terrível que a do Chile ou a da Argentina, não foi menos longa, durando até 1985.

OUTROS EXPOENTES DO CINEMA NOVO

Cinco vezes favela

"Fraturado" em cinco episódios, produzido pelo Centro Popular de Cultura da União Nacional dos Estudantes, pelo Instituto do Livro e por Paulo César Saraceni, montado, no fim, por Nelson Pereira dos Santos e Ruy Guerra, *Cinco vezes favela* (1962) é dirigido por: Joaquim Pedro de Andrade ("Couro de gato"), Marcos Faria ("Um favelado"), Cacá Diegues ("Escola de samba Alegria de Viver"), Leon Hirszman ("Pedreiro de São Diogo") e Miguel Borges ("Zé da cachorra").

Para Salvyano Cavalcanti de Paiva, trata-se de uma "soma de esforços desiguais, produto de mentalidades díspares e até opostas [...] O melhor é 'Couro de gato'".[76] As cinco histórias escolhidas em homenagem aos cinco vendedores de amendoim de *Rio, 40 graus* nos mergulham na realidade cotidiana popular e misturam atores profissionais a não profissionais. "Couro de gato" é a história de uma caça aos gatos, que têm as peles utilizadas para fabricar tamborins de Carnaval. "Um favelado" acompanha a tentativa desesperada de um pobre desempregado que tenta um golpe e é preso pelo polícia. "Escola de samba Alegria de Viver" trata do dilema entre a função sindical e federativa popular do Carnaval e suas exigências comerciais, considerando se tratar de manifestação social ou alienação. "Pedreira de São Diogo" acompanha a explosão de uma pedreira e a destruição de uma favela. E "Zé da cachorra" evoca a insurreição de um favelado contra a passividade dos habitantes na luta contra um latifundiário cujas terras englobam a favela.

Cinco vezes favela surgiu em 1962 como o manifesto de uma nova escola de cinema. Impossível escapar, então, da eclosão de um Cinema Novo, cujo epicentro se confirma no Rio de Janeiro. Os cinco jovens diretores deram início a uma polêmica no jornal *O Metropolitano*. Nenhum movimento artístico nasce sem cesariana ou fórceps. *Os cafajestes*, de Ruy Guerra, foi o filme com o qual o escândalo começou, confirmando que o continente do cinema brasileiro estava em erupção.

Os cafajestes e Os fuzis

Influenciado pela Nouvelle Vague, Guerra dirige uma obra de uma liberdade erótica em que transparece a influência de Antonioni. Marginalidade, dissolução dos costumes e sexualidade vazia se manifestam numa metrópole voraz onde dois casais vivem em desequilíbrio e angustiados pelos caminhos oferecidos pela vida moderna.

Em 24 de março de 1962, a crítica assiste em sessão fechada no Instituto Nacional de Cinema Educativo a dois filmes-chave: *O pagador de promessas* e *Os cafajestes*. *A doce vida* de Fellini lançara uma moda, e é nessa linhagem de crítica decadente dos costumes da alta burguesia que *Os cafajestes* se situa, escolhido para representar o Brasil no Festival de Berlim. O submundo sórdido do vício e a insolência antirreligiosa e antimoral burguesa do filme chocam o público, agradando-lhe: em quatro dias o filme ruma para o sucesso, quando a Censura Estadual da Guanabara o tira de cartaz, chamando a polícia.

Os cafajestes é proibido por atentado ao pudor e incitação ao uso de drogas. Por intervenção do presidente João Goulart, a decisão é revista e a censura libera o filme para maiores de dezoito anos, o que provoca numerosas manifestações: produtores, críticos e atores divulgam um manifesto em defesa da livre expressão e a Comissão Permanente de Defesa do Cinema Nacional se reúne publicamente para protestar. Por fim, o produtor corta cenas. Mas o estado de Minas Gerais continua proibindo o filme, e a Igreja o condena como pornográfico. No entanto, segundo Glauber,[77] "*Os cafajestes* possuía certa transcendência: densidade existencial, clima determinado, universo fechado numa mise-en-scène agressivamente pessoal, apesar de todas as influências facilmente identificáveis, principalmente de Resnais e Antonioni [...] Insolente, corajoso, anárquico e talvez moralizante. Um cinema em bossa nova".

Mas quem é Ruy Guerra, cisne negro do Cinema Novo, que se torna um cineasta cosmopolita? Nascido em 1931, em Lourenço Marques (Maputo), numa família branca de Moçambique, então colônia portuguesa, ele parte em 1950 para Portugal, onde é preso por suas atividades a favor da independência de seu país de origem. Fica no IDHEC, em Paris, de 1952 a 1954. Assistente do cineasta Jean Delannoy (detestado pelos *Cahiers du Cinéma*), ele contracena com Jean Marais e os brasileiros José Lewgoy e Vanja Orico para Georges Rouquier, precursor da Nouvelle Vague (*Farrebique, Biquefarre*) em seu *SOS Noronha* (1957), que se passa no arquipélago de Fernando de Noronha.

É na Europa que Ruy Guerra escreve um primeiro roteiro de *Os fuzis*, sobre um pequeno grupo de soldados perdidos na montanha durante a guerra na Espanha. Ele tem a ideia, então, de representar em imagens uma metáfora sobre o poder do Exército em meio à população de uma aldeia em paz. Em vão, tenta gravar o filme na Espanha do general Franco, depois em outro país mediterrâneo, a Grécia, logo também sob regime militar. Decide então ir ao Brasil, planejando adaptar o roteiro bastante premonitório, pois logo o país seguiria o exemplo militar da Espanha e da Grécia. Ele se integra aos jovens cineastas cheios de ideias políticas, sociais e humanitárias. Incontestavelmente, sua formação técnica na França e seu profissionalismo serão determinantes para o movimento brasileiro: como Cavalcanti trouxera seu savoir-faire, Guerra agrega valor ao Cinema Novo.

Essa maestria predomina em *Os cafajestes*, em que filma uma das mais belas cenas do cinema erótico. Segundo Paiva, "a sequência do nu de Norma Bengell ao ser fotocurrada na praia, das mais eróticas já realizadas [...], é também a mais demorada do gênero na história do cinema: ela é perseguida pela câmera indiscreta durante mais de cinco minutos numa apologia à Vênus aterrorizada".[78] A câmera, livre como uma caneta em forma de espada, gira em torno da presa desnuda com um sadismo sensual raro e perturbador. Um grande momento do cinema, gravado nas dunas selvagens de Cabo Frio, que mostra a audácia moderna da musa inspiradora do Cinema Novo. Como Brigitte Bardot, que Norma Bengell imitou tão bem em *O homem do Sputnik*, ela se torna uma estrela por meio do choque. Seis anos depois do abalo sísmico mundial de *E Deus criou a mulher*, o Brasil fica fascinado por uma estrela local de novo estilo. Norma Bengell, Odette Lara, Luiza Maranhão, Isabella e Anecy Rocha inspiraram o Cinema Novo assim como, na França, Bernadette Lafont, Anna Karina, Stéphane Audran e Alexandra Stewart inspiraram a Nouvelle Vague.

Depois do toque ultracontemporâneo de *Os cafajestes*, Ruy Guerra readapta o roteiro de *Os fuzis*, que com o golpe militar adquire um significado político imprevisto. As filmagens duram quatro meses e meio, enlutadas desde o início da busca de locações na Bahia pela morte de Miguel Torres, figura do Cinema Novo, num acidente de jipe. "Estávamos", comenta o cineasta, "procurando um local para as filmagens ao norte de Milagres, acabávamos aliás de passar por Palmeira dos Índios, em Alagoas, onde Nelson Pereira dos Santos preparava *Vidas secas*."[79] Essa má sorte será a mais relevante, mas não a única, como se a natureza pretendesse impedir a realização do filme. A superstição invadiu todo mundo: mau tempo, doenças, incidentes múltiplos e variados. Ruy Guerra aguentou firme, inovando na direção de atores ao criar um laboratório, com atores não profissionais iniciados e preparados nas técnicas básicas de interpretação, e profissionais mergulhados na singular realidade nordestina, absorvendo a atmosfera da região. Essa osmose intensificou o realismo do filme e lançou uma moda ainda atual.[80]

O filme foi apresentado em Berlim, em 1964, e obteve o Urso

de Prata, mas os produtores o julgaram lento demais para o circuito comercial e exigiram cortes. Bloqueado por cinco meses, *Os fuzis* foi lançado numa versão até hoje contestada por Ruy Guerra. Ele marca uma virada na relação espectador-filme, conforme assinalado por Bernardet no artigo "Para um cinema dinâmico", que fala de um "trabalho do espectador", defendendo "não uma adesão à história ou uma identificação com os personagens", mas "uma colaboração para a edificação do sentido do filme". O ato de assistir a uma produção não é mais "caracterizado pela contemplação ou assimilação, mas, pelo contrário, por uma atitude ativa". Bernardet já havia acusado "a emoção" de ser "uma das grandes inimigas de nossa época", porque ela seria o "meio de conduzir as pessoas sem que elas percebam, e instrumento de propaganda e não de liberdade". A "proximidade" é mistificação, a continuidade psicológica não é a mesma do real: "sai-se do cinema transtornado, mas não responsável. Não há identificação redentora, mas culpabilização construtiva. Consequentemente, a narração clássica a serviço de uma ideologia conservadora deve ser dinamitada por um questionamento radical da linguagem em osmose com a acusação de uma sociedade exploradora com o gosto amargo da miséria".[81] Em Glauber Rocha ou Ruy Guerra, o desmembramento estético e a desnarração[82] não são um jogo intelectual e gratuito como em Robbe-Grillet ou outros "novos" romancistas, nem absurdo como em Ionesco. Mais próxima do trágico metafísico de Beckett ou das buscas durassianas de *Hiroshima, meu amor* do que das volutas metafóricas de *Ano passado em Marienbad*, o Cinema Novo carrega uma dimensão profundamente política e revolucionária. As imagens-sílex dos filmes de Glauber produzem o fogo de um vulcão em erupção cuja lava acabará consumindo o próprio demiurgo de volta à idade, se não do fogo, no mínimo da terra. Ruy Guerra, por sua vez, segue a via alegórica até hoje, do místico *Ternos caçadores*[83] aos barrocos *Erêndira* e *Estorvo*, passando por

Os deuses e os mortos. O veneno da madrugada foi considerado um maneirismo obsoleto pela crítica brasileira.

Ganga Zumba

Com Cacá Diegues, em contrapartida, imediatamente ocorre uma conciliação entre o Cinema Novo e o popular, o que logo será criticado pelos amantes de uma arte mais radical. Depois de um trabalho sobre a escola de samba Mangueira em *Cinco vezes favela*, ele dirige um primeiro[84] longa-metragem com narrativa bastante tradicional sobre um tema não convencional: o Brasil negro dos escravos revoltados.

Cacá Diegues se distingue pela constante vontade de fazer um cinema autoral popular. Assim como se fala em MPB — nome que engloba tanto Dorival Caymmi quanto Chico Buarque ou Caetano Veloso —, com ele pode-se falar em Cinema Popular Brasileiro. Essa necessidade de agradar lhe será criticada, da mesma forma que Godard vilipendia Chabrol ou Truffaut por abandonar os dogmas da Nouvelle Vague e retomar os princípios do cinema acadêmico de "qualidade francesa", que eles condenavam em críticas intransigentes nos *Cahiers du Cinéma*.

Cacá Diegues dirigirá o maior sucesso público cinema-novista, *Xica da Silva* (1976). A necessidade de ser amado é percebida desde *Cinco vezes favela*, em que a temática da alienação do Carnaval é dominada pelo prazer de filmar a alegria (mesmo artificial) da população negra. Ele se torna o porta-voz (branco) da negritude com *Ganga Zumba* (1964), primeira parte de uma trilogia histórica seguida por *Xica da Silva* e depois pelo gigantesco *Quilombo* (1984).

Esse primeiro longa-metragem de ficção é "um filme que não é nem realista nem documental", comenta o próprio Cacá Diegues, "ao contrário do que faziam os outros diretores do Cinema Novo. Acho que sou o único a ter estreado com um filme histórico desse tipo. Apesar de ele conter uma boa dose de atualidade política, tratava-se de uma fábula com um toque de fantasia e grande espetáculo, duas coisas essenciais que continuo a fazer em meus filmes".[85] *Ganga Zumba* se passa no final do século XVII, no momento em que a escravidão chega ao auge no continente americano, e relata uma aventura semi-histórica e semimitológica baseada na tradição oral afro-brasileira.

Nascido num família branca confortável de Alagoas, no Nordeste, Cacá Diegues é embalado desde a infância pelas lendas surgidas em torno do Quilombo dos Palmares, aldeia fundada na região por escravos fugitivos. "Essa lenda", escreve ele, "existe há três séculos na literatura, na música, na pintura, no teatro, na cultura popular brasileira. O rei Zumbi, primeiro *guerrillero* da história das Américas, mito negro da libertação, está presente nos rituais religiosos de candomblé e de magia ainda realizados pelos herdeiros dos escravos que sonham, como eles, com uma nova emancipação."[86]

Ao contrário de Glauber em *Barravento*, Cacá não aborda os rituais africanos como o candomblé, "tão cultivado pelos mercadores do pitoresco cultural" sob o ângulo da alienação, mas como elementos da integridade remanescente de um povo oprimido. O interesse de *Ganga Zumba* reside em sua sobriedade. Apesar de imposta pela precariedade dos recursos disponíveis a essa reconstituição histórica, ela se torna um trunfo, comparada ao excesso de cor local folclórica de *Quilombo*,[87] vinte anos depois. A *caméra-stylo* aproxima os personagens do espectador e a visão quase comum e moderna desse herói do passado produz um efeito de verdade como quando Ken Loach filma em *Black Jack* o século XVIII inglês ou em *Vida em família*, o século XX. "Esse filme, como as obras contemporâneas de Rocha sobre o sertão, deve ser colocado sob a vontade do Cinema Novo de explorar a história brasileira para dar armas aos oprimidos de hoje."[88] O cineasta confessa ser tão fascinado quantos os modernistas Gilberto Freyre e Sérgio Buarque de Holanda pela formação original do povo brasileiro: "não tenho nenhuma razão ideológica pra dizer por que eu mostro o povo brasileiro. Eu filmo por estética mesmo, porque acho curioso, interessante, para conhecer melhor, para aprender [...] eu não tenho nada contra os ricos brasileiros [...] mas não sinto a menor vontade de filmar a elite".[89] A escolha dos atores é favorável em *Ganga Zumba*. Fetiche de Glauber desde *Barravento*, Antônio Pitanga, ágil e carismático, torna-se também queridinho de Cacá Diegues (trabalhando em *A grande cidade*, *Joanna francesa*, *Quando o Carnaval chegar*, *Quilombo*). O elenco inclui Léa Garcia, o cantor Cartola e três futuros atores de *Assalto ao trem pagador*: Luiza Maranhão, Jorge Coutinho e Eliezer Gomes.

À MARGEM DO CINEMA NOVO

Assalto ao trem pagador e O pagador de promessas

Não incluídos no Cinema Novo, mas essenciais para sua dinâmica, dois filmes marcam o ano de 1962. Exibidos para a imprensa no mesmo dia, um terá mais de 1 milhão de espectadores no Rio de Janeiro, o outro ganhará a única Palma de Ouro de um filme 100% brasileiro, além de outros prêmios internacionais.

Clássico hoje, *Assalto ao trem pagador* realizou uma façanha: comercial e autoral, sucesso de público e crítica, filme à americana e totalmente brasileiro, mescla uma estética clássica às ideias do Cinema Novo. Alguns anos mais tarde, *Central do Brasil*, de maneira menos ingênua, repetirá esse milagre. Baseado num fato real (o ataque ao trem pagador em Japeri, perto do Rio de Janeiro, em 1960), o filme se inscreve nas linhagens do filme de ação tradicional (tema recorrente nos cinemas ocidentais), do cinema-verdade (a câmera e o drama partem do ponto de vista do povo desfavorecido dos barracos) e do cinema de denúncia sociopolítica (o roubo e a violência são as saídas propostas aos miseráveis numa sociedade antropofágica).

No filme, uma gangue composta de seis homens e o chefe Tião Medonho (Eliezer Gomes) organiza o espetacular ataque ao trem pagador da Estrada de Ferro Central do Brasil, no interior do estado do Rio de Janeiro. Para não despertar as suspeitas da polícia, eles decidem gastar no máximo 10% do roubo. Mas o belo e loiro Grilo Peru (Reginaldo Faria, irmão do diretor) se entrega ao luxo na zona sul do Rio e é morto por Tião. Paralelamente, a polícia cerca a favela em que os bandidos vivem e encontra o líder, ferido na fuga, na casa da amante (Ruth de Souza), enquanto na casa dele, o chefe de polícia (Jorge Dória) pressiona a esposa de Tião (Luiza Maranhão) para que confesse onde está o dinheiro. A casa é saqueada, e ela e os dois filhos ficam sozinhos no mundo, privados de seus sonhos de ascensão social, errando pela estrada de chão batido por entre a poeira dos carros.

O resultado foi 1 milhão de ingressos vendidos apenas na capital do Rio, dezenas de prêmios nacionais e internacionais, como a Caravela de Prata no Festival de Lisboa e o Prêmio Especial de Arte Negra no Senegal. *Assalto ao trem pagador* dá lugar de destaque aos atores negros, principalmente ao inesquecível Eliezer Gomes (1920-79), robusto e natural, futuro companheiro de Jeanne Moreau em *Joanna francesa*. O mundo afro-brasileiro das favelas é filmado como em *Rio, 40 graus*, com humanidade e ternura, sem a condescendência ou a crueldade do cinema contemporâneo (*Cidade de Deus, Tropa de elite*).

Nascido em 1932, Roberto Farias é um autodidata formado nos estúdios da Atlântida, onde entrou aos dezoito anos. "Um cineasta", comenta ele,

não se formava nas escolas de cinema: na época, elas não existiam; continuam praticamente não existindo no Brasil. Tive a sorte de começar muito jovem no maior e mais duradouro estúdio de cinema do país como assistente dos diretores José Carlos Burle (*Maior que o ódio*), J. B. Tanko (*Areias ardentes*) e Watson Macedo (*Aviso aos navegantes*). O assistente era o faz-tudo dos estúdios: da marcenaria à assistência psicológica às estrelas.[90]

Roberto Farias aprende todos os truques técnicos de um ofício artesanal e artístico: com Carlos Hugo Christensen, na Maristela, trabalha em *Mãos sangrentas* e *Leonora dos sete mares*. Aos 25 anos, portanto, está pronto para dedicar-se à direção. Duas chanchadas abrem seu currículo: *Rico ri à toa* (1975), com Zé Trindade, e *No mundo da lua* (1958). Ele dirige uma terceira, *Um candango na Belacap* (1960) com a dupla Ankito e Grande Otelo. Mas a desistência de Roberto Santos logo antes das filmagens de *Cidade ameaçada* lhe dá a oportunidade de lançar-se num projeto mais ambicioso. Ele se vê como um dos inesperados precursores do Cinema Novo: *Cidade ameaçada*, grande sucesso de 1960 elogiado por Sadoul,[91] é o terceiro filme urbano dos precursores do novo movimento, depois de *Rio, 40 graus* e *O grande momento*. Um drama forte sobre a crescente marginalização dos grandes centros urbanos, com câmera leve e segura, problemática contemporânea e humana, estrelado por seu irmão Reginaldo Faria e Eva Wilma. Essa cidade ameaçada anuncia o que viria a seguir. Em *Assalto ao trem pagador*, segunda parte de um díptico "noir" e urbano cujo êxito estético nunca será repetido por Roberto Farias, garante a ele um lugar definitivo na história do cinema.

É verdade que ainda dirigirá um belo filme na floresta, à la Howard Hawks, sobre os trabalhadores escravos do Paraguai, *Selva trágica* (1964). Associado a figuras do Cinema Novo (Luiz Carlos Barreto, Walter Lima Jr., Glauber Rocha), ele funda a produtora DIFILM, para filmes de autores de qualidade (*Azyllo muito louco*). Como Chabrol, cineasta da Nouvelle Vague levado a dirigir filmes como *O tigre se perfuma com dinamite* ou *O código é: tigre* e *A espiã de olhos de ouro contra o dr. K* para sobreviver, Roberto Farias dirige o cantor Roberto Carlos em imensos sucessos comerciais ao estilo *Help!*, como *Roberto Carlos em ritmo de aventura* ou *Roberto Carlos e o diamante cor-de-rosa*. Ele comenta: "Gostei e gosto de fazer de tudo, pois adoro o cinema, mas tenho um carinho especial por *Cidade ameaçada*, hoje esquecido, e *Assalto ao trem pagador*, um dos raros velhos filmes brasileiros que as pessoas ainda olham na televisão ou em DVD".[92] Mais tarde, Roberto Farias seria presidente da governamental e onipotente Embrafilme, de 1974 a 1978.

O pagador de promessas

O ano de 1962 foi marcado pela inesperada premiação no Festival de Cannes, na noite do dia 21 de maio, de *O pagador de promessas*, de Anselmo Duarte, baseado na peça teatral homônima de Dias Gomes, única verdadeira Palma de Ouro do cinema brasileira. Aquele foi um prêmio a todo um momento: uma recompensa simbólica, para além do Brasil, à América do Sul e às cinematografias do Terceiro Mundo. O fenômeno é paradoxal: símbolo, no exterior, da eclosão do Cinema Novo sul-americano, o filme tem pouca relação, além de sua contemporaneidade, com o movimento, apesar de refletir sua essência.

Como essa produção assinada por um cineasta desconhecido com atores anônimos de um país de cinematografia misteriosa, celebrada entre poucos até então, obteve o prêmio? A seleção teria sido particularmente fraca naquele ano? De maneira nenhuma. Trinta e cinco filmes disputaram a Palma de Ouro, dentre os quais três obras maiores da sétima arte: *O anjo exterminador*, de Luis Buñuel, *O eclipse*, de Michelangelo Antonioni, e *O processo de Joana d'Arc*, de Robert Bresson. O júri teria sido incompetente, por preferir uma obra menos evidente em vez de três pérolas de mestres já mitificados? Seria uma brincadeira da atriz cômica Sophie Desmarets, uma farsa do acadêmico Jean Dutourd ou do extravagante Romain Gary, eminentes membros do júri? Em *Les Mémoires de Sophie*, a atriz, mulher do crítico de cinema do *Le Monde* Jean de Baroncelli, explica o inexplicável: "Foi François Truffaut quem conseguiu, com seu poder de persuasão e sua recusa a qualquer contradição, convencer a maioria dos membros do júri a votar no filme do Brasil".[93] Numa entrevista, ela dá os detalhes:

> Havia filmes de peso, naquele ano. O problema era decidir entre grandes cineastas. Como escolher entre tantos filmes um mais excepcional que o outro? Quando Truffaut lançou a ideia, astuciosa, é verdade, de recompensar o filme de um cineasta menos conhecido vindo de um país menos renomado cinematograficamente, de início ficamos encantados. Era uma bela maneira de encontrar uma solução e não ofender ninguém, ou todos ao mesmo tempo. Sobretudo porque estávamos sob o encanto do magnífico *Electra*, do grego Michael Cacoyannis, com a esplêndida Irene Papas. Todos quiseram então dar a Palma de Ouro a essa obra-prima — que, cá entre nós, tinha me entediado bem menos que os filmes de Bresson ou Antonioni —, e o prêmio de melhor atriz — mais que merecido — a essa grande atriz dramática. Truffaut se opôs com firmeza: *não daremos a Palma de Ouro a Eurípides*!, ele não parava de gritar. Ele conseguiu convencer, com violência, mais da metade do júri a não premiar a adaptação de uma peça de teatro. *Não é cinema, é teatro filmado*, ele sapateava. Era uma formidável má-fé, pois *Electra* tem grandes momentos cinematográficos, mas Truffaut foi tão insuportável que o júri por fim decidiu dar um prêmio especial a *Electra*; fiquei furiosa, mas o antigo crítico virulento dos *Cahiers du Cinéma* demonstrou por A + B que o filme brasileiro era uma

obra-prima em seu gênero, que era preciso levar em conta os esforços de um país pobre que se esforçava culturalmente e blá-blá-blá.[94]

Segundo esse depoimento, compaixão paternalista, provocação cinefílica e o gosto de Truffaut pelos filmes insólitos de cinematografias distantes foram os motivos da Palma de Ouro inusitada. Ironia do destino: se *Electra* não é cinema, *O pagador de promessas* tampouco, pois também é uma adaptação de uma peça de teatro. Não obstante, Truffaut encorajou os cinema-novistas do mundo inteiro a continuar sua busca. Fracasso de público, o filme encantou muitos festivais (San Francisco, Cartagena, Acapulco, Bucareste, Edimburgo, Locarno, Toronto, Karlovy Vary) e despertou várias vocações periféricas. No Brasil, ele continua sendo um símbolo nacional. A crítica local parece ainda acreditar que o filme merecia a Palma de Ouro por ser superior aos de Buñuel, Bresson e Antonioni. Ora, quando Truffaut, sem dúvida seduzido pelos créditos suntuosos, apresenta o filme de Duarte como prova do surgimento de um novo cinema, isso não é totalmente verdadeiro, nem totalmente falso.

É um pouco falso porque:

- o Cinema Novo, como a Nouvelle Vague, se insurge contra as adaptações literárias e o teatro filmado, e o filme é uma adaptação fiel de uma peça de sucesso (que Truffaut, a 10 mil quilômetros de distância, ignora ou finge ignorar)
- o diretor é um ator de sucesso, galã formado à la Hollywood nos estúdios da Atlântida e da Vera Cruz
- cinematograficamente falando, o filme é clássico e não inova: atores dirigidos de modo teatral; magnífica música grandiloquente de Gabriel Migliori (prêmio Darius Milhaud no Festival de San Francisco), fotografia apurada de Chick Fowle (ex-Vera Cruz).

É um pouco verdadeiro porque:

- o filme bebe do reservatório popular do naturalismo neor-realista do Cinema Novo
- nele aparecem quatro figuras emblemáticas do movimento: Geraldo del Rey, Othon Bastos, Antônio Pitanga e Norma Bengell
- o social se mistura à crítica da intolerância religiosa e política, numa metáfora anunciadora de uma crise que levará o país rumo a uma ditadura.

A analogia de *O pagador de promessas* com as obras fundadoras do Cinema Novo (*Barravento, Deus e o diabo na terra do sol, Os fuzis, Vidas secas*) reside no contexto baiano de uma história de sincretismo religioso e de realidade populista transcendente, retomada alguns anos depois por Anselmo Duarte sem sucesso (*Vereda da salvação*, 1966). O início do filme, nesse sentido, é simbólico, mesclando ao mesmo tempo o candomblé de *Barravento* e a errância de *Vidas secas* a uma ponta de *Cangaceiro*: no branco da ofuscante luz celeste, surge a sotaina negra do padre diabólico. Da terra seca e árida, digna de *Chronique des années de braise*,[95] caminha-se na lama das chuvas equatoriais antes de escalar com uma cruz maciça um árduo monte. Surge na solidão da noite uma rua deserta pela qual desce o casal de peregrinos. Prelúdio para uma descida aos infernos. Com uma abertura dessas amplificada pelos coros e melodias de Gabriel Migliori ou pelas imagens de Chick Fowle, entendemos melhor Truffaut.[96]

Se não é o nascimento internacional do Cinema Novo, a premiação é pelo menos sua eclosão, apesar de, para Labaki,[97] ao recompensar Anselmo Duarte, Chick Fowle e a qualidade técnica de certo profissionalismo, trata-se de uma vitória póstuma da Vera Cruz. No ano seguinte, a trilogia do sertão levaria a melhor e instalaria, depois da Atlântida e da Utopialand, o mito de um novo continente do cinema, Eldorado sul-americano de arte e ensaio. Porém, um golpe militar sacudiria tudo, dissipando o sonho utópico de um cinema que mudaria o mundo. Fim dos flashes de poesia e verdade que iluminavam os *Miseráveis* do Nordeste em busca de um mundo mais justo.

O GOLPE DE 64

Parecia o melhor dos mundos: conselho nacional dos cineclubes organizado em 1962; reunião nacional de Porto Alegre no ano seguinte, quando cerca de trezentos cineclubes são representados; criação pelo governador da Guanabara, Carlos Lacerda, em 1963, de uma comissão de auxílio à indústria cinematográfica, que concede financiamentos à produção e subsídios em função da qualidade e da arrecadação. Também se decidiu reservar no mínimo 56 dias de mercado para os filmes brasileiros e permitiu-se que o polêmico e contestador Glauber Rocha publicasse sua *Revisão crítica do cinema brasileiro*. Calmaria antes da tempestade, pois, em 1º de abril de 1964 — infelizmente, não foi dia da mentira —, o marechal Humberto Castelo Branco, levado ao poder por um espetacular golpe militar, foi nomeado presidente da República, em um regime que duraria os 21 anos seguintes.

A repressão foi marcada pela cassação de inúmeros mandatos e direitos civis, prisões e uma onda de partidas para o exílio, com um serviço nacional de informações particularmente poderoso. Depois do 1º de abril de 1964, os cinema-novistas logo mudaram de tom: a euforia criativa azedou. Ele encontraria dificuldades para continuar, e somente o cruzeiro seria novo.

Dos cinco cineastas de *Cinco vezes favela*, apenas Cacá Diegues e Miguel Borges dirigem um longa-metragem de ficção antes de 1964:

o primeiro, *Ganga Zumba*; o segundo, *Canalha em crise*,[98] comédia urbana. Joaquim Pedro de Andrade, depois do IDHEC, volta em 1962 para filmar o ensaio-documentário *Garrincha, alegria do povo*.[99] Sua primeira ficção será *O padre e a moça* (1966), baseado em Carlos Drummond de Andrade, depois de *A falecida*, de Leon Hirszman. Marcos Farias produz *Cabra marcado para morrer*[100] (filme censurado de Eduardo Coutinho), depois *O bravo guerreiro, Capitu* e *Todas as mulheres do mundo*. Andrade se associa a Sacha Gordine, produtor de *Orfeu negro*. Miguel Borges acabará no consumo corrente, com uma comédia sobre a loteria, *O barão Otelo no barato dos bilhões* (1971). Caminho desolador em curva descendente, da militância humanista e generosa de *Cinco vezes favela* aos acordos econômico-demagógicos. Triste fim para um "grupo dos cinco", derrotado como muitos outros pela trágica farsa de 1º de abril.

A PROVA DOS NOVE DE UM CINEMA SOBREVIVENTE

A Palma de Ouro teria recompensado a falecida Vera Cruz ou anunciara o Cinema Novo? Homenageando um novo cinema, ela salvaria por meio de um mal-entendido o fim de outro? Quem inventou o Cinema Novo? Nelson Pereira dos Santos ou Glauber Rocha? Sylvie Pierre ou os *Cahiers du Cinéma*? O certo é que a paisagem cinematográfica dos anos 1960 se enriquece e se modifica no Brasil. Nessa década, surgem 362 produções. Entre um cinema rico em ideias mas indigente tecnicamente e um cinema profissional mas anacrônico, os anos 1960 e o pós-1964 são de grande efervescência criativa. "Os povos infelizes fazem os grandes artistas", escreveu Musset em *Lorenzaccio*. A ocupação nazista não deu ao teatro *O sapato de cetim, A rainha morta, Antígona, Entre quatro paredes*? E, ao cinema, *Além da vida* e *Os visitantes da noite*, pérolas raras? A ditadura no Brasil fez com que os cineastas tentassem todos os tipos de expressão. Destacamos nove filmes-guia reagrupados à maneira das trilogias da tragédia grega, não deixando de fazer justiça a outros filmes, talvez menos brilhantes, mas igualmente importantes.

Trilogia da desilusão política

O desafio

Considerado por Cavalcanti de Paiva um "melodrama da perplexidade da pequena burguesia intelectual face à ditadura militar instaurada no país em 1964. [...] Este drama sociopolítico provocou controvérsias quando exibido no I Festival Internacional de Cinema do Rio de Janeiro, mas teve plateias frias na exibição comercial".[101] Para Silva Neto, "nitidamente influenciado pela Nouvelle Vague francesa, o filme acabou registrando o difícil momento da repressão militar, vivida no Brasil nos anos 60 [...] Outro título: *No Brasil depois de abril*".[102]

É a história de Marcelo, jovem jornalista carioca sem perspectivas depois de uma desilusão amorosa e política. Impotente diante dos acontecimentos de 1964, ele se sente culpado em relação aos amigos torturados pelo governo e não encontra ecos de luta real em seus companheiros de esquerda. Sua vida amorosa (com uma rica desgostosa) e profissional (com a imprensa amordaçada) também conhece o fracasso. Na verdade, Paulo César Saraceni, depois de dissecar fria e notavelmente os instintos assassinos latentes em todas as esposas em *Porto das caixas*, reproduz o insucesso das esperanças revolucionárias do grupo cinema-novista. Um ano antes de *A guerra acabou*, de Alain Resnais, escrito por Jorge Semprun, ele revela certa maestria na abordagem, com uma ideia fixa em mente e uma câmera ligeira nas mãos — uma sensação de "verdade" que Godard apreciará. A escolha de Isabella (musa-modelo, como Anna Karina) acrescenta um encanto defasado a esse filme cuja sequência inicial num carro é uma premonição de *Um caminho para dois* (Donen) e *Week-end à francesa* (Godard).

Terra em transe

O terceiro longa-metragem de Glauber Rocha foi muito esperado pela crítica, no Brasil e principalmente fora dele. Depois dos pescadores da Bahia e da miséria do sertão místico e mistificado, o que mais o prodígio dessa estética da contestação revolucionária pela forma poderia fazer, em pleno início de ditadura, para abalar as estruturas?

Primeiro foram a água e o vento, depois a terra do sol: em anadiplose, nessa sinfonia dos quatro elementos, eis agora a terra sozinha, mas em transe, como os personagens dos filmes anteriores. O filme de 1967 é uma fábula alegórica, um conto filosófico, político e metafísico, que traduz em imagens barrocas e freneticamente rodopiantes a perplexidade e a impotência de um intelectual no Eldorado. Entre miséria e demagogia, denúncia e desespero, Eros e Tânatos se enfrentam num poema visual que o público e a crítica do Brasil acharão confuso e excessivamente empolado.

Apesar de a história se passar num país imaginário, o filme foi proibido em 1967 em todo o território nacional pelo governo do general Costa e Silva, acusado de "subversão" e "irreverência" para com a Igreja. Era difícil, de fato, tão pesada era a artilharia de Glauber, deixar-se enganar: apesar do contexto semântico e formal caótico do resultado fílmico, Eldorado se parecia em tudo com o Brasil dos militares e se apresentava como uma "republiqueta tropical dominada por demagogos, oportunistas e testas de ferro de multinacionais".[103] O próprio Glauber confessou: "É um filme sobre o que existe de grotesco, horroroso e podre na América

Latina. Não é um filme de personagens positivos, não é um filme de heróis perfeitos".[104]

Profundamente ancorado em sua época, *Terra em transe* foi vítima das hesitantes contradições de seus contemporâneos: as autoridades o condenavam pela propaganda marxista, os intelectuais de esquerda criticavam-no por abusar do alegórico e do barroco, e outros por não colocar em cena figuras militares. Na verdade, o espírito visionário e crítico de Glauber fugia voluntariamente desses clichês de conservadores militares fomentando golpes de Estado na América do Sul, para mostrar que, por trás deles, os verdadeiros culpados eram civis, protegidos impunemente por eles. Os delírios estéticos do filme ocultaram seu alcance, sobretudo porque reivindicados numa *mise-en-abyme* pelo personagem interpretado por Jardel Filho, que, como porta-voz de Glauber, exclama: "Eu recuso a certeza, a lógica, o equilíbrio". Para Sérgio Augusto,

estruturalmente circular [...] o filme se transforma num longo e agônico poema cinematográfico sobre os erros cometidos por certos grupos de esquerda antes do golpe de 1964. Mas não apenas sobre isso, *Terra em transe* termina sendo, também, uma convulsiva orgia visual sobre a civilização da retórica. Em Eldorado, síntese das anomalias e das ilusões terceiro-mundistas, todos confiam demais na força da oratória ornamental.[105]

Sérgio Augusto, mediador de um debate sobre *Terra em transe* no Museu da Imagem e do Som (MIS) do Rio de Janeiro,[106] por ocasião da liberação da censura do filme, interpreta os personagens-chave dessa obra cujo título original seria *América nuestra*: "Se Paulo (Jardel Filho) por sua vez é uma síntese do intelectual romântico latino-americano, Vieira lembra Getúlio Vargas e João Goulart [...] e o senador Porfírio Diaz (Paulo Autran) é um

Carlos Lacerda que deu certo".[107] O crítico vê inclusive um *Ersatz* de Roberto Marinho no jornalista interpretado por Paulo Gracindo. Mas isso seria importante?

O Festival de Cannes de 1967 concedeu o prêmio da crítica a essa obra fora do comum construída em flashback (num delírio pré-morte de Paulo) e freneticamente conduzida pelo cameraman Dib Lufti. Essa recompensa confirma o especial interesse da Europa pelo Cinema Novo. Mas ninguém é profeta em sua própria terra, e o ponto de vista de um Cavalcanti de Paiva é sintomático da atitude do público brasileiro, cujo sentimento geral sobre os filmes de Glauber e dos cinema-novistas ele expressa sem rodeios:

> A confusão do conteúdo aliada à confusão da forma — de um rebuscamento rococó esteticamente ultrapassado e socialmente nocivo — produz uma fratura irremediável na comunicação com a plateia. O filme irrita pela narrativa falsamente barroca, caricaturalmente hermética, politicamente confusa. Como qualquer obra de arte que procura apenas beleza, que isola a arte da vida social, que substitui a clareza pela obscuridade, é reacionária. A tendência formalista é a mãe da degenerescência artística. O público deu-lhe as costas. Seus defensores eram romancistas pornográficos, teatrólogos formalistas, psiquiatras psicopatas, piedosas damas da esquerda festiva [...] adeptas de alegoria gratuita.[108]

Considerável é o abismo entre a percepção de Glauber na Europa e no Brasil naqueles anos. Veja-se, por exemplo, a elogiosa opinião de Bory, que, "extralúcido",[109] qualifica *Terra em transe* de ópera-metralhadora:

> Tudo nos convida a não ficarmos na superfície da história, e em primeiro lugar Rocha, que não está falando do Brasil, mas de Eldorado. Ele nos puxa para a fábula. Não para nos levar a decifrá-la, mas para

obrigar-nos a planar acima do detalhe anedótico, para afastar-nos da história dos acontecimentos para melhor apreender, pelo viés da poesia, as condições, o clima da política no Brasil — para melhor nos mostrar, de certo modo, a alma política do Brasil [...] Nada mais natural que, no centro desse transe político, dessa ronda exasperada, Glauber Rocha coloque um poeta. Força da natureza, vulcão em perpétua erupção lírica, bardo do arrebatamento revolucionário mais generoso e mais louco [...] Ele encarna o dilaceramento de todo artista politicamente engajado na revolução: como equilibrar as exigências de uma alma pura e as necessidades de um universo cruel?[110]

Depois, Bory elogia a linguagem cinematográfica única, sem igual, que ainda hoje coloca Rocha entre os (raros) cineastas autorais e inventores de um estilo:

Há exaltação do verbo assim como da música, que deriva poderosamente do teatro lírico, assim como há exaltação do ruído das armas, que participam da partitura musical. O revólver, a metralhadora não servem realmente para matar, eles servem para pontuar o poema [...] Rocha compraz-se nessa grandiloquência épica do verbo e do revólver. Ela se harmoniza com a grandiloquência barroca dos cenários: imensas mansões pouco mobiliadas, arquiteturas de átrios de teatro que esmagam o presente sob o passado, sufocando a miséria e o frenesi de hoje sob o enorme peso da lembrança [...] tudo concorre para elevar esse barroco e esse épico grandiloquente à altura de um estilo: o de uma ópera-metralhadora.

Ópera-metralhadora: lírica, épica e trágica, mas sempre poética.[111] O poeta (Jardel Filho), antes de morrer, ergue o braço prolongado por uma metralhadora para os céus que enchem a tela e anulam aquela terra surgida, no primeiro plano (aéreo), da imensidão do mar. Ele não estaria dizendo que sua morte é o triunfo da beleza e da poesia? A sequência final do filme, com seu emaranhado de sons, imagens, rupturas técnicas e fundos musicais, é uma aliança de grandioso e grotesco, como o coroamento do ditador caricato (Autran), hesitando entre a pompa imperial e o toque de Carnaval. Rocha cria um grande momento cinematográfico em que se fundem política, polêmica e poética.

Sylvie Pierre afirma que o filme foi uma unanimidade na crítica intelectual parisiense. "Em todo caso, o certo foi que, com *Terra em transe*, estávamos diante de um grande filme, diante de uma obra peremptoriamente moderna de um grande cineasta", e mais adiante ela diz que "suicida, em suas contradições políticas, o poeta que ele é".[112] O filme, que Zelito Viana[113] lembra não ter sido um fracasso de público, se insere no debate ideológico e cultural em curso, que animará o Tropicalismo. Contudo, prolongamento que barroquiza a temática de *O desafio*, *Terra em transe* encontra eco na crise ética de *O bravo guerreiro*, de Gustavo Dahl, bastante sartriano em suas referências e no avanço à la Roquentin[114] do anti-herói.

O bravo guerreiro

Neste filme de 1968, um jovem político (Paulo César Pereio) hesita entre seus compromissos populares e acordos com um partido de centro-direita, mas os sindicatos e os líderes populares o mantêm constantemente sob pressão. Porém, traído por seu próprio partido, ele é condenado a explicar sua posição diante de uma assembleia operária. A certa altura, Dahl o faz dizer grosso modo a célebre frase de Hoederer na peça de Sartre *As mãos sujas*: "Para se fazer alguma coisa é preciso sujar as mãos". Mas o desmantelamento da utopia popular é mais radical ainda: "Eu me pergunto se o povo também não tem medo de que as coisas mudem, tanto medo que acaba ficando do lado de seus adversários".[115]

Esse confronto com o desaparecimento de um ideal leva o protagonista a um mal-estar (*O ser e o nada*), à descoberta do vazio (*A náusea*). Como Roquentin, o anti-herói do filme chega a dizer: "Por mais fundo que eu vá em mim, não encontro razões suficientes para meu existir". A última cena é significativa: ele coloca um revólver na boca e a imagem aos poucos escurece. Evidentemente, um argumento desses não agradou a muitos espectadores, mas ganhou no Festival de Brasília de 1968 o Prêmio Especial do Júri, por sua contribuição "ao moderno cinema brasileiro", e valeu ao diretor de fotografia Affonso Beato, futuro diretor de fotografia de Almodóvar, Glauber Rocha, Walter Salles e Stephen Frears, o primeiro prêmio de sua carreira.

Na antologia de artigos organizada no mesmo ano de sua morte, *Revolução do cinema novo*, Glauber escreve:

> Uma tragédia onde o Povo tem medo do Herói que pronuncia palavras arrancadas do fundo de um mundo arrebentado por conflitos políticos. O "bravo guerreiro" é um jovem Deputado brasileiro que não suporta o esquema de corrupção no qual está envolvido. Sua consciência política é mais forte que suas ambições existenciais. Não quer fazer uma carreira baseada na exploração do povo. Resolve romper e transformar a sociedade. O Deputado é um destes solitários rebeldes que se revoltam com o derrame do próprio sangue [...] O povo a quem o "bravo guerreiro" se dirige não o ouve, não o entende, não o aceita.[116]

Esse comentário que explicita o fracasso do filme não seria uma metáfora do que Glauber e todos os cinema-novistas representam? Pois o Cinema Novo é a história em vários episódios da tragédia de um povo (o brasileiro) contada com "som e fúria" por "bravos" guerreiros-profetas que berram num deserto tão seco quanto o sertão de *Vidas secas*, onde Deus e o diabo se enfrentam numa eterna canção de gesta na terra do sol. De certo modo, depois do funesto fracasso de *A idade da terra*, vaiado e amputado, como o protagonista do filme de Dahl, o próprio Glauber verá a tela de sua vida, aos 42 anos, escurecer.

Trilogia da alegoria

Os herdeiros

Mais preocupado em agradar, Cacá Diegues se afirma em seu terceiro filme como o único diretor do Cinema Novo que sabe dialogar com o público: *Os herdeiros* (1970) é bem recebido no Festival de Veneza e, uma vez liberado pela censura, faz mais sucesso que *O desafio*, *Terra em transe* e *O bravo guerreiro* juntos. Mas primeiro os censores tiveram o cuidado de proibi-lo e exilar seu autor.

Ambicioso quadro ao estilo de Balzac e Zola, *Os herdeiros* conta uma história do Brasil, de 1930 à queda de Getúlio Vargas em 1945, por intermédio de um fazendeiro. Arruinado pela crise do café, ele casa sua filha com um jornalista oportunista que não hesita em denunciar um amigo à polícia política para escapar às perseguições. Com o fim do Estado Novo, o filho do jornalista começa sua própria ascensão, ligada à notoriedade de uma vedete do rádio, e pai e filho acabam sendo adversários.

Essa que é a obra mais espetacular do Cinema Novo, concretizando sua opção histórico-alegórica, tem um elenco ímpar. Em torno do grande ator teatral Sérgio Cardoso (em seu último filme) valsam Grande Otelo, Odete Lara, Anecy Rocha e Caetano Veloso, sendo o todo coroado pela presença simbólica de Jean-Pierre Léaud, inspirador da Nouvelle Vague. Ele atuara nos filmes de Truffaut (*Os incompreendidos, Beijos proibidos*) e Godard (*Masculino feminino, A chinesa*), e trabalharia também com Glauber (*O leão de sete cabeças*).

Os herdeiros encorajará Jeanne Moreau[117] a fazer *Joanna francesa*, do mesmo diretor. O filme, confidencia o cineasta, "foi mais bem entendido e amado no exterior".[118] Tulard, no *Guide des Films*, o acha "didático e tedioso, um passo em falso na obra de Diegues".[119] Trata-se, segundo ele, de uma "visão pessimista que se revelaria, infelizmente, premonitória, um documentário dramatizado sobre a minha geração. Transparece minha descoberta da política como tragédia. É uma ópera política".

Mistura de dramas individuais e de balanço analítico histórico, o filme faz a transição entre o Cinema Novo e o Tropicalismo na figura de Caetano Veloso, com seus quadros alegóricos fotografados por Dib Lufti, que estigmatizam estereótipos da brasilidade como as bananas de Carmen Miranda ou o verde-amarelo da bandeira nacional. O cenógrafo Luiz Carlos Ripper, premiado pelo Instituto Nacional de Cinema, perseguirá suas buscas variegadas e luxuriantes no hipertropicalista *Pindorama*, de Arnaldo Jabor, no ano seguinte.

Afastando-se do realismo, Cacá Diegues acredita conseguir evitar, com a metáfora, a censura e a violência repressiva do regime militar, mas o primeiro título do filme, extraído do hino nacional brasileiro, é proibido: *O brado retumbante*. Depois, acontece o mesmo com o filme. Aproveitando um convite para o Festival de Veneza, ele se instala no exílio em Paris com a mulher, a cantora Nara Leão, por dois anos. Então *Os herdeiros* é liberado e conhece certo sucesso. Cacá volta ao Brasil para filmar um esboço tropicalista em homenagem à chanchada, *Quando o Carnaval chegar*, e o retrato de uma mulher estrangeira perdida entre a revolução de São Paulo e as grandes fazendas dos coronéis do Nordeste, *Joanna francesa*, com Jeanne Moreau dublada em português por Fernanda Montenegro.

Cacá ainda escreve um texto analítico[120] sobre a difícil sobrevivência dos cineastas e dos intelectuais diante do processo político em marcha, colocando-o dali por diante à frente dos contestadores,[121] pois Glauber e os demais ainda estavam no exílio.

O dragão da maldade contra o santo guerreiro

Filme premiado no Festival de Cannes de 1969 por sua direção, este é um prolongamento em cores de *Deus e o diabo na terra do sol* onde reencontramos Othon Bastos e Maurício do Valle. "Retrato de injustiça e de amoralidade do Brasil",[122] segundo Cavalcanti de Paiva, também é o melhor filme de Glauber. O fato é que é o único a conhecer certo sucesso de público. Como explicar, oito anos depois de *Barravento* e logo antes do exílio e da total incompreensão, esse breve encontro entre uma obra do anticristo do Cinema Novo e uma multidão de infiéis conquistada por um instante?

Eis algumas razões:

- Desde a trilogia do sertão, o público de cinema vinha se acostumando a uma nova forma de escrita cinematográfica
- O filme foi lançado no Brasil em junho de 1969, quando o mais importante festival do mundo acabara de consagrar o diretor brasileiro. Como rejeitá-lo totalmente? Mesmo que apenas por curiosidade, era preciso conferir como Glauber filmava e por que os estrangeiros, conhecedores da sétima arte, o tinham recompensado como um dos maiores cineastas do mundo
- Tratava-se da primeira obra em cores de Glauber. Affonso Beato fora orientado por ele para que nada fosse acrescentado à cor original da região (Milagres, no estado da Bahia), e as filmagens foram feitas sobretudo com céu encoberto
- Em plena ditadura, um cineasta contestador tinha conseguido filmar sem problemas. O público que se lembrava das

dificuldades de *Terra em transe* se dedicava ao seguinte enigma: qual seria a mensagem a ser decifrada no novo filme?

- A história de Lampião, o cangaceiro, é um tópos do imaginário brasileiro. Conforme enfatiza Cocteau, o público ama "o eterno retorno" das histórias, pois prefere "reconhecer" a "conhecer"
- O filme retoma as raízes mais profundas da cultura popular, à qual concede amplo espaço, tanto nas roupas e nos costumes quanto nas músicas ou na poesia de cordel, cuja forma narrativa reproduz contrapontos e meandros repetitivos

Antônio das Mortes cativa desde o início. A *captatio benevolentiae* (o princípio retórico da conquista da simpatia) do público é garantida por um desenrolar explicativo e didático em três grandes planos iniciais:

- Em cores, a imensidão seca do sertão, fixa e imóvel. Armado de um fuzil, com um enorme chapéu e um longo manto como os personagens de *Era uma vez no oeste* (western de Sergio Leone), Antônio, o matador, cruza da direita para a esquerda o espaço sempre imóvel da tela. Quando ele desaparece do enquadramento, ouvimos tiros e gritos. Depois, à esquerda, surge a vítima agonizante que desaba no centro da imagem, no coração do deserto.
- Numa cidade, em primeiro plano, cobrindo a diagonal da esquerda para a direita da tela, o professor (Othon Bastos), símbolo da consciência nacional, cercado de crianças, lembra-lhes as principais datas da história do Brasil: 1500, 1822, 1888, 1889, 1939 — a descoberta pelos portugueses, a Independência, a abolição da escravatura, a proclamação da República e a morte de Lampião.
- A câmera dança no meio de uma festa popular, levando o

espectador para um mundo de fantasia metafórica cujos códigos e ritmos todos no Brasil possuem, seduzindo ou fascinando por sua estranheza vernácula.

Para Sylvie Pierre,[123] que vê nesse filme "certo formalismo do faroeste, a meio caminho entre o universo dos *Sete samurais* e dos *Sete mercenários*", Glauber Rocha declara, referindo-se a seu ídolo Eisenstein: "O dragão marca meu acerto de contas com a cultura cinematográfica. De fato, é meu *Alexander Nevsky*: quero dizer que, depois da tempestade, fiz um filme popular e nacionalista por excelência, no sentido mais nobre do termo. O dragão era um *Alexander Nevsky* do sertão, uma ópera global inspirada nas lições de Eisenstein".

Em 1960, ele havia escrito um texto pouco conhecido e citado no folheto da revista *IstoÉ* que acompanhava a versão em vídeo: "Só tenho vontade de fazer westerns. Como não temos índios, nem cowboys, vou meter a cara em cangaceiros e vaqueiros encourados".[124]

Os deuses e os mortos

Enquanto Glauber, o mal-amado, finalmente encontra um público em seu país, Ruy Guerra, o mais popular dos cinema--novistas ao lado de Cacá Diegues, depois de um filme na Europa com Susan Strasberg e Sterling Hayden (o estranho *Ternos caçadores*), lança-se agora na alegoria de um filme fora de série de título magnífico. Ele comenta sua quarta obra no *Correio Braziliense*:

> *Os deuses e os mortos* é talvez o passo mais importante desde *Deus e o diabo na terra do sol* para definir uma realidade cultural, religiosa e humana do brasileiro, que não depende apenas do situacionismo econômico e histórico, que não se restringe ao enquadramento de uma condição tangível no mapa e no barômetro da história oficial.

O comportamento mágico aferido ao personagem central do filme, O Homem, interpretado por Othon Bastos, está infinitamente ligado com o fato de esse personagem não ser caracterizado em termos de passado, presente ou futuro, o que desindividualiza, o torna atemporal e alegórico [...] E o tema fundamental do filme é exatamente a tomada do poder. Shakespeare foi praticamente o corroteirista desse filme.[125]

Com suas cores e seus movimentos de câmera sofisticados, o filme tece um laço lógico entre o Cinema Novo e o Tropicalismo: "A heterogeneidade assumida é maior ainda no caso de *Os deuses e os mortos*, contemporâneo do Tropicalismo. A história familiar e política da Bahia oligárquica, o sexo e a religião, a realidade e o imaginário confundem-se com a liberdade de uma tragédia shakespeariana".[126]

Filmado nos arredores de Ilhéus, o filme pinta o retrato de uma realidade histórica ancorada numa realidade geográfica (o ciclo do cacau, no sul da Bahia dos anos 1930, no momento da crise econômica provocada pelas especulações britânicas), mas vai além do quadro do bandoleiro que interfere na vida de duas famílias disputando o poder local. Também é transcendida a dialética do arcaico e do moderno, para ordenar a narrativa em torno da representação da agonia e do desespero, com grandes quadros estáticos simbolizando teatralmente as situações dramáticas. Tudo acaba num banho de sangue do qual ninguém sai vencedor, numa atmosfera de lirismo desenfreado digno do final sangrento de *Duelo ao sol*. "Um belo título para um filme nervoso e violento bem à maneira de Guerra", escreve Tulard.[127] Para Michel Capdelac em *Les Lettres françaises*,

> trata-se de um prodigioso oratório, uma torrente lírica e metafórica cuja violência, cujo significado polêmico, cuja poesia surgida das entranhas num texto e em imagens de siderante beleza, encontram

a grandeza do teatro grego antigo, da Oréstia, e a conjugam por caminhos obscuros da selva brasileira e a tragédia de um povo crucificado por seus mestres.[128]

Cinema-espetáculo, epopeia, teatro ou ópera. Essa é uma obra-guia que marca o apogeu do Cinema Novo: apoteose infernal de uma grande "selvageria"[129] para um movimento geocosmogônico que se diluirá definitivamente dez anos depois com *A idade da terra*. Mas *Os deuses e os mortos* seria um filme "genuinamente" brasileiro? Para europeus como Jacques Demeure na *Positif* ("Independentemente das razões geográficas, *Os deuses e os mortos* talvez seja mais a continuação de *Os fuzis* do que a transposição brasileira de *Ternos caçadores*")[130] não há dúvida alguma de que sim. Em *Revolução do cinema novo*, Glauber Rocha, irritado com Ruy Guerra, a quem não pode perdoar por ter pedido por intermédio do *Jornal do Brasil*, em 1977, "o internamento de Glauber num hospício", sublinha o que diferencia Ruy Guerra dos cinema-novistas: "Nunca contemporizou com o Cinema Novo".[131] Ele inclusive o teria criticado na Europa. Glauber fala em "esquyzofrenya": português e moçambicano, "a Condição estrangeira de Ruy não o faz viver o Brazyl pelas raízes". Para ele "a magicenografia de Ruy encerra personagens rasgados de seu continente afro/luso/franco/brasileiro: não são brasileiros, são ruyguerranos. [...] Não se destaca personagem negro nesta filmografia lusafricana". Trata-se de um "Cinema Político/impulso revolucionário: novas formas, montagem dialética, criação a partir da imagem, diluição da literatura no processo fílmico, vocação operística, amores despedaçantes, lágrimas & esperma, entre a noite e as madrugadas famintas". Portanto, cineasta "estrangeiro" no Brasil? É verdade que *Os fuzis* era para ser filmado na Grécia, mas Ruy Guerra soube integrar seus personagens à geografia humana do Nordeste e, ajudado por seus fotógrafos Aronovich e Lufti, de imagens bri-

180

lhantes e rodopiantes, conseguiu sublimar a visão documental em proveito da alegoria artística. Essa superação criativa do real para avançar rumo à verdade não seria a mesma seiva fecunda e fervilhante que corre em Glauber, o baiano branco um pouco "esquizofrênico" também? Ele não teria visto em *Os deuses e os mortos* um filme que teria gostado de dirigir e de celebrar, em segredo, esse "fogo de artifício da invenção e da inspiração"?[132]

Triologia da melancolia urbana

De trilogia em trilogia, desde a do sertão, em que se completam *desengaño*[133] alegórico em cores violentas e desilusão política, a melancolia urbana também passa por esse processo de desencantamento: outra trilogia cadencia os passos do Cinema Novo, com as cores amargas do preto e branco das grandes cidades anônimas e perdidas.

A falecida

Hoje considerada "uma das obras mais bem-acabadas do Cinema Novo, principalmente quanto à construção do universo dramático",[134] o primeiro longa-metragem de Leon Hirszman foi mal recebido na época, desagradando por seu negativismo lúgubre, sem dúvida.

O diretor nasceu no Rio de Janeiro em 1937, numa família de judeus poloneses que fugira das perseguições antissemitas. Comunista desde os catorze anos de idade, fascinado por Eisenstein e espectador assíduo de cineclubes — oásis de liberdade —, ele estreia aos vinte anos como assistente de produção em *Rio, zona norte*. Em 1962, participa da fundação do Centro Popular de Cultura (cpc) da União Nacional dos Estudantes, tornando-se responsável por seu setor cinematográfico. Produz *Cinco vezes favela* e dirige o episódio "Pedreira de São Diogo", influenciado pela estética soviética e japonesa. Depois de um curta-metragem sobre o analfabetismo no Brasil, *Maioria absoluta* (1964), ele se dedica à adaptação da peça de Nelson Rodrigues, cujo título mantém. É o primeiro filme da grande atriz de teatro que montara uma peça do mesmo dramaturgo, *Beijo no asfalto*: Fernanda Montenegro.[135] Este será seu único papel principal de verdade no cinema por 33 anos (até *Central do Brasil*, em 1998). Apesar de recompensada então com numerosos prêmios de interpretação nacionais, ela será vítima do fracasso desse primeiro filme (que contribui para o desaparecimento do Cinema Novo no início da ditadura). O reencontro com o diretor em *Eles não usam black-tie*, vencedor do Prêmio Especial do Festival de Veneza de 1981, será para ambos uma revanche de crítica e público. Para Cavalcanti de Paiva:

> Atriz de enorme sensibilidade, Fernanda Montenegro esforçou-se inutilmente para salvar *A falecida* [...] O roteiro de Leon Hirszman e Eduardo Coutinho baseou-se na peça homônima de Nelson Rodrigues e conservou os convencionalismos do palco. Conta (mal) a história de uma suburbana que se vê possuída pela ideia da morte. Seu marido, Ivan Cândido, é um fanático de futebol. Após visitar uma cartomante, ela une a obsessão da morte à do ciúme. Para compensar a vida miserável, prepara-se para ter um enterro de luxo, e encomenda um ataúde sem revelar o destinatário. Morre. O marido descobre que ela o traía e faz chantagem com o amante, homem rico, para cumprir o desejo da falecida. De posse do dinheiro, encomenda mesmo é um enterro de indigente.[136]

O público não gosta do humor sutil e cínico desse drama sórdido, da tragédia suburbana carioca ou da figura pequeno-burguesa do Rio obcecada por sua própria morte e pela cerimônia subsequente como uma jovem que pensa no dia do casamento.

Mais preto que branco, o filme é muito naturalista, evitando o lirismo e o patético: a protagonista não podia despertar a simpatia do público, menos ainda sua empatia. Foi sem dúvida essa ideia, um pouco vanguardista no tom, que o deixou contrariado. Que o Cinema Novo enfrente cangaceiros do sertão ou soldados da seca no Nordeste, que ele descreva os tormentos políticos, metafísicos ou alegóricos de intelectuais torturados, sim, mas oferecer, num espelho, o retrato mordaz de certa classe média ele não podia e aliás não poderia nunca.

Além disso, Nelson Rodrigues, jornalista e observador das contradições mais íntimas e perversas da sociedade brasileira, não era então reconhecido, apesar da montagem no Theatro Municipal do Rio de *Vestido de noiva*, em 1943, e de sua participação brilhante no Teatro Experimental do Negro com *Anjo negro*, montado por Ziembinski. Vale lembrar que a escrita teatral não é um gênero nobre no Brasil: as escolas às vezes a ignoram, daí a infidelidade crônica aos textos dos autores, sejam eles Shakespeare, Molière ou Tchékhov. Apesar de já adaptado pelo uruguaio Manuel Peluffo para a Maristela (*Meu destino é pecar*, 1952) e sobretudo por Nelson Pereira dos Santos (*Boca de ouro*, 1961, com Jece Valadão, que por sua vez produzirá, em 1964, a primeira versão de *Bonitinha, mas ordinária*), o universo ironicamente cínico de Nelson Rodrigues chocava a muitos (e ainda choca).

Contudo, ao contrário de seus predecessores, em *A falecida* Leon Hirszman não autoriza nenhuma concessão ao cinema tradicional no tratamento da história e dos personagens, mais perto da verdade *in cute* da peça original, apesar de Nelson Rodrigues ter enfatizado que o que faltava à adaptação era humor. O humor negro e cínico, difícil de apreender, deixa às vezes os adaptadores do dramaturgo caírem na farsa vulgar ou no excesso melodramático. Evitando Nelson Rodrigues, em *Porto das caixas*, com fundo igualmente sórdido (a heroína é uma mistura citadina e popular de Emma

Bovary e Thérèse Desqueyroux), Paulo César Saraceni havia estilizado sua história com a ajuda de códigos decifráveis pelo espectador, e o tom do filme era jovem e naturalmente autêntico.

Em seu filme posterior, *Garota de Ipanema*, Leon Hirszman saberá — por obrigação? — aliviar o argumento e o tom, adaptando-se à moda de comédias cariocas como *Esse Rio que eu amo* ou *Crônica da cidade amada*. Esse filme de cidade e sobretudo de praia torna-se o símbolo da bossa nova pelo mundo, graças à canção de Vinicius de Moraes e Tom Jobim, que ele ilustra com intuição e sutileza, uma das mais tocadas fora do país. Para a *Enciclopédia*,[137] esse filme com fotografia de Ricardo Aronovitch que influenciará o cinema brasileiro em cores por vir é um dos melhores retratos da juventude intelectual carioca de classe média entre o golpe de Estado e o AI-5.

A grande cidade

Este filme de 1965 conquista o público e o reaproxima dos cinema-novistas com seus clarões de lirismo e poesia, e talvez seja a mais bela obra de Cacá Diegues. Selecionado para representar o Brasil em Veneza em 1967, é uma variação contemporânea do tradicional tema da jovem do interior que desembarca na capital, sendo seu subtítulo *As aventuras e desventuras de Luzia e seus três amigos chegados de longe*.

Interpretada por Anecy Rocha, irmã de Glauber, uma jovem nordestina parte em busca do noivo que se tornou um perigoso bandido procurado pela polícia. Sobre essa que é uma das dezesseis produções brasileiras citadas em seu *Guide des Films*,[138] Tulard aponta "um filme noir inspirado nos antigos Carné e na ideia da cidade corruptora. Boa mise-en-scène de Diegues e bela evocação do Rio". Para Cacá Diegues, em conversa com Ubiratan Brasil:

Apesar de não ser autobiográfico, eis um filme que é um tributo à minha formação de alagoano vivendo no Rio desde garoto, dividido entre sentimentos antigos e um grande desejo de modernidade. Acho que é uma ponte voluntária entre a tradição rural dos primeiros filmes do Cinema Novo e a rápida urbanização do país. Esse é um dos meus filmes que eu mais gosto.[139]

A grande cidade foi um sucesso de crítica e público, ao contrário de *A falecida*. Por quê?:

- Longe do naturalismo "zoliano" do outro, ele suporta bem a influência do realismo poético ou do neorrealismo admirados então pela Cinemateca do MAM, bem como a paixão do cineasta por King Vidor (o rosto de Anecy Rocha[140] lembra o das irmãs Lillian e Dorothy Gish).
- Não se trata de um retrato cruel ou deformante da classe média carioca, mas de uma retomada do tema de *Cidade ameaçada* (1960), de Roberto Farias, cada vez mais atual com a crescente migração dos nordestinos para as grandes cidades do Brasil: o confronto cultural e social do migrante com a metrópole.
- Cinematograficamente, o filme tem belos momentos de emoção poética, como a criação de um personagem um pouco palhaço e um pouco titereiro, que abre, comenta e termina o filme: Calunga. Esse acrobata que dança, corre e pula do asfalto ao morro, dos pântanos aos mercados, é interpretado por Antônio Pitanga, visto em *Barravento* e *Ganga Zumba*.
- Melômano, Cacá Diegues concede especial importância aos compositores clássicos brasileiros. Assim como Glauber havia celebrado Villa-Lobos, ele homenageia Heckel Tavares e seu *Concerto para piano em formas brasileiras*, que

acompanha alguns grandes momentos do filme, compartilhando a trilha sonora com Ernesto Nazareth e Francisco Mignone. Tudo isso misturado às melopeias afro-brasileiras de Pixinguinha e Zé Keti.

- O trabalho com a iluminação é original: defeitos e insuficiências se tornam marca registrada e produzem, cegantes ou turvos, ofuscantes ou imprecisos, efeitos oníricos. A câmera de Dib Lufti, ágil e rodopiante, não é estranha à beleza ligeira desse poema prosaico bem-sucedido da Nouvelle Vague brasileira.

São Paulo S.A.

De uma grande cidade a outra: no mesmo ano, é lançado um dos filmes brasileiros preferidos de Walter Salles e da crítica local: esse retrato nu e cru da São Paulo dos anos 1957 a 1961 de Luís Sérgio Person vence inúmeros prêmios continentais, como a Cabeza de Palenque no Festival de Acapulco, no México.

Obedecendo à dialética da repulsa/fascínio por uma cidade cujos edifícios aparecem em todas as cenas, trata-se, para Cavalcanti de Paiva, de um "filme insólito, vigoroso de enredo e direção; *São Paulo S.A.* reflete o processo da realidade urbana brasileira na fase da industrialização acelerada. Episódios se entrecruzam num vaivém admirável".[141] Para Carlos Reichenbach: "Definitivamente, um dos três melhores filmes da história do cinema brasileiro".[142] Ele explicita seu julgamento sobre o primeiro filme do cineasta de 29 anos que morre prematuramente num acidente de carro:

> Luís Sérgio Person não só apresenta São Paulo como a grande personagem como também, e sobretudo, detecta a origem da nova classe média nascida à sombra do "boom" da indústria automobilística. Person trouxe toda a bagagem formal aprendida no Centro

Sperimentale di Cinematografia, em Roma, e no contato com ciclos e autores — a Nouvelle Vague, o cinema independente americano, o cinema político de Petri e Rosi e de seu mestre, Valério Zurlini,[143] com cuja carreira inconformista e reconhecimento tardio tanto se identificava. Para narrar as sequelas do progresso perverso e desordenado que assolou a metrópole de 1957 a 1961, Person lança mão de todos os expedientes do cinema moderno: narrativa fragmentada, cortes secos e abruptos, vozes contrastantes em off, elipses, grafismo, alteração proposital do diafragma na mesma cena e a mistura ostensiva do documentário na ficção. Enfim, tudo o que em mãos menos hábeis e de talento homeopático se confunde com maneirismo, afetação ou modismo. Não foram poucos os filmes marcantes de juventude que depois se revelaram medíocres ou, no mínimo, datados. O maior impacto ao redescobrir *São Paulo S.A.* é justamente sua atualidade assustadora [...] o novo-riquismo que desponta com a periferia da industrialização avassaladora é detectado implacavelmente pelo cineasta, com toda sua carga de falso civismo, boçalidade e corrupção. Carlos, o anti-herói e alter ego de Person, é uma peça frágil da engrenagem e, citando Henry Miller, está condenado à peste do progresso.[144]

Obra-prima que renova a forma e os objetivos de um novo cinema, esse filme desconhecido[145] no exterior marca o ponto zero de uma escola de cinema que surgirá em São Paulo e que se marginaliza antes de se perpetuar na geração de cineastas contemporâneos.

Noite vazia

No ano anterior, outro filme-chave do cinema urbano situado em São Paulo marca época: *Noite vazia*, assinado por um autor não ligado ao Cinema Novo, Walter Hugo Khouri. Mistério a ser resolvido no enigma artístico nacional, ele foi o único na história do cinema brasileiro a atravessar meio século sem nunca interromper a construção de seu edifício cinematográfico. Formado na Vera Cruz (com seu irmão Wilfred, ele recuperou os estúdios desocupados), Walter Hugo Khouri constrói uma obra coerente. Tendo conduzido seus personagens às *Fronteiras do inferno* (1958) e depois *Na garganta do diabo* (1959), ele os encerra por um momento no *huis clos* de *A ilha* (1963), então cruza por um momento o caminho do Cinema Novo urbano, logo se afastando dele.

Poema cinematográfico em homenagem à noite de São Paulo, noturno em tons menores ou quarteto melancólico e sedutor, o filme se inscreve no movimento da época por sua liberdade no tom, audácia formal e semântica, mas se diferencia pela perfeição técnica desejada e dominada pelo diretor, sem dúvida o mais profissional tecnicamente nos anos 1950-70, digno de rivalizar esteticamente com os grandes cineastas europeus do momento.

Sem nenhuma hesitação visual, o modernismo está no tom e no tema. Apesar de não obter nenhum prêmio em Cannes, *Noite vazia* agrada a intelectuais franceses como Robbe-Grillet e Philippe Sollers, mas choca os do Brasil pós-1964 por ser "politicamente incorreto": essa história erótico-metafísica, que se desenrola entre as quatro paredes de um apartamento ou da ampla noite solitária e fantasmagórica, está a léguas de distância das questões políticas e sociais que agitam o país sob a ditadura, mesmo que sua trama se passe na principal megalópole do país. Os personagens, interpretados pelas musas do Cinema Novo (e assíduas na obra de Walter Hugo Khouri), Norma Bengell e Odette Lara, e por Mário Benvenuti e pelo ator italiano Gabriele Tinti, poderiam viver em Nova York, Paris, Roma ou afins. Chocando a censura por suas cenas sáficas e o público intelectual por sua "alienação" aos problemas concretos contemporâneos, o filme foi distribuído no exterior com certo sucesso de crítica.

O CÍRCULO VICIOSO DO CINEMA BRASILEIRO

É verdade que o Cinema Novo foi celebrado no exterior, mas isso se deu sobretudo graças aos festivais de cinema, sem cujas vitrines não conseguiria apresentar suas produções. Com seus temas metafóricos, grandiloquentes ou ininteligíveis, a maioria dos cinema-novistas falou no vazio. Seus filmes eram pouco difundidos e, quando não eram, o público praticamente se restringia ao mesmo que o produzia ou dirigia, enquanto a massa preferia as comédias, as radionovelas ou as primeiras telenovelas.

O cinema brasileiro sempre andou em círculos na balbúrdia dos festivais e repetidas pré-estreias, onde esgota um potencial de espectadores cujo boca a boca geralmente funciona de maneira negativa. Se os filmes mais acessíveis (*O pagador de promessas* e *Assalto ao trem pagador*) cativam as multidões, somente alguns *happy few* percebem a qualidade excepcional e intrínseca de *Deus e o diabo na terra do sol*, *Vidas secas* ou *Os fuzis*.

OUTROS FILMES IMPORTANTES DOS ANOS 1960

Menino de engenho

Crônica sensível adaptada de um breve romance de José Lins do Rego, este é o segundo contato do Cinema Novo, depois de *Vidas secas*, com uma adaptação literária e o primeiro filme do importante cineasta Walter Lima Jr. Filme de época com figurinos, para Máximo Barro trata-se da

> sublimação do Cinema Novo. O milagre do acerto de todas as peças com que se depara por ano [...] O demagógico "uma câmera na mão

e uma ideia na cabeça" poucas vezes atingiu a quase genialidade deste filme [...] A iniciação sexual do menino, espiando o encontro do casal adulto e, logo mais, empregando o mesmo método com a priminha, é antológica, porque timbra pela poesia, emoção e delicadeza. Política, sociologia, o fogo morto dos banguês. Um retrato moral do Brasil, sem o facilitário das discurseiras cinema-novistas.[146]

Foi um belo sucesso, e o dinheiro obtido foi reinvestido[147] na produção de *América nuestra*, de Glauber Rocha, que viria a ser *Terra em transe*. Filme de 1965 que se passa em 1932 (à maneira de *Vidas secas*, filme de 1963 que se passa em 1942), parece se passar no século anterior. Esse vaivém entre um passado recente arcaico e uma atualização dos comportamentos estabelece um equilíbrio entre a história contada, os espectadores e os atores, ao mesmo tempo que reforça o distanciamento histórico de um passado mais atual. A cena da cheia do rio que inunda o engenho é antológica.

Rodado onde se passa o romance, centrado no ciclo da cana-de-açúcar, o filme é uma crônica lírica dos amores e da infância perdidos, com o símbolo do engenho logo substituído por uma usina, no momento em que a crisálida do menino dá lugar à adolescência do Brasil. A câmera ligeira e fluida, o jogo dos pontos de vista, o preto e branco luminoso e vivo das paisagens e dos personagens, a beleza elegante de Maria Lúcia Dahl, tudo evolui sob a sombrinha mágica de um doce estado de graça.

A hora e a vez de Augusto Matraga

Para muitos, esse filme de 1965 de Roberto Santos é uma obra-prima. Segundo Armino Blanco, "estamos, de fato, diante de um filme de que se falará por muito tempo, não apenas pela riqueza de sua linguagem cinematográfica, como também pelos amplos caminhos que rasga ao chamado Cinema Novo".[148]

Depois de *O grande momento* (1958), o diretor se deixara esquecer. Mas, após a mitologia populista das cidades, ele frequenta por sua vez o nordestern, ao qual imprime uma nobreza trágica de primeira ordem: retoma o desafio de adaptar, depois de Nelson Pereira dos Santos (aqui produtor), um autor difícil de transcrever como o de *Vidas secas*, reaproveitando a não atriz Maria Ribeiro. Para Sidnei Paiva Lopes, do *Correio Braziliense*: "Propor-se a levar Guimarães Rosa para o cinema e resolver de maneira tão brilhante todos os problemas que se antepunham é trabalho para poucos homens de cinema. Todo o regionalismo que impregna as páginas de Guimarães Rosa salta das imagens de Roberto Santos. De um estilo literário vibrante, uma linguagem cinematográfica vigorosa, perfeita, em que cada imagem diz muito".[149]

Sucesso de crítica local e grande sucesso de público, saudado como um acontecimento artístico por alguns, o filme não conheceu repercussão internacional, apesar de apresentado em Cannes em 1966, e obteve apenas prêmios secundários (Juiz de Fora, Marília). Mantém-se uma obra outsider a ser redescoberta, ligada ao Cinema Novo e pontuada por grandes momentos cinematográficos.

O menino e o vento

De uma beleza plástica incontestável, esta adaptação de um conto de Aníbal Machado em 1966 por Carlos Hugo Christensen está mergulhada num clima sensual e ambíguo. História de uma relação forte e perturbadora entre um jovem engenheiro em férias numa pequena cidade do interior ao sabor do vento e de um belo adolescente que talvez seja seu mensageiro enigmático, o filme é de uma audácia inaudita para a época e o país, principalmente nas cenas finais.

Trata-se de um OFNI[150] cinematográfico perturbador e de rara elegância estética, que não despertou muito interesse nem escândalo ao ser lançado, abafado pela fase de efervescência do Cinema Novo e pela violência dos debates políticos e sociais. Propunha uma visão metonímica da estreiteza moral da sociedade brasileira por meio do microcosmo de uma pequena cidade de Minas Gerais. "*O menino e o vento*, com seus intérpretes espontâneos e sensíveis, sua forma poética e fantástica, além de uma história tão rica e diferente, merece figurar entre as melhores produções brasileiras já realizadas. É uma obra cujo valor precisa ser revisto e estudado para que seja colocado no lugar de destaque que merece [...] É, com certeza", afirma Antônio Moreno, "um dos melhores filmes brasileiros sobre o assunto. Sua história rica e diferente enfoca o tema com um tratamento humanístico, ajudando e ampliando os debates na sociedade, para sua melhor compreensão e aceitação no convívio social."[151]

Apartado de qualquer moda e movimento, pela liberdade do tema, pela condenação da mediocridade difamadora e por sua poesia, ele traz ao cinema brasileiro um novo tom e um novo olhar, não tão inesperados da parte de um cineasta de origem argentina de estilo viril e enérgico (*Mãos sangrentas*), mas erótico e ambíguo: *Viagem aos seios de Duília*, adaptação sensual de outro conto de Machado com Nathalia Thimberg, ou *A intrusa*, baseado em Borges.

O menino e o vento é um dos filmes mais belos e ousados do cinema brasileiro. Seu final também é comentado por Moreno: "O menino chega, e os dois ficam em êxtase no vento. O menino fica completamente nu, abraça-o numa despedida e some no vento. A sublimação se completa como se fosse um ato sexual [...] O vento lhe traz a camisa do menino, que ele segura como se quisesse abraçá-la".[152] É de lamentar que Christensen, com sua sutileza e sua audácia delicada, não tenha decidido enfrentar o incrível romance homossexual escrito por Adolfo Caminha em 1895, *O bom crioulo*, sobre os amores masculinos militares e inter-raciais.

Retratos femininos

Na esteira do Cinema Novo, vários retratos femininos são pintados com talento. A primeira ficção de Joaquim Pedro de Andrade adapta um poema de Drummond ("O padre e a moça"), propondo com audácia uma história de amor entre uma beldade e um padre, numa pequena cidade tão escandalizada quanto a de *O menino e o vento*. A interpretação de Helena Ignez é uma das mais sedutoras do Cinema Novo, como a de Leila Diniz ao lado do mesmo Paulo José em *Todas as mulheres do mundo*.

Este último, que é o primeiro filme de Domingos de Oliveira, hoje considerado um Woody Allen brasileiro, o aproxima antes de Roger Vadim. A nudez liberada e ingênua de sua mulher, Leila Diniz, fará dela, por sua beleza moderna e sua audácia, uma Brigitte Bardot brasileira, até que um acidente de avião coloque um fim prematuro em sua carreira. Audaciosa, ela foi a primeira branca a beijar um ator negro na televisão, Zózimo Bulbul, em *Vidas em conflito*, de 1972 (ano de sua morte). Em 1987, Louise Cardoso interpreta a atriz numa cinebiografia premiada, *Leila Diniz*.

Rossana Ghessa, originária da Sardenha, foi outra atriz ousada. Em *Bebel, garota-propaganda*, de Maurice Capovilla, ela encontra mais uma vez Paulo José e faz um belo trabalho de descida aos infernos na pele da vítima de um engodo, como uma jovem bonita de origem humilde, gasta e cansada como o sabonete do qual foi garota-propaganda. Futura estrela da pornochanchada, Ghessa interpretará o ousado papel da freira apaixonada por um pescador negro (de novo Zózimo Bulbul) em *Pureza proibida* (1974).

Já Márcia Rodrigues se tornou a musa da bossa nova com *Garota de Ipanema*, filme que contou com argumento de Vinicius de Moraes, Glauber Rocha, Eduardo Coutinho e Leon Hirszman, que o dirigiu. Foi um fracasso financeiro, ao contrário dos outros

filmes de praia que cantam o florescente Rio de Janeiro dos anos
1960 a 1980, de *Rio, verão & amor* (1966) a *Menino do Rio* (1981),
em que Márcia Rodrigues reaparece.

INVENTÁRIO PSICOSSOCIAL DO POVO E DA TERRA

Resumindo a problemática dos cinema-novistas, José Carlos
Monteiro escreve:

> Na linhagem da revisão crítica da tipologia e das vocações brasilei-
> ras reinauguradas por Mário de Andrade (*Macunaíma*) e Paulo
> Prado (*Retrato do Brasil*), diretores como Nelson Pereira dos Santos
> e Glauber Rocha, Leon Hirszman e Carlos Diegues, Ruy Guerra e
> Miguel Borges, Joaquim Pedro de Andrade e Paulo Cesar Saraceni,
> Roberto Farias e Walter Hugo Khouri, além de alguns outros, fo-
> ram infatigáveis na tentativa de fazer um inventário psicossocial do
> povo e da terra. Na sofreguidão com que quiseram redescobrir o
> Brasil, andaram à cata de heróis, mitos e lendas capazes de corrobo-
> rar a imagem que encenavam do país. Delinearam esse imaginário
> em toda sorte de gêneros — da aventura no cangaço e no sertão
> [...] ao thriller policial (*Assalto ao trem pagador, A grande cidade*),
> passando pelo drama social (*Os cafajestes, Canalha em crise*), com
> variantes na tragédia urbana (*A falecida, Porto das caixas*), na crôni-
> ca política (*O desafio*) e, inevitavelmente, no drama da caatinga
> (*Vidas secas*) e nos dramas regionais (*Selva trágica, O padre e a
> moça*). Espíritos cultivados, eruditos intelectuais de classe média,
> esses cineastas certamente fizeram de seus filmes não exatamente
> retratos fiéis da realidade nacional, mas ensaios de interpretação.[153]

Depois José Carlos Monteiro evoca a busca da brasilidade:

Não escaparam, é claro, a velhos maniqueísmos, a gastos esquematismos, [...] herdados de leituras frenéticas e disparadas de Gilberto Freyre (*Casa-grande e senzala*), Sérgio Buarque de Holanda (*Raízes do Brasil*), Oswald de Andrade (*Manifesto da poesia pau-brasil*) e, mais que todos, os clássicos do marxismo, presente e passado [...] chatearam os donos do poder e sacudiram o povão. Meio deslumbrados e intrigados com o que viam nas telas dos festivais, os europeus renderam-se às imagens dos nossos filmes. E celebraram-nos com prêmios e cânticos por expor ao mundo a luz (do Nordeste) e a bruma (da cidade), a miséria (dos campos) e a riqueza (da metrópole) em fantasias tropicalíssimas, quase arlequinais.[154]

Tendo iniciado na Bahia ou em Alagoas, no coração árido do sertão e dos mandacarus, e depois passado pelas cidades, o Cinema Novo, quase natimorto, acabou no alegórico, onde afoga a tristeza de não ter conseguido atingir a plenitude, e no tormento de uma sociedade em crise política e identitária. O movimento tentou nascer e sobreviver por quinze anos, de *Rio, 40 graus*, protótipo de um novo gênero, a *Os deuses e os mortos*, conclusão das pesquisas semânticas e formais do grupo, com um título cheio de simbologia: sob o sol de chumbo ofuscante e mortal, que lugar restaria para os mortais?

Hoje colocado em questão pelos "revisionistas", de que Cinema Novo se trataria? Ele teria começado com *Rio, 40 graus* ou *Barravento*? *Vida secas* ou *Deus e o diabo*? Enquanto a Nouvelle Vague nasceu oficialmente em Cannes em 1959, o Cinema Novo nasceu duas vezes: no Brasil, durante a Bienal de Arte Moderna de São Paulo, em 1961, e depois em Cannes, em 1964. Depois de dez anos de gestação, morreria recém-saído da casca, devido ao golpe militar, culminando numa "trilogia alegórica" já impregnada de Tropicalismo, movimento que o prolongaria.

Para alguns, muitos filmes do Cinema Novo não o são de

fato, e outros se aparentam a eles. Segundo Labaki,[155] *A falecida* e *São Paulo S.A.* são exceções. Para os intelectuais paulistas, Cacá Diegues não é um cinema-novista de facto. Para a revista *Veja*,[156] tudo é invenção dos *Cahiers du Cinéma*. Ora, foram tantos filmes: 362 entre 1960 e 1969! Como diferenciá-los? Trilhamos um caminho por essa selva com base na intuição. É difícil organizar um caos de imagens e sons que têm como único ponto em comum uma busca incessante e frenética de identidade cultural, que seria patética se com frequência não fosse tratada de maneira "arleniquista" e heroico-cômica como o personagem Macunaíma, inventado pelo escritor modernista Mário de Andrade e retomado pelo Cinema Novo. *Macunaíma* é o anti-herói e símbolo do Brasil, ora negro e imaturo (Grande Otelo), ora branco e inseguro (Paulo José). Essa obra marcante é o início do crepúsculo dos anos 1960 e da aurora dos anos 1970-80, apresentando na tela a amostra mais convincente da "brasilidade".

5. O complexo de Macunaíma: Em busca do *homo brasilis*

Do Cinema Novo ao Tropicalismo

De trinta filmes rodados em 1960, o Brasil passou para 54 em 1969, ano de *Macunaíma*, apogeu do Cinema Novo em sua fase final (tropicalista) e ano da criação da Embrafilme. Definitivamente, o selo Cinema Novo favoreceu, naquela década, um crescimento impressionante da produção: 362 longas-metragens de ficção são realizados, apesar da importância crescente da televisão e das telenovelas. O golpe militar matou no berço as reivindicações de revolta e revolução dos cinema-novistas, mas não os impediu de filmar. Em contrapartida, o AI-5, de 1968, endureceu o regime e fez a ditadura se assemelhar à da Argentina e à do Chile, com censura, repressão, torturas, assassinatos e perseguição de intelectuais de esquerda. Alguns precisam se exilar, entre eles Cacá Diegues e Glauber Rocha. Isso levará à dissolução progressiva e definitiva do movimento.

Muitos artistas passaram do realismo à metáfora, optando pela fábula e pela alegoria, até mesmo o conto filosófico. Outros fatores intervieram nessa evolução. Por volta de 1967-8, teatro, música e cinema redescobrem no Tropicalismo, vindo da canção,[1] as teses do movimento modernista de Mário de Andrade, que preconizava uma cultura autenticamente nacional, e as do movimento antropofágico de Oswald de Andrade: daí o qualificativo "canibal-tropicalista" às vezes atribuído a esta terceira e última fase do Cinema Novo. Glauber Rocha e Ruy Guerra participam dessa fase, o primeiro retomando o mito do cangaceiro com *O dragão da maldade contra o santo guerreiro* e o segundo com *Os deuses e os mortos*. Mas foi Joaquim Pedro de Andrade quem assinou o filme tropicalista por excelência: *Macunaíma* (1969).[2] Como pontos fortes desse cinema "canibal-tropicalista", destacaremos dois filmes de Nelson Pereira dos Santos: *Como era gostoso o meu francês* e *Azyllo muito louco*, bem como *Brasil ano 2000*, de Walter Lima Jr., e *Pindorama*, de Arnaldo Jabor.

MACUNAÍMA

Filme de "culto" do cinema brasileiro, só foi restaurado em 2002, graças aos filhos do cineasta morto prematuramente, em 1987. As raras cópias que restavam se encontravam num estado calamitoso, como a imensa maioria do patrimônio cinematográfico brasileiro. Trata-se do primeiro e único sucesso popular verdadeiro ligado ao Cinema Novo, sem dúvida pela opção cômica e farsesca de uma adaptação original e pela presença do ator mais popular do cinema brasileiro, Grande Otelo.

O romance modernista

Para entender o impacto do filme, é preciso lembrar o contexto da publicação do livro de Mário de Andrade, em 1928, o do modernismo.

198

Tudo começou em São Paulo, capital dos barões do café, na Semana de Arte Moderna (1922), movimento de forte reivindicação de identidade nacional em pleno centenário da independência do país. Será possível ver nesse cruzamento de datas uma simples coincidência? Mário de Andrade foi o pioneiro do modernismo brasileiro, tendo se inspirado no modernismo português, surgido em 1913 em torno da revista *Europa*, ela própria inspirada no futurismo do italiano Filippo Marinetti.

As trocas entre França, Espanha, Itália e Portugal fascinavam os futuros modernistas brasileiros: todos saídos da altíssima burguesia, eles viajaram para a Europa nos anos 1920 e voltaram para seu país de origem cheios de ideias novas e provocadoras. No início, eles também se denominaram futuristas, mas depois, cada vez mais panfletários, constituíram uma espécie de rebelião contra a cultura antiga do Brasil. "Não sabíamos o que queríamos, mas sabíamos o que não queríamos", afirmou Mário de Andrade, acrescentando: "Nosso espírito era especialmente destruidor". O caráter revolucionário do movimento seria explicitado nos sete artigos polêmicos de 1921 contra os poetas parnasianos: "Malditos para sempre os mestres do Passado! [...] Que o Brasil seja infeliz porque vos criou! [...] E que não fique nada, nada, nada!".

Na noite de 13 de fevereiro de 1922, no hall do Teatro Municipal de São Paulo, o escândalo foi armado com a abertura da Semana de Arte Moderna, cuja importância se revelaria muito mais tarde. Nela, destacou-se sobretudo o aspecto rebelde e provocador do movimento, mas outro motor o sustentaria: o nacionalismo e a reivindicação de "independência" cultural. Exatos cem anos depois do grito de "Independência ou morte", os jovens intelectuais brasileiros da classe mais privilegiada defendiam o retorno às origens e ao Brasil do índio, o verdadeiro brasileiro. Para eles, era preciso repensar a história e a literatura brasileira, construir uma língua independente do português de Portugal. Essas ambições nacionalistas aparecem em todos os manifestos surgidos entre 1924 e 1928, verdadeiras defesas e ilustrações da língua e da cultura brasileiras.

Em 1924, surgiu o *Manifesto da poesia pau-brasil*, de Oswald de Andrade, que, segundo Paulo Prado, "quando de uma viagem a Paris, do alto de um ateliê da Place Clichy — umbigo do mundo —, descobriu, iluminado, sua própria terra".[3] A partir disso, os modernistas brasileiros negaram o futurismo e foram os primeiros a decidir explicitamente, na história cultural do Brasil, ser exportadores e não mais importadores de cultura. Em 1926, o verde-amarelismo critica Oswald de Andrade por seu "nacionalismo afrancesado". Plínio Salgado (*O estrangeiro*, 1926), Menotti del Picchia, Guilherme de Almeida, Cassiano Ricardo (*Vamos caçar papagaios*, 1926) reivindicam a idolatria do tupi, língua indígena, e da anta, colocando em destaque as duas cores principais da bandeira nacional:[4] verde e amarelo.

Ainda em 1926, surgiu o *Manifesto regionalista*. Sua sede estava longe do Rio de Janeiro e de São Paulo, em Recife. No Nordeste nasceria a geração dos anos 1930, com personalidades literárias como Graciliano Ramos (*Caetés*, 1933; *Vidas secas*, 1938), Rachel de Queiroz (*O quinze*, 1930; *Caminho de pedras*, 1937) e Jorge Amado (*O país do Carnaval*, 1930; *Cacau*, 1933; *Jubiabá*, 1935; *Capitães da areia*, 1937).

O ano de 1928 foi decisivo, com o *Manifesto antropofágico*. Este, o mais politizado de todos, foi escrito por Oswald de Andrade e publicado no primeiro número da *Revista de Antropofagia*, em maio. Houve muita repercussão, que provocaria discussões e polêmicas. Oswald definia a antropofagia como um traço característico da cultura brasileira. Em meio a isso, afirmava com provocação e grandiloquência: "Só a Antropofagia nos une. Socialmente. Economicamente. Filosoficamente".

Com 52 parágrafos em linguagem telegráfica, sob a égide intelectual dos franceses Montaigne,[5] Jean de Léry[6] e Rousseau,[7] o manifesto, famoso por sua paródia do *Hamlet*, "Tupi or not tupi, that is the question", propunha uma visão invertida e atual do canibalismo. A antropofagia ingênua dos tupinambás, que Montaigne tornou célebres na Europa em seus *Ensaios* pela análise de seus costumes, não era mais "tabu", mas "totem",[8] comenta Benedito Nunes na *Bravo*. "Convém", explica ele, "devorar os interditos ancestrais e coletivos (os famosos 'tabus' de Freud retirados da cultura polinésia) para convertê-los em 'totens', imagens-recordações favoráveis e criadoras, laços históricos com o passado. Deglutição simbólica, apelando ao instinto tupi ou caraíba, como *catharsis* da essência brasileira."

O *Manifesto antropofágico* é uma das mais reveladoras radiografias da cultura brasileira, e o resultado dessa corrente de ideias se concretiza no romance de Mário de Andrade *Macunaíma, o herói sem nenhum caráter*, marcando, em 1928, a era antropofágica literária e definitivamente chancelada.

Macunaíma, índio amazônico que nasce negro e se torna branco, engole todos os ingredientes da cultura brasileira, primitivos e civilizados, e acaba ele próprio devorado pelo Brasil. Por seu tom irônico e crítico, por sua tentativa de criar uma língua tipicamente brasileira, síntese do português falado no Brasil com todas as variações regionais, influências estrangeiras e alterações devidas à criatividade popular, *Macunaíma* não seria, segundo seu autor, uma "rapsódia", fantasia instrumental que utiliza melodias retiradas dos cantos tradicionais e populares? Tão intraduzível na tela quanto *Zazie no metrô*, de Queneau, o livro encontra seu Louis Malle[9] em Joaquim Pedro de Andrade.

O cineasta ilustra literalmente o *Manifesto antropofágico* na cena hoje antológica da feijoada gigante em que a elite canibal se delicia com as tripas e as vísceras de seus convidados. Visto na França como uma comédia negra e surrealista rabelaisiana à la

Jarry, trata-se de um filme genuinamente brasileiro que realiza a síntese entre modernismo, chanchada, Carnaval e Tropicalismo, o espírito de revolta burlesca e do trágico da festa. Tudo isso por meio de hipérboles fellinianas e em cores pré-almodovarianas.

Um filme tropicalista

Segundo Orlando Fassoni, "o público engole Macunaíma da mesma maneira que o personagem é engolido pelo Brasil".[10] Trata-se, continua ele, do

> nascimento, vida e morte deste personagem extremamente absurdo, grotesco, caricatural, cômico, erótico e às vezes até banal, um tipo tido como o "retrato do brasileiro de todos os tempos e todas as regiões". A reação do espectador, diante deste filme barroco, cafona e tropicalista, é a melhor possível. Ele ri das situações, ri dos diálogos, ri dos personagens e de tudo que está à volta de Macunaíma, desde que ele nasce preto (Grande Otelo) até que ele morre, autoconsumido. Entre nascimento e morte, uma vida marcada pelos desajustes, pelo sexo, pelas trapalhadas, pela fauna das selvas e pela selva da cidade grande — o Rio, no caso —, onde os mais fortes comem os mais fracos.

O filme obtém prêmios em Brasília, São Paulo e Manaus. O público responde ao apelo de Fassoni: "Deixe-se engolir por ele, vá ao cinema sossegado, veja a aventura de Macunaíma e sinta o seu cheiro burlesco, tropicalista e antropofágico". Mas como uma obra escrita quarenta anos antes se ajustou com tal adequação ao espírito brasileiro dos anos 1960? Como um romance modernista pôde se transformar em filme tropicalista, até mesmo hippie?

Criado pelos músicos Gilberto Gil e Caetano Veloso, pelo poeta Torquato Neto e pelo compositor Rogério Duprat, o Tropicalismo é um movimento musical que se estende ao teatro, à literatura e ao cinema. Ele retira seu nome do título de um disco de 1967 (*Tropicália*), por sua vez herdado de uma obra de Hélio Oiticica. Na verdade, muitas de suas ideias são uma reescrita das proposições do *Manifesto antropofágico*, num país em ditadura e em metamorfose, sempre em busca da identidade nacional. Em suas canções, os tropicalistas misturam ritmos e instrumentos tipicamente brasileiros com rock e guitarras, aliando primitivismo, regionalismo e elementos propriamente folclóricos a ritmos modernos nacionais ou estrangeiros, numa verdadeira "deglutição" cultural, a famosa "geleia geral". Evoca-se também a aliança do "chiclete com banana". Trata-se de mastigar tudo, engolir e misturar para obter um resultado único e pessoal, se possível saboroso.

O crítico Jean-Louis Bory aponta:

Joaquim Pedro de Andrade estende ao Brasil um desses espelhos deformadores que fazem a alegria dos apreciadores das festas populares. E na imensa e desenfreada festa que é este filme não se trata apenas, para o Brasil, de reconhecer-se e, para nós, de aprender a conhecer o Brasil [...] *Macunaíma* nos fala sobre a dificuldade, ou o infortúnio, de ser brasileiro. Entre a floresta virgem e a colossal cidade à americana, ao mesmo tempo branco e negro, na verdade nem branco nem negro, Macunaíma é o último entre duas cores, entre duas raças — o que não impede o racismo: "Um branco que corre", diz ele, "é um campeão. Um negro que corre, é um ladrão". Sua rede oscila entre duas civilizações, uma primitiva e a outra hipermoderna, a choça africana e o arranha-céu como os de Manhattan. Para qual lado pender? Ou melhor, em qual molho deixar-se comer? Como todo herói picaresco, Macunaíma vai de aventura em aventura levado pela obsessão de comer para não ser comido. É preciso dar a "comer" seu significado próprio, e à fome seu duplo aspecto "físico" de apetite por alimento e de apetite sexual [...] É aterrorizante. Negro ou branco, Macunaíma é perseguido por antropófagos. Ele é caça em toda parte, o infeliz. Uma caça que é apalpada, remexida, sopesada, que é temperada e recheada (numa marmita ou numa rede) e que acabará aspirada por uma mulher como uma massa sangrenta.[11]

"Estranho monstro"[12] inclassificável, o filme de Joaquim Pedro de Andrade é o resultado exemplar do projeto cinema-novista: um filme que só pode ser produzido por um brasileiro com um tema profundamente nacional, de tom e forma únicos em seu gênero, propondo um olhar bastante crítico e analítico, mas sabendo cativar o grande público pelo humor e por um ritmo narrativo intenso. Filme-súmula e ponto de convergência em que modernismo literário, chanchada cinematográfica e Tropicalismo musical se mesclam de maneira admirável numa "geleia geral" gargantuesca e ubuesca.

Joaquim Pedro de Andrade, que poderia ter se tornado um Fellini ou Almodóvar brasileiro, não continuou na via tropicalista. Depois de adaptar *O padre e a moça*, ele se dedicou ao *Romanceiro da Inconfidência*, da poeta Cecília Meireles. Pretendendo realizar com *Os inconfidentes* um filme de reflexão histórica sobre a revolta de Tiradentes contra a Coroa portuguesa, ele transpõe em imagens o papel dos intelectuais brasileiros durante a repressão militar. Ele sabe do que se trata, tendo sido encarcerado por uma semana ao fim das filmagens de seu primeiro longa-metragem, em novembro de 1965, depois de ter organizado com sete camaradas uma manifestação contra o regime militar por ocasião da abertura de uma conferência da Organização dos Estados Americanos (OEA) no hotel Glória, no Rio de Janeiro. Entre seus companheiros de cela, hoje conhecidos pelo nome de "os oito do Glória", estava Glauber Rocha.

Alguns anos depois, Joaquim Pedro de Andrade se interessou de novo pelo modernismo brasileiro, reconstituindo (ficcionalmente, mais do que fielmente) a trajetória do pai do *Manifesto antropofágico*, Oswald de Andrade, em *O homem do pau-brasil* (1981), seu último longa-metragem de ficção, com o trio de *Macunaíma*: Grande Otelo, Paulo José e Dina Sfat.

OUTROS MONSTROS TROPICALISTAS

Com *Macunaíma*, o Tropicalismo no cinema se revela mais radical do que a canção na reivindicação de uma identidade nacional, com o desejo de realmente libertar-se dos modelos americanos e europeus castradores. Uma cultura só se emancipa depois que devora e transforma em coisas próprias todas as influências que contribuem para destruí-la. Mas aí é que está o problema: encontrar a saída. Com exceção de Glauber e algumas pérolas (*Vidas secas*), os anos 1960 se contentaram em imitar com personalidade, e não em recriar com gênio próprio. É verdade que o Cinema Novo desencadeia uma onda de nacionalismo até no cinema tradicional, mas a sombra dos modelos estrangeiros continua cobrindo as manifestações locais. Inclusive as crônicas policiais bem-sucedidas, como *Assalto ao trem pagador*, estão impregnadas da influência dos filmes noir americanos. Mesmo fenômeno se dá no ciclo do cangaço. Somente Glauber sublima a influência do western, com ajuda de Eisenstein, para tratar desse tema profundamente nacional. *A morte comanda o cangaço* (1960) ou *Lampião, o rei do cangaço* (1962) são filmes interessantes, mas já vistos.

Seria possível pensar, depois de *Boca de ouro* (1962), que as tragédias urbanas cariocas de Nelson Rodrigues seriam um bom caminho para a brasilidade, mas nem *Asfalto selvagem* (1964) nem

Bonitinha, mas ordinária (1964) nem *Engraçadinha depois dos trinta* (1966) superam o estágio tradicional da adaptação para o cinema de uma peça de teatro, e *A falecida* dá errado. Restam as comédias urbanas: Domingos de Oliveira adapta o tom americano ao do Rio de Janeiro em *Todas as mulheres do mundo* e *Edu, coração de ouro* (1968); *As cariocas* parece um filme italiano em esquetes, apesar do episódio de Roberto Santos.

Anunciando os excessos do anticonformismo do Tropicalismo, depois do cinema marginal "udigrúdi", surge uma vigorosa trilogia influenciada por Roger Corman: *À meia-noite levarei sua alma* (1963), *Esta noite encarnarei no teu cadáver* (1967) e *O estranho mundo de Zé do Caixão* (1968). Ela marca o cinema de terror de José Mojica Marins, hoje cineasta cult. Uma tentativa que se mantém, naquele momento, quase em segredo.

Como era gostoso o meu francês

O Tropicalismo não hesitará em exibir de maneira ostensiva Carmen Miranda, típico produto de exportação. Aquela que ousava usar chapéus com as frutas exóticas mais extravagantes e desproporcionais jamais concebidos combina com o quadro de clichês a ser exposto e reformulado: palmeiras, papagaios, bananas e índios. Mas tudo isso não estaria na base da identidade brasileira? É o que Nelson Pereira dos Santos coloca em evidência no filme canibal-tropicalista de título explícito e apetitoso *Como era gostoso o meu francês* (1970).

Obra sui generis, este é um exemplo de produto ingênua e genuinamente brasileiro, em que os atores aparecem nus como os índios dos primórdios da colonização. A censura começa proibindo o filme e provoca uma controvérsia: a nudez dos índios seria pornográfica? Quatro séculos antes, em 1550, na Espanha, a questão da alma dos índios havia sido discutida com seriedade para decidir se a Europa cristã poderia escravizá-los ou não. No Rio de Janeiro de 1970, mais carnavalesco, mas mesmo assim revelador, a questão colocada era a da decência ou indecência do homem nu. A censura acabou liberando o filme para os maiores de dezoito anos e, sexo ao vento, o loiro Arduíno Colassanti passa pela tela com a maior naturalidade possível, como alguns anos depois Carlos Evelyn em *Hans Staden*. O filme foi um sucesso: o Tropicalismo, com suas audácias indígenas ou indigestas, traz ao Cinema Novo a dimensão que lhe faltava para a adesão do grande público. Apresentado no Festival de Berlim de 1971, ele surpreendeu e encantou os europeus por suas cores impressionantes e seu erotismo digno de *O ingênuo*, de Voltaire.

Inspirada numa história verídica, a ação se passa em 1594, junto aos índios tamoios, e relembra a rivalidade entre França e Portugal na conquista do Brasil. Fazendo uma ligação entre as épocas, o filme tem a excepcional colaboração do mestre Humberto Mauro, então com 73 anos. Amigo do antropólogo Edgar Roquette-Pinto, que ajudara na realização de *O descobrimento do Brasil*, em 1937, ele escreve os diálogos em tupi-guarani, que ganham legendas em português. Assim, *Como era gostoso o meu francês* entra para a galeria dos raros filmes na língua original.[13] Vale apontar que, normalmente símbolo da influência estrangeira, a legenda aqui dá acesso a um valor autenticamente brasileiro, a língua falada antes da colonização. Humberto Mauro também escreverá o diálogo em tupi-guarani de *Anchieta José do Brasil*, de Paulo César Saraceni. Mais tarde, *Hans Staden* será filmado em língua indígena, bem como algumas cenas do excelente *Desmundo*, espelho invertido das miragens tropicalistas.

O rascunho filosófico de Nelson Pereira dos Santos ilustra o ensaio de Montaigne[14] "Dos canibais". A prática antropofágica é justificada com distanciamento, humor e lucidez, com constantes referências ao canibalismo moral e social da sociedade ocidental, cúpida e perversamente hipócrita. O banquete final do filme, como a feijoada gigante de *Macunaíma*, nos remete aos festins dos ricos sacrificando o sangue dos mais fracos, mas com uma inversão de valores, sempre ilustrando a tese tropicalista: a história, que se passa no primeiro século da colonização, é a de índios que "comem" a técnica do homem branco e depois o devoram em carne e osso num grande festim para a aldeia toda, para que cada um tenha sua parte.

Reflexão sobre a expressão da identidade brasileira, o filme respeita o idioma original tupi-guarani e propõe uma resposta tropicalista à pergunta modernista e shakespeariana do *Manifesto antropofágico*: tupi or not tupi? Brasileiro, o filme é legendado em português, sendo que a legendagem no Brasil é o meio de acesso ao diálogo dos filmes importados. Aqui, símbolo da influência estrangeira, a legenda, sutilmente utilizada, dá acesso a um valor autenticamente brasileiro, a língua falada antes da colonização. Que geleia!

Pindorama

Esboço filosófico cheio de cores e peripécias, este filme de Arnaldo Jabor de 1971 também nos mergulha no século XVI. Dom Sebastião funda uma aldeia portuguesa chamada Pindorama, que significa "terra das árvores altas" ou "país das palmeiras". Diante das dificuldades (proximidade da selva e de tribos indígenas), ele abandona tudo. A jovem colônia, sem chefe, se torna a Utopia, com mistura de raças, liberdade e alegria. Uma espécie de tribo da extravagância, feliz colônia de todos os deserdados. Mas dom Sebastião é obrigado a voltar para Pindorama, para restabelecer a ordem e a disciplina. Recebido por um suntuoso banquete, ele cai sob a influência corruptora do governador da cidade e de um rico negociante de pedras preciosas. Segue-se uma revolta dos negros, totalmente exterminados pelas forças portuguesas. Ao voltar depois da batalha, dom Sebastião perde o poder para hábeis políticos e enlouquece. A acolhida do público é glacial. Para a *Enciclopédia*, "a alegoria típica do Tropicalismo abafa *Pindorama*, filmado num cenário delirante de Luiz Carlos Ripper. Situado num século XVI mítico, *Pindorama* é um desses casos em que o brechtismo extremo é sinônimo de hermetismo em lugar de didatismo".[15]

Nascido no Rio de Janeiro em 1940, Arnaldo Jabor primeiro rejeita o Cinema Novo, unindo-se a ele somente na fase tropicalista, mais de acordo com sua alardeada vontade de liberdade criativa desenfreada. O cineasta sem dúvida quis embaralhar demais seu primeiro filme, pois, barroco e sobrecarregado, *Pindorama* mescla história, sonho de futuro, alegoria, expressionismo e teatro com veemência um pouco devastadora. Tudo é "demais" nesse filme, com o mesmo excesso reivindicado nos anos 1970 por Ken Russell (*Os demônios*) ou Andrzej Zulawski (*Possessão*). Para o público que havia chegado ao ponto de equilíbrio em *Macunaíma*, dessa vez será demais.

Jabor leva a "dramaticidade" ao extremo com uma interpretação exagerada e distanciada, muito além das lições de Brecht. Nesse primeiro contato entre indígenas e portugueses, para apresentar de maneira alegórica o processo de formação do povo brasileiro, Jabor privilegiou a violência das atitudes e das relações, e não o humor negro, preferindo o desespero e a loucura à caricatura cômica e grotesca. No fim, um fracasso: o filme fica poucos dias em cartaz, apesar de distribuído pela Columbia Pictures.

Além disso, ele havia custado caro, pois um cenário exuberante e esplêndido fora construído em Itaparica, perto de Salvador. Luiz Carlos Ripper foi o único colaborador, nos festivais nacionais, a receber dois prêmios por seu trabalho de cenógrafo.

Brasil ano 2000

Ao contrário dos filmes tropicalistas ancorados na representação alegórica do passado indígena ou de um presente antropofágico recriado, *Brasil ano 2000* é uma fábula futurista ou um conto filosófico de antecipação. Ganhador do Urso de Prata em Berlim, em 1969, este é um filme estranho, bem no tom atípico do caçula do Cinema Novo, Walter Lima Jr. (*Menino de engenho*). Para Fernão Ramos,

> *Brasil ano 2000* insere-se plenamente no movimento tropicalista que, na época, reivindicava a representação de um Brasil disforme e desigual, através da justaposição alegórica de fragmentos díspares: de um lado o Brasil moderno [Anecy Rocha e Gal Costa], de outro o arcaico Brasil [Iracema de Alencar,[16] diva do passado, e Ziembinski, "monstro sagrado" do teatro];[17] o contraste daria a medida desta junção. O filme compõe a imagem alegórica de um país do futuro, utilizando como argumento uma família que erra sem destino após a Terceira Guerra Mundial.[18]

Retomando literalmente a expressão de Stefan Zweig "Brasil, país do futuro", Walter Lima Jr. propõe uma visão pessoal a um público acostumado a recusar o passado e a viver o aqui e agora. Assim, depois de uma hipotética Terceira Guerra Mundial, numa pequena cidade do interior chamada Me Esqueci (alusão à capacidade de esquecimento própria ao povo brasileiro, segundo Nelson Pereira dos Santos), um foguete será lançado. Um repórter cobre o acontecimento e se apaixona por uma índia. Mas nesse mundo de falsas aparências ela é uma falsa índia, pois faz muito tempo que todos os índios foram exterminados no Brasil. Cria-se do nada uma família de falsos índios para justificar a existência de um ministério dedicado à causa deles. O repórter e a falsa índia fogem. A única solução para eles não seria subir no foguete e partir para o espaço, únicas terras virgens em que o homem e a mulher podem construir um novo paraíso? Fascinante para alguns, por seus efeitos sonoros e visuais, ou pela estranheza da história, soporífico para outros, porque sem efeitos especiais próprios à fábula de ficção científica cinematográfica, o filme é acompanhado pela música dos fundadores do Tropicalismo, com direção musical de Rogério Duprat, canções de Gilberto Gil e Caetano Veloso, que encontra um título simbólico para o filme e para o Brasil do ano de 1969 ou de 2000: *Objeto não identificado*. Esse filme barroco e radical é uma radiografia das errâncias do Brasil cinco anos depois do golpe militar.

Azyllo muito louco e Quem é Beta?

Como apreender o presente desse Brasil amordaçado desde o fim dos anos 1960? Como questionar a dificuldade existencial de um país complexado (inferioridade econômica e cultural) e descomplexado (forte sentimento da exceção sociocultural), ao mesmo tempo horrorizado com a barbárie da época primitiva pré-cabralina e da colonial-escravocrata, mas fascinado pelo folclore alimentado pelas fontes indígenas e africanas? Essas múltiplas contradições têm um ponto de encontro na oscilação cinematográfica tropicalista, entre retorno ao passado e mergulho em direção ao futuro.

Como em *Pindorama* e *Brasil ano 2000*, arcaico e moderno se confundem na abordagem de Nelson Pereira dos Santos dos problemas do presente. Ao adaptar o conto "O alienista", de Machado de Assis, ele fala metaforicamente da insanidade do Brasil dos anos 1970. O título redundante *Azyllo muito louco* se refere ao Brasil da ditadura. O tom irônico do original é encontrado nas situações distantes que nos aproximam da realidade vivida. Ao contar a história de um sacerdote que constrói um asilo para recuperar a sanidade mental de seus paroquianos desequilibrados, mas que acaba por ser internado porque para os outros o louco é ele, o cineasta aborda a alienação contemporânea e continua procurando o melhor caminho para interpretar a realidade brasileira. Para ele, o texto de Machado é um conto de antecipação sobre a evolução da sociedade brasileira, e seu filme é uma volta para um futuro infelizmente presente.

Conforme ressaltado por Zanin Oricchio em "Azyllo ironiza as vocações autoritárias", o filme

> foi uma resposta do cinema ao Ato Institucional número 5. Promulgado em 13 de dezembro de 1968, o ato enterrou definitivamente qualquer esperança numa redemocratização do país e, na prática, empurrou o país para a fase mais negra da ditadura militar. Iniciando sua "trilogia de Paraty" [as duas outras partes são *Como era gostoso o meu francês* e *Quem é Beta?*], Nelson se muda para a cidade colonial carregando um projeto bem pensado: adaptar o genial conto "O alienista" de Machado de Assis à situação dos anos de chumbo do regime militar brasileiro. O fracasso de público está à espera desse filme de "amigos" excêntricos (Nildo Parente, Leila Diniz, Arduíno Colassanti, Ana Maria Magalhães), exilados nessa cidade fora do tempo, Paraty, onde circulavam mesmo fora dos horários das filmagens com os figurinos coloridos do cenógrafo Luiz Carlos Ripper. Para evitar que o filme fosse totalmente cortado pelas tesouras da censura, verdadeira Parca mortífera da criação artística, Nelson buscou uma abordagem muito próxima do delírio, tanto visual quanto auditivo. Ele usa e abusa de metáforas. Com isso, ele consegue contornar a censura, mas tornou o filme difícil para o espectador. As imagens, perto do "desvario" tropicalista, são acompanhadas por uma trilha sonora "desconstrutiva" de Guilher-

me Paz. Os sons são voluntariamente irritantes, imitando uma matraca, encobrindo alguns diálogos e tornando difícil a compreensão dos outros. O procedimento procura mimetizar a virtual impossibilidade de comunicação que existe sob a ditadura. Mas esse recurso não contribuiu para tornar o filme mais agradável.[19]

Quem é Beta?, por sua vez, é uma coprodução franco-brasileira, "estranho coquetel de ficção científica e experimentalismo",[20] com "o inteligente distanciamento que permite a busca de uma escrita cinematográfica original e muito pessoal".[21] Talvez demais, como será o caso de *Lua negra*, de Louis Malle.

O público também não entende esse filme, impermeável ao interesse da fábula: num lugar e numa época indeterminados, depois de uma catástrofe atômica que modificou o estado natural do mundo e destruiu a sociedade humana quase até o último vestígio, um casal tem sua relação perturbada pela chegada de uma estranha, Beta. Quem é ela? Para dizer a verdade, a pergunta feita no título permanece sem resposta, e o público fica desnorteado, apartado desde o início, como num nouveau roman ou jogo intelectual.

O filme começa com uma tela negra, depois se ouve o som prolongado de uma sirene. Ruídos de rádio e uma voz (a do cineasta, como Orson Welles), avisando: "Não procurem mensagens neste filme. Se vocês as encontrarem, é porque as terão construído. Não acreditem no que os atores interpretarão. Nunca tivemos a intenção de dar qualquer realismo ao comportamento dos personagens". A cena se ilumina e então surge na tela um mundo estranho e perigoso, onde os "contaminados" são mortos e onde a maioria silenciosa dos sobreviventes vagueia andrajosa pelos campos, mendigando água e pão, executado por uma minoria armada e bem alimentada à qual pertence o casal protagonista (Frédéric de Pasquale e Regina Rosemburgo).[22]

Quando o Carnaval chegar e Joanna francesa

Cacá Diegues filmou uma chanchada tropicalista, *Quando o Carnaval chegar*, comédia musical improvisada em homenagem às heteróclitas comédias da Atlântida, melancólica e hippie. Chico Buarque, Maria Bethânia, Nara Leão e Antônio Pitanga se divertem plenamente. Mas não há índios e ninguém é comido. É apenas um exercício de estilo em busca de sobrevida intelectual num contexto político adverso e repressivo. Definido por Glauber Rocha como "a refilmagem de *Cantando na chuva*, com um roteiro cepecista de Brecht e o estilo corte e costura do Cinema Novo",[23] o filme foi mal recebido, como será *Joanna francesa*, que a crítica assassina e não recomenda aos espectadores por causa de seu clima lúgubre.

O Nordeste e essa heroína em decomposição não seriam metáforas do país inteiro? Esse filme, "considero-o como um verdadeiro tributo à literatura e à memória da decadência bárbara",[24] afirma Cacá Diegues. "Realizei o filme durante um momento muito triste, uma fase crucial para mim, e isso acabou aparecendo."

Último sobressalto do movimento canibal-tropicalista, essa obra mórbida acentua seus aspectos sórdidos e amargos por meio da história de Jeanne, cafetina francesa, dona de uma casa de prostituição de São Paulo frequentada pelas mais importantes personalidades. Em plena Revolução de 1930, ela casa com um rico coronel, proprietário decadente de uma plantação no Nordeste. Apesar dos conselhos de Pierre (Pierre Cardin), cônsul-geral da França, ela parte para viver lá e nunca mais voltar para São Paulo ou Paris. Completamente sufocada pela família do marido, que sua presença estrangeira e pecadora ajuda a desagregar, depois de tentar enquanto boa francesa livre e liberada (libertina) lutar contra o feudalismo local, ela se deixa devorar pelos valores culturais da terra e de seus habitantes, assimilando-os a tal ponto que sua metamorfose em Joana do Brasil, drástica, acaba tragicamente numa perda total de sua personalidade e identidade, e ela morre destruída por essa vida nordestina, só.

"Um caso de antropofagia espiritual, a história de uma mulher devorada por um país", explica Jeanne Moreau a seu companheiro de *Os amantes*, José Luis de Vilallonga, no livro *Femmes*,[25] enquanto se prepara para filmar esse drama sociopolítico sobre a situação do Brasil no início dos anos 1930,[26] tragédia individual de uma mulher perdida e depois destituída. O filme apresenta uma bela valsa de Chico Buarque, cantarolada em franco-português por Jeanne Moreau no início do filme. Apoiada ao piano do bordel, onde, numa alusão maliciosa à reputação leviana das francesas no Brasil, aparece, como moça da casa, a madrinha do Cinema Novo, Sylvie Pierre.

Cheio do "realismo mágico" dos romances de Gabriel García Márquez, "o filme carrega um tom literário, presente nas falas dos personagens", segundo Ortiz Ramos, "extravasando para os enquadramentos, movimentos de câmera e posicionamento dos atores, tudo de forma a assumir certa postura solene".[27] *Joanna francesa* exalta implicitamente, para além do problema da colonização cultural, a ambiguidade da integração do estrangeiro na sociedade ou cultura brasileira: ou ele a devora, ou é devorado.

Sua crueza pode não convencer, como em *Pindorama*. No entanto, essa variação sobre o horror e o abjeto encontra prolongamentos no desenvolvimento da temática indígena em inúmeros filmes dos anos 1970.

6. Iracema e América
O avesso do folclore

Retomando um tema do Tropicalismo, vários cineastas afastam o barroco folclórico para visar a certo naturalismo, inscrevendo-se na nova escola do cinema brasileiro dos anos 1970, o cinema marginal, underground, chamado por derrisão fonética de "udigrúdi". Dois filmes sobre o tema indígena marcam essa nova tendência autocrítica e sem artifícios: *Triste trópico*, de Artur Omar (de título deliberadamente tomado de Lévi-Strauss), e *Iracema, uma transa amazônica*, audaciosa adaptação do clássico da literatura indianista do século XIX, modernizada por Jorge Bodanzky e Orlando Senna. Depois de *Macunaíma*, o anti-herói sem caráter, em cuja descrição Mário de Andrade parodiava a *Iracema* de José de Alencar, esta é a versão feminina do *homo brasilis*. Do outro lado do espelho da América nua e crua, sacrificada no altar do século XX, assistimos à decadência de Iracema, heroína do século XIX nas cores do Brasil de cujos lábios de mel hoje escorrem sangue, esperma e fel.

Uma cinematografia em busca de uma linguagem própria, num país em constante busca de identidade, inevitavelmente se abastecerá das raízes primitivas de seu passado. Não surpreende, portanto, que no Brasil a questão indígena seja colocada de maneira recorrente no cinema, para tentar propor-lhe soluções às dúvidas existenciais, intelectuais e artísticas, apesar de o tema ser e continuar sendo, em vários sentidos, um grande tabu.

Antes dos delírios tropicalistas dos anos 1969-70, os nativos aparecem pouco nas telas, a não ser em antigos documentários filmados pelo marechal Rondon ou Edgar Roquette-Pinto. Os índios da ficção são os das primeiras adaptações mudas dos romances indianistas de José de Alencar (*O guarani, Iracema, Ubirajara*) ou da adaptação musical de Carlos Gomes (*O guarani*). Essa visão folclórico-literária do índio perdura: *O guarani* é a obra brasileira mais adaptada nas telas, de 1908 a 1996.

Aferrando-se às palavras de Mário e Oswald de Andrade, o Tropicalismo será o primeiro a propor uma reflexão sobre a questão indígena, ainda que de maneira alegórica. A metáfora é límpida em *Pindorama* ou *Como era gostoso o meu francês*; contudo, para além das preocupações políticas do momento, existe uma preocupação antropológica evidente, apesar de a reconstituição fazer mais uso das liberdades do Tropicalismo do que das regras do naturalismo. Essa preocupação fica perceptível na utilização, graças a Humberto Mauro, da língua tupi em *Anchieta José do Brasil*, de Paulo César Saraceni, e em *Uirá, um índio em busca de Deus*, de Gustavo Dahl, filme que foge da mitologia fundadora preconizada por Oswald de Andrade e seu *Manifesto antropofágico*.

JOSÉ DE ALENCAR E O CINEMA

José de Alencar (1829-77) é o líder da escola romântica no Brasil. Sua produção literária é diversificada, mas tem como constante o projeto de construção de uma cultura especificamente brasileira. Com o romance indianista ele encontra temas nacionais e parte em busca de uma língua mais "brasileira". No prefácio de *Iracema*, ele escreve:

> O conhecimento da língua indígena é o melhor critério para a nacionalidade da literatura. Ele nos dá não só o verdadeiro estilo, como as imagens poéticas do selvagem, os modos de seu pensamento, as tendências do seu espírito, e até as menores particularidades de sua vida. É nessa fonte que deve beber o poeta brasileiro; é dela que há de sair o verdadeiro poema nacional, tal como eu o imagino.

Na poesia, o grande indianista será Gonçalves Dias, mas as principais realizações do gênero são três romances de Alencar: *O guarani* (1857), *Iracema* (1865) e *Ubirajara* (1874). É difícil imaginar o tamanho do entusiasmo por *O guarani* na época. Publicado em folhetim no *Diário do Rio de Janeiro*, gozou de um sucesso nunca superado desde então no Brasil. Em São Paulo, esperava-se diariamente, com impaciência, o mensageiro especial encarregado de levar o jornal, e portanto o episódio do dia. Reunida nas praças dos bairros, como o fará para as novelas televisionadas dos anos 1970-80, a multidão mais diversificada e representativa de muitas classes sociais, não apenas as analfabetas, espera, hipnotizada pelos lábios dos leitores que narram as aventuras do índio Peri e da branca Ceci.

É este entusiasmo que o cinema tenta recuperar: o público amará as versões mudas ou dos anos 1970 pelas mesmas razões. A trilogia indianista de José de Alencar, como as adaptações de Luís de Barros e Vittorio Capellaro, seduz por diferentes motivos:

- Exotismo, visto que as três obras se passam na floresta. Em *O guarani*, o índio Peri vive perto dos brancos; em *Iracema*, é o branco que vive com os índios; *Ubirajara* não se afasta dos índios.

- Aventura histórica de costumes, considerando que o público brasileiro adora as reconstituições da época colonial ou imperial.

- Um século depois de Rousseau (que via no homem primitivo selvagem o modelo originalmente puro do ser humano), do *Supplément au Voyage de Bougainville*, de Diderot, e de *O ingênuo*, de Voltaire, o mito do bom selvagem encontra uma aplicação ideal no Brasil. Graças a Alencar, são apagados todos os vestígios canibais e antropofágicos em proveito da ingenuidade pré-romântica. Adeus a Montaigne e Jean de Léry![1]

- A história de amor contrariado e impossível, que alimenta todas as culturas e é o motor das emoções mais extremas. Depois de Tristão e Isolda, Romeu e Julieta, temos agora o índio e a europeia, o português e a índia.

- Trata-se da trilogia de um homem de boa vontade, já que Alencar apresenta os índios como seres humanos de pleno direito. Mas esse indianismo não é apenas generoso: como a caridade, ele decorre de um processo catártico, que envolve libertar-se do peso da colonização e do extermínio, fazendo justiça e homenagem para desculpabilizar.

- Os livros e filmes idealizam a figura dos índios, na verdade, com uma perspectiva de idealização da *terra brasilis*: num país em que a ausência de memória é mantida para facilitar o esquecimento das torturas, humilhações, genocídios e outras "carnificinas heroicas", essa é a forma de reencontrar a pureza original desse "paraíso americano" chamado Brasil.

- Trata-se, acima de tudo, de uma glorificação da "raça brasileira" e de um processo de purificação pessoal. A causa e a questão indígena não são o verdadeiro assunto.

Mário de Andrade, e depois Jorge Bodanzky, deturparão com ironia modernista ou recuo naturalista os mitos criados por Alencar. Isso porque o índio de Alencar é um herói romântico, não um personagem autêntico da floresta brasileira. O público — leitor ou espectador — nunca projeta paralelamente no espírito ou na consciência a imagem do índio contemporâneo. Apesar de este estar mais próximo fisicamente, é com seu duplo ficcional que o público, alienado e doutrinado pela predominância dos esquemas do pensamento ocidental, sente mais familiaridade. Peri[2] é Ivanhoé, herói de Walter Scott, cavaleiro da Idade Média ao gosto romântico. Assim, esses índios podem ser encarnados, personificados ou imitados por atores brancos.

Em 1969, o governo brasileiro quer aproximar o público de seu cinema, sem dúvida para utilizar o poder das imagens como veículo político. A criação da Embrafilme contribuirá em grande parte para isso. Os anos 1970 também são fecundos em adaptações literárias e retomadas de momentos importantes da história e da cultura brasileiras, com o intuito de seduzir e lisonjear o orgulho de ser brasileiro. A inspiração indianista é perfeita para isso. Sobretudo ao acrescentar, com astúcia, um elemento picante e saboroso, sem dúvida sugerido, na origem, pelo erotismo ingênuo do tropicalista *Como era gostoso o meu francês*.

É uma boa ocasião para um período de pornografia e seu derivado tipicamente brasileiro, a pornochanchada, que tem em comum com a primeira parte da palavra a propensão para se tirar a roupa (as cenas de sexo são de um erotismo apenas sugerido). Os protagonistas serão escolhidos com base nisso: David Cardoso será *O guarani* (1979); Helena Ramos, *Iracema* (1977); ambos purificados de qualquer pecado num retorno à sexualidade inocente. Enquanto isso, na linhagem de *Triste trópico*, realizado por Artur Omar em 1974 em homenagem a Lévi-Strauss, Jorge Bodanzky e Orlando Senna dirigem sua Iracema ao contrário: um retorno à verdadeira América.[3] Pois o que é *Iracema*, senão o anagrama de América?

A trilogia alencariana dos anos 1970

O sucesso de *Como era gostoso o meu francês* lançou a moda tupi. Foram produzidos filmes mais ou menos convencionais nos anos 1975-80, aliando o pitoresco ao dever de memória ou de tomada de consciência. Três deles eram adaptações de obras de José de Alencar: um remake premiado de *A lenda de Ubirajara* (1975, André Luís de Oliveira), uma nova versão, no mínimo a quinta, de *Iracema, a virgem dos lábios de mel* (1979, Carlos Coimbra) e uma nova versão, no mínimo a sexta, de *O guarani* (1979, Fauzi Mansur). Como se pode imaginar, nada de novo sob o sol: a fonte clássica e folclórica dos romances indianistas de Alencar, com a condescendência humanitária paternalista que a condessa de Ségur ensinava em seus romances, em filmes em que os heróis indígenas (bastante europeizados no comportamento) são interpretados por atores brancos, brasileiros ou portugueses (Tony Correia).

Em 1982, Fábio Barreto, irmão mais novo de Bruno e filho de Luiz Carlos, inverte, em seu primeiro longa-metragem, a relação amorosa, cultural e inter-racial em *Índia, a filha do sol*. Um branco (Nuno Leal Maia) se apaixona por Glória Pires, ao som de uma melosa canção de Caetano Veloso, com fotografia esmerada de Pedro Farkas[4] e cenários flamejantes de Clóvis Bueno. Filme sensual de técnica clássica e sem dúvida ensolarado demais para o final trágico (o branco mata a índia com um tiro de revólver para se livrar dela, que se apegara demais). Falta o sabor antropológico do romance original do goiano Bernardo Élis e sua força de denúncia. Apesar de sensual e sedutor, o filme permanece na superfície de uma anedota que nunca chega à dimensão etnológica ou política.

Iracema, uma transa amazônica

Numa época de forte censura, nenhum produtor nacional podia se arriscar a produzir um filme de tema tão polêmico. Coautores do roteiro original, Jorge Bodanzky, na origem do argumento, e Orlando Senna, que o havia roteirizado, precisaram buscar recursos no exterior. Dois anos antes, Dahl conseguira filmar o audacioso *Uirá, um índio em busca de Deus* graças à televisão italiana. E é a televisão alemã que produz *Iracema, uma transa amazônica.*

Bodanzky, nascido em São Paulo em 1942 numa família de origem austríaca, havia se aproximado do cinema na Universidade de Brasília, com Paulo Emílio Sales Gomes, Nelson Pereira dos Santos e Jean-Claude Bernardet. O desmantelamento da universidade, julgada nociva depois do golpe de 1964, levou-o ao jornalismo e à fotografia: ele se torna repórter fotográfico do *Jornal da Tarde* e da *Manchete*. Ganhou uma bolsa para a Universidade de Ulm, onde se inscreveu no departamento de cinema, comandado por êmulos do novo cinema alemão de Fassbinder e Herzog. De volta ao Brasil em 1968, ele sempre manterá o contato com a Alemanha, trabalhando com o jornalista Karl Bruger em uma série de documentários sobre a verdadeira face da Amazônia. Eles produzem onze reportagens didáticas sobre o Brasil e a América Latina em geral para o governo alemão. Em 1974, Bodanzky propõe à televisão alemã uma ideia de uma velha reportagem não publicada realizada na Amazônia para a revista *Realidade*. Dela, surgirá *Iracema, uma transa amazônica.*

Com um pequeno adiantamento, ele começa a filmar com Orlando Senna um filme que se tornaria um *work in progress*. A ideia era produzir uma "ficção-realidade" inteiramente em locações naturais, com um roteiro aberto às improvisações dos atores amadores, profissionais ou habitantes da região.

O argumento desse filme de aprendizagem, iniciação alegórica e trágica é o seguinte: Iracema (a não profissional Edna de Cássia) é uma menina índia que sai do interior da Amazônia para ir a Belém. Deslumbrada com a vida urbana, ela decide tentar a sorte na cidade grande e logo se prostitui. Então encontra o caminhoneiro sulista Tião Brasil Grande (o ator profissional Paulo César Pereio), que a leva consigo pela Transamazônica, o grande projeto de integração nacional do regime militar, aproveitando-se dela.

A viagem de Tião serve de pretexto, como todo o filme, para mostrar como a realidade da região (problemas de miséria, desmatamento descontrolado, terríveis condições de trabalho e saúde para os índios explorados) está a léguas de distância da propaganda nacional. Tião, com seu simbólico nome de Brasil Grande, é o peão dessa política governamental: seu discurso, impregnado da ideologia nacionalista da ditadura, contrasta com a realidade que vai sendo revelada ao longo da viagem por uma região devastada pela avidez dos homens. Uma região que é o coração da humanidade, assim como a índia Iracema foi o símbolo da inocência primitiva devastada pelo homem.

Tião a abandona na estrada, sozinha na imensa Transamazônica. Algum tempo depois, os dois se reencontram: precocemente envelhecida, muito doente, em plena decadência física e moral, a jovem índia implora por sua ajuda. Assim como antigamente o conquistador estrangeiro abandonara Iracema, a virgem dos lábios de mel, depois de seduzi-la, Tião a deixa morrer naquela terra vermelha violada, como um animal.

Proibido no Brasil por mais de cinco anos, o filme fez sucesso no mundo dos festivais e venceu o Prêmio Georges Sadoul.[5] Inaugurou um estilo cinematográfico, levando a ficção ao limite da improvisação, ocupando uma zona limítrofe com o documentário, reforçada pelas vicissitudes da vida real. Essa interação particular, osmose entre o verídico e o representado, é intrigante e estimulante, assim como é perturbadora a interpretação da heroína por uma autêntica jovem índia que vive numa realidade próxima à do personagem. Edna de Cássia está muito à vontade no papel que lhe valeu o prêmio de melhor atriz no Festival de Brasília: a atriz não interpreta, mas é "flagrada"[6] em situações. Pequena vitória sem amanhã, pois o cinema fez com ela o mesmo que o caminhoneiro fez com Iracema: abandonou-a e deixou-a sozinha na estrada. Triste ironia do destino.

O inventário etnográfico e sociopolítico proposto por *Iracema, uma transa amazônica* só foi liberado em 1980, e obteve naquele ano quatro Candangos (melhor filme, atriz, atriz coadjuvante e montagem) do Festival de Brasília. O governo militar não gostara da desmistificação do "grande sonho brasileiro" e se recusara a outorgar ao filme o certificado de produto nacional. Apesar de ser evidente que os cineastas, os técnicos e os intérpretes eram todos brasileiros, os militares argumentaram que o filme era uma coprodução e que as imagens tinham sido reveladas na Alemanha. Assim, visto somente pelos *happy few* em festivais, o filme se tornou cult, mas não decepcionou os amantes do cinema reflexivo ao estrear.

"As pressões burocráticas internas (leia-se: censura)", constata Souza, "atrapalharam muito o cinema brasileiro durante a década de 70."[7] Segundo ele, filmes como esse não atingiram seu público "no momento em que mais poderiam contribuir num debate para a abertura de novos espaços culturais. Em decorrência dessas mesmas pressões, o cinema brasileiro perdeu o reconhecimento internacional que angariara nos tempos do Cinema Novo".

Depois de *Iracema, uma transa amazônica*, Bodanzky e Senna, rivalizando pela paternidade do filme, se separam. O primeiro fez documentários para o *Globo Repórter* ("O último Eldorado", "Amazônia" e "Ártico").

Iracema, uma transa amazônica é um filme que denuncia, a exemplo dos ensaios de Lévi-Strauss, a situação contemporânea.

Apesar de o tom polêmico estar ausente do discurso, ele é panfletário. Não seria isso que torna o filme único no gênero, e difícil de classificar? Para Luciano Ramos,

> os críticos franceses ficam aflitos por não saber como classificar a obra, insistem em lembrar que Bodanzky foi assistente de Leon Hirszman, para poder batizar *Iracema* como exemplo de uma nova safra do Cinema Novo. Estranham muito a falta de cangaceiros e de caudilhos urbanos, bem como uma certa imprecisão na construção de personagens. Poderíamos responder que é justamente um dos grandes atrativos do filme. O motorista do caminhão feito por Paulo César Pereio nada tem a ver com as demais figuras que povoam a fita. Como homem da cidade, contrasta com os habitantes da mata e, na qualidade de ator profissional, entra em conflito com os inúmeros intérpretes amadores que formam o elenco.[8]

Depois, o crítico destaca a neutralidade aparente da proposta dos cineastas: "o destino da índia Iracema é narrado quase sem impostação dramática. Ela não chega a se constituir em protagonista. Nem heroína, nem mártir, contenta-se em servir de documento. Uma entre milhares como ela: entidade vaga e imprecisa, como o mundo em que sobrevive". Símbolo autêntico de uma realidade exageradamente cruel, ela nos lembra — ilustração viva dos textos de Lévi-Strauss[9] — que não apenas as culturas indígenas foram erradicadas, que suas tradições milenares foram eliminadas em proveito do que chamamos por antífrase cínica de "desenvolvimento", mas que, arrancada de sua família, de seu lar e de seus ancestrais, Iracema só pode ser anulada, violada, destituída e sacrificada no altar da civilização e da modernidade.

Seduzida e abandonada pelo cinema, Edna de Cássia prolonga alegoricamente em sua vida a ficção desse documentário. Ela nunca mais filmará: os papéis de índia ou de cabocla serão interpretados por brancas (Glória Pires, excelente no conto intemporal *Índia, filha do sol*) ou pela talentosa nordestina Dira Paes, de tipo físico indígena marcado, mas vinda de um meio confortável, descoberta por John Boorman aos quinze anos em seu conto contemporâneo *A floresta das esmeraldas* (1985). Sem esquecer a waltdisneysação do personagem da pequena índia no fim dos anos 1990, com *Tainá*, avatar inesperado do indígena dos tempos modernos, versão alternativa e tranquilizadora do mito da boa pequena selvagem de mil ardis ecológicos.

O ÍNDIO FORA DE ALENCAR

Uirá, um índio em busca de Deus

Inspirado nas pesquisas antropológicas de Darcy Ribeiro publicadas na revista *Anhembi*, em 1957, sobre o índio Uirá, do Maranhão, o filme de 1973 traz para o primeiro plano a cruel problemática do choque cultural, da intolerância e da condescendência positivista. Uirá é, segundo Paulo A. Paranaguá, "um dos mais belos heróis trágicos inventados por um cinema que no entanto recusa qualquer exagero".[10]

A força e a originalidade do filme consistiram em despojar o índio cinematográfico de seus ouropéis folclóricos ou tropicalistas. Esse semidocumentário "narrado em água morna", segundo Orlando Fassoni, "consegue tirar proveito de sua própria lentidão narrativa para permanecer despojado de qualquer espécie de sentimentalismo que possa influenciar o julgamento do espectador [...] em vez de um filme sensacionalista, uma obra serena, disciplinada, comportada".[11] A história é forte, no entanto: um índio abandona sua tribo para ir ao mar, mas só encontra a morte, depois de se confrontar com a intolerância dos brancos. Fassoni lembra que a diferença com *Pindorama* ou *Como era gostoso o meu francês* está na contemporaneidade do tema: "Dahl conseguiu mostrar que o passado não está tão distante quanto se imagina, porque o desrespeito da nossa civilização para com os índios é um processo que se desenvolve ainda agora".[12]

Filmado originalmente para a televisão italiana na aldeia de Japu no Maranhão, com um elenco indígena, o filme foi proibido aos menores de catorze anos e só teve 17080 espectadores, mas conquistou o prêmio de melhor atriz para Ana Maria Magalhães no Festival de Gramado. Essencial e fundamental, nobre e humanista, ele mostrou uma nova maneira de tratar a questão.

Ajuricaba e Avaeté

Em contrapartida, *Ajuricaba, o rebelde da Amazônia* (1977) e *Avaeté, semente da violência* são ambos argumentativos e baseados, como *Uirá*, em histórias verídicas, remexendo aquilo que Roberto da Matta chama de "pesadelo na nossa sociedade brasileira".[13]

O primeiro é uma epopeia cativante produzida e dirigida por Oswaldo Caldeira, autor preocupado com a história do Brasil e com o papel do cinema de ensiná-la às massas. A ação se passa no século XVIII nos confins dos rios Negro e Solimões. Ao contrário da história oficial, que apresenta o índio ingênuo e feliz por receber em suas terras o invasor europeu, essa produção baseada em dados históricos atenuados pelas autoridades mostra o quanto os nativos lutaram contra as invasões portuguesas e a destruição da floresta. *Ajuricaba* é o herói dessa resistência indígena: ele organiza uma confederação das tribos da região e luta por quatro anos contra os portugueses. Por fim, ele será vencido, mas, para não ser humilhado, se atira no Amazonas, nunca mais sendo encontrado, tornando-se uma lenda.

Esse primeiro longa-metragem de ficção de Caldeira, segundo José Haroldo Pereira, "mescla um pouco de romantismo alencariano na visão do índio e um pouco de idealismo na conclusão".[14] O filme quase passa despercebido ao estrear. Ainda hoje pouco conhecido, apesar de obra generosa e necessária, acessível narrativamente, não é citado na volumosa e no entanto séria *História do cinema brasileiro*, de Fernão Ramos, ou na *História ilustrada do cinema brasileiro*, de Salvyano Cavalcanti de Paiva. Nota-se que o tema (reflexão sobre a resistência e o massacre dos índios) não parece prioritário. Pois, supondo que o filme não seja bom — o que não é o caso —, seria preciso citá-lo, mesmo que apenas pela urgência de um tema profundamente tabu.

Avaeté (1985), de Zelito Viana, só é mencionado no segundo livro, apesar de ter obtido um prêmio no Festival de Troia, em Portugal. Ligado ao Cinema Novo (ele funda a Mapa Filmes, com Glauber Rocha, Walter Lima Jr. e Paulo César Saraceni, em 1965), o diretor coproduz *Menino de engenho* e *Terra em transe*. Depois de *Os condenados* (1973), baseado em Oswald de Andrade, e *Morte e vida severina* (1977), em João Cabral de Mello Neto, ele dirige um documentário chocante, *Terra dos índios*, e aborda o tema da violência contra o indígena em sua ficção *Avaeté*.

Inspirado num fato abominável ocorrido no Mato Grosso em 1963, o filme de 1985 narra a história de um massacre planejado de uma tribo indígena. O foco fica numa criança que escapa do genocídio encomendado por um rico empresário agrícola do Centro-Oeste. Salvo pelo cozinheiro da expedição, que, arrependido, o cria como branco, o menino se vê dividido, ao crescer, entre o desejo de vingar o extermínio dos seus e o fascínio que esse choque de culturas desperta nele. Afinal, como uma criança ou um adolescente dos anos 1970 poderia não ficar seduzido ou fascinado pela civilização do consumo, do lazer e da tentação, sobretudo ao descobrir São Paulo?

Filme inteligente e com interpretações sólidas de atores como

Hugo Carvana, Renata Sorrah, Jonas Bloch, José Dumont e Marcos Palmeira, pela primeira vez oferece um verdadeiro papel principal a um verdadeiro índio, Kadiweu. O público, no entanto, não se sente muito atraído pela novidade, e ele fracassa. A história contada está perto demais no tempo.

Zelito Viana parece marcado pelo iconoclasta *Iracema* de Bodanzky e Senna, que colocara as coisas nos eixos ao escolher um personagem emblemático da literatura, do imaginário e do cinema para desconstruí-lo e interrogar de maneira visceral a identidade e a sociedade brasileiras.

Triste trópico

Carlos Adriano[15] analisa a importância do longa-metragem (primeiro e último) do fotógrafo Artur Omar, cuja singular homenagem à célebre obra de Lévi-Strauss[16] imediatamente nos convida para uma viagem às avessas, uma antiutopia: trata-se de "uma obra experimental complexa e extrema", que "teatraliza o transe messiânico em agonia delirante como viagem alegórica no espaço-tempo mítico da identidade latino-americana".[17]

É a história, contada oralmente (apresentada como verídica), de um médico brasileiro formado na Sorbonne, onde conheceu o poeta surrealista André Breton: o dr. Arthur (duplo do cineasta) faz nos anos 1920 (em que Lévi-Strauss, que odeia os viajantes e seus relatos, descobria os índios abandonados do Brasil) uma peregrinação ao coração selvagem do sertão e acaba, depois de ficar "grávido" de um escravo negro, por fomentar um movimento de insurreição indígena. Essa viagem redentora terminará com sua própria morte sacrifical.

A força e a originalidade insólita do filme de 1974 residem especialmente na montagem torrencial de fragmentos díspares, documentais e ficcionais; no recurso à narração oral, por uma voz em off, com pouca ligação com a imagem (a voz de Othon Bastos, carregada de uma bagagem referencial revolucionária). Tudo se desarticula numa "salada" que já não é tropicalista: índios, cenas de Carnaval, filmes amadores e familiares, símbolos esotéricos, fotografias contemporâneas, imagens de almanaques, da Inquisição e heréticas, catequese e canibalismo, estátuas neoclássicas, época colonial e regime militar. Como encontrar a pista para a identidade nacional diante de uma explosão como essa? A composição intertextual e barroca do filme provoca o paradoxo. Para Adriano, "a dimensão irredutível da experiência (do personagem e do espectador) faz da tela a projeção da terra em transe, purgatório extático no inferno da consciência e da civilização". Trata-se, de fato, de um metacinema, que recusa:

- a ficção, mentira duplamente evidente porque trai uma obra literária (filmes indianistas)
- o documentário, mais mentiroso ainda porque afirma filmar a realidade, ao passo que a enquadra e a transforma em espetáculo.

Omar denuncia o documentário como reprodução do real e rompe a montagem audiovisual desse tipo de cinema voyeurista para desmascarar sua impostura. Para Bernardet, "nesse início dos anos 1970 proliferam os documentários sobre temas folclóricos, nitidamente encorajados pelo governo ditatorial, que tenta passar uma imagem do povo através do folclore, do artesanato e da música popular — mais vale este povo do que aquele que poderia agitar-se nas ruas e fábricas".[18] Analisando o documentário *Congo*, que Omar dirigiu em 1972, sobre uma dança dramática do folclore afro-brasileiro, ele continua:

Omar desenvolve um tema de época para tratar da impossibilidade de tratá-lo. Pois ele, cineasta, não é produtor de congada, a congada não faz parte de sua vida, de sua cultura, de seu imaginário, e a relação que ele poderia estabelecer com esta dança seria necessariamente de exterioridade. Ora, apresentar imagens de congada na tela necessariamente a transformaria em objeto, colocando-o na posição de sujeito, o que ele rejeita. Omar faz um filme sobre congada em que não apresenta nenhuma imagem da dança e em que o tema real é sua relação com a congada. Relação que é livresca, centrada na antropofagia. Seu filme terá, consequentemente, cinco vezes mais texto do que imagens.

O fim do parágrafo poderia se aplicar às experimentações de Marguerite Duras:[19] "Perguntamo-nos — questão talvez sugerida pelo filme — se a radicalização desta proposição não levaria o cineasta ao silêncio".

Triste trópico é um desafio cinematográfico audacioso: quando o espectador, afogado nessas imagens verdadeiras e nesse discurso documental, descobre que o médico está grávido do escravo negro, ele compreende ter caído numa armadilha e, como explica Bernardet, "se acreditamos na veracidade do que nos era contado, foi porque a linguagem documental contém em si seus próprios indícios de verdade, que são razoavelmente independentes de qualquer relação com a verdade". Omar, por sua vez, expressa sua vontade de se "deseducar" em relação à cultura do colonizador que, como no movimento antropofágico, deve sofrer um processo de absorção e de transformação. Assim, ele escamoteia o "s" do título homônimo do livro de Lévi-Strauss e proíbe simbolicamente ao médico (brasileiro, mas formado na França) comer a comida europeia, pois ela deixa um "peso do diabo" no corpo.

Se a denúncia da realidade social do Brasil e de suas injustiças em *Triste trópico* não incomodou a censura da época, foi porque a evolução narrativa do filme escondia seus objetivos. Essa obra que não se parecia com nenhuma outra foi considerada um exercício formal e hermético de laboratório.

Assim como *Iracema, uma transa amazônica, Triste trópico* ilustra a afirmação de Taine, filósofo positivista do século XIX, "Toda obra de arte representa os costumes contemporâneos", destacando a angústia dos anos 1970, do boom econômico e da propaganda ditatorial. Ambos também cristalizam o estado do cinema brasileiro de então: seccionado, fragmentado, disparatado, no cruzamento de vários caminhos, todos igualmente árduos. Como testamentos da utopia cinematográfica cinema-novista da ideia (contestadora) na cabeça e da câmera (entre realidade e ficção) na mão, com uma reflexão polêmica e ontológica sobre a brasilidade. Eles também são a conclusão experimental e artística da última fase (antropofágica) do Cinema Novo, refletindo uma corrente pós-1968 de espírito marginal.

Antes de lembrar a controversa mas frutífera criação da Embrafilme, em 1969, e os três períodos dessa empresa governamental, que no fim dos anos 1970 reconciliou o cinema brasileiro com o grande público (*Dona Flor, Xica da Silva, Pixote*), convém abrir um espaço especial para um movimento surgido em São Paulo em contraponto à desagregação do Cinema Novo, que marca não apenas os anos 1970 como o cinema autoral brasileiro de hoje (*Madame Satã, Amarelo manga, Cleópatra*). Pouco conhecido no exterior, na verdade pouco exportável, trata-se de uma expressão visceral e genuinamente brasileira, saída das entranhas da cultura nacional, um cinema marginal e underground.

Glauber Rocha o apelidou, por derrisão fonética, de udigrúdi, e Rubem Biáfora o chamou de Mauvaise Vague.

SEGUNDA PARTE
O LAMENTO DA FÊNIX (1970-2000)

7. Um cinema à margem
O "udigrúdi"

Em 1970, um movimento de reação ao Cinema Novo começa a tomar forma, buscando sua inspiração num estranho e audacioso filme mudo de 1917 (*Filme do diabo*) e prolongando-se até o início do século XXI, à margem das demais produções, de que foi o espelho deformante: o cinema marginal. Dois atores inspiram o grupo: Ozualdo Candeias e José Mojica Marins. O primeiro, "cineasta de estrada",[1] segundo Carlos Reichenbach, dirigira em 1967 *A margem*, que encantaria o movimento vindouro. O segundo, mais conhecido como Zé do Caixão, tornou-se o senhor do filme de terror local com o lançamento de *À meia-noite levarei sua alma*, em 1963. Marginalidade, sordidez, terror, pornografia, náusea, feiura: explicaremos as propostas desse movimento e o porquê de sua existência e de sua importância ao mesmo tempo periférica e central na evolução de um cinema em eterno nascimento. Não existe nascimento sem sofrimento, sujeira, sangue e excrementos.

No material promocional de *O pornógrafo*, em 1970, intitulado Manifesto do Cinema Cafajeste, o cineasta João Callegaro define alguns pontos de uma verdadeira estratégia: abandonar "as elucubrações intelectuais, responsáveis por filmes ininteligíveis, e atingir uma comunicação ativa com o grande público, aproveitando os cinquenta anos de mau cinema americano devidamente absorvido pelo espectador". Esse cinema escolheu a via dos filmes de aventura locais e de sexo barato para rentabilizar o investimento financeiro e esteve na base da pornochanchada.

Foi a estratégia de um grupo de São Paulo, que se erigiu contra a linguagem europeia e elitista do Cinema Novo. Tratava-se de romper de forma radical com os predecessores. Entre esses cineastas, contavam-se Carlos Reinchenbach e Rogério Sganzerla, este último ligado a Júlio Bressane e Neville d'Almeida. Sganzerla dirigiu um filme de transição entre a estética cinema-novista e a ruptura marginal, *O bandido da luz vermelha* (1968), feito na Boca do Lixo, região de nome evocativo da cidade de São Paulo onde estavam instaladas as produtoras. A obsessão pelo sórdido anima esses cineastas, para quem o Brasil da ditadura exala um cheiro de carniça e carniceiros. Aquilo que alguns filmes tropicalistas sugerem de maneira alegórica ou poética, até cruel, aquilo que alguns filmes indianistas (*Triste trópico* e *Iracema*) estilizam, constitui a carne morta e em decomposição do Cinema Marginal, que prefigura o "cinema da crueldade" dos anos 2000 (que terá recursos estéticos e técnicos mais amplos): *Cronicamente inviável, Amarelo manga, Cama de gato, O cheiro do ralo, Baixio das bestas, Estômago* e *Tropa de elite*.

O filme-piloto do movimento, *A margem*, influencia um novo batalhão de cineastas apressadamente identificados como a terceira geração do Cinema Novo, artesãos de um cinema underground desdenhosamente chamado de "udigrúdi" por Glauber Rocha, pai assassinado por seus Édipos. Apesar de dedicar alguns parágrafos a Neville d'Almeida e Rogério Sganzerla, o autor de *Terra em transe* não cita Candeias na coletânea de artigos *Revolu-*

ção do *Cinema Novo*:[2] Glauber se proclama iniciador do movimento marginal com *Câncer*, filme minimalista e sem história, com 27 planos em que profissionais e não profissionais se misturam aos favelados do morro da Mangueira. Diante de um cinema que é o emblema "de uma decadente burguezya desesperada", de "mulheres luxando com joias e rabos maquiados pelo sangue dos brasileiros",[3] Glauber sem dúvida gostaria de ter dirigido um filme simples e complexo, tão carregado de poesia e verdade quanto *A margem*.

A MARGEM

"Produzida com escassez de recursos e muita criatividade, é uma pequena obra-prima e revelou um diretor de profunda sensibilidade, original, diferente", escreve Cavalcanti de Paiva.[4] "A classe média esnobou, o povão e a crítica adoraram." Para Inácio Araujo, "em 1967, foi uma surpresa: um filme de estreante, tirado praticamente do nada, com orçamento visivelmente econômico, conseguia ao mesmo tempo impressionar pela feitura, como pensar por outros parâmetros que não os do Cinema Novo". Para o crítico, Ozualdo "Candeias tinha a seu favor o fato de, ao contrário dos cineastas do Cinema Novo, falar de uma realidade que conhecia".[5]

A margem tem como personagens os habitantes dos casebres das margens do rio Tietê, em São Paulo, que também estão "à margem" da sociedade. Longe das questões sociais debatidas pelos cinema-novistas, o filme enfoca esse pequeno grupo humano com ternura, com o mesmo olhar real e "verídico" que Ken Loach desenvolveu na Inglaterra. Segundo Araujo, "o filme divide-se nitidamente em duas metades: uma, subjetiva, procura mostrar os personagens a partir de seu próprio ponto de vista [...]; outra, realista, os capta de fora: então, é do olhar codificado socialmente sobre coisas como habitação, trabalhos e hábitos que se trata".

A ternura e a humanidade do filme de Candeias não serão encontrados em nenhum outro dessa corrente que, profeticamente, ele nomeará. Apesar de o cineasta manifestar "uma preocupação constante com a busca do sublime e a exaltação da pureza em meio à sordidez",[6] as produções marginais manterão metonimicamente apenas suas conotações negativas e pessimistas de exclusão e degradação, levando-as até o âmbito figurado da amoralidade.

Difícil, é verdade, não ficar marcado pelo cenário onde o filme é rodado: as margens do rio-esgoto que exala os miasmas da megalópole de São Paulo. Toda a ação se passa em meio a dejetos e a um ambiente desolado e quase apocalíptico, que veremos citado em quase todos os filmes marginais e que dará seu nome à Boca do Lixo. Gainsbourg, em *Paixão selvagem*, ou Ferreri, em *Ciao maschio*, também souberam tirar partido de um quadro como esse, a priori antiestético, objeto de um curta-metragem de Jorge Furtado, *Ilha das Flores* (1991). Se as mais belas flores são as que crescem no esterco,[7] o filme de Ozualdo Candeias seria isso? Raros são os filmes brasileiros que sabem tratar dos excluídos sem condescendência e paternalismo estético ou ideológico.

ZÉ DO CAIXÃO: GÊNIO CRIATIVO E MESTRE DO TERROR

José Mojica Marins é um cineasta hoje cultuado no Brasil e no circuito internacional dos amantes de filmes de terror. Nascido em São Paulo em 1931, excêntrico, extraordinário e criativo por natureza, fundou, aos quinze anos, quatro depois do surgimento da Atlântida, sua própria companhia, a Ibéria Cinematográfica. Em 1955, dirigiu um primeiro filme sonoro, *Sentença de Deus*, que ficou inacabado, e fundou uma escola de atores. Em 1963, criou o personagem Zé do Caixão, num filme lançado em circuito restrito, *À meia-noite levarei sua alma*. No ano seguinte, montou no edifício de uma antiga sinagoga no Brás, em São Paulo, seu primeiro estúdio cinematográfico, frequentado por aprendizes de cineasta como Reichenbach, Sganzerla e Capovilla.

Mojica estava mergulhado nesse ofício havia dezesseis anos quando seu primeiro longa-metragem de ficção inacabado foi distribuído — primeira etapa pública de uma longa carreira, uma das mais duradouras do cinema brasileiro, sempre vivida à margem. Quando, aproveitando o impulso de *Central do Brasil*, o Museu de Arte Moderna de Nova York (MoMA) propôs a mais importante retrospectiva de filmes brasileiros desde a do Centre Beaubourg, em Paris, em 1987, seu biógrafo incondicional André Barcinski criticou na *Folha de S.Paulo* a ausência dele, que revelava

muito sobre o preconceito que ainda existe sobre um dos cineastas mais originais do Brasil, criador do Zé do Caixão, personagem mais famoso da história do cinema brasileiro ao lado do caipira Mazzaropi. Pode parecer exagerado criticar um ciclo tão ambicioso só por uma omissão, mas o fato é que a exclusão de Marins representa mais do que um lapso inconsciente. Ela representa, isso sim, o mais recente capítulo da antiga campanha de desprezo do Estado por um de nossos artistas mais populares.[8]

Barcinski lembra que a obra de Mojica era admirada por personalidades tão diferentes quanto Salvyano Cavalcanti de Paiva, Rogério Sganzerla e Glauber Rocha: "em termos de reconhecimento no exterior, ele é um de nossos cineastas mais em vista; há pouco recebeu prêmios nos festivais de cinema fantástico de Paris e Sitges".[9]

Qual seria, então, o universo de Mojica e de seu alter ego de unhas longas e curvas? "Zé do Caixão nasceu de um sonho", ele disse no documentário *O estranho mundo de José Mojica Marins*. "Sonhei que um homem queria me levar, no meio da noite, para que eu conhecesse minha própria morte." A gênese da vocação do cineasta, em si, constituiria o argumento para um roteiro insólito: nasceu numa sexta-feira 13, quase nos fundos de um escuro cinema de bairro, onde seu pai era projecionista e sua mãe vendia bombons. Era lá que a família vivia e se alimentava de imagens. Quando eles saíam do bairro popular no noroeste da grande cidade, era para atravessar inúmeros terreiros de umbanda onde, a qualquer hora do dia ou da noite, se praticavam o candomblé e a macumba. O mundo real sempre teria dificuldade de penetrar seu mundo pessoal. Menino, ele começa a fazer filmes, tendo como primeiro estúdio um galinheiro e como primeira externa a marginal Tietê — as margens desse rio, na época terrenos baldios, são definitivamente a entidade tutelar do movimento marginal. Sua paixão pelo cinema de horror nasceu de uma anedota real e preocupante que o fez questionar-se a respeito dos limites entre o mundo dos mortos e o dos vivos. Um dia, por ocasião de uma vigília fúnebre, deitado no caixão com o rosto coberto, o vendedor de batatas do bairro "ressuscitou", semeando o terror naquela antecâmara da morte. O episódio apareceria em *Finis hominis* (1971). Mais tarde, seria mencionado por Marcelo Rubens Paiva na Ilustrada: "o medo da morte, o inferno, as vigílias fúnebres, o luto e o caixão se tornarão os elementos-chave de sua obra. [...] Na maioria de seus filmes, o personagem profana símbolos religiosos, bebe a cachaça destinada às práticas da umbanda, ri das procissões e come carne na Sexta-feira Santa".[10]

O cineasta independente produz cada novo filme com a mesma receita do anterior, em seu próprio estúdio no centro de São Paulo — para as cenas rústicas, alguns resquícios da Mata Atlântica nos parques ou praças públicas da cidade resolvem a questão. Mas seu "calvário" seria iniciado durante a ditadura militar, que censura e bane, em 1970, *Ritual dos sádicos* (rebatizado, em 1980, como *O despertar da besta*), sem dúvida porque fazia, por trás do título e dos personagens presos a máquinas de tortura, uma alusão ao clima de terror moral e físico da época. O filme estreou em 1998, em... Tóquio!

Segundo Barcinski, o ostracismo se manteve depois da ditadura militar.[11] O crítico comenta sua ausência do festival do MoMA, em 1998: "Essa exclusão não é uma surpresa. O Estado brasileiro, no fim das contas, sabota sua carreira há quarenta anos, numa campanha silenciosa e não declarada para expurgá-lo da 'história oficial' de nosso cinema". O exegeta de Mojica Marins lembra que este tomara o partido de Glauber Rocha quando da interdição de *Terra em transe* e escrevera a respeito dela no *Jornal do Brasil*. Em troca, os cinema-novistas viram dois filmes seus serem proibidos e três outros cortados em vinte minutos, sem protestar. Somente o "reacionário" Salvyano Cavalcanti de Paiva escreveria no *Correio da Manhã* depois da proibição de *Trilogia do terror*, em 1969: "O filme de Marins, perfeito na concepção e na direção, tem algumas cenas de sadismo e erotismo. Ou melhor, tinha: a censura foi impiedosa e onipotente; ela cortou, retalhou, estragou. Todos se calaram, consentiram, foram desmascarados: seus interesses não estavam em jogo. Onde estão os que dizem defender o cinema brasileiro?".

Seus filmes dos anos 1960 são os melhores. *À meia-noite levarei sua alma* (1963) apresenta o personagem Zé do Caixão e define o estilo e a marca pessoal do cineasta. *Esta noite encarnarei no teu cadáver* (1967) aprofundou e aperfeiçoou o conjunto. O episódio "Pesadelo macabro", do filme em esquetes (compartilhado com Ozualdo Candeias e Luiz Sérgio Person) *Trilogia do terror*, tornou-se cult, bem como o inédito *Ritual de sádicos*, massacrado pela censura, e o excelente *Finis hominis*, variação original do tema do sobrevivente do fim do mundo, baseado em dez antimandamentos.

Voltado para a si mesmo e para suas fantasias, Mojica Marins antecipa e ilustra plenamente a corrente pornográfica no Brasil. Depois de flertar com a Boca do Lixo e com a pornochanchada, sob o pseudônimo de J. Avelar, ele se transformou num diretor experiente de filmes de "sexo explícito" em que homem, mulher e besta coabitam. No fim das contas, ainda ativo, ele tem uma das carreiras mais longas do país, como Luiz de Barros (de 1919 a 1977), Nelson Pereira dos Santos (desde 1954), Walter Hugo Khouri (de 1953 a 1998) e Cacá Diegues (desde 1960).

O BANDIDO DA LUZ VERMELHA

Considerado pela crítica um dos dez melhores filmes brasileiros, inovador, moderno e poético, representou o Brasil em Cannes, em 1968, mas não obteve nenhum prêmio ou menção. Sua originalidade só pode ser mensurada no quadro microcósmico do cinema nacional e de seu contexto sociocultural. Estamos falando do problema da "exportabilidade" de produtos relativos que, em si, sem dados explicativos e conhecimentos específicos, não podem ser plenamente apreciados. *O bandido da luz vermelha*, pouco conhecido no exterior, é um exemplo desse cinema marginal do qual é um precursor, de um cinema intramuros.

"Meu filme é um faroeste sobre o Terceiro Mundo [...] soa também musical, documentário, policial, comédia ou chanchada e ficção científica [...] fiz um filme voluntariamente panfletário, poético, sensacionalista, selvagem, malcomportado, cinematográfico, sanguinário, pretensioso e revolucionário" — é assim que o diretor Rogério Sganzerla, discípulo do crítico Almeida Salles e admirador de Orson Welles, anuncia a cor de um filme quebra--cabeça, ao mesmo tempo vermelho crepuscular e rosa auroral.[12] Para Inácio Araujo, trata-se de um elo sólido entre as inquietudes dos 60 e as dos 90. Ambos são momentos marcados por necessidade de transformação e obsessão pelo moderno. Ora, a primeira coisa que chama a atenção no *Bandido*, hoje, é sua modernidade. Os cortes secos, a interpretação leve, o caráter ostensivamente urbano, as associações de ideias, a busca de uma herança no cinema estrangeiro ostensivamente (em Orson Welles, em Godard), tudo isso criava, na época, um caráter de urgência que o filme preservou. Era uma urgência dupla. A primeira consistia em trazer o banditismo para o domínio do urbano. O Luz é uma espécie de Lampião do asfalto [...] mas de algum modo, também, um sintoma da injustiça social. A segunda urgência dizia respeito ao próprio cinema. Sganzerla fez um misto de policial, comédia, filme de costumes. Sua ideia era, aparentemente, tirar o cinema brasileiro da seara dos dramas sociais do Cinema Novo, de inspiração europeia. Restituía-o, assim, à influência americana: leve, popular, coloquial e nem por isso menos inventivo, menos crítico, menos profundo. [...] pretendia tirar o cinema da esfera excessivamente cultural em que havia sido lançado pelo Cinema Novo.[13]

Realizando o feito de ser experimental e popular, o filme foi um sucesso, constituindo um exercício de cinéfilo em que "a paixão do cinema parece ocupar todos os seus fotogramas".[14] Apesar da tentativa de afastar-se das garras cinema-novistas, sentimos a mão de Glauber no estilo em "transe" e no gosto pelo alegórico. Mas a estética do kitsch e do mau gosto, acentuando a degradação dos personagens, será uma das diferenças e características do cinemarginal, em que "o filme é inteiramente elaborado, inclusive em sua forma narrativa, a partir dos restos da produção industrial de massa".[15]

A fragmentação da linguagem permite uma adequação narrativa de *O bandido da luz vermelha* com o universo dos dejetos urbanos da sociedade de consumo. O Brasil que emerge dos fragmentos do filme é um país completamente diferente daquele que surge das alegorias precedentes. Durante a sessão especial a portas fechadas, a reação dos cinema-novistas é reservada, "por ciúmes dos resultados fantasticamente criativos alcançados por Rogério em seu filme. Ferido, Rogério se recolhe e procura continuar seu trabalho em esquemas bastante pessoais. Em torno dele vai começar a surgir o movimento da Boca do Lixo paulista".[16]

Com *O bandido*, deu-se uma virada na busca de identidade do cinema nacional. Adeus à antropofagia tropicalista: depois de absolutamente quebrados, os pedaços dispersos foram recuperados e colados, a fim de ser voltados para uma espécie de "escatologia" cinematográfica que reivindica o mau gosto, a má técnica e a decomposição, no sentido técnico e orgânico. Os discípulos do Candeias de *A margem*, de Mojica Marins e de Sganzerla não hesitaram em posicionar câmeras e personagens nos recantos mais sórdidos e em meio às situações mais representativas de uma bulímica sociedade de consumo que estourava de tão inchada, capturada na fase (anal) de reação às proibições de uma época politicamente incorreta e repressiva. O cinema Boca do Lixo foi o reflexo de uma sociedade incontinente que não soube digerir o brutal crescimento econômico e industrial dos anos 1960: ela "gira sobre si mesma".

JULIO BRESSANE

Logo depois de *A margem*, Júlio Bressane, colaborador de Walter Lima Jr. e Glauber Rocha, realiza seu primeiro longa-metragem, *Cara a cara*. Segundo Alex Viany no *Diário de Notícias*, "realizado dentro da tendência do Cinema Novo, no contexto de crítica à sociedade urbana, principalmente à classe média, seus valores e crenças, escreveu, produziu e dirigiu *Cara a cara*, drama do homem só, despertado de sua vida inócua por uma paixão obsessiva e violenta, que culmina com uma terrível revolta contra seu pequeno mundo".[17] Primeiro passo na direção da margem, dado pelo personagem e pelo cineasta que criará duas joias lúgubres do cinema marginal: *O anjo nasceu* e *Matou a família e foi ao cinema*.

Em 1969, dois filmes marginais pela temática "incorreta" e pela condução antinarrativa, realizados com rapidez e simultaneamente, marcam uma ruptura no seu trabalho, acentuando com nitidez a fragmentação narrativa e o distanciamento da preocupação em contar uma história, rompendo com os esquemas tradicionais. O universo ficcional é elaborado em função da banalidade cotidiana (em contraste com os atos "antissociais") e da desorientação (inconsciente) da vida de personagens à deriva: não há intriga romanesca, limitada ou organizada; não há "psicologismo" nem justificação ou condenação.

O anjo nasceu segue as errâncias de dois marginais que para passar o tempo cometem uma série de crimes no Rio de Janeiro. Um deles está convencido de que um anjo os procura. O ritmo lento e imprevisível do filme acentua o inesperado da violência. É "uma espécie de alegoria", escreve José Carlos Avellar. "O verdadeiro sentido não aparece, os personagens são arrumados para que se possa ver o estilo de enquadramento, o tom da fotografia, os ruídos e a música."[18] Bressane se mostra um cineasta que nunca deixa o espectador esquecer que está "fazendo cinema", ao mesmo tempo que oferece imagens "ao natural" mais reais que a realidade.

O título seguinte, *Matou a família e foi ao cinema*, é eloquente. Realizado em quinze dias, em dezesseis milímetros, sob condições precárias, foi retirado de cartaz depois de duas semanas, sob acusação de subversão. Para Luiz Carlos Merten, é o filme-manifesto de Bressane. Talvez sua obra-prima. Ele mostra um personagem que liquida a família pequeno-burguesa e vai ao cinema, onde assiste a um filme sugestivamente intitulado *Perdidas de amor*. Bressane filma num estilo repetitivo e claustrofóbico, passando uma sensação de sufocamento. Não é um filme fácil, mas fundamental.[19]

Colocando um filme dentro do filme (estamos naquele que o personagem vê ou no filme projetado na tela de sua própria vida?), Bressane vai aos poucos acumulando assassinatos, lembrando ao espectador que ele próprio está no cinema enquanto pessoas são assassinadas. A ditadura soube decifrar uma das possíveis mensagens do filme, censurando-o sob alegação da violência naturalista das cenas de assassinato e de erotismo.

Para Ely Azeredo, o filme recolhe "imagens verazes do nosso subdesenvolvimento em seu aspecto mais policial — a tragédia do crime e o escândalo do sadismo legal".[20] Para o poeta concretista Augusto de Campos, autor de *À margem da margem*, Bressane mantém "uma relação amorosa, corpo a corpo, com o cinema. Ele vasculha a pele da película e escalpa o celuloide para nos dar a carne viva de seu cinealma. Antinarrador retiniano, ele incinera o cinema [...] é um digitador de daguerreótipos [...] que transforma o mundo das letras e dos signos em curto-circuito de longas-metragens".[21]

OS MARGINAIS DO RIO NO EXÍLIO

A exemplo dos cinema-novistas, a geração do cinema marginal enfrenta o governo da ditadura e sofre perseguições políticas. Enquanto os primeiros escolhem Paris e Roma (Nouvelle Vague e neorrealismo) como destino do exílio, os segundos preferem Londres (mais moderna, anticonvencional?).

Nessa cidade viverão Bressane e Sganzerla, Neville d'Almeida, Geraldo Veloso, Andrea Tonacci e Eliseu Visconti. Como a censura poderia tolerar os filmes da BelAir (produtora fundada no início de 1970, no Rio de Janeiro, por Bressane, Sganzerla e Helena Ignez), em que o eufemismo do nome oculta urros e vômitos, lixo e excrementos, num "mau tempo" que mais tarde resultaria, na Europa, em *A comilança, A última mulher* ou *O amigo das crianças*, de Marco Ferreri, e mesmo *Salò*, de Pier Paolo Pasolini? Como poderia admitir aquela condenação contemporânea e metafórica da burguesia e da sociedade brasileiras?

Com *Jardim de guerra* (1968), Neville d'Almeida pela primeira vez falou abertamente de drogas, sexo livre, lutas das minorias raciais, feminismo militante: o filme, marginal pela temática mas acessível narrativamente, foi proibido. Em *Piranhas do asfalto* (1970), Neville forçaria a exibição da abjeção, do sexo sórdido e do infame, atingindo, em 1982, o auge do gênero com o excelente e sensual *Rio Babilônia*.[22] Assim como ele, vários cineastas surgiram dentro dessa corrente em que todas as liberdades são concedidas durante as filmagens e retiradas quando da distribuição.

Os títulos são reveladores: *Bang bang* (Andrea Tonacci), *Perdidos e malditos* (Geraldo Veloso), *Sagrada família* (Sylvio Lanna), *Os monstros de Babaloo* (Eliseu Visconti), *Viagem ao fim do mundo* (Fernando Coni Campos). Apesar de quase todos esses cineastas serem exilados a partir de 1970, eles dirigem bastante. O sistema familiar de produção do cinema marginal, anti-industrial, facilita a criação. Assim, ao contrário de Diegues, que não filmou no exílio, Bressane filmou em Londres, Nova York e no Marrocos. Em *O monstro Caraíba*, aparecem imagens filmadas durante a viagem que ele fez com Tonacci, de carro, pela Ásia até o Extremo Oriente. Neville d'Almeida finaliza, em Londres, *Mangue bangue* com Geraldo Veloso; Sylvio Lanna, *Forofina*, na África; Maria Gladys, *The first odalisca* (ela também divide o título de musa marginal com Helena Ignez, mulher de Glauber Rocha[23] e depois de Sganzerla, cujos sete filmes da BelAir protagoniza).[24] O progressivo retorno dos marginais do Rio para o Brasil, em 1972 e depois em 1973, marcará o fim do cinema marginal carioca.

A BOCA DO LIXO E A PORNOCHANCHADA

Ivan Cardoso, discípulo de Mojica Marins com *Nosferatu no Brasil* (1971) e inventor do cinema de "terrir", indaga no jornal *Última Hora* se o cinema marginal é na verdade experimental ou industrial. Aquele era o momento em que reinava na crescente megalópole São Paulo a Boca do Lixo, na base da pornochanchada. Vindos da corrente marginal-cafajeste, João Callegaro, Antônio Lima e Carlos Reichenbach assinam juntos um filme-manifesto erótico, *As libertinas* (1969), reivindicando um estilo ágil e de produção barata, seguido por uma liberdade de tom e ação. Tem início, paradoxalmente, a única verdadeira vitória da industrialização cinematográfica no Brasil.

Antes disso, *O bandido da luz vermelha* alude à Boca do Lixo já nos créditos iniciais. O filme tem início com crianças armadas sobre montes de lixo na periferia: a partir de então, o lixo será sempre associado ao cinema marginal e a seus prolongamentos. Na verdade, a denominação Boca do Lixo data dos anos 1950: trata-se de um quadrilátero do bairro da Luz, no centro, formado pelas ruas do Triunfo e da Vitória, perto da estação de trem. Depois que a burguesia abandonou esse bairro estratégico e deixou-o para os deserdados, a polícia passou a chamá-lo assim.

Como os filmes, na época, eram enviados para as cidades do interior de trem, a localização do bairro logo teve o privilégio de tornar-se um centro de distribuição no estado. Distribuidores e produtores ali se instalaram no fim dos anos 1960 e início dos 1970. Depois de flertar com as produções experimentais do cinema marginal, a Boca do Lixo foi inspirada por *As libertinas*, uma comédia erótica. Adaptado aos meios e aos critérios da época, o gênero passa a ser pejorativamente chamado de pornochanchada, que no entanto não é nem chanchada nem pornô: tipicamente brasileiro, trata-se de uma comédia (ou aventura) salpicada de cenas licenciosas e situações ambíguas. Pontos em comum das pornochanchadas eram o erotismo e a nudez, de modo que elas reúnem todos os gêneros em que estes podem ser utilizados: comédia, drama, terror, policial, suspense, western, filmes experimentais e até mesmo adaptações literárias indianistas.

Ao longo dos anos 1970, são produzidos de sessenta a noventa filmes por ano na Boca do Lixo, que logo seria chamada de Hollywood brasileira. Chegou-se inclusive a criar um precário mas estimulante "star system" à margem dos sistemas da cada vez mais presente televisão, lançando estrelas celebradas pela revista *Cinema em Close-up*: Helena Ramos, Vera Fischer, David Cardoso e a estrela do jet set europeu Ira de Fürstenberg (*Desejo selvagem*, 1979).

Correspondendo ao gosto do público dos anos 1970, percebemos a influência da pornochanchada em *Dona flor* ou em Walter Hugo Khouri, que tem uma inspiração erótico-intelectual que combina com a do movimento (*O palácio dos anjos* e *Amor estranho amor*). Para Avellar, "a chanchada pornô dos anos entre 1969 e 1979 desapareceu, mas deixou marcas esparsas em tudo, pois desde então nenhum filme que vise o grande público se priva de uma cena de sexo".[25]

No entanto, depois de uma década promissora, o gênero se esgotou e o público, atraído pelo espetáculo da sexualidade, voltou-se para as pornografias estrangeiras que invadiram as telas.

A Boca do Lixo voltou-se então para o sexo explícito e produziu quinhentos filmes. Mojica Marins não hesitou em dirigir alguns. Em 1984, de 105 filmes nacionais, 69 eram pornográficos. É por isso que a confusão entre Cinema do Lixo, Boca do Lixo, pornochanchada e pornografia lança um descrédito quase definitivo sobre todos.

E por que o governo ditatorial e a censura deixaram esse movimento se desenvolver? A partir de 1969 uma organização governamental gerencia as questões cinematográficas (Embrafilme), dando um verdadeiro impulso ao cinema e vivificando a produção. Da centena de filmes por ano que o Brasil produziu até o fim da década de 1970, quase metade é gerenciada pela Embrafilme, vindo o restante desse pequeno centro marginal que se tornou uma verdadeira indústria, cujas pornochanchadas, mais apressadas e malfeitas que as chanchadas tão caluniadas da Atlântida, são montadas em estúdios improvisados, com atores às vezes recrutados entre os pobres do bairro, rodados por equipes subqualificadas e subcontratadas. Se assim quisesse, o Estado autoritário não as teria permitido, já que seria fácil proibir as filmagens daquelas produções licenciosas e despojadas em que o sexo simulado é rei. Mas as pornochanchadas são impulsionadas pelo sucesso arrebatador de *A viúva virgem*, de Pedro Carlos Rovai, em 1972, visto por 2635948 pessoas! Ora, um ano antes, a censura proibira *Como era gostoso o meu francês*, a pretexto da nudez total dos atores, depois o liberara para os maiores de dezoito anos, estabelecendo a nudez dos índios como não pornográfica. Eis alguns motivos dessa diferença de tratamento:

- os filmes da Boca do Lixo não eram obras contestadoras ou metafóricas como as do Cinema Novo ou tropicalista;
- o "francês gostoso" de Nelson Pereira dos Santos abrira um

espaço incrível para a exibição natural da nudez nas telas, repentinamente banalizada;

• era preciso seguir as tendências do momento, pois a partir de 1969, ano "erótico", o sexo se espalhou pelas telas do mundo inteiro e o Brasil deixou entrar vários filmes estrangeiros, bastante taxados. Quanto mais espectadores, mais dinheiro arrecadado;

• esses filmes serviam a ditadura ao mostrar que ela era liberal, pois não proibia aquele tipo de cinema, contrabalançando a lavagem cerebral da propaganda oficial na televisão.

Para Paranaguá, a pornochanchada,

essa comédia grosseira, cheia de alusões, sugestões e duplos sentidos, onde o voyeurismo cede espaço aos mal-entendidos fáceis e aos diálogos lascivos, constitui um alívio para as frustrações sexuais e notórias de um Brasil do "milagre", reino do jeitinho, da astúcia e da corrupção, em que a maioria dos espectadores não obtém benefícios. Os personagens, sempre estereotipados (o supermacho, a virgem, o homossexual, o velho impotente, a empregada ou a secretária à disposição do supermacho, a solteirona, a puta), simulam por meio da ginástica sexual uma luta pelo poder, em que o fraco é sempre dominado pelo mais forte.[26]

O panem et circenses tão caro a Nero, objeto de uma canção tropicalista, aplica-se aqui à liberação sexual como alienação popular. Ocupado com malícias, alimentado com "bundas" e licenciosidades, o povo saciado não se revolta.

A Boca do Lixo adapta modelos importados. Ela substitui o nordestern dos cangaceiros pelos westerns-espaguete. As paródias alimentam certo nacionalismo, rejeitando os produtos estrangeiros e remodelando-os à brasileira. A conquista do mercado local se deu, portanto, ao preço do crescimento de um gênero farsesco e grotesco. Apesar de "o pior filme nacional falar-nos muito mais do que o melhor filme estrangeiro", segundo a fórmula de Paulo Emílio Sales Gomes,[27] a pergunta continuaria sendo feita por Paranaguá: "antes nossas porcarias do que as fabricadas pelos outros"?[28] O cinema brasileiro só conseguiria produzir, de especificamente nacional e popular, subprodutos?

Infelizmente a pornochanchada influenciará de maneira duradoura a imagem globalmente negativa do cinema nacional, no entanto capaz de produzir, no mesmo período, obras poético-políticas como *Juliana do amor perdido* (1970, Sérgio Ricardo)[29] ou o social e sexualmente audacioso *O anjo negro* (1972, José Umberto Dias), *Teorema* baiano, em que o personagem de Terence Stamp é interpretado pelo ator negro Mário Gusmão, filho de Exu, o orixá dionisíaco.[30]

Será preciso esperar fevereiro de 2006 para que a intelligentsia cinematográfica do Rio de Janeiro, através do Grupo Estação,[31] preste homenagem no Cine Odeon a um "cinema popular em sua melhor forma",[32] com uma retrospectiva dos filmes do "ícone do mau gosto das pornochanchadas e hoje cultuado Carlo Mossy".[33] Paralelamente ao surgimento desse subgênero, o Brasil, que desde a era das chanchadas de Oscarito e Grande Otelo fazia cara feia para seu cinema, conheceu com a Embrafilme uma nova grande história de amor do público com o cinema nacional.

8. Ditadura e cinema oficial
A Embrafilme em busca de um cinema nacional popular

Segundo Ortiz Ramos, "o conflituoso romance do cinema brasileiro com o Estado é antigo. A relação sempre foi turbulenta, atritada, mas também fundamental para a organização e o desenvolvimento do mercado e da produção".[1] Nos anos 1930, sob Vargas, foi esboçada uma política protecionista com a adoção de medidas básicas; sob Juscelino Kubitschek, elas são continuadas. Resumidamente temos:

1932: Lei do Complemento Nacional.

1936: criação do Instituto Nacional do Cinema Educativo (INCE), restrito ao âmbito educativo e cultural. O INCE conta, entre seus entusiastas, com Humberto Mauro, que exclamará nos congressos e comissões ao longo dos anos 1950: "O cinema é problema do governo".

1939: primeira obrigação de no mínimo um longa-metragem nacional por ano na programação de toda sala de cinema.

1956: criação da Comissão Federal de Cinema.

1958: criação do Grupo de Estudos da Indústria Cinemato-gráfica (GEIC).

1959: instituição de uma "reserva de mercado", com 42 dias por ano destinados obrigatoriamente a filmes de origem nacional.

1961: criação do Grupo Executivo da Indústria Cinemato-gráfica.

1962: criação de um imposto sobre a projeção de filmes estrangeiros, com a Lei de Remessa de Lucros, que vigorará por trinta anos e fornecerá o grosso da receita da Embrafilme até sua extinção.

1963: a reserva de mercado é estendida a 56 dias.

1966: criação do Instituto Nacional de Cinema (INC).

1969: imposição de 63 dias com filmes nacionais.

Em 1969, com a criação da Embrafilme como um apêndice do INC, inaugura-se uma época raríssima de preocupação do Estado com seu cinema. Ela pode ser dividida da seguinte forma:

1969-74: hesitações, definição dos caminhos a serem seguidos.

1974-85: sob direção de Roberto Farias, grande empatia com o público, com o sucesso dos filmes apresentados.

1985-91: influência da crise política e econômica sobre um cinema em queda livre e extinção.

"A verdadeira novidade da década", analisa Paranaguá,

será a centralização da intervenção do Estado nos âmbitos da produção, da distribuição e (em menor medida) da arrecadação. Depois de contentar-se com prêmios de qualidade ou complementos de receitas (como outrora de prefeituras ou instituições estaduais), o Estado tornou-se um parceiro privilegiado, em especial depois da absorção do Instituto Nacional de Cinema pela Embrafilme (1975) e da criação de um Conselho Nacional de Cinema, o Concine, para encarregar-se das funções normativas e de controle.[2]

De 1970 a 1973, a Embrafilme garante a realização de 83 longas-metragens. O primeiro filme que comercializa e distribui é de grande qualidade: *São Bernardo* (1972), de Leon Hirszman (com Othon Bastos em seu papel preferido). O filme participa da Quinzena dos Realizadores em Cannes e eleva muito o padrão nacional. Auxiliado por uma boa campanha publicitária, fica dois meses em cartaz depois de sete de censura.

Empresa governamental, a Embrafilme manterá relações às vezes conflituosas com o regime militar que a supervisiona: *Morte e vida severina*, de Zelito Viana, será um exemplo disso. Porém, *São Bernardo* anuncia uma relativa independência e a vontade de propor obras de qualidade ao público. O Prêmio Embrafilme é lançado, para recompensar a melhor adaptação do patrimônio literário.

Sob a direção de Roberto Farias de 1974 a 1979, a Embrafilme adquire a estrutura de uma verdadeira empresa: seu capital passa de 670 mil para 8 milhões de dólares, e sua participação na produção aumenta de maneira decisiva. Ela produz algo entre um quarto e a metade dos longas-metragens do país, representando o topo de uma produção inchada pelas pornochanchadas. A reestruturação do mercado, suscitada pelas medidas protecionistas e pela nova dinâmica da Embrafilme, pode ser reavaliada pelo número crescente de filmes lançados: 25 em 1967, 53 em 1969, 83 em 1970, 94 em 1972, 104 em 1979. Ela também pode ser vista na duplicação do número de espectadores: 28 milhões em 1971, quase 62 milhões em 1978. No início dos anos 1970, o mercado brasileiro ocupava apenas 13,8% do mercado local. Ao fim da década, ele representa 30%.

A melhora do desempenho dos filmes nacionais é tão nítida

quanto a dos orçamentos: no topo do *box office*, os filmes do país se saem bem, mas esses sinais encorajadores não podem nos deixar esquecer que 70% do mercado continua dominado pela produção estrangeira, principalmente americana.

DONA FLOR E SEUS DOIS MARIDOS

Lançado em novembro de 1976, este filme era até pouco o recorde absoluto do cinema brasileiro: quase 11 milhões de espectadores, rivalizando com *Inferno na torre* (que ele supera em número de espectadores) e *Tubarão*, de Steven Spielberg, que o vence por pouco. A canção de Chico Buarque "O que será" se torna conhecida no mundo inteiro. É a reconciliação do cinema com o espetáculo-triunfo.

E por que o fenomenal entusiasmo por Dona Flor e por Sônia Braga, dirigida com perícia por um cineasta de apenas vinte anos, Bruno Barreto? Sérgio Dávila comenta a importância do filme, "o primeiro 'mídia event' do cinema brasileiro. Estreou em todo o país, com cinquenta cópias, estratégia de marketing e pretensões internacionais — tudo inédito então. Reuniu os atores de mais sucesso à época e um dos livros mais populares do mais popular escritor brasileiro".[3]

Menino prodígio, o diretor Bruno Barreto nasceu no Rio de Janeiro em 1955, filho do casal de produtores mais ativo e influente da indústria brasileira, Lucy e Luiz Carlos Barreto. Ele se alimentou de cinema na juventude e, ao sair da adolescência, realizou dois filmes sob supervisão dos pais: aos dezessete, *Tati, a garota* (com Dina Sfat), baseado em um conto de Aníbal Machado; aos dezenove, *A estrela sobe*, que propulsionou Betty Faria à categoria das estrelas de cinema. A paternidade de *Dona Flor* seria da família? O toque pessoal de Bruno na condução do filme às vezes é

O cinemanovista Cacá Diegues e a atriz Jeanne Moreau no set de *Joanna francesa* (1973), no Nordeste. O sonhado encontro entre o jovem cineasta de um país longínquo e o ícone internacional das nouvelles vagues, musa de Orson Welles e Luis Buñuel. Desfocada e mágica, a imagem cedida por Cacá Diegues parece recém-tirada de uma garrafa jogada ao mar.

Cartaz original de um dos mais belos filmes do Cinema Novo. Egéria masculina e amuleto do movimento, o ator Antônio Pitanga, saído do ciclo baiano (*Bahia de todos os santos*, *A grande feira*), participou dos primeiros filmes de Cacá Diegues (*Ganga Zumba*) e Glauber Rocha (*Barravento*). Ele será um dos primeiros cineastas negros do país (*Na boca do mundo*, com Norma Bengell).

Nas paredes do apartamento de Maria Ribeiro está o cartaz de *Vidas secas*. Escolhida justamente por não ser atriz, Maria entrou para a história do cinema num inesquecível plano-sequência de abertura, numa das obras-primas brasileiras.

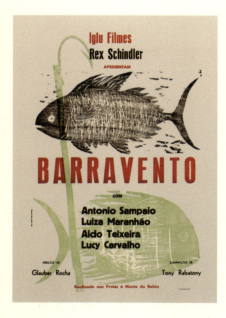

Cartaz do primeiro longa-metragem de Glauber Rocha, então um cineasta promissor de vinte e poucos anos. Antonio Sampaio utilizará depois o nome de Antônio Pitanga. Luiza Maranhão, a Vênus negra do Cinema Novo, não quer ouvir falar de seus filmes e se opõe a qualquer publicação de fotografias de sua juventude. Felizmente, o filme ainda existe, com duas cenas magníficas: Luiza se banhando no oceano ciumento para provocar o noivo de Iemanjá (Aldo Teixeira) e a cena antológica e apocalíptica do "barravento". Esplêndida e magnificamente filmada, Luiza Maranhão marcou toda uma geração de cinéfilos, como o dramaturgo Fernando Moreira Salles.

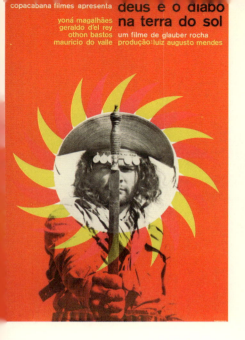

Imortalizado, o ator baiano Othon Bastos é o centro deste cartaz que Bruno Barreto colocará, em 1998, na parede do quarto em que os revolucionários de *O que é isso, companheiro?* conspiram contra a ditadura.

O caos do cartaz é reflexo da obra-prima de um cinema ao mesmo tempo político, inspirado e autoral. Jardel Filho está no centro dos fragmentos fotográficos dessa "ópera-metralhadora", segundo Jean-Louis Bory. José Lewgoy e Paulo Autran aparecem no alto, Glauce Rocha aparece embaixo.

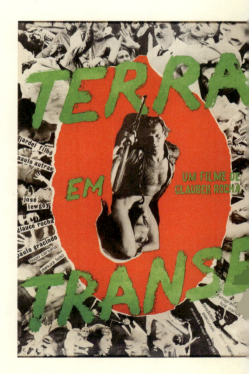

Obra audaciosa, original, impregnada de *A doce vida* e do mito Bardot. Norma Bengell está divina.

No cartaz desse filme em tropicolor reconhecemos dois atores de *Deus e o diabo na terra do sol*, Maurício do Valle e Othon Bastos, ao lado de Odete Lara, grande atriz que estreou com o comediante Mazzaropi (*O gato de madame*) e depois filmou obras variadas e importantes: *Boca de ouro* (Nelson Pereira dos Santos), *Noite vazia* (Walter Hugo Khouri), *Câncer* (Glauber Rocha), *Os herdeiros* (Cacá Diegues) e *A rainha diaba* (Antônio Carlos Fontoura). Ana Maria Magalhães dirigirá *Lara*, uma ficção sobre sua vida com Christine Fernandes.

Fetiches do Cinema Novo: Anecy Rocha, irmã de Glauber, morta prematuramente de maneira trágica; Antônio Pitanga, vindo da Bahia, passou com ímpeto por esse capítulo endiabrado do cinema nacional, encontrando em Calunga, personagem-chave de *A grande cidade*, o papel mais marcante e poético de sua longa carreira, participando de uma das mais belas aberturas e encerramentos da cinematografia brasileira.

O cartaz de *A falecida* põe em destaque Fernanda Montenegro, atriz de teatro, em seu primeiro papel nas telas. Trinta e três anos depois, ela será indicada ao Oscar.

Enquanto a ditadura militar se fecha e se afirma, enquanto a censura, cujo selo podemos ver na imagem acima, cai sobre as artes e enquanto os artistas e intelectuais começam a se exilar, a atriz Anecy Rocha e o cineasta Cacá Diegues nos oferecem, em *A grande cidade*, essa cena comovente e simbólica. Quem está se agarrando às grades: a heroína nordestina desse moderno melodrama, gritando sua dor surda, ou, alegoricamente, a inspiração do Cinema Novo?

Como era gostoso o meu francês, título divertido e apetitoso para uma fábula tropicalista de Nelson Pereira dos Santos, inspirada numa história verídica que lembra Jean de Léry, Hans Staden e Montaigne. "Cada um chama de barbárie aquilo que não é seu costume."

Grande Otelo, descoberto por Orson Welles (*É tudo verdade*), cantor e dançarino da chanchada, era — coisa rara — dotado tanto de uma notável veia cômica quanto de uma veia trágica pungente (*vis comica, vis tragica*). Quem melhor poderia ter personificado esse monstro humano chamado Macunaíma, mergulhado nas cruéis delícias de um país nascente e da selva da vida? A escolha de Joaquim Pedro de Andrade foi inspirada. Quando o pequeno homem se tornar branco, Paulo José o sucederá e também terá um belo desempenho. A talentosa Dina Sfat, esposa de Paulo José à época, também atua. Incontestavelmente, um dos grandes filmes brasileiros, no conteúdo e na forma.

Quatro filmes-guia de uma época de reflexão intensa sobre a colonização e as consequências do genocídio indígena, para suscitar uma tomada de consciência diante do esquecimento e da indiferença contemporânea, dando alguns passos audaciosos na direção do dever de memória.

Tainá, "waltdisneyzação" do distante mito de Iracema, no fim dos anos 1990, improvável avatar de uma brasilidade imaginária redefinida segundo os *topoï* hollywoodianos adaptados aos espectadores do cinema-pipoca. A pequena Eunice Baía, autêntica índia da Amazônia, protagonizará dois episódios das aventuras da pequena fada indígena antes de desaparecer no anonimato da selva contemporânea.

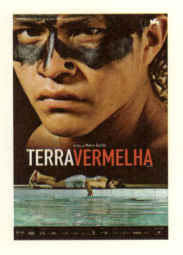

Lançado em 2008, *Terra vermelha* é um filme franco-italiano que coloca em primeiro plano a vida dos índios brasileiros nos dias de hoje. Uma fábula realista necessária e sem ilusões, que aborda um grande tabu. A obra tem direção de Marco Bechis e produção dos audaciosos irmãos Fabiano e Caio Gullane.

Fernanda Torres e Fernando Alves Pinto em *Terra estrangeira*, de Walter Salles e Daniela Thomas. Como pretendido, a cinematografia do país torna-se aqui próxima e familiar ao espectador de fora. O casal de protagonistas, exilado em Portugal, é uma imagem icônica do novo cinema brasileiro.

Entre as personas marcantes e imediatamente reconhecíveis do cinema brasileiro, podemos contar Oscarito e Grande Otelo (a dupla do barulho), Mazzaropi (o comediante caipira) e Zé do Caixão. Marginal e cultuado por mais de trinta anos, o rei do terror de repente se torna popular, em 2005, graças a um filme produzido por seus admiradores, os irmãos Gullane, e depois a um programa de televisão, *O estranho mundo de Zé do Caixão*. Com suas longas unhas curvas e sua inconfundível cartola, seu estilo e humor macabros estiveram muito à frente de seu tempo. Fotos do filme *Encarnação do demônio*.

Este filme do prodígio de vinte anos detinha, antes de *Tropa de elite 2*, o recorde absoluto do cinema brasileiro, com quase 11 milhões de espectadores. As canções de Chico Buarque deram a volta ao mundo, e tanto Sônia Braga quanto Bruno Barreto tentaram a sorte em Hollywood.

Este cartaz tropicolor é de um dos melhores artistas gráficos do cinema brasileiro, Fernando Pimenta, digno herdeiro do pioneiro na matéria: o nordestino Cândido de Faria, criador do primeiro cartaz de cinema, para o filme de Ferdinand Zecca, *Les Victimes de l'alcoolisme*, baseado em Zola.

Zezé Motta, estrela dos anos Embrafilme, torna-se famosa da noite para o dia com *Xica da Silva*, de Cacá Diegues. Excelente cantora, atuou no cinema e na televisão, inclusive com o próprio Cacá (*Quilombo*, *Dias melhores virão*, *Orfeu*, *Tieta*), mas raramente como protagonista, a não ser em *Anjos da noite* (1987), de Wilson Barros, em que divide o cartaz do filme com a colega Marília Pêra.

Betty Faria, estrela do cinema brasileiro, sensual e glamorosa em *Bye bye Brasil*. Apesar de um pouco afastada das telas, continua sendo uma das atrizes mais famosas e populares do país, graças à sua interpretação de Tieta na televisão, com sua dicção particular e seu carisma sensual. Fora ela que Bruno Barreto (com quem fez *A estrela sobe* e *Romance da empregada*) imaginara inicialmente para *Dona Flor e seus dois maridos*, o filme que fez de Sônia Braga uma estrela internacional. Passageira do Cinema Marginal (*Piranhas do asfalto*, *Os monstros de Babaloo*), Betty participou, no momento mais repressivo da ditadura, da polêmica e censurada encenação do oratório de Chico Buarque e Ruy Guerra, *Calabar*. O cineasta paulista Carlos Reichenbach lhe ofereceu um belíssimo papel em *Anjos do arrabalde* e a dirigiu mais uma vez em *Bens confiscados*. Ela foi casada com o galã Cláudio Marzo e com Daniel Filho, cineasta de sucesso nos anos 2000.

Giulia Gam, apadrinhada no teatro por Fernanda Montenegro, é a sexy companheira de Peter Coyote na primeira obra de Walter Salles, *A grande arte*, um dos raros filmes lançados durante o período mais fraco e tumultuado do cinema contemporâneo brasileiro. Ela trabalhará com Júlio Bressane (*Miramar*) e será dona Flor na televisão, alguns anos depois. Aqui, assim como a produção cinematográfica do país, sua personagem está prestes a ser assassinada.

Cartaz do filme que dará a volta ao mundo e sacudirá a cinematografia sul-americana. Infelizmente, perderá a corrida do Oscar, e o cinema brasileiro, a seguir, perde espaço, de modo que "o boom cinematográfico da década sem dúvida virá da Argentina", como apontam os *Cahiers du Cinéma* numa análise dos lançamentos dos anos 2000-9.

Depois de *Central do Brasil* e antes de *Tropa de elite*, este foi o único filme brasileiro que marcou, no plano internacional, os dezesseis anos de Retomada (1994-2010). E que filme! Impossível esquecer Dadinho, interpretado por Douglas Silva.

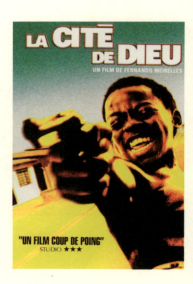

Bonitos e simpáticos, o cantor Toni Garrido e a atriz Patrícia França não conseguem apagar, quarenta anos depois, os míticos Breno Mello e Marpessa Dawn de *Orfeu negro* (1959), nos papéis de Orfeu e Eurídice. Massacrados por uma boa parte da crítica, eles não mereciam tanta animosidade. *Orfeu* foi o primeiro filme da Retomada a atingir as classes sociais mais desfavorecidas no Brasil: como um negativo do clichê sociorracial mil vezes representado, ele trouxe um favelado culto, distinto, bonito, nobre e generoso. O próprio cartaz, inter-racial, foi audacioso para a época.

O baiano Lázaro Ramos explode no demoníaco *Madame Satã*, de Karim Aïnouz. Audacioso, poderoso, multifacetado e imprevisível, é o maior ator negro do Brasil depois de Grande Otelo e o mais importante de sua geração.

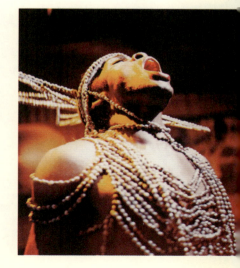

Grande ator da Retomada, José Dumont é discreto, eclético e incontornável, tendo acumulado prêmios de interpretação sem nunca se tornar uma estrela popular. Seu tipo físico nordestino pronunciado é o oposto dos cânones da telenovela. *Kenoma*, *Narradores de Javé* e *Abril despedaçado* são algumas etapas marcantes de uma trajetória iniciada muito antes. O Festival de Berlim, que recompensou sua companheira Marcélia Cartaxo, também o havia elogiado em *A hora da estrela*, de Susana Amaral, baseado em Clarice Lispector. Ele é um desses atores capazes de se impor numa única cena, conforme provado por sua interpretação do demônio tentador no deserto de *Irmãos de fé*.

questionado, tendo em vista a relativa palidez dos filmes posteriores (*Amor bandido*, 1978; *Beijo no asfalto*, 1982), que no entanto o levarão a Hollywood, bem como Sônia Braga.

Sônia Braga, estrela sem rival do cinema brasileiro

Nenhuma atriz brasileira alcançou a celebridade de Sônia Braga, nascida em 1950 no Paraná, visto que Carmen Miranda era portuguesa. Em novembro de 1980, a revista *Senhor* exibe justamente a manchete "O cinema brasileiro de Carmen Miranda a Sônia Braga".[4]

"Sua trajetória meteórica compreende implicitamente", segundo Paranaguá, "a transformação sofrida pelo campo das mídias no Brasil desde a dançarina e cantora radiofônica exportada para Hollywood até a protagonista de *Gabriela* [...] numa novela [...] e numa produção internacional da Metro Goldwyn Mayer".[5] Ao ser escolhida, depois da recusa de Betty Faria, para encarnar *Dona Flor*, a atriz não era desconhecida. Figurante em *O bandido da luz vermelha*, obtivera aos vinte anos o papel principal da terceira versão do romance de Joaquim Manoel de Macedo *A moreninha*. Produzido por Luiz Sérgio Person e dirigido por Glauco Mirko Laurelli, esse filme, segundo Ewald Filho, é "um dos raros filmes musicais do cinema brasileiro. Musical mesmo, não uma história de chanchada interrompida por números musicais".[6] A fotogenia da atriz, acentuada pelo talento de Rudolph Icsey[7] num filme cheio de cores e alegria rodado em Paraty, marca o nascimento de uma verdadeira estrela.

Mas, a partir dos anos 1970, as estrelas no Brasil eram consagradas pela televisão. Duas telenovelas se encarregarão disso no caso de Sônia: *Dancin'Days* e *Gabriela*, baseada no romance de Jorge Amado. Defendida pelo autor quando a comunidade afro-brasileira se insurgiu contra o fato de um de seus personagens mais característicos ser interpretado por uma atriz morena, mas não negra, Sônia já era uma estrela nacional ao encarnar Dona Flor, amante sensual e ideal sonhada por brasileiros de todas as idades, raças e condições sociais.

Durante uma boa década, ela foi uma superestrela, batendo recordes de público com *A dama do lotação* (1978, D'Almeida), *Eu te amo* (1980, Jabor). Quando o trio Barreto-Amado-Braga se reúne novamente, em 1983, para o filme *Gabriela*, o encanto se desfaz e a produção é um fracasso, apesar da presença de Marcello Mastroianni e de uma magnífica canção de Tom Jobim interpretada por Gal Costa.

Depois de tentar a sorte em Hollywood, ao lado de Clint Eastwood (*Rookie, um profissional do perigo*) e Robert Redford (*Rebelião em Milagro*), Sônia Braga só encontraria um bom papel novamente em *O beijo da mulher aranha* (1985), de Hector Babenco, em que encarna a heroína homônima. Haverá *Amazônia em chamas* (1994, John Frankenheimer), depois seu retorno a *Tieta do agreste* (1996), de Cacá Diegues, em plena Retomada. Apesar de interpretar nesse filme sua terceira heroína de Amado, este será o canto do cisne cinematográfico de uma bela estrela que, mais uma vez, não será perdoada por sua infidelidade hollywoodiana. Na vida real, Dona Flor só podia ter um único marido, o público brasileiro.

A INFLUÊNCIA DA PORNOCHANCHADA

A personificação de um arquétipo erótico-popular do comportamento e da vitalidade brasileira pela vultosa Sônia Braga contribuiu para o fato de que os dois maiores sucessos do cinema brasileiro tenham sido estrelados por ela, protótipos do êxito da Embrafilme, então dirigida por Roberto Farias: *Dona Flor e A dama do lotação* (lançado em abril de 1978, teve quase 7 milhões de espectadores). Bruno Barreto e Neville d'Almeida souberam combinar a garantia de qualidade da adaptação de grandes autores contemporâneos (Jorge Amado, Nelson Rodrigues) com a voga erótica da pornochanchada. Os dois filmes estão entremeados de cenas sexuais ousadas e naturalmente interpretadas por atores à vontade. O que também colocará, na mesma época, *Xica da Silva* (1976) entre as heroínas preferidas do público.

Continuando seu exame do mundo afro-brasileiro, depois de *Ganga Zumba* Cacá Diegues liberta uma escrava que se torna rainha e cria uma diva negra, Zezé Motta. Pronto para a exportação, como *Dona Flor, Xica da Silva* reúne os ingredientes do filme de costumes, da reconstituição histórica em cenários naturais (Minas Gerais), da chanchada e da pornochanchada.

Todo mundo o aplaude, com exceção da comunidade afro--brasileira, que lamenta ter sido representada de maneira caricatural e errônea. Cantora e atriz, Zezé Motta se tornará uma estrela da noite para o dia e trabalhará em quatro outros filmes de Diegues (*Quilombo, Dias melhores virão, Tieta* e *Orfeu*), mas só encontrará um papel igualmente marcante em *Anjos da noite*, de Wilson Barros.

Outro filme sob a insígnia do erotismo intelectual obteve, em 1981, um bom lugar no *box office* nacional: *Eu te amo*, de Arnaldo Jabor, com a morena Sônia Braga e a loira Vera Fischer (estrela da pornochanchada que se tornaria uma estrela da Globo). Apesar de os filmes que fizeram a fortuna da Embrafilme nos anos 1976-81 destacarem alguns aspectos culturais especificamente brasileiros (sensualidade e sexualidade), eles estavam bastante afastados do projeto inicial sociocultural do então ministro da Educação e da Cultura, Jarbas Passarinho.

O NACIONALISMO CULTURAL

Paradoxalmente, no momento em que o país vê o apogeu econômico da influência internacional, o governo militar mantém um discurso cultural nacionalista. Entre a criação da Embrafilme (em dezembro de 1969) e a realização do Primeiro Congresso da Indústria Cinematográfica (1972), uma série de textos condenou a alienação ou o colonialismo cultural, reivindicando os valores nacionais e a memória cultural. De resto, diante dos perigos morais do sucesso crescente das comédias eróticas (que, aliás, favorecem a alienação política), surge como antídoto o conceito de um cinema espetáculo-educativo. O próprio ministro Jarbas Passarinho sugere propostas de temas cinematográficos, como filmar os caminhos dos "bandeirantes paulistas [...] para que nosso povo tome conhecimento dos heróis e episódios que fizeram o país". Era preciso mostrar a realidade nacional e seus heróis de envergadura, como o aviador Alberto Santos Dumont.

O governo estava disposto a financiar grandes espetáculos históricos, e a máxima do ministro é clara: "Quem não gosta do Brasil não me interessa". Assim, o início dos anos 1970 foi marcado pela filmagem de grandes quadros históricos caracterizando o nacionalismo cultural, como *Independência ou morte*. Alguns desviam sutilmente a mensagem governamental em proveito de uma criação pessoal, como *Anchieta José do Brasil*, de Paulo César Saraceni, e *Os inconfidentes*, de Joaquim Pedro de Andrade.

Independência ou morte

Em 1972, comemoraram-se os 150 anos da Independência do Brasil. Representante perfeito da oficialização de um cinema nacional popular, o filme *Independência ou morte*, de Carlos Coimbra, obedecia às ordens governamentais, sem que ele aparentemente assim quisesse, por divulgar os grandes personagens brasileiros e tornar conhecidos os feitos notáveis da história nacional.

Imenso sucesso de público (quase 3 milhões de espectadores na estreia) e objeto de condenações da crítica, o filme não é apenas uma viagem no tempo histórico, até os primórdios do Império brasileiro na primeira metade do século XIX, mas no tempo cinematográfico. Apagadas as fases experimentais do Cinema Novo, apagado o contemporâneo cinema marginal, apagada a iniciante pornochanchada, ressuscita-se o fantasma artístico da Vera Cruz, rejuvenescido em vinte anos.

De um academicismo formal jamais visto desde o épico e premiado *Sinhá moça* (1953), *Independência ou morte* lembra o cinema clássico hollywoodiano, explorando um filão ausente do cinema brasileiro: a epopeia histórica de fundo romântico — grandes personagens, grandes batalhas e grande história de amor (aqui o imperador d. Pedro I e sua favorita, a marquesa de Santos, interpretados pelo casal mais famoso da televisão, Tarcísio Meira e Glória Menezes). Apesar de não produzido (mas distribuído) pela Embrafilme, o filme foi adotado pelo governo militar, daí o mal-entendido com a crítica intelectual, que o acusava de ser encomendado. Ela faz cara feia para uma obra por certo acadêmica, mas respeitável. O telegrama dirigido ao produtor Oswaldo Massaini pelo então presidente Emílio Garrastazu Médici, depois da sessão especial em Brasília, contribuiu para alimentar a confusão:

Acabo de ver *Independência ou morte* e desejo registrar a excelente impressão que me causou. Toda a equipe está de parabéns: diretor, atores, produtores e técnicos pelo trabalho realizado, que mostra o quanto pode fazer o cinema brasileiro inspirado nos caminhos da nossa história. Este filme abre amplo e claro horizonte para o tratamento cinematográfico de temas que emocionam e educam, comovem e informam as nossas plateias. Adequado na interpretação, cuidadoso na técnica, sério na linguagem, digno nas intenções e sobretudo muito brasileiro. *Independência ou morte* responde à nossa confiança no cinema nacional.

Coimbra já era experiente quando dirigiu essa epopeia nacionalista.[8] Nascido em 1925, ele havia aprendido a montar filmes com Oswald Hafenrichter. Tendo editado *Fronteiras do inferno* e *O pagador de promessas*, a partir de 1958 propõe variações sobre o tema do cangaço. Mestre do filme de aventuras, dirige nordesterns sempre surpreendentes pela qualidade técnica, superiores ao que as condições precárias de produção permitiam: *Dioguinho* (1958), *A morte comanda o cangaço* (1960), *Lampião, o rei do cangaço* (1965) e *Corisco, o diabo loiro* (1970). Ele utilizará o mesmo entusiasmo na "popularização" do primeiro imperador de todos aqueles foras da lei, heróis antissociais.

Oswaldo Massaini, por sua vez, havia fundado, em 1949, a Cinedistri, que produzira *O pagador de promessas*. Preocupado com a brasilidade dos temas, lançara as aventuras de cangaço de Coimbra e Miguel Borges (*Maria Bonita, rainha do cangaço*, 1968). O apogeu dessa fase de ouro foi *Independência ou morte*, inteiramente produzido pela Cinedistri. Mais uma vez na estranha história do cinema brasileiro, o sucesso desaparece depois de um triunfo inconcebível. A Cinedistri cai até desaparecer: uma nova epopeia histórica arruína a companhia — *O caçador de esmeraldas* (1979). Esse remake de um filme de 1915 é uma superprodução sobre a busca do Eldorado por volta de 1600. Dessa vez, as esmeraldas são falsas: o casal Tarcísio e Glória não convence mais e o público faz cara feia.

Os inconfidentes

Prêmio do Comitê de Artes e Letras no Festival de Veneza, em 1972, *Os inconfidentes* decepcionou alguns admiradores do tropicalista *Macunaíma*. Menos acadêmico que *Independência ou morte*, à primeira vista o filme parece mais uma reconstituição de época, fria e prolixa, sobre um tema nacionalista, ao mesmo tempo pertencendo, formal e semanticamente, ao cinema que perturba. O filme mostra que a conspiração fora feita por uma elite social: padres, juízes, poetas e militares. A classe dominante queria libertar-se da opressão da Coroa portuguesa naquele fim do século XVIII, como a elite intelectual que se opunha ao governo militar da época. São retratados os três anos de prisão dos conspiradores. O único a resistir aos interrogatórios forçados, ameaças e torturas foi Joaquim da Silva Xavier, eternizado como Tiradentes. A aventura é sacrificada em proveito do drama humano e o filme é acusado de infidelidade aos textos literários nos quais se inspira, como o *Romanceiro da Inconfidência*, de Cecília Meireles, apesar de baseado nas atas dos processos dos conspiradores. Mas o cineasta Joaquim Pedro de Andrade acerta o alvo: esconjura a má sorte cinematográfica (já que Carmen Santos dera azar com Tiradentes) e escapa à censura, cega à crítica do Brasil contemporâneo da repressão. *Os inconfidentes* questiona o papel dos intelectuais em períodos de terror, bem como o do cinema. Ele mostra, no entanto, sua ambiguidade: pode-se fazer da realidade um espetáculo?

O diretor aproveita a moda das adaptações literárias e históricas nacionais, e o apoio da Embrafilme, para dirigir um falso filme de costumes — coproduzido pela televisão italiana — contando a história dos dias atuais. Ortiz Ramos considera essa obra "sofisticada, colocando em cena a discussão histórica", uma resposta radical do Cinema Novo à oficialização histórica da época: "um filme ousado e amargo, indicador de uma época difícil, em que mudanças eram inevitáveis".[9] Ele aprecia a distância tomada com os personagens e a historiografia dos livros escolares, a contradição entre os discursos humanistas e o comportamento daquela intelligentsia progressista que ignorava ou maltratava diariamente os escravos, presentes em todas as cenas como pano de fundo: "seus diálogos versificados e anacrônicos contribuem para afastá-los [...] como nos filmes do húngaro Jancso ou do grego Angelopoulos, a câmera discute sozinha a representação da história". *Os inconfidentes* é uma amostra de cinema adulto, como *Triste trópico*. À sua maneira, Paulo César Saraceni realizará, em 1978, um feito semelhante.

Anchieta José do Brasil

Algumas produções da Embrafilme ilustram o "nacionalismo cultural" retraçando a epopeia de grandes heróis locais. *Independência ou morte*, símbolo da política cultural governamental, é da Cinedistri, bem como *O caçador de esmeraldas*. *Os inconfidentes* devem sua ressurreição à televisão italiana. A Embrafilme distribuiu *Batalha de Guararapes*, de Paulo Thiago (sobre a derrota dos holandeses no Brasil no início do século XVII, graças aos índios e escravos revoltados), superprodução escrita com a colaboração de Miguel Borges e Gustavo Dahl que custou 3,5 milhões de dólares, empregou 120 atores (dentre os quais José Wilker como Maurício de Nassau) e 4 mil figurantes, mas resultou num estrondoso fracasso, apesar dos imensos cartazes publicitários de página inteira nos jornais e de uma estreia simultânea em 250 salas do país. *O príncipe de Nassau* (outro título) é um fiasco de público e crítica. *Mártir da independência*, de Geraldo Vietri, em 1977, também não atrai as massas: é verdade que essa outra versão do mártir Tiradentes cheirava a sobras da agonizante TV Tupi, que perdia para a Rede Globo e cujos atores Vietri utilizou.

Então, visando repetir o sucesso de *Independência ou morte*, surge *Anchieta*, produzido pela Embrafilme e dirigido pelo cinema-novista engajado de *O desafio*, Paulo César Saraceni. O filme é bem recebido. Cavalcanti de Paiva exclama: "Valeu! Parabéns, Saraceni! Por fim um espetáculo digno de aplausos!".[10] Sensível à hagiografia do padre José de Anchieta, "o apóstolo do Brasil", que ali desembarca em 1533, responsável pela conversão de milhares de índios, o crítico cai sob o encanto dos diálogos em tupi-guarani escritos por Humberto Mauro a partir da gramática e do vocabulário estabelecidos justamente por Anchieta.

O filme, no entanto, está longe de ser o que parece, uma homenagem aos colonizadores e à catequese. Saraceni responde, à primeira vista, às expectativas governamentais militares e religiosas (glorificar o pai espiritual da nação), mas ao mesmo tempo propõe uma visão pessoal do fato histórico. Anchieta (Ney Latorraca) chega a um mundo nu e virgem que o fascina, mas que, devido a suas boas intenções cristãs onde o Inferno é a base, ele macula e destrói. A raça que ele tanto ama é bruscamente escravizada e pouco a pouco exterminada sob seus olhos. Na tradição alegórica da terceira fase do Cinema Novo, o filme termina com a consagração do personagem, sua elevação à condição de mito jesuíta fundador da civilização sincrética dos trópicos.

À sua maneira, atribuindo ao missionário jesuíta do século XVI os dilemas intelectuais e morais de nosso tempo, Saraceni constrói uma obra pessoal e filma seu próprio *Triste trópico*. Com duas horas e meia de duração, *Anchieta José do Brasil* é um dos produtos mais interessantes da presidência de Roberto Farias na Embrafilme, com Gustavo Dahl como seu conselheiro. Superintendente do setor de comercialização, este último havia lançado o lema "Mercado é cultura", objeto de polêmica. Na verdade, a conquista do mercado interno passava, entre outros, pelo recurso aos grandes episódios da história nacional ou à adaptação dos grandes clássicos. Se *O cortiço*, de Aluízio Azevedo, dirigido por Francisco Ramalho Jr. em 1978 (com Betty Faria e Beatriz Segall), já adaptado para Adhemar Gonzaga por Luís de Barros, em 1945, não poderia ser acusado de tirar proveito da onda da pornochanchada, este não seria o caso com *Xica da Silva* ou *Lucíola*.

CULTURA OU MERCADO?

Ao contrário do Chile ou da Argentina, a relação da ditadura militar com a questão sexual no Brasil foi mais liberal. Sabendo que a Boca do Lixo invadia o território nacional naqueles anos 1970, com suas pornochanchadas tão populares e no entanto vindas do cinema marginal, a Embrafilme se obrigou a apostar num erotismo de qualidade, com uma Boca do Luxo. Com *Dona Flor*, o êxito foi total, numa combinação de cultura nacional (obra literária regionalista) e mercado popular (protagonista sensual e estereotipada), resultando em espectadores aos milhões.

Mas essa não foi a primeira tentativa no gênero. Em 1975, José Marreco adaptou um *must* da literatura brasileira, *A carne*. Como *Madame Bovary*, o romance de Júlio Ribeiro suscitara uma grande polêmica no século XIX. Adaptada em 1925 e depois em 1952, a história de uma jovem que cede ao chamado da carne e seduz um homem casado recebe o título de *Um corpo em delírio* e oferece "mais sexo do que profundidade psicológica".[11] O mesmo cineasta filma, em 1977, *Emanuelle tropical*. O ano de 1975 ainda vê a terceira versão do romance de José de Alencar *Lucíola*, filme de subtítulo apetitoso: *O anjo pecador*. A Embrafilme não hesita em coproduzir e distribuir um filme com as estrelas da pornochanchada Helena Ramos, Carlo Mossy e Rossana Ghessa no papel da protagonista, dirigido com audácia e sensibilidade por Alfredo Sternheim. O público aprova a história dessa cortesã de alma angelical que morre como uma Dama das Camélias. O filme tem cenas ousadas, claro, mas não tanto quanto *Xica da Silva*, su-

266

cesso de público na origem de uma polêmica sobre o futuro do Cinema Novo. Para Ortiz Ramos,

> emerge [...] certo mal-estar geral com relação a este filme, próximo das concepções estatais, dirigido por Cacá Diegues, centrado na questão racial e ainda por cima um estouro de bilheteria. Casamento do Cinema Novo com a pornochanchada, tratamento equivocado das relações raciais, folclorização e espetacularização da história — chovem tentativas de enquadramento do filme.[12]

Definitiva aproximação de um autor do Cinema Novo com o mercado, o filme foi criticado por sua preocupação sistemática com efeitos espetaculares, seu recurso à chanchada e ao erotismo agressivo (a dança nua da escrava). Para o cineasta, tratava-se de dar "uma segunda dentição ao Cinema Novo".

Devido à sua preocupação em seduzir o público, Cacá Diegues perdeu a estima dos radicais da arte engajada que o criticaram por ter entrado no mercado de consumo e viram na personagem homônima sinais da estratégia de submissão na relação com o poder. "Xica sou eu", Diegues poderia dizer. De fato, ele realiza o objeto sonhado pelos anos da Embrafilme, de um cinema nacional popular.

Deixando as disputas de lado, é possível perceber nesse filme uma compensação pitoresca, vivaz e de uma alegria contagiosa, à decadência bárbara e corrompida de *Joanna francesa*, cujo fracasso esteva associado ao período depressivo do autor e do país em crise.

Felicitemos ainda Cacá Diegues por dar o papel de estrela a uma atriz negra. Zezé Motta dança, canta e atua, com talento e plástica perfeitos, como a escrava que domina seus mestres: ela se torna uma estrela na África, continente que não fica chocado com a maneira como o filme trata as relações raciais-sexuais, as "relações marcadas" citadas por Montesquieu em *De l'Esclavage des nègres* [A escravidão dos negros], em 1748. Abordando esse tema, um filme paradoxal surge no horizonte.

PUREZA PROIBIDA

No meio da gloriosa década da Embrafilme, Alfredo Sternheim dirige em 1974 um melodrama fora do comum, simbólico das ambíguas ousadias da época. Baseado num argumento de Monah Delacy, o filme conta a história de um amor extravagante entre uma jovem religiosa, bonita mas sem vocação, e um jovem e vigoroso pescador negro, tão sedutor quanto o herói de *Barravento*.

Esse improvável tema melodramático aborda, em plena ditadura, dois tabus da sociedade brasileira: o racial e o religioso. A jovem freira tira o hábito com alegria, mas os personagens querem ainda amar-se nus. O filme tem qualidades técnicas e artísticas, oferecendo um constante deleite estético: beleza das imagens do litoral do estado do Rio de Janeiro (Saquarema), da história e dos atores. Ele nunca beira o ridículo, é sempre verossímil. O cineasta, discípulo de Rubem Biáfora, lembra as exigências estéticas de *Ravina* (1959), ao qual presta homenagem através de Ruth de Souza. Já *Paixão na praia* (1971) e *Anjo loiro* (1973) atestam um gosto pela elaboração de melodramas sofisticados e ambiciosos e pela valorização de atrizes bonitas, mas um pouco marginais.

A produtora do filme, Rossana Ghessa, tornara-se uma estrela desde sua notável atuação em *Bebel, a garota-propaganda*, inscrita na onda das *swinging actresses* dos anos 1968 (Dina Sfat, Leila Diniz). Ela foi uma das primeiras divas da pornochanchada, em *Memórias de um gigolô*, de Alberto Pieralisi. Sua audácia a leva a criar uma personagem difícil, interpretada com segurança e destreza. Rossana saberá utilizar com inteligência os ingredientes populares da pornochanchada a serviço da tolerância racial e dos problemas do amor entre mulheres brancas e homens negros no Brasil.

Já o protagonista masculino, Zózimo Bulbul, é um ícone da juventude negra brasileira dos anos 1970. Ativista, ele será o quarto cineasta afro-brasileiro, depois de Haroldo Costa, Waldyr Onofre (*As aventuras amorosas de um padeiro*) e Antônio Pitanga (*Na boca do mundo*) a dirigir um longa-metragem, *Abolição*, documentário de 1988. Naquele momento, ele é um dos raros astros negros e o único galã negro do país. Como Pitanga, é um fruto do Cinema Novo, filmado por Leon Hirszman, Cacá Diegues e Glauber Rocha. Cristo negro de *A compadecida* (1969), ele quase encarnou o protagonista rebelde de *Queimada*, de Gillo Pontecorvo, com Marlon Brando. Sedutor de garotas de Ipanema em plena bossa nova, concretiza a fantasia sexual do amante negro da burguesia branca. Primeiro a beijar atrizes brancas, formou com Leila Diniz, na televisão e depois na vida real, o casal inter-racial que chocou o público em *Vidas em conflito*: a censura proibiu a cena do casamento e do nascimento do bebê mestiço. Em *Pureza proibida*, Bulbul é portanto "verossímil" como obscuro objeto de desejo.

BALANÇO DOS ANOS FARIAS

De modo geral, ao longo de toda a década de 1970, tendo de um lado a Embrafilme (luxo), do outro a pornochanchada (lixo), o cinema viveu uma década de idade de ouro, inédita desde a Atlântida ou da belle époque. O sucesso será crescente até os filmes produzidos em 1979 e lançados em 1980 (uma centena, naquele ano). Decididamente, o diretor de *Assalto ao trem pagador* trouxe sorte à empresa governamental, que soube se colocar a serviço dos interesses de um cinema nacional, popular, moderno e de qualidade.

269

Em 1970-1, enquanto o Cinema Novo ainda não explodira em fragmentos tropicalistas, a influência do cinema marginal se configura e a cinemateca do Rio lhe dedica a retrospectiva "Novos caminhos do cinema brasileiro". A revista oficial *Filme Cultura* muda de orientação e passa a se dedicar exclusivamente ao cinema nacional.[13]

Em 1972, enquanto *Independência ou morte* acumula espectadores, acontece no Rio de Janeiro o primeiro congresso da indústria cinematográfica brasileira. No ano seguinte, é criado o primeiro Festival de Cinema Brasileiro, em Gramado, que viria a se tornar o mais importante festival sul-americano. Modesto no início, ele recompensa Arnaldo Jabor e Darlene Glória por *Toda nudez será castigada*, baseado em Nelson Rodrigues. Naquele ano, também seria lançado o ensaio de Paulo Emílio Sales Gomes *Cinema: Trajetória no subdesenvolvimento*.

O ministro Jarbas Passarinho, por meio do qual o Estado dirige e supervisiona a produção temática de filmes, funde o INC e a Embrafilme, criando um Conselho Nacional de Cinema, o Concine. Para falar a verdade, a classe cinematográfica (pelo menos os não exilados) aprecia o fato de que suas reivindicações de base sejam satisfeitas pelo governo: obrigação de projeção de filmes nacionais, implantação de uma reserva de mercado, recursos financeiros consideráveis.

Um de seus representantes, estimado pelos colegas e apoiado por alguns dos grandes (Nelson Pereira dos Santos, Luiz Carlos Barreto, Herbert Richers), seria nomeado diretor em 1974, Roberto Farias, que consolidou a riqueza dos quatro primeiros anos da Embrafilme, com o slogan "cinema é risco". No mesmo ano, é criada a Associação Brasileira de Cineastas (ABRACI).

Em 1977, ocorre o primeiro encontro sobre a comercialização de filmes em língua portuguesa e espanhola, em que a Embrafilme propõe a criação de um mercado comum de cinema. Preocupado com a conquista do mercado interno, Roberto Farias dirige o triângulo distribuição-divulgação-difusão com um rendimento jamais alcançado.

Entre os filmes do período, consta *A rainha diaba*, de Antônio Carlos Fontoura. Produzida por Farias, essa obra sórdida sobre o submundo do Rio e sobre as maldades do travesti negro Madame Satã no bairro da Lapa dos anos 1940 é uma pérola do cinema underground. Milton Gonçalves está formidável, diferente do excelente Lázaro Ramos em *Madame Satã*, de Karim Aïnouz (2002).

Outros filmes surpreendem: *Lição de amor* (com Lilian Lemmertz), adaptação do romance erótico de Mário de Andrade de título astucioso *Amar verbo intransitivo*, que se beneficia da caução literária e das ousadias da pornochanchada. Na temática da luta de classes, há *A queda*, de Ruy Guerra e Nelson Xavier, e *Tudo bem*, de Arnaldo Jabor. As minorias e maioria oprimidas também se lançam na direção, com cineastas negros (Onofre, Pitanga) e mulheres (Ana Carolina). O argentino exilado do momento é Hector Babenco, com *Lúcio Flávio, o passageiro da agonia*, grande sucesso de 1977.

O cinema se coloca em questão enquanto espetáculo de alienação e ilusão no delirante *Ladrões de cinema* (Fernando Coni Campos). Na trama, favelados fantasiados de índios roubam, durante o Carnaval no Rio, os aparelhos de uma equipe americana de cinema e decidem fazer seu próprio filme, mas são denunciados à polícia. A produção chega aos Estados Unidos, onde é exibida com sucesso, mas quando os cineastas improvisados comparecem à pré-estreia são presos pela polícia. O filme acaba na cena inicial, metáfora das dificuldades e da impostura.

Essa panorâmica indica a efervescência criativa de uma época tumultuosa. A ditadura militar do fim de 1975 não é mais a de 1964 nem a de 1968 (do AI-5). A audácia dos filmes sugere falhas num sistema corroído por dentro. Roberto Farias certamente contribuiu para a evolução do governo ditatorial rumo à liberalização. Ao combater, por meio da fiscalização, os produtores e distribuidores americanos, ele se vê objeto de queixas contra suas resoluções legais. Mas sua ação sorrateira começa a ser compreendida. Tanto que ele se lança na conquista do mercado internacional, o que consegue fazer com *Xica da Silva* e *Dona Flor*. Depois do sucesso intramuros de *A dama do lotação*, ele inclusive lança uma campanha agressiva de venda de filmes brasileiros no exterior, nos países latino-americanos, enquanto escritórios em Paris e Nova York garantem a presença nacional nos festivais internacionais. Por que ele foi demitido de suas funções em pleno apogeu de seu mandato? O diplomata Celso Amorim, que não é nem cineasta nem produtor, o substitui sob críticas, mas continua os projetos de Roberto Farias. O ano de 1980 será culminante, logo antes da crise, simbolicamente resumida no título *Bye bye Brasil*.

9. Os anos 1980
Esplendores e misérias da Embrafilme

O início dos anos 1980 viu a proliferação de experiências com documentários e o surgimento de filmes militantes que apoiavam as lutas dos operários e das minorias sexuais ou étnicas. A progressiva abertura do governo Geisel (1974-9) criou brechas num país que sonhava com a redemocratização.

O próprio ano de 1980 traz uma safra especial de filmes nacionais:

- *Gaijin*: um dos mais belos filmes do cinema brasileiro, dirigido por uma mulher e que encorajará outras a adentrar o mundo dos cineastas.
- *A idade da terra*: filme-testamento e crônica tumultuosa da morte anunciada de Glauber Rocha.
- *Bye bye Brasil*: a reconciliação do Cinema Novo com o cinema nacional popular.
- *Pixote, a lei do mais fraco*: uma defesa do combate cinematográfico social e humanista para denunciar e melhorar a realidade.

- *Eu te amo*, ou o apogeu estético-intelectual da pornochanchada antes da expansão da pornografia.

Vamos analisar esses e alguns outros a seguir.

GAIJIN

Este longa-metragem de ficção de Tizuka Yamasaki inspira-se numa realidade étnica até então pouco conhecida ou ignorada, evocando os primórdios da imigração japonesa com um subtítulo que poderia simbolizar as esperanças do início dos anos 1980: *Os caminhos da liberdade*.

Atingindo quase 1 milhão de espectadores, este primeiro longa-metragem de uma brasileira nascida em Porto Alegre, em 1949, causa sensação junto à crítica e ao público, que descobrem uma página pouco conhecida da história em comum do Japão e do Brasil.

Os pioneiros não são mais os bandeirantes paulistas caros ao ministro Jarbas Passarinho, mas os japoneses empurrados pela fome, pelo desemprego e pelo espírito de aventura depois da guerra contra a Rússia. Muitos deles desembarcaram no Brasil em 1908, em pleno período de expansão do café, vinte anos depois da abolição da escravatura. O Brasil os recebe, pois a mão de obra de origem europeia revelava-se pouco dócil, influenciada pelas ideias anarcossindicalistas vindas de Marx ou Zola. Além disso, o "embranquecimento" da população havia sido iniciado, para contrabalançar a demografia de negros.

O filme, escrito de maneira sóbria por Jorge Duran, fotografado por Edgar Moura e acompanhado por uma música comovente de John Neschling, encanta e informa: a perda da esperança no enriquecimento fácil e no retorno ao país de origem provocará a fragmentação do grupo de imigrantes e sua integração individual na sociedade brasileira.

Gaijin foi dirigido com mãos de mestre por uma jovem de trinta anos que havia trabalhado com Nelson Pereira dos Santos e Glauber Rocha. Essa saga épica e lírica impressiona por seu vigor, simplicidade e calor humano, e pelo senso de emoção. Foi um êxito jamais repetido pela cineasta: depois do fracasso de público do feminista *Parahyba, mulher macho* (1983), ela ruma para o ultracomercial com a apresentadora Xuxa em *Lua de cristal* (1990), *Xuxa requebra* (2000), *Xuxa popstar* (2001) etc. Quando dirige a sequência de *Gaijin*, 25 anos depois, o frescor qualitativo do primeiro filme desapareceu, invadido pela estética da telenovela.

O CREPÚSCULO DE GLAUBER

O leão de sete cabeças

Entre *O dragão da maldade contra o santo guerreiro* — cujas premiações colocam sob auspícios favoráveis a realização dos projetos internacionais do exilado Glauber — e *A idade da terra*, o cineasta vive uma década de errâncias e incompreensão. Em 1969, no Congo, ele dirige um filme em 22 dias com o ator-fetiche da Nouvelle Vague, Jean-Pierre Léaud. Produzida pelo francês Claude Antoine, a obra marca o início das obsessões de Glauber com o Terceiro Mundo, em especial com a terra-mãe África, evocada em *Barravento*. Exilado, o líder do Cinema Novo toma consciência da situação das antigas colônias portuguesas: fazia então dez anos que, sob o impulso do revolucionário Amílcar Cabral, as ilhas de Cabo Verde e Guiné-Bissau lutavam pela independência.

Obra alegórica, *O leão de sete cabeças* corresponde à definição que Glauber Rocha dá a Raquel Gerber:

A metáfora é a linguagem primária dos profetas: Ciro da Pérsia, Maomé, Cristo, Confúcio e Buda falavam por meio de metáforas; o povo só entende a metáfora quando ela se refere ao inconsciente coletivo [...] O discurso metafórico pode aprofundar o real; quando ele ultrapassa a informação direta com um sentido historicamente mais livre, ele pode reintegrar o passado ao futuro e o conhecido ao não conhecido; assim, quando o discurso se transforma em metáfora, ele atinge um nível de expressão mais total.[1]

O filme será exibido em alguns festivais e, tardiamente, esporadicamente, apresentado no Brasil: o primeiro texto analítico a seu respeito, de José Gatti, data de 1998,[2] e ele continua sendo pouco conhecido.

Tulard, em seu dicionário, resume apressadamente o tema do filme ("Alegoria sobre o fim do imperialismo representada por um agente da CIA, um comerciante português e uma deusa loira") e lança sua crítica ("Essa lamentável fábula, nem mesmo bem filmada, simboliza o fim do Cinema Novo").[3] Para Roy Armes, "o filme é tão fragmentário e 'antigramatical' quanto seu título sugere, rodado em planos-sequência que mostram ações simbólicas isoladas e bastante incompreensíveis num tempo real interminável, por personagens que carecem de individualização e profundidade".[4] Bory[5] é mais prolixo e sutil a respeito desse "quadro quimérico do momento revolucionário que marca o fim do colonialismo da Velha Europa".[6] Ele diz:

O poliglotismo do título [*Der leone have sept cabeças*] se quer cheio de sentido — e é. Ele reúne as línguas dos países da Europa ocidental que colonizaram a África: Alemanha, Itália, Grã-Bretanha, França, Portugal. Diante do dragão do colonialismo, o leão revolucionário ergue suas sete cabeças. É menos do que a hidra de Lerna, mas desejamos, assim que cortadas, que elas cresçam como as deste animal, e que nenhum Hércules mercenário as corte com uma espadada.

Esse filme

provém do cinema revolucionário na linha em que Godard o entende. Ele repele o realismo cartesiano considerado uma visão de mundo radicalmente burguesa, utilizada por tempo demais por uma cultura de classe, e que, além do mais, naquele momento, era o modo privilegiado da expressão branca. Danças e cantos africanos enraizados em sua terra natal, "iluminuras" teatrais com personagens-marionete mais animados do que interpretados (Jean-Pierre Léaud aparece como missionário místico), fantoches significativos que se enfrentam em sainetes-psicodramas encarregados de articular a argumentação.

A estilização brechtiana exacerbada de Glauber anuncia seu último filme. Mas, ao mesmo tempo que fala da África e da Europa, ele fala do Brasil de *Barravento*. "O transe da mise-en-scène é totalmente mágico, como se se tratasse de uma grande invocação de macumba: no início, o ritual da morte, depois Zumbi dos Palmares; a seguir, o ritual da ressurreição em que Che Guevara ressuscita pela magia dos negros, e os macumbeiros tornam-se as colunas armadas de Amílcar Cabral."[7] Esse "desvio da cultura indígena", que ele estigmatiza, essa instalação de uma "burguesia nacional interessada no desenvolvimento de um capitalismo negro cúmplice de uma busca pela exploração econômica neocolonial" não é simplesmente o drama contemporâneo da África, mas de todo o Terceiro Mundo e da América do Sul em particular, retratada metaforicamente. Essa intenção torna-se explícita no filme seguinte, filmado na Espanha, terra histórica dos conquistadores, exterminadores de raças indígenas. As filmagens ocorrem entre fevereiro e março de 1970, na Catalunha.

Cabeças cortadas

"Barroco mas confuso", segundo Tulard, trata-se de uma "alegoria sobre a situação do Brasil."[8] Para Bory, o filme é desigual e marca passo na obra de Glauber Rocha.

> Percebemos a intenção de Rocha: evocação de um mito, o do poder ditatorial na América do Sul, chamada Eldorado [...] Rocha, à sua maneira, descreve as obsessões do tirano, seus ardis, seus medos, suas lutas (contra os índios, os estudantes), seus laços com a Igreja, com o banco, seus dramas familiares [...] Mas o conjunto se perde num tempero surrealizante que nem sempre agrada.[9]

Assim, dez anos antes de *A idade da terra*, Bory enfatiza um início de perda de identidade criadora sob a influência cultural de um continente do qual ele sempre quis se afastar: "Será pela presença de Francisco Rabal, de Pierre Clementi? Pelo clima espanhol? Pensamos no Buñuel de *A idade do ouro*. Mas num Buñuel muitas vezes 'pasolinizado' [...] Rocha, no caso, desaparece. E o que ele quer dizer desvanece. É preciso desconfiar como da peste das influências europeias". Ao encerrar o artigo de 8 de março de 1971, Bory define o "tom Rocha":

> O excesso "equatorial" continua presente, com suas procissões salmodiadas, seus desfiles exaltados, suas declamações peremptórias, suas lutas imediatamente paroxísticas que de repente cedem a tela a mimodramas hieráticos, seus cantos e danças, toda uma agitação frenética entrecortada de discursos exasperados, seu humor enlouquecido e suas deambulações sonambúlicas de alegorias em branco através de paisagens pouco verdejantes.

Um cineasta no mundo

Movido por uma bulimia criativa quase frenética, Glauber dirige quatro longas-metragens entre agosto de 1968 e março de 1970. No Brasil, o experimental *Câncer* (em preto e branco, dezesseis milímetros e quatro dias),[10] depois *O dragão da maldade contra o santo guerreiro*; em terras estrangeiras, *O leão de sete cabeças* e *Cabeças cortadas*. Como a situação política recrudesce às vésperas dos anos 1970, o cineasta continua seu exílio dicotômico entre capitalismo e marxismo, Nova York e Cuba.

Sem conseguir concretizar, na ilha comunista do Caribe, *América nuestra*, ele lá dirige um documentário, entre 1971 e 1974, sobre os quinhentos anos de história do Brasil, produzido pelo Instituto Cubano de Arte e Indústria Cinematográfica, intitulado *História do Brasil*, explosão barroca de imagens superpostas com tom didático e marxista. O filme é terminado na Itália graças a Renzo Rossellini. É também em Roma que Glauber finaliza *Câncer* e prepara um filme de seis horas para a televisão (*O nascimento dos deuses*), a partir da vida do grande Ciro, formador do Império persa. Esse projeto panorâmico de síntese sociorreligiosa não será concluído, mas seu primeiro roteiro lembra *A idade da terra*, escrito em Paris no ano de 1972. Dessa errância labiríntica entre Estados Unidos e Cuba, Itália e França, poucas coisas concretas nascerão. Exceto uma polêmica e um filme, que desta vez não estão interligados.

A polêmica: em março de 1974, a revista *Visão* publica uma carta de Glauber com frases elogiosas aos militares e apoiando a ação "democrática" do presidente Geisel. Uma bomba para os intelectuais e artistas brasileiros, que o isolam. Ele se justifica dizendo preferir o "militarismo nacionalista" à "burguesia nacional internacional". Jamais será perdoado por esse "flerte" com a ditadura.

O filme: *Claro*, rodado na Itália com sua companheira Juliet Berto,[11] representante da alma feminina em luta com as contradições da modernidade e das tradições no coração da Roma contemporânea, mistura gêneros e épocas. São 110 minutos que, segundo Glauber, apresentam "uma visão brasileira de Roma. Ou melhor, o testemunho do colonizado sobre a terra da colonização".

O retorno ao país

No dia 23 de junho de 1976, Glauber volta ao Brasil depois de cinco anos de exílio, reencontrando o país natal sob a nefasta insígnia do escândalo e do luto.

O escândalo: um curto documentário (produzido pela Embrafilme) lançado em março de 1977 e proibido até os anos 2000: *Di*. Em outubro de 1976, Glauber filma o funeral do pintor Di Cavalcanti. Em meio a uma profusão barroca, ágil e superposta de sons, imagens e movimentos de câmera, sua voz informe comenta as exéquias e a obra do artista, símbolo de uma brasilidade buscada ao longo de todo o século xx, tanto na pintura como na escultura, na literatura e na cinema, por ele mesmo e por seus companheiros de Cinema Novo. A força criativa do cineasta, regenerada e de volta às suas raízes culturais, manifesta-se em dezoito minutos extraordinários mas iconoclastas. A família do pintor vê o filme como uma verdadeira profanação. Ele é censurado e pouco defendido, pois Glauber continuava isolado.

O luto: em março de 1977, sua irmã Anecy cai no poço de um elevador e morre. A protagonista de *A grande cidade* tinha 35 anos. Profundamente chocado, Glauber nunca se recuperaria dessa tragédia, acusando o cunhado, Walter Lima Jr., que a dirigira em *Menino de engenho, Brasil ano 2000, A lira do delírio*, de tê-la assassinado. Torturado, amargurado, doente, abandonado, entre delírio e paranoia, o poeta maldito e incompreendido gira sobre si mesmo como a câmera rodopiante de seus filmes, fragmentando-se como seus escritos, em que utiliza uma grafia própria, substituindo as letras C, I e S por K, Y, Z e X.

Glauber filmaria apenas mais um documentário de cinquenta minutos sobre Jorge Amado, *Jorjamado no cinema* (1977), e seu *A idade da terra*, projeto épico sobre o Terceiro Mundo adaptando as ideias sociorreligiosas de *O nascimento dos deuses* aos principais polos da realidade sociogeográfica e cultural do Brasil.

A idade da terra

Devemos à Embrafilme a audácia de produzir o último filme daquele que para muitos foi o maior cineasta brasileiro de todos os tempos, Glauber Rocha. Um filme "maldito", como o prodígio turbulento que morreria prematuramente em 1981, um ano depois da movimentada exibição de sua obra-testamento. Conforme lembrado por Carlos Roberto de Souza, "sujeita a contradições, tensões e injunções internas e externas, a Embrafilme foi um dos órgãos públicos mais difamados durante a década de 70". No entanto, "nunca deveremos também esquecer que a Embrafilme produziu a última grande contribuição brasileira de Glauber Rocha à linguagem cinematográfica mundial".[12]

No artigo "A guerra solitária de Glauber", a atriz Ana Maria Magalhães recorda a polêmica suscitada pelo filme. Lembrando que o amor do cineasta pelo Brasil se manifestara de maneira barroca e acidentada em sua trilogia da terra, esse sertão que escondia sob seu solo "um destino oceânico" (*Deus e o diabo na terra do sol, Terra em transe, A idade da terra*), ela afirma: "Seu último filme transformou-se em fonte de conflitos e opiniões, que envolviam muito mais o aspecto pessoal e político, a personalidade do autor e sua atuação, do que a estética, o filme em si". A apresentação no Festival de Veneza havia sido catastrófica, tendo a crítica italiana afirmado que "durante a projeção a sala foi se esvaziando e, ao final, restava apenas o diretor". Assim, "Glauber reagiu violentamente às agressões, o que agravou ainda mais a situação", pois o jornal do festival o acusou oficialmente de dar "declarações inadmissíveis e injuriosas".[13]

O fracasso desse filme, vaiado em Veneza, fez com que o apoio de Michelangelo Antonioni ou de Alberto Moravia fosse esquecido. Uma excelente crítica do *Le Monde* ajuda um pouco Glauber, que, segundo Ana Maria Magalhães, "já sabia que ia morrer" e agia "como um animal ferido". Ele havia protestado contra o "racismo cultural" do festival, que programava os filmes do Terceiro Mundo "como de segunda classe". Glauber ainda lembrara sua própria fidelidade aos princípios do movimento estético e ideológico do qual o haviam feito ponta de lança, recusando-se a "pendurar nas cinematecas o traje esporte do cinema autoral e envergar o 'black-tie' das grandes produções".

Não o perdoaram, em Veneza; no Brasil, ele não foi muito melhor acolhido. Cavalcanti de Paiva cospe veneno: "Mixórdia supostamente alegórica ou simbólica, com imagens e falas pseudopanfletárias, *A idade da terra* é ainda mais confuso e inconsequente do que o abominável *Terra em transe*, retratos de insensatez e primarismo do autor e diretor Glauber Rocha, fariseu ideológico e subcineasta endeusado por idiotas de todos os quadrantes".[14] "Autor de uma obra que é um dos tesouros do patrimônio cultural do país", Glauber sofreu com essas críticas, a ponto de decidir retirar-se "da vida cultural brasileira e do supermercado das ilusões perdidas".[15] Ele criou um Cristo negro e nu (Antônio Pitanga), que distribui sanduíches e bebidas refrescantes na praça pública de Brasília, centro político do poder autoritário. Como "todos os personagens subversivos, indignados, indisciplinados, feitos para propulsar o diabo acima do mundo", segundo Avellar, ele "clama que a liberdade nascerá do amor e não da violência

[...], que a razão é coisa de pessoas retrógradas e que os bem-aventurados são os loucos. A loucura que preside o filme indispõe a crítica e os espectadores: seu discurso cinematográfico passa por diferentes registros e modalidades de representação, com todos os tipos de transgressões estilísticas".[16] Glauber Rocha, assinala Ismail Xavier, "leva ao limite suas experiências de plano-sequência e mobilidade da câmera, apresenta ostensivamente uma montagem que recusa as simetrias e os encadeamentos, coloca-se abertamente na 'crise da representação'".[17]

Filmado no triângulo das três capitais históricas do Brasil (Salvador, Rio de Janeiro e Brasília), o filme desnorteia. Para Lauro Machado Coelho, atento mas perplexo, *A idade da terra* "escapa inteiramente às regras convencionais da construção narrativa. Uma estrutura totalmente livre, que mistura lances de denúncia social e política, encenados de forma alegórica ou simbólica, a passagens de caráter didático ou panfletário".[18] Será preciso que se passem vinte anos para que a crítica brasileira reconheça uma obra-guia, uma obra-prima "maldita" e "decadente". Para Xavier,

> a voz de Rocha inicia um debate com o tempo, onde ele procura a unidade da fragmentação da experiência [...] Para fazer uma experiência múltipla do presente entrar na "idade da terra", ele fala da história, da civilização ocidental, dos povos subdesenvolvidos, do Cristo. Como o resultado do filme, esse discurso é hesitante, com repetições, ora agitado e vigoroso, expressando as tensões de quem mais uma vez busca a totalização mas se sente ultrapassado pela amplidão daquilo que sua própria voz enuncia.[19]

Enquanto o hermetismo rutilante e obsoleto desse filme-resumo de um cineasta já do passado explica o fracasso veneziano, o Brasil só acertará as contas com esse artista mal-amado 25 anos depois de sua morte, em abril de 2006, quando sua obra será oficialmente reconhecida como patrimônio nacional.

Morte, polêmica e exaltação

O fracasso da exibição em Veneza de *A idade da terra*, em 1980, o derruba. Rejeitado no próprio país, ele não é mais reconhecido no continente que o criou e que o deificou. Suas errâncias oscilam entre Lisboa e Paris. Numa carta ao jornalista Oliveira Bastos, ele informa que seu amigo Celso Amorim, contestado superintendente da Embrafilme, o recomendara ao Instituto Português de Cinema:

> No Brasil tenho poucos amigos. *A idade da terra* produziu vinganças terríveis. É o preço pago por ter apoiado Geisel em 1974. Esta atitude política deixou-me ódios implacáveis. Os meios cinematográficos se vingaram e se vingam. Assim, eu, que construí cinquenta por cento do cinema brasileiro, continuo exilado e pobre, embora pensem que eu seja rico.[20]

Seu estado de saúde piora: hospitalizado na Europa devido a uma infecção pulmonar, ele insiste em ser repatriado, como Rimbaud ao deixar a Abissínia para agonizar em Marselha. Se tinha chances de sobrevivência, elas se dissiparam com a viagem. Ele chegou ao Brasil em 20 de agosto, num estado extremamente grave, foi imediatamente transportado de ambulância e morreu em 22 de agosto, às quatro horas da manhã, numa clínica carioca em Botafogo, onde hoje fica o museu que sua mãe, Lúcia Rocha, lhe dedicou. Seu corpo é velado no Parque Lage, num clima de exaltação e revolta que o autor de *Terra em transe* e *Di* provavelmente teria apreciado. O poeta-profeta precisou cruzar o oceano e extinguir-se ao chegar à terra natal para que, postumamente, uma verdadeira homenagem fosse prestada, entre polêmica e exaltação, à sua imagem, a de uma obra artística e revolucionária.

Portugal é acusado pelos brasileiros de tê-lo tratado mal e expedido tarde demais, sem diagnóstico certo nem médico acompanhante. Além disso, vazam informações indiscretas sobre o uso de drogas pelo cineasta, como haxixe e cocaína. Um relatório médico afirma que "pela ulceração que apresentava na narina direita deveria também ter cheirado cocaína".[21] A esta acusação, o produtor Luiz Carlos Barreto respondeu: "Ele não precisava da maconha porque tinha seu próprio delírio".[22] Sua exegeta, Sylvie Pierre, no livro publicado em 1987, evita o tema mas menciona que "alguns críticos moralistas" explicavam a desconexão do discurso fílmico de *A idade da terra* pelo consumo de drogas.

De qualquer modo, com a morte, Glauber é imediatamente exaltado:

> Quando a notícia da morte de Glauber Rocha foi liberada, os meios jornalísticos e intelectuais do Rio e de todo o Brasil a receberam como se houvessem sofrido o impacto de um terremoto. De súbito, com a instantaneidade de um raio, abateu-se sobre todos os militantes do Cinema Novo, seus amigos (e também seus inimigos), os fãs dos seus filmes e os amantes de cinema em geral, a ideia da enormidade da perda. Como era possível conceber que Glauber, que em toda a sua fragilidade era a encarnação da própria vida, estava morto? Como imaginar para sempre condenado à imobilidade um ser que era, ele próprio, como nenhum outro, o símbolo do movimento, da agitação e da febre criadora?[23]

Sua morte foi encenada pela família e pelos amigos como último ato de uma ópera fúnebre. Filmada por Sílvio Tendler da mesma forma que Glauber filmara o enterro de Di Cavalcanti, a vigília foi precedida por uma cerimônia digna de uma tragédia grega: , com uma *mater dolorosa* (dona Lúcia banha em lágrimas o rosto do defunto, evocando a "ressurreição dos mortos e a vida eterna"),[24] um pastor grandiloquente ("era um profeta de Deus, um ministro de Deus") e a execução de árias de óperas (*O guarani*) ou de Villa-Lobos (a *Bachiana brasileira n. 5*, celebrada por *Deus e o diabo na terra do sol*).

Para tornar mais nítida essa cerimônia fúnebre que o próprio Glauber parece dirigir do além, surge o discurso perturbador do sociólogo Darcy Ribeiro, dizendo diante dos chorosos presentes "que ali estavam os medíocres enterrando um gênio":

> Sim, um dia floriu um gênio aqui. Aqui, neste país, ele viveu a sua breve vida, sem pele, com a carne viva [...] Glauber chorava a dor que todos nós devíamos chorar, a dor de todos os brasileiros. A dor de ver crianças com fome. A dor por este país que não deu certo. Glauber chorava a brutalidade, a violência, a estupidez, a mediocridade, a tortura. Chorava, chorava, chorava. Os filmes de Glauber são isso: um lamento, um grito, um berro [...] Era a esperança desesperada.[25]

Em junho de 2000, a revista *Bravo* menciona o roteiro-testamento iniciado por Glauber Rocha em Portugal, "um projeto de autor barroco sobre a política, a imprensa e a religião, prevendo a participação de Orson Welles e um orçamento milionário".[26] Chamado *O destino da humanidade* e depois *O império de Napoleão*, as "setenta sequências pontuadas por breves indicações de texto e desenhos rabiscados à mão [...] num amálgama tipicamente glauberiano" compõem as dez últimas páginas escritas por Glauber. Como Prometeu, ladrão do fogo, e Rimbaud, vidente ou alquimista do Verbo devorado pelos monstros de suas próprias *Iluminações*, Glauber morreu aos 42 anos, cinco a mais que o poeta maldito. Como Ícaro, ele talvez tenha voado perto demais do sol. Os deuses nunca perdoaram o homem por sua *hybris*, nem mesmo Ulisses, muito menos o artista.

BYE BYE BRASIL

Fortalecido pelo sucesso de *Xica da Silva*, Cacá Diegues dirigiu um filme intimista sobre a possibilidade, para um aposentado de setenta anos, acabado profissionalmente, de renascer para a vida social ou sexual, *Chuvas de verão*. Depois desse sétimo longa-metragem bem recebido, enquanto o criticam por ter se desviado para um cinema nacional popular, ele defende, numa entrevista para *O Estado de S. Paulo*, em 1978, a pluralidade do cinema brasileiro e condena as "patrulhas ideológicas" a favor de uma tendência do cinema autoral específica e única, provocando então um debate cultural. Como para ilustrar sua teoria de abertura ao cinema-espetáculo, ele dirige um grande filme popular sobre os primórdios da televisão, *Bye bye Brasil*, que terá 2 milhões de espectadores mas não vencerá nenhum prêmio em Cannes.

Em uma conversa com Roberto d'Ávila, Diegues explica a ideia do filme:

> estava filmando *Joanna francesa* em Alagoas, numa plantação de cana-de-açúcar; depois de um dia terrível de filmagem, quentíssimo [...] a gente estava voltando para a cidade onde estava hospedado, União dos Palmares, e, da Kombi, eu vi uma luz azul dominando a praça principal e disse: "Parece um disco voador". À medida que a gente se aproximava, descobri que era um aparelho de televisão. Era aquele momento em que os prefeitos deixam de construir pontes e passam a botar aparelhos de televisão na praça pública.[27]

Bye bye Brasil evoca um ponto de virada social e cultural do Brasil: as consequências da modernização sobre a diversidade cultural pela uniformização e homogeneização da televisão. "Vi, ali naquela praça, cortadores de cana, aqueles vaqueiros, aqueles funcionários do interior boquiabertos, perplexos diante da televisão [...] e disse: 'Meu deus, tem alguma coisa mudando e a gente tem que dar conta dessa mudança'."

Filme visionário sobre a relação especial do povo brasileiro (o terceiro no mundo em número de televisores e um dos primeiros em consumo diário) com sua televisão, *Bye bye Brasil* anuncia, por meio de alusões, através da história de uma trupe ambulante de circo, a morte do cinematógrafo como vetor privilegiado das emoções populares. Considerado pela crítica brasileira o melhor filme de Cacá Diegues, ao lado de *A grande cidade*, esse filme de estrada[28] também é, acima de tudo, um retrato do Nordeste durante um ponto de mutação: a ficção recupera, sob a máscara de uma fantasia cativante, uma realidade autêntica e crua apresentada de maneira humorística e ao mesmo tempo analítica.

Bye bye Brasil, protagonizado por um casal emblemático da televisão e do cinema brasileiro, José Wilker e Betty Faria, é um protótipo do cinema nacional popular brasileiro. O país conhecia, na época, uma produção recorde (103 filmes em 1980), que o argentino Hector Babenco não tardaria a abalar com um filme-bomba sobre um problema social: a infância marginalizada.

PIXOTE, A LEI DO MAIS FRACO

Apogeu da Embrafilme, este foi o excepcional sucesso de um cinema de difícil exportação: não seria preciso esperar dezoito anos para *Central do Brasil*? É outra história de infância pobre... Talvez essa seja uma das chaves para o sucesso. Entre os dez filmes brasileiros que costumam ser mencionados pela crítica internacional, metade evoca a infância desfavorecida: *Rio, 40 graus* (1955), *Vidas secas* (1963), *Central do Brasil* (1998), *Cidade de Deus* (2002) e o próprio *Pixote*, que teve 8 milhões de espectadores em sessenta países. A literatura mundial perdeu a conta das histórias de menores martirizados. No cinema, essas "pequenas grandes almas" passam, no México, pelo olhar perverso e impiedoso de Luis Buñuel: *Os esquecidos* será, a partir de 1950, o filme de referência para quem se interessar pelas crianças perdidas dos terrenos baldios prontas para aprontar nas cidades corrompidas. E, quando do lançamento de *Pixote*, a crítica citou o filme de Buñuel rodado na América Latina. A dezena de rostos filmados em close fixo nos primeiros planos não seria uma referência ao filme do mestre espanhol?

De Locarno a San Sebastian, passando por Biarritz, vários foram os prêmios obtidos por *Pixote*, melhor filme estrangeiro do ano segundo a associação de críticos de Los Angeles e de Nova York. A célebre e severa Pauline Kael dedicou-lhe cinco páginas elogiosas na *New Yorker*, e ele abriu a Babenco as portas de Hollywood, onde ele dirigiu Jack Nicholson e Meryl Streep (*Ironweed*), William Hurt (*O beijo da mulher aranha*), Tom Berenger e Kathy Bates (*Brincando nos campos do Senhor*).

Inspirado em episódios reais contados em *Infância dos mortos*, de José Louzeiro, *Pixote* é preenchido por fragmentos de vidas contadas a Babenco pelas crianças da então Febem de São Paulo, instituição que o cineasta visitou por ocasião de uma peça interpretada pelos internos. "Eles me contavam sua história, e isso foi formando em mim a ideia de um filme", contou Babenco.

Querendo trabalhar com não profissionais, ele fez uma seleção entre 1500 jovens, auxiliado pela professora de teatro Fátima Toledo, encarregada de preparar os 27 escolhidos e, principalmente, o protagonista Fernando Ramos da Silva, que o crítico Vincent Canby, do *New York Times*, disse possuir um dos rostos mais expressivos jamais visto nas telas. É verdade que em seu primeiro close, apoiado tristemente no vidro do furgão que o leva para a instituição, olhando com uma mistura indizível de vontade e desespero para os neons da noite sobre as vitrines das lojas, o pequeno Pixote passa ao espectador uma sensação amarga e pungente com seu rosto que lembra o de Giuletta Masina em *A estrada da vida*. Sem dúvida a encarnação de um menino pobre por um verdadeiro menino perdido dá ao filme o toque de sinceridade necessário ao naturalismo cru da proposta. Seria uma coincidência o fato de Fátima Toledo ser convidada por Walter Salles e Fernando Meirelles para dirigir o órfão de *Central do Brasil* e os meninos do morro de *Cidade de Deus*? Babenco e Fátima souberam utilizar a angústia do menino em relação ao mundo gigantesco e codificado do cinema para assimilá-lo ao do personagem, menor abandonado na megalópole tentacular e demoníaca de São Paulo.

Uma espécie de terror surdo plana acima de todo o filme, que, como *Cidade de Deus*, se propõe a revelar uma realidade oculta, mesclando artifícios de ficção altamente teatralizada (personagens de Tony Tornado, Elke Maravilha e Marília Pera, premiada em Nova York) aos elementos documentais da vida real nas favelas, de onde saíram os jovens atores. A verdade salta incessantemente aos olhos e dá ao conjunto um ar marginal um pouco selvagem e sórdido que convém à degradação e à desagregação ambientes. O olhar distanciado do cineasta (argentino de origem), agudo e sem complacência sobre a realidade social de uma grande cidade brasileira desumana, permite uma abordagem menos afetiva, sem concessões.

Analisemos o início do filme, antes dos créditos iniciais, que equivale ao prefácio de um romance naturalista de Zola. Primeiro plano: vista de uma favela de São Paulo. Leve movimento panorâmico para a direita. Como um repórter de telejornal, o cineasta em pessoa, primeiro em *off* depois *in*, em pé diante da câmera com a favela ao fundo, dá informações terríveis, feitas por um cinema engajado na denúncia social, lembrando que infelizmente a calamidade social denunciada por Hugo em seu prefácio a *Os miseráveis*, em 1864, continua atual:

> Isto aqui é um bairro de São Paulo, grande polo industrial da América Latina, responsável por 60% ou 70% do produto nacional bruto deste país. O Brasil é um país com 120 milhões de habitantes, em que 50% estão abaixo dos 21 anos de idade, dos quais aproximadamente também 28 milhões de crianças vivem numa situação abaixo das normas exigidas pelos Direitos Internacionais da Criança das Nações Unidas. Existem ainda aproximadamente neste país 3 milhões de crianças que não têm casa, que não têm lar e que não têm origem familiar definida.

A introdução, clara, termina num zoom sobre o ator principal, o pequeno Fernando, à porta de sua humilde casa na favela, perto da mãe e dos nove irmãos e irmãs. Babenco encerra sua apresentação especificando que todos os jovens atores do filme saíram desse meio social. Depois desse "fazer verdadeiro", pode começar a "ilusão da verdade".[29] Os créditos e a música herrmanniana[30] de John Neschling servem de filtro entre a realidade crua e a ficção sórdida na qual ele nos ajuda a mergulhar.

Mas, segundo as palavras de Nerval, se o sonho às vezes extravasa para a realidade, no caso de *Pixote* um pesadelo toma corpo. O destino do protagonista se tornará objeto de *Quem matou Pixote?*, filme de José Joffily. Tendo se tornado, aos onze anos, o anti-herói de uma produção de sucesso internacional sem precedentes na história do cinema de seu país, o jovem e pobre Fernando Ramos da Silva não estava preparado para a condição de ator ou personagem famoso. Fracassando na profissão no sentido literal e figurado (foi dispensado das filmagens de uma novela da Globo porque não conseguia memorizar suas falas), mas sem conseguir voltar para o anonimato, ele se volta para o crime e acaba sendo assassinado de maneira cruel por um policial rancoroso e corrupto de São Paulo, em 1987, aos dezenove anos.

O cineasta e os produtores do filme são acusados de ter usado, abusado e abandonado o pequeno Pixote, que poderia ter adotado a divisa do poeta maldito Cruz e Souza: "Hei de morrer logo mas hei de deixar nome". O filme de 1996 culpabiliza o cinema, tornando-o cúmplice da decadência daquele infeliz, incapaz de suportar uma mudança de condição social, financeira e humana, num mundo impiedoso em que somos constantemente lembrados de nossas origens, sobretudo quando elas são humildes. Para evitar a síndrome de *Pixote* vivida pela índia Edna de Cássia, heroína de *Iracema, uma transa amazônica,* depois de *Central do Brasil* e *Cidade de Deus* Walter Salles e Fernando Meirelles tomam publicamente em mãos os destinos dos jovens atores desvalidos.

De qualquer maneira, é espantoso que *Pixote* tenha sido filmado e distribuído por uma empresa governamental, prestes a ser fechada. Na verdade, seu impacto local e mundial foi subestimado. *Pixote* não lançou, aliás, um movimento de denúncia social explícita, mas alguns filmes dos anos 1980 marcaram a vontade de se encontrar uma via de expressão social contestatória. Sem unidade, em crise, confuso, o cinema mesmo assim emite algumas faíscas, e o horizonte se colore de tênues arco-íris.

EU TE AMO

Visto por 3,5 milhões de espectadores, é um conto moderno, uma comédia erótica carioca de Arnaldo Jabor (*Pindorama*) com duas estrelas de forte potencial sensual: Vera Fischer e Sônia Braga. "Jogos de amor neurótico e elegantemente sádicos [...] gritos e sussurros cristalinos enunciados num ambiente luxuoso e fantasista",[31] ele brinca de maneira inteligente com os jogos de espelho de nosso mundo de imagens e aparências.

Traçando um paralelo entre a vida amorosa dos personagens e a interiorização de seus questionamentos dolorosos com comentários deslocados e irônicos da publicidade, do rádio ou da televisão, inseridos de maneira agressiva e contínua durante os momentos mais íntimos do homem e da mulher moderna, o cineasta produz uma obra original a respeito das dificuldades amorosas e comunicativas de nossa época, que no entanto é de alta comunicabilidade e de reivindicação do direito ao prazer, ao lazer e ao amor livre. A escolha de um grande apartamento, com janelas imensas para a lagoa, no Rio de Janeiro, que refletem as ameaças veladas da grande cidade, também é muito astuciosa, num ensaio erótico-intelectual sobre a vaidade do moderno burguês fidalgo brasileiro, vítima, segundo Jabor, do "milagre econômico" e "condenado ao vazio do vídeo". Produção impecável e bem lançada, original na concepção e na proposta, *Eu te amo* foi aprovado pelo grande público apaixonado por Sônia Braga, que a propaganda do filme afirmava superar-se sensualmente.

WALTER HUGO KHOURI E O CHARME INDISCRETO DA ALTA BURGUESIA BRASILEIRA

O erotismo chique era então representado pelo paulista Walter Hugo Khouri, que desde *Noite vazia* vinha construindo uma obra coerente com um apogeu em pleno boom da pornochanchada. Apesar de esse movimento ter favorecido, no cineasta, uma naturalidade no tratamento das questões sexuais e certo sucesso de público, a pornochanchada em contrapartida lançou um descrédito sobre uma obra insuficientemente assistida e no entanto notável o suficiente para colocá-lo entre os grandes: *Convite ao prazer* (1980), *Eros, o deus do amor* (1981), *Amor, estranho amor* (1982) e *Amor voraz* (1984) formam uma espécie de tetralogia sobre o império dos sentidos.

O cineasta constrói uma obra pessoal, ajustada às cores da época do erotismo e da pornografia, paliativo "imoral" às proibições político-civis de uma ditadura consciente do "sexo" como "ópio do povo". Nos anos 1970, dirigiu oito longas-metragens, praticamente um por ano; seis nos anos 1980, sendo quatro no início da década. Ele foi, ao lado de Cacá Diegues, o cineasta mais regular, prolífico e coerente da segunda metade do século xx, atravessando com obstinação e vigor as constantes crises. Em menos de cinquenta anos, dirigiu 26 filmes baseados em seus próprios roteiros, e morreu em 2003, cheio de planos. A partir de *O corpo ardente*, os títulos de seus filmes, como um mapa sentimental, traçam uma tentadora geografia erótico-alegórica:

> *Palácio dos anjos* (1970)
> *As deusas* (1972)
> *O último êxtase* (1973)
> *O anjo da noite* (1974)
> *O desejo* (1975)
> *Paixão e sombras* (1977)
> *As filhas do fogo* (1978)
> *O prisioneiro do sexo* (1979)

O primeiro díptico da tetralogia dos anos 1980 apresenta títulos mais aliciadores: *Convite ao prazer* e *Eros, deus do amor*. Enquanto o *Convite* parece um desfile das mais belas atrizes do momento e das maiores estrelas da pornochanchada de qualidade (Sandra Bréa, Helena Ramos, Kate Lyra, Rossana Ghessa, Nicole Puzzi), o segundo é, de acordo com o severo Cavalcanti de Paiva, "um dos filmes mais importantes do cinema brasileiro", uma "sinfonia pictórica do prazer e da ansiedade", cuja "câmera subjetiva permite solos de interpretação admiráveis".[32] Khouri, mantidas as proporções, dirige à maneira de um Bergman tropical suas atrizes sublimes: Norma Bengell, Denise Dumont, Lilian Lemmertz, Monique Lafond, Christiane Torloni, Nicole Puzzi e Kate Hansen.

Eros, síntese estética e comercial de introspecção e voyeurismo, é seguido por uma autópsia indiscreta da perversidade burguesa. Entre o escândalo passado de *O sopro no coração* (Louis Malle) e futuro de *O diabo no corpo* (Marco Bellocchio), ele explora, por meio de um político de 1937 que luta pelo poder e recorda 48 horas de sua infância numa casa de prostituição de São Paulo, em *Amor, estranho amor* (1982), o despertar da sexualidade e o tabu do incesto. Hoje seria impensável filmar com uma criança de doze anos as cenas em que o protagonista descobre de maneira crua o amor com a mãe (Vera Fischer) ou uma pensionista (Xuxa Meneghel que, mais tarde, se torna a poderosa Rainha dos Baixinhos e consegue proibir o filme). Dois anos depois, *Amor voraz* explora, com Vera Fischer, mais "uma paixão arrebatadora e irracional num clima místico de sublimado sensualismo".[33]

Em 1984, a proposta cinematográfica de Walter Hugo Khouri está defasada das preocupações práticas e sociopolíticas do Brasil contemporâneo. Acentuara-se a fragmentação, assinalada nos anos 1960 por Paulo Emílio Sales Gomes, entre o cinema metafísico-intelectual e europeizado de Khouri e o mais visceral ou ligado à essência brasileira de Nelson Pereira dos Santos. Nesses anos 1980, as preocupações egotistas do esteta parecem insignificantes e não adaptadas ao contexto econômico e político do país, representando a quintessência da pornochanchada, instrumento de alienação popular utilizado pelo poder, do mesmo modo que o Carnaval e o futebol. A ditadura, sob Geisel, fizera concessões, mas seria representada de 1979 a 1985 pelo general Figueiredo, e o poder federal continuaria sob controle militar e supervisionaria tudo.

A REALIDADE E A POLÍTICA NO CINEMA

O momento é de uma tentativa de acerto de contas com a história do país, em especial com o período autoritário. As raízes do golpe de 1964 são explicadas às novas gerações em documentários como *Os anos JK, uma trajetória política* (1980), filme-montagem de Sílvio Tendler sobre os anos 1945-79 e a trajetória do presidente bossa-nova, Juscelino Kubitschek, fundador de Brasília — fazendo uso de velhos cinejornais, excertos de filmes de pequenas produtoras e diretores independentes, arquivos da cinemateca ou de televisão. Esse trabalho de resgate e esse súbito interesse pelo passado como possível espelho e modelo de um presente patético demonstram um novo tipo de apreço intelectual pelo que foi e pelo que será. Não se trata mais da fixação doentia que Sales Gomes estigmatizava nos passadistas, mas, pelo contrário, de uma atitude saudável de reviver e recriar um novo mundo. Tendler aborda o período mais democrático da sociedade brasileira e o do sonho de grandeza de um país desejoso de uma posição internacional à altura de seu tamanho geográfico.

Cabra marcado para morrer, de Eduardo Coutinho, é iniciado e depois interrompido, em 1964, sendo retomado vinte anos depois (o que justifica o título em inglês: *Twenty years after*). Em 1984, o cineasta reencontra os protagonistas do caso de assassinato de um dirigente camponês. Filmado no sertão de Pernambuco, na terra do sol tão cara a Glauber, o filme confronta deuses e diabos de carne e osso em tempo real. Como numa ficção neorrealista, os atores da tragédia vivem seus próprios papéis num lugar sem idade em que a dramatização do cotidiano se expressa em papéis fixos de uma espécie de *tragedia dell-arte* brasileira: há o senhor feudal da Paraíba e o camponês não plebeu, líder dos camponeses subjugados; há os sicários, cruéis mandatários do destino, como os guardas da Antígona de Jean Anouilh. Metáfora visionária daquilo que o Brasil em breve viveria, esse "cabra marcado para morrer" é, para Sérgio Augusto, "a mais fascinante aventura cinematográfica que por aqui já se viveu".[34] O crítico compara a odisseia do filme à de *Que viva México!* (1931), de Eisenstein, inacabado, retomado, amaldiçoado e depois cultuado.

Completando esse trabalho documental, alguns filmes mascaram narrativamente a questão da ditadura e a diluem com habilidade com ficções excitantes: *Pra frente Brasil* (1982), de Roberto Farias, e *Sargento Getúlio* (1983), de Hermano Penna. A crítica repreende o primeiro por privilegiar a ação, e não a denúncia. O cineasta de *Assalto ao trem pagador* provaria seu fascínio pelo filme noir à americana — e não seria esta sua marca registrada? Além disso, ele havia dirigido a Embrafilme de 1974 a 1979 e lançado produções notáveis, como *Pixote*.

No entanto, Roberto Farias foi ousado, e seu filme foi proibido na véspera da estreia, ficando censurado por um ano. O governo o criticou por mostrar explicitamente a repressão e a tortura durante o regime militar, os sequestros e os estudantes assediados na época da Copa do Mundo do México, em 1970. Mergulhado na atmosfera da propaganda do "milagre econômico" e do acontecimento essencial para a vida do povo brasileiro que é toda copa do mundo, o filme está cheio de conotações kafkianas e stalinianas.

O herói, interpretado por Reginaldo Faria, é um homem insensível aos acontecimentos políticos do país: ele se vê, por engano, incriminado pela polícia ao sair do aeroporto, por ter viajado e simpatizado com um desconhecido. Tem início, para ele e para os seus, uma inexorável descida aos infernos, de onde ninguém sairá ileso, numa cidade em guerrilha urbana, refém de uma polícia repressiva de métodos arbitrários, violentos e ditatoriais. Premiado em Berlim pela associação dos cinemas de arte e ensaio, o filme faz mais de 1 milhão de espectadores no Brasil: seu ritmo e sua atmosfera angustiantes prendem mais a atenção do que a denúncia clara dos métodos do governo militar. O público nem sempre entenderá que o herói do filme é ele mesmo, o cidadão comum, o Joseph K. de *O processo* brasileiro. "*Pra frente Brasil*", resume José Carlos Monteiro, "conta com veemência a via crucis de um cidadão comum nas malhas da repressão".[35]

Sargento Getúlio, por sua vez, adaptação do romance de João Ubaldo Ribeiro, não evoca diretamente a ditadura militar, pois se passa nos anos 1940. Mas a metáfora pode ser decifrada por trás do tema da obediência cega do subordinado à ordem: a mesma que permitiu o fascismo, o nazismo e rinocerites.[36] Uma das faíscas que a arte cinematográfica no Brasil solta espasmodicamente quando seu sol declina, esse filme é, para José Carlos Monteiro, uma "manifestação típica da vitalidade do cinema brasileiro [...] exasperada descrição de um itinerário — o de um brutal sargento e seu prisioneiro, pelas veredas do Sergipe: Shakespeare no agreste".[37]

Outras produções lançam um olhar pioneiro sobre o horror da perseguição política e da tortura: *Nunca fomos tão felizes* (1984, primeiro longa-metragem do fotógrafo Murilo Salles, exibido em Cannes e premiado em Locarno); *Feliz ano velho* (1988, Roberto Gervitz), baseado no famoso livro autobiográfico de Marcelo Rubens Paiva, que aborda o drama do filho de um deputado preso e assassinado pelo regime militar.

Entre os antigos do Cinema Novo, cada um segue seu caminho, com exceção de Glauber, já morto. O patriarca Nelson Pereira dos Santos produz uma obra alegórica sobre o tema da repressão e da tortura, *Memórias do cárcere* (1984), baseado no livro de Graciliano Ramos. O cineasta afirma utilizar a prisão como "metáfora da sociedade brasileira". Ele aliás vinha alimentando o projeto de adaptar o romance desde 1964, mas precisou suspendê-lo devido à situação política do país, que só melhoraria de fato a partir de 1981. Cacá Diegues prefere a epopeia e, retomando um personagem de *Ganga Zumba*, folcloriza sua temática afro-brasileira em *Quilombo* (1984); Ruy Guerra explora a América do Sul, com sua musa Cláudia Ohana, adaptando Gabriel García Márquez, em *Erêndira* (1983), depois revisitando musicalmente Brecht por intermédio de Chico Buarque, na *Ópera do malandro* (1985).

Leon Hirszman dirige, em 1981, *Eles não usam black-tie*, Leão de Ouro em Veneza. Conto social adaptado de uma peça de Gianfrancesco Guarnieri de 1956, a história da família de operários em greve na periferia de São Paulo adquire uma dimensão contextual. O cotidiano de uma camada da sociedade brasileira esquecida nas telas é tratado com uma mistura de prosa e poesia, reflexão e emoção, simplicidade e dignidade, tão ausentes desde *Rio, 40 graus* e *O grande momento* (protagonizado por Guarnieri). Por seu tema e seu tratamento adequado, o filme é um ponto de chegada dos princípios humanistas ou estéticos do Cinema Novo, que, sem concessões e depois de vinte anos, se reconcilia com o grande público.

Ilustrando as interferências entre cinema e realidade, durante a preparação do filme eclodem as greves do ABC paulista, na origem de um novo movimento sindical do qual surge o Partido dos Trabalhadores. Documentarista preocupado com as questões nacionais, Hirszman realiza com uma pequena equipe o longa-metragem *ABC da greve*, em que surge nas telas o sindicalista que seria o primeiro operário e homem do povo a se tornar presidente da República, vinte anos depois, Lula.[38] Ao mesmo tempo, portanto, o diretor oferece um produto dramático e, no making of, um produto bruto. Greve no cinema, cinema do real: quiasma constante do espírito cinematográfico brasileiro, mistura espontânea de fantasia e realidade.

Paralelamente, a Globo, que se impõe no início dos anos 1980, inventa um estilo particular de reportagem, em que sensacionalismo e intimidade, romance e realidade se mesclam de maneira estreita, com o auxílio de diretores de cinema, como faz Eduardo Coutinho no *Globo Repórter*. A fronteira entre realidade e ficção é com frequência falseada nos filmes brasileiros, permitindo que as imperícias nas filmagens externas ou atores não profissionais se tornem componentes da técnica cinematográfica — inépcias nacionais que raramente cruzam as fronteiras do país.

O NOVO CINEMA PAULISTA

Os anos 1980, como em outros países (geração De Palma, Lucas, Spielberg, nos Estados Unidos), veem no Brasil o surgimento de uma nova escola de cineastas cinéfilos preocupados com questões estéticas na medida das possibilidades — magérrimas — oferecidas pelo mercado.

No momento em que a transição para a democracia começa a acontecer, no fim dos anos 1970 e início dos anos 1980, surge uma geração formada na Escola de Comunicação e Artes da USP. Ela não terá tempo de desenvolver-se, em meio a um contexto de decadência, mas trata-se de um grupo de cinéfilos. A redescoberta, em 1979, do filme *Limite* (1931), tesouro experimental e modernista de Mário Peixoto, marca a primeira real tomada de consciência de um patrimônio nacional. Eles são estetas, mas preocupados com o diálogo com o público, e oferecem ao cinema brasileiro algumas obras de técnica interessante e apurada, não desprovidas de certo maneirismo.

Djalma Limongi Batista filma *Brasa adormecida*; Guilherme de Almeida Prado, *A dama do cine Shangai*; e Chico Botelho, notadamente, *Cidade oculta* (1986), "primeiro manifesto visual e musical de uma geração".[39] Wilson Barros, morto prematuramente, propõe um filme único, no sentido literal e figurado do termo, que logo se torna objeto de culto: *Anjos da noite* (1987).

Essa obra poética e moderna possui um audacioso toque autoral e pessoal: na interseção da estética modernista e paulista de Walter Hugo Khouri em *Noite vazia*, com a estilização erótica de *Querelle*, de Fassbinder, e com a artificialidade estudada de *O fundo do coração*, de Coppola, Barros soube captar e transmitir o fascínio ou a beleza aterrorizante da vida noturna das grandes metrópoles. Saudado dez anos depois pela crítica nova-iorquina após uma exibição no MoMA, *Anjos da noite* passou quase despercebido na estreia, apesar de suas belas cenas (Guilherme Leme e Marília Pera dançam como Fred Astaire e Cyd Charisse num átrio de arranha-céu com projetores pontuando a coreografia). O que Khouri fizera com a São Paulo noturna em *Noite vazia*, Botelho e Barros reinventam em *Cidade oculta* e *Anjos da noite*.

Essa geração de cineastas paulistas, porém, não reivindica a paternidade de Khouri, mas de Carlos Reichenbach, que filma a cidade em quase todos os seus filmes, mas sem estetização preciosista. *Filme demência* (1987) é uma releitura do *Fausto* de Goethe diante da metrópole paulista no fim do século XX, sob o signo de Satã: para Reichenbach "na sua rotina, a sociedade é sacana, o capital engole a ética, a estética e a moral [...] Criamos o *mass man*[40] descartável, capacitado para X horas de uso ou consumo específico para a máquina que o emprega. A ilusão tem *The end*".[41] Trata-se, para José Carlos Monteiro, de uma "estafante expedição pelos intestinos de uma civilização agonizante ao sul do equador".[42]

Enquanto *Lilian M.: Relatório confidencial* (1975) desce passo a passo os degraus da decadência de uma mulher entregue a si mesma na cidade grande, *Anjos do arrabalde* (1986), premiado em Roterdam, é tanto uma viagem ao coração da periferia de São Paulo quanto à alma feminina, interceptando a vida de três professoras de um bairro pobre. Notavelmente interpretadas por Betty Faria, Irene Stefânia e Clarisse Abujamra, elas são filmadas em longos travellings e suntuosos movimentos de grua, com uma precisão nos planos e uma montagem tão sofisticada quanto o cenário, as situações, os personagens e os diálogos são realistas e cotidianos.

Reencontraremos essa estética — sem o naturalismo — em *Dois córregos*, viagem ao interior de São Paulo e ao passado do cineasta, como *Alma corsária*, ninado pelo "Clair de Lune" de Debussy. Terceiro dos quatro filmes de Reichenbach dirigidos durante a Retomada, *Bens confiscados*, filmado em Santa Catarina e produzido por Sara Silveira[43] e Betty Faria (protagonista do filme), parece dirigido por outra pessoa: com exceção de dois ou três planos, sendo que no primeiro, virtuoso, é difícil reconhecer a mão e o tom desse autor urbano perdido na beira do mar.

A cidade está no centro de outros filmes dos anos 1980, tão preocupante quanto o futuro de uma população que emigra. *A hora da estrela* e *O homem que virou suco*[44] variam de maneira sóbria mas pungente o tema do nordestino perdido na cidade grande. São Paulo, que em poucas décadas se tornou uma das seis megalópoles do planeta (ao lado de Nova York, Tóquio, México, Bombaim e Beijing), fascina e repele, horroriza e seduz. Como o Diabo, ela hipnotiza e divide.

A ROTA DOS FESTIVAIS

No plano internacional, o Brasil já existe: Veneza (*Eles não usam black-tie*), Cannes (que recompensa Fernanda Torres em *Eu sei que vou te amar*),[45] Berlim (com dois prêmios de interpretação feminina, para Marcélia Cartaxo em *A hora da estrela*, e Ana Beatriz Nogueira em *Vera*).

No Festival de Cannes de 1984, o Brasil lançaria três filmes, como vinte anos antes, sendo dois dos mesmos cineastas. Cacá Diegues divulga *Quilombo* (depois de *Ganga Zumba*); Nelson Pereira dos Santos, *Memórias do cárcere* (depois de *Vidas secas*). O terceiro cineasta, Murilo Salles, apresenta *Nunca fomos tão felizes*. Na revista *Cinéma 84*, Albert Cervoni fica satisfeito em redescobrir o cinema brasileiro e considera que os filmes de Nelson Pereira dos Santos e Murilo Salles são "provas do desmoronamento do regime fascista no Brasil, da mesma forma que uma exposição de Picasso e a possibilidade para Buñuel de filmar *Viridiana* na Espanha haviam anunciado o desmoronamento do fascismo de Franco".[46] Na verdade, trata-se de solavancos. Os prêmios internacionais não têm repercussão midiática: Marcélia Cartaxo e Ana Beatriz Nogueira voltam quase ao anonimato depois de suas conquistas.

OS ÚLTIMOS E CONFLITUOSOS ANOS DA EMBRAFILME

Ao longo de toda a década de 1970 — tendo o processo de redemocratização se iniciado ligeiramente em 1974 —, o Estado brasileiro conhece uma série de graves crises financeiras, econômicas e políticas. Ora, é ele que financia a maioria dos filmes desde a criação da Embrafilme, em 1969. Mas o mundo político e o pessoal de cinema passam a contestar cada vez mais a utilidade, a eficácia e sobretudo a imparcialidade dessa organização cuja política alguns condenam, enquanto outros atacam justamente a *apolítica* cultural. Infelizmente, a Embrafilme acostumara a classe cinematográfica à assistência total. Condicionados a entregar seu projeto a uma instituição estatal e a esperar que o orçamento e as despesas referentes a ele sejam assumidas pelo governo, os cineastas não estão preparados para combater com obstinação para encontrar fundos fora desse circuito prático e confortável.

Além disso, não existe a tradição, no cinema brasileiro, de mecenato cultural.[47] As disputas internas da Embrafilme nos anos 1980 terão repercussões trágicas não apenas para o futuro, mas para a própria existência do cinema brasileiro, um cinema em "apneia" no início dos anos 1990. Apesar de ser uma organização estatal criada durante a ditadura militar, a Embrafilme havia conseguido construir e impor sua política nacional de cultura, entregando com inteligência, em 1974, sua direção ao cineasta Roberto Farias, estimado na profissão. Em sua vontade de lutar contra a alienação e o colonialismo culturais, a empresa estatal impôs um número crescente de dias obrigatórios de exibição de filmes nacionais (63 em 1969, 112 em 1975, 133 em 1978), produziu cada vez mais filmes (53 em 1969, 83 em 1970, 94 em 1972, 100 em 1978, 103 em 1980), num momento excepcional de osmose econômica e cultural entre o governo e sua indústria cinematográfica. Sabemos que em geral as ditaduras cuidam da imagem nacional e procuram passar confiança a suas populações em suas próprias criações (lei do orgulho patriótico), mas a astúcia da ditadura militar brasileira em relação ao cinema foi ter confiado a direção da organização a um cineasta provavelmente de esquerda. Pois, apesar de não ter sido exatamente um cinema-novista, o autor de *Assalto ao trem pagador* foi em todo caso um companheiro de estrada, simpatizante confesso dos rebeldes do Cinema Novo, com quem criou a produtora Difilmes. Em seu cargo na Embrafilme, ele sempre foi assistido por produtores culturais de personalidades fortes e marcantes como Nelson Pereira dos Santos e Luiz Carlos Barreto. É a eles que em parte devemos a temporada gloriosa e dourada que pode ser chamada de belle époque dois do cinema brasileiro.

Era então impensável, naquele período de abundância, cogitar por um único instante que uma década depois toda a produção cinematográfica pudesse um belo dia parar. No entanto, com as dificuldades internas da Embrafilme, o ano de 1979 é o do começo do fim. Nesse ano o diplomata Celso Amorim substitui Roberto Farias à frente da empresa estatal: o pessoal de cinema não gosta da substituição de um artista por um político. De certo modo, Farias responde de maneira provocativa com o bombástico *Pra frente Brasil* (1982). O ex-diretor da Embrafilme propõe, três anos depois de sua destituição, um filme sobre os anos mais sombrios da ditadura. Além disso, o protagonista do filme é interpretado por seu irmão Reginaldo Faria, cinematograficamente marcado — junto a mais de 5 milhões de espectadores — por sua interpretação do herói homônimo do filme de Babenco *Lúcio Flávio, o passageiro da agonia*. A proibição do filme é pronunciada por pedido expresso dos ministros militares. "No fim de março", escreve Paranaguá, "enquanto *Pra frente Brasil* acabava de receber uma acolhida triunfal e vencer o prêmio de melhor filme no Festival de Gramado, beneficiando-se de uma excepcional cobertura da imprensa, o filme foi proibido na véspera do lançamento nacional."[48] O caso é agravado pelas circunstâncias particulares que lançam luz sobre as contradições da cinematografia brasileira: coproduzido e distribuído pela Embrafilme, instituição dependente do Ministério da Educação e da Cultura, dirigido por Roberto Farias, o filme é vetado por outra parte do mesmo governo.

Anos conflituosos têm início para a Embrafilme, que em 1986 propõe sua própria reestruturação. Amorim é levado a pedir demissão. Carlos Augusto Calil, admirado pela classe cinematográfica, é nomeado diretor. Os filmes que ele ajuda a produzir, beneficiando-se momentaneamente dos favores do Plano Cruzado, marcam o último sobressalto artístico da Embrafilme: *Eu sei que vou te amar* (Arnaldo Jabor), *A hora da estrela* (Suzana Amaral), *Cidade oculta* (Chico Botelho), *O beijo da mulher aranha* (Hector Babenco), *Ópera do malandro* (Ruy Guerra), *As sete vampiras* (Ivan Cardoso), *O homem da capa preta* (Sergio Rezende). Devemos em parte a ele esse raro momento de encontro entre cineastas experientes e iniciantes, com uma recepção favorável do público e da crítica, com prêmios internacionais. No entanto, descontente com a política cultural do ministro Celso Furtado, Calil abandona o cargo. A Embrafilme seria contestada em seu próprio seio: foi acusada de má gestão administrativa, de não utilizar devidamente os recursos à sua disposição, de favorecer os mesmos e regularmente descumprir seus compromissos.

Produtora paradoxal de alguns dos filmes mais interessantes do cinema nacional, de *Lúcio Flávio* a *Idade da terra*, passando por *Xica da Silva* e *Pixote*, a Embrafilme terá, segundo as palavras de Avellar, do *Jornal do Brasil*, ex-presidente da Riofilme,[49] "deixado uma má lembrança, em parte injustamente". Ela sobrevive com dificuldade aos anos 1980.

É nesse momento que a pornochanchada desaparece. Sua divisa estranhamente nacionalista ("o erotismo é nosso") se esgota. Encorajada pela ditadura, apesar das reservas do general Figueiredo, e apreciada pelo público, ela lançaria um descrédito total e duradouro (até os anos 1990) sobre o cinema nacional. Excitado e depois saciado, o público brasileiro sente por ela um desgosto pós-coito, tirando-a pouco a pouco das salas em proveito da pequena tela. Os amantes de sexo explícito preferirão as produções importadas da França e dos Estados Unidos.

Há uma última série de filmes, dentre os quais *Um trem para as estrelas*, de Cacá Diegues, *Eu*, de Walter Hugo Khouri, e *No país dos tenentes*, de João Batista de Andrade, mas o público já não acompanha mais a produção nacional.

A CRISE DOS ANOS 1980

Na verdade, a desorganização temática e estética do cinema brasileiro, tônico e moribundo, reflete a crise existencial de uma nação em que tudo passa rápido demais, mas não o suficiente para todos ao mesmo tempo. O cinema, de fato, perdeu terreno para a televisão, documental ou ficcional. No momento em que são festejados os noventa anos do cinema no Brasil, alguns pensam, do fundo do coração, que aquela era a idade certa e canônica para se retirar.

A Embrafilme desaparece de maneira digna. A morte de Glauber anuncia o fim de um sonho de cinema: *A idade da terra*, filme "doente", é a suma testamentária do mais flamejante gênio cinematográfico até hoje surgido no Brasil; *Bye bye Brasil* anuncia, com o fim do circo, o de certa cinematografia outrora espetáculo de feira e festa popular, prefiguração do futuro reinado da onipotente televisão; *Pixote*, docudrama, é uma desesperada constatação a respeito do último quarto de século, que começa com os mesmos erros e imperfeições dos anteriores. Três filmes-guia produzidos por ela, cujo desaparecimento vai de par com uma década problemática que conduz ao impasse dos anos 1990.

Em *O sonho acabou*, balanço pessimista sobre os anos 1980, Cavalcanti de Paiva prevê o novo impasse de um cinema em crise há "noventa invernos em 1988".[50] Em 1961, especialmente para o livro italiano *Il Cinema Brasiliano*, ele havia escrito: "a história do cinema brasileiro é, antes de qualquer outra coisa, a história de uma crise permanente".[51] Agora, ele ironiza: "o número de produtores ultrapassou 1400, uma quantidade igual ou superior à dos, reunidos, produtores dos Estados Unidos, França, Inglaterra [...] Mas os nossos são produtores sem cinemas". Cerne do sucesso internacional de *Pixote*? "Os prêmios obtidos em festivais internacionais não mais comovem a plateia doméstica, muito menos a externa." Ao mesmo tempo que assinala que desde o fim dos anos 1970 uma pornografia "sexplícita" invade as telas, ele observa que "nesta década um véu de neve parece cobrir o cinema brasileiro da cabeça aos pés. E ele se torna invisível para as plateias, com as exceções costumeiras". No entanto, muitos filmes foram feitos no início da década: 108 em 1980; oitenta em 1981; 86 em 1982; 85 em 1983; noventa em 1984; 88 em 1985; 112 em 1986 (o recorde); 82 em 1987. A maioria é erótica, pornográfica ou experimental. Entre 1980 e 1988, o crítico distingue trinta produções, dentre as quais alguns filmes eróticos de bom nível.

Ninguém previa, no entanto, que em 1992, seis anos depois da dissolução da Embrafilme, 94 anos depois de seu nascimento no Rio de Janeiro, o cinema seria vítima de um ataque. Fatal, ainda por cima. Em 1992, nenhum filme de ficção de longa-metragem em português será filmado nesse país de 8512000 quilômetros quadrados com 155 milhões de habitantes. No entanto, em 1987 — canto do cisne? — acontecera em Paris a mais importante retrospectiva jamais organizada, no Centre Georges Pompidou, no Beaubourg. Portanto, no exato momento em que o cinema brasileiro declinava, a Europa o celebrava com grandes pompas. Fúnebres?

10. As cinematografias são mortais?
Início dos anos 1990

Em 1990, a brusca interrupção de qualquer ajuda governamental para a produção de filmes rapidamente leva o cinema brasileiro à total extinção. Nenhum longa-metragem é filmado em 1992, nenhum é lançado em 1993. Dois anos vazios. Convém analisar esse fenômeno único — sobretudo num país de importância geográfica como o Brasil — na história contemporânea do cinema.

O DECLÍNIO DO IMPÉRIO CINEMATOGRÁFICO

Nos anos 1980, o cinema sofre mundialmente. Ele teria explorado todas as possibilidades de sua arte, ao chegar aos 85 anos? Não seria essa uma idade sensata para dar espaço a novas tecnologias, novos desejos de espetáculo? Não seria inútil resistir ao poder invasor da televisão, das vantagens do sistema de vídeo ou da vulgarização das técnicas de informática? No Brasil, o desaparecimento progressivo, acelerado e depois total do cinema no início dos anos 1990 se explica em parte pelo contexto da progressão vertiginosa da televisão e da telenovela, que o governo brasileiro utilizará como um de seus pretextos para não se interessar mais pela sétima arte.

Em 1984, a Rede Globo, com 45 emissoras, é a única a cobrir todo o território nacional, com um verdadeiro monopólio de audiência. Desde sua criação pelo jornalista Roberto Marinho, em 1965, essa emissora — hoje a quarta maior do mundo — impõe ao Brasil seus cânones estéticos e culturais. Sua vitória mais espetacular em todo o mundo é a telenovela. Hoje considerada sua melhor produtora mundial, a Globo operou uma fabulosa reapropriação cultural, pois não foi a pioneira do gênero, tampouco foi o Brasil o iniciador desse verdadeiro fenômeno sociológico da América Latina. Tendo nascido no México e passado para a Argentina via Cuba, a telenovela surge apenas no início dos anos 1960 no único país lusófono do continente.

A primeira telenovela filmada no Brasil, *2-5499 ocupado*, baseada num original argentino, é exibida entre junho e setembro de 1963. Logo tem início a grande história de amor do público brasileiro com sua televisão. (O casal protagonista, Glória Menezes e Tarcísio Meira, continua sendo, meio século depois, o mais admirado no gênero.) Com certeza havia uma predisposição do público para um tipo de apego tão servil a personagens imaginários que invadiam uma parte de seu cotidiano. Numa sociedade em que a luta de classes é vivida no dia a dia nos detalhes mais ínfimos e imperceptíveis, é grande a propensão para equilibrá-la por meio da fantasia, irrupção espontânea e descontrolada de um mundo paralelo e compensatório.

Amante das novelas radiofônicas na época do reinado da Rádio Nacional e das rainhas do rádio, como as irmãs Batista, o público, presa fácil do som, o será ainda mais da imagem. Com os diferentes canais da época (TV Excelsior, TV Tupi, que triunfa em 1965 com *O direito de nascer*, TV Paulista, depois Cultura e Record), "uma explosão de teledramaturgia tomou posse do país", segundo Ismael Fernandes em *Memórias da telenovela brasileira*.[1] A partir de 1966, fortalecida pelos primeiros sucessos da casa (*O ébrio, O sheik de Agadir* e *Eu compro esta mulher*, baseado em *O conde de Monte Cristo*), a Rede Globo se prepara para tornar-se a emissora nacional mais poderosa, graças à qual "logo a inquietação brasileira iria transformar a telenovela de simples arte popular em arte genuinamente nacional".[2] A exemplo da chanchada, da qual retoma várias características, a telenovela encontra uma espécie de receita alquímica, eficaz e específica, respondendo às vezes de maneira primitiva a certas interrogações metafísicas: em *Anastácia, a mulher sem destino* (1967, com Leila Diniz), uma catástrofe da natureza elimina de uma só vez 35 personagens com os quais a autora Janete Clair não sabia mais o que fazer!

Aos poucos, a telenovela é inteligentemente "nacionalizada". Diferenciando-se dos folhetins exóticos e melodramáticos em voga, os diálogos, a interpretação e a história são aproximados da vida dos espectadores a partir de *Beto Rockfeller* (1968, de Bráulio Pedroso). Com *Véu de noiva*, em 1970, os modelos argentinos e cubanos são definitivamente abandonados, trocados por referências cotidianas brasileiras.

A Globo realiza a primeira telenovela em cores em 1973 (um ano depois da estreia da técnica no Brasil): *O bem amado*, de Dias Gomes, autor de *O pagador de promessas*. A emissora obtém 100% de audiência[3] no episódio 152 de *Selva de pedra* (de Janete Clair, com Regina Duarte e Francisco Cuoco), em 1972.[4] Dois êxitos internacionais, como *Escrava Isaura* (de Gilberto Braga, com Lucélia Santos, 1976-7) e *Tieta* (com Betty Faria, 1989-90) a impõem.

Tornando-se tão poderosa a ponto de, em 1974, mais de 50% das receitas publicitárias irem para ela, a TV confirma sua hegemonia sobre todas as outras mídias e suportes. Através da vertiginosa multiplicação dos aparelhos, ela atinge e influencia sub-

-repticiamente a população, inclusive nas crescentes favelas e nos recantos mais afastados do Pantanal, da Amazônia e do Nordeste. Destrona não apenas o obsoleto rádio, mas também o circo e o teatro ambulantes, outrora tão importantes na vida no interior. Quando Cacá Diegues abordou esse "ponto de mutação" em *Bye bye Brasil* (1979), para rentabilizar comercialmente a produção ele paradoxalmente chamou duas estrelas "globais", Betty Faria e José Wilker, casal logo retomado em *O bom burguês*, de Oswaldo Caldeira.

A partir de 1975, a Globo passa a captar com regularidade um índice de 70% de audiência e começa a invadir o mercado mundial depois do sucesso de *Escrava Isaura*, em 1977. No país, ela empresta suas estrelas ao cinema, como Sônia Braga e Vera Fischer. No exterior, começa a ganhar prêmios (Ondas na Europa, Emmy nos Estados Unidos). O surgimento da TV Manchete, em 1983, lhe faz concorrência nos mesmos terrenos, mas no fim dos anos 1990 essa emissora entra em falência, apesar do sucesso internacional de *Xica da Silva* (1997, de Walter Avancini, com Taís Araújo). Assim se explica, em parte, o desaparecimento progressivo do cinema na América Latina, inversamente proporcional ao crescimento do alcance da televisão no Brasil (e na América do Sul em geral). O contexto político e a conflituosa relação do cinema com o governo não são estranhos a isso.

OS ANOS COLLOR: BLACKOUT DO CINEMA BRASILEIRO

A decadência da Embrafilme anuncia um dos períodos políticos e culturais mais turvos e estranhos do Brasil: de 15 de março de 1990 a 29 de setembro de 1992 é instaurado o governo do presidente Fernando Collor de Mello, que, assim que chega ao poder, decide pela brusca suspensão de toda ajuda governamental à produção cinematográfica. O mundo cinematográfico não reage imediatamente à medida, inconsciente de suas consequências. As guerras intestinas da Embrafilme, a impopularidade nascente e crescente de um cinema poluído pela pornochanchada, a total indiferença de um público fascinado pela televisão, a teledramaturgia de alto rendimento em suas reportagens e folhetins intermináveis, o retorno com força de um cinema americano de grande espetáculo e efeitos especiais, todos são auspícios favoráveis para o fim da produção, em meio a uma indiferença generalizada. Nem mesmo o pessoal de cinema protestou quando do anúncio da extinção da Embrafilme. Num texto publicado no início de 1993 (*Cinema brasileiro em ritmo de indústria*), Mello de Souza escreve que se "aceitou sem muita discussão a supressão da Embrafilme e o fim do nacionalismo protetor. Collor não inventou nada. Ele apenas respondia à expectativa de Hector Babenco, Sylvio Back, Carlos Reichenbach, Chico Botelho, Roberto Farias, Nelson Pereira dos Santos, e da crítica da imprensa liberal".

Apesar de alguns filmes vencerem prêmios internacionais e festivais de prestígio consagrarem atores de cinema, esses acontecimentos não têm nenhuma repercussão local: a imprensa concede poucas linhas ao assunto, o público prefere as estrelas da telenovela, que não são as premiadas Fernanda Torres, Ana Beatriz Nogueira ou Marcélia Cartaxo. Cada vez mais se tem interesse pela carreira hollywoodiana de Sônia Braga, glória nacional no cinema e na televisão, a quem são atribuídas aventuras com Robert Redford e Clint Eastwood. O crítico chileno René Naranjo Sotomayor comenta nos *Cahiers du Cinéma* o desaparecimento do cinema brasileiro no início dos anos 1990:

> Enquanto o Cinema Novo se extinguia e o cinema brasileiro languescia, a televisão criava um novo espaço de expressão: as telenovelas brasileiras cativaram todo um continente e geraram tantos

títulos clássicos quantos verdadeiras estrelas. Foi por isso que quando o cinema brasileiro se apagou devido à falta de apoio legal durante o governo de Fernando Collor de Mello, sua morte passou quase despercebida. O país tinha outra imagem na qual se projetar e com a qual se identificar. O cinema, por sua vez, sem apoio financeiro ou legal, foi então deixado de lado.[5]

Para Carlos Reichenbach, durante uma conferência na USP sobre a Retomada, em 1998, a força do cinema nacional residia no fato de que o público dos anos gloriosos era majoritariamente das classes C e D, pois as classes A e B preferiam, dependendo da origem mais ou menos rápida e distante da fortuna, o cinema espetacular americano ou o cinema intelectual europeu. "Por incrível que pareça, desde a época da chanchada, foram as classes C e D que mais dialogaram com o filme brasileiro."[6] Ora, esse mesmo público é aquele que a televisão conquista ao longo de toda a década, enquanto o fosso aumenta entre o cinema vulgar demais e o cinema para festivais. Somente o cinema chamado "infantil" resiste às barreiras de classe. No entanto, *A hora da estrela* e *Anjos do arrabalde*, filmes autorais, apresentam uma linguagem e uma proposta cinematográfica acessíveis à maioria, pela linearidade e identificação que propõem com personagens cotidianos. Mas o hiato é irreversível.

Nesses terríveis anos 1990-1, são lançados, porém, alguns filmes rodados antes das medidas draconianas. No Rio de Janeiro, no fim de 1990 e início de 1991, é distribuído um único filme importante assinado por Cacá Diegues, único cinema-novista que tem filmes autorais com o aval do público: *Dias melhores virão*, de título simbolicamente esperançoso. A história é guiada por um trio feminino amado no país: saídas de *Anjos da noite*, vemos Marília Pêra e Zezé Motta, acompanhadas por Rita Lee. Tudo para agradar. Mas o lançamento é limitado, o sucesso é mitigado. Há

314

uma pesada indiferença, como se iniciasse uma fase de hibernação. Em São Paulo, são lançados com a mesma discrição *Os sermões*, de Júlio Bressane, um filme experimental com Othon Bastos, Caetano Veloso, Haroldo de Campos e José Lewgoy; *Bela Palomera*, de Ruy Guerra, produção hispano-brasileira adaptada de García Márquez com a musa de *Erêndira*, Cláudia Ohana; *Stelinha*, de Miguel Faria Jr., cinebiografia de uma cantora de rádio dos anos 1950 aclamada no Festival de Gramado.

O filme mais comentado e controverso será o primeiro de um cineasta vindo da publicidade e do documentário, Walter Salles, então Jr.:[7] *A grande arte* (1991), brilhante exercício de estilo hoje renegado por seu autor apesar da importância técnica na evolução estética do cinema brasileiro.

A grande arte

O primeiro filme de Walter Salles é muito interessante. Rejeitado pela crítica brasileira, que o considera vazio e pretensioso, e por seu próprio autor, que lamenta tê-lo filmado assim como lamentará *Água negra* (2004) nos Estados Unidos, o filme é criticado por ser filmado em inglês. No entanto, ele lança uma moda seguida por Walter Hugo Khouri (*Forever*), Walter Lima Jr. (*O monge e a filha do carrasco*), Monique Gardenberg (*Jenipapo*) e Carla Camurati (*Carlota Joaquina*). Trata-se de um desejo sincero de concorrer linguisticamente com o cinema americano em seu próprio terreno: exibir em língua inglesa com legendas em português daria um estatuto internacional ao produto. Ora, a presença de um ator anglófono no filme (Peter Coyote, em *A grande arte*; Ben Gazzara, em *Forever*) justificaria o fato de todos falarem inglês nas ruas do Rio de Janeiro ou de São Paulo? Salles confessa lamentar não ter filmado em português, apesar de o espanhol ser utilizado na parte boliviana. Mas esse ensaio policial metafísico rodado entre Rio e Bolívia seduz mesmo assim, se não a crítica ao menos um público bastante numeroso, que sente a importância de um fato, para além da pura anedota: assistir ao primeiro filme da história do cinema brasileiro filmado em inglês sem versão original em português, e ver como protagonista um ator americano um pouco "alternativo", saído de *E. T.* e familiar aos universos excêntricos de Pedro Almodóvar (*Kika*) e Roman Polanski (*Lua de fel*).

Como em seu tempo acontecera com *Caiçara, A grande arte* leva o cinema nacional a um novo grau de exigência, irreversível. A Retomada se lembrará de seu nível de qualidade técnica, de seu perfeccionismo fora do comum para a produção local, salvo nos sofisticados Ruy Guerra e Walter Hugo Khouri, que construíram novos patamares no edifício tecnológico e artístico cinematográfico brasileiro. Uma das falhas técnicas mais evidentes e mais atacadas sempre foi o som, obstáculo do cinema brasileiro. Ora, Walter Salles, documentarista e diretor de curtas-metragens, formado na escola americana e na francesa, é filho cinematográfico de Truffaut e de Spielberg, fascinado por *Profissão: Repórter*, de Antonioni, admirador de *Limite* e *Vidas secas*. Sendo essas suas referências, ele vai ao limite de suas próprias exigências. O que restou de *A grande arte*, que o cineasta se recusa a exibir em retrospectivas? Um conto policial moderno e iniciático bastante fascinante, baseado num romance de Rubem Fonseca; diálogos e enquadramentos brilhantes, plano-sequência inicial impressionante e antológico: partindo de um quarto de motel e de um close-up num cadáver entalhado e ensanguentado, um longo travelling que varre a cidade ainda adormecida ao amanhecer e termina num plano geral do centro do Rio de Janeiro com o minarete da estação Central do Brasil. O início do filme é particularmente cativante, e outros grandes momentos de cinema estão à espera do espectador, como o crime no trem e a câmera que escapa pela janela para filmar, de novo no mesmo travelling para trás, o trem inteiro mergulhando nas campinas da América do Sul.

Diante da excepcional qualidade do produto, a crítica se ofende: "Feito para o mercado exterior, o filme foi comprado pela distribuidora americana Miramax, que o exibiu em Cannes sem mencionar sua origem brasileira".[8] Esse comentário lapidar do *Dicionário de filmes brasileiros* imediatamente coloca o filme de Walter Salles numa perspectiva de vontade de difusão internacional. Não seria com esse cineasta que, oito anos depois, o renascente cinema brasileiro conheceria uma passageira consagração mundial, com *Central do Brasil*? Ele também não coproduziria *Cidade de Deus* (2002)? Assim, desde seu primeiro longa-metragem, filmado num momento crítico do cinema no Brasil graças a uma ajuda internacional — um filme tão ambicioso tecnicamente nunca poderia ter sido filmado sem ela —, o diretor manifesta uma vontade de dar novos ares a uma arte e a uma indústria moribundas. É verdade que a filmagem em inglês e o tempero americano no qual o filme está mergulhado assinalam certa imperícia, mas ele continua sendo a prova concreta de que o sonho do cinema brasileiro pode ser realizado.

A Retomada se lembrará disso e conservará esse desejo de superação, inclusive em filmes tão diferentes e insólitos quanto *As três Marias* (Aloysio Abranches), *Redentor* (Cláudio Torres), *Nina* (Heitor Dhalia) ou *Casa de areia* (Andrucha Waddington). Com exceção de *A grande arte*, não "genuinamente" brasileiro, nenhum filme provoca comentários nesses ocos anos de 1990 a 1993. Em *Cem anos de cinema brasileiro*, Guido Bilharinho escreve: "Os anos 90 caracterizam-se inicialmente pelo hiato da produção ocorrido no governo Collor, com a desativação abrupta de toda a infra-estrutura então existente. O aspecto relevante da questão não é propriamente a diretriz tomada e executada, já que a estrutura produtiva então prevalecente deixa a desejar, mas a maneira como é procedida".[9]

Collor, o vilão?

Nenhuma entrevista com personalidades do cinema brasileiro esquece de mencionar com pavor esse nome, no entanto vivaz, que alguns não hesitam em imaginar vociferando: "Quando ouço a palavra cinema, saco o revólver!". Segundo alguns, o presidente Collor teria recusado por razões financeiras repatriar os filmes brasileiros da retrospectiva do Centre Beaubourg, lá guardados desde 1987. Ele teria inclusive ordenado que as cópias, muitas vezes malconservadas, outras únicas, desse patrimônio já esparso e parcial, bastante difícil de ser reconstituído, fossem queimadas. Felizmente, ele foi em grande parte recuperado pela Cinemateca Francesa — às vezes acusada no Brasil de sequestrar algumas obras-primas nacionais — graças ao Ministério da Cultura, dirigido por Jack Lang.

No poder desde 15 de março de 1990, destituído com grande escândalo em 29 de setembro de 1992, Fernando Collor de Mello tinha um físico de galã de telenovela. Mas a história vai lhe atribuir o papel de vilão, o "malvado" de nossos melodramas ou o pérfido das canções de gesta medievais. Cassado por um escândalo político e financeiro e privado por muitos anos de todos os direitos políticos, desonrado mas não punido, ele personificará ao longo dos anos 1990 esse personagem tão temido e esperado. O inimigo público número um do cinema brasileiro nasceu em Maceió, capital de Alagoas, estado do Nordeste em que foram filmados *Vidas secas, Joanna francesa* e *Quilombo*. Filho de uma terra que o cinema brasileiro imortalizou, Collor fará de seu reino presidencial um capítulo particularmente perturbador.

Marcado por essa época sombria, Walter Salles nela situará seu segundo longa-metragem, dirigido com Daniela Thomas,

Terra estrangeira (1995). Ele não hesita em falar sobre o "olhar crepuscular" do filme: "Eu e Daniela Thomas estávamos deprimidos com os anos Collor", ele confessa aos *Cahiers du Cinéma*. "Marcados por aquela desesperança, quisemos evocá-la em preto e branco, como um filme de arquivos sobre uma época."[10] Nele vemos Collor confiscar, de uma hora para outra, através de um anúncio na televisão, as poupanças da classe média brasileira. Interpretada por Laura Cardoso, a mãe do protagonista (Fernando Alves Pinto) morre de ataque cardíaco na frente do aparelho de televisão ao ouvir a notícia. Não seria essa uma alusão à condenação à morte do cinema? O herói foge para Portugal. É também para terras estrangeiras que, na época, dois dos cineastas mais em vista do Brasil vão para realizar seus sonhos:

DOIS BRASILEIROS EM HOLLYWOOD

Apesar de os veteranos se obstinarem a filmar (Cacá Diegues com *Dias melhores virão* e Walter Hugo Khouri com *Forever*), e um estreante tentar dar um novo impulso ao cinema local moribundo (Walter Salles com *A grande arte*), a criação de longas--metragens de ficção fica, de maneira geral, em ponto morto. A não ser que se trabalhe, como Joffre Rodrigues, com o financiador americano de *Orquídea selvagem* e que se adapte *Boca de ouro* (1990), de seu pai, Nelson Rodrigues, para o inglês. Outros exercem sua paixão pelo cinema alhures, tentados pelas sereias de Hollywood. E não os menores: Hector Babenco e Bruno Barreto.

O beijo da mulher aranha e Brincando nos campos do Senhor

O sucesso internacional de crítica e público de *Pixote, a lei do mais fraco* abriu as portas para o cineasta de origem argentina naturalizado brasileiro. Contatado por Hollywood, ele respondeu ao chamado, mas não esqueceu suas relações com o Brasil. *O beijo da mulher aranha* (1985), adaptação de um romance do argentino Manuel Puig, foi uma coprodução. Com externas filmadas em Paraty e internas nos antigos estúdios da Vera Cruz, reabertos para a ocasião, o filme vence vários prêmios internacionais, como o Oscar de melhor ator e o prêmio de interpretação no Festival de Cannes (ambos para William Hurt).

Ele projeta Sônia Braga em Hollywood, onde ela começa uma bela carreira com Paul Mazursky e Richard Dreyfuss em *Luar sobre Parador* (1988), e depois com Robert Redford (*Rebelião em Milagro*, 1988), Clint Eastwood (*Rookie*, 1990) e John Frankenheimer (*Amazônia em chamas*, 1994). Babenco, por sua vez, dirige Jack Nicholson, Meryl Streep e Caroll Baker em *Ironweed* (1987). Enquanto seus colegas cineastas sofrem, no Brasil, sem nada concretizar, ele dirige outra coprodução em 1990: *Brincando nos campos do Senhor*. Filmado na Amazônia com Tom Berenger, Kathy Bates, Daryl Hannah e Jonh Lithgow, apesar de não passar por tantas dificuldades quanto *Fitzcarraldo*, de Werner Herzog, o filme demora para ficar pronto.

Segundo Leão da Silva Neto, "as filmagens foram conturbadas devido às condições climáticas e a alguns atritos com os índios; com uma equipe tomada por febre, vários atores se indispuseram com a produção, como Kathy Bates".[11] Adaptação de um romance de Peter Mathiessen, o filme é a história de um casal de missionários que quer converter os índios no coração da floresta amazônica. A presença de um mercenário norte-americano perturba a harmonia entre brancos e índios: descendente de índios, ele se questiona sobre sua própria identidade e suas origens. Com fotografia suntuosa de Pedro Farkas e musicado pelo compositor titular de Kieslowski, Zbigniew Preisner, o filme apresenta a excepcional interpretação de índios da Amazônia. Para

dirigi-los, Babenco recorre mais uma vez a Fátima Toledo —
uma preparadora sem igual, especialista em casos extremos. O
relativo fracasso internacional desse belo filme leva à partida de
Babenco de Hollywood. A crítica Lúcia Nagib explica a audiência internacional desse
diretor:

> A diluição dos traços nacionais (completada, nos filmes de produ-
> ção americana, pelo uso do inglês); a denúncia de injustiças sociais
> sem o aprofundamento de discussões políticas; o apego à narrativa,
> sem ceder a experimentações formais; a obediência a determinadas
> regras de gênero (como o melodrama, o cinema erótico ou o thril-
> ler); a ênfase no caráter individual, com reforço para a atuação de
> atores, além do uso de astros consagrados: eis os elementos que
> tornaram Babenco um dos diretores brasileiros de maior circulação
> internacional.[12]

Mas enquanto Babenco está abandonando a Califórnia, Bruno Barreto está chegando.

Assassinato sob duas bandeiras

Bruno Barreto é contatado por Hollywood logo depois do
sucesso de *Dona Flor*. Ora, o filho do casal de produtores Luiz
Carlos e Lucy, feliz com o reconhecimento nacional, declina do
convite norte-americano. Numa entrevista realizada no Rio de
Janeiro em dezembro de 1998, no set de *Bossa nova*, ele confessa:

> Eu poderia ter ido, na época, pois acabei indo mais tarde; deveria
> ter aceito o convite quando o sucesso internacional do filme ainda
> estava quente. Teria sido menos difícil do que quando cheguei, dez
> anos depois. Com o impacto de *Dona Flor*, eu poderia ter imposto

com mais facilidade minhas ideias, minha personalidade. Mas eu era jovem demais para partir. Eu não via o que aquilo me traria. E por que eu partiria? Meu próprio país me festejava, e a festa, no Brasil, é única no mundo. Além do mais, era a idade de ouro do cinema brasileiro. Nunca os filmes nacionais tiveram tantas salas e público. Desde pequeno, fui mergulhado no caldeirão do cinema por meu pai, que havia fotografado *Vidas secas*, produzido *Terra em transe*, e que me levava para as filmagens. Minha vida inteira era aquilo. No fim dos anos 1980, a situação do cinema estava muito diferente no Brasil: fui para os Estados Unidos filmar porque não conseguia mais exercer minha profissão e viver minha paixão em meu país. Fui a contragosto e sofri por isso.

Sua primeira colaboração com os americanos guarda um laço estreito com o Brasil, pois a Metro Goldwyn Mayer adquirira os direitos do romance *Gabriela, cravo e canela*. Apostando na alquimia do trio mágico de *Dona Flor* (Jorge Amado, Bruno Barreto e Sônia Braga), ela os reúne para uma filmagem no Brasil com o italiano Marcello Mastroianni. O sucesso falta ao encontro. Barreto filma no Brasil *Além da paixão* e *Romance da empregada*, com a excelente Betty Faria, antes de exilar-se: "Fui muito mal recebido, foi muito duro. Principalmente porque no Brasil eu era alguém, e lá, ninguém. *Dona Flor* estava distante, bem esquecido: era preciso partir do zero, provar minhas capacidades, na mais total solicitude, com a etiqueta de cineasta do Terceiro Mundo colada na pele".

Ele é apanhado pelo Minotauro e condenado a provar suas capacidades num filme de gênero (espionagem policial). Sua primeira proposta americana é um policial exótico-político que se passa em Porto Rico, *Assassinato sob duas bandeiras* (1990). O roteiro, para Hollywood, convinha a um cineasta sul-americano habituado a golpes de Estado e tráfico de drogas. Barreto se sai bem, apesar de não ter a sorte do argentino Luiz Puenzo, que dirige Jane Fonda e Gregory Peck no notável *Gringo velho*.

A PRIMAVERA DOS CURTAS

Em seu *Dictionnaire du cinéma*,[13] Jean-Loup Passek resume os anos 1980 no Brasil observando que "o classicismo doravante em voga é compartilhado [...] por diretores iniciantes durante esse período, como Murilo Salles (*Nunca fomos tão felizes*), Suzana Amaral (*A hora da estrela*), André Klotzel (*Marvada carne*), Sérgio Toledo (*Vera*)". Ele afirma que dentre os recém-chegados, os mais originais são Carlos Alberto Prates Correia (*Cabaret mineiro*, 1980), Ana Carolina (*Das tripas coração*, 1982), Hermano Penna (*Sargento Getúlio*, 1983), Wilson Barros (*Anjos da noite*, 1987), Arthur Omar (*O inspetor*, 1988) e Jorge Furtado (*Ilha das Flores*, 1989). Ora, estes dois últimos filmes, colocados no mesmo patamar, não são longas-metragens. Labaki escreve:

O cinema brasileiro só não desapareceu graças ao vigor da produção de curtas-metragens. Entre 1986 e 1994 assiste-se no Brasil ao que se convencionou chamar de primavera dos curtas, um intenso período de criatividade caracterizado por uma inédita vitalidade no curta de ficção, pela renovação do documentário e pelo surgimento de estáveis núcleos de animação. Apenas numa segunda fase, já nos anos 90, completou-se o processo com a revalorização do curta experimental [...] No âmbito internacional, o reconhecimento deste boom foi inaugurado com o Urso de Prata em Berlim 1990 para o documentário experimental *Ilha das Flores*, de Jorge Furtado.[14]

Ilha das Flores é um filme sucinto de grande impacto cuja originalidade decorre da gigantesca defasagem entre o que é dito e o que é mostrado. Enquanto nos são apresentadas imagens reais da não vida dos miseráveis de hoje, que só conseguem alimentar-se dos abomináveis dejetos acumulados num depósito de nome paradoxalmente e tragicamente irônico, Ilha das Flores, o comentário narrativo e laudatório nos apresenta as situações mais repugnantes como uma bela história de pessoas felizes, à maneira de um conto. No lixão assim chamado, a tragédia cotidiana de uma parte da humanidade é transformada em conto de fadas.

Brilhante e cruel, o panfleto cinematográfico não consegue enganar o espectador. Nascido no Rio Grande do Sul e vindo do telejornalismo, cofundador da Casa de Cinema de Porto Alegre, fascinado pela simbiose entre documentário e ficção, Jorge Furtado se associa à Rede Globo. Em seus longas-metragens sempre esmerados (*O homem que copiava*, *Meu tio matou um cara* e *Saneamento básico*), ele não seguirá a veia cáustica, sarcástica e satírica de *Ilha das Flores*, mas contribuirá para a expansão da linguagem televisiva no cinema. Curta-metragem de promessas não cumpridas, *Ilha das Flores* anuncia o "cinema da crueldade" dos anos 2000: o tom do filme pode ser percebido em *Cronicamente inviável*, de Sérgio Bianchi, radiografia sem dissimulações da sociedade brasileira do fim do século xx. Como Furtado, muitos cineastas surgem na eclosão dessa "primavera".

Essa geração foi valorizada, a partir de 1990, pelo Festival de Curtas-Metragens de São Paulo. Esses peritos do curta serão os futuros artesãos da Retomada, quando enfrentarão a transição para o longa. Algumas realizações de jovens mulheres impressionam por seu senso do real (*Viver a vida*, de Tata Amaral) ou por seu brilhante experimentalismo (*Caligrama* e *Arabesco*, de Eliane Caffé).

Depois de alguns curtas (como *A mulher fatal encontra o homem ideal*), Carla Camurati (estrela de *Cidade oculta*) se sente pronta para algo maior.

Mais uma pioneira no contexto artesanal da produção nacional? Nesse deserto pelo qual o cinema brasileiro passava nos anos 1990, tudo pode ser feito, pois nada é feito. Por que não se lançar num filme de época, histórico, a caráter? Quem não tem cão caça com gato. Abaixo a paralisia que entorpece o cinema brasileiro! Abaixo o desmantelamento dos mecanismos de produção do governo Collor! Conseguiremos nos adaptar: afinal, para que serve o jeitinho brasileiro?

Ao mesmo tempo decidida e inconsciente, ingênua e rebelde, Carla Camurati dá ouvidos a seu coração, lança-se ao assalto e se transforma em Joana d'Arc do cinema brasileiro, enquanto este enfrenta a invasão do cinema anglófono. *Carlota Joaquina, princesa do Brazil,* lançado em 1994, ressuscita o cinema do país. E Carla Camurati se torna a primeira heroína nacional do jovem cinema brasileiro dos anos 1990.

11. A primeira fase da Retomada
1994-8

Com a supressão de toda política de apoio desde sua chegada ao poder, em março de 1990, o presidente Collor foi o responsável por uma ruptura total na produção cinematográfica do país. O mais surpreendente talvez não tenha sido ele ter feito isso, mas ter podido fazê-lo. Fala-se, no Brasil, em "cinema nacional": o epíteto não é anódino. Ele reflete a dependência estatal da arte cinematográfica: tão dependente que é totalmente paralisada pelas medidas do governo Collor. Ora, apesar da falta de ajuda do Estado, significaria necessariamente que este proibia toda criação e impedia todo cineasta de procurar fundos em outro lugar? Isso suporia uma relação um tanto perversa entre o processo do artista que inventa seu mundo e a boa vontade de um Estado produtor preocupado com política e demagogia, encarregado de um mundo real que ele dirige e modela.

Com Collor, acabado o protecionismo, há uma imensa abertura ao mercado norte-americano e aos produtos importados agora acessíveis à classe média brasileira, que consome compulsivamente e compra apartamentos em Miami, cidade tomada como modelo para o bairro dos novos-ricos do Rio de Janeiro, a Barra da Tijuca. Conforme ressaltado pelo geógrafo e sociólogo Milton Santos, "o consumo impede ou aniquila a reflexão e a inteligência. É uma arma perniciosa da democracia aparente".[1] Consumir não é pensar. Assim que Collor é destituído, o cinema se torna objeto de debate. O novo governo, sob a presidência de Itamar Franco (1992-4), formula e promulga uma Lei do Audiovisual.

LEI DO AUDIOVISUAL, LEI ROUANET E RIOFILME

A Lei do Audiovisual, de 1992, dá incentivo fiscal às grandes empresas, firmas ou bancos do país para investir financeiramente na produção de filmes, sabendo que o dinheiro investido cultural-mente permitirá um considerável abatimento de impostos. O mecanismo permite que as empresas redistribuam aos produtores de cinema até 4% do imposto de renda que elas devem ao Estado. Trata-se de uma lei que complementa uma disposição jurídica não aplicada até então, a Lei Rouanet, de 1991.

O segundo grande acontecimento do governo Itamar Franco é a criação, em 1993, da RioFilme. Mantida pela prefeitura do Rio de Janeiro, essa organização se limita, no início, à distribuição dos filmes nacionais na cidade, depois seu raio de ação vai se estendendo progressivamente ao resto do país, fazendo da cidade desti-tuída pela artificial Brasília em 1962 a capital cinematográfica do país. Graças à energia de seu presidente, José Carlos Avellar, a RioFilme logo se torna a empresa de referência na distribuição de filmes no país e fora dele, até o início dos anos 2000.

Crítico do *Jornal do Brasil*, importantíssimo jornalista brasi-leiro de cinema dos anos 1960-70, elogiador incondicional do Ci-nema Novo de Glauber, Avellar sempre demonstrou um otimismo expansivo. Em 1995, quando se celebraram na França os cem anos da criação do cinematógrafo, Sylvie Pierre, em reportagem no Brasil, onde o cinema nacional começara em 1898, cita Avellar nos *Cahiers du Cinéma*: "Ele me mostra com certo orgulho o cartaz que acabou de mandar imprimir, um admirável desenho de Glauber Rocha, tropical-einsensteiniano, sob o qual consta um slogan: quando do centenário da invenção do cinematógrafo, vamos reinventar o cinema".[2] Visionário? O ano de 1998 será o do renascimento internacional do cinema brasileiro, com *Central do Brasil*. Com a Lei do Audiovisual e a RioFilme, as filmagens são retomadas em 1993 e as produções começam a sair em 1994. Cinco obras são feitas em 1994, doze em 1995, 35 em 1996, entre 40 e 50 em 1997, mais de 50 em 1998. Todas começam com a imagem de dois logotipos do Ministério da Cultura: da Lei do Audiovisual e da Lei de Incentivo à Cultura.[3] É verdade que se trata de um crescimento constante e relativamente encorajador, mas a produção é restrita. Mantidas as proporções, é como no início do cinema falado: um único filme foi rodado em 1930, um aqui e outro acolá nos anos seguintes. Os números precisam ser ponderados. Desses filmes, nem todos são concluídos ou lançados, passando a integrar uma lista infinita de "sem-circuito"; quando lançados, a maioria fica poucas semanas em cartaz. Mas a Retomada surge num momento em que ninguém a esperava.

A única revista brasileira de cinema dos anos 1990, *Set*, constata:

ELE VOLTOU. O pacote 95 de filmes brasileiros tem cerca de quarenta títulos, reveladores de uma nova geração que já não se preocupa em ser herdeira da genialidade de Glauber Rocha. O que parecia impossível, ou pelo menos improvável há alguns meses, aconteceu. Um filme brasileiro entrou em 1995 com filas nas bilheterias e comentários extremamente positivos da crítica, incorporando-se ao repertório da temporada e transformando Carla Camurati na cineasta com o astral mais elevado do país. *Carlota Joaquina, princesa do Brazil* conseguiu criar um clima de lua de mel entre o filme brasileiro e o público dos cinemas, e tudo indica que vai alcançar meio milhão de espectadores este mês.[4]

O filme ultrapassará a marca de 1,2 milhão de ingressos vendidos.

CARLOTA JOAQUINA, PRINCESA DO BRAZIL

Desde 1990 o público de cinema, indiferente às medidas do presidente Collor, se farta de televisão e vídeo. Quando vai ao cinema, é para ver as aventuras de Indiana Jones ou Jean-Claude van Damme. É nesse momento que um filme brasileiro começa a circular de boca em boca e atinge mais de 1 milhão de espectadores. "É uma marca distante ainda", continua a *Set*, "daquela registrada por *Dona Flor e seus dois maridos* (1976) e *A dama do lotação* (1978). De qualquer forma, o desempenho de *Carlota Joaquina* demonstrou que o espectador não tem por princípio rejeitar o filme brasileiro [...] que existe vida no nosso cinema, mesmo depois da morte da Embrafilme e do furacão Collor."[5]

Por que o público brasileiro festeja esse primeiro longa-metragem de uma jovem atriz, ela própria surpreendida por seu impacto? "O filme de Carla Camurati", especifica Inimá Simões na *Set*,

tem grandes qualidades, entre elas a capacidade de obter empatia imediata da plateia. Não se trata de nenhuma obra seminal, dessas que fundam uma nova cinematografia. E se mostra bastante desvinculada do passado cinematográfico recente. Isso é bom, porque parte dos problemas enfrentados nos últimos quinze ou vinte anos decorria justamente da presença de alguns fantasmas girando em torno da cabeça do cineasta brasileiro. Parece que, finalmente, ninguém precisa se apresentar como herdeiro de Glauber Rocha, ou sair gritando pela imprensa e festivais que acabou de realizar uma obra-prima e que não é compreendido. Esta reação adolescente caiu em desuso, apesar de eventuais recaídas, e nas discussões sobre as perspectivas imediatas se comprova uma saudável postura que leva os profissionais a entenderem o filme também como produto que está ligado à economia e ao mercado.[6]

Essa análise repreende os herdeiros espirituais do Cinema Novo, mas também os do cinema marginal, ultrapassando-o na abstração, na provocação e na busca experimental. É uma alusão aos filmes dos anos 1980 premiados no exterior, como *Anjos da noite* ou *Marvada carne*, que muitas vezes encontraram, em casa, incompreensão, ceticismo e desaprovação da crítica e sobretudo do público. Com *Carlota Joaquina*, tudo parece se reconciliar: arte, espetáculo, público, crítica. Carla-Carlota é uma verdadeira "Joana d'Arc", ironiza Sylvie Pierre,[7] pois devolveu a confiança a todo um povo com problemas de autoestima cultural — o público brasileiro é com frequência reticente à sua própria cultura por preconceito desfavorável e está particularmente inclinado a rejeitar seu cinema, marcado com o selo da infame chanchada e da pornochanchada. Em sua crônica, Sylvie Pierre relata:

> Como uma espécie de verificação sobre a energia comunicativa do cinema, fui ver um filme brasileiro recente, *Carlota Joaquina, princesa do Brazil*, primeiro longa-metragem dirigido por uma jovem mulher, Carla Camurati, conhecida como atriz, que foi um sucesso de público fulminante (cerca de 1 milhão de entradas), o que não era visto para um filme nacional há quase vinte anos: em 1977, o filme de Neville d'Almeida *A dama do lotação* teve um público de

6,5 milhões e em 1980 *Pixote*, de Hector Babenco, atingiu 2,5 milhões. Não há espaço aqui para dizer tudo de bom e de ruim contraditório que vejo nesse filme forte, demagógico e loucamente "eficaz", exemplarmente produzido por uma diretora superdotada, mas pela confiança que ela devolve ao cinema brasileiro, e sobretudo a seu público, Carla Camurati mereceria ter uma estátua erigida no Brasil, como Joana d'Arc.[8]

Analisemos o sucesso desse divertimento de época, logo desvalorizado. Os primeiros ciclos internacionais que celebraram a Retomada, no fim dos anos 1990, o ignoram. Em Paris, em julho de 1999, o organizador de uma retrospectiva, Didier Nedjar, se recusa a exibir essa "piada" que ele considera "envelhecida e medíocre".[9] No MoMA de Nova York, em outubro de 1998, acontece a mesma coisa. Para além de seu valor artístico, não se deveria reconhecer sua importância factual? Vários ingredientes genuinamente brasileiros explicam o sucesso fulminante e exclusivamente no mercado interno do filme de Camurati, triunfo que tirou proveito de um contexto tão desfavorável que se tornou paradoxalmente favorável: o público, indiferente aos infortúnios do cinema e tornando-se teléfilo, se não teléfago, não sofreu com a ausência de produções nacionais por quatro anos, mas, inconscientemente, a falta se formou. Aqueles que quinze anos antes só juravam por Sônia Braga ou Zezé Motta, numa cultura de fácil efusão e sem meias medidas, esse público imprevisível, irracional e inflamável, estava pronto para adorar o primeiro filme sedutor que chegasse. E este foi *Carlota Joaquina*.

Na verdade, trata-se de uma obra sem identidade cinematográfica, que não pertence a nenhum gênero e pertence a vários. Ela não seria um espelho da identidade cultural brasileira?

Seu primeiro trunfo é tratar-se de um filme histórico. Esse gênero goza dos favores do público brasileiro, principalmente quando tratam da história nacional, enaltecendo o orgulho da nação ou estigmatizando os adversários, de quem não se hesita em debochar: cangaços (*O cangaceiro* e *Dioguinho*), bandeirantes e imigrantes (*Gaijin, O quatrilho* e *Oriundi*), fazendeiros e escravos (*Sinhá moça* e *Xica da Silva*), família real (*Independência ou morte*).

Sutil ilusão histórica, a independência do Brasil não seria, acima de tudo, a rebelião de um príncipe herdeiro e de seus amigos contra um pai que é rei de Portugal, para desapossá-lo? Compreendendo que o Brasil, muito mais vasto e rico do que a terra-mãe, era uma presa fácil para quem fosse ambicioso e quisesse libertar-se dos impostos da Coroa, dom Pedro se autoproclamou imperador do novo país independente e fácil de dividir. Tema fácil de ser ilustrado em quadros populares, aptos a seduzir um público admirador do exotismo histórico. Apagada a realidade cúpida, encontramos o maniqueísmo do romance-folhetim: o príncipe herdeiro tem todas as qualidades, o pai (dom João VI) e a mãe (Carlota Joaquina) estão cheios de defeitos. São eles que vemos, chegando ao Brasil, na farsa de Camurati. No filme a priori sério de Carlos Coimbra, a rainha já fora interpretada de maneira caricatural por Heloísa Helena, com um sotaque espanhol excessivo. Talvez esse personagem, transposto para a tela a partir do imaginário popular, tenha dado a Camurati a ideia original para sua farsa histórica.

Seu segundo trunfo é tratar-se de um filme cômico. Na época das chanchadas da Atlântida, a comédia histórica fez a glória do cinema brasileiro. Gostava-se de bordar fantasias anacrônicas em telas conhecidas. Assim, Lucrécia Bórgia foi pastichada pela irreverente cantora Dercy Gonçalves (*Uma certa Lucrécia*, 1957); Oscarito e Grande Otelo parodiaram Romeu e Julieta; até os Trapalhões retomam o repertório histórico-literário internacional, de *As mil e uma noites* a *Robinson Crusoé*, passando por *Tristão e Isolda* e *Os três mosqueteiros*.

O pastiche é um gênero muito valorizado, e a derrisão histórica é bem-vinda, exceto para a história nacional oficial, num país em que todo cidadão é obrigado a votar. Ora, a rainha Carlota Joaquina não é um personagem brasileiro, mas espanhol: ela nunca se adaptou ao Brasil, que a vemos criticar excessivamente em Coimbra e Camurati. Ela teria inclusive cuspido em seu solo ao partir, se não ao chegar. Trata-se de uma estrangeira e de uma inimiga: sua caricatura não coloca em causa o orgulho nacional, muito pelo contrário, ela o estimula.

E há muitos outros motivos para seu sucesso:

- O filme desenvolve um tema de romance-folhetim ou de melodrama com a estética da telenovela da época: amores contrariados, pompas e solidão das princesas tão vigiadas mas solitárias, experiência caótica de uma vida aos sobressaltos, destinos desordenados, grande amor impossível porque o único homem amado pela rainha (Marieta Severo) é um belo escravo negro liberto (Norton Nascimento).
- Ambiente licencioso: pequenos toques eróticos como numa pornochanchada de categoria A, luxuosa e de costumes. A lembrança do gênero é fácil para o espectador, pois quanto mais numerosas são as camadas de roupas a despir, maior o desejo.
- Tratamento narrativo e ilustrativo acessível: sainetes, dramatização e estilização teatral semelhantes aos da ópera-cômica. Tudo isso revela um gosto pronunciado por lantejoulas, pedrarias, glamour e brilhos.
- Trabalho original na artificialidade dos cenários e imagens; parcialidade estética autorizada pela falta de meios técnicos. De maneira inteligente, a cineasta brinca com a sensação de déjà-vu e a impressão de uma técnica ultrapassada para facilitar a viagem no tempo.

- Os dois protagonistas são conhecidos (casal recorrente no teatro e na televisão): Marco Nanini faz o grotesco rei dom João de Portugal, e no papel-título está Marieta Severo, excelente na caricatura, discretamente solicitada pela Retomada (*Guerra de Canudos, Villa-Lobos, As três Marias* e *Cazuza*).
- A cereja do bolo: o filme é astuciosamente bilíngue. Na abertura, a história é apresentada em inglês, língua do Primeiro Mundo que fascina o público brasileiro acostumado aos filmes americanos em versão original legendada.

Resultado: o todo, não inteiramente premeditado, funciona às mil maravilhas. *Carlota Joaquina*, com seu humor, seu ritmo, sua vivacidade, sua impertinência cheia da alegria original da chanchada, devolve a confiança a todos: público, cineastas, produtores, atores, técnicos, distribuidores. Filme-acontecimento, se não inovador e revolucionário, ao menos original na forma: nem comédia italiana ou hispânica, nem britânica ou francesa. Uma obra híbrida que não se assemelha a nenhuma outra, bem de acordo com o humor canibal brasileiro. Desde *Xica da Silva* o cinema nacional não conhecia uma heroína homônima de sucesso. Desde então, aliás, tampouco conheceu outra.

Apesar do impacto desse filme-farsa, alguns lhe recusam a condição — historicamente incontestável — de ponto de partida da Retomada. Para estes, não é a neochanchada para todos os públicos que marca o ponto zero da recuperação, mas um filme para poucos do paulista Reichenbach: *Alma corsária*.

O *QUATRILHO* A CAMINHO DO OSCAR

Pouco depois do lançamento de *Carlota Joaquina*, aproveitando a onda de entusiasmo suscitada por uma produção nacional, outra obra de inspiração histórica, mas agora abertamente televisual, obtém os favores do público: *O quatrilho*, de Fábio Barreto, dirigido pelo filho mais novo dos produtores Luiz Carlos e Lucy. Essa obra sobre os imigrantes italianos do início do século XX assimila as lições da telenovela de época. Ele apresenta, com uma leve ampliação cinematográfica, seus temas e personagens, close--ups e música extradiegética onipresente ou sistematicamente significativa, atores jovens na moda. O filme é um sucesso de público, sustentado por uma bela trilha de Caetano Veloso e Jacques Morelenbaum. Mas a exemplo dos filmes mais tarde produzidos pela Globo, como o espetacular *Olga* (2004, Jayme Monjardim), podemos falar em cinema?

Contra todas as expectativas, a influência das telenovelas sobre o novo cinema brasileiro é analisada positivamente pelo presidente da RioFilme, Avellar, citado por Naranjo Mayor nos *Cahiers du Cinéma*:

As telenovelas não ajudaram concretamente o renascimento do cinema brasileiro, mas elas devolveram ao público o gosto de viver histórias brasileiras e de ver atores brasileiros. As telenovelas criaram uma certa maneira de interpretar, muito brasileira, que mantém, é claro, laços com a comédia italiana, o cinema francês e o teatro. Ela ajudou o cinema brasileiro a encontrar sua linguagem. As telenovelas foram uma espécie de rascunho para o trabalho futuro no cinema e no teatro.[10]

Segundo o crítico chileno,

Não é um acaso que um dos primeiros sucessos de público desse "renascimento" fílmico tenha sido *O quatrilho*, quarto longa--metragem de Fábio Barreto, um filme que aborda um tema propriamente brasileiro, a colonização italiana no sul do país, tendo à frente do elenco a excelente Glória Pires e utilizando uma linguagem que foi a feliz síntese das experiências da televisão e do cinema. Não encontramos em *O quatrilho* um vestígio de experimentação semelhante à dos anos 1960, nem de preconceitos radicais sobre a identidade brasileira. Fábio Barreto tenta encontrar uma ideia do país, mas de maneira afetiva. A história tinha potencialmente a dimensão de uma tragédia passional (um marido foge com a mulher do sócio), mas o cineasta preferiu levá-la para o terreno dos sentimentos melancólicos para reproduzir o tempo dos pioneiros. Apesar de seu título fazer alusão a um jogo de cartas em que ganha aquele que trapaceia, *O quatrilho*, não importa como o consideremos, é um filme de reconciliação; ele sela um pacto entre a televisão e o cinema, entre a nova geração de cineastas e o público.

Portanto, seria em grande parte devido ao reconhecimento dos códigos televisivos que o público brasileiro teria aderido aos filmes e seguido o caminho das salas escuras. O filme de Camurati marcou o renascimento nacional; o de Barreto, o internacional. Apresentado em Nova York e Paris, visto por bom 1 milhão de espectadores no Brasil, *O quatrilho*, de concepção acadêmica, é indicado ao Oscar de melhor filme estrangeiro em 1996, para estupefação maravilhada de todos, uma honraria considerada suprema no Brasil e nos países da América do Sul. Essa indicação inesperada foi o acontecimento de que a Retomada precisava para provar que não era uma miragem de Carnaval. A consagração norte-americana reconciliou definitivamente o público de classe média do país com um cinema que não devia ser tão ruim se Hollywood se interessava por ele. A cultura brasileira muitas vezes sente necessidade de aval externo, americano ou europeu, para existir. Como se o Brasil só pudesse *ser* sob o olhar do outro: como um reflexo, do outro lado do espelho.

MOSAICO DO NOVO CINEMA BRASILEIRO

O mosaico heteróclito do fim dos anos 1990 permite a observação de uma constante do cinema brasileiro, presente desde os seus primórdios: a mestiçagem cinematográfica, que alguns críticos locais qualificam de impessoal e que os estrangeiros veem de modo diferente a partir de seus pontos de vista exógenos, semelhante ao *melting pot* da cultura brasileira. Amir Labaki resume da seguinte forma a passagem de uma etapa à outra desse cinema em constante questionamento:

> Por nossa incompetência histórica em copiar os sucessivos modelos estrangeiros (Hollywood, Cinecittà, neorrealismo, Nouvelle Vague), cada movimento digno desse nome representou uma reação evidente à conjuntura anterior. Cinédia e Atlântida, os principais estúdios produtores de comédias musicais ou chanchadas (anos 1930-50), procuraram organizar o voluntarismo da produção muda. Em oposição ao caráter pretensamente popularesco das chanchadas, a Vera Cruz surgiu em São Paulo na virada dos anos 1940-50, visando uma produção "artística" com bases industriais e critérios internacionais. Sua negligência quanto ao estabelecimento de um sólido circuito de distribuição e difusão não tardou a condená-la à falência, estigmatizando por décadas qualquer projeto de uma indústria fundada sobre um sistema de estúdios no Brasil. O cinema independente paulista (Roberto Santos, Luiz Sérgio Person) e o próprio Cinema Novo (Rocha, Pereira dos Santos) se apresentam com um modelo radicalmente oposto: equipes pequenas, temas nacionais, se não locais, e filmagens externas. Diálogo com o público e estratégia de mercado passam para segundo plano. A breve primavera do cinema marginal, no fim dos anos 1960 e início dos 1970, aprofundou essa tendência, revigorando-a mediante um diálogo bem-humorado com a indústria cultural à moda tropicalista. O modelo Embrafilme reagiu esti-

337

mulando inicialmente o exato oposto: adaptação da cultura "séria", marcos históricos e clássicos literários.[11]

Podemos constatar, neste resumo mordaz de meio século de cinema, a variedade das diferentes orientações tomadas pelo cinema no Brasil em busca de uma identidade cultural. Sequência de perguntas e respostas e diálogo interrompido entre gêneros e gerações: como um eterno retorno, o mesmo fenômeno ocorre na primeira fase da Retomada. "Seria prematuro", escreve Labaki na Introdução a *O cinema brasileiro: De O pagador de promessas a Central do Brasil,*

> apontar uma vertente cinematográfica dominante nesta produção. Pluralidade tem sido a palavra de ordem para a reconstrução do cinema no Brasil. Entre as novas tendências reconhecíveis, destacam-se a que aproxima a narrativa fílmica da linguagem televisiva (*O quatrilho, Carlota Joaquina, Pequeno dicionário amoroso*) e a retomada do diálogo com a tradição cinema-novista (*O sertão das memórias, Central do Brasil*) ou independente paulista (*Um céu de estrelas*).

Walter Salles, por sua vez, é questionado pelos *Cahiers du Cinéma* em 1998: "O senhor se sente o ponta de lança de uma renovação cinematográfica, de uma espécie de cinema novo?". Ele responde a Laurent Desbois: "Em todas as produções atuais, encontramos o desejo de falar do país um pouco mais visceralmente. Como se por vários anos não tivéssemos podido exercitar nossa língua e de repente nos autorizassem a falar. A unidade desse novo cinema brasileiro reside nesse desejo de expressar as verdades do país".[12] Na expressão múltipla dessas verdades, tentemos encontrar alguns fios condutores, pois reina certa desordem nesse bricabraque. Para Walter Salles, no entanto:

> Há também uma vontade de compartilhar alguma coisa entre nós: não formamos um grupo unido do ponto de vista estético, mas

somos um movimento de jovens diretores que buscam, no mesmo momento, mas de maneiras diferentes, encontrar uma forma cinematográfica que seja o reflexo de nosso país, que seja brasileira na essência. Para isso, precisamos de um vetor comum: poderia ser a ideia, já adiantada pelo Cinema Novo, de colocar o verdadeiro rosto do Brasil diante da câmera, enquadrar novamente o real, do qual o cinema e sobretudo a televisão por tanto tempo nos afastaram; expressar quem somos, de onde viemos.[13]

De *Carlota* a *Central*, às vezes o novo cinema recorda o seu passado, como com a reprise temática (sertão) e a escolha de atores símbolos (Othon Bastos, Leonardo Vilar). Mantém com os mais velhos (Nelson Pereira dos Santos, Cacá Diegues) relações privilegiadas. Há também a explosão de talentos em todas as direções, fora do eixo Rio-São Paulo, com uma ponta brilhante em Pernambuco (como *Baile perfumado*), e a proliferação de mulheres cineastas, estimuladas pelo sucesso de Carla Camurati (Tata Amaral, Eliane Caffé, Rosane Svartman, Sandra Werneck). Também se percebe, durante esse período, o aburguesamento inevitável de uma cinematografia proveniente das classes médias ou superiores, da qual o Brasil negro, como aliás o Brasil índio e o Brasil social, está praticamente ausente. Um vazio que a segunda fase da Retomada tentará preencher (*Orfeu, Cruz e Sousa, Desmundo, Cronicamente inviável*). A terceira fase (*Cidade de Deus* ou *Cidade dos homens, Filhas do vento, Meu tio matou um cara, Maré, nossa história de amor, Tropa de elite*) o fará com mais afinco.

Um cinema de reminiscências: o eterno retorno

Antigos nomes do Cinema Novo, ex-marginais, veteranos da Vera Cruz ou da pornochanchada, todos estão ativos no fim dos anos 1990, em filmagens ou projetos. A primeira fase da Retomada e a nova safra prestam constantes homenagens aos veteranos: os novatos, formados nas escolas de cinema, são cinéfilos como Sergio Leone e Brian de Palma haviam sido e aprenderam as grandes linhas da história de seu cinema, com especial apreço pelo Cinema Novo (no Rio) ou marginal (em São Paulo). "A existência de uma nova geração não se impôs em oposição à antiga, o que nem sempre acontece", comenta Walter Salles, que esclarece que "os mestres do Cinema Novo estão todos filmando neste momento; pelo menos os sobreviventes."[14] Se Glauber Rocha estivesse vivo, teríamos o *Guarani* que ele pretendia fazer, baseado em Carlos Gomes? Apesar da dedicação, Nelson Pereira dos Santos nunca concluiu seu *Castro Alves* e se contentou com *Brasília 18%* (2006), mas atuou desde as primeiras horas da Retomada.

Nelson Pereira dos Santos

Nelson Pereira dos Santos participa da primeira fase da Retomada com um filme de ficção e um documentário. *A terceira margem do rio* (1994) é uma transposição de contos do autor regionalista João Guimarães Rosa. Mas o encanto não opera mais. Para Guido Bilharinho, "a tentativa de misturar fábula, imaginário e dura realidade da periferia de grande cidade é frustrada e frustrante. Esse filme constitui síntese da desigual e extensa obra do diretor: altos e baixos momentos".[15] O laço entre a grande época do Cinema Novo e a Retomada é garantido por Maria Ribeiro, a mãe de *Vidas secas*, dirigida pela terceira vez por seu Pigmaleão, depois de *O amuleto de Ogum*. Essa nova adaptação literária de Nelson Pereira dos Santos reforça a argumentação dos defensores de sua candidatura para a Academia Brasileira de Letras, em 2006, por sua contribuição à divulgação do patrimônio literário nacional.

Já *Cinema de lágrimas* (1995) é uma encomenda do British Film Institute pelo centenário do cinema. Trata-se de um documentário a partir de um livro homônimo de Sílvia Oroz sobre os melodramas sul-americanos de 1931 a 1954. Portador de uma nova vontade de integrar e honrar o passado cinematográfico recente, exibe excertos de dezoito melodramas latinos. Muitos são os filmes da Retomada em que os autores colocam trechos de velhos filmes de ficção, de arquivos nacionais ou pessoais que se quer imortalizar antes que queimem ou desapareçam, como *O cineasta da selva, Baile perfumado* e *Alma corsária*.

Em relação a Nelson Pereira dos Santos, Walter Salles confessa que ficou muito comovido

> que ele tenha pedido à nossa produtora, a Videofilmes, para cofinanciar seu próximo longa-metragem, um de seus projetos mais ambiciosos, um panorama histórico sobre o poeta Castro Alves, durante a Guerra do Paraguai: *Guerra e liberdade.* Que o pai do Cinema Novo se volte para essa nouvelle vague é a prova de que no Brasil o cinema — exatamente cem anos depois da filmagem de uma chegada de barco ao porto do Rio — está mais vivo que nunca.[16]

Infelizmente, o filme nunca ficou pronto.

Cacá Diegues

Cacá Diegues, por sua vez, soubera contornar as dificuldades dos anos Collor para dirigir um filme em esquetes: *Veja esta canção.* O cineasta, que num contexto econômico, político e cultural sombrio ousara dirigir um filme de título otimista — *Dias melhores virão*, única produção nacional lançada no Rio de Janeiro em 1992 —, encontra um ardil digno de ex-contestador dos anos 1960 exilado em Paris durante a ditadura, "resistente" do cinema que encontrou um jeitinho de continuar a filmar. Associando-se à TV Cultura, ele simula filmar quatro médias-metragens de uma hora cada um, mas na verdade faz um filme coerente e bem construído de duas horas.

Quatro episódios distintos são introduzidos pela canção--título de Milton Nascimento. Cada esquete ilustra uma canção de um mestre da MPB: "Drão", de Gilberto Gil, "Pisada de elefante", de Jorge Ben Jor, "Você é linda", de Caetano Veloso, e "Samba do grande amor", de Chico Buarque. O filme é incensado pelos *Cahiers du Cinéma*: "Diegues produz um filme fantástico e exaltante, trivial e sentimental, trágico e engraçado. Uma maravilha". Interessado pela modernidade tecnológica, ele tenta aqui apresentar uma linguagem-colagem em que os truques televisivos de informática trazem ao cinema uma poesia insólita e inovadora, como no episódio inspirado na canção de Caetano. Pena que os filmes subsequentes não explorem essa veia experimental que Guel Arraes, em contrapartida, retomará (*O auto da Compadecida, Caramuru*) na segunda fase da Retomada. *Veja esta canção* agrada ao público, mas decepciona a crítica.

Já a adaptação de Jorge Amado *Tieta do agreste* é lançada em agosto de 1996, com grande auxílio publicitário: assim como Tieta voltou para seu vilarejo depois de anos, este é o retorno da estrela hollywoodiana Sônia Braga, ausente há anos das telas brasileiras, agora cercada por um encantador quarteto feminino: Zezé Motta, Marília Pera, Cláudia Abreu e Patrícia França.

Tieta foi o primeiro filme da Retomada a ser explorado internacionalmente e obter um pequeno sucesso em Paris e Madri, porque é um típico produto de exportação: cores da Bahia, mulatas, sexo, pimenta e acarajé, o todo envolvido por uma música suave de Caetano Veloso cantada por Gal Costa e Zezé Motta ("Miragem de Carnaval"). Isso é o que alguns críticos afirmam, no Brasil, insensíveis à luminosidade do filme, à sua energia tropical e ao retorno de uma estrela considerada americanizada, como Carmen Miranda em seu tempo. Grande atriz, Sônia Braga só voltaria a aparecer, no entanto, num único filme: *Memórias póstumas de Brás Cubas*,[17] passando a chama à sobrinha Alice (*Cidade baixa*, 2005; *Ensaio sobre a cegueira*, 2008). Canto do cisne de dona Flor, dirigido pelo pai de *Xica*, o filme tem 1 milhão de espectadores mas decepciona os admiradores do período preto e branco ou tropicalista de Cacá Diegues, cujo cinema autoral parece repentinamente batido e superficial; muitos sentem falta da interpretação de Betty Faria no papel homônimo da novela, imenso sucesso da Globo oito anos antes.

Somente a abertura do filme conquista a unanimidade, documento antológico: no prólogo, aparece Jorge Amado, como um padrinho, abençoando com sua varinha mágica o renascimento do cinema brasileiro. Diegues, por sua vez, fortalecido pelo sucesso de seu cinema nacional popular, dirige a seguir *Orfeu* (1999), importante por motivos variados, *Deus é brasileiro* (sucesso de 2001) e o pálido *O maior amor do mundo* (2006). Os outros cinema-novistas em atividade não gozam do mesmo apoio popular.

Ruy Guerra, Walter Lima Jr. e Paulo César Saraceni

Entre os antigos do Cinema Novo, Saraceni decepciona com o melodrama *O viajante*, inspirado num romance de Lúcio Cardoso, em que poucos reconhecem o cineasta de *A casa assassinada* (1971) e *Natal da Portela* (1988), que Sylvie Pierre afirma ser "ao lado de *Memórias do cárcere*, de Nelson Pereira dos Santos, uma das raras verdadeiras obras-primas do cinema brasileiro dos anos 1980".[18] *O viajante* foi um fracasso.

Menos conhecido no exterior, Walter Lima Jr., em contrapartida, é apreciado pela crítica brasileira. Incensado desde *Menino de engenho*, ele dinamiza a Retomada com dois filmes originais de inspiração elevada: o insólito e anglófono *O monge e a filha do carrasco* (1996), o perturbador e poético *A ostra e o vento* (1997). Filme de encomenda, produção americana independente produzida no Brasil por Joffre Rodrigues e falada em inglês, *O monge e a filha do carrasco* é um conto de atmosfera medieval adaptado de um romance moderno americano que se passa em 1701, de Ambrose Bierce, do qual Lima se reapropria com um senso do relato fílmico imaginário desenvolvido em seus contos alegóricos *Brasil ano 2000* (1970) ou *Ele, o boto* (1991). Para Inácio Araujo, a grandeza do filme de Walter Lima Jr. e de sua obra em geral reside no fato de pertencer a um cinema supranacional, no qual a brasilidade surge do confronto intemporal com o universal.[19] A língua imposta pelos Estados Unidos para a distribuição, o inglês, foi, ao contrário das previsões, um obstáculo para o lançamento do filme no Brasil.

A ostra e o vento, premiado em Biarritz em 1997, mas lançado discretamente em Paris dez anos depois, com o veterano Lima Duarte e a jovem Leandra Leal, conta a história de um pai e uma filha numa ilha deserta, quando ela descobre a sexualidade vivendo uma relação estranha e erótica com o vento. Segundo a *Enciclopédia*, "uma bela fantasia poética que mergulha na complexidade do feminino, em que as forças da natureza e os seres humanos se interligam num fluir contínuo, repleto de emoção".[20] Vencedor de muitos prêmios locais, destacado pela fotografia externa de Pedro Farkas e uma música envolvente de Chico Buarque, o filme retoma com sucesso um caminho interessante seguido pelo cinema brasileiro: o da alegoria ou metáfora intemporal. Outros autores seguirão essa estrada poético-universal, mas o público não adere ao cinema-fábula no limite da experimentação e do espetáculo, nem totalmente um nem totalmente outro (*Kenoma*, de Eliane Caffé, 1998; *As três Marias*, de Aloysio Abranches, 2002; *Casa de areia*, de Andrucha Waddington, 2004).

Por outro lado, nesse âmbito de pesquisa, o veterano Ruy Guerra segue seu caminho original. Ele encontra no Brasil o romance de Chico Buarque *Estorvo* e o filma em Cuba com Jorge Perugorría e Bianca Byington. Apresentado em Cannes, o filme é mal recebido. Seu estetismo considerado obsoleto recebe uma acolhida ainda pior no país onde Ruy Guerra filmou duas obras-primas, *Os cafajestes* e *Os deuses e os mortos*. Ele levará quase dez anos para filmar *Veneno da madrugada*. Apesar de lusófono de origem, o cineasta é considerado menos brasileiro que o argentino hispanófono Hector Babenco. Com certeza o artigo incendiário de Glauber Rocha marcou para sempre o ombro sólido em que ele sempre segurou a câmera, com uma ideia interessante e pessoal na cabeça.

Rodolfo Nanni e Walter Hugo Khouri

Dentre os mais antigos ao lado de Carlos Manga (pioneiro da Atlântida recuperado pela Globo), Rodolfo Nanni, nascido em 1924 em São Paulo, fervilha de projetos ao longo dos anos 1990. Nenhum será levado até o fim por ele, que se autoqualifica, sorrindo, de "avô do Cinema Novo".[21] Em meio século, finaliza apenas *Cordélia, Cordélia* (1971). Com a obstinação de Dom Quixote típica dos cineastas brasileiros, ele inicia, animado pela Retomada, o projeto de uma cinebiografia da pintora modernista Tarsila do Amaral. Para essa coprodução com a França (onde Nanni cursou o IDHEC), a estrela escolhida é a francesa de origem brasileira Cristiana Reali, que encontraria nele a ocasião de se fazer conhecida no país de origem. Ocupada em contratos teatrais e principalmente desejosa de filmar com diretores da nova geração, a atriz declina da oferta, e o filme não será feito.

Em fins de agosto de 1999, durante uma entrevista para a *Folha de S.Paulo*, Nanni não esconde sua decepção com a situação do cinema nacional. Para ele, enquanto todos proclamam o sucesso de uma Retomada já na segunda fase, o cinema brasileiro vive um de seus piores períodos desde Collor, pois os ataques incessantes da imprensa brasileira o destroem em pleno voo. Ele cita a *Veja*, que acusa, num artigo de grande repercussão, produtores, cineastas e distribuidores da Retomada de desviar a utilização dos recursos financeiros obtidos. É por isso que, da noite para o dia, várias instituições retiram do circuito sua ajuda à produção, paralisando projetos de envergadura, como *Tarsila* ou *Castro Alves*, de seu antigo assistente Nelson Pereira dos Santos.

Já Walter Hugo Khouri mostra dinamismo, regularidade, prolixidade e longevidade particularmente louváveis, e, em total contraexemplo no meio de uma cinematografia que Sylvie Debs lembra "nunca ter conhecido uma produção regular e que tem a história marcada por períodos de crise e de produtividade",[22] seus 25 filmes representam meio século de resistência. Sob o governo Collor, ele inclusive conseguiu começar uma produção ítalo--brasileira falada em inglês e estrelada por um astro americano, Ben Gazzara: *Forever*. Resumo de seus fantasmas, o filme é seguido, cinco anos depois, por *As feras*, distribuído com dificuldade, e *Paixão perdida*, último filme de título simbólico. Anacrônico formal e semanticamente, ele demonstra o esgotamento criativo de um artista que está envelhecendo. O cineasta, considerado, como Nanni, de uma geração retrógrada, enfrenta a recusa de Cristiana Reali. Obstinado, ele volta a contatá-la para um projeto sobre Gabriele d'Annunzio a ser filmado no Brasil, na Itália e no norte da África. Mas é atingido moralmente pelo processo movido pela apresentadora Xuxa Meneghel para retirar de circuito *Amor, estranho amor*. Nesse filme, a rainha dos baixinhos, supostamente forçada a fazê-lo, aparece nua, seduzindo um adolescente. Doente, o autor de *Eu* não consegue levar até o fim seu último projeto e morre em meio a certa indiferença, vencido pela ingratidão e pela falta de reconhecimento.

A RECUPERAÇÃO DE TEMAS TRADICIONAIS

Ciclo do cangaço e das miragens do sertão

O cangaço e o sertão, historicamente ligados, não poderiam estar ausentes do cinema dos anos 1990, pois é através dele que se constroem, em paralelo, duas tentativas existenciais indissociáveis e complementares: busca de identidade cinematográfica, busca de identidade nacional. Em seu livro *Les Mythes du sertão: émergence d'une identité nationale*, Sylvie Debs constata que

o Nordeste, e mais especificamente o sertão, constituiu uma referência cultural recorrente no imaginário brasileiro desde o século XIX enquanto fonte de inspiração e de produção artística. No início do século XX, com o surgimento da República, ele continua sendo uma questão da constituição brasileira devido à repercussão nacional dada por Euclides da Cunha à insurreição popular de Canudos (1896-7). Durante uma conferência pronunciada em 1944, Oswald de Andrade, comparando os respectivos méritos de Machado de Assis (1839-1908) e Euclides da Cunha (1866-1909), lembra que com este último "surgiu a esperança do povo, a mística do povo, a anunciação do povo brasileiro".[23]

Natureza especificamente brasileira, o sertão, deserto que foi mar, se inscreve perfeitamente nas dicotomias inerentes à vida social e cultural brasileiras formadas por cidade grande e campo, interior e litoral, Sudeste e Nordeste, povo (miserável e revoltado) e governantes (egoístas e repressivos). Com a trilogia do sertão de

Cannes, em 1964, o cinema brasileiro nasceu internacionalmente e enfim encontrou uma marca identitária. Além disso, a primeira fase da Retomada simbolicamente realiza uma refilmagem em cores de *O cangaceiro* (Aníbal Massaini, 1997), no cenário original, com estrelas da televisão, recursos técnicos significativos e efeitos especiais permitidos pela tecnologia da época, mas sem a sinceridade ingênua e a poesia artesanal do primeiro filme. No contexto desolado do deserto sertanejo brasileiro dos anos 1920, as cenas de nudez com marcas de biquíni no corpo não passam despercebidas e provocam o riso do público. Sexo e sangue ocorrem em abundância, mas o resultado é o fracasso de uma superprodução épica que prejudica a credibilidade de um novo cinema do qual ela é então a realização mais cara. No entanto, foi uma tentativa de regenerar o nordestern e concorrer com o cinema americano no âmbito do filme de aventuras populares e nacionais.

Portanto, o diretor Aníbal Massaini mantém-se na linhagem do pai Oswaldo, produtor que, da Cinedistri a *Independência ou morte*, sempre buscou uma osmose entre espetáculo de qualidade e indústria de massa. Rubens Ewald Filho, depois de ter afirmado que "o que falta ao cinema nacional são filmes de aventura, de ação!", elogia, na coleção de vídeo *IstoÉ: Novo cinema brasileiro*, essa tentativa de rejuvenescimento.

Baile perfumado

Essa bela hipálage (o baile é perfumado?) ilustra uma canção apreciada e dançada por Lampião. O filme, que inaugura de maneira brilhante um novo ciclo do Recife, é dirigido por dois novatos, Paulo Caldas e Lírio Ferreira. Recusando a simples unidade narrativa de uma aventura tradicional sobre cangaceiros, eles prestam homenagem à estética fragmentária e barroca de Glauber Rocha, personalizando-a e superpondo-lhe três linguagens e estilos cinematográficos. Filme dentro do filme, *Baile perfumado* conta em flashback a história verídica do cineasta de origem sírio--libanesa Benjamin Abrahão, que acompanhou e filmou Lampião e seu bando no sertão dos anos 1920. Propõe, a partir disso, uma interessante justaposição e confronto de três modos de filmar, com a utilização de imagens mudas de arquivos e de uma estética de videoclipe, em meio à reconstituição de época.

Apesar de o conjunto do filme se situar nos antípodas do novo *O cangaceiro*, trata-se de uma variação sobre um tema caro ao imaginário histórico e o consciente coletivo brasileiro. Com as imagens de arquivo, somos habilmente levados do espaço colorido das filmagens para o espaço sépia do documento gravado, e vice-versa. É a vontade da nova safra de fazer as novas gerações conhecerem um patrimônio esquecido e desconhecido. Tendo ao mesmo tempo "Mulher rendeira" e "Baile perfumado" cantadas por uma banda de rock e outra de rap, o filme acerta em cheio. Sua montagem sincopada, evidentemente influenciada pela estética contemporânea do videoclipe, encontrará seu coroamento cinematográfico no Brasil com *Cidade de Deus*, indicado ao Oscar por uma montagem excepcionalmente adequada e eficaz. Essa inovação experimental aplicada ao registro clássico da cinematografia brasileira — para a qual o sertão, até então, era uma paisagem em preto e branco — solta faíscas em *Baile perfumado*: a aliança entre o abrupto e o linear responde ao novo ângulo proposto ao espectador para redescobrir o cangaço — "o encontro de duas forças, a do fora da lei e a da imagem".[24] A crítica, unânime, reconhece a importância do filme.

Corisco e Dadá

Rosemberg Cariry retoma, segundo Debs,[25] o diálogo que o cinema de Glauber Rocha havia estabelecido com Euclides da

Cunha a respeito da tomada de consciência da opressão do povo e do conflito entre o sertão e o litoral, e das relações entre religião, miséria e violência.

Em *Brésil, l'atelier des cinéastes*,[26] Rosemberg Cariry comenta:

O cangaço foi um fenômeno social, popular e anárquico que se estendeu do fim do século XIX até 1940, e que foi uma revolta violenta, sem objetivos políticos claros. Ele oscilava entre uma religiosidade de coloração messiânica mesclada de crenças indígenas e um catolicismo popular ibérico da Contrarreforma. Seus códigos morais e guerreiros eram uma herança das gestas dos cavaleiros errantes e dos doze pares da França. A religiosidade sobrevive até os dias de hoje e pode ser interpretada como uma outra forma de resistência social.

Sobre o sertão, ele diz:

É um cenário natural e hostil, formado por imensas extensões de terra, onde nasceu a civilização do "couro", baseada na riqueza das tropas. A sociedade dela resultante funcionava sobre estruturas rígidas e cruéis que marcavam uma nítida separação entre alguns senhores e inúmeros escravos. Foi nessas condições que o fenômeno do cangaço surgiu e que sua extrema violência foi vista como um sinal de rebelião popular.

Ao retomar esse tema, qual é a perspectiva que Cariry propõe?

Glauber Rocha apresentou o cangaço como uma metáfora de um processo revolucionário. Em seus filmes, cada personagem representa uma classe social em conflito. [...] Lima Barreto filmou o cangaço à maneira de um western americano [...] com enquadramentos acadêmicos e diálogos conservadores. Minha visão do cangaço é diferente por causa de minha formação cultural sertaneja. Concebi *Corisco e Dadá* como uma tragédia brasileira.[27]

Assim, em Cariry a dimensão mítica adquirida pelo sertão desde a trilogia do Cinema Novo, diferente do "positivismo de Euclides da Cunha, do realismo de Nelson Pereira dos Santos, da metafísica de Guimarães Rosa e mesmo do sertão épico-barroco de Glauber Rocha", integra todos esses elementos, cronologicamente anteriores mas literariamente ou cinematograficamente "deglutidos", à visão de um sertão "trágico e cósmico": "O sertão é fogo. Irradiado pela luz do sol a ponto de o homem não saber mais onde ficam as fronteiras entre sonho e loucura".

Corisco e Dadá, para além da anedota histórica, conforme explicado por seu autor aos sobreviventes da história, indignados com o filme que eles desejam proibir, "mostra o homem em construção, para além do real, num universo temporal e espacial mítico". Dadá, ainda viva quando do lançamento do filme, chocada com a imagem refletida pela (excelente) atriz Dira Paes, não o entende assim. Mesmo hiato cultural da época de Glauber e dos cinema-novistas: o povo mostrado na tela, além de nunca ter se reconhecido nela, considerou esses filmes como delirantes traições. O homem comum do sertão, com

a agilidade e a precisão do animal em busca de comida, economiza suas palavras e seus gestos, mesmo seus sentimentos [...] ele se parece com essas árvores secas e cheias de espinhos. A terra, a flora e a fauna forjam o homem nesse cenário de tragédia e solidão: eles se completam e são inseparáveis. Seus destinos estão irremediavelmente unidos.[28]

Por mais inteligente e justificada que seja essa interpretação, ela não agrada à companheira de Corisco. Em seu cotidiano cruel e miserável, rebelde e desesperado, teria ela, que com seu amor precipitou o companheiro fatalmente para a morte, se dado conta de ter sido o instrumento de sua perda?

Corisco é um homem condenado por Deus, que vive num contexto de violência profunda, e que luta contra o seu destino para afirmar seu amor e o direito à vida. O amor, ao mesmo tempo que humaniza e liberta da condenação de "lavar as injustiças do mundo pelo sangue", o torna mais frágil perante os inimigos. Corisco se rebela contra o Deus Pai e luta por sua salvação, por seu humanismo. Ele é um herói, um semideus da mitologia grega caído para a condição humana, em busca de sua dignidade perdida. Enquanto condenado, enquanto instrumento da justiça divina, ele representa uma força cega e submissa, como o Homem antes de sua expulsão do Paraíso.[29]

Antigo seminarista e filósofo de formação, Cariry explora o imaginário popular regional sob uma perspectiva universal. Enquanto ele escolhe a ficção a partir do real, José Araújo emprega o caminho inverso em seu primeiro longa-metragem pessoal.

O sertão das memórias

Reconhecido nos festivais (Berlim: Prêmio Wolfgang Staudte; Sundance: melhor filme latino-americano), este foi um filme pouco assistido, exemplo que comprova o abismo entre obras destinadas aos eventos cinematográficos e filmes feitos para o grande público ou apreciados por ele. Exibido nas retrospectivas, no entanto, é um filme indispensável da Retomada.

José Geraldo Couto sublinha suas qualidades e seus defeitos:

> Um título mais apropriado talvez fosse o inverso: *Memórias do sertão*, em que o sertão fosse entendido não como o cenário, mas

como o sujeito das memórias. Pois o longa de estreia do cearense José Araújo traz à luz a história quase inconsciente dessa região miserável e complexa do planeta [...] Sem preocupação com a continuidade narrativa convencional, as andanças do casal alternam-se com imagens de sua juventude, cenas documentais (festas, feiras) e alegorias extraídas da Bíblia [...] A partir da metade do filme, há insistência em relacionar diretamente a tradição alegórica com a situação real de miséria. A partir daí cai-se num maniqueísmo previsível: há o político demagogo, o latifundiário explorador, contra os quais o povo se insurge.[30]

O crítico paulista lança um olhar distanciado sobre a vida do cineasta, filho de um camponês sertanejo: "Fui criado nesse universo rude e pobre", diz José Araújo a Sylvie Debs. "Até os dez anos de idade, ajudei meu pai no campo e frequentei a escola rural. Dado o grande número de analfabetos, uma de minhas tarefas consistia em fazer a leitura para os outros, principalmente os relatos da literatura de cordel."[31] Mas José Geraldo Couto reconhece:

José Araújo quis colocar tudo em seu primeiro longa: uma viagem de volta às raízes, mas também uma tomada de posição militante. Pode ter prejudicado com isso a unidade do filme, mas conferiu-lhe talvez mais autenticidade. Na contramão do cinema pasteurizado que triunfou em todo o mundo, *O sertão das memórias* é um manifesto estético e político em favor de um cinema arraigado na cultura que o produz. Assim, mergulhando em sua própria história, José Araújo chegou ao universal.

Essa criação autobiográfica foi elaborada a partir de uma experiência dolorosa e infelizmente compartilhada:

Quando parti para o seminário de Fortaleza, meu primeiro exílio, de certa forma, comecei a tomar consciência de minha identidade sertaneja quando descobri que existia uma outra realidade: a do Brasil urbano. Como fui vítima da discriminação tradicionalmente exercida em relação ao pobre e ao camponês, atribuí-me uma nova missão: mostrar aos outros que o fato de ser sertanejo, de ser camponês, é uma condição tão nobre e tão importante quanto a de ser citadino ou rico. Quando parti aos vinte anos para ir estudar cinema nos Estados Unidos, meu segundo exílio, comecei a reconstruir meu espaço original de maneira mais politizada e tomei consciência de pertencer a uma classe oprimida, a menos valorizada no Brasil: a dos camponeses, pobres e nordestinos.

Como *Baile perfumado* e *Corisco e Dadá, O sertão das memórias* é um filme-guia da Retomada em que o contexto da busca pessoal de identidade se dilui, metonímico, numa vontade de expressão nacional diferente e apropriada.

Guerra de Canudos

Para os padrões do cinema brasileiro, trata-se de uma superprodução na tradição do cinema-espetáculo épico e político: filmada no sertão da Bahia com o apoio do governo local, de um grande banco (Banco Real), da Columbia (distribuição) e da TV Globo (com suas estrelas José Wilker, Paulo Betti, Marieta Severo e Cláudia Abreu), ela será transmitida como uma minissérie de quatro episódios. Na tradição da Embrafilme, o clássico de Euclides da Cunha *Os sertões* é adaptado e revisitado à luz do novo clássico da literatura sul-americana *A guerra do fim do mundo* (1981), romance de Mario Vargas Llosa.

Com fotografia, cenários e som bem esmerados, o filme está estruturado como uma canção de gesta em três cantos: o mundo semimedieval de Antônio Conselheiro, a guerra e o massacre de Canudos. Essa obra ambiciosa quis triunfar naquilo em que *Quilombo*, de Cacá Diegues, e *Chico Rei*,[32] de Walter Lima Jr., fracassaram: dar ao cinema brasileiro sua grande epopeia.

O público não rejeita o filme de 1997 de Sérgio Rezende, mas isso não foi suficiente para rentabilizar o investimento. Talvez um pouco cansado desse tema inventado pelo Cinema Novo, ele não se apaixona pela história do chefe religioso que criou uma seita e proclamou a criação de um Estado autônomo, conseguindo arregimentar a população sofrida do sertão a ponto de contar com mais de 30 mil adeptos em 1897.

Guerra de Canudos começa em 1893, cinco anos depois da proclamação da República, e adota o ponto de vista de uma jovem, símbolo da humilhação do Brasil (Cláudia Abreu), e de um fotógrafo "em tempos de paz" e jornalista "em tempos de guerra". Vemos a construção, em pleno deserto, da aldeia chamada Canudos, destruída depois de vários anos de uma guerra particularmente homicida. Sem dúvida o impacto da história foi atenuado por gerações de propaganda republicana, que ocultou e desacreditou a importância do movimento, contribuindo para o olhar irônico e reprovador lançado pela nação contemporânea sobre a época imperial, cenário exótico para folhetins de época. O filme insiste em alguns pontos:

- na revolta popular contra o "anticristo" republicano, representado na época pelo presidente Floriano Peixoto
- na injustiça do imposto cobrado "daqueles a quem no entanto nada foi dado"
- na nostalgia popular do Império, que, mesmo tendo "barões", afirmava cinicamente que todos os cidadãos eram iguais

O academismo do filme atenua o alcance contemporâneo da temática. Para Sotomayor,

> esse episódio atravessou a história do Brasil, e *Guerra de Canudos* foi seu último avatar, colocando-o em cena numa obra didática de três horas, fiel aos detalhes históricos mas sem inspiração, muito distante da densidade filosófica, histórica e poética que Mario Vargas Llosa conseguiu dar a esse mesmo relato em seu romance magistral *A guerra do fim do mundo.*[33]

O filme de Rezende, um pouco faroeste, um pouco *peplum*, é uma prova da dificuldade do cinema brasileiro contemporâneo. Apesar da escolha de temas genuinamente nacionais e repletos de referências, nível técnico mais do que suficiente, atores de qualidade, paisagens excepcionais (os créditos do filme, sobre uma imagem panorâmica, evocam de maneira admirável a imensidão oceânica da infinitude do sertão), falta-lhe um fio de Ariadne para escapar às errâncias de seu labirinto, no fundo do qual jaz um minotauro de duas cabeças, uma europeia e outra norte-americana.

Outras tendências

Sendo o cinema dos anos 1994-8 feito e visto pelas classes B e C, é essa camada social que os produtores tentam seduzir. Daí o surgimento, no Rio de Janeiro e em São Paulo, de comédias pequeno-burguesas. É o caso de *Como ser solteiro* (1998, Rosane Svartman) e *Pequeno dicionário amoroso* (1996, Sandra Werneck), fiéis à particularidade da comédia brasileira de ser equidistante do drama e da descontração irônica e cheia de bom humor. Sem outra pretensão que a de agradar e distrair, essas comédias florescerão na segunda fase da Retomada, com frequência produzidas pela Globo (*A partilha, Amores possíveis, A dona da história, Mulheres do Brasil* e *Se eu fosse você*).

Essas comédias são representativas da inconsciente ingenuidade da classe média, que nem sempre vê, nem na vida nem nas telas, seu próprio país: espelho restrito e laudatório de uma parcela privilegiada, esse cinema sem alcance reflexivo decorre, no entanto, em Domingos de Oliveira,[34] da experimentação, outra tradição do cinema brasileiro desde o cinema mudo. Os filmes significativos nesse campo são os dele.

Amores (1997), inspirado numa peça de teatro do cineasta-dramaturgo, é uma comédia meio Woody Allen meio Eric Rohmer, que lembra, apesar de não igualar seu frescor e sua novidade, *Todas as mulheres do mundo*. Como os filmes muitas vezes artesanais que se seguirão (*Carreiras*, 2006), é um divertimento menor, à europeia, agradável, cuja superficialidade oculta as características de um país de contexto socioeconômico e racial complexo.

Além do percurso obstinado de Júlio Bressane, alguns filmes originais, às vezes ambiciosos (demais), constelam a Retomada como *A grande noitada, Bocage, A hora mágica* e *Kenoma*. Realizado em 1995, *A grande noitada* é lançado em 1998, depois da morte de seu diretor, o outsider Denoy de Oliveira. Trata-se de uma obra destacada do real e sob a insígnia do circo, com cenários e luzes artificiais, interpretação exagerada e gargantuesca de Othon Bastos — ator brechtiano por excelência —, caricaturas ubuescas de Maria Alice Vergueiro e Esther Góes e incursões musicais ou cantadas, filmadas febrilmente. Por trás do delírio, a visão testamentária de um cineasta marginal, noturno e poeta circense à maneira de Henri Michaux, para quem o mundo está à deriva, em especial a sociedade brasileira.

Na tradição parnasiana da arte pela arte, surge *Bocage, o triunfo do amor*, delírio estético, erótico e gay sobre o poeta português do século XVIII. É um dos raros filmes falados em latim, em que a fantasia do cineasta Djalma Limongi Batista chega a transformar a jovem população masculina mestiça do Nordeste de outrora em arianos esculturais bronzeados. O filme é bem recebido pela crítica, encantada por sua poesia visual, como é o caso de Luiz Zanin Oricchio:

> É um puro cinema de inspiração... um cinema que se inventa a cada cena [...] as imagens, em cinemascope, são de uma exuberância embasbacante, mas não se perdem no pitoresco; elas se integram organicamente ao movimento dramático do filme [...] a liberdade narrativa é total [...] os continentes, os cenários e as paisagens se misturam astuciosamente, sem que percamos o fio da narrativa: o inventário sexual e afetivo do poeta. Os excessos alegóricos do filme não comprometem sua opulência visual e sonora. Obra de paixão transbordante, *Bocage* não recua nem diante do kitsch nem do obsceno.

Outra tentativa estético-experimental bem recebida é *A hora mágica*, adaptação de um conto do argentino Julio Cortázar pelo cinéfilo Guilherme de Almeida Prado. Filmado inteiramente em estúdio, é uma homenagem aos artifícios do cinema, alusão a Hollywood — sempre imitada — e ao cinema nacional mudo da belle époque e dos estúdios da Atlântida (com a presença do ator José Lewgoy). Depois de *Perfume de gardênia* (homenagem a Fritz Lang e Anne Baxter) e *A dama do cine Shangai* (homenagem a Orson Welles e Rita Hayworth), o filme, acompanhado por uma esplêndida trilha sonora que evoca os tempos gloriosos da Rádio Nacional, é a terceira parte de uma trilogia ao mesmo tempo antiquada e ingenuamente presunçosa. As atrizes Maitê Proença e Júlia Lemmertz são notavelmente dirigidas e fotografadas, com um glamour saudado com entusiasmo pelos críticos, que lamentam a supressão da aparição enquanto estrela cantante de antanho da esplêndida Betty Faria. *Kenoma*, o belo primeiro filme de Eliane Caffé, não terá a mesma sorte: fica apenas uma semana em cartaz em São Paulo e no Rio.

Kenoma

Canhestro e um pouco longo, mas original e sensível, este filme foi o vencedor do Sol de Ouro no Festival de Biarritz, em 1998, sendo o primeiro longa-metragem de uma diretora que teve curtas louvados pelo refinamento formal e pelo poder encantatório. Segundo Avellar, *Kenoma* se assemelha às experiências que Eliane Caffé praticou em *Caligrama* e *Arabesco*, "que criam um mundo muito parecido com o nosso e, ao mesmo tempo, muito especial, jogando com a lógica e o absurdo".[35] Ousada, a cineasta avança, aqui, no caminho da alegoria. "Para os gregos da Antiguidade", explica ela,

a palavra *kenoma* designava o vazio absoluto precedendo a criação. No filme, é o nome de uma aldeia em que o moleiro encarregado de consertar um moinho abandonado decide inventar uma máquina de movimento perpétuo. Originalmente, era uma fábula sem país, sobre esses homens que desde sempre querem ver a si mesmos como artesãos fabricantes do mundo, e não num mundo criado por Deus. É uma metáfora sobre a obsessão e uma alegoria do homem contemporâneo que quer dominar todas as forças e libertar-se de todas as dependências. Assim que a materialização e a visualização do projeto foram iniciadas, quando saí em busca de locações, desse lugar que poderia ser Kenoma, o que não era um ponto de partida tornou-se uma evidência: o filme seria essencialmente brasileiro. No sertão do norte de Minas Gerais [...] descobrimos o vilarejo e os habitantes que emprestaram a *Kenoma* suas atitudes, esforços, características, seu repertório de voz e palavras, que se tornaram elementos constitutivos da própria realidade do filme.[36]

O ator nordestino José Dumont, iluminado, vive intensamente o papel do moleiro. Ator atípico, ignorado pela televisão por seu tipo físico contrário aos cânones das telenovelas, ele será, em contrapartida, um dos fetiches da Retomada, de *Kenoma* a *Dois filhos de Francisco*, passando pelos filmes de Walter Salles *O primeiro dia* e *Abril despedaçado*. Graças à sua interpretação, à qualidade rara de um roteiro incomum, às imagens de Hugo Kovensky — aqui tão luminosas quanto o vermelho-sangue de *Um céu de estrelas*, de Tata Amaral —, à música insólita e vernacular do grupo mineiro Uakti, *Kenoma* é uma joia do novo cinema brasileiro. Será essa busca por uma máquina de movimento perpétuo, além da busca pelo *homo brasilis*, a do cinema no país? Obra de uma moradora da cidade em busca de uma terra esquecida, observadora de um mundo ameaçado, *Kenoma* exala, como o cinema brasileiro, "o encanto de um jardim perdido onde se procura um tesouro escondido".[37]

O CINEMA ERÓTICO E O CINEMA INFANTIL

A nudez e o erotismo, que muitas vezes invadiram as telas brasileiras, não são mais dominantes nesta fase da Retomada. Com exceção da adaptação de Aloysio Abranches para o romance de Raduan Nassar *Um copo de cólera* (que não encanta, apesar de seus primeiros quinze minutos hipnotizarem o espectador numa coreografia erótica sem diálogos), interpretado de corpo e alma pelo ousado e talentoso casal de atores Júlia Lemmertz e Alexandre Borges, nenhum filme explora os caminhos da sexualidade quase explícita. A pornochanchada havia deixado más recordações: era preciso apagar sua imagem para o novo público. Para assistir novamente a um filme eroticamente muito ousado será preciso esperar *Cama de gato* (2001).

Em contrapartida, o cinema infantil continua seguindo suas fórmulas. Entre os filmes mais vistos no Brasil, sete têm como personagens os Trapalhões, cujo herói Didi, interpretado por Renato Aragão, surgiu em 1967 (*Adorável trapalhão*, J. B. Tanko). Cerca de cinquenta anos depois, ele continua em cartaz, apesar de os companheiros Dedé Santana, Zacarias e Mussum terem desaparecido. Os sete maiores sucessos dos Trapalhões são:

O trapalhão nas minas do rei Salomão (1977, J. B. Tanko, 5786226 espectadores)

Os saltimbancos trapalhões (1981, J. B. Tanko, 5218478 espectadores)

Os trapalhões na guerra dos planetas (1978, Adriano Stuart, 5089970 espectadores)

Os trapalhões na Serra Pelada (1982, J. B. Tanko, 5043350 espectadores)

O cinderelo trapalhão (1979, Adriano Stuart: 5028893 espectadores)

O casamento dos trapalhões (1988, José Alvarenga Jr., 4779027 espectadores)

Os vagabundos trapalhões (1982, J. B. Tanko, 4631914 espectadores)

O maior sucesso dos anos 1990 seria *Simão, o fantasma trapalhão* (1998), dirigido por Paulo Aragão, filho de Renato. Os Trapalhões não entrarão para a história do cinema mundial, mas é impossível não mencionar esse gosto nacional pelo filme dito infantil, que faz jus ao nome, gênero que nasceu com *O saci* e floresceu como uma gigantesca árvore amazônica.

A contraparte feminina dos Trapalhões são as apresentadoras loiríssimas da Globo, que também invadem o imaginário cinematográfico infantil, como fadas de contos europeus, a ponto de as crianças negras da Bahia por muito tempo desenharem a deusa africana do mar, Iemanjá, com os traços nórdicos desse ideal de mãe ou madrinha que lhes foi imposto. Experimentando o cinema com seus dedos dourados, surgiram Angélica e principalmente Xuxa. (O fenômeno foi parodiado por Alain Fresnot, com Cláudia Abreu, em sua comédia policial e amalucada *Ed Mort*, de 1997.)

A partir de *Super Xuxa contra o baixo astral*, em 1988, que na época custou o dobro de uma produção média de cinema no Brasil, a rainha dos baixinhos granjeou milhões de espectadores e de reais, à frente de um verdadeiro império industrial totalmente centrado no mercado infantil, das camadas privilegiadas da população às mais desprovidas. Crianças de rua ou crianças mimadas, todas fizeram parte da geração Xuxa.

Nesses filmes infantis e nas novelas na televisão, várias crianças atuam, na maioria brancas, se não loiras, sobretudo as de olhos azuis ou verdes, de educação geralmente burguesa, distantes física e socialmente das seis primeiras crianças-herói do cinema brasileiro:

- a pequena Rapadura, de *Aves sem ninho*
- o barqueiro Jeca, de *Pureza*
- o saci, do filme homônimo
- os três vendedores de amendoim de *Rio, 40 graus*

O único jovem ator mestiço revelado pela primeira fase da Retomada foi Sílvio Guindane, o sequestrador rapper de *Como nascem os anjos* (Murilo Salles). Isso muda na segunda fase, com o protagonismo do nordestino Vinícius de Oliveira em *Central do*

Brasil e, principalmente, com os garotos de *Cidade de Deus*. De modo geral, o filme de Salles, ponto culminante da primeira fase da Retomada, foi concebido de modo tanto pragmático quanto artístico: com pertinência ele reúne vários elementos aptos a seduzir o público nacional — e internacional. A química poderia ter dado errado. Ela foi além das expectativas. Peça-chave do quebra-cabeça do mosaico do cinema brasileiro dos anos 1994-8, o filme em parte resume todos os outros, soprando uma leve e nova brisa, com a aura de uma pequena ressurreição.

12. A segunda fase da Retomada[1]
De Central do Brasil a Cidade de Deus

O renascimento internacional do cinema brasileiro acontece em fevereiro de 1998, na Alemanha, quando o terceiro filme de Walter Salles e sua protagonista Fernanda Montenegro vencem o Urso de Ouro (melhor filme) e o Urso de Prata (melhor interpretação feminina). O acontecimento, seguido doze meses depois por uma dupla indicação ao Oscar, revigora a Retomada, dinamizando prodigiosamente o cinema nacional, até que *Cidade de Deus*, de Fernando Meirelles e Kátia Lund, produzido por Walter Salles, repita a performance após cinco anos e lhe dê um novo impulso.

Para além da continuação do ciclo do cangaço, recorre-se nos anos 1990 ao reservatório da literatura nacional, que não faz espectadores, sem dúvida porque as adaptações sofrem de uma falta de inspiração. *Triste fim de Policarpo Quaresma*, romance nacionalista e irônico de Lima Barreto, é filmado banalmente por Paulo Thiago. Uma enésima adaptação do romance indianista *O guarani* também fracassa. Trata-se, no entanto, de uma obra de Norma Bengell, estrela do cinema brasileiro convertida em diretora depois da cinebiografia *Eternamente Pagu*. Mas não bastam rios de dinheiro, cenários suntuosos e belas imagens, principalmente quando o índio Peri é interpretado por um jovem ator branco musculoso, Márcio Garcia, galã de telenovela. Além disso, o filme (como o inacabado *Chatô*, de Guilherme Fontes) será objeto de um escândalo financeiro que lançará um véu de descrédito sobre toda a produção cinematográfica.

As adaptações contemporâneas não são muito valorizadas pelo público, exceto *Tieta do agreste*. São laboriosamente adaptados:

- Lygia Fagundes Telles: *As meninas* (Emiliano Ribeiro) e *Contos de Lygia* (Del Rangel).
- Clarice Lispector: *O corpo* (José Antônio Garcia, baseado no conto "Via crucis do corpo"), versão pouco inquietante e pouco sutil que deu tão errado quanto *A hora da estrela*, de Suzana Amaral, deu certo.
- Raduan Nassar: depois do erótico *Um copo de cólera* (Aluizio Abranches), haverá *Lavoura arcaica*, de Luís Fernando Carvalho, lançado durante a segunda fase e apreciado pelo público intelectual.
- Nelson Rodrigues: *Traição* (filme em esquetes da Conspiração Filmes), *Vestido de noiva* (Joffre Rodrigues, filho do autor) e, muito depois, *Bonitinha mas ordinária* (Moacyr Góes).
- Plínio Marcos: *Navalha na carne* (Neville d'Almeida), *Dois perdidos numa noite suja* (José Joffily).

O reservatório histórico trará mais sorte? Ele é apresentado sob o ângulo da farsa (*Carlota Joaquina*) talvez porque convenha a um público para o qual tudo se torna enredo de Carnaval, o que acontece com *Caramuru*, de Guel Arraes, produzido pela Globo em 2001. Mas as tentativas sérias fracassam: *Guerra de Canudos* só se rentabiliza pelo desmembramento na televisão. O público não gosta muito do épico realista *Tiradentes* (1998, Oswaldo Caldeira) ou do austero *O judeu* (começado em 1987 e concluído em 1996 por Tom Job Azulay), filmes de autor interessantes. A história da imigração, que produzira os sucessos *Gaijin* e *O quatrilho*, no cinema, e *Terra Nostra* na televisão,[2] é revisitada: vai buscar-se uma lenda do cinema, o envelhecido Anthony Quinn, para *Oriundi*. Esse filme crepuscular, lançado em 2000, deve ser classificado entre os Objetos Fílmicos Não Identificados (OFNI) da insólita e desnorteante cinematografia sul-americana. O público não se interessa muito por ele, apesar do elenco da Warner e da presença do ícone. Quinn viaja até o Sul também porque muito tempo antes ele havia comprado os direitos de um romance de Jorge Amado, *Os velhos marinheiros*. Infelizmente, não poderá produzi--lo, morrendo pouco depois do lançamento do filme brasileiro.

Outro tema caro é a história política contemporânea. *Jenipapo* (1996, Monique Gardenberg) não convence muito, apesar do esmero da produção, da escolha de um protagonista americano para justificar a utilização da língua inglesa e de três excelentes atrizes (Marília Pêra, Júlia Lemmertz e Ana Beatriz Nogueira). Em contrapartida, *Lamarca, O que é isso, companheiro?* e *Dois córregos* encantarão, o segundo inclusive nos Estados Unidos.

O QUE É ISSO, COMPANHEIRO?

Se *Carlota Joaquina* foi o ponto zero de uma retomada da produção, a indicação ao Oscar de *O quatrilho*, de Fábio Barreto, em 1996, foi o ponto de partida para uma definitiva retomada de confiança nacional, consequência de algo que foi percebido como uma consagração internacional. Ora, dois anos depois, apesar de muitos filmes nacionais serem exibidos nas telas do Brasil, a Retomada está na verdade em recessão econômica: passada a fase de euforia, a partir de 1997 a maioria dos filmes previstos não encontra mais financiamento e, dos 650 projetos de longas-metragens anunciados então para o ano 2000, menos de cem serão concretizados.

A indicação ao Oscar do filme de Fábio Barreto chega na hora certa, como estímulo para os investidores do cinema nacional. Baseado num romance autobiográfico de Fernando Gabeira, *O que é isso, companheiro?* tem sua ação situada em plena ditadura militar, em dezembro de 1968, logo depois do decreto do AI-5, que impôs a censura de toda a imprensa e suspendeu um grande número de direitos civis. Alguns jovens cariocas de classe média optam então pela luta armada para enfrentar o regime militar. Acompanhamos a trajetória daqueles que integram o Movimento Revolucionário Oito de Outubro e a Aliança Libertadora Nacional, que sequestram o embaixador americano Charles Elbrick para negociar com o governo a libertação de presos políticos. Entre os autores do sequestro, estava o próprio autor, Fernando Gabeira, interpretado por Pedro Cardoso.

O que é isso, companheiro? foi lançado nos Estados Unidos e na Europa e indicado ao Oscar. Obteve um sucesso discreto, mas confirmou internacionalmente a recuperação desse cinema brasileiro que busca num bilinguismo híbrido e artificial a chave necessária para o sucesso. Suficiente? *Jenipapo*, de Gardenberg, é acolhido com frieza; Fábio Barreto sofre a derrota do bilíngue *Bela donna*. A ilusão de qualidade de *O quatrilho* se transforma em defeito televisivo.

CENTRAL DO BRASIL

Terceiro longa-metragem de Walter Salles, depois de *A grande arte* (1991) e *Terra estrangeira* (1995, codirigido por Daniela Thomas), *Central do Brasil* confronta astuciosamente a diva do teatro Fernanda Montenegro com o pequeno engraxate Vinícius de Oliveira num *road movie* sul-americano. História do encontro improvável de um órfão aventureiro com uma velha professora amargurada, ele logo se torna uma metáfora sobre a errância e a busca do pai, paralelamente à busca de uma pátria e de uma identidade cinematográfica. O Urso de Ouro de melhor filme e de Prata de melhor interpretação feminina em Berlim, em 1998, coroam cerca de cinquenta premiações recebidas, de San Sebastian a Havana, da Polônia à Macedônia, até a vitória do Globo de Ouro no final de janeiro de 1999. A ascensão vertiginosa é interrompida no Oscar, onde, sentado discretamente no fundo da sala, o cineasta brasileiro e o jovem Vinícius ouvem Sophia Loren anunciar triunfalmente a vitória de seu compatriota Roberto Benigni com outra história de criança, *A vida é bela*. A veterana Fernanda Montenegro, outsider midiática do Terceiro Mundo, perde o prêmio de interpretação para Gwyneth Paltrow, em *Shakespeare apaixonado*.

É difícil imaginar a decepção que toma conta do país. A Globo transmite ao vivo a cerimônia e atinge excepcionais recordes de audiência naquela noite: toda a honra nacional está focada e cristalizada naquelas duas estatuetas. A euforia provocada pela dupla indicação fica evidente na *Folha de S.Paulo*, que traz a seguinte manchete alguns dias antes da cerimônia, em 18 de março de 1999: "Malfeito, mal exibido, mal falado: O cinema brasileiro entra no Primeiro Mundo".

É surpreendente que um jornal que é referência nacional possa ter esquecido *O cangaceiro, Sinhá moça, Orfeu negro, O pagador de promessas, Deus e o diabo na terra do sol* e todo o Cinema Novo, *Dona Flor e seus dois maridos, Xica da Silva, Joanna francesa, Pixote*, e até mesmo *O quatrilho* e *O que é isso, companheiro?*, filmes recentes.

É verdade que o Novo Mundo com frequência tem a memória curta, mas a importância hiperbólica concedida a essa dupla indicação não revelaria as carências afetivas de um país vítima de um complexo de subdesenvolvimento cultural, com carência de reconhecimento, e fascinado, involuntariamente, pelo neocolonialismo hollywoodiano? O Oscar se tornaria, naquele momento, metonimicamente, mesmo para um jornal sólido como a *Folha de S.Paulo*, a insignificante quintessência do Primeiro Mundo.

O Globo, jornal na época ainda dirigido por Roberto Marinho, saúda o sucesso de *Central do Brasil* como uma *nova* entrada no Primeiro Mundo, mas em julho de 1998, com a publicação da edição bimestral de julho-agosto da mítica revista francesa *Cahiers du Cinéma*, que dedica dez páginas ao cinema sul-americano, seis delas para o Brasil.

No jornal da sexta-feira 31 de julho de 1998, uma página inteira ilustrara a manchete "*Cahiers du Cinéma* celebra o novo Cinema Novo". O jornalista Hugo Sukman escreve:

> Depois da constatação de que "o cinema na América Latina vive uma renascença inesperada", uma das mais importantes revistas do cinema no mundo, a francesa *Cahiers du Cinéma*, dedica dez páginas em sua última edição (do bimestre julho-agosto) à produção da região, seis das quais exclusivamente ao cinema brasileiro. A edição é dividida em duas partes: o ensaio "Cinema Novo, o retorno — Viagem através da renascença de um continente de cinema", escrito pelo crítico chileno René Naranjo Sotomayor, e, sob o título "Um negócio de pioneiros", uma longa entrevista do diretor de *Central do Brasil*, Walter Salles, dada ao repórter Laurent Desbois.

Sukman analisa a seguir o alcance desse interesse pelo cinema de seu país — a revista, decisiva na época do Cinema Novo, não lhe consagrara páginas nos últimos anos, a não ser uma crônica de Sylvie Pierre sobre o veterano Nelson Pereira dos Santos — e evoca, furtivamente, certa retomada do cinema brasileiro:

Além do generoso (e disputado) espaço concedido, os textos publicados na *Cahiers* têm importância simbólica: porta-voz desde a Nouvelle Vague francesa nos anos 50 do que de mais inventivo o cinema produz, ser reconhecido pela revista significa uma entrada definitiva na pauta das discussões cinematográficas europeias e mundiais.[3]

Walter Salles tem tanta consciência disso que percorreu o mundo para a promoção do filme com a revista-amuleto dentro da mala. Fernando Henrique Cardoso, o presidente francófono e francófilo, se faz fotografar pelo *Globo* com o cineasta Cacá Diegues brandindo o número 526 dos *Cahiers du Cinéma*, um número cuja capa, por acaso, é predominantemente amarela, como nos bons e velhos tempos dos *Cahiers* celebrando o Cinema Novo.

Europa ou Hollywood?

Para as mídias do Brasil, a consagração vem do Oscar norte-americano, portanto do país da grande indústria. Para o círculo intelectual, ela nasce dos *Cahiers du Cinéma*, portanto do país de origem da sétima arte.

Mas em que medida, enquanto produto comercial, *Central do Brasil* é genuinamente brasileiro? Ele não seria internacional, com o americano Robert Redford de um lado e a francesa Martine de Clermont-Tonnerre do outro? A ambiguidade ontológica é típica dos cinemas dos "pequenos" países, tematicamente nacionais e lançados como tais, mas concretamente montados graças a estrangeiros.

O roteiro do filme (Marcos Bernstein,[4] João Emanuel Carneiro[5] e Walter Salles) obteve em 1997 o primeiro prêmio de Sundance, festival onde foi muito aplaudido no fim de janeiro de 1998. Toda a campanha do Oscar será levada com obstinação pelo produtor Arthur Cohn, instalado na Suíça. Ele já ganhara, em 1970, um Oscar de melhor filme estrangeiro por *O jardim dos Finzi-Contini*, e em 1977 por *Preto e branco em cores*, de Jean-

-Jacques Annaud. Do lado francês, Martine de Clermont-Tonnerre supervisiona o lançamento midiático europeu — excepcional para um produto sul-americano. O filme foi muito bem recebido. Segundo Jean-Michel Frodon no *Le Monde*, "pode ser visto como o manifesto de um reencontro do cinema brasileiro com sua própria identidade, suas filiações e suas possibilidades futuras".[6] O lançamento internacional dos dois lados do Atlântico é facilitado pelo raro e perfeito trilinguismo de um cineasta que parece francês na França e americano nos Estados Unidos. Mas quem é Walter Salles, autor ou produtor dos filmes mais marcantes do cinema brasileiro contemporâneo, verdadeiro ponta de lança dessa nova onda, coordenador central do cinema brasileiro?

O enigma Walter Salles

Walter Moreira Salles Jr. nasceu no Rio de Janeiro em 1955, dentro da nova aristocracia brasileira. Seu pai, fundador do outrora poderoso banco Unibanco e grande esteta, foi ministro da Fazenda do presidente João Goulart antes do golpe militar e por muito tempo exerceu o cargo de embaixador do Brasil, nos Estados Unidos ou na França. Por isso a juventude viajante de Walter, de Washington a Paris, e seu conhecimento perfeito do francês e do inglês. Ele confessa a Roberto d'Ávila:

> Não foi lá uma infância particularmente feliz. Tenho uma vaga recordação dos dois ou três anos em Washington. As lembranças se tornam mais precisas a partir dos seis ou sete anos de idade, quando morei na França. Foi lá, aliás, que eu vi os meus primeiros filmes, quase todos de Chaplin. Ele criou um grave problema, já que todos os filmes a que assisti depois de *Tempos modernos* me pareceram pálidos, desinteressantes.[7]

O confronto com outras culturas, maneiras de falar e pensamentos fará dele um cineasta híbrido e mestiço em busca de sua própria identidade. Sempre nostálgico, no sentido etimológico do termo (sentindo falta da terra natal), exigente consigo mesmo e autocrítico, ele rejeita seu primeiro filme, em grande parte vilipendiado pela crítica brasileira por fugir da realidade social do país e ser falado em inglês:

> Tenho uma grande admiração por Rubem Fonseca e não me perdoo até hoje de não lhe ter feito justiça com *A grande arte* [...] para mim mais próximo de Dostoiévski que de Dashiell Hammett [...] Ele tem uma visão dialética da violência, que transcende em muito a arquitetura policial dos seus romances. O filme, infelizmente, não dialoga com as possibilidades do livro. Em suma, é uma frágil transposição de uma obra literária que tem uma ressonância admirável.

Mas esse primeiro filme tem um grau de exigência técnica que estimulará os cineastas da Retomada, mostrando uma vontade ao mesmo tempo estética e intelectual de pontuar o filme com grandes cenas, belas visualmente, e de insinuar flashes documentais roubados da realidade. Pois a obra de Walter Salles, com toda a certeza, é a de um cineasta que iniciou a carreira no documentário e na publicidade. Cinéfilo melômano, leitor assíduo, homem de cultura como seu pai, Walter Salles entrevistou e filmou John Huston, Akira Kurosawa, Costa-Gavras, Jorge Luis Borges, Mick Jagger e os pais da bossa nova Tom Jobim e João Gilberto. Fascinado por Robert Flaherty,[8] ele sonha com um cinema em que ficção e realidade se misturariam sem que fosse possível, como Catherine Deneuve em *A bela da tarde*, de Buñuel, perceber a fronteira entre imaginário e vivido. Talvez porque sua vida, em exílio geográfico e social (em seu país), tenha sempre estado na fronteira das coisas

— o cinema, então, seria uma possibilidade de reconciliação com a vida real, as pessoas, o país.

Em resposta aos artifícios estigmatizados de *A grande arte*, o segundo filme, *Terra estrangeira*, em colaboração com Daniela Thomas,[9] é sóbrio e preso ao real. "Considero *Terra estrangeira* meu primeiro filme", confessa ele, "pelo entusiasmo da equipe, pelo prazer de trabalhar com Daniela Thomas e, sobretudo, pela aventura extraordinária que foi fazer um filme em três continentes em quatro semanas, em dezesseis milímetros e preto e branco, com um pequeno orçamento e com total liberdade criativa."[10] Um preto e branco escolhido por sua carga dramática, como nas fotografias de Sebastião Salgado, e porque combina com a "desesperança" dos anos Collor. Uma cena mostra a ministra da economia Zélia Cardoso de Mello anunciando na televisão o súbito confisco das poupanças da classe média brasileira. Na frente da televisão, morre de ataque cardíaco a mãe (Laura Cardoso) do herói do filme, Paco, interpretado por Fernando Alves Pinto, ator muito inteligente que a Retomada pouco utilizará. Paco decide emigrar para Portugal, terra-mãe ou país-pai.

Como um filme de arquivos sobre uma época, *Terra estrangeira* é o reflexo de uma geração em crise de identidade, de um país incerto do que era, em plena crise de autoestima. Pela primeira vez em sua história, o Brasil — que existia há quase 500 anos como país de imigração, aberto ao outro, ao estrangeiro — tornou-se um país de exclusão e de emigração. Quatrocentas mil pessoas deixaram o "país do futuro". O primeiro destino desses brasileiros foi Portugal, a terra original, o "pai fundador", que renegou o filho estabelecendo barreiras e impondo pela primeira vez um visto de entrada. Os brasileiros que desembarcaram em Portugal se viram muito perto dos que vinham das outras colônias, os cabo-verdianos, os angolanos, os moçambicanos. Ora, não vemos esses personagens nos filmes portugueses, pelo menos os filmes que chegam ao Brasil. Eu mesmo fiquei muito surpreso de vê-los nas ruas de Lisboa, integrei--os a *Terra estrangeira*, apesar de não estarem no roteiro original.[11]

Essa integração súbita de elementos reais à ficção também será uma particularidade eficaz de *Central do Brasil*, que, no tema da identidade, prolonga não apenas *Terra estrangeira* como também *A grande arte*.

"O tema da identidade está no centro de seus três filmes", apontam os *Cahiers du Cinéma*. "Perda de identidade ligada à cidade, ao desaparecimento de um ser querido." Essas obras de fato começam com um abandono. "A ideia do exílio e da viagem é inerente a eles", retruca Walter Salles.

> *A grande arte* começa no Rio de Janeiro com o olhar estrangeiro de um fotógrafo americano, cuja vontade de elucidar o assassinato de uma jovem o faz viajar pelo Brasil e até a Bolívia. Ele volta trazendo um olhar mais humano sobre as pessoas e depois vai embora, para outro lugar. Eu também me sinto atraído pelo desejo de uma outra fronteira, de um território que não é o meu [...] gosto de descobrir um espaço que me é desconhecido. Essa atração por tudo que é estrangeiro é explicável num país como o nosso: o Brasil foi colonizado ou habitado por portugueses, franceses, espanhóis, ingleses, alemães, italianos. Ele tem a maior concentração de japoneses fora do Japão. Havia índios, trouxeram os africanos: é o país em que a África encontra o Japão. Como o Brasil poderia não sofrer nesse processo de interrogação permanente sobre o que ele é, quem ele é?

Assim, Josué, o protagonista de *Central do Brasil*, interpretado por um pequeno engraxate, de repente órfão na grande cidade do Rio de Janeiro, se transforma, abandonado mas aventureiro, num símbolo do povo brasileiro e do *homo brasilis*: todas as classes misturadas na busca obsessiva de um pai e de uma pátria, palavra gêmea.

"*Terra estrangeira* e *Central do Brasil* também têm em comum", constata o cineasta,

nos personagens do jovem rapaz e do menino, a ausência do pai depois da súbita morte da mãe. É esse choque que gera uma errância rumo a uma nova fronteira, um território desconhecido em que as percepções dos personagens vão mudar. Nos filmes que gosto, *Alice nas cidades*, de Wim Wenders, *Profissão: Repórter*, de Antonioni, *Rocco e seus irmãos*, de Visconti, *Vidas secas*, sempre vemos o efeito da mudança de situação sobre os personagens, que são movidos pela possibilidade e pela necessidade de um outro lugar. É por isso que parti desse ponto zero que é a estação do Rio, a Central do Brasil, que é como o símbolo de nossa identidade nacional.

O filme chega na hora certa, com um conjunto de condições favoráveis que funcionam matematicamente. Simbiose do cinema brasileiro, suas principais qualidades, e também alguns de seus simpáticos defeitos, se manifestam numa rara concentração. Seja como for, belo, comovente e notavelmente bem dirigido, *Central do Brasil* entrou para a história. Nele, elementos recorrentes da cinematografia brasileira são retomados com discernimento: universo urbano e mundo rural; modernidade e arcaísmo; mundo pragmático e misticismo; real bruto e ficção organizada; confronto de gerações.

A aposta do filme foi recusar-se a mostrar ao espectador brasileiro o mundo asséptico das novelas da televisão, quase todas filmadas no Rio de Janeiro ou num interior reconstituído limpo e impecável (no Projac), ao mesmo tempo que oferecia ao espectador estrangeiro um filme rodado no Rio sem Pão de Açúcar nem

Corcovado, sem mulatas rebolando no Carnaval sobre um fundo trepidante de samba ou bossa nova.

Por um lado, eu queria escapar de todas essas imagens ligadas ao Brasil, do cartão-postal que só existe na escola brasileira de turismo. Por outro lado, eu queria fugir da estética da televisão, tão convencional e artificial quanto as cenas das telenovelas. É por isso que no início do filme não vemos o horizonte do Rio de Janeiro, não vemos a praia, vemos apenas o dia monocromático das 400 mil pessoas que passam diariamente pela estação, microcosmo do Brasil puro e duro.[12]

Portanto, a parte "Rio" do filme passa uma impressão documental, de improvisação a partir do real. As cenas da estação foram filmadas noite e dia. Utilizando de maneira inteligente a profissão e o ponto de vista visual e auditivo do personagem Dora, professora aposentada que escreve cartas para analfabetos, o começo do filme é o momento de *ouvir e ver* testemunhos autênticos ditados em som direto por pessoas que às vezes não veem ou esquecem a câmera e pensam dirigir-se a uma verdadeira escriba.

Tivemos a possibilidade de ouvir as pessoas porque suas vozes vieram até nós: se aqueles rostos estão lá, foi porque vieram por si mesmos até a câmera. Foi um estilo de filmagem muito leve, e desde o primeiro dia na estação central do Rio, quando recém tínhamos instalado a mesa de Dora e nos preparávamos para filmar, uma pessoa se aproximou e perguntou se podia ditar uma carta. A primeira imagem que filmamos foi a de uma pessoa que não esperávamos nem um pouco ver no filme. Os desconhecidos que se aproximaram de nós criaram essa necessidade de autenticidade e deram esse tom particular à filmagem: o filme foi "oxigenado" pela verdade das pessoas com as quais cruzamos e pelos espaços que atravessamos. Quando se filma com recursos limitados, é preciso encontrar um método que possa servir ao filme.[13]

A mistura de realidade e ficção é tão ambígua que o primeiro rosto e a primeira voz que vemos são as de Socorro Nobre, heroína de um documentário em curta-metragem homônimo de Walter Salles.[14] O texto que ela dita não é mais totalmente autêntico, pois ela interpreta seu próprio personagem com palavras já ditas e repetidas várias vezes na frente da câmera. Estamos diante da principal aposta da escola brasileira de documentário, baseada na falsa autenticidade de testemunhos reais recriados para a representação cinematográfica de uma verdade dramatizada. Em *Central do Brasil*, a presença inicial de Socorro Nobre garante uma transição suave e original entre personagens totalmente ao natural e o personagem Dora, imaginário mas confrontado com aquela realidade, interpretado por uma grande atriz do teatro que o cinema pouco honrara até então, Fernanda Montenegro.

Num filme que deseja "mergulhar numa realidade sem maquiagem, mostrar o país com todas as suas rugas", essa velha senhora, amarga e solitária, representa "esse país esquecido"; porém, "visto através do olhar de uma criança, o filme traz uma verdadeira esperança, a que vivemos através da renovação de nosso próprio cinema".[15] Dora, pelo contato com Josué e ao longo dessa fuga iniciática, reencontra sua humanidade e feminilidade. "À medida que se instala a possibilidade da alteridade e de ver o mundo com novos olhos, as cores começam a invadir o filme: uma paleta se delineia e a profundidade de campo aparece."[16]

Central do Brasil oferece então a ocasião ao cineasta de prestar homenagem à imensidão e à beleza das paisagens de sua terra natal. Filmadas em profusão com lirismo e fascínio, elas em parte explicam, devido a seu exotismo, o sucesso internacional, mas despertam as reservas da crítica brasileira, que o recrimina por ter filmado o país como um estrangeiro faria numa excursão de turismo. Assim, para Inácio Araujo,

> o olhar do cineasta às vezes é estranho: quanto mais penetramos no Brasil, mais parece que somos convidados a contemplar um Nordeste de sonho — mais belo que nunca, estetizado como nunca e que às vezes lembra o deserto dos Estados Unidos filmado por Percy Adlon, por exemplo. É um pouco como se Walter Salles fosse um estrangeiro com uma carteira de identidade nacional.[17]

O artesanato e a precariedade que dominaram a história do cinema brasileiro explicam o fato de as paisagens nacionais terem sido pouco filmadas, exceto em preto e branco, com imagens tão sobressaltadas quanto as primeiras "vistas movimentadas" do barco *Brésil* na baía de Guanabara, ou rodopiantes como *Terra em transe* e outros filmes telúricos. *Central do Brasil* reconcilia o país da ficção com a grandeza de suas paisagens tão pouco exploradas. De *Kenoma* a *Casa de areia*, passando por *Latitude zero* e *As três Marias*, o novo cinema brasileiro, apesar de ainda timidamente, parte à descoberta de sua geografia.

Walter Salles contra-ataca em "Que país é este?", resposta a um artigo de Gilberto Vasconcelos: "Ele diz que o filme parece uma visão de quem pega um ônibus da Itapemirim e vê o Nordeste pela janela. E então eu me pergunto: e se tivesse feito um filme, do qual gosto muito, *Baile perfumado*, o que ele teria dito daquelas tomadas aéreas sobre os canyons?". O cineasta também nega que o filme tenha encantado o governo e o presidente: "Isso não é verdade, o filme não agradou Fernando Henrique e as razões estão evidentes. Não é uma extensão do projeto político dele".[18]

Enquanto alguns criticam a estetização das paisagens e da vida cotidiana nordestina, outros não gostam da imagem do Rio (portanto do país) passada ao resto do mundo. "Uma passagem do filme", diz Walter Salles aos *Cahiers*,

chocou o público e os críticos: o assassinato de um pequeno ladrão. No entanto, apenas me inspirei num fato real ocorrido em pleno dia e em pleno centro do Rio. Essa reação de rejeição é interessante: primeiro nos habituamos a uma banalização da violência, depois a uma banalização de nossa própria representação do país como cartão-postal. Esses atos de violência que acontecem constantemente na realidade não são mais verossímeis na tela.

A alusão ao tráfico de órgãos a partir das vendas de menores abandonados não é um belo produto de exportação. Em *A grande arte*, o cineasta cortou uma cena intolerável filmada na Cidade de Deus em que o personagem de Ruth de Souza e sua filha (Elisa Lucinda) vendiam por quase nada a Richard Kiel (o gigante de *James Bond*) os órgãos de algumas crianças de sua própria família, para poder alimentar as outras. Ao lado desta, as cenas de *Central do Brasil* são "light". Mas a crítica principal feita pela classe média — longe de suspeitar que *Cidade de Deus* violará essa barreira, bem como *Tropa de elite* — é que o filme mostra um Brasil que não é o melhor dos mundos. Mesmo assim, mais de 1,5 milhão de espectadores seguirão o périplo de Josué e Dora.

O sucesso dessa história foi inesperado, os produtores e os distribuidores pensavam que o público brasileiro só buscava a diversão dos filmes hollywoodianos. Pelo contrário, esse reflexo — as pessoas se veem e se reconhecem no filme — foi a maior satisfação que poderíamos dar. Foi um feliz encontro entre um desejo que não era realmente verbalizado e aquilo que o filme mostra [...] Eu não tinha previsto isto em momento algum, era movido apenas pelo desejo de apresentar um país nos antípodas do jornal da televisão, das propagandas publicitárias ou governamentais. Eu queria redescobrir uma certa inocência do olhar, deixar para trás o Brasil da impunidade e da individualidade para reconciliar-me com esse Brasil mais humano e mais solidário que ao que tudo indica as pessoas também estavam buscando. *Central do Brasil* é essencialmente um filme sobre a busca: a busca do pai, a busca por aquela mulher velha de uma inocência que ela perdeu, de um desejo que ela não tem mais, a busca de um país humilhado por um certo discurso oficial.[19]

Para Araujo, trata-se do filme de um "cineasta que exorciza suas influências e parte decidido em busca de duas coisas que talvez sejam apenas uma: seu estilo e sua pátria".[20] Cinefilicamente, Walter Salles assegura a ligação desse filme de sertão com o Cinema Novo, oferecendo o papel do caminhoneiro a Othon Bastos e filmando em Milagres, onde haviam sido filmados *Os fuzis* e *O dragão da maldade contra o santo guerreiro*. Para ele, o novo cinema brasileiro deve beber da mesma fonte dos cinema-novistas: "Somos", diz ele em 1998,

> um movimento de jovens diretores que querem, no mesmo momento mas de maneiras diferentes, encontrar uma forma cinematográfica que seja o reflexo de nosso país, essencialmente brasileira. Para isso, precisamos de um vetor comum: colocar o verdadeiro rosto do Brasil na frente da câmera, enquadrar novamente o real, do qual o cinema e a televisão se afastaram muito por muito tempo; expressar quem somos, de onde viemos.

Porta-voz e ponta de lança da nova geração, Walter Salles coloca Pereira dos Santos e Rocha no primeiro plano de suas referências. Ele próprio é uma referência hoje, apesar da "traição" hollywoodiana de *Água negra*, que ninguém no Brasil entendeu por que aceitou dirigir. Cinéfilo, admirador dos antigos e promo-

380

tor dos modernos, com a Videofilmes, fundada com o irmão documentarista João Moreira Salles (*América, Futebol, Notícias de uma guerra particular, Nelson Freire, Santiago*), ele iniciou e supervisionou tecnicamente, tematicamente ou artisticamente *Madame Satã* e *O céu de Suely*, de Karim Aïnouz; *Lavoura arcaica*, de Luiz Fernando Carvalho; *Cidade baixa* e *Quincas Berro d'Água*, de Sérgio Machado; e *Cidade de Deus*, de Fernando Meirelles e Kátia Lund.

Uma lista excepcional para um produtor apaixonado, obstinado em provar o valor nacional e internacional de um cinema que ele consegue difundir, por sua própria notoriedade, nos grandes festivais mundiais. É possível reconhecer nesses filmes a mão de Walter Salles e características próprias à sua concepção: aperfeiçoamento técnico, prazer de filmar, momentos estéticos, referências cinéfilas, passagem do cotidiano ao alegórico, implantação na realidade nacional e ultrapassagem metafórica, direção exigente de atores desconhecidos ou utilizados em papéis inesperados.

Mas Walter Salles não é apenas o criador da obra principal do cinema de qualidade carioca. Ele também elogia e encoraja a descentralização do cinema brasileiro. Com algumas raras exceções históricas (o mineiro Humberto Mauro, o ciclo mudo do Recife, Sylvio Back, o cacique de Santa Catarina),[21] o grosso da produção ficcional sempre se concentrou no eixo Rio-São Paulo. Ora, pastichando o *Manifesto antropofágico* de Oswald de Andrade, poderíamos dizer a respeito das duas capitais: "Somente a rivalidade nos une. Historicamente. Geograficamente. Economicamente. Politicamente. Culturalmente. Cinematograficamente". Apesar de, na vontade da Retomada de salvar uma arte em perigo, a relação ter se tornado mais complementar do que abertamente antagonista, restam várias sequelas dessas disputas intestinas prejudiciais ao florescimento e à unidade do cinema brasileiro. Walter Salles não poupa esforços para reconciliar as duas cidades, enquanto o fenômeno se atenua com o surgimento de vários polos de criação cinematográfica pelo país: "Por enquanto", ele diz com otimismo aos *Cahiers*, em 1998, "o cinema brasileiro de ficção esteve centralizado no Rio de Janeiro ou São Paulo". (E veremos que, apesar de tudo, esta continua sendo a via imposta a todos.)

> Hoje, as energias partem de todos os lados. De Pernambuco, onde Lírio Ferreira e Paulo Caldas propõem um filme muito original, *Baile perfumado*. De Fortaleza, no Ceará, de onde vem um diretor de curtas-metragens, Karim Aïnouz, que filmaria *Madame Satã*. Da Bahia, com inventivos como José Araripe e Sérgio Machado. Dos estados do sul, é claro.[22]

Entusiasmado e sintético, ele conclui:

> Na verdade, essa eclosão de talentos em todos os sentidos é um retorno às fontes originais do cinema brasileiro: sua primeira onda foi a dos aventureiros exploradores que filmaram dos índios da Amazônia aos negros da Bahia, de Recife a Santa Catarina, do Mato Grosso do Sul às fronteiras do Uruguai, todas as regiões e todos os povos.[23]

Essas referências ao documentário, fonte do cinema brasileiro e do cinematógrafo, são tanto mais interessantes porque manifestam subconscientemente por parte do cineasta um forte distanciamento em relação ao tema tratado e ao objeto filmado — o mesmo que lhe será censurado por certa crítica, também sofrida pelos cineastas acima citados e pela maioria dos expoentes da Retomada, identificados com os fotógrafos de paisagens do fim do século XIX ou considerados "viajantes" da realidade pobre ou sórdida. De *Central do Brasil*[24] a *Cidade de Deus*, passando por *Lavoura arcaica* e *Abril despedaçado*, alguns condenam essas visões externas e estéticas. Miserabilistas ou cruéis, humanistas ou lírico-poéticas, elas são consideradas a léguas de distância da verdade crua das paisagens e sobretudo das pessoas ou das situações filmadas. Perdoa-se a excentricidade de *Latitude zero* e *As três Marias*, por se tratar de fábulas distantes do cotidiano vivido, mas *Abril despedaçado* será o projeto mais ambicioso e mais mal recebido da Retomada, porque a estetização supostamente sufocará sua veracidade. Curiosamente, a crítica brasileira é mais cruel com o cinema de ficção, que passa uma impressão de falsidade onde tudo é com frequência verídico, do que com o cinema documental — que, quando soa verídico, foi em geral bastante fabricado, e portanto é falso.

O único documentário objeto de escândalo é, aliás, produzido por Walter Salles: *Notícias de uma guerra particular*, feito para a televisão por seu irmão João Moreira Salles e Kátia Lund. Ele soa tão verdadeiro que desperta suspeitas sobre a maneira como foi filmado e faz com que muito se fale sobre as relações da alta sociedade e do mundo artístico com os traficantes.

Excesso de estetismo criticado em obras de ficção em busca de poesia e veracidade; excesso de veracidade condenada num documentário em busca de realismo e autenticidade. A nova transcrição desses dois polos da cultura brasileira, o sertão e a moderna favela, reencarnação da senzala, é objeto, nessa segunda fase da Retomada, de férteis controvérsias. Assim, a "estética da fome" e a da "miséria e violência" são reatualizadas três décadas depois. Mas esse novo olhar é diferente: para Ivana Bentes, passa-se da "estética" (anos 1950-60) para a "cosmética da fome" (anos 1990-2000).[25] *Central do Brasil* também não escaparia à lucidez corrosiva dela, que vê no filme a representação romântica de um Brasil humanista, numa linhagem que mistura melodrama e pobreza: esta e o mundo rural são identificados com a ética, a pureza, a bondade.

Trata-se abertamente de um filme de esteta. Cada imagem é enquadrada com cuidado e precisão, o mínimo movimento da câmera é significativo e a aparição dos figurantes sertanejos reforça a aparência ilusória de um filme sincero, mas fabricado. No entanto, as cenas finais não são vítimas da impossível autenticidade do sertão e do impasse do destino de Josué. Onde deságua a busca iniciática do pequeno brasileiro? Onde ele encontra a família e a pátria? Numa estranha estrutura, nem rural nem realmente urbana, organizada geometricamente, como havia sido Brasília, no meio do nada. "O fim do filme", enfatiza Salles, "acontece num universo estranho, o desses subúrbios no meio de lugar nenhum, de um território desértico que vai se degradando cada vez mais, pois não há atividade econômica à sua volta. É um chamado de socorro lançado no fim do filme, a única alternativa sendo a fraternidade."[26]

A visão final do sertão em *Central do Brasil* contradiz Ivana Bentes: o cineasta substitui o ponto de vista subjetivo, adotado no início, da cidade grande assassina (ela matou sua mãe, Josué escapa dos traficantes de órgãos), de uma criança maravilhada diante da ideia de reencontrar a liberdade do espaço, o pai hipotético e os irmãos, por um movimento vertical e panorâmico de grua que abarca a imensidão do deserto que circunda o parque habitacional artificial no qual o órfão vai ao encontro de seu destino. Aqui, a estética de um movimento sofisticado de câmera não decorre mais de um efeito cosmético, mas justamente do inverso, de um desmascaramento das falsas aparências.

O espectador não se deixa enganar pelo cor-de-rosa e se preocupa subliminarmente com esse novo labirinto em que o menino penetra. É verdade que o entusiasmo de Josué também é o do cineasta feliz por filmar nas mesmas paisagens que seus antecessores do Cinema Novo, em harmonia com seu próprio país, que ele descobre: o filme sofre dessa ingenuidade quase infantil, mas, para além da estetização do real que supõe, ela também permite revelá-lo até a vertigem.

Acompanhando com a câmera no ombro o personagem de Dora durante uma impressionante procissão, o cineasta propõe, além de uma bela cena de cinema, uma restituição interessante do misticismo popular sertanejo. Estamos na interseção do surpreendente realismo documental de *Os mestres loucos*, de Jean Rouch, das palpitações de *Barravento*, de Glauber Rocha, e dos transes de *Mistério na ilha de Vênus*. Segundo ele, todos os artistas brasileiros "não estariam dilacerados por esse divisor de águas, esse encontro de oceanos, essa identidade nacional em constante formação"?[27]

DA ESTÉTICA À COSMÉTICA DA FOME

Ivana Bentes, crítica e historiadora, é contatada pelos *Cahiers du Cinéma* por ocasião do número especial de quinquagésimo aniversário: ela faz um balanço incompleto e parcial do cinema de seu país e de sua Retomada. Organizadora de uma biografia epistolar de Glauber Rocha,[28] ela publica em 2001 um artigo polêmico intitulado "Da estética à cosmética da fome", variação contemporânea do célebre e provocador texto do profeta cinema-novista. Através de um percurso histórico do "ciclo do cangaço" e do "ciclo das favelas" dos anos 1950 aos anos 1990, ela propõe uma análise crítica do uso da pobreza feito pelos artistas brasileiros na cinematografia nacional.

Cenários recorrentes do cinema brasileiro, o sertão e a favela se impõem como territórios de reflexão. Esses locais mitificados pelo cinema são espaços trágicos de crises em que são expostas com violência as fraturas sociais do país. O arcaico sertão se prolonga pela favela moderna, onde se estabelecem os excluídos do Brasil profundo, naufragados na cidade grande. Segundo Luiz

Carlos Merten, "os dois [são] locais de miséria e misticismo que formam perversos cartões-postais das desigualdades brasileiras".[29] Ora, conforme constatado com pertinência por Ivana Bentes, o novo cinema brasileiro dos anos 1990 recupera acima de tudo os mistérios bárbaros do sertão e da favela como elementos de cinema-espetáculo. Não foi sempre assim?

O SERTÃO "RETOCADO"

Na primeira metade do século, por razões técnicas e geográficas evidentes, o sertão e os cangaços foram pouco filmados. O cinema mudo apresentou, graças ao cineasta do ciclo de Pernambuco Tancredo Seabra, em 1925, o filme *Filho sem mãe*, produzido em Recife, no qual vemos militares e cangaceiros se enfrentando, mas será preciso esperar o excepcional documentário *Lampião, rei do cangaço* (1936), de Benjamin Abrahão, para ver o futuro protagonista ficcional de *Baile perfumado*. Uma produção independente de 1950, em São Paulo, assinada por Fouad Anderaos, retoma o título num filme de aventuras hoje perdido. O nordestern nasce em 1953 com a primeira produção prestigiosa da Vera Cruz, sem dúvida inspirada na artesanal versão muda. *O cangaceiro* de Lima Barreto mitifica o personagem e seu universo. Graças ao cinema, indivíduos fora da lei se tornam heróis.

Com Glauber Rocha e o Cinema Novo, eles se transformarão em mártires de uma utópica revolução. Graças à criação de um cowboy insurrecional, a cultura brasileira e seu cinema encontram uma primeira identidade. Mas esta nasce de uma projeção "espetacularizante"[30] e da distância entre o arcaísmo do tema e a modernidade do espectador. De fato, os acontecimentos narrados em 1953, portanto quase contemporâneos, parecem tão afastados no tempo e no espaço dos moradores da emergente São Paulo quanto um western. Esse exotismo espaçotemporal facilitou o sucesso internacional, confirmando a ideia de Tolstói retomada por Maupassant de que quanto mais localizada a história contada, mais universal ela se torna.

É verdade que *O cangaceiro* utiliza alguns elementos inevitáveis do faroeste hollywoodiano, assim como se inspira no cinema épico mexicano, mas, espetáculo ou não, apresenta imagens e não um tratado sociológico, tendo o duplo mérito de divulgar o cinema brasileiro e ensinar ao público do país uma página original de sua história, que quer sempre ouvir novos detalhes, como uma criança. Mesmo tendo aberto "uma das vias mais fecundas do cinema brasileiro",[31] Ivana Bentes lembra que os nacionalistas receberam com reticência esse filme hoje reabilitado, como ocorreu com a Vera Cruz. Acusado de ser uma imitação do western americano com alguns toques espetaculares e exóticos de cores locais falsificadas,[32] a construção de sua proposta só poderia ser ambígua: um filme essencialmente brasileiro com os critérios de qualidade técnica internacional cujo lastro é o cinema americano e o europeu.

O mesmo fenômeno acontece hoje. Antigamente, a Vera Cruz planejava mostrar na tela "o sertão, a floresta amazônica, o pampa, o Nordeste, as tradições e as lendas, um folclore imensamente rico", mas, para que a imagem fosse transmitida em outros lugares, não seria preciso respeitar os códigos de uso corrente, passíveis de provocar a adesão do público e portanto fazer concessões ao cinema-espetáculo? O Cinema Novo irá a fundo contra isso, e mudará a situação invertendo os valores. "Foi", segundo Debs, "a entrada do cinema brasileiro numa nova concepção ideológica do ato de fazer cinema: a 'realidade' brasileira, e não mais sua idealização, devia ser mostrada nas telas."[33] Nelson Pereira dos Santos, Glauber Rocha e Ruy Guerra elaborarão "sua estética a partir da literatura e da cultura sertaneja, dela tirando o que o Brasil possui, aos olhos deles, de mais representativo, isto é, sim-

387

bólico, da situação sociopolítica do Brasil dos anos 1960". Com a câmera na mão, a equipe reduzida segue a família de *Vidas secas* pelo deserto árido e infinito, ofuscada pela luz que acaba ofuscando o espectador. Este não está mais fora do filme, ele transpira como os personagens, sente o peso da mala carregada pela mãe na cabeça.

O sertão sem dúvida nunca foi filmado como nessa obra-prima de Nelson Pereira dos Santos. É verdade que, comparado a ele, o sertão filmado por uma grua em *Abril despedaçado* ou *Eu, tu, eles* pode parecer artificial, mesmo quando o cineasta procura efeitos semelhantes aos de *Vidas secas*. Tomemos *Cinema aspirinas e urubus* (2005), excelente filme de Marcelo Gomes da nova safra. Em homenagem a Nelson Pereira dos Santos, ele começa numa tela branca de luz ofuscante na qual pouco a pouco, como se tivéssemos esfregado os olhos, começam a surgir finos vultos sombrios de árvores esqueléticas. O preto e branco se torna cor, e vemos o sertão. É belo, evocativo, mas o espectador continua do lado de fora. Será um problema de relação com a câmera? A era do cineasta-artista que apreende febrilmente o mundo e as pessoas, com a câmera na mão, deu lugar à do cineasta-técnico sentado atrás de sua *steadycam* — talvez esta seja a explicação possível para o "lifting" do sertão e do cangaceiro operado pelo cinema brasileiro contemporâneo. A realidade, duplamente filtrada, se perde nessa passagem. Além disso, o contexto político contemporâneo da América do Sul está hoje a anos-luz do da época de Glauber. A problemática nordestina do Cinema Novo se inscrevia numa corrente de consciência política sul-americana em luta contra o modelo neocolonial capitalista americano; a vontade feroz de um cinema próprio com temas próprios era uma reivindicação de sobrevivência cultural e identitária. Como com os filmes de Jorge Sanjinés na Bolívia, Fernando Solanas na Argentina e Miguel Littín no Chile.

No Brasil, os cinema-novistas

encontram na gesta sertaneja o fio condutor de uma história que representa a do país, a literatura aborda o Nordeste e a tradição do cordel constitui uma fonte de inspiração fundamental para o seu cinema. [...] O sertão, depois de ter representado na literatura as terras virgens povoadas de indígenas na época romântica, não aparece mais como um dos terrenos fundadores da nação, mas como uma metáfora do Brasil pré-ditatorial.[34]

É verdade que a implicação do sertão e do cangaço não é mais tão metafísica, no cinema da Retomada, apesar de *Baile perfumado* e sobretudo *Corisco e Dadá* ou *Sertão das memórias* terem intenções que ultrapassam em grande medida o enquadramento espetacular. Mas Ivana Bentes aponta em especial *O cangaceiro*, remake de Massaini, e *Guerra de Canudos*, de Sérgio Rezende, cuja glamorização da pobreza critica. O primeiro de fato facilita isso: como *O guarani* de Norma Bengell, seu único contato com uma realidade possível do país são os esplêndidos cenários naturais onde se movimentam os jovens astros e estrelas saídos diretamente das novelas televisivas. Ora, o filme de Massaini não tem nenhuma pretensão de refletir a realidade histórica e social do Brasil: espetáculo acima de tudo, enésima variação sobre um tema popular variável ao infinito, ele é capaz de seduzir o grande público pela utilização de truques. Bentes avalia que retoma todos os clichês do Nordeste espetacular e folclórico, na contramão do Cinema Novo, que contribuiu para lançar um olhar diferenciado sobre essa região, como alguns filmes experimentais contemporâneos.

Crede mi (1997), de Bia Lessa, é uma fusão entre o popular e o erudito, em que as festas religiosas nordestinas filmadas no Ceará são reapropriadas numa variação esotérica e intelectual sobre os temas curiosamente combinados do incesto e da religiosidade.

Já *São Jerônimo* (1998), de Júlio Bressane, adapta para os intemporais costumes e paisagens do sertão brasileiro a história do monge asceta, peregrino, eremita e sábio do século IV que foi santificado depois de traduzir o Antigo Testamento do hebraico, do grego e do aramaico para o latim. O sertão, aqui, torna-se o espaço original e sagrado da gênese. O deserto parece o da Palestina e o da Judeia, onde Jesus e seus apóstolos vagavam em busca da purificação da humanidade: a semelhança geológica encoraja um bom número de filmes pseudobíblicos no fim dos anos 1990 (*Maria, mãe do filho de Deus, Irmãos de fé*). Nos dois casos, o sertão é pretexto geográfico para a expressão pessoal de autores intelectuais, mas a religiosidade e o misticismo próprios a essas terras se tornam elementos fundamentais da criação e da reflexão. O sertão não é mais cenário, mas personagem-motor do processo fílmico. Um tanto distanciado e brechtiano, é verdade.

Guerra de Canudos

"Tive uma certa ambição", diz Sérgio Rezende,

de levar o cinema brasileiro para um outro patamar de produção. Há coisas que, às vezes, não nos consideramos capazes de fazer: um determinado tipo de cenário, de figurino ou de som. Porque isso tem, em parte, a ver com o fato de o Brasil ser apenas um exportador de matéria-prima. Temos sempre de exportar talentos. O filme pode ser ousado e criativo mas tecnicamente sofrível. E como o Glauber Rocha conceituou a estética da fome, a gente precisa superar esse estágio.[35]

Dezesseis semanas de filmagem perto da verdadeira cidade de Canudos, hoje tragada pelas ondas, são necessárias para vencer o desafio de oferecer à cinematografia nacional um filme digno do romance que o inspira. Simbolicamente, as gravações começam em 14 de julho de 1996, data comemorativa do ataque definitivo do exército republicano brasileiro sobre Canudos, ao som da *Marselhesa*. No entanto, Ivana Bentes critica a utilização do sertão como "pano de fundo" de uma grande epopeia histórica — novela ou filme de guerra, segundo os modelos do cinema-espetáculo, com tema nacional e estética internacional. Rezende faz do personagem interpretado por Cláudia Abreu[36] uma Scarlett O'Hara sertaneja. Por mais excelentes que sejam os atores (Paulo Betti, Marieta Severo), eles não são verossímeis como habitantes do sertão, apesar do sotaque que o laboratório preparatório lhes inculcou para simular a verdade.

Até mesmo o suor dos personagens (em especial do atlético Tuca Andrada) é estético: sentimos o toque de chuva vaporizada dos maquiadores inclusive nas cenas de amor. Canudos, construída a partir do zero, parece um cenário de papelão e nunca adquire uma autenticidade telúrica. Será por isso que um trabalho posterior de Rezende será despojado de tudo isso e, filmado com poucos recursos no coração do sertão mais árido, restituirá sua verdade mais seca e rochosa, intitulando-se, ainda por cima, *Quase nada*?

Baile perfumado

Filme híbrido por excelência, oferece aos espectadores, segundo Ivana Bentes, o surgimento do "sertão pop", pensado como um local de confronto entre o arcaico e o moderno, a música de Chico Science e os ritmos nordestinos, o cordel e o cinema. A cultura popular encontra a indústria cultural nesta obra "*in*", que rejuvenesce formalmente um velho tema. Mas a estética não esconde o falso brilho. Entre *O cangaceiro* de Massaini e *Baile perfumado*, Lampião muda de condição: de personagem se torna produto; bem como o sertão, paisagem que se torna pano de fundo e cartão-postal. *Eu tu eles*, de Andrucha Waddington é um exemplo concludente desse desvio não alegórico, ao contrário de *Kenoma*, *Latitude zero* ou *As três Marias*.[37]

Eu tu eles

Filmado perto de Juazeiro, Bahia, em sete semanas e meia, depois de quatro anos de sondagens e viagens preparatórias, não passa a impressão de que seu diretor teve uma experiência física do sertão. Tendo-o descoberto por ocasião de um documentário sobre o cantor Gilberto Gil, que cresceu na região, Andrucha Waddington sonhava em contar uma história que se localizasse nesse universo "rico em lendas, histórias… um verdadeiro depósito de ideias!".[38] Seu desejo fortuito transparece em imagens esplêndidas e sofisticadas de conteúdo superficial. É um Nordeste filmado não mais num ônibus da Itapemirim, mas na limusine climatizada do futuro ministro da Cultura, Gil, tão anedótico e simpático quanto sua história real — uma mulher tem três maridos, controla-os e vive com eles sob o mesmo teto.

O filme é tão artificial quanto os sotaques nordestinos das estrelas globais que o interpretam (Regina Casé, Lima Duarte e Stênio Garcia). Caricaturais na secura e na rusticidade, os personagens parecem parados no tempo. Os elementos da cultura nordestina (cantos, rezas, forró, o coronel) soam falsos, como uma fantasia imaginária[39] transplantada em imagens prontas e convencionais do sertão. Essa história de uma mulher que estabelece sua própria ética, ignorando os conceitos cristãos que regem a sociedade brasileira, torna-se um conto amoral em que o sertão da Bahia poderia ser qualquer região isolada do mundo. *Eu tu eles* o revisita sob o olhar brilhoso e higiênico de certa "cosmética".

O auto da Compadecida

Um produto aparentemente inexportável (ao contrário de *Central do Brasil* ou *Cidade de Deus*), que só encanta e diverte os espectadores locais. É preciso compreender a amplitude do fenômeno desse filme de sertão tipicamente nacional — seu sucesso confirma o que a maioria do povo brasileiro espera do cinema. Trata-se originalmente de uma peça escrita em 1953 pelo dramaturgo pernambucano Ariano Suassuna, uma das mais engraçadas, engenhosas e satíricas da literatura brasileira. O texto logo se tornou um clássico e foi adaptado duas vezes: em 1968, por George Jonas, com Regina Duarte, Antônio Fagundes e Zózimo Bulbul, e em 1987, por Roberto Farias, com os Trapalhões. A terceira adaptação seria para a TV, em uma minissérie global exibida em quatro episódios em janeiro de 1999. Esse folhetim louvado pela crítica, que o considera mais interessante tecnicamente do que outros produtos da Retomada, se transforma em filme (o inverso já havia acontecido com *Guerra de Canudos* e aconteceria de novo com *Olga* e *Carandiru*).

As cenas filmadas em dezesseis milímetros se misturam aos efeitos especiais permitidos pelo vídeo, e o diretor Guel Arraes elimina, pelas necessidades de linearidade cinematográfica, as intrigas paralelas. Para o *teleasta* (que tem mais de vinte anos de TV Globo) que se torna *cineasta*, "discute-se pouco a questão estética da televisão e do cinema, mas acredito que em várias produções não exista diferença, e que o resultado possa transitar entre os dois veículos".[40] É verdade que Arraes inova na televisão, enfatizando o humor na telenovela (*Guerra dos sexos*) e mostrando uma direção muito mais ágil. Responsável por um núcleo, ele celebra o jornalismo humorístico e satírico, lançando *Casseta e Planeta* também transformado em filme. Imagens aceleradas, montagem abrupta, ritmo frenético à semelhança da interpretação caricatural, grotesca e exageradamente irreverente dos atores, *O auto da Compadecida* é uma volta à farsa e às fontes do teatro popular de feira, interpretado na época medieval entre dois mistérios ou milagres, nos pátios das catedrais.

O filme privilegia as relações da cultura popular nordestina com a cultura medieval europeia e do início do Renascimento, época em que o Brasil foi descoberto. Os dois personagens principais, João Grilo e Chicó (Matheus Nachtergaele e Selton Mello), pertencem à tradição do Nordeste mas lembram a *commedia dell'arte*, dom Quixote e os criados de Molière, num amálgama particularmente personalizado. Movidos pelo instinto de sobrevivência no universo hostil e profundamente injusto da Paraíba, os dois pobres-diabos passam seu tempo enganando os ricos e poderosos, para grande prazer do público popular, que se pergunta a cada nova peripécia o que eles ainda vão inventar para vingar as relações de classe. Os dois se transformam em porta-vozes, porta-gestos e porta-sonhos dos espectadores, enfrentando com pertinência

> o poder religioso do padre e do bispo, o poder militar do cabo Setenta, o poder financeiro do coronel (Paulo Goulart), o poder físico do sólido e machista Vicentão, o poder do diabo (Luís Melo).

Esse auto é mais profano do que religioso: o padre e o bispo, que aceitam enterrar o cachorro da mulher do padeiro por uma boa quantia de dinheiro, estão longe das imagens piedosas e exemplares da Igreja católica. Em contrapartida, o filme gaba a astúcia do pobre brasileiro, que sempre encontra uma maneira de sobreviver, um jeitinho, em meio à selva criada pelo homem, *homini lupus*.

Fantasia situada numa realidade defasada e num além tratados de maneira semelhante, ela presta homenagem, com irreverência, às qualidades do homem do sertão — metonímia do *homo brasilis* — e propõe uma resposta à questão da identidade brasileira e da identidade cinematográfica, barroca, desgrenhada, picaresca e carnavalesca. A morte e a vida estão interligadas, como Deus e o diabo, a todo instante da vida do *homo duplex*, numa atmosfera fantasista em que miséria e dor se enfeitam com as cores espalhafatosas da festa e do riso. Cosmética, talvez, mas antes maquiagem de circo. Ora, sob o sorriso do palhaço muitas vezes se esconde um sentimento de tragédia. Para Nachtergaele,

> esse filme traduz o Brasil tal qual: é uma comédia sobre o malandro, a história de dois heróis que, para não morrer de fome, são levados a inventar subterfúgios, e o brasileiro se identifica muito com isso. João Grilo é um personagem revolucionário: ele não respeita nenhuma norma, nem o clero, nem os proprietários de terras, e, nesse sentido, ele se assemelha ao brasileiro em geral. De fato, as leis sempre foram ditadas por um Estado que não era brasileiro e portanto não era respeitado. A própria população brasileira, que é o resultado de uma mestiçagem, estava convencida de ser inferior e frágil, pois muitos estudos haviam sido publicados nesse sentido [...] Ora, sempre conseguimos sobreviver, apesar de todas as dificuldades, porque nossa capacidade de adaptação é infinita.[41]

Essas palavras não poderiam ser aplicadas ao cinema brasileiro, substituindo-se a palavra "Estado" por cinema, e "população" por cinematografia? Pilar da Retomada, Nachtergaele, de origem flamenga, encarna o nordestino, garantindo o retorno dos arquétipos interpretados por Oscarito, Renato Aragão e principalmente Mazzaropi. Do sertão à favela, da farsa ao trágico, ele representa uma gama de personagens populares, desenhando com força e talento as facetas essenciais da identidade brasileira.

A MARCA GLOBO FILMES

Retocado pela estética televisual, o sertão não é o único a ser revisitado. A história do descobrimento do Brasil também, com *Caramuru, a invenção do Brasil* (Guel Arraes). Originalmente uma minissérie, essa farsa histórica na linhagem humorística de *Carlota Joaquina* e com os efeitos especiais entrecortados de *O auto da Compadecida* também se metamorfoseia em filme cinematográfico de sucesso.

Selton Mello — outro fetiche da Retomada — é cercado por jovens atrizes como Camila Pitanga e Deborah Secco, uma mulata e a outra branca, transformadas nas índias Paraguaçu e Moema. Uma visão cômica e idílica das relações de um português com os indígenas, tão simplista tematicamente quanto sofisticada tecnicamente.

A TV Globo começa a produzir filmes no fim dos anos 1990, graças à Globo Filmes, braço cinematográfico dirigido pelo ator e diretor Daniel Filho. Depois de testar o público lançando no cinema a apresentadora Angélica (*Zoando na TV*), seus dois primeiros filmes importantes são *Bossa nova* (1998), de Bruno Barreto, e *Orfeu* (1999), de Cacá Diegues. O mais espetacular será *Cidade de Deus*. Outros filmes do núcleo Daniel Filho serão menos cinematográficos, como o telefilme *Lira paulistana*,[42] de Cláudio Torres, ou os episódios da série *Cidade dos homens*.

Bossa nova, comédia leve e artificial, impõe o selo da casa e continua sendo até hoje a mais graciosa das comédias produzidas ou dirigidas por Daniel Filho. Inteiramente centrada na personalidade da americana Amy Irving, ela propõe um lifting completamente distante da realidade e do cotidiano contemporâneo da cidade do Rio de Janeiro, idealizado em externas que lembram a Paris reconstituída em estúdio das fantasias musicais de Vincente Minnelli. Essa homenagem ao Rio dos anos 1960 e da bossa nova é dedicada a Tom Jobim e a Truffaut, sendo uma declaração de amor do cineasta Bruno Barreto à esposa. *Orfeu*, por sua vez, objeto da análise de Bentes, propõe uma leitura do mundo da favela, outro tema recorrente retocado pela Retomada.

A FAVELA ESTILIZADA E DIABOLIZADA

Orfeu

Acontecimento de 1999, o *Orfeu* de Diegues provoca várias polêmicas, sendo o primeiro filme popular da Retomada, isto é, acessível ao público não burguês. Ele fará mais sucesso na periferia e nos subúrbios do que nos bairros nobres. Coproduzido pela Globo Filmes, o filme se beneficia de uma grande promoção no país, mas fracassa no exterior, não aguentando a comparação com o mítico *Orfeu negro* (1959), de Marcel Camus.

Trata-se de um antigo projeto do autor. Proveniente de uma família branca abastada do Nordeste (Alagoas), Cacá Diegues confessa ter tido na juventude uma visão limitada e parcial do mundo negro, sustentada pelas diferentes formas de discriminação que essa população sofre no Brasil. Ao assistir, em 1955, no Theatro Municipal do Rio de Janeiro, à encenação da tragédia carioca de Vinicius de Moraes, *Orfeu da Conceição*, ele tem uma revelação da grandeza e da beleza da cultura afro-brasileira. Assim que começa a se interessar pelo cinema, sonha em adaptar para as telas essa peça suntuosa que alterna poesia e prosa com coro, solistas e dançarinos.

Ora, Marcel Camus chega primeiro e realiza sua própria versão. Cacá Diegues afirma que Vinicius ficou contrariado pela deturpação da obra original e que os dois prepararam, nos anos 1970, uma versão mais fiel, para a qual Jobim compôs a "Valsa de

Eurídice". O filme não foi feito na época e Cacá Diegues, que se torna um mestre do Cinema Novo, dirigirá treze longas-metragens antes de retomar a ideia inicial, quarenta anos depois, mais uma vez provando que os cineastas brasileiros são obstinados.

A crítica é impiedosa: "Orfeu agora é negro e pop",[43] "Paixão sem objetivo, com protagonistas desastrosos e poucos momentos de inspiração: Orfeu não convence",[44] "Orfeu high tech", ironiza o *Guia da Folha*. A estética, americanizada, de telenovela e videoclipe decepciona os admiradores daquele que filmara, em 1966, com a câmera na mão pelas ruas do Rio de Janeiro o neorrealista e poético *A grande cidade*. No entanto, no terceiro episódio de *Veja esta canção* ("Você é linda"), Cacá Diegues havia oferecido um aperitivo do retorno ao mundo da favela e dos métodos artesanais e sofisticados utilizados mais tarde em *Orfeu*.

O que o filme ganha em técnica perde em profundidade e impacto, dizem as críticas. Para um filme brasileiro, a produção é bastante luxuosa. Com a ajuda da Globo, fora possível construir uma favela em tamanho natural em Jacarepaguá, com generosas vistas aéreas ou panorâmicas das *verdadeiras* favelas, filmar com nove câmeras durante o *verdadeiro* Carnaval do Rio e depois reconstituí-lo especialmente para o filme. A crítica local censura Diegues, como antes Camus, por reproduzir e manter os clichês próprios dos filmes para "gringos", com um herói sob medida (Orfeu é carioca, negro, favelado e sambista).[45] Mas o filme é condenado principalmente por abandonar a dominante mitologia do tema em favor de uma imersão num universo contemporâneo mais duro e mais cru: "Ele se passa numa favela violenta, infestada de traficantes e invadida com frequência por policiais. Esse pano de fundo, mostrado incessantemente e com força, acaba destruindo o lirismo da história principal".[46] Mas não seria esse o objetivo do autor?

O casal protagonista com certeza não é o elemento principal do filme: ele é alegórico, como a última imagem que os mostra depois da morte dos dois, unidos na dança de um Carnaval imortal. Toni Garrido não foi escolhido por suas qualidades de ator, mas como cantor de belo físico e voz suave, adequada às canções de Tom Jobim ou Caetano Veloso, e sobretudo como símbolo da desfavorecida juventude negra contemporânea do Brasil que ascende à celebridade. A fúria da crítica para com as estrelas (Garrido, Patrícia França, Maria Ceiça) é insólita. Nenhum ator contemporâneo, nem mesmo o pior ator de séries televisivas, viu escrito sobre si o que foi dito de Toni Garrido. As críticas são tanto mais injustificadas porque o ator foi bem dirigido e é carismático. Elas são representativas da esquematização do mundo das favelas e da força dos preconceitos da classe média e do meio intelectual. Na verdade, não se julga verossímil um favelado dos tempos modernos. Ele é doce e puro demais, bonitinho e agradável, distante de *Rio, 40 graus* ou *Pixote*. Isso não pode existir no mundo desfavorecido e marginalizado. Compondo suas canções no computador e adorado pelas crianças do morro porque é a bondade e a generosidade em pessoa, Orfeu da Conceição, interpretado por um cantor que exala a mesma ingenuidade e a mesma mansidão, não convence a crítica cheia de preconceitos sobre a população de seu próprio país. Ela encontrará uma representação que corresponda a seus esquemas prontos em *Carandiru* e *Cidade de Deus*. Mas Toni Garrido em *Orfeu* lembra o sensato Sidney Poitier de *Adivinhe quem vem para jantar*, ou *Filhas do vento*, em que o personagem interpretado por Danielle Ornellas é rejeitado para um papel numa versão de *Orfeu* porque é elegante e fino demais para interpretar uma favelada.

Mas Arnaldo Jabor gostou da nobreza da proposta de Diegues em relação às favelas e saudou sua sensibilidade artística e humanista. Para ele,

> quase ninguém analisou a importância maior de *Orfeu*, que é a retomada de um cinema de alegoria crítica, no melhor sentido, com

uma mise-en-scène sinfônica, barroca, colorida, uma câmera inquieta, uma maravilhosa retomada de personagens populares [...] O Cinema Novo nasceu na favela. Nasceu em *Rio, 40 graus*. A favela era uma maquete do absurdo brasileiro. Era fácil acabar com as favelas. [...] A favela cresceu tanto que, hoje, o absurdo somos nós, os brancos trêmulos que moram embaixo, temerosos de assaltos. *Orfeu* chega na hora certa, a denunciar com as imagens da realidade popular o vazio ilusório do cinema atual. Por isso que o filme está estourando nos cinemas pobres. O povo conhece o assunto de *Orfeu* [...] O favelado sabe que não existe como indivíduo, como o burguês pensa que é. A favela é épica. A crítica brasileira precisa mudar, sair do naturalismo e do liberalismo espontaneísta pós-moderno e cair na defesa da reflexão cultural.[47]

Exibido nas favelas que ele descreve sem complacência nem miserabilismo, ficando muito tempo em cartaz nas periferias desfavorecidas, *Orfeu* é um pré-laboratório de *Cidade de Deus*. Primeiro filme da Retomada visto pelas classes populares, foi muitas vezes o primeiro filme na vida de favelados. Mesmo que lhe sejam criticadas sua estética ou sua cosmética, marcou a população dos morros e a negritude no Brasil, propondo um novo tipo de herói popular e positivo, mediador entre o mundo do morro e o do asfalto.

A escolha de um famoso cantor negro não é anódina, pois a arte e o esporte, pela fama adquirida nesses campos, são uma das únicas moedas de troca possíveis para um jovem negro brasileiro dos anos 1990. Eis a análise de Inácio Araujo:

Depois que Humberto Mauro subiu o morro para filmar *Favela dos meus amores*, em 1935, a questão não cessou de voltar: como representar a favela, esse quisto de pobreza incrustado na riqueza do Rio de Janeiro? A favela é um paradoxo, pois apesar da miséria, existe nela uma incontestável poesia. A carreira de Cacá Diegues começa com um episódio de *Cinco vezes favela*, chamado "Escola de samba Alegria de Viver", antecipação sobre o otimismo crônico de seus filmes futuros e o espírito escola de samba que os anima: seu cinema nunca aspira ao realismo, mas à alegoria. *Orfeu* me parece o trabalho mais forte de Diegues desde o notável *A grande cidade*. Toni Garrido, o Orfeu da história, semideus afro-brasileiro, é condenado a viver na beira do abismo entre o céu (o amor, o Carnaval) e o inferno, que, não por acaso, se situa ao rés do chão. Diegues reanima o fio amoroso do cinema de Humberto Mauro, isto é, do cinema brasileiro.[48]

Reconstituída a quarenta quilômetros do Rio, a favela cenográfica do filme não é nada sórdida. *Orfeu* não apresenta em momento algum o menor toque de miserabilismo ou de compaixão humanitária, muito pelo contrário. A família de Orfeu (Milton Gonçalves, Zezé Motta, Sílvio Guindane, Alexandre Henderson) é filmada com dignidade e afeição, como qualquer outra família da pequena classe média brasileira, sem preconceitos ou clichês. Não é possível falar, portanto, em miséria-espetáculo. Esta surgirá, em contrapartida, na escola documental, bastante crua e voyeurista, da qual *Babilônia 2000* é um exemplo involuntariamente patético, com suas microcalçadas humilhantes que despertam o riso da sala de cinema, como no Festival de Recife,[49] em momentos em que a emoção deveria ser insuportável. Esse olhar, semelhante ao do viajante dos séculos XVI e XVII sobre os indígenas das novas colônias, desaguará num filme que certamente não poderia ter sido realizado sem o sucesso de *Orfeu* junto às classes populares, que tornou possível o retorno do ciclo das favelas: *Cidade de Deus*, ao contrário de *Uma onda no ar*, compromisso entre todas as tendências.

De maneira geral, no entanto, a relação com a miséria, no Brasil, resulta de esquemas culturais e sociais próprios aos países subdesenvolvidos. Imaginaríamos, na França, a publicação em página inteira de um artigo com a manchete "Novo governo: Rafael Greca, da pasta de Turismo e Esportes, afirma que não é preciso esconder mendigos dos turistas. Ministro vê 'caráter lírico' na miséria", da *Folha de S.Paulo*?[50] Para enfatizar a ideia, acompanhava a reportagem uma foto em que o ministro solta um riso franco tão grande quanto seu visível queixo duplo.

Uma onda no ar

Helvécio Ratton, diretor conhecido pelo filme infantil de sucesso *O menino maluquinho* e pelo filme de época, romântico e "televisual" *Amor e traição* não gostou da avaliação do jornal *O Globo* para sua primeira incursão na realidade brasileira naturalista: "filminho simpático". Porém, é exatamente esse o caso, sem nenhuma nuança pejorativa, de *Uma onda no ar*. Lançado no Rio no fim de 2002, depois de ter recebido no Festival de Gramado o prêmio especial do júri e o de interpretação masculina para Alexandre Moreno, conta a história real da criação artesanal e casual, num morro de Belo Horizonte, de uma rádio comunitária de sucesso crescente. Essa via alternativa aos meios de comunicação é a de uma camada da população geralmente ignorada. Íntimo, caloroso, fotografando o cotidiano mais simples de um mundo abandonado e mitificado, *Uma onda no ar* mostra que a favela também é composta de dignas "pessoas honestas" que desejam sair de lá.

A relativa idealização se justifica como contrapeso necessário ao que a imprensa e a televisão exibem, à vontade, de negativo sobre esse universo. A mãe (Edyr Duqui), faxineira num colégio onde o filho, único aluno negro (Alexandre Moreno), é bolsista, está bem representada no prosaísmo de sua preocupação não obstante corneliana: guardar o dinheiro economizado para pagar hipotéticos estudos superiores do filho e ajudá-lo a sair do morro ou investir na Rádio Favela que ele quer montar e que pode propulsioná-lo ou expulsá-lo? Não se escapa do maniqueísmo na apresentação do mal sob duas faces tópicas: policiais bárbaros ou traficantes amorais. Mas a favela não seria o cadinho cotidiano desse melodrama permanente em que farsa (o Carnaval) e tragédia (massacres) se misturam constantemente? Uma cena do filme é simbolicamente muito bonita: um amigo do protagonista sobe no corrimão de uma ponte e cantarola dançando, tentando manter o equilíbrio naquela passarela entre dois mundos. Para elevar--se socialmente, um jovem negro favelado só tem a música, a dança ou o esporte: sonhador, poeta e puro, voltando à terra firme, o adolescente cheio de esperança e talento será atingido por uma bala perdida durante um acerto de contas. Tentando restituir[51] a dignidade de uma parte pouco conhecida da população das cidades brasileiras, *Uma onda no ar*, sem grande pretensão cinematográfica, é um projeto sociológico necessário, de um humanismo ingênuo mas tocante, que, como o de *Central do Brasil*, permite contrabalançar *Cidade de Deus*, filme terrível sobre o terrível inferno das favelas.

Cidade de Deus

Este filme é o emblema do novo cinema brasileiro, como quarenta anos antes *Deus e o diabo na terra do sol* fora o do Cinema Novo. Ele o será por mais quarenta anos? Antes de analisarmos esse fenômeno lançado em 2002, é preciso constatar que nos títulos dos filmes mais exitosos constam as palavras Brasil ou Deus: *Bye bye Brasil, Carlota Joaquina, princesa do Brazil, Central do Brasil, Caramuru: A invenção do Brasil, Deus e o diabo na terra do sol, Deus é brasileiro, Cidade de Deus*. Neste último caso, a ironia é tanto mais cruel porque ele se coloca sob o sol de Satã e propõe, cinco anos depois do Orfeu revisitado por Cacá Diegues, uma inesquecível descida aos infernos da qual ninguém sai impune, nem mesmo o espectador. Segundo Jabor, *Cidade de Deus* "desmascara nossa crueldade".[52]

> Já vendido para o mundo inteiro, ele será um sucesso planetário e revelará para sempre o nosso segredo: somos um dos países mais cruéis do mundo [...] não é apenas um filme: é um fato importante, um acontecimento crucial, um furo na consciência nacional [...] Fui ver o filme e saí modificado [...] Nós não vemos esse filme; esse filme nos vê. Com essa epopeia da guerra dos miseráveis que nasceram no livro de Paulo Lins, sentimo-nos desamparados na plateia. Nossa vida de espectadores [...] ficou ridícula. *Cidade de Deus* faz balançar nossa sensação de "normalidade". [...] Destrói-se nosso "ponto de vista" e viramos uma plateia de culpados.

As qualidades cinematográficas são evocadas logo à saída, tanto que seu impacto imediato é de outra ordem. Para Jabor, o filme "fura as leis do espetáculo normal, trai a indústria cultural e joga em nossa cara não uma 'mensagem', mas uma sentença". Que verdade cruel é essa, atirada na cara dos espectadores?

Pixotes aos milhares...

A origem do filme é um romance autobiográfico de 550 páginas com toques etnográficos, escrito pelo corroteirista e consultor de *Orfeu* Paulo Lins. Trata-se de um panorama vigoroso e fragmentado da vida de uma favela real através de um número de trajetórias individuais dos anos 1960 aos anos 1980.

O filme desmonta impiedosamente o mecanismo social que no Brasil leva as crianças pobres para o caminho do banditismo e para o consumo inevitável de drogas, num mundo em verdadeira guerra civil, em meio ao caos. Tudo isso paralelo ao luxo, à indiferença, à discriminação e à falta de oportunidades propostas pela cidade e por seus habitantes. O nome dado a essa favela não seria uma ironia particularmente cínica? Que Deus e que cidade? Certamente, os anos 1970-80 são aqui uma metáfora explicativa dos anos 2000, período em que não apenas a situação não evoluiu de maneira positiva como piorou. Uma das forças do filme e de seus truques — pois, no Brasil como alhures, as crianças de cinema são amadas, seja vivendo pesadelos ou contos de fadas — é assegurar um laço com *Pixote*, obra de referência sobre a violência social e a infância desamparada, presa fácil e culpabilizante. Primeiro, um laço semântico, porque a infância está no primeiro plano do filme, vítima expiatória ou propiciatória do egoísmo do homem contemporâneo. Como não se metamorfosear em animal selvagem? Cordeiro do diabo, ela é o instrumento idealmente maleável das forças desencadeadas pelos demônios. Mas há também um laço formal: as crianças escolhidas para interpretar os personagens são moradoras das favelas do Rio de Janeiro, assim como Fernando Ramos da Silva na época de *Pixote* era aquela *verdadeira* criança de uma numerosa família miserável, fixa e presa em sua realidade antes que a ficção a animasse.

Para "profissionalizá-los" sem perder o frescor de sua naturalidade, garantia de autenticidade documental total, a mesma preparadora de elenco é chamada, a incansável Fátima Toledo. Ela não havia conseguido outros milagres depois do filme de Babenco, como a preparação quase imperceptível dos índios de *Brincando nos campos do Senhor* ou, mais recentemente, o enfrentamento do pequeno engraxate Vinícius com a diva Fernanda Montenegro em *Central do Brasil*?

No filme de Meirelles e Kátia Lund, elas quase não são confrontadas a atores profissionais (os atores negros no Brasil, tão subempregados, não gostaram que uma oportunidade de trabalho como aquela, tão rara, lhes fosse deliberadamente recusada), o que facilitou uma tarefa que teria sido bastante difícil de outro modo. Foi possível trabalhar sobre algo vivo e inventar uma maneira de interpretar, brincar com a gíria e a ginga próprias do favelado carioca. Os peritos criticam o filme por aplicar aos anos 1960--80 atitudes e expressões dos anos 2000. Com as crianças e os adolescentes escolhidos, a identificação contemporânea era inevitável, o trabalho de direção de atores se baseava numa mistura habilmente dosada de improvisação oral e gestual em cima do texto a ser repetido e dos gestos a serem feitos. Exceto pelos etnógrafos puristas especializados no estudo da favela através do tempo, a produção sabia que os três públicos-alvo não perceberiam essa inverossimilhança linguística: para a burguesia brasileira, ia se tratar de um país e de uma língua estrangeira; para o mercado externo, tudo seria novidade; para os espectadores favelados, o mimetismo facilitaria a identificação.

"Primeiro fizemos uma pré-seleção de 2 mil crianças em diversas favelas, sem dizer que haveria um filme, depois escolhemos duzentas, que formamos por seis meses, onze horas por dia", conta Meirelles à *Paris-Match*.[53] "Eles é que foram meus verdadeiros personagens." Todos os aprendizes de ator, portanto, comenta a jornalista Catherine Schwaab, deram "seu toque ao roteiro, suprimindo réplicas inverossímeis e dando o tempo particular dos diálogos: breves, pontuados por palavrões e onomatopeias".

Essa verdade chocante foi o que faltou ao episódio "Você é linda" em *Veja esta canção*, de Cacá Diegues. O casal de jovens atores (Cassiano Carneiro será Fernando Ramos da Silva em *Quem matou Pixote?*) dava a impressão de recitar um texto. O roteiro de Miguel Faria e Walter Lima Jr. e o cenário mais lembravam um conto realista como "A pequena vendedora de fósforos", de Andersen, do que o naturalismo de *Pixote*. Essa veracidade pungente também faltou ao cativante *Como nascem os anjos*, de Murilo Salles, sequestro teatralizado entre as quatro paredes de uma bela casa do Rio: as duas crianças, Priscilla Assum e Sílvio Guinda-ne (com oito anos na época), fazem uma verdadeira performance. E foi isso, paradoxalmente, que se aplaudiu e criticou. Priscilla, incensada e premiada, reaparece apenas dez anos depois. Sílvio filmará bastante (*For All*, *Orfeu*), mas uma única vez como prota-gonista, no belo e discreto *De passagem*. Na verdade, o precoce profissionalismo dos dois fora criticado: eles interpretavam bem, representavam muito bem, mas não *eram* crianças das ruas, da periferia ou do morro. Para os habitantes do asfalto, em contato cotidiano com o povo do morro, sobretudo no Rio, seus persona-gens eram *falsos*. Assim também soará *Uma onda no ar*, que sofre-rá com a comparação com *Cidade de Deus*, especialmente pela interpretação pausada e recitada dos atores.

No filme de Meirelles, os "atores" nunca parecem pequenos--burgueses fantasiados de favelados, esse é o segredo. "Um filme extraordinário, com verdadeiras crianças da Cidade de Deus. Vir-tuosidade e soco no estômago", diz a *Paris-Match*.[54] "Em relação ao manejo das armas, nenhuma necessidade de aprendizado: elas atiram mais rápido do que John Wayne, questão de sobrevivência. Outra rotina, a droga."

A fronteira entre a história inventada a ser interpretada e o cotidiano vivido por esses jovens garotos também é invisível e imperceptível. Essa interação ambígua provoca certo mal-estar: uma cena — a mais forte, e Deus sabe que ela ocorre naquela cida-de! —, insuportável, provoca um impacto perturbador. Os jovens traficantes, por brincadeira cruel e perversa, forçam um garotinho (Darlan Cunha, com cinco anos na época das filmagens) a atirar num companheiro. Nunca se viu, desde *Ponette*, de Jacques Doil-lon, duas crianças interpretarem com tanta veracidade.

A tortura psicológica e a dor sofridas pelo garotinho vítima são incrivelmente reproduzidas na tela: a crítica mundial elogia a atuação, considerada uma das mais fortes do cinema. Ora, alguns meses depois do lançamento do filme, a revista *Época* revela a seus leitores sob quais condições atrozes essa cena teria sido filmada, provocando um início de escândalo que logo seria abafado.[55] O pequeno Darlan Cunha (o que atira) e Felipe Paulino da Silva (a vítima) não teriam interpretado a cena. Eles a teriam vivido em condições reais, esquecida a câmera (discreta), esquecida a filmagem (equipe reduzida), esquecidos os personagens (alter egos). Era uma situação plausível para o contexto da favela, um condicionamento psicológico como somente a preparadora Fátima Toledo consegue obter. As crianças teriam sido torturadas psicologicamente, "de verdade". Ambas teriam acreditado que o revólver estava carregado, convencidas de estar numa "cena" da vida real, levadas por seus "irmãos" de armas, como a pequena atriz que interpretou Ponette, dizem, acreditou por muito tempo que sua mãe estava realmente morta. Um efeito de verdade ao preço de tamanha crueldade? Vittorio de Sica não obtivera lágrimas verdadeiras de seu ladrão de bicicleta escondendo seus próprios cigarros no bolso do garoto e acusando-o violentamente de tê-los roubado?

No artigo de *Época*, Cléber Eduardo e Nelito Fernandes se preocupam especialmente com o pequeno Felipe Paulino, que tinha sete anos no momento da cena e "confundiu ficção e realidade", segundo Fernando Meirelles, "confusão normal numa idade em que o mundo real e o da fantasia não têm fronteiras claras". "A produtora será punida", afirma no mesmo artigo o juiz da Infância e da Juventude do Rio de Janeiro, Siro Darlan: "Liberei a participação de menores desde que eles não aparecessem em imagens violentas". A polêmica se extinguiu, mas a resposta dos cineastas e da produção não tardou a se manifestar concretamente, em oposição ao que poderíamos chamar de "complexo de Pixote". Publicamente e midiaticamente, Meirelles e a classe cinematográfica carioca decidem se encarregar do futuro escolar, médico e social dos principais atores menores do filme (quase vinte), depois do severo

408

artigo da revista *Época*, dos rumores a respeito dos métodos de filmagem e do laboratório de preparação e de algumas notícias com as quais a imprensa se deliciava.

O jornal *O Dia* trouxe a seguinte manchete em 14 de junho de 2003, dedicando-lhe uma página inteira: "Ator de *Cidade de Deus* é preso por roubo. [...] O jovem que interpretou um traficante e um assassino no filme roubou a bolsa de uma passageira de ônibus". O jornalista Dilson Behrends toca no ponto sensível: "Ele disse ter roubado porque tinha fome. Ele se queixou de que seus dentes estavam estragados e de que não tinha nem mesmo uma escova ou pasta de dente". O repórter dá a palavra àquele que interpretou Neguinho: "O filme ganhou milhões e eu não recebi nenhum real. Eu gostaria que Fernando me ajudasse agora". Chamado a explicar-se para a imprensa e para a opinião pública, o cineasta se defende afirmando ter contratado o jovem em sua produtora em São Paulo, onde ele se destacara pela habilidade em computação gráfica, mas também por problemas relacionais. Depois, Meirelles o teria indicado a um amigo produtor, onde, devido ao mesmo comportamento, não teria ficado.

Seguido de uma foto comovente em que todos os espectadores podem reconhecer o ator do filme, o artigo, numa comparação culpabilizante, termina numa seção intitulada "A tragédia de Pixote se tornou um filme". Nela é lembrado que

> ficção e realidade às vezes se misturam no mundo mágico criado pelo cinema [...] O pequeno Fernando Ramos da Silva (1967-87) transtornou o público de norte a sul do país ao levar para as telas o cotidiano marginal dos garotos e garotas que vivem nas ruas [...] Seis anos depois, a tragédia mostrada no filme acaba se confundindo com a realidade, quando Fernando foi morto numa troca de tiros com a polícia depois de ter voltado ao mundo do crime.

A reprimenda dá frutos: alguns atores de *Cidade de Deus*, apadrinhados por Meirelles ou Walter Salles, são adotados pelo cinema, pela televisão ou pelo teatro, e inclusive pela moda (Jonathan Haagensen) ou pela canção, com o até então desconhecido Seu Jorge se tornando uma estrela na Europa. Depois de 2003, o grupo Nós do Morro,[56] da favela do Vidigal, passa a ser apreciado no Rio, em detrimento da comunidade profissional de atores negros, cujo espaço midiático já bastante diminuído fora reduzido, e que são preteridos por desconhecidos para a maioria dos papéis que lhes conviriam. Já o pequeno Darlan Cunha, depois de um acompanhamento psicológico provando que ele não ficara traumatizado pela famosa cena de obrigação ao assassinato, torna-se por algum tempo, ao lado de Douglas Silva (o pequeno diabo Zé Pequeno), um dos "queridinhos" da TV Globo e do Brasil inteiro. Os dois formam uma dupla vitaminada, Acerola e Laranjinha, heróis simpáticos e desembaraçados da notável série *Cidade dos homens*. Darlan é inclusive a estrela cinegênica de *Meu tio matou um cara*, de Jorge Furtado, ao lado de Lázaro Ramos e Dira Paes.

Desde Grande Otelo o Brasil não conhecia atores negros tão populares. Assim, tendo aprendido com a negligência dos criadores de *Pixote*, a equipe de *Cidade de Deus* se torna um exemplo de preocupação com aqueles que foram tirados do vazio caótico dos morros e expostos aos neons asfixiantes do asfalto. Walter Salles soubera reagir com Vinícius de Oliveira, decidindo publicamente supervisioná-lo até a maioridade: depois de tentar a sorte no teatro e na televisão, ele aparece num papel alusivo de *Abril despedaçado*, antes de reencontrar um grande personagem em *Linha de passe*. Impor em toda parte os atores negros de *Cidade de Deus* foi uma inteligente resposta aos que recriminavam o filme por ter apresentado uma imagem desfavorável e prejudicial da população negra do Brasil.

Denúncia ou voyeurismo?

Os detratores do filme colocam em causa seu aspecto pré-fabricado. Porém, ninguém havia previsto um sucesso tão grande, apesar de todos os recursos terem sido utilizados. *Cidade de Deus* é um modelo de produção e marketing na história contemporânea do cinema na América Latina, tendo, é verdade, um areópago *Ad Hoc* de produtores muito "produtivos". Além de Walter Salles e da Videofilmes, Daniel Filho, diretor da Globo Filmes, está envolvido no projeto, o que lhe dá garantia de promoção sem igual, de um estudo de mercado eficaz, de uma divulgação em todos os meios que permita um público mínimo rentabilizador, de uma distribuição real e completamente nacional. Também aparece a figura discreta mas essencial do inglês Donald Ranvaud, que com a produtora Wild Bunch supervisiona a criação artística de inúmeros filmes no mundo inteiro. Ele dá à Retomada uma marca experimental e intelectual necessária à sua difusão e à sua aceitação europeia. Para coroar o todo, além da Petrobras, que assumiu as rédeas do cinema nacional, surge a figura tutelar da hollywoodiana Miramax International. Encorajados pelas indicações ao Oscar dos filmes brasileiros dos irmãos Barreto e de Walter Salles, grandes recursos são mobilizados tendo em mente essa possibilidade. Seria um crime penetrar no mercado americano e internacional? Ainda mais porque nunca se ganhou nada. Dessa vez, com exceção do sonho da famosa estatueta, os desejos serão realizados para além de todas as expectativas. Sobretudo para um projeto ambicioso e difícil que quase foi interrompido várias vezes.

É preparada uma gigantesca operação de marketing em torno desse filme centrado na violência e na miséria das quais é vítima uma grande parcela da população de origem nordestina ou negra. O jornalista Eduardo Souza Lima acusa o filme, num artigo de título sugestivo — "Chacina fashion" — que lembra a tese de

Ivana Bentes sobre a "cosmética" da fome, da miséria e da violência: "Fernando Meirelles", escreve ele, "poderia ao menos ter tentado provocar uma reflexão mais profunda sobre a tragédia social que se abateu sobre o país. Mas ele preferiu criar um espetáculo suplementar de violência cinematográfica".

Cidade de Deus está incontestavelmente mais perto do *Scarface* de Brian de Palma do que de *Os esquecidos* de Buñuel. Sem dúvida nenhuma a qualidade técnica do filme, o impacto espetacular e o trabalho excepcional do montador Daniel Rezende marcam o espectador de cara, deixando muito para trás o discurso sobre as consequências da exclusão social e o apartheid sociorracial brasileiro. Para a revista *Rio Show*, trata-se, ironicamente, de um cinema "pipoca engajada": o filme "mescla preocupação e prazer do espetáculo, contando, numa estética pop, vinte anos da história de uma favela".[57]

Em pouco mais de duas horas (das 66 filmadas), assistimos a 32 assassinatos! Devido à cosmética-estética com a qual ele envolve a realidade cotidiana cruel e trágica, o filme é acusado ainda de ser um vetor essencial de sua banalização. Seus detratores estigmatizam esse efeito perverso e essa total falta de ética. Haveria muito mais complacência do que condenação, mais premeditação industrial do que compaixão humanitária. Meirelles não é o diretor da maior agência de publicidade do país, o rei dos filmes de propaganda? É verdade que ele se aliou a Kátia Lund, diretora engajada, codiretora ao lado de João Moreira Salles do surpreendente documentário *Notícias de uma guerra particular*: "madrinha" intelectual das favelas problemáticas do Rio, ela dá ao projeto uma garantia de veracidade. Para alguns, porém, nada tem ar de sinceridade e probidade moral. Haveria apenas o seguimento de um "filão". O humanismo revolucionário de Glauber Rocha parece a léguas de distância. A violência e o espetáculo da miséria mostrado nas notícias e nas reportagens televisivas se tornam fonte de audiência e, portanto, de rentabilidade. Os desconhecidos das favelas não teriam apenas sido contratados para tornar o filme "verdadeiro", mas por sua "maleabilidade" e sobretudo para economizar os salários que seriam pagos a atores profissionais para desempenhar papéis tão desagradáveis e exigentes. O mesmo é dito em relação aos seiscentos figurantes contratados por quase nada. Todo esse frêmito polêmico permanece sem resposta, como fogo de palha, desaparecendo totalmente depois que o filme é indicado ao Oscar e depois relançado com suas quatro menções excepcionais, único filme brasileiro rentabilizado e comprado no mundo inteiro antes mesmo da distribuição oficial.

Outro enigma: a codiretora do filme logo some de cena, sem manifestar descontentamento. Meirelles se defende das acusações na revista *Set*:

> Na verdade, Kátia foi convidada a montar a pequena escola de atores e os resultados foram tão bons que a chamei para tratarmos da escolha dos atores, de sua preparação. Ela ficava mais tempo que eu nos ensaios, enquanto eu me ocupava das externas e do resto. Ela não se ocupou da câmera, da montagem, da música, da mixagem, do tratamento da cor. [...] Seu trabalho foi hiperimportante, não cesso de enfatizar. Mas daí a dizer que ela dirigiu o filme!

Afastada do sucesso de um filme que sem ela não poderia ter sido filmado, Kátia também desapareceu do Oscar e continuou, solitária, desiludida mas obstinada, seu caminho discreto e dissimulado, envolvendo-se com o projeto de *Crianças invisíveis*, um documentário de curta-metragem sobre crianças catadoras de lixo, espelho deformante colocado no caminho da infância desfavorecida e desvalorizada. O filme, produzido pela Unicef, é um dos sete episódios de um longa-metragem franco-italiano do qual participam John Woo, Spike Lee, Ridley Scott e Emir Kusturica. Abandonada por Meirelles, ela se consola em boa companhia. O suficiente para alimentar a corrente dos que criticam esse mercado da miséria por trazer glória e dinheiro a quem trata o tema como um "filão" comercial (tese do filme de Sérgio Bianchi *Quanto vale ou é por quilo?*). Enquanto isso, seu ex-companheiro atinge os píncaros californianos e se dedica, depois do mundo paralelo das *Domésticas* ou das crianças abandonadas das favelas, ao dos perigos da globalização e da África ameaçada, em *O jardineiro fiel*,[58] outro filme "pipoca engajada", dessa vez em versão hollywoodiana.

Podemos criticar Meirelles por ter escolhido a infância miserável de seu país como patamar para a riqueza e a fama? Victor Hugo não seria milionário, hoje, com os direitos autorais das vendas, traduções e adaptações cinematográficas ou televisivas de *Os miseráveis*? O espetáculo da guerra, metade "teatro" metade "carnificina histórica", não proporcionou à arte cinematográfica cenas antológicas? As revoluções não inspiraram obras-primas épicas como *O encouraçado Potemkim* ou *Napoleão*, de Abel Gance? A versão esteticamente moderníssima de Meirelles e seus colaboradores do mundo da miséria contemporânea, com as cores de nosso tempo, seria mais condenável que as esplêndidas fotografias em preto e branco de Sebastião Salgado sobre os revoltosos das minas ou os catadores de lixo?[59] A verdadeira pergunta não é essa, e sim: Por que essa complacência na expressão cinematográfica de um mundo particularmente cruel, no sentido moral e etimológico do termo?[60] E em que medida essa apresentação da população negra brasileira, por intermédio daquelas crianças terríveis, é social e culturalmente perniciosa, até mesmo perigosa?

Longe do humanismo afetivo de *Favela dos meus amores* ou de *Rio, 40 graus*, estamos diante do cinema da crueldade, na favela dos ódios e sob o sol negro da melancolia brasileira, de grande parte da população esquecida, invisível ou demonizada.

O CINEMA DA CRUELDADE

Cidade de Deus é representativo de uma corrente da Retomada que mergulha suas raízes no poço do cinema marginal paulista dos anos 1970. O chocante filme de uma jovem cineasta paulista, Tata Amaral, é a pedra fundamental daquilo que chamaremos, em referência a Antonin Artaud[61] e ao teatro de Sêneca no qual ele se inspira, de "cinema da crueldade": *Um céu de estrelas* (1996). Contamos uns bons vinte filmes nesse movimento, e os filmes mais interessantes lançados no Brasil depois de 2006 exploram essa veia cruel e sórdida: *O céu de Suely* (Karim Aïnouz), *O cheiro do ralo* (Heitor Dhalia) e principalmente *Baixio das bestas*, do iconoclasta pernambucano Cláudio Assis, primeiro filme brasileiro proibido aos menores de dezoito anos desde e a ditadura e a moda pornográfica.

Ao contrário da tragédia grega, o trágico contemporâneo viria da incompatibilidade da vida humana com um mundo sem Deus, em que o homem, balançado como uma bola de *Ping pong* (Adamov), se transforma em *Rinoceronte* (Ionesco), ou, então, acuado num *Fim de jogo* (Beckett), fica ali, *Esperando Godot*. O Brasil é um país onde a religiosidade se manifesta da maneira mais expansiva e mais diversa possível. Talvez isso ocorra porque a própria questão da existência de Deus se coloque a uma sociedade visceralmente injusta: ela encontra respostas na multiplicação desvairada de igrejas, seitas e autos de fé de todos os tipos, num sincretismo sagrado e profano único no gênero, em que Carnaval e candomblé rimam com misticismo e panteísmo.

O filme de Cacá Diegues *Deus é brasileiro* (2004), baseado em um conto de João Ubaldo Ribeiro, é um sucesso de bilheteria. Mas é um mundo sem Deus que muitos cineastas desiludidos desses anos recentes tentam explorar, através de diferentes tipos de proposições naturalistas — este seria o mundo da sociedade brasileira em sua verdade nua e crua. Os filmes que citaremos apresentam diferentes graus de uma visão sórdida proposta a respeito do próprio país: tangente ou intrínseca, ocasional ou permanente, complacente ou repulsiva. Constatação, denúncia, voyeurismo ou exibicionismo, essa crueldade se relaciona tanto com o passado colonial, no qual muitas vezes é explicado o comportamento presente (como na perversidade dos filmes de temática indígena *Hans Staden* ou *Desmundo*), quanto com a primeira metade do século, no sertão ou no interior mais profundo, com seus costumes bárbaros (*Abril despedaçado*) ou espartanos (*Lavoura arcaica*). Sem esquecer o Rio da noite e sem tabus do infernal *Madame Satã*. Seja dizendo respeito ao indivíduo (*Bicho de sete cabeças*) ou ao grupo (*Carandiru*) jogado nos grilhões da vida carcerária, ela atinge o auge de sua manifestação cinematográfica em dois libelos, *Cronicamente inviável* e *Amarelo manga*, metáforas voluntariamente más e ultrajantes de uma sociedade assim considerada por seus autores, para quem "somente a crueldade nos une". *Um céu de estrelas*, filme rígido e contido de título eufêmico, é um impressionante condensado em vermelho e negro, e não em verde e amarelo, da violência surda que retumba sob a rotina diária da pequena classe média brasileira. Sua violência física e psicológica, por sua audácia, prefigura ou influencia *Madame Satã* e *Cidade baixa*.

Um céu de estrelas

Os cineastas paulistas contemporâneos escolherão vias bem diferentes para estrear brilhantemente no longa-metragem de ficção. Beto Brant, o filme de ação (*Os matadores*); Elaine Caffé, o gênero alegórico/metafísico (*Kenoma*); Toni Venturi, o erótico/niilista (*Latitude zero*); Lina Chamie, o artístico/poético (*Tônica dominante*); Laís Bodanzky, o realismo adolescente (*Bicho de sete cabeças*); Heitor Dhalia, o expressionismo (*Nina*); Michal Ruman e Cao Hamburguer, o filme infantil (*Os xeretas* e *Castelo Rá-Tim-*

-*Bum*, respectivamente). Já Tata Amaral mergulha na tragédia do cotidiano, com a ajuda de seus corroteiristas Jean-Claude Bernardet e Fernando Bonassi.

O *huis clos* de *Um céu de estrelas* causa um choque tão grande nos espectadores, quando do lançamento no fim de 1996, que a única cópia distribuída fica apenas uma semana em cartaz, apesar do elogio da crítica a uma obra excepcional de raro e ousado talento, inesperado da parte de uma diretora de curtas-metragens. Aos 35 anos, Tata Amaral parecia apenas mais uma das jovens mulheres que pegaram a câmera na mão em um país machista. Herdeiras de Carmen Santos e Gilda de Abreu, encorajadas por sucessos discretos (*A hora da estrela*, de Susana Amaral; *Das tripas coração*, de Ana Carolina) ou públicos (*Carlota Joaquina*), elas são cada vez mais numerosas na direção, sejam antigas atrizes (Norma Bengell, Ana Maria Magalhães[62]) ou documentaristas (Helena Solberg, que fez um filme-montagem sobre Carmen Miranda, *Banana is my business*). O de Tata Amaral continua sendo o mais audacioso desses filmes.

"Por mais imperfeito que seja, *Um céu de estrelas* irriga a nova produção brasileira com sangue, esperma e lágrimas", escreve Labaki.[63] Uma síntese que explica a recepção em Berlim, Toronto, Biarritz e no Festival de Cinema de Mulheres de Créteil. Os personagens desse longa-metragem premiado 22 vezes no exterior pertencem a uma classe social pouco filmada, pelo menos em primeiro plano: a classe C.

O filme trata do último encontro de uma cabeleireira (Alleyona Cavalli) com seu amante, um homem muito violento, ambos confinados numa casinha típica da classe média baixa de São Paulo. Inspirado num incidente verídico do tipo *O império dos sentidos*, o amor e o sexo, exacerbados por uma perturbação inesperada de frustrações secretas e subterrâneas violências inconscientes, compensatórias e incontroláveis, levam ao selvagem assassinato da sogra e à morte dos amantes. "Uma tragédia paulistana",[64] irmã da tragédia carioca de Nelson Rodrigues (*Beijo no asfalto, Bonitinha mas ordinária*), mais do que da de Vinicius de Moraes (*Orfeu*). Longe dos morros coloridos do Rio de Janeiro, a câmera de Tata Amaral e as imagens vermelho-sangue de Hugo Kovensky perscrutam o cinza do bairro pequeno-burguês da Mooca e a mediocridade sufocante dos personagens e de seu ambiente diário a ponto de deixar o espectador com claustrofobia.

Para Zanin Oricchio, "a cineasta recupera a direção trágica do cinema nacional".[65] Tata Amaral não estaria na mesma linhagem de seus mestres paulistas? Para a nova geração de São Paulo, muito mais que Glauber Rocha, o padrinho é Carlos Reichenbach. Esse autor vindo da corrente marginal, que o Festival de Rotterdam apelidou de "Fassbinder brasileiro", dirige, depois da experiência nos dejetos e escombros da pornochanchada da Boca do Lixo, filmes urbanos, lúgubres e insolitamente eróticos, como *Lilian M: Relatório confidencial* e *Filme demência*, variação sobre o tema do Fausto que sugere um pacto atual com o diabo. Reichenbach também gosta de voltar sua câmera para a gente humilde e apresenta o único retrato — realista e sóbrio — no cinema brasileiro do mundo tão ingrato das professoras da periferia, *Anjos do arrabalde*. Tata Amaral, como muitos outros, foi influenciada por ele, mas também pelos outros marginais e por Zé do Caixão, no cultivo do excesso de realismo e no surgimento da demência no seio do cotidiano. Não se trata apenas de uma escolha intelectual ou estética: esta é sua leitura da sociedade brasileira. Zanin Oricchio comenta:

> Que a sociedade brasileira seja anônima ou que ao menos sofra pela ausência de normas ou regras claras em vários de seus estratos, não parece haver dúvida alguma para qualquer observador imparcial. Um cinema que queira atingir o nervo desse tipo de organiza-

ção balbuciante só pode trabalhar com personagens de dimensão trágica. É por isso que o foco narrativo é concentrado sobre eles. É por isso que o espectador sabe o mínimo necessário sobre eles, ignora seus motivos, seus desejos e quase todo o seu passado. Esse tipo de cinema se recusa a explicar seus comportamentos até o fim. Porque, definitivamente, explicar significa uma forma de extinção.[66]

A elevação do cotidiano mais prosaico e ordinário para a categoria de tragédia, esta é a força incontestável de *Um céu de estrelas*. Esperava-se muito do segundo filme de Tata, apresentado como a história de uma Medeia da classe média baixa, mas *Através da janela* decepciona. Força e violência estão ausentes desse novo *huis clos* de clima inicialmente opressor (a cineasta sabe trabalhar o espaço restrito de uma casinha para criar no espectador uma sensação de claustrofobia), mas nada eclode, apenas ruídos sem consequência. Centrado no personagem de uma mãe possessiva (a notável Laura Cardoso), que infelizmente não vai até o limite de suas pulsões, o filme fracassa. Teria a cineasta sentido medo, dessa vez, de ceder às vertigens da crueldade? Por que ela bloqueia o ator que escolheu, Fransérgio Araújo, formado na mesma escola teatral audaciosa de Alleyona Cavalli,[67] na caracterização do personagem adolescente? Por que, dessa vez, a tragédia não acontece? Mais sóbria e discreta, Tata perde a alma.[68]

Cronicamente inviável

Lançado no ano 2000 por Sérgio Bianchi, esta acusação impiedosa que logo se torna cultuada em certos meios contestatórios é o protótipo do cinema da crueldade. Verdadeiro massacre baseado numa observação sem filtro das relações sociais e humanas no Brasil, ele acumula tantas situações excessivas (apesar de reais e plausíveis) que, sendo o ótimo o inimigo do bom, a denúncia acaba sendo anulada pela desmesura da proposta e das imagens, e o riso (cínico, mas salvador) a neutraliza. Mas trata-se de uma obra essencial para decifrar os códigos de vida no Brasil não turístico de hoje. Tudo e todos passam por eles. Por intermédio das deambulações cruzadas de sete personagens, o filme mostra as dificuldades de sobrevivência física e mental no caos da sociedade brasileira contemporânea, independentemente da posição social recebida ou adquirida e das tomadas de posição. A partir do astucioso fio condutor de um restaurante, podemos seguir a vida de:

- seu proprietário, homem maduro e refinado, homossexual (Cecil Thiré)[69]
- sua gerente, traficante de órgãos infantis, ela própria de humilde origem nordestina (Dira Paes)
- um jovem garçom bastante insubordinado de ascendência polonesa, recém-chegado do sul do país (Dan Stulbach)
- um casal de clientes, formado por uma rica carioca (Betty Gofman), preocupada em manter o mínimo de humanidade na relação com as pessoas de classe inferior (como sua empregada, Zezeh Barbosa),[70] e seu marido (Daniel Dantas), típico representante da classe média indiferente e egoísta
- um amigo escritor e intelectual (Umberto Magnani), em viagem pelo país para uma pesquisa sobre os problemas de dominação e opressão social no Brasil

Narrador desse filme construído como um conjunto de crônicas falsamente documentais, o intelectual chega à conclusão de que o país é realmente "inviável". A partir dos pontos de vista de todos esses personagens, Bianchi remexe sem anestesia as entranhas do Brasil: discriminação, racismo, preconceito de classe, hipocrisia, falta de solidariedade, escravidão infantil, tráfico de órgãos e de crianças, concentração de terras, prostituição feminina e masculina, situação indígena precária, crimes ecológicos, violência urbana, mentalidade feudal, colonial e escravistas, perversões humanitárias e dependência de instituições de caridade. A teia de aranha do filme nos sufoca em certo número de vias sem saída.

"O primeiro filme brasileiro recente que tem algo a dizer [...] Evidentemente, não se trata de uma obra para divertimento passageiro. É o filme brasileiro mais forte, mais brilhante e mais polêmico em muitos anos", comenta com razão Rubens Ewald Filho.[71] Ele diz para o *Estado de S. Paulo*: "O Brasil de Bianchi vive uma guerra não declarada". Segundo Luiz Carlos Merten, o cineasta realiza um filme "contra todos. Uma obra radical tanto no plano estético quanto no moral". Expressão de uma indignação pessoal, o filme soa como um apelo nacional e seu lançamento, em 5 de maio de 2000, em São Paulo, é como um acontecimento sociológico, principalmente porque em pleno ano de comemoração dos quinhentos anos do descobrimento do Brasil, que alguns consideram imoral por desonrar implicitamente o massacre das populações indígenas e a escravidão do povo africano. Parodiando o gênero documental e os programas televisivos de reportagens-verdade, o filme não tem grande relevo cinematográfico, mas pode ser classificado entre as obras importantes do cinema brasileiro.

Bianchi persegue essa veia cruelmente satírica enfrentando as associações de filantropia graças às quais uma parte da elite brasileira, buscando combater seus sentimentos de culpa, encontra um meio suplementar de lucrar. A partir do conto de Machado de Assis "Pai contra mãe" e das *Crônicas do Rio colonial* descobertas na Biblioteca Nacional, o cineasta ergue um paralelo entre a exploração dos miseráveis pelo "marketing social" e o antigo comércio de escravos. Denúncia da "indústria da miséria" vendida à televisão, aos turistas, à boa consciência dos doadores, o cineasta estigmatiza, para além da especificidade brasileira, uma atitude geral do Ocidente para com o Terceiro Mundo.

Quanto vale ou é por quilo?, do mesmo diretor, é outro filme necessário, que toca dolorosamente num dos pontos mais sensíveis da sociedade contemporânea, sobretudo num país com duas velocidades como o Brasil, onde a sofisticação mais extrema do Primeiro Mundo ladeia cotidiana e simultaneamente um arcaísmo às vezes quase medieval. Um personagem propõe uma solução concreta: "Se dividíssemos os 100 milhões (quantia estimada das movimentações financeiras anuais das associações especializadas em crianças de rua no país) pelo número estimado dessas crianças que dormem nas ruas, seria possível comprar um pequeno apartamento de duas peças para cada uma a cada dois anos". Com Bianchi, o cinema se torna arma de combate e território de reflexão.

Madame Satã

Que belo título! Ele existe graças a Cecil B. DeMille,[72] cujo filme de 1930 fascinou a tal ponto o herói homônimo de Karim Aïnouz que ele o utilizou como pseudônimo e, sob essa máscara, semeou o terror e o prazer no submundo da Lapa. Esse personagem real fora objeto de um excelente filme dos anos 1970: *A rainha diaba*, de Antônio Carlos Fontoura, com Milton Gonçalves e Odette Lara.

Negro, pobre, analfabeto e homossexual, João Francisco dos Santos (1900-76) é um excluído absoluto revoltado contra essa própria exclusão. Para José Geraldo Couto, "é quase uma tradução audiovisual do célebre poema de Brecht sobre a violência, que diz mais ou menos o seguinte: 'do rio que transborda, arrasta árvores e destrói casas, diz-se que é violento. Mas não se fala da violência das margens que o comprimem'".[73] O filme acompanha o personagem em 1932, logo antes de seu "salto existencial", acumulando, ao longo de uma sucessão de situações de opressão e explosão tão violentas quanto eróticas, uma grande quantidade de desejos e ódios que constroem um personagem disposto a se entregar de corpo e alma às forças do Mal. A crueldade do mundo que o cerca e aprisiona forja a crueldade de um indivíduo revoltado contra a injustiça da arquitetura e da mecânica do mundo.

A mise-en-scène do filme, o trabalho sobre o encerramento do espaço,[74] a fotografia escura de Walter Carvalho, toda essa estética sugere o quanto tudo é limitado para o nosso personagem. O filme, muito erótico, com cenas homossexuais audaciosas — o personagem limitado por essa opressora sociedade transgride tabus sexuais e interditos sociais —, causa sensação nos festivais e nas grandes cidades. Nasce um astro negro: o baiano Lázaro Ramos, de interpretação precisa e nuançada, sutil e inquietante, que é capaz de passar na mesma frase doçura e brutalidade, sai fortalecido da prova de fogo e se torna, no início dos anos 2000, um ator indispensável,[75] mesmo que os papéis interpretados a seguir (*O homem que copiava, Meu tio matou um cara, Ó pai, ó, Cafundó*) sejam um tanto apagados, exceto em *Cidade baixa*. Em 2015 e 2016, Sérgio Machado e Lázaro Ramos fazem muito sucesso nos festivais europeus com o filme *Tudo que aprendemos juntos*, inicialmente intitulado *Heliópolis*, e na França *Le Professeur de violon*.

Carandiru

Lançado com grande estardalhaço em 276 salas do Brasil, o filme reconstitui o massacre de 111 prisioneiros pela polícia militar numa casa de detenção em São Paulo, perto da *Estação Carandiru*, título do livro do dr. Dráuzio Varela no qual o filme se inspira. Uma das originalidades — mal recebidas em Cannes — dessa produção de 145 minutos é tratar desse incidente apenas nos últimos doze minutos. O resto é considerado pela crítica do festival como uma sequência de clichês e anedotas folhetinescas. Profundamente marcado pela teledramaturgia, o filme propõe ao público brasileiro referências às quais ele pode se agarrar com facilidade. Trata-se de um incidente que ainda está presente na memória dez anos depois de ocorrido, e que o cartaz do filme, reprodução de uma fotografia famosa, lembra tragicamente. O cineasta de *Lúcio Flávio, o passageiro da agonia* e *Pixote* é um especialista na transcrição de universos violentos. Ele está visivelmente à vontade com seu tema e seus personagens, mas não encontra nem o encanto lúgubre e selvagem do primeiro nem a verdade lívida e chocante do segundo.

Constantemente violento e cruel, agitado, hiperbólico (cenários admiráveis de Clóvis Bueno; figuração volumosa notavelmente dirigida pelos irmãos Gullane), o filme é um grande espetáculo em que sadismo e sangue derramado se aliam para que o segundo seja derramado aos borbotões; mas o impacto é o mesmo de um filme de guerra americano, não o de um filme social brasileiro, como *Cronicamente inviável*, em que o sangue quase nunca é visto. Um documentário sobre a prisão de Carandiru, *O prisioneiro da grade de ferro*, proporá, em contraponto, uma visão interna do mundo carcerário muito mais humana, verídica e pungente, com as câmeras sendo dadas aos próprios prisioneiros. Sem crueldade.

Amarelo manga: O cinema vomitorium

O filme poderia intitular-se "todo mundo é feio, todo mundo é mau". Através da descrição da vida cotidiana de um grupo de personagens do povo e da classe média numa capital de um estado do Nordeste, Cláudio Assis propõe uma visão metafórica particularmente cruel da sociedade brasileira contemporânea. Os personagens e situações do filme são sujos, assim como cenários (reais ou construídos), ruas, imagens, atores desalinhados e sinistros. A cultura do sórdido é a imagem da concepção de realidade do cineasta: matadouros, imundícies, tripas e dejetos. O filme exala suor, sangue, carniça e detritos.

O título, enganosamente, pode parecer poético, frutado e perfumado, evocando a cor amarela da manga, fruta exótica e saborosa por excelência. Não nos enganemos: a explicação, repugnante, é dada pelo açougueiro carnicida, homicida e canibal (Chico Diaz). O amarelo, cor dominante da bandeira nacional e do filme, geralmente associado ao verde para marcar a identidade cultural e patriótica brasileira, é aqui pardacento. Se é "manga", é por associação à cor do vômito. É o amarelo da bile. E é isso que nos jogam na cara.

A tentativa de sujar e conspurcar também se manifesta no uso perverso da excelente e versátil Dira Paes, vítima de uma inversão de imagens impressionante. De rosto inconfundível, com uma boa estrela, Dira fora descoberta por John Boorman aos quinze anos para o papel protagonista de seu ecológico *A floresta de esmeraldas* (1984). Dez anos depois, ela se transforma em estrela da Retomada, revestida por essa imagem de beleza ingênua, pura e sensual transmitida pela fábula moderna americana rodada na floresta amazônica. Participando de filmes históricos de qualidade[76] (*Anahy de las misiones*, *Corisco e Dadá*), ela se impõe como uma notável atriz de comédia, com Betse de Paula (o engraçado e leve *O casamento de Louise*, com a irresistível Sílvia Buarque, filha de Chico), mas Bianchi lhe oferece um papel inesperado em *Cronicamente inviável*: uma antipática e insensível traficante de órgãos e vendedora de bebês comprados a baixo preço. Assis vai além e a desdobra em *Amarelo manga*: ela passa da condição de beata evangélica complexada ao de amante desenfreada, ninfomaníaca e sadomasoquista, com algumas antológicas cenas de sexo perverso, inesperadas da parte da "boa selvagem" do filme de Boorman.

Como *Cronicamente inviável*, *Amarelo manga* não demora em tornar-se filme cult entre estudantes e frequentadores das maratonas noturnas do Cine Odeon.[77] Ele carrega a marca do mau gosto erigido em estética significante de um mal-estar social e civilizacional, próxima do *cutre*[78] da cena espanhola, sacudida pelos excessos escatológicos do teatro-pânico revolucionário de Arrabal.

Outro filme produzido por Meirelles resume os temas e objetivos desse movimento, retomando a expressão de Bianchi aplicada a esse cinema da contestação e das imundícies: *Contra todos*. Nele encontramos a audaciosa Alleyona — que se tornou Leona — Cavalli (*Um céu de estrelas*). Dirigido por Roberto Moreira, o filme é um ensaio naturalista em vídeo, com uma precariedade técnica que convém à mediocridade dos locais e dos personagens sem interesse que, primeiro encerrados e estudados como animais de laboratório, entram brutalmente na crônica dos incidentes sórdidos e trágicos. Como se o sangue derramado e o assassinato compensassem o vazio de uma vida vazia. Um contra todos e todos contra um. Zola já não propusera isso em *Thérèse Raquin*?

BALANÇO ALFABÉTICO DO NOVO CINEMA BRASILEIRO

A de Abril despedaçado

Mal recebido pela imprensa e pelo público em 2002, este filme bonito mas frio um dia será reavaliado. Filmado em dez semanas no sertão da Bahia, adapta uma história de vendeta albanesa de Ismail Kadaré para o contexto nordestino do início do século xx. A estética do filme é tão precisa, rigorosa e seca quanto os personagens, que são magros, duros e áridos. A crueldade, aqui, é a das paisagens tórridas de sol branco e a dos costumes ancestrais de um deserto povoado por plantas secas.

Imersos por várias semanas nas plantações de cana-de--açúcar e levados a cuidar dos animais, cortar a cana e preparar a rapadura, o veterano José Dumont e o galã Rodrigo Santoro estão irreconhecíveis e admiráveis, ao lado de um menino surpreendente, Ravi Ramos Lacerda.[79] Walter Salles é criticado por sua estetização intemporal de um sertão de pano de fundo e por sua abordagem superficial da realidade. No entanto, nada poderia ser mais impressionante, pois nem as locações nem seus habitantes foram "retocados" para as necessidades de um filme de 2002 que se passa um século antes. Como em *Kenoma* cinco anos antes, e *Cinema aspirinas e urubus* três anos depois, o filme é rodado num Brasil em que o tempo de fato parou e onde a figuração não necessita de roupas de época porque se veste como antigamente.

Num livro ilustrado, Pedro Butcher e Anna Luiza Müller contam a história das filmagens, e a quarta capa afirma: "um registro precioso da aventura de fazer cinema num país como o Brasil".[80] Esse *making-of* é um documento apaixonante sobre o desejo de cinema e a resistência do país de entregar-se às câmeras, e sobre a defasagem entre o artista das cidades e os habitantes do campo. Pois é uma verdadeira batalha[81] que se inicia com as filmagens em 24 de julho de 2000, no vilarejo perdido de Ibotirama, entre o luxo de um set sofisticado e a dura realidade.

Uma anedota[82] relatada nesse diário de filmagem é significativa da relação ambígua do cinema brasileiro com a verdade. O celeiro em que os personagens preparam a rapadura, construção irregular que deixa passar os raios de luz, oferece uma luz "bonita demais, quase publicitária". "É estético, não é infernal", exclama Walter Salles, decepcionado ao ver as tomadas.[83] Ele exige então que "Walter Carvalho[84] trabalhe para intensificar o preto e aumentar a fumaça [...] A massa borbulhante precisa parecer com a lava espessa de um vulcão". A visão do cineasta é a da antecâmara do Inferno, para a qual é preciso falsificar a realidade, pois as cores do real não correspondem à sua leitura de mundo. Será desse hiato entre o mundo real filmado e sua percepção artística que nasce o desconforto provocado por *Abril despedaçado*? Não seria melhor reconstituir esse universo em estúdio? Para *Vidas secas*, Nelson Pereira dos Santos e Luiz Carlos Barreto, com uma equipe mínima, tinham se esforçado para se ater à verdadeira luz do sertão, que chega a cegar os espectadores.

B de Bicho de sete cabeças[85]

É depois de apreciar o trabalho de Rodrigo Santoro neste primeiro filme que Walter Salles chama o jovem astro da televisão para o exigente papel de Tonho em *Abril despedaçado*. Laís, filha de Jorge Bodanzky, escolhe focalizar sua objetiva sobre a mesquinharia inconsciente da classe média brasileira, através da história verídica de um adolescente "normal" num universo estreito sem ideal, internado num hospital psiquiátrico pela intolerante intransigência do pai (Othon Bastos), que descobre que ele fuma maconha. Da desproporção entre o tratamento terrível e desumano infligido ao jovem e a "falta" cometida, nasce a força de um filme de oitenta minutos sem nenhuma das delongas ou dos empolamentos inerentes a uma estreia. A radiografia dessa pequena burguesia inconsciente capaz de fazer o cotidiano oscilar para a tragédia é impiedosa, e a personagem da mãe (Cássia Kiss) carrega no rosto todas as rugas de uma sociedade envelhecida e sem saúde, infelizmente formada por seres obtusos como o pai. Sem uma gota de sangue derramada, o filme é profundamente cruel, mergulhando suas câmeras, pela primeira vez na história do cinema brasileiro, na "cova da serpente" dos hospícios.

C de Cidade baixa

Muito esperado em 2005, este filme produzido por Walter Salles é o primeiro de seu assistente e corroteirista em *Abril despe-*

daçado, Sérgio Machado, que filmou a última aparição de Grande Otelo (*Troca de cabeças*, curta-metragem com Léa Garcia) e um longa-metragem documental sobre Mário Peixoto, *Onde a terra acaba*. Da mesma família estética de *Madame Satã*, ele retoma seu protagonista, Lázaro Ramos, em dupla com o colega Wagner Moura. Espécie de *road movie* com fracassados sem destino, na Bahia contemporânea dos miseráveis e dos excluídos, o filme conta a decomposição e a destruição de uma amizade viril colocada em questão pela rivalidade ocasionada por uma jovem prostituta (Alice Braga).

Inteiramente situado no mundo dos caminhoneiros, descarregadores, portos lúgubres e boates de prazer venal, o filme está imerso em todo um imaginário cinematográfico que vai de *Anjo do mal* a *Querelle*, adaptando um quadro artificial a um quadro real. O resultado não deixa de ter certo encanto decadente e sombrio que lembra os filmes noir do pós-guerra, mas a cidade baixa de Salvador continua sendo um pano de fundo sem existência própria. Poderia ser qualquer porto de país tropical, de Macau a Valparaíso. Resta um filme que deixa os nervos à flor da pele, como suas recorrentes lutas de galos sangrentas apresentadas em grande plano. A mais bela descoberta é ter filmado as cenas de amor como cenas de combate, e as de luta como cenas de amor físico. Bela homenagem a Hitchcock de um cinéfilo, conhecendo a teoria de Truffaut sobre a forma de filmar as cenas de amor como se fossem um assassinato, e as cenas de assassinato como se fossem cenas de amor.

D de Desmundo

Com este terceiro longa-metragem, o francês de origem Alain Fresnot, ex-montador e produtor, autor de um esquete simpático mas precário (*Ed Mort*, 1996), entra para o time dos grandes diretores do cinema nacional. Longe das cores tropicalistas ou da farsa, as relações entre colonizadores e índios no início do século XVI adquirem em seu filme um tom realista sem imagética esquemática. Como em *Hans Staden*, escolheu-se como tom dominante o cinza-esverdeado e o azul-lívido de um tormentoso oceano Atlântico. Enquanto o olhar feminino de Lúcia Murat suaviza o contexto de *Brava gente brasileira*, aqui a crueza das situações e das relações evocadas é um paralelo da crueldade das relações na sociedade brasileira de hoje, apesar de a escolha do português arcaico e a exibição do filme com legendas estabelecerem de cara uma distância entre o presente e o passado. No entanto, a divulgação do filme não aborda o cidadão brasileiro de cara? "Ninguém é inocente, muito menos você." Os espectadores de costumes frouxos confortavelmente sentados em suas poltronas pertencem a "esse mundo de colonizadores brutais, de violadores abençoados pela religião, de escravistas e genocidas"?[86]

"Filme-espantalho do público",[87] *Desmundo*, adaptado de um romance homônimo de Ana Miranda, impressiona, em contrapartida — fato raríssimo! —, toda a crítica nacional, sensível à inteligência crítica e humanista da proposta. Enquanto "a preciosidade da reconstituição das línguas de época é acompanhada por uma das reconstituições mais convincentes desse período do cinema brasileiro, com povo e praias virgens absolutamente autênticos",[88] para Coelho,

> um dos maiores méritos de *Desmundo* é contestar a visão tão comum durante as comemorações dos quinhentos anos [...] Nada é paradisíaco ou inocente. Vemos racismo, intolerância religiosa e opressão. Até mesmo as paisagens esplêndidas do litoral são invisíveis para os personagens [...] O filme parece descrever uma espécie de "ponto zero" da civilização [...] Enquanto os atores falam uma língua estrangeira e a natureza é filmada de maneira claustrofóbica [...] Fresnot parece rejeitar toda ideia de ancestralidade idílica.[89]

E de Edifício Master

Aclamado pela crítica por seu tom de veracidade e por seu olhar autêntico, este filme de Eduardo Coutinho é simbólico da escola "voyeurista" documental brasileira, que, sempre dando a palavra a anônimos, parece tirar o pulso real de uma sociedade dada. O cinema, como a televisão, é ávido dessas reportagens "de rua" mais reais que a realidade, portanto ilusórias.

Coutinho é o mestre de uma escola apaixonante, odisseia no submundo da miséria preparatório ao ciclo ficcional das favelas e da crueldade. *Boca de lixo* (1992) completa *Ilha das Flores* filmando o cotidiano dos que sobrevivem em lixões; *Santa Marta, duas semanas no morro* (1987) prepara o ciclo de ficção das favelas dos anos 1990 e servirá de inspiração a *Notícias de uma guerra particular*, de Kátia Lund e João Moreira Salles. Este, discípulo de Coutinho, dirigirá *Futebol* (1999), que forma com *Santo forte* (2000), também de Coutinho, um díptico interessante sobre o mundo das favelas, o primeiro analisando o impacto sociológico do esporte sobre a população desfavorecida e o segundo a religiosidade popular, os dois compartilhando um acúmulo de testemunhos diretos. A autenticidade e a ética ambíguas desse cinema sobre o "povo", que ao mesmo tempo propõe um olhar involuntariamente cruel sobre ele (*Babilônia 2000*), serão discutidas no notável documentário *Ônibus 174*, e Bruno Barreto retomará alguns fragmentos dela em sua ficção sobre o tema.

F de Florinda Bolkan

A crueldade foi praticada, neste caso, para com a atriz brasileira que não dirigiu uma obra imortal em *Eu não conhecia Tururú*, mas sim uma comédia dramática sobre as mulheres, superior à média das comédias (principalmente masculinas) da Retomada. Ela foi criticada por ser "europeizada", principalmente no ritmo do filme, assim como Carmen Miranda o foi por estar "americanizada". A última sequência (o casamento) lembra o melhor cinema humanista de Scola ou Monicelli. O resto do filme é banal e inconsistente, mas sentimos na intérprete de Visconti e De Sica uma delicadeza especial na direção de atrizes (Maria Zilda Bethleem, Ingra Liberato). Ela própria se atribui um papel, o primeiro em língua materna.

No geral, a crítica masculina não é elogiosa aos filmes femininos que, no Brasil, com exceção de Tata Amaral, apresentam um mundo compensatório ao quadro cruel proposto por seus colegas do outro sexo: *Alô* ou *Avassaladoras*, de Mara Mourão, *Amores possíveis*, de Rosane Svartman, *Pequeno dicionário amoroso*, de Sandra Werneck, *O casamento de Louise*, de Betse de Paula, *Mulheres do Brasil*, de Malu de Martino, este último mesclando a tradição do filme de esquetes e do cinema documental "das ruas". Ofendida pela má-fé da imprensa local, Florinda Bolkan volta para Roma como Carmen voltou para Hollywood, apesar de ter sido magnificamente celebrada na revista *Star System*:

> Exótica e selvagem, ela domina as telas nos papéis de mulheres cheias de amor e de desejo. Nela, não há nada das mocinhas perversas ou de padrões estéticos. Sua beleza vem de fora: ela tem gosto de sol e de morte.

G de Gullane Filmes

Protótipos do jovem produtor independente apaixonado, os irmãos Caio e Fabiano Gullane trazem aos filmes dos quais participam uma vontade de dinamizar e renovar, movidos por um conhecimento autodidata das tendências do cinema autoral contemporâneo e por uma inquietude visceral própria de uma geração num contexto social específico: o dos adolescentes solteiros de uma classe média urbana nem pobre nem muito rica que recusam o mundo adulto que os espera mas que sabem que dele não escaparão. Produzir filmes não é uma espécie de busca de equilíbrio? Reconhecemos esse toque criativo e esses conflitos de gerações ou de dois mundos (interno/externo, dia/noite, sonho/vida real) no sensível *Bicho de sete cabeças*, mas também em *Kenoma* (idealismo contra materialismo, numa cidade fora do tempo), *Através da janela* (ou a possessão de uma mãe possessiva), *Durval Discos* (quando as 33 rotações recusam o CD), *Tônica dominante* (cidade e vida vistas sob as cores da música), *Castelo Rá-Tim-Bum* (mundo adulto e câmera na altura das crianças), *Nina* (as "ordinárias" e as "extra-"), *Dois córregos* (filme autobiográfico do mestre paulista Carlos Reichenbach sobre a guerrilha dos anos de ditadura, com Beth Goulart em *go-between* entre presente e passado "terra estrangeira").[90]

A participação dos Gullane em *Carandiru* está na origem de cenas notáveis de multidão e figurantes, do strip-tease de Rita Cadillac e do massacre final. Sempre percebemos em suas produções o conflito entre o desejo de inovar e o de seduzir, o fascínio da solidão interior e a avidez de apreensão do mundo. Em 2015, os irmãos Gullane produzem um filme social de grande sucesso internacional com Regina Casé, *Que horas ela volta?*, traduzido em francês para *Une Seconde Mère*. É um filme bem contemporâneo dos anos Lula, tratando da mudança recente das relações entre patrões e domésticas e da emergência da nova classe C. Premiado no Festival de Sundance e de Berlim, foi o filme brasileiro que mais teve destaque internacional depois de *Tropa de elite*.

H de O homem do ano

Em *Traição*, José Henrique Fonseca, filho do romancista Rubem Fonseca, consegue, em seu episódio, criar uma atmosfera opressora e um tanto masoquista, pois ele mesmo interpreta o papel do herói maltratado por Alexandre Borges. Em *O homem do ano*, inspirado num romance de Patrícia Mello — discípula de seu pai —, ele continua a explorar a violência da vida urbana contemporânea brasileira adaptando a esse país os códigos do filme noir de violência americano. José Henrique Fonseca é um dos sócios da Conspiração Filmes, empresa de cinema publicitário e ficcional que domina o panorama audiovisual carioca e brasileiro ao longo de toda a Retomada.

Apadrinhados por Walter Salles, os "conspiradores" têm a mesma exigência de qualidade técnica e vontade de sair dos caminhos conhecidos. Depois de dar os primeiros passos com muitas propagandas ou videoclipes de astros da MPB, eles reúnem vários curtas-metragens de ficção inspirados em Nelson Rodrigues em *Traição*, depois começam um rodízio de longas-metragens. José Henrique Fonseca dirige seu *O homem do ano*, Andrucha Waddington dirige *Eu tu eles*, e Cláudio Torres cria uma obra insólita com belos momentos de cinema em *Redentor* (um sopro delirante anima esse filme estranho).

Comercialmente, a Conspiração obtém em 2005 um grande êxito, sobrepondo-se, no terreno da produção, à Diler Trindade, com *Dois filhos de Francisco*, cine-hagiografia demagógica e populista de Zezé di Camargo e Luciano. Com esse filme, eles acertam em cheio, pois a população de todos os estados adora essa história real que alimenta o complexo de Cinderela mantido pelas mídias, motor de alienação ou de submissão social: do dia para a noite, qualquer um pode se tornar rico ou famoso, como a dupla. Você tem um sonho? Então comece a cantar!

I de Ivan Cardoso

Este discípulo de Zé do Caixão nascido em 1952 é dono de uma obra original, tendo inventado para o filme de terror o mesmo que a Atlântida, com a chanchada, inventou para a comédia: um gênero, o terrir (terror + rir). Misturando a tradição cômica brasileira e ingredientes dos filmes B americanos de terror, depois do artesanal *Nosferatu no Brasil* (dos 1970), ele aperfeiçoa sua obra até chegar ao sofisticado *O lobisomem na Amazônia* (2005). Esse projeto mais ambicioso, que encanta Roger Corman[91] por algum tempo, permite que Ivan Cardoso retome e personalize os clichês do filme do gênero, brincando à vontade com os efeitos de *morphing*[92] e outras imagens de síntese que ele chama de "defeitos especiais". O cineasta multiplica as alusões cinéfilas ou literárias (*A ilha do dr. Moreau, A noiva de Frankenstein, Psicose*) e propõe ao mesmo tempo sua visão cruel e engraçada, com um evidente senso de espetáculo. Esse cineasta inteligente começa a ser (re)avaliado pelos festivais fantásticos internacionais. Paralelamente ao terrir, ele produz documentários elaborados, como *Fragmentos de um discurso amoroso* (1994), baseado em Roland Barthes.

J de João Moreira Salles

Discreto e circunspecto, o jovem irmão e associado de Walter Salles (Videofilmes) se apaixona pela arte do documentário e filma, com tanta acuidade quanto talento, a favela (*Futebol, Notícias de uma guerra particular*), os homens célebres (artistas como o pianista Nelson Freire ou estrelas políticas como o presidente Lula) ou anônimos (o cotidiano da vida de seu mordomo "Santiago"). Ele constrói passo a passo uma obra sensível e inteligente, como um cronista memorialista à la Saint-Simon.

K de Kenoma a Narradores de Javé

Abandonando o hermetismo de sua fábula metafórica sobre o caos brasileiro, em *Narradores de Javé* Eliane Caffé retoma o ator nordestino José Dumont, o corroteirista, os produtores (Gullane) e o princípio alegórico de *Kenoma*, mas dessa vez ancorado na tradição oral da literatura de cordel. História, lendas, vida cotidiana, conflitos e cumplicidade, tudo se mistura num filme em que poesia e verdade se completam harmoniosamente. Tocada pela graça da população do vilarejo perdido onde filmou *Kenoma*, a intelectual acadêmica e sonhadora se aproxima da humanidade e, com os mais humildes de seu próprio país, descobre um dos segredos de sua própria identidade.

Apesar de fazer uso de uma narração fragmentada mas circular, este filme é muito mais acessível que *Kenoma*, perdendo em charme o que ganha em legibilidade e colocando sua diretora entre as grandes promessas. O público e a crítica ficam encantados, elogiando o desempenho do protagonista, que também é um dos pilares da primeira fase da Retomada, representativo da vontade do movimento de escapar aos cânones físicos e interpretativos da televisão.

Paraibano de origem modesta, nascido em 1950, José Dumont é, na vida real, um desses imigrantes nordestinos que vão tentar a chance em São Paulo. Na tela (*O homem que virou suco, A hora da estrela*), ele não o "interpreta" — em seu caso, o verbo é inadequado —, mas o "reencarna". Trata-se de um ator possuído, visceral e heroico, como Grande Otelo e Ruth de Souza. Ele é fabuloso, ao menos no cinema, pois na TV ele passa despercebido, com seu tipo caboclo e operário constituindo o oposto dos galãs da telenovela. O fato de tanto ele quanto Dira Paes serem coadjuvantes na Globo e estrelas da Retomada prova que o público de cinema e o público de televisão não se confundem no Brasil. De *Kenoma* a *Abril despedaçado* (em que está prodigiosamente irreconhecível, sendo dirigido de maneira admirável por Walter Salles), Dumont se afirma em seus papéis de protagonista como o melhor ator de cinema de sua geração. Em produções mais populares, uma única cena basta para marcar sua presença, como em *Maria, mãe do filho de Deus*, em que, encarnando Satã, tenta seduzir Jesus (Luigi Baricelli) no deserto.

L de Lavoura arcaica e Latitude zero

Para alguns, *Lavoura arcaica* é o melhor filme brasileiro da Retomada. É a primeira obra de um jovem diretor que começou na televisão: inventivo e impertinente, Luiz Fernando Carvalho usa os recursos técnicos da telenovela como laboratório experimental[93] e aproveita esse suporte para experimentar planos insólitos, trabalhar as possibilidades da profundidade de campo ou quebrar a narrativa tradicional em proveito de rupturas estéticas.

O longa produzido por Walter Salles supera o desafio de adaptar um romance inadaptável de Raduan Nassar, como em seu tempo Nelson Pereira dos Santos fez com *Vidas secas*. Mas, ao contrário do naturalismo regionalista, a paisagem de *Lavoura arcaica* é a de uma alma atormentada numa comunidade estrangeira (libanesa) exilada no coração do interior brasileiro.

Como restituir na tela a complexidade e a profusão literária de uma obra de nuanças poéticas e não ditos diabólicos? Desde o começo, sentimos que o cineasta soube expressar por meios puramente cinematográficos a densidade poética do livro. "Eu não queria fazer uma narração descritiva, didática, das ações", confessa ele.

Entendi o filme como o diário de um mundo interior, das vísceras de André [protagonista interpretado por Selton Mello]. Sem mundo exterior, geografia, descrição do ambiente. O que me interessou foi uma espécie de cartografia da alma. Tudo em *Lavoura arcaica* vai do interior para o exterior. Então decidi começar com esses grandes contrastes entre a escuridão e a luz, como se a câmera fosse o olho.[94]

Esse olho, com uma pálpebra que pisca febrilmente entre o mundo real e a fantasia, projeta uma luz interior e subjetiva que enfeitiça o espectador desde a primeira cena de comunhão total, física e panteísta com as forças da natureza, das árvores e da terra. Todo o filme possui a aspereza nervosa do contato do corpo nu com a rudeza das coisas da terra, e a violência dos sentimentos extremos vividos (desejo de parricídio, incesto assumido) no coração de uma família patriarcal de regras imutáveis abala, inquieta e brutaliza. Trata-se de um filme iniciático profundo na cinematografia antes superficial da Retomada. A revista *Bravo* não hesita em colocá-lo, em 2009, entre os cem mais importantes da história do cinema.

Com *Latitude zero*, o paulista Toni Venturi também se lança no terreno da alegoria visceral. Segundo *O Estado de S. Paulo*, seu filme "recupera a força do cinema autoral".[95] Baseado numa peça de Fernando Bonassi, tem como cenário único um bar perdido numa estrada deserta do sertão sufocante e um casal tórrido: uma mulher grávida solitária e um homem de passagem.

"É um filme difícil", escreve Luiz Carlos Merten.[96]

Mas o que seria um filme fácil? Hollywood? Nesse sentido, todo filme difícil deveria ser bem recebido, por ir contra a banalização estética que domina a produção dos estúdios hollywoodianos. É um filme gritado, crispado, exasperado. Ele é inclusive desagradável, mas este não é um critério de avaliação artística. A arte não deve necessariamente ser agradável.

M de Os matadores

Beto Brant, jovem cineasta paulista, se faz notar por uma trilogia policial de qualidade impregnada de características do filme noir do cinema americano independente, mas adaptada ao contexto específico brasileiro e filmado num tom jovial, vivaz e pessoal. Notado e apreciado em Sundance, em 1998, ele confessa seu gosto pelo filme de ação à americana ou à Tarantino, e percebemos que esse fascínio também sustenta os primeiros longas-metragens do grupo carioca Conspiração (*Traição, O homem do ano, Redentor*) e os de Alberto Graça (*O dia da caça*), Roberto Santucci (*Bellini e a esfinge*), Flávio Tambellini (*Bufo & Spallanzani*) e Marcelo Taranto (*A hora marcada*).

Para René Naranjo nos *Cahiers du Cinéma, Os matadores* mostra

> um território novo para o cinema: a fronteira entre Brasil e Paraguai, numa no man's land sem fé nem lei, onde o único respeito que existe passa pelo revólver e onde a vida vale muito pouco. Num bar, dois matadores de aluguel esperam o momento de cumprir um "contrato". Um deles é velho, cansado do ofício, o outro é jovem e ainda não matou ninguém. À medida que a noite passa, os dois aprendem a conhecer-se. Enquanto o velho conta ao novo associado a história de Chico, o paraguaio, seu antigo cúmplice, aos poucos compreendemos como o jovem se transformou em assassino de aluguel. Brant tem o estofo de um cineasta, sabe criar atmosferas e possui o senso das temporalidades; ele sabe quando fixar a câmera e também quando deixá-la livre, no ombro, como na cena muito exitosa em que, num hotel lúgubre, o diretor deixa o tempo passar para dar conta da intensidade de um encontro entre uma mulher e seu amante, cena marcada pela clandestinidade, pela traição e pela violência.[97]

Seu segundo filme, *Ação entre amigos*, retoma esses elementos, debruçando-se agora sobre a terra de ninguém temporal da ditadura militar e das guerrilhas.[98] Menos original e muito nervoso, fazendo uma homenagem ao cinema brasileiro de outrora através do patriarca Leonardo Vilar (*O pagador de promessas, A grande cidade*), ele também é a vontade manifesta de não cortar os laços com o passado cinematográfico.

O invasor, situado na terra de ninguém das periferias contemporâneas, é o ponto de chegada estético de um cineasta fascinado pela margem e pelas fronteiras, como demonstrará seu quarto filme, *Um crime delicado*. Outros diretores iniciantes proporão variações sobre temas policiais, um privilegiando a aventura amazônica (*O dia da caça*), outro o mundo da noite (*Bellini e a esfinge*), outro ainda o fantástico (*A hora marcada*). Esses filmes, às vezes bem distribuídos, são mais bem acolhidos pelo público do que pela crítica local, infelizmente mais intransigente com os produtos nacionais do que com os vindos dos Estados Unidos, condenando assim esses cineastas promissores a lutar duplamente no segundo filme. Cada um, porém, se distingue por um senso de ritmo, atmosfera ou estética, e por um amor pelo cinema "puro" que privilegia a imagem e a ação em detrimento da palavra. Assim, a esplêndida abertura de *A hora marcada* leva cerca de oito minutos para apresentar um diálogo audível. Astucioso suspense à americana (uma vidente prediz ao protagonista a hora exata de sua morte), o filme também quer ter uma dimensão social: "Eu queria falar do abismo que existe hoje no Brasil entre o materialismo dos poderosos e a miséria dos excluídos".[99]

N de Nina

Produzido pelos irmãos Gullane, cujo fascínio pela cidade e cujo gosto por inovações formais se evidencia, *Nina* é o primeiro longa-metragem de Heitor Dhalia, roteirista do excelente e insólito *As três Marias*, de Aluízio Abranches. Remotamente inspirado em *Crime e castigo*, de Dostoiévski, com São Paulo[100] substituindo São Petersburgo, este filme sombrio e sofisticado, na moda rave e punk, traça um quadro interessante de uma jovem miserável admiravelmente vivida por Guta Stresser, com look gótico, ao lado da formidável Myrian Muniz.[101]

Cinematograficamente belo, trata-se de outra viagem às margens do Estige, que mistura com sucesso expressionismo e estética videoclipe, desenho animado e naturalismo, tecno e mangá. O quarto de Nina é filmado como uma cela de prisão, tendo a velha mesquinha como carcereira. Acompanhando o ponto de vista da heroína, o espectador aos poucos passa do âmbito das pessoas "ordinárias" (as que "conservam o mundo do jeito que ele é") para o das "extraordinárias", as que querem transformá-lo mesmo ao preço de um assassinato.

A grande atriz Myrian Muniz, que interpreta seu último papel, com a voz incrivelmente profunda e rouca, "faz o espectador sentir seu hálito fétido".[102] O filme segue as rupturas mentais dos personagens: desacelerações, acelerações, grande-angulares, zooms, fade outs, anamorfoses, preto e branco. O cineasta explora simultaneamente o máximo de possibilidades técnicas e visuais para recriar o espaço mental entre vários mundos de uma heroína perdida nas grandes cidades de nosso tempo.

O de Ônibus 174

Ao contrário do cinema documental brasileiro que apresenta como totalmente verídica uma realidade muitas vezes recomposta e representada, *Ônibus 174*, utilizando o ritmo e a montagem de uma obra de ficção, é o mais verídico, exitoso e (auto)crítico documentário da Retomada, experiência de espectador "obrigatória" para o *Jornal do Brasil*, referência para o debate sobre a exclusão e a violência.

O objeto é um incidente real: em 13 de junho de 2000, o jovem Sandro do Nascimento, sobrevivente do massacre da igreja da

Candelária, subiu num ônibus da linha 174 e o sequestrou por quatro horas e meia, filmadas rapidamente e ao vivo pela televisão. O jovem, gritando suas confusas exigências, "parecia", segundo o jornalista Ely Azeredo, "aos espectadores hipnotizados pelas transmissões ao vivo, um assassino furioso, talvez psicopata, certamente drogado, associado com o diabo".[103]

O episódio ficou impresso na retina de milhões de pessoas, e o filme de José Padilha revisita o acontecido à luz de uma investigação explicativa sobre o comportamento do jovem Sandro (como e por que chegar àquilo?) e de uma reflexão alusiva sobre a mentira da imagem documental e sua perversa transposição do real. Raras vezes desde *Verdades e mentiras*, de Orson Welles, um filme terá questionado tanto o valor da imagem e a ambiguidade de sua ética. Evaldo Mocarzel pratica a mesma autocrítica em *À margem da imagem*, em que se questiona a respeito da estetização da miséria. Um "documentário de enorme significação social e humana, além de um profissionalismo brilhante". Inteligente e comovente, montado de maneira notável, *Ônibus 174* é de fato um filme necessário, que de novo nos lembra o poema de Brecht citado a propósito de *Madame Satã* sobre a crueldade do homem explicada pela crueldade do mundo.

Em 2007, José Padilha[104] colocou sua audácia crítica a serviço de uma primeira ficção surpreendente e memorável, *Tropa de elite*, enquanto em 2008 Bruno Barreto rentabilizaria sua experiência técnica hollywoodiana propondo uma versão fictícia sobre o incidente envolvendo Sandro do Nascimento, *Última parada 174*, alcançando um pouco tardiamente o ciclo das favelas. O filme é bem-feito, eficaz e exportável, e os atores principais estão excelentes, mas não terá chegado o momento de o cinema brasileiro virar a página da "favela dos meus horrores"?

P de Porto Alegre

A recompensa obtida em Berlim por *Ilha das Flores* atrai a atenção para um grupo de cineastas do Rio Grande do Sul. Movidos por seus sucessos em diferentes festivais nacionais e internacionais, os gaúchos Jorge Furtado, Carlos Gerbase, Giba Assis Brasil e outros começam a acreditar que, longe de Rio e São Paulo, o sonho de uma constante produção de filmes em seu estado é possível. Eles fundam, em dezembro de 1987, a Casa de Cinema de Porto Alegre, encorajados pelo reconhecimento mundial do curta-metragem de Jorge Furtado, que logo se torna cult e indispensável em retrospectivas e instituições escolares.

A cooperativa de cineastas consegue se afirmar. O sucesso e a importância crescente do festival que acontece todo mês de agosto, desde 1973, na cidade de Gramado, na serra gaúcha, o mais importante do país, animam essa geração local. Evento-vitrine e balanço da produção do primeiro semestre do ano durante o reinado da Embrafilme (o Festival de Brasília, em novembro, era a vitrine do segundo semestre), Gramado toma inclusive a astuciosa iniciativa, para não desaparecer durante os anos Collor, de abrir-se para as produções de países da América do Sul, voltando a recompensar filmes brasileiros apenas em 1996 (*Quem matou Pixote?*).

Os associados da Casa de Cinema se lançam à produção de longas-metragens, incluindo uma comédia romântica autobiográfica (bastante insossa) de Jorge Furtado com seu filho Pedro (*Houve uma vez dois verões*), um thriller erótico (bastante forte) de Carlos Gerbase, que oferece um belo papel a Maitê Proença (*Tolerância*). O sucesso chega com *O homem que copiava*, no qual Furtado, com agilidade e inventividade, filma o novo astro negro Lázaro Ramos, que volta a chamar em *Meu tio matou um cara*, cujo irresistível protagonista é o queridinho dos telespectadores Darlan Cunha, o Laranjinha de *Cidade dos homens*. A associação econô-

mica com a Globo e a norte-americana Columbia ajuda consid.
ravelmente a difusão do filme de montagem leve e astuciosa com a
marca do cineasta, mas que continua sendo bastante convencional
e passa uma sensação de déjà-vu. Apesar de coproduzir uma obra
discreta como *Bens confiscados*, de Carlos Reichenbach, a Casa de
Cinema de Porto Alegre não seria apenas um selo simpático e
exótico?

Q *de Quanto vale ou é por quilo?*

O filme de Sérgio Bianchi reforça a polêmica de *Cronicamente inviável* atacando as associações filantrópicas por meio das
quais a elite procura combater seu sentimento de culpa, fazendo
caridade: "mais valem pobres na mão do que pobres roubando",
diz o cartaz do filme. Estabelecendo "um paralelo entre a exploração dos pobres pelo marketing social e o antigo comércio de escravos",[105] este é um filme cruel sobre um tema cruel. *Quanto vale ou
é por quilo?* prova que seu autor é o único cineasta a ousar mergulhar nas entranhas da sociedade brasileira.

Segundo Bianchi, o circuito cinematográfico do país "continua sendo 90% dominado pelo lixo paranoico da cultura imperialista americana".[106] Ele conseguirá produzir a terceira parte de sua
trilogia sem maquiagem dedicada ao apartheid ("essa horrível
palavra estrangeira")[107] social brasileiro?

Autor provocador que não poupa palavras nem imagens,
num país vítima de complexo de Poliana, ele não corre o risco de
ser apoiado pela Globo Filmes. Quanto à Columbia ou Miramax... O questionamento da autenticidade gaúcha e autoral de
produtos como *O homem que copiava* ou *Meu tio matou um cara*,
devido a intervenções de ordem financeira, técnicas ou estética
impostas pela poderosa Globo e pelo gigante hollywoodiano Columbia, coloca o problema da sobrevivência do cinema sem esse

tipo de recurso. Pois, apesar de os presidentes Itamar Franco, Fernando Henrique Cardoso, Lula e Dilma terem anulado o nefasto efeito Collor, as medidas tomadas depois da Lei do Audiovisual continuam tímidas e insuficientes diante da invasão norte-americana. Assim, os anos da Retomada são marcados, diante da relativa indiferença estatal, por uma sequência de reclamações e fricções, combates e conflitos de todos os tipos com o Ministério da Cultura.

Tendo em vista que o orçamento da cultura no Brasil é de cerca de 1% e que o teatro não é considerado, na escola, um gênero literário nobre, o que restaria para o cinema nacional, um divertimento menor? Uma polêmica tem início no segundo semestre de 2006 a respeito da decisão governamental de dividir o orçamento da cultura com o esporte, prioridade nacional. O teatro e o cinema diante do futebol, num país onde esse esporte é uma religião? Davi conseguiu vencer Golias...

R de Recife

Além de Porto Alegre, o segundo centro periférico mais ativo fora do eixo Rio-São Paulo não é Belo Horizonte, terceira cidade do triângulo industrial, mas a capital de Pernambuco. Ela retoma sua energia criativa dos anos 1920, que dera origem ao ciclo do cangaço com *Filho sem mãe*, de Tancredo Seabra.

O novo ciclo é inaugurado por *Baile perfumado*, de Paulo Caldas e Lírio Ferreira. Estes, ao lado de Marcelo Lunas (colaborador de Caldas em *O rap do pequeno príncipe*), Cláudio Assis (*Amarelo manga*) e Marcelo Gomes (*Cinema aspirinas e urubus*), pertencem desde 1996-7 ao movimento cinematográfico Árido Movie, que dará seu nome a um filme do próprio Lírio Ferreira em 2005.

Em 17 de abril de 2001, o Caderno 2 do *Estado de S. Paulo*, jornal que atribuiu um prêmio multicultural a Caldas, Luna e Ferreira, apresenta a manchete "O reconhecimento da geração Árido Movie". Ferreira comenta:

> Nossa indicação para o prêmio Multicultural 2001 Estadão Cultura é o reconhecimento do trabalho de toda uma geração. Simbolicamente, nossos três nomes foram lembrados. Mas tenho certeza de que fomos indicados por representar a história de todos os que fizeram e continuam fazendo cinema em Recife. Somos um grupo de pessoas que fazem filmes com o coração e as tripas. Partimos à luta num lugar sem escola de cinema ou infraestrutura. Dirigimos curtas-metragens aprendendo na prática.

Zygmunt Sulistrowski, em Manaus, e Afonso Brazza, em Brasília, aprendem na pele o sentido da expressão "cinema independente". Acompanhante do marechal Rondon em várias expedições ao coração da floresta sul-americana, a partir de 1958, cineasta e empresário de origem polonesa, amigo de Roman Polanski, o primeiro quer produzir um filme de aventura épico e etnográfico, *Amazônia nua*. Ele nunca desiste,[108] mas não consegue concluí-lo. Brazza, por sua vez, capitão do Corpo de Bombeiros, fabrica uma obra artesanal e original (*No eixo da morte*), que nunca encontra distribuidores, a não ser em sua cidade. Ele é uma das figuras de proa daqueles que poderíamos chamar, a exemplo dos sem-terra e dos sem-papel, dos "sem-circuito".

S de Seja o que Deus quiser

Depois de *Como nascem os anjos*, em que dois pequenos favelados invadem o espaço privado e reservado à elite, Murilo Salles inverte a perspectiva tradicional, em 2002, com *Seja o que Deus quiser*. "As figuras clássicas do malandro e do otário trocam de mão. É essa inversão de expectativa que torna o filme surpreendente", aponta Eduardo Souza Lima.[109] "O personagem do negro do morro, malandro, hábil e violento, aqui é um bom menino, baseado na tradição mais romântica do morro carioca",[110] comenta o cineasta.

Interpretado pelo ator negro Rocco Pitanga, filho de Antônio e irmão de Camila, esse jovem saído das favelas do Rio cai na armadilha de um burguês decadente de São Paulo. O "vilão" não está do lado esperado, e essa inversão de papel é salutar sociologicamente. "Detesto o cinema 'humanista'", afirma Murilo Salles. "Para mim, ele é o fruto do pensamento hegemônico que domina a nossa época. Não há espaço para a contradição e para a contestação, pois só existe a competição entre o bem e o mal."

Filmado nervosamente, *Seja o que Deus quiser* revela Rocco Pitanga como um belo e excelente ator depois utilizado em papéis secundários (*Vestido de noiva, Filhas do vento*). No confronto entre pobres e ricos, os últimos na verdade estão mais armados que os primeiros, conforme atestado pela surpreendente cena — cinicamente muito engraçada — em que uma rica de idade madura (Nicette Bruno) é atacada em seu belo carro: ela é a primeira a sacar a arma, atirar e assustar seus agressores. A mensagem do filme fica, nesse momento, clara, e esse complexo quiasma da sociedade brasileira dá o que pensar.

Outro filme do mesmo ano ataca com crueldade a burguesia privilegiada de São Paulo e os desvios de sua juventude sem objetivos: *Cama de gato*, de Alexandre Stockler. Trata-se da história de três amigos adolescentes da classe média alta que estupram e assassinam uma jovem de dezesseis anos para passar o tempo. A produção, rodada em vídeo digital (como será *Contra todos*), é uma das mais baratas (custou 13 mil reais) e mais angustiantes do cinema brasileiro. É baseada num fato real e comenta outros do mesmo calibre, como o do índio queimado vivo numa parada de ônibus de Brasília, por diversão, por adolescentes endinheirados. Esse estranho mal é gerado agora pelo luxo, e não mais pelas necessidades da miséria, como em *Cidade de Deus*. O filme tem cenas censuradas, não tanto pela audácia erótica dos atores (Caio Blat),[111] mas pelo desconforto gerado. Mais leve na denúncia e no tratamento, mas tônico e inteligente, *Ódiquê?*, de Felipe Joffily, também retrata uma época e uma geração pequeno-burguesa decadente, revelando um jovem ator estupendo, Cauã Reymond, ainda melhor na tela do que como galã misterioso de novela.

T de Tônica dominante

Felizmente, o cinema brasileiro, de tempos em tempos, entre duas crônicas fictícias ou documentais sobre a crueldade do mundo e das pessoas, apresenta uma obra como este primeiro filme da melômana Lina Chamie, filha do poeta concretista Mário Chamie: o controverso e magnífico *Tônica dominante*. Poema cinematográfico de oitenta minutos em que os "sons e as cores giram no ar da noite",[112] se respondem e correspondem, o filme se desenrola no universo íntimo e introspectivo dos músicos e da música chamada erudita.

Considerada vã e quase indecente por sua pretensão artística e intelectual, a obra desagrada a uma crítica e a um público pouco acostumados a esse tipo de filme, a não ser quando importado da Europa. No entanto, é uma bela história, narrando os três dias da vida exterior e interior de um clarinetista antes de um concerto.

A diretora de fotografia Kátia Coelho inventa para cada dia uma cor de tonalidade diferente, em harmonia com o estado de espírito do protagonista, interpretado pelo sutil Fernando Alves Pinto (*Terra estrangeira*). Os planos dos amanheceres azulados das grandes artérias vazias de São Paulo estão entre os mais belos do cinema brasileiro. Um oásis de pureza fílmica num contexto cinematográfico em que o sórdido se sobrepõe ao espiritual.

U de Um crime delicado

Em seu quarto filme, Beto Brant explora os mistérios do mal-estar, escolhendo uma atriz sem uma perna para interpretar a heroína, modelo de um pintor fetichista e perverso: ela se mostra complacentemente nua e nenhum detalhe de sua insólita anatomia nos é poupado. Estamos muito longe da graça erótica de Simone Simon em *O prazer*, de Max Ophüls. Uma cena de estupro quase explícita incomoda profundamente, mas este é o objetivo e, na escala de crueldade desse novo cinema, *Um crime delicado* atinge, com seu voyeurismo no limite do suportável, uma ótima colocação. No registro da audácia e da provocação confessada, *Do começo ao fim*, de Aluízio Abranches, em 2009, explorará — não sem preciosidade — um amor homossexual e incestuoso entre dois meios-irmãos.

V de Villa-Lobos

Se Ken Russell, inspirado em Tchaikóvski (*Delírio de amor*), Liszt (*Listomania*) e Mahler (*Mahler*) tivesse dirigido uma cinebiografia de Heitor Villa-Lobos (1887-1959), ele sem dúvida teria buscado um equivalente na escrita visual para a obra musical desse compositor genial, intuitivo, inovador e sofisticado em busca de "brasilidade". O filme de Zelito Vianna, apesar do subtítulo *Uma vida de paixão* e de uma construção em quebra-cabeça (Rio de Janeiro, 1959, 1907, 1896; Nova York, 1944), é de um notável classicismo, mesmo obsoleto, bastante surpreendente da parte do produtor de *Terra em transe* e do diretor engajado do documentário *Terra dos índios*. Falta de recursos? Foram mobilizados 66 atores, 2700 figurantes, 4 mil crianças, 21 locações externas, mais de mil figurinos de época. A questão não é de ordem material, portanto, mas artística.

O filme "deixa o espectador com a sensação de ter participado de uma viagem comovente de sons e imagens através do espírito de um criador genial".[113] Sem dúvida, o autor dessas linhas nunca assistiu a *Delírio de amor*. A notável trilha sonora lembra *À noite sonhamos* ou *Sonho de amor*, de Charles Vidor, sem a vantagem de ser interpretado por Merle Oberon ou Dirk Bogarde. Falta graça a Antônio Fagundes, Marcos Palmeira e Letícia Spiller, porém lindíssima. Algumas cenas, no entanto, exigiam lirismo e fôlego épico à la Cecil B. DeMille, como a de Villa-Lobos dirigindo uma orquestra sinfônica, coros e 40 mil crianças das escolas do Rio num estádio de futebol. Sua relação, hoje controversa,[114] com o ditador Getúlio Vargas mereceria um desenvolvimento mais longo. É uma pena que o projeto de Viana não tenha saído do papel quando foi inicialmente concebido, com Glauber Rocha no papel de Villa-Lobos!

Outro filme biográfico à antiga, relativamente banal, é *Amélia* (2000, Ana Carolina). Aqui também é difícil reconhecer a diretora combativa e provocante de *Das tripas coração* ou *Mar de rosas*. Televisual nos enquadramentos e na interpretação, a produção soa falsa: a partir da viagem ao Brasil da diva francesa Sarah Bernhardt (interpretada de maneira azeda pela atriz da Comédie Française Béatrice Agenin),[115] seguimos a história de sua criada brasileira, numa tentativa de mostrar o choque de culturas. Lembrando o terrível acidente de que foi vítima a rainha dos palcos no Theatro Municipal do Rio (ela perdeu uma perna devido à imperícia — involuntária? — de suas empregadas), *Amélia*, bilíngue, será pouco distribuído na França. O filme poderia ter se inspirado em *As criadas*, de Jean Genet, ou *Les Abysses*, de Vauthier e Papatakis.

O caso de *O Aleijadinho* é outro, notável e patético ao mesmo tempo. Trata-se de um filme dos anos 1950 rodado no fim dos 90. Contar a vida desse escultor mulato do século XVIII era um projeto dos irmãos mineiros Renato e Geraldo dos Santos Pereira desde sua época como assistentes técnicos na Vera Cruz. Ao se tornarem diretores, eles realizam em 1958 *Rebelião em Vila Rica*, um dos primeiros filmes locais em cores, produzido pela Brasil Filmes, reencarnação da Vera Cruz. Seu projeto de *O Aleijadinho* levará praticamente meio século para se concretizar, e o tempo e o estilo do filme se ressentem disso. Interessante e esmerado, bem interpretado (Maurício Gonçalves, filho de Milton, é sagrado melhor ator no Festival de Recife; nele também vemos Ruth de Souza e Maria Ceiça), mas, lento e didático, parece um excelente telefilme. Mal distribuído, ele passará despercebido. É uma pena, considerando que se trata de um dos raros filmes nacionais, ao lado de *Cruz e Sousa*, que trazem atores negros nos papéis principais. Uma lição de obstinação e de tenacidade, poderia ao menos ter obtido uma capa na revista *Raça*.[116] Renato Santos Pereira morre antes das filmagens, mas Geraldo segue sozinho, dirigindo, aos setenta anos, o sonho de juventude, dedicando o filme ao irmão. Quem abandonará a ingenuidade admirada e escolar da hagiografia em proveito de um questionamento estimulante sobre o mistério dos afrescos e esculturas do mestre? Lima Barreto, em seu documentário *Painel*, não levantara a questão da religiosidade pagã e mística das doze estátuas de profetas da igreja de Congonhas? Quem são esses predicadores de barbas cheias de serpentes? Quem são esses anjos barbudos com cara de demônio?

Já *A paixão de Jacobina* é filmado com grandes recursos no sul do país pelo ex-candidato ao Oscar Fábio Barreto. Seus pais produzem esse afresco épico em homenagem a uma resistente iluminada e criadora de uma seita que preocupou as autoridades da época por seu crescente poder. Filmado como uma minissérie com atores da Globo (Thiago Lacerda e Letícia Spiller), apesar de algumas belas cenas épicas, o filme não convence muito. Ele teria dado certo se a heroína tivesse sido encarnada pela modelo Gisele Bündchen, cogitada e eliminada depois de ensaios infrutíferos? Alguns efeitos especiais não foram suficientes para esconder a falta de fôlego de certo "cinema de papai", até mesmo de "filhinho de papai".

Também surgem biografias musicais mais contemporâneas, como *Cazuza, o tempo não para* (Sandra Werneck e Walter Carvalho, com o excelente Daniel de Oliveira) e *Dois filhos de Francisco* (Breno Silveira). Com esses sucessos, surge um novo filão a ser explorado, de filmes-clipes fáceis e empolgantes. Até chegarmos a *Lula, filho do Brasil* (2009), biografia do então presidente. Mas será possível falar em arte cinematográfica, apesar de os filmes citados serem muito agradáveis de ver e comportarem belas cenas?

W de Walter Salles e os novos grandes produtores do cinema nacional

O sucesso de *Carandiru* e de *Cidade de Deus* foi em parte garantido pela associação entre Videofilmes, Globo Filmes, Wildbunch,[117] Petrobras e Miramax. Mas seria essa uma condição suficiente?

Casa de areia, de Andrucha Waddington, apoiado por Walter Salles, Luiz Carlos Barreto, Globo Filmes, Conspiração Filmes e Columbia, foi um fracasso. No entanto, esses profissionais preparam tudo de modo a garantir um sucesso mínimo, sobretudo quando a televisão se encarrega da promoção popular. Antes concorrente, ela se torna, como na Europa, a sócia privilegiada para a sobrevivência do cinema.

Dentre as grandes figuras contemporâneas, evocamos a família Barreto, os irmãos Gullane de São Paulo, dedicados ao cinema mais artístico, ou os cineastas publicitários sócios da Conspiração Filmes, no Rio, além do indispensável Walter Salles, ponta de lança da Retomada. Com ele (por meio da Videofilmes), arte e indústria são igualmente importantes. Como diretor ou produtor,[118] Walter Salles recebe objetos fílmicos sempre interessantes tematicamente ou tecnicamente. A busca de uma identidade cinematográfica brasileira o preocupa profundamente: cada um dos filmes em que intervém é como uma pedra do Pequeno Polegar lançada num caminho que conduz ao Ogro hollywoodiano, mas que também permite escapar dele.

O caso de Diler Trindade é diferente e atípico. O ponto em comum com Walter Salles é uma discrição e um anonimato a léguas de distância dos Darryl Zanuck ou dos Carlo Ponti. Suas produções são as mais rentáveis dos dez últimos anos: ele é o investidor e o apostador mais seguro, mas nenhum dos filmes que produz chama realmente a atenção dos críticos, com exceção de *A máquina*, de João Falcão. Os dois eixos principais das produções realizadas em imensos estúdios em Jacarepaguá são religiosos,[119] como *Maria, mãe do filho de Deus*[120] e *Irmãos de fé*, ou da apresentadora Xuxa, como *Lua de cristal, Super Xuxa contra o baixo astral, Xuxa e os Trapalhões, Xuxa requebra, Xuxa popstar, Xuxa e os duendes, Xuxa e o tesouro da cidade perdida, Xuxa gêmeas, Xuxa em sonho de menina* e *Xuxa e o mistério de feiurinha* (2010).

X, Y e Z de Xuxa, Yamasaki, Zuretas

A rainha Xuxa

Enquanto as crianças de rua habitam os fantasmas do cinema adulto (*Pixote, Como nascem os anjos, Central do Brasil, Cidade de Deus*), as produções mais rentáveis são as oferecidas às crianças. O fenômeno Xuxa marcará sociologicamente, do fim dos anos 1980 ao início dos anos 2000, várias gerações de crianças brasileiras, de todas as cores e camadas sociais. Loira de olhos azuis, nascida no sul germânico do Brasil, celebrizada por sua relação amorosa com o rei Pelé, ela se torna apresentadora de programas "globais" para crianças e começa a representar a irmã mais velha ou a mãe ideal de toda criança brasileira, branca ou negra. Sem jamais envelhecer — pelo contrário, cada vez mais jovem, loira e resplandecente —, ela é a fada atemporal, imortal e onipotente dos contos infantis.

O cinema não poderia esquecer esse ídolo e deixar de difundir nas telas sua imagem transcendente. Sob o nome de Xuxa Meneghel, ela estreia em *Amor, estranho amor* (1982), filme erótico de Walter Hugo Khouri que sua fama e fortuna conseguem proibir: além de aparecer nua, ela vive nele uma cena de amor tórrido com um menino de doze anos. Esse erro de juventude é apagado a grandes custos, e a nova "rainha dos baixinhos" se torna um personagem de cinema imortalizado com o próprio nome.

Mais uma vez, realidade ilusória e ficção se confundem, já que o cinema brasileiro adora metamorfosear celebridades em personagens, como o cantor Roberto Carlos ou a excêntrica Elke Maravilha, que seria a vilã de *Xuxa requebra* (1999). *Lua de cristal*, produzido por Diler Trindade em 1990 e dirigido por Tizuka Yamasaki, marca o início de uma frutífera série para Xuxa, para sua diretora quase oficial e para seu produtor, verdadeiro vencedor do cinema brasileiro da Retomada. Os triunfos se encadeiam sem parar: *Xuxa requebra* e *Xuxa popstar* atraem milhões de espectadores às salas dos shoppings.

Tizuka Yamasaki, de quem poderíamos esperar a construção de uma obra autoral, teria encontrado na elaboração do mito cinematográfico Xuxa uma expressão absoluta da vitória moderna da mulher — bonita, rica, poderosa, determinante e acima de tudo autossuficiente? Ela contribuiu para a perniciosa exaltação da pele branca e dos cabelos loiros numa nação que foi vítima da política do "embranquecimento" físico e cultural por gerações.

Que o ideal feminino (de amor filial, fraterno e romântico) das crianças negras ou nordestinas do Brasil seja essa criatura loiríssima de olhos azuis brilhantes e voz terna e melosa convém perfeitamente à imagem nórdica que o Brasil nostálgico do Primeiro Mundo gosta de criar e mesmo exportar (como com Gisele Bündchen) para lutar contra a imagem de uma nação primordialmente indígena ou majoritariamente negra.

Xuxa, quintessência do ideal feminino de beleza e sucesso, participou plenamente daquilo que Joel Zito Araújo chamou de processo de "negação do Brasil". Originária de uma minoria de origem europeia, ela reforçou, inconscientemente, ao longo dos anos 1985-90, com seus programas, filmes e loiras concorrentes (Angélica, Eliana) ou jovens descobertas (Letícia Spiller, Carolina Dieckmann, Mariana Ximenes), a falta de autoestima das populações pobres do Brasil em relação a suas origens indígenas ou africanas e seus sentimentos de inferioridade racial. Os cânones estéticos impostos pela geração Xuxa perduram, e os jovens atores de telenovelas ou filmes infantis vêm quase todos da sociedade branca.

Da identidade falsificada à identidade reencontrada

Exercício ideal de mise-en-scène, de abordagem roteirística e técnica e de direção de atores, o filme infantil é escolhido como moda de acesso ao longa-metragem por alguns jovens diretores. Influenciados pelo que foi feito no gênero nos Estados Unidos, na França ou no Leste Europeu, esses cineastas, encorajados pelo sucesso de *O menino maluquinho*,[121] imprimirão a suas obras de estreia uma marca constante de humor, frescor e descontração, próprios à essência do caráter brasileiro. Acompanhamos com prazer as aventuras de dois filmes gêmeos, *Os três zuretas* (Cecílio Neto) e *Os xeretas* (Michael Ruman), notável tecnicamente e talvez o melhor do gênero.

O cenário principal de *Castelo Rá-Tim-Bum*, de Cao Hamburger, é digno de um estúdio hollywoodiano, como o de *Xuxa e o tesouro perdido*. Esses produtos são montados com agilidade, interpretados com uma facilidade cabotina pelas crianças e com um exagero voluntário pelos adultos, refletidos no espelho deformante do olhar pueril. Marieta Severo é uma malvada grandiosa, digna de Glenn Close, em *Castelo Rá-Tim-Bum*; Francisco Cuoco está delicioso em *Os xeretas*. Vetor de uma interpretação de mundo excessiva e caricatural no limite do absurdo, marcada por uma irracionalidade fantasista e salutar, o cinema infantil, como um ritual de candomblé, exorciza os demônios adultos. Se existe o mal também existem os gênios do bem, seja enquanto fadinha amazônica ou pequeno duende de ébano.

Pois quem é Tainá (Eunice Baia), a pequena índia que vence todos os vilões, ladrões de animas selvagens e destruidores da natureza? Essa Joana d'Arc em miniatura da floresta amazônica, para além de sua função eminentemente didática, retoma de certo modo a consciência de um passado de massacres, humilhações ou indiferença. É a revanche post mortem, via cinema, de milhões de índios exterminados ou hoje confinados. É a reencarnação do mito do bom selvagem ingênuo, vinda de um folclore, de um devaneio branco e de um Brasil ocidentalizado em busca de sua pureza original e virginal. A visão proposta em *Tainá* atualiza o indianismo romântico de Alencar e está mais próxima de Iracema, a virgem dos lábios de mel, do que de Ajuricaba, o rebelde da Amazônia. O próprio título original do filme coloca o personagem num contexto mitológico: *Tainá no país das amazonas*. Mensagem de preservação da fauna e da flora, a produção de Tânia Lamarca e Sérgio Bloch equipara a heroína não a uma pequena índia de hoje, mas a uma fada de poderes mágicos (incluindo o de falar o português que as crianças da classe média brasileira, seus futuros espectadores, falam).

Nisso, Tainá, última criação, até esta data, do imaginário infantil do cinema brasileiro, está ligada à primeira, *O saci*, a quem os vilões do filme a comparam constantemente. O pequeno duende negro que Rodolfo Nanni retirou do conto de Monteiro Lobato e levou para as telas com os traços de Paulo Matozinho foi em 1953 o primeiro herói do cinema para crianças e lançou moda. O primeiro desenho animado de longa-metragem, *Sinfonia amazônica*, havia sido lançado no ano anterior. Assim, o ponto zero do imaginário infantil brasileiro oscila entre as origens enigmáticas e impenetráveis do continente amazônico e de seus habitantes e as farsas de um diabinho negro e selvagem, mas prestes a ser domesticado.

Xuxa, Tainá, Saci: em sua complexidade racial e identitária eles resumem o Brasil, nação fascinada pela arianidade, dada como modelo e ideal, mas incapaz de sobreviver e lutar contra o mal sem a ajuda daqueles que detêm os segredos da natureza, o índio primitivo ou o feiticeiro negro. Depois dessa introdução a uma pequena psicanálise do cinema infantil brasileiro, vale abordar, a partir da ambiguidade dessa relação com a personagem de Tainá e sobretudo o saci, o mal-estar provocado pelo tema da negritude. Se é evidente para um observador estrangeiro que a indianidade foi apagada e colocada de lado na construção da identidade brasileira — com exceção do movimento romântico ou do modernismo intelectual —, a parte africana salta aos olhos a cada instante da vida cotidiana no Brasil: alegria, cores vivas, música trepidante, dança e agitação constante, samba, Carnaval, gastronomia, convivialidade, nudez e sexualidade radiante. Não se trata, aqui, de uma herança portuguesa ou europeia: então por que o mundo negro, de maneira geral, está ausente, ou é negado e depreciado, na mídia e em especial na televisão e no cinema?

O SOL NEGRO DA MELANCOLIA BRASILEIRA

Inicialmente, a Retomada praticamente ignora (1994-8) o mundo afro-brasileiro. Por obrigação e necessidade, a segunda fase se interessa por ele. A terceira, por fim, banaliza a presença negra nas telas, ajudada pela televisão. Os anos 1996-2004 são marcados por polêmicas: para os negros, é uma fase de algumas conquistas sociorraciais, dentre as mais importantes de sua história tricentenária.

A questão negra raramente é colocada no Brasil, já que supostamente no país não há negros nem brancos nem orientais, apenas brasileiros. Esse discurso oficial foi colocado tardiamente em prática, pois até os anos 1960 as carteiras de identidade faziam a distinção de um número inaudito de cores diferentes. Hoje elas são mais limitadas, mas continuam sendo especificadas em documentos oficiais ou pesquisas. Para os estrangeiros, a imagem do Brasil, apesar dos esforços da televisão para propagar outra, é a de um país de grande população e influência cultural negra (Carnaval, samba, futebol e candomblé). Essa visão é reforçada pelo sucesso mundial de *Orfeu negro* e pela fama do rei Pelé.

O filme de Camus está na origem de uma imagem indelével do país: positiva, colorida e flamejante, mas enganosa e errônea, apesar de parcialmente real. O mundo negro que ele nos oferece não é confrontado ao dos brancos, salvo numa cena simbólica em que o funcionário dos arquivos reservados é branco e tão antipático quanto os escrivães de *O processo* de Orson Welles, baseado em Kafka. Camus, a partir de seu devaneio sobre a peça de Vinicius de Moraes, modelou um universo brasileiro proporcionalmente inverso ao que a telenovela ou o cinema pequeno-burguês brasileiro apresentarão.

Mas por que e em que medida o cinema no Brasil poderia se interessar pela questão negra? Desde os irmãos Lumière, a sétima arte é coisa de pessoas abastadas. Raros são os cineastas vindos de famílias modestas. Os grandes pintores sociais, Renoir, Visconti ou o indiano Ray, não nasceram nas classes populares de seus respectivos países. Para cada Truffaut, vindo do seguro-desemprego (graças a André Bazin), quantos Louis Malle e Godard, filhos de grandes burgueses!

Esse fenômeno é amplificado na América do Sul, continente inventado onde reina uma forte desigualdade sociorracial. No Brasil, que no meio do século XX ainda contava com 80% de analfabetos e onde o sistema escolar público é um dos grandes problemas sociais, ao lado da saúde, quem poderia ter acesso facilitado a livros, ao saber, ao cinema, a uma câmera, à linguagem cinematográfica? Os modernistas e o cineasta Mário Peixoto eram ricos herdeiros; a Vera Cruz era uma companhia da burguesia emergente de São Paulo, que nela investia um dinheiro que não poderia colocar alhures. E o Cinema Novo, que recriminava Walter Hugo Khouri de isolar seus personagens num contexto social privilegiado, mas na verdade se incomodava mesmo era com a vacuidade e a inconsciência trágica? Com certeza foi um movimento intelectual de esquerda, com preocupações sociais de primeiro plano, mas composto de jovens burgueses do Rio ou do Nordeste.

Dito isso, de *Rio, 40 graus* a *Jubiabá* ou *Orfeu*, de maneira magnífica ou atabalhoada, folclórica ou política, os cinema-novistas fizeram de tudo para oferecer uma imagem positiva e generosa da população negra. Aliás, os três primeiros cineastas negros são produtos dele: Waldyr Onofre, Antônio Pitanga e Zózimo Bulbul. Quanto ao cinema de hoje, ele continua sendo próprio à burguesia brasileira, muitas vezes a média, raramente a pequena, às vezes a altíssima. Como os filmes dessa nova geração poderiam ser o espelho exato de um microcosmo social anexo, utilitário ou invisível, ao qual pouco se dá a palavra, em meio a estruturas estratificadas e hierarquizadas que impedem uma real mistura de gêneros? A mestiçagem física, em parte historicamente resultante de relações forçadas, só reflete na superfície a harmonia de uma "democracia racial" exemplar.

Os primeiros filmes da Retomada, como as novelas, parecem esquecer o Brasil contemporâneo cotidiano. No entanto, o país conta, na verdade, com 45% de negros. Trata-se do segundo país negro do mundo em milhões de habitantes, muito acima dos Estados Unidos, abaixo apenas da Nigéria! Mas para onde essas pessoas foram, depois de *Orfeu negro* e do Cinema Novo? Cerca de oitenta filmes nacionais são lançados entre 1994 e 1998. Poucos negros se destacam, no vazio da figuração:

- *Carlota Joaquina*: Norton Nascimento e Maria Ceiça, em papéis decorativos
- *A grande noitada*: Augusto Pompeo, em papel secundário
- *Tieta*: Zezé Motta, que vem depois de Sônia Braga e Marília Pêra
- *Boleiros*: Aldo Bueno e João Acaiabe, coadjuvantes
- *O homem nu*: Isabel Fillardis, em papel decorativo
- *Paixão perdida*: Zezeh Barbosa, em papel secundário
- *Como nascem os anjos*: Sílvio Guindane, protagonista estreante
- *For all*: Sílvio Guindane, coadjuvante

Oito filmes, ou seja, um décimo da produção, e com papéis anexos, subutilizados, estereotipados. Um único protagonismo, de um menino de dez anos, estreante, relegado ao terceiro plano no filme seguinte.

Há alguns papéis que habitualmente são dados aos negros no cinema brasileiro e podem ser exemplificados na Retomada:

- mulato e mulata, objetos eróticos (Norton Nascimento, Maria Ceiça, Isabel Fillardis)
- empregada (Zezeh Barbosa)
- menino de rua, armado e rapper (Sílvio Guindane, que é engraxate em *For all*)
- jogador de futebol e freguês de bar (Aldo Bueno, João Acaiabe)
- palhaço engraçado ao estilo de Grande Otelo (Augusto Pompeo)

O testamento do senhor Napumoceno, que passa despercebido em 1998, primeira coprodução França-Portugal-Brasil-Cabo Verde, é a única série de atores negros da primeira fase, com Milton Gonçalves, Zezé Motta, Nelson Xavier, a cantora cabo-verdiana Cesária Évora, a poeta Elisa Lucinda, a modelo Veluma e a revelação do filme, Maria Ceiça, para quem poderíamos imaginar uma carreira nos Estados Unidos depois de um trabalho como este.

Um excelente jovem ator como Eduardo Silva ganha um único papel episódico de office boy na comédia paulista *Alô?!* (1998), de Mara Mourão. Ele terá um papel mais importante no discreto *Soluços e soluções* (2000).

Paradoxalmente, paralela a essa quase total ausência de negros na tela, há o súbito surgimento publicitário da classe média negra, já foco da novela *A próxima vítima* (1995). O mundo dos negócios se dá conta de que existem, no Brasil, 8 milhões de potenciais consumidores negros. Em setembro de 1996, a publicação da primeira revista para negros do Brasil, *Raça*, é um acontecimento. Lançada com estardalhaço (os proprietários são, na verdade, coreanos), ela impõe nos cartazes das grandes cidades do país um casal de rostos encantadores, nem brancos nem loiros: a atriz Isabel Fillardis e o modelo João Gomes, que não fará cinema, mas seguirá sua carreira de modelo na Itália. Glamorizando as personalidades negras do país, presente em salões de beleza e salas de espera, a revista contribui para norte-americanizar[122] a classe média negra do país e integrá-la mentalmente (mais do que socialmente) à paisagem branca dominante.

A partir de 1999, os negros voltam às telas, em primeiro plano, com quatro filmes de uma só vez. Seria uma tomada de consciência?

- *Até que a vida nos separe*, do publicitário José Zaragoza
- *Caminho dos sonhos*, de Lucas Amberg
- *Orfeu*, de Cacá Diegues
- *Cruz e Souza, o poeta do desterro*, de Sylvio Back

O primeiro, retrato exitoso da classe média da moda em São Paulo, coloca o jovem protagonista negro Norton Nascimento em destaque no cartaz ao lado de Júlia Lemmertz, Alexandre Borges e Murilo Benício, estrelas da Globo e da Retomada. Conhecido por suas participações em algumas novelas e por sua interpretação na versão teatral de *Orfeu da Conceição*, em 1995, em *Até que a vida nos separe* ele aparece nu quase o filme inteiro, confirmando o estereótipo do belo garanhão negro que Carla Camurati o fez encarnar em *Carlota Joaquina* como amante da rainha. Superficial e animado, seu personagem adquire os defeitos do jovem negro que vence na vida e imita os patrões no que eles têm de mais execrável. A negritude do personagem nunca entra em questão. Mas, quando compartilha a cama de uma loira escultural, ele precisa pagar por seus serviços, numa concepção inconscientemente humilhante do amor inter-racial.

Caminho dos sonhos, por sua vez, sofre um grande revés. A história se passa na São Paulo dos anos 1960 e trata de um amor entre o filho de um alfaiate judeu e uma estudante negra. Essa obra sensível é boicotada pela comunidade judaica,[123] apesar de se beneficiar da interpretação de Elliott Gould e de Talia Shire. Seu tratamento telefílmico poderia ter garantido certo público. Apesar de Taís Araújo, lançada aos dezessete anos pela novela da TV Manchete *Xica da Silva*, se revelar uma atriz promissora, sua personagem pequeno-burguesa no filme é pouco representativa da negritude brasileira. Quantas jovens negras chegavam à universidade em 1960? *Caminho dos sonhos* é um Romeu e Julieta esquemático e pouco verossímil, mas com uma mensagem de tolerância e humanismo que merecia mais difusão.

De *Orfeu* sublinhamos a importância sociológica, desde o cartaz inter-racial até a alma nobre atribuída ao protagonista. Depois de uma trilogia histórica (*Ganga Zumba, Xica da Silva* e *Quilombo*), este é o quarto filme de Cacá Diegues com um elenco majoritariamente negro. Dedicando-se a esses temas, o cineasta sempre incorre num duplo risco — desinteresse e ironia do Brasil branco irritado com o exotismo folclórico, insatisfação do Brasil negro que não se reconhece na visão exógena de um branco privilegiado. *Sinhá moça*, de Tom Payne, e *Chico Rey*, de Walter Lima Jr., sofrem as mesmas críticas.

Ora, a história dos negros no Brasil só é tratada sob o ângulo da escravidão, ocultando a grandeza da cultura africana. Os livros escolares omitem ao Brasil a pré-história do povo negro, que parece sempre ter estado em posição de inferioridade ou humilhação. As reportagens televisivas também se obstinam a apresentar uma África despojada, miserável, caótica, primitiva e belicosa. Assim, a maioria dos negros cultiva um forte complexo de inferioridade racial, e seu cordão umbilical com a terra-mãe é simbolicamente cortado com o fim da linha aérea Natal-Dakar, que foi a primeira linha intercontinental da história da aviação.

De um poeta a outro, abençoado e amaldiçoado como Orfeu, o simbolista Cruz e Sousa é objeto de um filme recebido com discrição mas importante do ponto de vista da negritude no

Brasil. No fim de 1999, longe do eixo Rio-São Paulo, ocorre em Florianópolis a estreia de *Cruz e Souza, o poeta do desterro*, obra de um cineasta independente de Santa Catarina, Sylvio Back, brasileiro de pai judeu húngaro e de mãe alemã. Back impõe um estilo provocador, crítico, polêmico, engajado e pessoal, longe de modismos. Sempre pesquisando e se reciclando, ele se dedica ao curta, ao média e ao longa-metragem, a documentário, ficção, docudrama, colagem, montagem, pesquisa, tudo. Dos nazistas do Brasil (*Aleluia Gretchen*) aos jesuítas da fronteira paraguaia (*República guarani*), passando pelo mártir indígena (*Yndio do Brasil*) ou *A revolução de 1930* e Stefan Zweig (*Zweig: a morte em cena, Lost Zweig*), ele questiona a essência do país, explorando as diferentes possibilidades e missões do cineasta, sonhando em criar um verdadeiro polo de atração cinematográfica em Santa Catarina. Sua trajetória inevitavelmente depara com o poeta maldito da região, Cruz e Souza, filho de escravos educado e liberto por seus senhores, morto aos 36 anos vítima da inveja e da discriminação — o corpo dele teria sido transportado num vagão de animais até o Rio de Janeiro, para ser sepultado. Através da via crucis desse gênio menos conhecido e estudado há pouco tempo nas escolas, que Mário de Andrade considerava o precursor do modernismo, Back questiona o fim do século xx e apresenta a questão do lugar do negro na sociedade brasileira atual. Essa obra experimental inspirada se beneficia ainda da interpretação alucinada de Kadu Carneiro, morto prematuramente em 2005. Ele havia protagonizado no teatro *Orfeu da Conceição*, sob a direção de Haroldo Costa. Somente o cinema italiano já o utilizara como protagonista, no papel de um mulato sexy em *Lambada — o filme*, pois Cacá Diegues e depois Karim Aïnouz o rejeitam para *Orfeu* e *Madame Satã*. Cruz e Souza é o primeiro papel principal nobre e dramático oferecido a um ator negro desde o de Antônio Pompêo em *Quilombo*, de 1984.

464

Apesar de a partir do ano 2000 florescerem as participações de atores e atrizes negros nas novas fases da Retomada, especialmente sob a pressão das associações ativistas do país, a imagem transmitida pelos filmes não é muito positiva. O acesso à direção por novos realizadores (Joel Zito Araújo, Jefferson De e seu Dogma Feijoada, Dandara) mudará esse estado de coisas?

Se Lázaro Ramos, revelação de *Madame Satã*, ascende à condição de astro, rodando filme após filme, nem sempre é como protagonista, e raros são os papéis positivos,[124] com exceção do simpático *Ó paí, ó*. Pois, no geral, a principal imagem veiculada é a da violência inerente à vida e ao destino do herói, mesmo o "bom", como os de *Uma onda no ar* ou *Seja o que Deus quiser*. *Carandiru* e *Cidade de Deus* propagam os clichês ligados aos habitantes negros das favelas ou dos bairros periféricos; as telenovelas, por sua vez, se encarregam de alimentar as imagens domésticas, subalternas e inferiores. Cansado desse estado de coisas, o pesquisador Joel Zito Araújo escreve uma tese e dirige um documentário ilustrado e reflexivo sobre a imagem dos negros passada pelas novelas no Brasil: *A negação do Brasil*.

Como uma bomba, esse livro e esse longa-metragem necessários, lançados em 2000, chegam num momento de transição e, finalmente, tornam público um tabu. Enquanto a televisão brasileira se prepara para festejar cinquenta anos de vida, com o orgulho de constar entre as melhores do mundo, Zito Araújo propõe uma visão crítica de sua história através da análise detalhada da participação e dos papéis de atores negros em 174 novelas produzidas entre 1964 e 1997 pela TV Tupi e depois pela TV Globo. Exceto nas novelas sobre a escravidão, eles geralmente interpretam empregados domésticos, motoristas, cozinheiras ou porteiros. Às vezes engraçados, nunca têm uma história própria, apenas servem de amparo aos personagens brancos. Segundo o analista, ele próprio mulato:

Observei que as novelas despertavam em mim o desejo de ser branco e uma certa tendência a negar minha origem negra; ora, era o que acontecia com todas as pessoas de nossa raça. As novelas, que a partir dos anos 1970 adquiriram grande importância em nossa cultura e em nosso cotidiano, tiveram um impacto muito forte (e negativo) sobre a identidade negra, já em luta contra a ideologia do branqueamento e contra o mito da democracia racial.

Dois escândalos com dez anos de intervalo (1984, 1994) permitem o início de uma reflexão sobre a questão negra na telinha (no cinema, ela até hoje não foi realmente debatida, pois no Brasil o cinema não tem nenhum impacto palpável sobre a população). *Corpo a corpo*, de Gilberto Braga, concede um papel (nobre) de paisagista a Zezé Motta. O ator branco que interpreta seu noivo (Marcos Paulo) é condenado pelo público de todas as raças por beijar a atriz, assim como Leila Diniz fora criticada por beijar Zózimo Bulbul em *Vidas em conflito*. Em 2004, Braga concebe cenas de amor entre Sérgio Menezes e as estrelas da moda Cláudia Abreu e Juliana Paes (*Celebridade*), e somente uma minoria fica chocada, prova de evidente evolução. Dez anos antes, *Pátria minha* (do mesmo autor), provocou o primeiro processo aberto pelas Associações Negras do Brasil contra a TV Globo por atentado humilhante à autoestima da população afrodescendente. Um patrão (Tarcísio Meira) insulta violentamente seu empregado (Alexandre Moreno), que não reage. O caso abala, em 1994, a opinião pública e o caminho invisível da negritude. Em 1995, inventa-se uma "classe média negra", cópia da branca, em *A próxima vítima*. Em 1996 (ano em que surge a revista *Raça*), em *Quem é você?*, Ruth de Souza interpreta uma pianista negra brasileira de carreira internacional. Em 1997, *Por amor*, de Manoel Carlos, discute pela primeira vez a questão do racismo latente através das reticências do homem branco diante do filho mestiço esperado pela amante,

Maria Ceiça. Em 2005, a Globo promove um bombardeamento publicitário sobre a "primeira" estrela negra de uma telenovela "global": Taís Araújo, em *Da cor do pecado*, de título demoníaco.[125] Enquanto isso, o cinema "diaboliza" as crianças negras das favelas (*Cidade de Deus*) e prefere desconhecidos aos profissionais sem emprego no mercado, que começam a interrogar-se sobre a necessidade de cotas. A primeira solução não seria tomar as coisas em mãos, escrever e dirigir por si mesmo? Os três primeiros cineastas negros são atores ligados ao Cinema Novo, encorajados por Nelson Pereira dos Santos, Glauber Rocha e Cacá Diegues:

- Waldyr Onofre, visto em *Cinco vezes favela* e *O amuleto de Ogum*, dirige uma comédia sobre os costumes populares da zona norte do Rio: *As aventuras amorosas de um padeiro* (1975)
- Antônio Pitanga dirige e interpreta *Na boca do mundo* (1978), com Norma Bengell
- Zózimo Bulbul recusa o papel principal de *Quilombo* (que vai para Antônio Pompêo) por considerá-lo folclórico demais e dirige em 1988, por ocasião do centenário da abolição da escravatura, o documentário *Abolição*

Nenhum dirige um segundo longa-metragem, e os três filmes são fracassos de público. Será preciso esperar o ano 2000 para um novo documentário de longa-metragem (*A negação do Brasil*).

O teatro conhece, no fim da Segunda Guerra Mundial, sob o impulso de Abdias do Nascimento,[126] um movimento que permitiu aos artistas negros revelar seus dons de escritores, atores ou diretores, o Teatro Experimental do Negro. Meio século depois, sob a direção do jovem Jefferson De, surgiria um movimento de diretores negros de curtas, que sonham com longas, em torno de um manifesto de título irônico: Dogma Feijoada, em 2000. Alusão ao Dogma dinamarquês e ao prato à base de feijão-preto e pedaços de porco, lembrança das vísceras jogadas aos escravos na senzala. Se Jefferson De, Dandara, Luiz Antônio Pilar e Iléa Ferraz conseguem produzir curtas-metragens premiados (*Carolina, Distraída para a morte, Narciso rap* e *Cinema de preto*), somente o primeiro conseguirá, depois de alguns anos, dirigir um longa-metragem, o premiadíssimo *Bróder* (2010), pois a maioria dos projetos é interrompida entre 2005 e 2010. No início dos anos 2000, Zito Araújo propõe aquele que para Nelson Pereira dos Santos será o primeiro filme brasileiro que traça o retrato de uma família negra "normal" da sociedade brasileira, *Filhas do vento* (2004).

Pouco esmerado mas comovente, marcado por "televícios", esse acontecimento sociocultural precisa ser avaliado como um manifesto: não um panfleto, mas um conto realista, sereno e pacífico que acerta contas. Infelizmente, o lançamento é perturbado por um mal-entendido. Enquanto Gramado o recompensa em 2004 com oito Kikitos, com todos os prêmios de interpretação, uma declaração do presidente do júri, o crítico Rubens Ewald Filho, no *Jornal do Brasil*, desencadeia uma polêmica.

A avalanche de prêmios distribuídos a seis atores negros não decorreria da qualidade do filme e de seus protagonistas. Seria antes uma atitude "politicamente correta", num período de debate sobre a presença dos negros na sociedade brasileira e a necessidade de cotas. Apesar de Rubens Ewald Filho não dizer isso nesses termos, a leitura de suas palavras pelo cineasta e alguns atores provocou a devolução das estatuetas recebidas. Essa contrapropaganda prejudica o lançamento, que poderia utilizar os oito Oscar brasileiros na divulgação. O mundo afro-brasileiro não deveria alimentar essas imagens de desordem, desunião ou insatisfação contestadora e amarga ligadas à sua percepção pelo Brasil branco.

O filme, porém, passa ao largo de qualquer rancor, crítica amarga ou revolucionária. O dado social ou racial nasce do olhar e do espírito do espectador, a partir das anedotas da vida cotidiana de uma família dilacerada pelo conflito entre duas irmãs que não se dão, interpretadas pelas divas Ruth de Souza e Léa Garcia. O encontro das duas no início do filme, por ocasião do enterro do pai (Milton Gonçalves), é em si uma cena antológica, bem como, conforme enfatizado por Ewald Filho em sua resposta às acusações, toda a primeira parte do filme, de um frescor e uma veracidade genuinamente brasileiros, raramente alcançados nas telas.

Ao contrário de toda estilização ou diabolização, de retoque ou crueldade, na contracorrente das principais tendências contemporâneas, *Filhas do vento* traz ao cinema brasileiro contemporâneo um sopro de poesia e verdade, lembrando ingenuamente *Favela dos meus amores, Pureza, Também somos irmãos, O saci* e *Rio, 40 graus*.

Epílogo
Noke haweti

E OS ÍNDIOS: NASCIMENTO DE UM VERDADEIRO CINEMA
TUPINIQUIM?

Foram necessários 107 anos para que a câmera passasse das
mãos de um imigrante italiano (Affonso Segreto) para as de um
índio. A sexta-feira 24 de março de 2006 será a verdadeira data de
nascimento, no Museu da República, no Rio de Janeiro, no antigo
palácio presidencial onde o presidente Getúlio Vargas se suicidou,
de um cinema enfim genuinamente brasileiro? Nesse dia, de fato,
o acontecimento é de envergadura, mesmo que a ele só assistam
uns poucos espectadores. Quase se trata da entronização do primeiro cineasta indígena, um índio da tribo Katukina de nome
brasileiro Benjamim André Shre Katukina: ele exibe um documentário de 54 minutos sobre sua própria nação, sendo o autor
desse filme falado na língua original e legendado em português. O
título *Noke haweti?* (em língua katukina, "quem somos?" ou "o
que fazemos?") serve como uma luva à constante interrogação

471

identitária do Brasil popular, cotidiano, cultural, artístico, político e filosófico. À do cinema em particular.

Movida pelo princípio circular e cíclico do eterno retorno, a sétima arte está ao alcance da técnica daqueles que os jesuítas haviam amansado fazendo-os acreditar que eram seus deuses de volta à terra (cf. *República guarani*, de Sylvio Back). Será esse o fim de *Iracema, Tainá* e outros *Ajuricaba* ou *Avaeté*, inventados ou recriados pelos brancos? O povo original terá finalmente a palavra e a imagem domadas por si mesmo?

Na Bolívia, primeiro país da América do Sul a eleger um presidente ameríndio (2006), o cineasta Jorge Sanjinés e sua esposa quéchua abriram, no fim dos anos 1960, o caminho cinematográfico da identidade indígena na América do Sul. No Brasil, o evento de 2006 no Museu da República também não é o primeiro do gênero. Em 1977, Andrea Tonacci realizou um trabalho pioneiro de diálogo criativo, o projeto audiovisual indígena Vídeo nas Aldeias, que atua desde 1986. São projetos humanistas, mas, infelizmente, marginais e confidenciais. Aquele evento do 24 de março de 2006 será só mais um ensaio sem futuro também?

Em 1995 estreou *Yndio do Brasil*, filme-montagem de Sylvio Back sobre a imagem do índio no cinema documental e ficcional, sem som *in*: somente as imagens e a trilha sonora falam ou calam. Balanço cruel de um século de clichês condescendentes ou humilhantes e de cinco séculos de "genocídio": um povo muitas vezes sem direitos civis, condenado a viver em reservas ou em exóticas exibições indignas das feiras de antigamente. Alguns alugam índios para festas, ou excursões escolares no campo. O Dia do Índio é o dia do ano em que, oficialmente, todos se lembram de que eles estavam no Brasil antes dos brancos.

Por ocasião dos quinhentos anos da "descoberta", as populações indígenas, a caminho para se manifestar em Porto Seguro (no ano 2000) contra a indecência das cerimônias, são violentamente reprimidas pelo Exército e pelo governo, e proibidas de entrar na cidade em que o Brasil nasceu. A imprensa e a televisão pouco comentam os cruéis acontecimentos, e as imagens mostradas associavam os índios a terroristas perturbadores da paz.[1]

Quem ousará abordar de frente a questão negra e a questão indígena no cinema? É verdade que cineastas engajados (Rocha, Viana, Bodanzky, Omar, Back) a abordaram, mas de maneira alegórica, caótica ou didática demais para que fosse claramente decifrada, mesmo que de maneira suficiente para ser contestada. Bianchi levanta explicitamente o problema indígena em *Cronicamente inviável*, mas entre cem outros problemas: o excesso da carga prejudica sua força.

O documentário *Abá* (2000),[2] de Rose da Silva, propõe um início de debate, mas quem o viu? Todo brasileiro de hoje deveria assistir a essa crônica da Conferência Indígena (de 17 a 22 de abril de 2000) — Resistência Indígena, Negra e Popular — de cartaz explícito: "Os povos indígenas retomam o Brasil". À esquerda, a flecha indígena; no centro, o Brasil; à direita, a corda, a espada e o martelo. Para esse "Brasil: outros quinhentos anos", Rose da Silva segue o périplo de diversas tribos indígenas que partem para protestar em Porto Seguro contra a celebração dos quinhentos anos da "descoberta" de suas terras. Eles são bruscamente interceptados no meio do caminho e maltratados por "batalhões de choque". Conforme constatado amargamente pela jovem entrevistada pelo Canal Brasil,

> é muito complicado de explicar a sensação de estar num país democrático — que se diz uma democracia — e estar numa manifestação que é a comemoração dos quinhentos anos do seu país, que começou sua história na terra de um povo indígena; sem mais nem menos, os descendentes desse povo são metralhados pelo seu Exército: é muito confuso, muito angustiante, muito revoltante [...] Precisamos reavaliar tudo. Isso não pode continuar assim.

Abá poderia ser o ponto de partida de um notável filme de ficção contemporâneo, mas quem o produziria?

De modo geral, o cinema nacional contemporâneo conseguirá encontrar seu caminho, como na época do Cinema Novo, tratando a fundo e sem caricatura os problemas da sociedade brasileira? Por mais que os cineastas inundem a imprensa com manifestos em busca e em movimento perpétuo, como uma fera mordendo o próprio rabo, o cinema brasileiro continuará a se interrogar em vão, sem fazer a si mesmo a pergunta fundamental a respeito da legitimidade (e da culpabilidade) da presença branca e do branqueamento de um continente em que as estruturas feudais às vezes perduram e cuja conquista dependeu grandemente de dois princípios: o genocídio e a escravidão.

Até lá, a luta pela sobrevivência do cinema continua. No Manifesto de Brasília, de fins de 1998, os cineastas do Brasil assinam um apelo ao governo para empreender uma verdadeira política cinematográfica, reivindicando a criação de uma instituição semelhante à Embrafilme, tão criticada por muitos deles vinte anos antes. A novela do cinema brasileiro não está nem perto de terminar, portanto.

Mais iconoclasta, também parodiando o Dogma 95 lançado pelos escandinavos no Festival de Cannes de 1998, o Dogma & Desejo, publicado em 13 de agosto de 1999 pelo cineasta Marcelo Masagão no festival do filme sul-americano de Gramado, é um texto pela defesa das produções cinematográficas de baixo orçamento. "Façamos filmes baratos", conclui o manifesto em seu dogma único precedido por quatro parágrafos de fórmulas irônicas: "Distribuir filmes no Brasil é como criar baleias num bidê". O Dogma & Desejo critica a Lei do Audiovisual e cita a Embrafilme como exemplo: "O cinema brasileiro era muito mais visto que hoje". Como o Dogma 95, o manifesto critica o "vírus hollywoodiano" e estigmatiza os "orçamentos elefantescos" aplicados a certos filmes brasileiros sem qualidade e sem rendimento. Para o autor do texto, não existe em si um cinema brasileiro, iraniano ou italiano, mas "poderíamos separar essa família em dois blocos: os que, através de seus filmes, estimulam os neurônios, e aqueles que os deixam muito aflitos ou adormecidos". Esse olhar sem concessão sobre as veleidades da produção nacional nos leva ao ponto de partida da reflexão crítica, ao incipit do texto censurado de 1973, agora clássico, de Sales Gomes:

> O cinema norte-americano, o japonês e, em geral, o europeu, nunca foram subdesenvolvidos, ao passo que o hindu, o árabe ou o brasileiro nunca deixaram de ser. Em cinema o subdesenvolvimento não é uma etapa, um estágio, mas um estado: os filmes dos países desenvolvidos nunca passaram por essa situação, enquanto os outros tendem a se instalar nela. O cinema é incapaz de encontrar dentro de si próprio energias que lhe permitam escapar à condenação do subdesenvolvimento, mesmo quando uma conjuntura particularmente favorável suscita uma expansão na fabricação de filmes [...] A situação cinematográfica brasileira não possui um terreno de cultura diverso do ocidental onde possa deitar raízes. Somos um prolongamento do Ocidente, não há entre eles e nós a barreira natural de uma personalidade hindu ou árabe que precise ser constantemente sufocada, contornada e violada. Nunca fomos propriamente ocupados. Quando o ocupante chegou o ocupado existente não lhe pareceu adequado e foi necessário criar outro.

Será que o cinema tupiniquim, portanto, só poderia vir do "ocupado", do índio tão esquecido, portador da identidade original, e do país com o nome da madeira sagrada profanada e pilhada, o pau-brasil? Pois o balanço dos quinze anos de Retomada é um tanto abetumado, no fim das contas, apesar de alguns esplendores, apesar de o público brasileiro ter reencontrado o caminho das salas do cinema nacional, apesar de os cineastas,[3] técnicos, atores e festivais de cinema se multiplicarem de uma estação para outra, apesar de serem distribuídas câmeras para digitalizar as imagens do vivido, retransposto, em reservas indígenas ou favelas. A massa sobe, desce, volta a subir e volta a descer.

DA CIDADE DE DEUS À CIDADE DOS HOMENS

O capítulo de abertura de *Cinema brasileiro, 1995-2005*, intitulado "Histórico de uma década", de forma cruel mas lúcida, constata:

> Que imagem poderíamos reter do cinema brasileiro compreendido entre 1995 e 2005? Não há imagem definida: o mapa desse cinema assemelha-se a uma geografia branca, um lugar indiscernível. Um imaginário, certamente — mas um imaginário não cristalizado, que se apresenta menos como catálogo iconográfico e mais como um conjunto caótico de formas e enredos. Nestes dez anos, como há muito não víamos, o cinema brasileiro não construiu uma cinematografia sólida, embora tenha produzido muitos filmes. Não promoveu a circulação de obras, mas aumentou a variedade de formas. Revelou novos talentos, mas não teve qualquer objetivo agregador que oferecesse caminhos comuns a uma nova geração. Não delineou movimentos estéticos — ao menos não nos moldes que permitiriam uma condensação histórico-crítica —, mas vestiu a máscara ideológica de "retomada". Não haverá, portanto, um nome para este cinema. Tampouco um rosto. Sem nome e sem rosto, assim se passaram estes dez anos de historia do cinema brasileiro.[4]

Quando houve nomes e rostos, aqueles que os encarnaram foram esmagados por uma espécie de máquina infernal. Esse cinema foi ignorado por 52 anos fora de suas fronteiras, inclusive obras como *O cangaceiro* e *Sinhá moça*, filmes-guia de uma companhia vilipendiada ontem e hoje, a Vera Cruz. O iniciador e formador dos projetos (Cavalcanti) foi rechaçado, expulso, pisoteado; o diretor do primeiro triunfo (Lima Barreto) morreu abandonado e arruinado num asilo; o do segundo (Tom Payne) foi repatriado para a Argentina. Outros exemplos trágicos:

- Carmen Miranda, o cartão-postal do país, foi vaiada e morreu exilada em Hollywood, de ataque cardíaco.[5] O país do qual ela continua sendo até hoje a mais célebre embaixadora lhe rendeu essa amarga decepção.
- Glauber Rocha precisou exilar-se, voltou para ser flagelado, exilou-se de novo, começando sua agonia em terras portuguesas para finalmente morrer ao chegar à terra natal, poeta maldito "eleito e condenado".[6]
- Grande Otelo morreu de ataque cardíaco ao desembarcar em Paris por ocasião da primeira homenagem a ele.

Hoje o cinema nacional sobrevive em meio a uma miríade de produções norte-americanas legendadas. Por que o nacionalista Getúlio Vargas não impôs a dublagem em língua portuguesa nos anos 1930, paralelamente ao desenvolvimento do cinema falado e à invasão hollywoodiana, logo ele que proibia, por outro lado, que qualquer disciplina nas escolas fosse ensinada em língua estrangeira?

Seria esse o início de uma colonização linguística e, logo a seguir, cultural. A esse respeito, Máximo Barro afirma: "a formação afrancesada das elites foi substituída em menos de uma década por uma americanização dos intelectuais e do público. O cinema falado foi o grande responsável por essa transformação".[7]

Consciente da dificuldade de seu empreendimento, a classe cinematográfica pressiona o cantor e compositor Gilberto Gil ao longo de todo o seu mandato como ministro da Cultura do governo Lula: é preciso ajudar a resistência. Ele finge ouvir? Três anos depois do manifesto assinado por setenta artistas,[8] em junho de 2006, quando de uma reunião em Brasília, Gil anuncia um projeto de colaboração obrigatória entre as emissoras de televisão e as produtoras independentes de cinema. Início de uma nova era? No Canal Brasil, o incansável e inevitável produtor Luiz Carlos Barreto afirma: "A Lei do Audiovisual e a Lei Rouanet anunciaram a Retomada, que iniciou em 1994; este projeto tem a mesma importância e prenuncia um renascimento não apenas do cinema, mas do audiovisual em geral".[9] Foi certamente esse otimismo infinitamente renovado que fez dele o mais incansável produtor do país dos últimos quarenta anos, mas nada parece mudar de maneira fundamental na década seguinte: em dezembro de 2006, o amargo conflito do governo Lula com a classe artística a respeito do orçamento que a cultura deverá dividir com o esporte prova que a luta não está nem perto de chegar ao fim.

Numa entrevista[10] para *Dom Casmurro*, em 8 de março de 1941, com o título "Eu tenho fé no cinema brasileiro", Humberto Mauro constatara:

> O cinema brasileiro de hoje constitui mais um movimento de pessoas, produtores, cineastas [...] do que uma indústria propriamente dita. Para todo filme em preparação vemos o comentário complacente da crítica, sempre disposta a acreditar que o resultado final será bom, interessante, moderno, quase perfeito em nossa arte cinematográfica. Poucos dias ou meses depois, sai o produto com os mesmos defeitos de antes e, coisa não rara, atestando às vezes inclusive uma regressão nas condições artísticas e técnicas já atingidas.

Tantos anos depois, Walter Salles poderia fazer o mesmo discurso. De 1994 a 2009 assistimos a quinze anos de Retomada, o suficiente para a infância e o crescimento de uma cinematografia. Esta, apesar de um evidente fervilhar criativo, continua imatura, distante, por exemplo, em 2006-7, das ousadias técnicas e semânticas que as produções independentes do cinema norte-americano propõem. Às vezes, elas são dirigidas por uma revelação da América Latina (*Babel*, do mexicano Alejandro González Iñarritú, *Filhos da esperança*, de cenas apocalípticas, do mexicano Alfonso Cuarón),[11] às vezes não, como é o caso de *Diamante de sangue*, de Edward Zwick, ou do delirante *Apocalypto*, de Mel Gibson, cuja ousadia e loucura sem limites lembram as superproduções demenciais do cinema mudo dos anos 1920 ou de Cecil B. DeMille no início dos anos 1930. "Ousadia, mais ousadia, sempre ousadia": Danton assim disse, Glauber assim fez. Somente Fernando Meirelles, com *Ensaio sobre a cegueira*, ousa uma super(co)produção alegórica e experimental de tons épicos, provando seu fôlego e sua vontade de um "grande" cinema. Oxalá!

E o que seria o pós-2009: renascimento ou adolescência? Para Cacá Diegues, o cinema brasileiro vive atualmente sua fase mais frutífera e fértil, e um novo ciclo já começou. A Retomada, segundo ele, é passado: *Carlota Joaquina* a iniciou, *Central do Brasil* a celebrou e internacionalizou, *Cidade de Deus* a impôs, *Tropa de elite* a coroou. Novas perspectivas se delineiam desde então, e pela primeira vez o cinema parece integrado a uma economia formal mais organizada. O cineasta acredita tanto nessa renovação que produziu ele mesmo, quase meio século depois de *Cinco vezes favela*, um filme com o mesmo título dirigido por cinco novos jovens cineastas provenientes das favelas. *Cidade de Deus*, para Cacá Diegues,[12] é com certeza um filme excelente, bem como *Central do Brasil* ou *Última parada 174*, mas Fernando Meirelles, Walter Salles, Bruno Barreto e ele próprio são do asfalto: seus pontos de vista são os de uma classe média dominante. É chegado o momento de o cinema não ser mais uma exclusividade da burguesia. Somente a "alfabetização visual" encorajará uma verdadeira democracia: para Diegues, o surgimento das novas tecnologias do século XXI pode provocar um novo Renascimento, como a imprensa de Gutenberg no fim da Idade Média. No Brasil, no Rio de Janeiro, o cinema talvez seja, para os favelados, um trampolim rumo à construção de uma identidade e a resolução de um dilema ético. A fragmentação cultural e as contradições locais são, às vezes, fontes de reflexão universal.

Somente o futuro dirá se, mais uma vez, na odisseia desse cinema que oscila, desde 1898, sobre o navio francês chamado *Brésil* que chegou à costa do Rio de Janeiro, abordaremos uma ilha, terra firme ou um vulcão. Ou se veremos, no meio desse árido deserto do sertão portador de identidade, a miragem de um oásis cinematográfico.

Será voltando aos domínios originais da Amazônia ou do Mato Grosso, seguindo os índios katukinas, que assistiremos a uma verdadeira ressurreição? Ou será com uma câmera da cidade dos deuses entregue nas mãos dos homens da cidade? Talvez nela surja um duplo autóctone de Glauber Rocha,[13] entre aqueles que passam fome, e não entre os bem nutridos. A fome que, segundo Josué de Castro, leva "à explosão desordenada de rebeldias improdutivas, verdadeiras crises de nervos de populações neurastênicas e avitaminadas".[14] No caso de *Noke haweti*, a iniciativa é um tanto artificial, no início. Conforme afirmado pelo diretor indígena, Benjamim André Shre Katukina, de 36 anos: "Eu nunca tinha ido ao cinema, aqui na tribo não temos nem TV nem espelhos. Não são coisas de nosso mundo. [...] Eu me expressava através de nossa pintura corporal e do artesanato".[15] Uma cineasta carioca, Nicole Algranti, o convidou a aprender os fundamentos do cinema no Rio e a assistir a uma variedade de filmes, depois propôs que ele dirigisse um documentário sobre seu próprio povo. "Foi muito difícil", ele confessa, "mas agora posso dizer que consegui ultrapassar a barreira sem perder minha identidade. Pelo contrário, ela se consolidou."[16] Para sua mentora, "a câmera é uma arma do bem, e eles a viram como um instrumento de proteção e de preservação de sua cultura".[17] Não reencontramos nessas palavras o paternalismo colonizador dos jesuítas das missões, ou quando a seguir ela evoca "a curiosidade pelo aprendizado de um novo instrumento trazido pelo homem branco para melhorar suas vidas"?[18] Fortalecida por sua vitória junto aos katukinas, a produtora se volta para outras doze nações indígenas, entusiasmada com esses "povos silvícolas do Brasil". Seu pupilo katukina conseguirá emancipar-se, abandonando a forma convencional e ilusória do documentário etnoturístico para tornar-se o verdadeiro pioneiro de um cinema de denúncia, reflexão e combate nessa "melodiosa língua ancestral"[19] suscetível de veicular uma forma estética de expressão inédita?

Pois antes de Glauber Rocha e depois dele nenhum outro cineasta brasileiro teve uma marca tão pessoal ou permitiu a identificação de uma linguagem própria. As palavras de René Gardies, de 1974, continuam válidas:

> Cinema de contrastes e violências, em todos os seus níveis de conteúdo e expressão, agitado por sobressaltos e transes (exasperações de uma representação teatralizada, rupturas brutais de uma montagem deliberadamente dissonante), mas investido pelo canto e pela dança (composição musical e expressão coreográfica), ele registra a imagem mais contundente das contradições, das pulsões anárquicas e da irracionalidade do povo brasileiro.[20]

Contradições, pulsões anárquicas, irracionalidade. Não seriam essas as três principais características encontradas ao longo de todo o nosso périplo semiépico, semi-heroico, semicômico, da Atlântida à *Cidade de Deus*? Conforme afirmávamos no prólogo, o cinema brasileiro é uma floresta na qual desbravamos algumas trilhas que imediatamente voltam a se fechar.

Que este livro ofereça as chaves para abrir as gavetas secretas de uma cinematografia tão indecifrável para o observador estrangeiro a ponto de se tornar restrita intramuros — essa foi nossa modesta ambição. Guia de acesso ou manual de leitura, trata-se de uma proposta subjetiva e afetivamente parcial. Mesmo assim, ela talvez possa iluminar o cineasta brasileiro de hoje sobre algumas carências e as recorrentes veleidades de suas próprias buscas. Mas já estamos sonhando alto, pois no Brasil, como nas ilhas do oceano Índico de onde vem esse belo provérbio crioulo, tudo passa, de novo e de novo, como a água das cascatas sobre as folhas de *songes*...[21]

Da Capo.

Agradecimentos

Por terem cedido ou liberado os direitos, e colocado bondosamente à sua disposição cartazes e fotografias, o autor gostaria de agradecer enfaticamente a:

Walter Salles e Videofilmes (Maria Carlota), Cacá Diegues e Luz Mágica (Fátima), Caio e Fabiano Gullane, Laís e Jorge Bodanzky, Fernanda Montenegro, Léa Garcia, Maria Ceiça, Antônio e Alice de Andrade (Filmes do Serro), Beth Goulart, Tônia Carrero, Betty Faria, Rubens Ewald Filho, Luiz Carlos e Lucy Barreto, Bruno Barreto, Amy Irving, Sara Silveira, Sylvio Back, Alain Fresnot, Eliane Caffé, Tata Amaral, Giulia Gam, Nelson Pereira dos Santos (Regina Filmes), Ruy Guerra, Florinda Bolkan, Lourdes de Oliveira, Fernando Meirelles (O2 filmes), Donald Ranvaud, Karim Aïnouz, Rodrigo Santoro, Joel Zito Araújo, Othon Bastos, Gustavo Dahl, Zelito Viana e Vera de Paula, Mauro Mendonça, Ruy Guerra, Sônia Braga, Ilda Santiago e Grupo Estação, Francisco Marques, Luiz Antônio de Almeida, Fernando Pimenta, José Luiz Benício, Dira Paes, os saudosos Breno Mello, Kadu Carneiro, Carlos Hugo Christensen, Walter Hugo Khouri, Carlos Reichenbach, José Wilker,

Joffre Rodrigues, Hector Babenco, Zózimo Bulbul, Norma Bengell, Isabella Cerqueira Campos. Uma menção especial à minha grande amiga, a dama Ruth de Souza, e seus excepcionais arquivos.

Notas

PRÓLOGO: TERRA DOS ÍNDIOS [pp. 13-22]

1. *Folha de S.Paulo*, 18 mar. 1999.

2. Segundo estimativa da Cinemateca Brasileira.

3. Jornalista brasileiro, colaborador do *Jornal do Brasil*, da Radio France Internationale e da revista *Positif*, a partir de 1977. Autor de *Cinema na América Latina: Longe de Deus e perto de Hollywood* (Rio Grande do Sul: L&PM, 1985).

4. Vicente de Paula Araújo, *A bela época do cinema brasileiro*. São Paulo: Perspectiva, 1974, p. 12.

5. Do prefácio de Jean Narboni para *Glauber Rocha*, de Sylvie Pierre, lançado pela editora dos *Cahiers du Cinéma* em 1987 (Campinas: Papirus, 1996). Ele cita Itália, Canadá, Portugal, Tchecoslováquia, Polônia, Alemanha e Suíça.

6. Georges Sadoul (1904-67), crítico e historiador do cinema.

7. Jean Rouch (1917-2005), etnógrafo e cineasta, pioneiro do cinema--verdade, consagrado por *Eu, um negro* (1958). A osmose de sua obra, entre documentário e ficção, encontra alguns ecos no cinema brasileiro contemporâneo.

8. André Bazin (1918-58), crítico de cinema, pai espiritual de François Truffaut e dos jovens ambiciosos da revista *Cahiers du Cinéma*, preconizava o "realismo integral" e a "verdadeira continuidade", não a recortada e fragmentada pela montagem de Sergei Eisenstein (1898-1948) ou de Abel Gance (1889-1981), mas a permitida pela profundidade de campo e pelos planos-sequência.

485

9. Henri Langlois (1914-77), fundador da Cinemateca Francesa com Georges Franju em 1936.

10. Sérgio Augusto, *Este mundo é um pandeiro: A chanchada de Getúlio a JK*. São Paulo: Companhia das Letras, 1989, p. 14.

11. Conferência no Centro de Estudos de Cinema, na PUC-SP, em 9 de junho de 1999, publicada em "Panorama histórico da produção de filmes no Brasil" (*Estudos de Cinema*, n. 3, 2000, p. 14). Calil foi diretor da Embrafilme (1979-86) e da Cinemateca Brasileira (1975-92).

12. Originalmente publicado no primeiro número da revista *Argumento* (Rio de Janeiro: Paz e Terra, 1973), logo proibida pela censura. *Cinema: Trajetória no subdesenvolvimento* foi publicado em 1980 e depois em 1996 em edição de bolso pela mesma editora.

1. ATLÂNTIDA, UM CONTINENTE PERDIDO [pp. 25-59]

1. *Cinéma et littérature au Brésil, Les mythes du Sertão: émergence d'une identité nationale*. Paris: L'Harmattan, 2002, p. 66. [Ed. bras.: *Cinema e literatura no Brasil. Os mitos do sertão: emergência de uma identidade nacional*. Fortaleza: Interarte, 2007.]

2. *Brasa dormida* supera em sete semanas, no Pathé-Palace, a exibição de *Anna Karenina*, com Greta Garbo. Mas a crítica é impiedosa: "cinema nacional! Será que existe isso? [...] Para se fazer cinema é necessário o capital que os americanos, apesar do senso artístico limitadíssimo, possuem. Eu acho que essa brasa dormida deveria continuar dormindo. Ainda é noite", ironiza Paulo Duarte no *Diário Nacional*, citado por André Felippe Mauro em *Humberto Mauro: O pai do cinema brasileiro* (Rio de Janeiro: Ideias Ideais, 1997, p. 115).

3. Luiz Felipe Miranda, *Dicionário de cineastas brasileiros*. São Paulo: Art Editora, 1990.

4. Ibid., p. 218.

5. Sua pele negra foi pintada para o papel. Já no filme de Norma Bengell de 1997, Márcio Garcia parece com Steve Reeves, o Mister Universo dos *peplums* da Cinecittà.

6. Insatisfeito com o resultado, Luiz de Barros destrói esse filme. *Perdida* (1915), portanto, é oficialmente sua primeira obra.

7. Blaise Cendrars (1887-1961) era francófono, como muitos renovadores da literatura francesa do século xx.

8. *Dicionário de filmes brasileiros*, p. 669.

9. Carta citada por Alice Gonzaga em *50 anos de Cinédia*. Record: Rio de Janeiro, 1987, p. 14.

10. Entrevista concedida em 8 de abril de 1942, citada em *50 anos de Cinédia*, p. 99.

11. O americano Robert Day neles dirigiu *Tarzan e o grande rio* (1967) e produziu *Tarzan e o menino da selva* (1968), ambos com Mike Henry.

12. De acordo com texto de Ivana Bentes no *Jornal do Brasil* de 2 de setembro de 2001, o primeiro filme que mostra imagens de favelas tinha dez minutos e foi projetado em 1927-8 pelo dr. Mattos Pimenta, membro do Rotary Club. Ele ilustrava uma campanha de alerta sobre as terríveis condições de higiene e a "doença social" que a favela já representava. "Lepra" e "câncer" serão as primeiras metáforas escolhidas para evocar sua miséria.

13. *Folha de S.Paulo*, Ilustrada, 5 mar. 2001, p. E1.

14. Sérgio Augusto, op. cit.

15. Mesquitinha (1902-56) nasceu em Lisboa e chegou ao Brasil aos cinco anos. Fez teatro de revista e depois cinema, em 1933 (*Alô, alô, Brasil*). Estrela de Cinédia, Sonofilms e Atlântida, criou um personagem cômico e dirigiu *João Ninguém* (1936), primeiro filme brasileiro com uma sequência em cores.

16. "Macunaíma, Grande Othelo, o povo brasileiro", citado em Marly Serafin e Mario Franco, *Grande Othelo em preto e branco* (Rio de Janeiro: Ultra-Set, 1987, p. 85). Note-se que, com a simplificação da ortografia, o nome Othelo perde o "h" com o passar do tempo.

17. Estrela do cinema francês dos anos 1930-40. Sacha Guitry, que a dirigiu em *As pérolas da coroa* (1937), empregava uma máxima análoga.

18. Atriz citada por Marly Serafin e Mario Franco em *Grande Othelo em preto e branco*, p. 58.

19. Fundado em 1944 por Abdias do Nascimento, o TEN, grupo fundamental da história artística e política do Brasil, reuniu Aguinaldo Camargo, Ruth de Souza, Haroldo Costa e Léa Garcia. Grande Otelo, que o apoiava, nunca fez parte dele. Albert Camus cita Abdias muitas vezes em seus *Carnets*, no qual evoca um ensaio insólito de *Calígula*.

20. Publicada em 2000 pela Editora Senac, ganhou uma terceira edição ampliada e atualizada em 2012 em coedição com o Sesc. Contou com a direção de Fernão Ramos e Luís Felipe Miranda e com 45 colaboradores, incluindo André Gatti, Carlos Augusto Calil, Helena Salem, Hernani Heffner, José Mario Ortiz, Lúcia Nagib, Luís Zanin Orichio, Paulo Antônio Paranaguá e Sílvia Oroz. A palavra "enciclopédia" do título não deve ser considerada em sua definição científica setecentista, visto que os artigos dos jornalistas muitas vezes se demoram em reflexões anedóticas. O artigo "chanchada" consta na p. 117 da primeira edição.

21. Citado por Roger Boussinot, *Encyclopédie illustrée du cinéma* (Paris: Bordas, 1967).

22. Dircinha (1922-99) e Linda (1920-88) Batista, que morreram na miséria, foram grandes vedetes da canção. Linda foi Rainha do Rádio de 1937 a 1948.

23. Guido Bilharinho, *Cem anos de cinema brasileiro*. Uberaba: Instituto Triangulino de Cultura, p. 61.

24. "Introdução ao filme musical brasileiro". *Filme Cultura*, ano 1, n. 6, Rio de Janeiro: Instituto Nacional de Cinema, 1967.

25. Rudolf Piper, *Filmusical brasileiro e chanchada: posters e ilustrações*. São Paulo: Oren, 1975, p. 25.

26. Sérgio Augusto, op. cit.

27. Molière tomou seu lema emprestado do poeta latino Terêncio.

28. *90 anos de cinema: Uma aventura brasileira*. Rio de Janeiro: Nova Fronteira, 1988, p. 66.

29. Catálogo do Sesc-SP *Moacyr Fenelon e a criação da Atlântida* (2000), p. 79.

30. *Enciclopédia do cinema brasileiro*, p. 408.

31. Walter Salles trabalhou num roteiro, com Millôr Fernandes, para Grande Otelo e Fernanda Montenegro (entrevista de 15 de maio de 1998, no Rio de Janeiro).

32. *90 anos de cinema*, p. 66.

33. Ibid.

34. *Grande Othelo em preto e branco*, p. 111. Após Grande Otelo, somente Milton Gonçalves e, hoje em dia, Lázaro Ramos gozaram de uma condição reconhecida de grande ator. Mas houve Eliezer Gomes, ícone do Cinema Novo, Antônio Pitanga, o galã Zózimo Bulbul. Mais recentemente, destacaram-se Norton Nascimento, Kadu Carneiro (*Cruz e Sousa*), Maurício Gonçalves (*O aleijadinho*), Sílvio Guindane e Alexandre Moreno. A segunda e depois a terceira fase da Retomada revelam, além de Flávio Bauraqui, uma constelação de talentos: Darlan Cunha, Douglas Silva, Michel Gomes, Sidney Santiago, Vinícius O'Black, Jonathan Haagensen.

35. Essa cena cômica foi filmada na mesma manhã em que Otelo ficou sabendo que sua mulher acabara de se suicidar depois de matar o filho do casal.

36. *Enciclopédia do cinema brasileiro*, p. 346.

37. Domingos Demasi, *Chanchadas e dramalhões*. Rio de Janeiro: Ministério da Cultura; Funarte, 2001, p. 32.

38. Oséas Singh, *Adeus cinema*. São Paulo: Massao Ohno, 1993, pp. 43-4.

39. Ibid., p. 56.

40. Sérgio Augusto, "Le film musical et la chanchada". In: *Le Cinéma brésilien*. Paris: Centre Georges Pompidou, 1987, p. 183.

41. *Enciclopédia do cinema brasileiro*, p. 233.

42. Segundo Anselmo Duarte, em *Adeus cinema*, p. 46.

43. Antonio Leão da Silva Neto, *Astros e estrelas do cinema brasileiro*. São Paulo: IMESP, 2010, p. 154.

44. *Enciclopédia do cinema brasileiro*, p. 277.

45. Artigo de *O Globo* citado em *50 anos de Cinédia*, p. 109.

46. Ibid.

47. Cf. a abertura do filme de Berkeley, *Entre a loura e a morena*, com Carmen Miranda.

48. Lida pelo ator Alexandre Moreno num cinema do Botafogo.

2. UTOPIALAND [pp. 60-92]

1. Nome dado por Blaise Cendrars ao Brasil, pátria adotiva desse cidadão do mundo.

2. Paris: Bordas, 1995, t. 1, p. 313.

3. Conferência PUC 99, publicada em *Estudos de Cinema*, n. 3. São Paulo: EDUC; Fapesp, 2000, p. 25.

4. Maria Rita Galvão, *Burguesia e cinema: O caso Vera Cruz*. Rio de Janeiro: Civilização Brasileira; Embrafilme, 1981, p. 11.

5. Depoimento recolhido em 2005.

6. Alberto Cavalcanti, *Filme e realidade*, 2. ed. rev. Rio de Janeiro: Casa do Estudante do Brasil, 1952, p. 36.

7. *Burguesia e cinema: o caso Vera Cruz*, p. 97.

8. *Dicionário de filmes brasileiros*, p. 143.

9. *Cinema e verdade*. São Paulo: Companhia das Letras; Cinemateca Brasileira; Fundação do Cinema Brasileiro, 1988, p. 240.

10. *Le Cinéma brésilien*, p. 81.

11. *Ibid.*, p. 80.

12. *Filme e realidade*, p. 84, excertos das páginas 37-40.

13. Cacilda Becker (1921-69), diva do teatro, recusa fazer outros filmes depois do estrondo que a transformou em estrela. Havia estreado no melodrama *Luz de meus olhos*, da Atlântida.

14. Eliane Lage, *Ilhas, veredas e buritis*. São Paulo: Brasiliense, 2005, p. 180, n. 270.

15. Ibid., p. 277.

16. Salvyano Cavalcanti de Paiva, *História ilustrada dos filmes brasileiros, 1929-1988*. Rio de Janeiro: Francisco Alves, 1988, p. 51.

17. Ibid., p. 52.

18. Alex Viany, *Introdução ao cinema brasileiro*. Rio de Janeiro: Instituto Nacional do Livro, 1959, p. 140. *João da Mata* é um filme de Amilar Alves que inaugura o "ciclo de Campinas", sobre a luta camponês-proprietário.

19. Em 2006, a Coleção Aplauso, da Imprensa Oficial do Estado de São Paulo, publica o relato de Luiz Carlos Lisboa *Marisa Prado: a estrela, o mistério*.

20. Vanja Orico (1931-2015) era filha de um diplomata e escritor, e estudou na Europa, embora tenha nascido no Rio de Janeiro. Estreou como atriz em Roma, em 1950, cantarolando "Meu limão meu limoeiro" em *Mulheres e luzes*, de Alberto Lattuada e Federico Fellini. Estrela em *O cangaceiro*, no qual canta "Mulher rendeira".

21. *Astros e estrelas do cinema brasileiro*, p. 391.

22. *Filme e realidade*, p. 79.

23. *História ilustrada dos filmes brasileiros, 1929-1988*, p. 92. O artigo sobre Ângela se encontra na p. 53.

24. Cavalcanti muitas vezes assinava suas cartas pessoais como "Cav".

25. Entrevista reproduzida em *Vera Cruz: imagens e história do cinema brasileiro* (São Paulo: ABOOKS, 2002, p. 150).

26. *Burguesia e cinema: O caso Vera Cruz*, p. 46.

27. Carlos Roberto de Souza, *Nossa aventura na tela*. São Paulo: Cultura, 1998, pp. 115-6.

28. Sylvie Debs, op. cit., pp. 195, 217.

29. Publicado na *Tribuna da Imprensa* e citado por Luiz F. Miranda em *Dicionário dos cineastas brasileiros* (São Paulo: Art Editora; Secretaria do Estado de São Paulo, 1990, p. 43).

30. Citado em Jean Tulard, *Dictionnaire des réalisateurs*. Paris: Robert Laffont, 1982, p. 134. Em 2 de maio de 2010, *O Globo* anuncia em primeira página a reabertura dos estúdios Vera Cruz para as gravações de um filme sobre Lima Barreto.

31. *Introdução ao cinema brasileiro*, p. 139.

32. José Carlos Monteiro, *História visual do cinema brasileiro*. Rio de Janeiro: Funarte, 1996, p. 104.

33. Em sua *Histoire du cinéma mondial*, Sadoul elogia os "notáveis atores de cor Grande Otelo e Ruth de Souza" (Paris: Flammarion, 1949, p. 437). Das dezessete páginas dedicadas à América Latina no capítulo 23, o Brasil ocupa quatro e depois reaparece (em uma página) no capítulo 27 ("Nouvelles techniques et nouveaux cinémas").

34. De Antunes Filho, iniciado em 1969 e terminado em 1973. Bulbul in-

terpreta um poeta que vive uma história de amor com Renée de Vielmond. Racismo e frustrações são francamente abordados nesse filme.

35. *Dicionário de filmes brasileiros*, p. 760.

36. Revista citada por Maria Rita Galvão, op. cit.

37. Citado por Sérgio Martinelli, *Vera Cruz: Imagens e história do cinema brasileiro*. São Paulo: A books, 2002.

38. *90 anos de cinema*, p. 74.

39. Histórias medievais barulhentas, em que o protagonista é um *sot*, ou seja, um idiota, simplório.

40. *90 anos de cinema*, p. 78.

41. Ibid.

42. "A felicidade", canção de Vinicius de Moraes e Tom Jobim composta para a peça *Orfeu da Conceição* (1955) e propagada pelo filme de Marcel Camus, *Orfeu negro* (1959).

43. *Dicionário de cineastas brasileiros*, p. 92.

44. *Enciclopédia do cinema brasileiro*, p. 104.

45. *Dicionário de cineastas brasileiros*, p. 92.

46. Ministro da Cultura do general De Gaulle em 1959, André Malraux (1901-76) retira o cinema da gestão do Ministério da Indústria, contribuindo para "criar um auxílio artístico para favorecer a produção e a difusão de um cinema francês de qualidade, preservando ao mesmo tempo um auxílio econômico adaptado à situação da indústria". (Denise Marion, *Cinéma d'aujourd'hui*. Paris: Seghers, 1970, p. 96.)

47. A cada 25 de janeiro, data de aniversário da cidade de São Paulo, Mazzaropi lançava um filme no Cine Art-Palácio. Milionário, ele construiu estúdios em Taubaté, no interior paulista. "O melhor dos filmes de Mazzaropi é ele mesmo", disse Paulo Emílio Sales Gomes, segundo Leão da Silva (*Astros e estrelas do cinema brasileiro*, p. 306).

48. No prefácio para *Les Mythes du sertão: émergence d'une identité nationale*, de Sylvie Debs, Paulo Antônio Paranaguá estigmatiza a França por sua "amnésia culpada" diante desse "brasileiro voador que sucessivamente enriqueceu, com sua inventividade, o cinema francês, o cinema britânico, o de seu país e outros mais".

3. ESPERANDO UM CINEMA NOVO [pp. 93-115]

1. Citado no catálogo do Sesc São Paulo *Moacyr Fenelon e a criação da Atlântida* (2000).

2. Nascida em 1916, no Rio de Janeiro, foi uma grande estrela do rádio e participou de vários filmes musicais, como *Alô, banana-da-terra, Laranja da China, Carnaval no fogo* e *Carnaval em Marte*. Em todas as suas entrevistas, alimentou esse mito romântico.

3. Fórmula lançada por Alexandre Astruc num texto fundador do movimento da Nouvelle Vague, publicado em *L'Écran Français*, em 1948.

4. A fórmula não seria de Glauber Rocha, mas de Ely Azeredo, e também foi reivindicada por Gustavo Dahl. Em 1961, ele defende nos artigos "Algo de novo entre nós" e "A solução única" o sistema de produção individual do autor "câmera na mão". A expressão prospera, como aconteceu com "*caméra-stylo*", de Alexandre Astruc, na França, depois de artigo publicado em março de 1948 em *L'Écran Français*.

5. Cf. as reticências de Almeida Salles no *Estado de S. Paulo* de 20 maio 1955.

6. *Walter Hugo Khouri ou le charme indiscret de la haute bourgeoisie brésilienne*, tese de mestrado orientada pelo professor Francis Vanoye em 1999, na Universidade Paris x.

7. *O Estado de S. Paulo*, Suplemento Literário, 21 jun. 1958.

8. Nascido em 1922 e falecido em 1996, foi crítico por trinta anos do jornal *O Estado de S. Paulo*, de 1952 a 1982. Em 2006, a coleção Aplauso, da Imprensa Oficial do Estado de São Paulo, lhe dedicou a obra *Críticas de Rubem Biáfora: A coragem de ser*, organizada por Carlos M. Motta.

9. *História ilustrada dos filmes brasileiros, 1929-1988*, p. 89.

10. *Dicionário de filmes brasileiros*, p. 703.

11. Coluna Conversa da Esquina de 26 dez. 1958. Citada em Dolores Papa (Org.), *Nelson Pereira dos Santos: Uma cinebiografia do Brasil*. Rio de Janeiro: Onze do Sete, 2005, p. 111-2.

12. *Dicionário de filmes brasileiros: Longa-metragem*, p. 710.

13. *90 anos de cinema*, op. cit., pp. 94-5.

14. *90 anos de cinema*, pp. 94-5. Gianfresco Guarnieri nasceu na Itália em 1934, e foi ator e autor dramático. Seu primeiro texto, *Eles não usam black-tie*, escrito em 1958, recebeu uma adaptação para cinema de Leon Hirszman premiada em Veneza (1981).

15. *Introdução ao cinema brasileiro*, p. 162.

16. Cavalcanti de Paiva, op. cit., p. 84.

17. *Dicionário de filmes brasileiros*, p. 601.

18. Jean Tulard, op. cit., p. 350-1.

19. "Le Brésil vu de Billancourt", n. 97, jul. 1959. Revelado no mesmo ano por *Acossado*, Godard condena uma versão exótica do cinema de "qualidade

francesa". "Não se dirigem atores negros com as mesmas palavras e os mesmo gestos que Jean Boyer dirigindo Line Renaud e Darry Cowl numa taberna reconstituída nos planaltos de Billancourt", diz a pluma venenosa. Ou ainda: "A gentileza e a sinceridade de Marcel Camus não estão em pauta. Mas basta ser gentil e sincero para fazer um bom filme?".

20. Em *Dramas para negros e prólogo para brancos* (Rio de Janeiro: Teatro Experimental do Negro, 1961), o senador-dramaturgo-ativista Abdias do Nascimento dedica suas primeiras dezesseis páginas às raízes da dramaturgia negra brasileira, citando a preexistência de um teatro africano negado pelos brancos: "O teatro dos povos de cor precedeu o nascimento do teatro grego [...] Documentos novos surgiram indicando pistas e rumos da evolução daquela cultura teatral desconhecida, perdida no vale do Nilo [...] A Grécia seguiu os passos do Egito... Antes de Ésquilo — cerca de mil anos — escreveu-se, no Egito, um libreto sobre a morte de Hórus, o qual se iguala à tragédia esquiliana [...] A própria forma dramática dos ritos, tornando-os mais sugestivos, assim como a prática do culto de Dionísio, foi imitação do Egito negro". Em *Ethiopiques*, Leopold Sedar Senghor defende essa suposição.

21. Confirmadas pelo documentário saudosista *Vinicius* (2006), de Miguel Faria Jr.

22. Esse grupo nunca encenou a peça, apesar de ter produzido *Anjo negro*, de Nelson Rodrigues, e *Além do rio*, reescrita afro-brasileira do mito de Medeia.

23. Adaptação modernizada de Cocteau, com Jean Marais, Marie Déa e Maria Casarès, de 1950.

24. O título original *Orfeu negro* se refere ao prefácio "L'Orphée noir" de Sartre para a *Anthologie de la nouvelle poésie nègre et malgache de langue française*, do senegalês Léopold Sédar Senghor. Com Aimé Césaire (martinicano) e Léon--Gontran Damas (guianês), Senghor é o formulador da "negritude". Poeta da ação, intelectual e político, ele era, para o pai do existencialismo, um avatar negro de Orfeu.

25. Por motivos de porte físico, o atlético jogador de futebol Breno Mello substituiu o ator Haroldo Costa, que sofria de um problema na perna desde a infância. Marpessa Dawn, por sua vez, foi imposta pelo produtor Sacha Gordine.

26. Em *A origem dos meus sonhos* (São Paulo: Gente, 2008, pp. 141-2), o presidente dos Estados Unidos, Barack Obama, cita *Orfeu negro* como o filme que deu à sua mãe a audácia, num contexto racista, de casar com um negro. Ponto de partida da força de seu engajamento e de sua vontade de reconciliação étnica, a representação nobre, calorosa e sensual de negros na tela, a primeira na história, continha, diz ele em seu discurso sobre as raças, o sonho de uma vida nova, a promessa de uma vida diferente.

27. Vencedor do Prêmio Louis-Delluc de 1959, *Eu, um negro* é, segundo Jean-Luc Godard, "o filme mais audacioso e ao mesmo tempo o mais humilde. É malfeito, mas de uma lógica a toda prova, pois é o filme de um homem livre. É um francês livre pousando livremente seu olhar sobre um mundo livre" (*Arts*, 11/3/1959). Para Jacques Doniol-Valcroze, é "o primeiro filme negro em que todas as referências ao mundo branco desapareceram. Apagando-se diante do universo africano moderno, deixando a seus intérpretes o livre-arbítrio da improvisação, deixando o relato construir-se sozinho com o passar dos dias, deixando seus personagens 'sonharem' em voz alta diante da película aberta de seus destinos, Rouch deu uma nova dimensão ao relato cinematográfico" (*France-Observateur*, 12/3/1959).

28. Sandra Almada, *Damas negras, sucesso, lutas, discriminação: Chica Xavier, Léa Garcia, Ruth de Souza, Zezé Motta*. Rio de Janeiro: Mauad, 1995.

29. Em bate-papo em 29 de maio de 2006 por ocasião da apresentação do filme na Maison de France, o protagonista sugeriu que a principal razão do fracasso no Brasil foi uma questão de "bandeira".

30. Filho de Marcel Camus e Lourdes de Oliveira, em depoimento colhido em Paris em 1999.

31. *Jornal do Brasil,* 2 set. 2001.

32. Na famosa foto do novo grupo de 1959, sentados nos degraus do palácio do Festival de Cannes, aparecem François Truffaut, François Reichenbach, Claude Chabrol, Jacques Doniol-Valcroze, Jean-Luc Godard, Roger Vadim, Jean-Daniel Pollet, Jacques Rozier, Jacques Baratier, Jean Valère, Edouard Molinaro, Robert Hossein e... Marcel Camus.

4. ERUPÇÃO, CLARÕES E TEMPESTADES DO CINEMA NOVO [pp. 116-96]

1. *O Estado de S. Paulo,* 5 maio 2001.

2. *Trajetória no subdesenvolvimento,* p. 81.

3. Ibid., p. 102. Para o autor, ocupantes e ocupados = europeus e autóctones.

4. Ibid., p. 103.

5. Editions Atlas Paris, 1983, v. 7, cap. 83, pp. 1685-6.

6. Ibid.

7. Ibid.

8. Helena Salem, *Nelson Pereira dos Santos: O sonho possível do cinema brasileiro.* Rio de Janeiro: Record, 1987.

9. Ibid., pp. 112-3.

10. *Enciclopédia do cinema brasileiro,* p. 493.

11. Depoimento recolhido em entrevista no Rio de Janeiro, em 2005.

12. Uma perda lamentável, pois nos créditos constavam Ruy Santos (direção e fotografia), Jorge Ileli e Alex Viany (assistentes de direção), Rodolfo Nanni (montagem), Radamés Gnattali (música), Ruth de Souza e Fernando Torres (elenco). Restaram dois belos fotogramas.

13. Meio século depois, os atores negros ainda interpretam, principalmente na televisão, apenas escravos, empregados domésticos ou delinquentes, com raras exceções.

14. Dirigido por Carlos Coimbra e lançado em 1957, é o segundo filme em cores do cinema brasileiro. O primeiro fora *Destino em apuros*, produzido por Mario Civelli em 1953.

15. *Jornal do Brasil*, 11 nov. 1961.

16. A primeira adaptação foi do uruguaio Manuel Peluffo: *Meu destino é pecar* (1952).

17. Irmã de Nelson.

18. Norma Bengell passa por um cinema em que o nordestern está em cartaz.

19. Lançado em 2006, *Brasília 18%* é o 18º longa-metragem de Nelson Pereira dos Santos e um "filme doente", como diria Truffaut sobre os filmes de Hitchcock que considera ruins.

20. Cavalcanti de Paiva, op. cit., p. 103.

21. A atriz Maria Pompeu teve seus minutos de fama por aparecer de topless.

22. Citado no folheto que acompanha o ciclo *Nelson Rodrigues e o cinema, traduções-traições* (Rio de Janeiro: CCBB, 2004).

23. *O Estado de S. Paulo*, Suplemento Literário, 21 jun. 1958.

24. Mencionado por Helena Salem, op. cit.

25. Em *Brésil l'Atelier des cinéastes* (Paris: L'Harmattan, 2004), ele confidencia a Sylvie Debs, com precisão: "A fotografia não é apenas uma questão técnica, mas estética, poética e dramatúrgica. A tecnologia da fotografia é a tecnologia da luz estabelecida pelos países do norte. Ela foi desenvolvida para luzes suaves, com poucos contrastes, pois a luz europeia tem menos contrastes que a nossa. Não podemos, portanto, aceitar uma técnica fotográfica como se tivéssemos a mesma luz. Precisamos retomá-la e adaptá-la à nossa realidade. Temos um excesso de luz, um excesso de contrastes".

26. Entrevista realizada no Rio de Janeiro, em 1998.

27. Ambos têm uma pena afiada, viva e brilhante, às vezes letal.

28. João Carlos Teixeira Gomes, *Glauber Rocha, esse vulcão*. Rio de Janeiro: Nova Fronteira, 1997, p. 419.

29. René Gardies, *Glauber Rocha*. Paris: Seghers, 1974.

30. Importante fotógrafo francês fascinado pela África, como Jean Rouch. Instalado na Bahia, cuja cultura popular afro-brasileira e cujos rostos e corpos do povo divulgou com seu trabalho, morreu em 1996 como pai de santo, apesar de se dizer agnóstico.

31. Nele estreia sua primeira mulher, Helena Ignez, futura musa do Cinema Novo (*O padre e a moça, Assalto ao trem pagador*) e do cinema marginal (*O bandido da luz vermelha*, de Rogério Sganzerla, seu segundo marido). "Ela era nossa Brigitte. Nossa Marilyn. Eu tinha a mulher mais desejada da Bahia" (*Revolução do Cinema Novo*. Rio de Janeiro: Alhambra; Embrafilme, 1981).

32. Sylvie Pierre, op. cit., p. 231.

33. Rio de Janeiro: Civilização Brasileira, 1963.

34. Glauber reconhece sua dívida para com o Cavalcanti de *Filme e realidade* e *O canto do mar*.

35. Para Glauber, Barreto procurou "abrasileirar" as temáticas cinematográficas.

36. O cineasta utiliza uma tipografia pessoal — aqui, para o adjetivo "chanchadesco", derivado de "chanchada".

37. Sylvie Pierre, op. cit., p. 23.

38. "O Cinema Novo 62". In: *Revolução do Cinema Novo*, pp. 15-6.

39. Ibid. Contra *Mulheres e milhões* (Ileli), Azeredo opta por um "cinema novo".

40. Sylvie Pierre, op. cit., p. 73.

41. Frantz Fanon (1925-61) foi um médico de origem antilhana que exerceu a profissão na Argélia e abraçou a causa dos rebeldes locais. É um autor francófono maldito, que se tornou objeto de culto com dois ensaios sobre o colonialismo, o racismo e a escravidão do homem pelo homem: *Pele negra, máscaras brancas* (1952) e *Os condenados da Terra* (1961).

42. Citado em *História do Brasil: Os 500 anos do país em uma obra completa, ilustrada e atualizada*. São Paulo: Folha de S.Paulo, 1997.

43. Artigo citado em *Revolução do Cinema Novo*, pp. 37-44.

44. O longa-metragem de Gillo Pontecorvo *Kapo* (1960) desperta a fúria dos *Cahiers du Cinéma* e o artigo incendiário de Jacques Rivette, "De l'abjection au cinéma". Ele censura esse filme de ficção (o primeiro) sobre os campos nazistas de extermínio pela estetização do tema. Um travelling sobre o corpo em cruz de Emmanuelle Riva depois de seu suicídio nos arames farpados eletrificados, julgado indecente e mesmo ignóbil, fez Godard dizer que todo travelling é uma "questão de moral". Lançado em DVD em 2006, o filme inspirado em *É isto um*

homem?, de Primo Levi, admirado por Rossellini e Visconti e indicado ao Oscar de 1961, foi finalmente reabilitado como uma grande obra.

45. *Revolução do Cinema Novo*, pp. 38-9.

46. Ibid.

47. Ibid., p. 44.

48. Ibid., p. 42.

49. Ibid., p.53.

50. Citado em *Glauber Rocha, esse vulcão*, p. 595.

51. Ibid., p. 594.

52. Citado em *Revolução do Cinema Novo*, p. 29.

53. Ibid., pp. 29-30.

54. Alusão aos *huis clos* mundanos de Walter Hugo Khouri. Dois ou três decênios mais tarde, as telenovelas construirão um imaginário burguês alienante, vetor de desejos e frustrações.

55. *Revolução do Cinema Novo*, p. 30.

56. A Bienal de São Paulo de 1961 a homenageará projetando *Arraial do Cabo, Aruanda* e *Couro de gato*. Para Jean-Claude Bernardet, ela "teve para o cinema brasileiro a importância da Semana de Arte Moderna em 1922" (*História do cinema brasileiro*. São Paulo: Círculo do Livro, 1987, p. 323).

57. *Revolução do Cinema Novo*, p. 31.

58. Ibid., pp. 31-2.

59. Ibid., p. 32.

60. Jean-Claude Bernardet, *Brasil em tempo de cinema*. São Paulo: Companhia das Letras, 2007. p. 79

61. Ibid, p. 80.

62. Crítica em *Le Nouvel Observateur* (13 abr. 1970), publicada em *L'Écran fertile*, pp. 71-5, 1974.

63. "Uma obra informe, um rascunho do *Tabu*" de Murnau. Citado por Sérgio Augusto em "Como fomos tratados pela bíblia dos cinéfilos *Cahiers du Cinéma*" (*O Estado de S. Paulo*, 5 maio 2001).

64. Cavalcanti de Paiva, op. cit., p. 104.

65. *História visual do cinema brasileiro*, p. 134.

66. Carlos Roberto de Souza, op. cit., p. 124.

67. N. 140, mar. 1968, mencionado por René Gardies, op. cit., p. 140.

68. *Le Monde*, 27 out. 1967, mencionado por René Gardies, op. cit., p. 140.

69. Citado por René Gardies e confirmado pela atriz Geneviève Page, membro do júri naquele ano.

70. *Le Monde*, 27 out. 1967.

71. A geração da Retomada gosta de elencar esse grande ator brechtiano em

homenagem ao Cinema Novo: Walter Salles (*Central do Brasil*), Laís Bodanzky (*Bicho de sete cabeças*), Marcelo Taranto (*A hora marcada*), Tambellini Jr. (*O passageiro*). Sua colega Yoná Magalhães fará poucos filmes e se tornará estrela de telenovelas na Globo.

72. Mencionado por Sylvie Pierre, op. cit.

73. Citado por René Gardies, op. cit.

74. Sylvie Pierre, op. cit., p. 21.

75. Alusão a Villa-Lobos e a suas famosas árias e bachianas brasileiras.

76. Cavalcanti de Paiva, op. cit., p. 100.

77. Coleção IstoÉ Cinema Brasileiro, folheto de *Os cafajestes*, p. 14.

78. *História ilustrada dos filmes brasileiros, 1929-1988*, p. 100.

79. Coleção IstoÉ Cinema Brasileiro, folheto de *Os fuzis*.

80. Rodrigo Santoro fez um estágio intensivo como cortador de cana-de-açúcar para *Abril despedaçado* (2000), Lázaro Ramos e Wagner Moura mergulharam nas profundezas em *Cidade baixa* (2004).

81. "Para um cinema dinâmico", *Revista Civilização Brasileira*, ano 1, n. 2, maio 1965, pp. 219-26.

82. Para descrever o estilhaçamento dos modos narrativos, Robbe-Grillet utiliza essa palavra. No ensaio *Récit écrit récit filmique* (Paris: Armand Colin Cinéma, 2005, p. 199), Francis Vanoye afirma que "o objetivo da desnarração é estilhaçar as diversas ilusões do leitor-espectador [...] ela substitui por um produto finito os elementos de um produto que está sendo feito. Ela instaura, em meio à continuidade, falhas, dilatações, síncopes reveladoras de um funcionamento, críticas a uma ideologia". Palavras que parecem ter sido escritas para *Terra em transe*. Trechos do artigo "Para um cinema dinâmico", de Jean-Claude Bernardet (*Revista Civilização Brasileira*, ano 1, n. 2, maio 1965, pp 219-26).

83. Com Susan Strasberg e Sterling Hayden, foi saudado pela imprensa francesa. "Filme sobre a irrealização [...] surda sinfonia de verdes desbotados e ocres [...] pesado e turvo" (François Nourrissier, *L'Express*, 2 nov. 1970). "Muito lento e obscuro, transfigurado por uma constante beleza plástica e um fascinante acompanhamento musical (Penderecki, Carl Orff)", segundo Michel Mardore (*Nouvel Observateur*, nov. 1970). "A poesia está em toda parte, nesse relato feito de sonhos, constantemente suspenso entre o sonho e a realidade, nesse canto profundo em que as paixões humanas se alimentam dos sortilégios que o mar, o vento e a bruma fazem nascer nesta aventura límpida e misteriosa que nos transporta 'alhures', no queima, embala e encanta" (Jean de Baroncelli, *Le Monde*, 5 nov. 1970).

84. Cacá Diegues dirige, em média, um filme a cada três anos há quase

meio século, desempenho louvável em meio à inconstância de um cinema muitas vezes sem amanhã.

85. Citado em Georges Sadoul, *Dictionnaire des films* (Paris: Microcosme Seuil, 1975), p. 292.

86. Ibid.

87. Apresentada em Cannes, essa epopeia não agradou à comunidade afro-brasileira por seu exotismo folclórico, mas reúne o mais completo elenco de atores negros brasileiros antes de *Filhas do vento* (2003, Zito Araújo). Faltam Ruth de Souza (nunca dirigida por Cacá Diegues ou Glauber Rocha, por sua ligação com a Vera Cruz) e o ativista Zózimo Bulbul, que recusou o papel principal (que coube a Antônio Pompêo).

88. *Dictionnaire des films*, p. 292.

89. Roberto d'Ávila, *Os cineastas: conversas com Roberto d'Ávila*. Rio de Janeiro: Bom Texto, 2002, p. 71.

90. Conferência no Liceu Molière, escola francesa no Rio de Janeiro, em junho de 2004.

91. "O jovem Roberto Farias demonstra dons evidentes em *Cidade ameaçada*, de banal roteiro policial". *Histoire du cinéma mondial*, p. 439.

92. Conferência no Liceu Molière, Rio de Janeiro, em junho de 2004.

93. Sophie Desmarets, *Les Mémoires de Sophie*. Paris: Fallois, 2003.

94. Entrevista em Paris em maio de 1987.

95. Outra audaciosa Palma de Ouro em Cannes, em 1975 (ano em que Jeanne Moreau presidiu o júri).

96. Na longa entrevista a Luiz Carlos Merten para sua biografia na Coleção Aplauso, Anselmo Duarte conta o final apoteótico da exibição em Cannes: "Christiane Rochefort me fez sinal para olhar para o camarote onde o júri ficava. Havia Truffaut, em pé, agitando o polegar positivamente. Naquele momento, acreditei que a vitória era possível, com Truffaut gostando, Truffaut aplaudindo" (*Anselmo Duarte, o homem da Palma de Ouro*. São Paulo: Imprensa Oficial do Estado de São Paulo, 2004, p. 162).

97. Amir Labaki (Org.), *O cinema brasileiro: De O pagador de promessas a Central do Brasil*. São Paulo: Publifolha, 1998.

98. Filme de 1963 com Maria Gladys (futura musa do cinema marginal, já vista em *Os fuzis*) e Waldyr Onofre, futuro primeiro cineasta negro brasileiro (*As aventuras amorosas de um padeiro*).

99. Um filme de ficção sobre Garrincha foi produzido às vésperas dos anos 2000, curiosamente com um ator branco (André Gonçalves). Taís Araújo interpreta Elza Soares.

100. Esse documentário de 1964 sobre o líder camponês João Pedro Teixei-

ra, assassinado pelos latifundiários, foi interrompido e depois proibido pela ditadura, sendo lançado vinte anos depois, em 1984.

101. *História ilustrada dos filmes brasileiros, 1929-1988*, p. 111.

102. *Dicionário de filmes brasileiros*, p. 248.

103. Sérgio Augusto, em Amir Labaki, op. cit., p. 58.

104. *Dicionário de filmes brasileiros*, p. 789.

105. Amir Labaki, op. cit., p. 60. Artigo original de 9 abr. 1990.

106. Museu da Imagem e do Som (no Rio de Janeiro).

107. Amir Labaki, op. cit., p. 60.

108. *História ilustrada dos filmes brasileiros, 1929-1988*, p. 119.

109. Segundo Sylvie Pierre, op. cit.

110. *Nouvel Observateur*, 7 fev. 1968.

111. Além de excertos de óperas de Carlos Gomes, Verdi e Villa-Lobos, o batuque do samba se mescla à aliteração vibrante de lancinantes rajadas de metralhadoras, provocando um transe.

112. Sylvie Pierre, op. cit., pp. 22 e 24.

113. No DVD de *Terra em transe*, organizado por Paloma Rocha e Joel Pizzini. Zelito Viana, produtor executivo, lembra que o investimento foi rentabilizado graças ao sucesso no Brasil e no exterior.

114. Herói niilista de *A náusea*, romance de Jean-Paul Sartre (1937).

115. Citações do filme. Em: *História do cinema brasileiro*, p. 361.

116. *Revolução do Cinema Novo*, p. 228.

117. Entrevista de Jeanne Moreau com José Luis de Villalonga para *Femmes* (Paris: Stock, 1974).

118. *O Estado de S. Paulo*, 15 maio 2000.

119. Tulard, op. cit., p. 1013.

120. Menos prolixo que Glauber, Cacá Diegues mesmo assim escreveu vários textos, como "Géographie et cinéma d'un pays américain" (*Positif*, fev. 1968, n. 92).

121. Para Cacá Diegues (em depoimento em sua casa, no Rio, em 1998), a verdadeira revolução técnica do cinema brasileiro não foi a sofisticação trazida por Cavalcanti e a Vera Cruz, mas a simplicidade das câmeras leves vindas da Europa e dos cinemas novos, sem os quais não se poderia ter filmado com tanta veracidade o sertão de *Vidas secas*, as ruas de *A grande cidade* ou o medo de Norma Bengell nua em *Os cafajestes*.

122. Cavalcanti de Paiva, op. cit., p. 140.

123. Sylvie Pierre, op. cit., pp. 237-8.

124. Coleção IstoÉ Cinema Brasileiro, folheto 20, p. 10.

125. *Dicionário de filmes brasileiros: Longa-metragem*, p. 260.

126. *Enciclopédia do cinema brasileiro*, p. 288.

127. *Guide des Films*, p. 642.

128. Citado no número dedicado a *Ternos caçadores* (1966) da revista *L'Avant-Scène cinéma*, n. 112, p. 54.

129. Jacques Demeure em *Positif* (n. 123, jan. 1970). Cf. *L'Avant-Scène cinéma*, n. 112, p. 54.

130. Ibid.

131. *Revolução do Cinema Novo*, pp. 402-3.

132. Michel Capdenac em *Lettres Françaises*, citado em *L'Avant-Scène cinéma*, n. 112, p. 54.

133. Fim do sonho, para o barroco Calderón de la Barca: *La vida es sueño*, 1636. "*Desengaño*: o termo espanhol é ora traduzido por *desencanto*, ora *desilusão*. Mas essas duas palavras têm um sentido essencialmente negativo, enquanto o *desengaño* pode também ser interpretado positivamente. Ele designa, de fato, o momento em que o sujeito rompe com as ilusões do mundo. O acesso à Verdade torna-se então possível" (*La Vie est un songe*. Paris: Hatier, 1996, p. 156).

134. *História do cinema brasileiro*, p. 372.

135. Diretora de uma companhia teatral ao lado do marido, Fernando Torres, Fernanda Montenegro pediu a Nelson Rodrigues que escrevesse *Beijo no asfalto* (que ela montou), *Toda nudez será castigada* (que, grávida, deixou para Cleyde Yáconis) e *A serpente*, última peça do dramaturgo. Para ela, os três gênios emblemáticos da brasilidade exuberante, irracional e visceral são Villa-Lobos, Glauber Rocha e Nelson Rodrigues. Seu personagem Zulmira em *A falecida* lhe será cara, como a Elvira de *Tudo bem* (1977, Arnaldo Jabor), que para Bibi Ferreira personifica a mulher brasileira em toda a sua essência, e a Romana de *Eles não usam black-tie*. Ela recorda que Hirszman só queria filmar em dias de sol, sob o calor sufocante que provocava uma grande transpiração, cujos "miasmas mórbidos" deviam escapar da tela. Seu trabalho de atriz decorria da sóbria estética do realismo soviético e devia evitar qualquer *páthos* (Fragmentos de uma entrevista com Fernanda Montenegro, na casa dela, em 18 set. 2009).

136. Cavalcanti de Paiva, op. cit., p. 113.

137. Ibid, p. 294.

138. *Guide des films*, t. 1, p. 976.

139. *O Estado de S. Paulo*, Caderno 2, 15 maio 2000, mencionado pelo *Dicionário de filmes brasileiros: Longa-metragem*, p. 387.

140. Em *A lira do delírio*, seu marido Walter Lima Jr. filma seu rosto maleável como Louise Brooks em *A caixa de Pandora*, de Pabst, e como Leos Carax fará com Juliette Binoche em *Sangue ruim*. Anecy Rocha também filmou com Nelson Pereira dos Santos (*Tenda dos milagres*, *O amuleto de Ogum*). Ela contracena com

Isabella em *Capitu*, e Fernanda Montenegro e Iracema de Alencar no filme *Em família* (1969).

141. Cavalcanti de Paiva, op. cit., p. 116.

142. *O cinema brasileiro*, pp. 51-3. Em entrevista com o cineasta em São Paulo, em 1998, afirmou que os dois outros seriam *Vidas secas* e *Deus e o diabo na terra do sol.*

143. Valerio Zurlini (1926-87) foi um cineasta italiano por muito tempo subestimado por ter filmado à sombra de Rossellini, Visconti e Fellini.

144. Cavalcanti de Paiva, op. cit., p. 116.

145. Em 2007, Marina, filha de Person, dirigiu um belo documentário sobre o pai: *Person.*

146. *Dicionário de filmes brasileiros: Longa-metragem*, pp. 520-1.

147. No DVD de *Terra em transe*, Walter Lima Jr. evoca com saudade essa época em que, no cinema brasileiro, "os filmes dialogavam entre si". O sucesso de *Central do Brasil* e depois de *Cidade de Deus* também permitiu a produção de um bom número de filmes, às vezes secretos (como *Contra todos*).

148. *O cinema brasileiro*, p. 54.

149. Extraído de um artigo de 1965, mencionado no *Dicionário de filmes brasileiros: Longa-metragem*, p. 414.

150. Acrônimo paródico e paronímico de óvni, significando objeto fílmico não identificado.

151. *A personagem homossexual no cinema brasileiro*. Rio de Janeiro: Funarte, 2002, p. 74 e 206.

152. Ibid., p. 203.

153. *História visual do cinema brasileiro*, pp. 20-1.

154. Ibid.

155. Amir Labaki, op. cit., prefácio.

156. Polêmico artigo de Paulo Moreira Leite, "Conexão francesa", em *Veja*, 28 abr. 1999.

5. O COMPLEXO DE MACUNAÍMA: EM BUSCA DO *HOMO BRASILIS* [pp. 197-215]

1. O disco *Tropicália* e a música homônima são lançados em 1967.

2. O nome Macunaíma não é uma criação de Mário de Andrade. Como nos lembra o professor emérito da USP Francesco da Silveira Bueno, na sexta edição de seu indispensável *Vocabulário tupi-guarani/português*, "macuñaima" é um "ser prodigioso da mitologia amazônica, capaz de transformar os humanos em

animais, criador de tudo o que existe no mundo" (São Paulo: Efeta, 1998, p. 204). A palavra não é tupi-guarani, mas caraíba. Silveira Bueno cita Armando Levy Cardoso (*Amerigenismos*): "Macuñaima, como todos os heróis tribais, é um grande transformador [...], às vezes para punir, mas na maior parte do tempo pelo prazer de fazer o mal [...]". O nome do supremo herói tribal parece conter a palavra "macu" (mau) e o sufixo aumentativo "ima". Assim, o nome significaria "o grande mau".

3. Mencionado na revista *Bravo*, ano 1, n. 8, mai. 1998.

4. Assim como na Itália o futurismo de Marinetti se tornou uma espécie de arte oficial do fascismo mussoliniano, o verde-amarelismo escorregará para um tipo de fascismo brasileiro.

5. O humanista do século XVI questiona, em seus *Ensaios*, a noção de barbárie: "Cada um chama de barbárie aquilo que não é seu costume".

6. Sua *Histoire d'un voyage en terre de Brésil* (Paris: Livre de Poche, 1994) é uma das raras obras fundadoras da literatura de exploração, em plena expansão das grandes descobertas e de apreensão de novos mundos (1578). Escrito por um protestante que participou por dez meses da expedição de Villegaignon na França Antártica (1557), quatro séculos mais tarde inspiraria Lévi-Strauss, que chamou este livro de "breviário do etnólogo".

7. Cf. o mito do bom selvagem e da bondade original do homem no estado de natureza. O *Segundo discurso* (1753) condena irrevogavelmente a colonização: "Enquanto os homens se contentaram com suas cabanas rústicas, enquanto se limitaram a costurar suas roupas de peles com espinhos de plantas ou espinhas de peixe, a enfeitar-se com plumas e conchas, a pintar o corpo com cores variadas, a aperfeiçoar ou embelezar seus arcos e flechas, a talhar com pedras cortantes algumas canoas de pescadores ou alguns grosseiros instrumentos musicais [...] eles viveram tão livres, sadios, bons e felizes quanto o poderiam ser por sua natureza [...] mas assim que um homem precisou do auxílio de outro, assim que percebeu que era útil a um só ter provisões para dois, a igualdade desapareceu, a propriedade foi introduzida, o trabalho se tornou necessário e as vastas florestas se transformaram em campos verdejantes que era preciso regar com o suor dos homens, e nos quais logo se viu a escravidão e a miséria germinarem e crescerem com as colheitas".

8. *Bravo*, ano 1, n. 8, mai. 1998.

9. Raymond Queneau ficou impressionado com o equivalente cinematográfico que Louis Malle conseguiu em 1960 de seu romance com linguagem considerada por ele mesmo inadaptável.

10. Artigo de dezembro de 1969 retomado por Labaki, op. cit., pp. 65-7.

11. *Écran Fertile*, pp. 116-9.

12. Assim Corneille qualifica sua peça barroca e clássica *A ilusão cômica*.

13. Outros exemplos são *Sebastiane* (1976), filme inglês de Derek Jarman em latim, *A paixão de Cristo* (2003), filme americano de Mel Gibson em latim, hebraico e aramaico, e *Apocalypto* (2006), também de Mel Gibson, em maia. *Bocage, o triunfo do amor* (1997), de Djalma Limongi Batista, apresenta algumas cenas em latim.

14. Em seus *Ensaios*, Montaigne, a partir dos tupinambás mostrados em Paris e em Rouen, analisa a noção de barbárie, condena o eurocentrismo e preconiza o relativismo. Shakespeare se inspirou nesse texto precursor do mito do bom selvagem em *A tempestade* (1611), confrontando Próspero, o civilizado, ao selvagem Caliban (deformação fonética de "canibal"). Lévi-Strauss, em *O pensamento selvagem* (1962), lamenta que os europeus não tenham se inspirado no modelo de sociedade mais justa proposta pelo Novo Mundo. O estudo de outras nações deve nos conduzir, diz ele, "à reforma de nossos próprios costumes e não daqueles das sociedades estrangeiras".

15. *Enciclopédia do cinema brasileiro*, p. 301.

16. A estrela de *Iracema*, de 1919, assumiu o nome da heroína e o sobrenome do autor do livro. Ela volta às telas em 1954, no filme *Em família*, produzido por Roberto Farias.

17. Zbigniew Ziembinski nasceu na Polônia, em 1908, e morreu no Rio, em 1978. Renovou o teatro brasileiro ao montar, em 1943, *Vestido de noiva*, de Nelson Rodrigues. Ele também aparece numa quinzena de filmes.

18. Fernão Ramos (Org.), op. cit., p. 377.

19. *O Estado de S. Paulo*, Caderno 2, 19 dez. 1997.

20. José Maria Ortiz Ramos, op. cit., p. 404.

21. Boussinot, op. cit., t. 2, p. 1601.

22. Rica e um pouco mecenas, atriz ocasional (*Deus e o diabo na terra do sol*), morta prematuramente um mês antes da estreia do filme. Nelson Pereira dos Santos dará seu nome à sua produtora, a Regina Filmes.

23. *Revolução do Cinema Novo*, p. 323.

24. *O Estado de S. Paulo*, entrevista a Ubiratan Brasil, 15 maio 2000.

25. José Luis de Vilallonga, op. cit.

26. Tendo ficado quatro meses no Brasil para as filmagens, Jeanne Moreau só voltaria ao país 37 anos depois, como convidada de honra do Festival do Rio de Janeiro, em 2009, ano da França no Brasil. A atriz de filmes de Buñuel, Orson Welles e Antonioni se confessou impressionada com a energia do cinema brasileiro contemporâneo e com o trabalho de Cacá Diegues nas favelas. "Tenho certeza", disse ela, com a fé no cinema que não mudou em meio século, "de que esta-

mos às vésperas de um novo Cinema Novo, cujas figuras de proa serão esses jovens cineastas saídos das favelas".

27. *História do cinema brasileiro*, p. 403.

6. IRACEMA E AMÉRICA [pp. 216-32]

1. Na entrevista a Napoleão Saboia para *O Estado de S. Paulo* de 22 de abril de 2000, data da comemoração dos quinhentos anos da descoberta do Brasil, Claude Lévi-Strauss afirma: "Sempre reservei um lugar especial para a *Histoire d'un voyage en terre de Brésil*, de Jean de Léry, porque não se trata apenas de um grande livro de etnografia, mas também de uma obra-prima literária. O que ele descreveu e estava a 10 mil quilômetros continua, quatro séculos depois, sendo extraordinário. Ele é como uma bruxa. Léry nos faz reviver, no presente, um espetáculo formidável. Com seu texto descobrimos o Brasil, a fauna, a flora, a baía da França Antártica. O olho de Léry guarda um frescor admirável [...] Ele viu coisas inestimáveis que não têm preço porque ele as viu pela primeira vez há quatrocentos anos".

2. Em tupi, "peri" significa junco ou caniço. O primeiro autêntico herói indígena da colonização foi Arariboia. Senhor da ilha de Paranapuã, esse príncipe da tribo temiminó foi batizado com o nome de Martim Afonso de Souza. Tendo ajudado — contra seus inimigos hereditários — os portugueses a tomar o Rio de Janeiro, foi sagrado cavaleiro da Ordem do Cristo. No entanto, em 1574, o governador Antônio Salema o condenou por ter cruzado as pernas em sua presença. Ofendido, Arariboia exilou-se nas terras que havia ganhado da Coroa, em Niterói (que significa "água que se esconde"), e lá morreu, esquecido.

3. Em *A expedição Montaigne* (Rio de Janeiro: Nova Fronteira, 1982), Antônio Callado inverte o curso das coisas: alarmado com a decadência e a impotência do índio brasileiro, com as humilhações e perversões sofridas, ele conta a história (inspirada em fatos reais) de um jornalista (Vicentino Beirão) que, durante a guerrilha dos anos 1960-70 contra a ditadura, arma uma tribo indígena da Amazônia contra o colonialismo branco.

4. Filho de Thomaz Farkas, fotógrafo de origem húngara nascido em 1924 que, próximo de Chick Fowle (Vera Cruz), em seguida optou pela estética do cinema-verdade, filmando *Brasil verdade* (1965-8) e coproduzindo *Triste trópico*.

5. Prêmio entregue desde 1968 a produções de cinematografias fora do circuito. Entre os vencedores, há filmes africanos como *Muna Moto*, do camaronense Dikongue Pipa, em 1975. *Gaijnin* o vencerá em 1980; *Yawar Mallku* (Bolívia), de Jorge Sanjinés, em 1969.

6. Segundo Conceição Senna.

7. Souza, op. cit., p. 138.

8. *O cinema brasileiro*, p. 138.

9. Na entrevista concedida a *O Estado de S. Paulo* em 13 de maio de 1997, Lévi-Strauss fala de sua decepção quando de sua última visita ao Brasil, em 1985, diante da "fúria destruidora urbana" de São Paulo, cidade onde viveu de 1935 a 1938 e de onde saiu em expedições até os índios kadiweus, bororos e nhambiquaras.

10. Paulo Antônio Paranaguá (Org.). *Le Cinema brésilien: Cinéma Pluriel.* Paris: Centre Pompidou, 1987, p. 117.

11. Artigo de 15 de novembro de 1974 mencionado em *O cinema brasileiro*, p. 93.

12. Ibid.

13. *O Globo*, 24 jul. 1997. Citado no álbum do filme *Tiradentes* (Fundação Universitaria José Bonifacio, 1998, pp. 95-6).

14. *Manchete*. Citado no *Dicionário do cinema* brasileiro, p. 73.

15. Fascinado por Bressane e pelo cinema da "desconstrução", Adriano dirige curtas-metragens experimentais fascinantes (*Remanescências*). O mais acessível ressuscita o cantor popular Vassourinha, morto prematuramente.

16. Antropólogo e etnólogo nascido em Bruxelas em 1908, pai do estruturalismo, autor de *Tristes trópicos* (1955), obra nascida de sua experiência na América do Sul e principalmente no Brasil, onde foi um dos fundadores da USP e conheceu a vida de tribos indígenas. No início do livro, ele afirma: "Odeio as viagens e os exploradores. E eis que me preparo para contar minhas expedições".

17. *O cinema brasileiro*, pp. 85-7.

18. *Le Cinéma brésilien*, pp. 171-2.

19. Decepcionada com a adaptação de suas obras para o cinema (*Terra cruel, Moderato cantabile*), a romancista pega a câmera e despoja pouco a pouco suas buscas formais (*India Song, Son Nom de Venise dans Calcutta désert*) com vistas a um total não cinema (*Agatha*).

7. UM CINEMA À MARGEM [pp. 235-52]

1. Segundo Reichenbach no curta-metragem *Candeias, da boca pra fora*. O autor de *Filme demência* faz referência ao aprendizado autodidata de Candeias, que antes havia sido caminhoneiro e percorrera as estradas do Brasil. No erótico e experimental *Filme do diabo* (1917), de paternidade ambígua (do italiano Julio Davesa ou do francês Louis Delac?), Miss Ray aparece nua na tela muito antes de Virginia Lane, Ilka Soares e Norma Bengell.

506

2. *Revolução do Cinema Novo*, pp. 453-6.

3. Ibid., p. 460.

4. Cavalcanti de Paiva, op. cit., p. 125.

5. Amir Labaki; op. cit., p. 70.

6. Segundo Fernão Ramos, op. cit., p. 386.

7. *Lorenzaccio* (1834), drama romântico de Alfred de Musset.

8. *Folha de S.Paulo*, 8 nov. 1998.

9. Marins é muito apreciado pelo espanhol Alex de la Iglesia, cujo universo não deixa de ter certa relação com o seu (cf. *Las brujas de Zugarramurdi*, 2013).

10. Em 14 abr. 2000.

11. *Folha de S.Paulo*, 8 nov. 1998.

12. *Dicionário de filmes brasileiros: Longa-metragem*, p. 105.

13. Amir Labaki; op. cit., pp. 72-4.

14. Ibid.

15. Fernão Ramos, op. cit., p. 381.

16. Artigo de Geraldo Veloso citado por Fernão Ramos, op. cit., p. 387.

17. Mencionado por Luiz Felipe Miranda, op. cit., p. 65.

18. No *Jornal do Brasil*. Por zombaria, José Mojica Marins utilizará como pseudônimo o nome do mais conhecido crítico de cinema brasileiro na época, J. Avelar, para assinar seus filmes pornográficos.

19. Artigo do *Estado de S. Paulo* por ocasião de uma exibição na televisão.

20. No *Jornal do Brasil*.

21. Bernardo Vorobow e Carlos Adriano (Orgs.), *Cinepoética Júlio Bressane*. São Paulo: Massao Ohno, 1995.

22. Filme violento e sensual que alia luxo (classe média alta carioca, sexual e sanguinária) e lixo (favela, subterrâneos sórdidos da alta sociedade), atingindo píncaros audaciosos e perturbadores.

23. Eleita "glamour girl" de Salvador, em 1958, e namorada de Glauber, ela recebera do milionário Pamphilo de Carvalho o dinheiro necessário para que seu noivo de dezessete anos realizasse seu primeiro curta-metragem, *O pátrio*. Teria o Cinema Novo existido sem ela?

24. O Festival do Rio exibiu em 2009 um excelente documentário de Noah Bressane e Bruno Safadi sobre a BelAir.

25. *Le Cinéma brésilien*.

26. Ibid., p. 108.

27. Paulo Emílio Sales Gomes, op. cit.

28. *Le Cinéma brésilien*.

29. Compositor da intrigante trilha sonora de *Terra em transe*, ele dirige esse belo conto como "uma denúncia daqueles que procuram impedir a solução

dos problemas sociais, procurando um escape no sincretismo religioso" (*Dicionário de filmes brasileiros*, p. 455).

30. "Sua força dionisíaca, barroca, carnavalesca, selvagem, profana, sacudirá os alicerces da alma daquela família patriarcal. Estabelecendo o caos, a desordem, o 'sabbat' negro, carnavalesco e afrodisíaco, está propondo um novo mundo — aberto à lucidez de cada um — de alegria e felicidade." (*Brasil Cinema*, n. 7, 1972, p. 10).

31. Tendo festejado seus 21 anos em 2007, esse grupo carioca, dirigido desde o bairro de Botafogo pela empreendedora Ilda Santiago, é essencial para a produção, difusão e sobrevivência do cinema brasileiro. Ele produz, entre outros, o popular Festival Internacional do Rio.

32. Segundo Isabela Santiago, coordenadora de marketing e dos eventos do Grupo Estação no Rio ("Sem censura", *O Globo*, Segundo Caderno, p. 1, 17 fev. 2006).

33. Ibid.

8. DITADURA E CINEMA OFICIAL [pp. 253-72]

1. Fernão Ramos, op. cit., p. 409.

2. *Le Cinéma brésilien*.

3. *O cinema brasileiro*, op. cit., pp. 108-10.

4. *Senhor*, São Paulo, n. 32, nov. 1980.

5. *Le Cinéma brésilien*, p. 208.

6. *Dicionário de filmes brasileiros: Longa-metragem*, pp. 541-5.

7. Rudolf Icsey, que nasceu na Hungria em 1905 e morreu no Brasil em 1987. Convidado pela Maristela para ir a São Paulo, em 1955, dirige a fotografia de *Quem matou Anabela?* e de vários filmes de Walter Hugo Khouri, como *Estranho encontro* e *Noite vazia*. Foi, ao lado de Gianni di Venanzo, diretor de fotografia de *A noite*, de Antonioni. Segundo Khouri, era "um fotógrafo expressionista que trabalhava a luz como uma pintura".

8. Coimbra é objeto de uma biografia de Luiz Carlos Merten: *Carlos Coimbra, um homem raro*. São Paulo: Imprensa Oficial do Estado de São Paulo, 2004.

9. Ortiz Ramos, op. cit., p. 414.

10. Cavalcanti de Paiva, op. cit., p. 192.

11. Ibid., p. 178.

12. Ortiz Ramos, op. cit, p. 420.

13. Lançada em 1966 por Flávio Tambellini, essa revista comum ao Geicine e ao INCE dependia inicialmente do MIC e do MEC.

9. OS ANOS 1980 [pp. 273-309]

1. Raquel Gerber, *O cinema brasileiro e o processo político e cultural (1950-
-1978)*. Rio de Janeiro: Embrafilme, 1982.

2. *Estudos de Cinema*, ano 1, n. 1, São Paulo, EDUC; Fapesp, 2000, pp. 111-27.

3. Tulard, op. cit., t. 2, p. 34.

4. Roy Armes, *Third World Film Making and the West*. Berkeley: University of California Press, 1987, p. 113.

5. *L'Écran Fertile*, artigo de 8 mar. 1971, *Nouvel Observateur*, pp. 239-44.

6. *Estudos de Cinema*, ano 1, n. 1, São Paulo: EDUC; Fapesp, 2000, p. 112.

7. Raquel Gerber, op. cit., p. 35. Ela lembra que Cabral, líder cabo-verdiano nascido em Guiné Bissau, em seus escritos, sempre preferira o racional ao místico, numa perspectiva materialista, considerando que o ponto de vista tradicional (portanto religioso) era essencial para a luta anticolonialista, enquanto expressão da diferença africana.

8. Tulard, op. cit., t. 2, p. 865.

9. Bory, op. cit., pp. 239-44.

10. Poema realista que divide com *A margem* a paternidade do movimento udigrúdi. Primeiro filme que apresenta uma relação intelectual da classe artística com o universo das favelas.

11. Numa entrevista para *Cinéma 84* (311, pp. 19-20), a atriz francesa Juliet Berto (morta prematuramente) explica seu fascínio pelo "sol interior" dos trópicos: "Quando conheci Glauber Rocha, minha vida foi para outro lugar: finalmente tirar algumas coisas de suas entranhas! Essa violência que nunca havia saído antes! [...] Perdi várias plumas, mas também conheci fulgurâncias como em nenhum outro lugar... Além disso, sinto um grande amor pela América Latina, onde tudo porém é difícil, tão violento: esse Terceiro Mundo em transe, um lugar em que há algo que se mexe entre a pele, o corpo e a cabeça... Mas de maneira solar, e não introvertida, bloqueada ou fechada, com energias mortas".

12. Carlos Roberto de Souza, op. cit., p. 134.

13. *Folha de S.Paulo*, 18 jul. 1999.

14. Cavalcanti de Paiva, op. cit., p. 202.

15. *Folha de S.Paulo*, 18 jul. 1999.

16. *Le Cinéma brésilien*, op. cit., pp. 91-103.

17. Ibid., p. 149.

18. *Jornal da Tarde*.

19. *Le Cinéma brésilien*, op. cit.

20. João Carlos Teixeira Gomes, op. cit., p. 494.

21. Ibid., p. 501.

22. Ibid.

23. Ibid., p. 511.

24. Um documentário foi realizado sobre sua mãe, figura tutelar do cinema. A luta de dona Lúcia Rocha para preservar a memória do filho depois da morte deste continuou até sua morte, em janeiro de 2014, na casa-museu do Rio de Janeiro chamada Tempo Glauber (ou templo?).

25. João Carlos Teixeira Gomes, op. cit.

26. Artigo de Fernando Eichenberg em *Bravo*, n. 33, pp. 94-9.

27. Roberto d'Ávila, op. cit., p. 76.

28. De *Bye bye Brasil* a *Cinema aspirinas e urubus*, passando por *Central do Brasil*, *Caminho nas nuvens* e *Árido movie*, os cineastas gostam de voltar suas câmeras para as estradas do Nordeste.

29. Maupassant, no prefácio de *Pierre et Jean* (1883), afirma que os realistas são ilusionistas: "Fazer verdadeiro consiste em dar a ilusão completa da verdade".

30. Bernard Herrmann: compositor hitchcockiano (*Um corpo que cai*, *Psicose*, *Marnie*), lançado por Orson Welles (*Cidadão Kane*), elogiado por Truffaut (*Fahrenheit 451*) e De Palma (*Irmãs diabólicas*, *Trágica obsessão*).

31. Cavalcanti de Paiva, op. cit., p. 204.

32. Ibid., p. 211.

33. Ibid., p. 224.

34. Amir Labak, op. cit., pp. 143-6.

35. José Carlos Monteiro, op. cit, p. 190.

36. Em *Rinoceronte* (1959), de Eugène Ionesco, uma epidemia de "rinocerite" transforma os seres humanos em rinocerontes, em uma alusão à lavagem cerebral dos totalitarismos.

37. José Carlos Monteiro, op. cit, p. 195.

38. O presidente Lula será a "estrela" de um excelente documentário de João Moreira Salles, *Entreatos* (2008), e o herói do controvertido filme biográfico *Lula, o filho do Brasil* (2010, Fábio Barreto), raro e interessante exemplo de mitificação de um chefe de Estado em exercício. Em 2009, um grave acidente automobilístico paralisou o diretor do filme, também responsável por *O quatrilho*, indicado ao Oscar em 1997.

39. Fernão Ramos, op. cit., p. 447.

40. Cf. "o homem de massa" de Hegel, anti-herói de *Admirável mundo novo* (Huxley) e de *1984* (Orwell). No cinema, *Metrópolis* (1926, Fritz Lang).

41. Citado por Andréa Tonacci, revista *Cinema*, ano 4, n. 18, set.-out. 1999, p. 17.

42. *História visual do cinema brasileiro*, p. 199.

43. De um dinamismo sem igual, a gaúcha Sara Silveira será uma das pe-

dras angulares da Retomada, em *Dois córregos, Madame Satã, Ó paí ó, Cinema aspirinas e urubus.* "Se restar apenas uma pessoa fazendo cinema no Brasil, serei eu", afirma ela com humor e determinação.

44. *O homem que virou suco* é um conto realista de João Batista de Andrade sobre o indivíduo moído pela máquina, passado no liquidificador da sociedade e transformado em suco. José Dumont, mais uma vez extraordinário, ganhou um prêmio no Festival de Huelva. O cineasta, nascido em Minas Gerais, em 1939, dirigiria em 1999 um filme épico sobre a luta entre fazendeiros e militares no estado de Goiás, *O tronco.*

45. A filha de Fernanda Montenegro divide o prêmio com Barbara Sukowa (*Rosa Luxemburgo*). Em 2008, uma desconhecida renova o feito, sozinha: Sandra Corveloni, por *Linha de passe,* de Walter Salles, vencendo Julianne Moore e a favorita Angelina Jolie.

46. *Cinéma 84,* jul.-ago. 1984, pp. 307-8.

47. Mas empreendimentos privados e independentes, sim. Nos anos 1950, uma família riquíssima de Minas Gerais, os Brescia, filmou em uma fazenda e nos arredores de Juiz de Fora um *peplum* megalômano: *Nos tempos de Tibério César* (1957). Alguns empreendimentos são individuais, como os de Zygmunt Sulistrowski, de origem polonesa (*Amazônia nua,* 1958, inacabado; *A ilha do amor*) ou do bombeiro de Brasília, Afonso Brazza, que produziu, dirigiu e interpretou seus próprios filmes. Entre os possíveis "mecenas" do cinema brasileiro, citaremos o caso efêmero de Regina Rosemburgo, que produziu Nelson Pereira dos Santos, ou da família Moreira Salles.

48. *Le Cinéma brésilien,* op. cit., p. 112.

49. Essa organização dos anos 1990 ficou encarregada da difusão dos filmes brasileiros no Rio e depois em todo o Brasil até os anos 2000.

50. Cavalcanti de Paiva, op. cit., p. 201.

51. Ibid.

10. AS CINEMATOGRAFIAS SÃO MORTAIS? [pp. 309-25]

1. Ismael Fernandes, *Memórias da telenovela brasileira.* São Paulo: Brasiliense, 1987, pp. 35-8.

2. Ibid.

3. *Dicionário da TV Globo.* Rio de Janeiro: Zahar, 2003, v. 1, p. 36.

4. Escrita por Janete Clair e exibida de abril de 1972 a janeiro de 1973, a novela se inspirou em *Uma tragédia americana,* de Theodore Dreiser.

5. *Cahiers du Cinéma,* n. 526, jul.-ago. 1998.

6. "A desigualdade no Brasil é coisa de sociedade feudal", citando o economista Marcio Pochmann. *Estudos de Cinema*, n. 1, pp. 14-5.

7. "Júnior" porque filho do grande banqueiro, ministro e embaixador Walter Moreira Salles, discreto e refinado "esfinge vermelha" da vida política, econômica e cultural do Brasil ao longo de meio século.

8. *Dicionário de filmes brasileiros: Longa-metragem*, p. 386.

9. Guido Bilharinho, *Cem anos de cinema brasileiro*. Uberaba: Instituto Triangulino de Cultura, 1997, p. 147.

10. Entrevista com Laurent Desbois, mai. 1998, n. 526, pp. 55-7.

11. *Dicionário de filmes brasileiros: Longa-metragem*, p. 134.

12. Artigo da *Enciclopédia do cinema brasileiro*, p. 40.

13. Que ele organiza pela Larousse desde 1991.

14. Amir Labak, op. cit., pp. 18-9.

11. A PRIMEIRA FASE DA RETOMADA [pp. 326-63]

1. Depoimento em São Paulo, em maio de 1999. Milton Santos foi o primeiro grande intelectual negro brasileiro, morto em 2001. Geógrafo, filósofo e acadêmico de dimensão internacional, honrado post mortem por um filme-montagem de Sílvio Tendler (2006).

2. *Cahiers du Cinéma*, n. 492, jun. 1995.

3. Por isso os espaços culturais bancários, como, na época, o do Unibanco ou o do Banco do Brasil.

4. *Set*, ano 9, n. 5, maio 1995.

5. Ibid.

6. Ibid.

7. *Cahiers du Cinéma*, n. 492, jun. 1995.

8. Ibid.

9. Depoimento em Paris, na Place Clichy.

10. *Cahiers du Cinéma*, n. 528, jul.-ago. 1998.

11. *Folha de S.Paulo*, 18 mar. 1999.

12. *Cahiers du Cinéma*, n. 526.

13. Ibid.

14. Ibid.

15. *Cem anos de cinema brasileiro*, p. 152.

16. *Cahiers du Cinéma*, n. 526.

17. Adaptação decepcionante (por André Klotzel) do romance de Machado de Assis. Sônia Braga pouco fala. Ela trabalha a seguir para a televisão brasilei-

ra (*Força de um desejo*, 1999; *Páginas da vida*, 2006) e principalmente para a americana (*Family Law, Law & Order, CSI: Miami, Sex and the City*). Reaparece em 2016 no Festival de Cannes em *Aquarius*, de Kleber Toledo, aproveitando a ocasião para provocar uma polêmica, denunciando um "golpe de Estado" contra a presidente Dilma Rousseff.

18. *Cahiers du Cinéma*, jun. 1995.

19. Entrevista com o crítico em São Paulo, 1999.

20. *Enciclopédia do cinema brasileiro*, p. 328.

21. Depoimento em São Paulo, 1999.

22. Artigo para a revista brasileira *Caliban*, n. 8, Rio de Janeiro, 2005, p. 59.

23. *Les Mythes du sertão: émergence d'une identité nationale*, pp. 15-6.

24. Sylvie Debs, op. cit., p. 89.

25. Ibid.

26. Ibid. pp 24-39.

27. Ibid.

28. Depoimento de Cariry em entrevista com Sylvie Debs, op. cit.

29. Ibid.

30. *Folha de S.Paulo*, 25 jul. 1997.

31. Sylvie Debs, op. cit., p. 11.

32. *Chico Rei* (1985) se inspira na história de Galanga, rei do Congo que, como Espártaco, libertou seus irmãos escravos e criou um Estado dentro do Estado, perto de Vila Rica, depois desapareceu sem deixar vestígios, entrando para o campo da lenda.

33. *Cahiers du Cinéma*, n. 526.

34. Depois de sete filmes entre 1966 e 1978, Domingos de Oliveira ficou vinte anos sem dirigir. Inspirado por sua nova esposa, a atriz e corroteirista Priscilla Rozenbaum (excelente em *Feminices*), ele retomará a câmera em 1998 e não parará mais.

35. Citado por Carlos Helí de Almeida no artigo "O cinema em busca do moto-perpétuo" (*O Globo*, 16 ago. 1998).

36. Depoimento em São Paulo, 1998.

37. Laurent Desbois, citado por Carlos Helí de Almeida no artigo "O cinema em busca do moto-perpétuo".

12. A SEGUNDA FASE DA RETOMADA [pp. 364-469]

1. Segundo tabela oficial da Ancine, 76 filmes foram lançados no Brasil entre 1995 e 1998: catorze em 1995, dezoito em 1996, 21 em 1997, 23 em 1998.

Podemos dizer que depois de *Cidade de Deus* (2002) tem início uma terceira fase dessa Retomada, que não para de retomar, marcada em 2008 pelo Urso de Ouro em Berlim, para *Tropa de elite*, e pelo inesperado prêmio de interpretação em Cannes para Sandra Corveloni em *Linha de passe*, bem como pelos 6 milhões de espectadores da comédia da Globo Filmes *Se eu fosse você 2*, de Daniel Filho, em 2009, e depois pelos 11 milhões de *Tropa de elite 2*, em 2010.

2. Novela de 1997.

3. *O Globo*, 31 jul. 1998.

4. Bernstein dirigirá *O outro lado da rua*, com Fernanda Montenegro e Raul Cortez.

5. Último recruta entre os autores de novelas da Globo, responsável por *Da cor do pecado*, *Cobras e lagartos* (pela qual Walter Salles moveu um processo contra a Globo em 2006, acusando Carneiro de ter utilizado elementos significativos de um roteiro escrito conjuntamente para um novo filme com Vinícius de Oliveira que viria a ser *Linha de passe*), *A favorita* (2008).

6. "Les grands écrans du Brésil se rallument", *Le Monde*, 14 out. 1998.

7. Roberto d'Ávila, op. cit., pp. 206-7.

8. Robert Flaherty (1884-1951) foi um explorador das regiões selvagens do Canadá. Incapaz de curvar-se aos imperativos comerciais, ele inventou um cinema que mistura ficção e documentário, reportagem e retrato social, do oceano Ártico (*Nanook, o esquimó*, 1922) à Louisiana (*A história de Louisiana*, 1948), passando pelos mares do sul (*O homem perfeito*, 1926; *Tabu*, com Murnau, 1931).

9. Diretora de teatro, ela também coassina *O primeiro dia* (2001), um dos segmentos de *Paris, te amo* (2006) e *Linha de passe* (2008).

10. *Folha de S.Paulo*, 3 ago. 2003, Caderno Mais!, p. 7.

11. Entrevista com Laurent Desbois, *Cahiers du Cinéma*, n. 526, mai. 1998.

12. Ibid.

13. Entrevista com Laurent Desbois, *Cahiers du Cinéma*, n. 492, maio 1998.

14. Ex-detenta acusada de infanticídio, Socorro Nobre se tornou a protagonista de um curta-metragem de Walter Salles, que a filma em sua relação com o escultor Franz Krajberg, cujo judaísmo e europeísmo exilado criam um laço visceral com a situação de exclusão vivida pela acusada.

15. Entrevista com Laurent Desbois, *Cahiers du Cinéma*, n. 542.

16. Ibid.

17. *Folha de S.Paulo*, 3 abr. 1998.

18. *Estudos de Cinema*, n. 2, p. 15.

19. Entrevista com Laurent Desbois, *Cahiers du Cinéma*, n. 492, maio 1998.

20. *O cinema brasileiro*, pp. 204-7.

21. "O cacique do sul", segundo Glauber (*Revolução do cinema novo*, p.

461). "Não conheço seus filmes", ele escreve, "mas sei que no Paraná ele representa a consciência do Cinema Novo."

22. *Cahiers du cinéma*, entrevista citada.

23. Ibid.

24. *Estação central de Cairo* é o título de um clássico egípcio (1958) de Youssef Chahine, "obra-prima da introspecção psicológica em preto e branco, de grande intensidade dramática e cheio de maravilhosos momentos de humor [...] grande momento da obra o 'wunderkid' da sétima arte egípcia", segundo Tulard (*Dictionnaires des films*, v. 1, p. 924).

25. Cf. o capítulo seguinte e o artigo do Caderno 2 de *O Estado de S. Paulo*.

26. *Cahiers du Cinéma*, n. 526.

27. Ibid.

28. *Cartas ao mundo*. São Paulo: Companhia das Letras, 1997.

29. *O Estado de S. Paulo*, 2 dez. 2000.

30. Ibid.

31. Ibid.

32. Ele não foi filmado no sertão, mas perto de São Paulo.

33. Sylvie Debs, op. cit., p. 69.

34. Ibid.

35. *IstoÉ Novo Cinema Brasileiro*, edição 1573, pp. 7-8.

36. Mesmo fenômeno que ocorre mais tarde com o belo filme de Vicente Amorim *O caminho das nuvens*: Cláudia Abreu, excelente atriz, não convence como mãe de crianças estereotipadas, assim como Yoná Magalhães soava uma falsa rebelde do sertão nordestino em *Deus e o diabo na terra do sol*.

37. Fábulas de Eliane Caffé, Toni Venturi e Aluisio Abranches sem pretensões realistas.

38. Entrevista com Sylvie Debs (*Brésil, L'Atelier des cinéastes*, op. cit.).

39. Enquanto fantasia cinematográfica e em relação à obra seguinte de Waddington (o ousado e experimental *Casa de areia*), o filme é bastante exitoso, agradável de assistir e bem executado. Cacá Diegues o aprecia.

40. Entrevista com Guel Arraes.

41. Entrevista com Sylvie Debs (*Brésil, L'Atelier des cinéastes*, op. cit., pp. 156-61).

42. Telefilme inventivo baseado em Mário de Andrade, com Fernanda Torres e Matheus Nachtergaele.

43. *Folha de S.Paulo*, 18 abr. 1999.

44. *Veja*, 21 abr. 1999.

45. *Folha de S.Paulo*, 18 abr. 1999.

46. *Guia da Folha de S.Paulo*, 23-9 abr. 1999.

47. *Folha de S.Paulo*, 18 maio 1999.

48. Em 5 maio 1999.

49. Os testemunhos dos miseráveis das favelas, vistos sob o ângulo irônico e superior da classe média, muitas vezes perdem a dimensão patética e pungente, encontrando elementos cômicos inesperados, baseados numa defasagem profunda entre a concepção do cotidiano e um olhar zombeteiro sobre o físico frequentemente desagradável das pessoas filmadas em enquadramentos fechados demais, acentuando seus defeitos. Quando da projeção no Festival de Recife, em 1999, a sala lotada riu durante três quartos do filme, em momentos em que a tristeza e compaixão se impunham.

50. *Folha de S.Paulo*, 7 jan. 1999, p. 7.

51. Uma única superprodução hollywoodiana, paradoxalmente, retomará esse olhar favorável: *Hulk 2* (2008, Louis Leterrier).

52. Mencionado pela revista *Bravo* (ano 5, set. 2002).

53. *Paris-Match*, artigo de Catherine Schwaab por ocasião do lançamento do filme em Paris, em 2003.

54. Ibid.

55. *Época*, 16 set. 2002.

56. Grupo fundado em 1986 para integrar os adolescentes do bairro à vida social e urbana por meio do teatro e do cinema. Contatado pelo casting de *Cidade de Deus*, ele forneceu a quase totalidade dos intérpretes e figurantes do filme, atingindo uma repentina celebridade que logo se torna fashion.

57. *Rio Show, O Globo*, 30 ago. 2002.

58. Um sucesso mundial. Rachel Weisz vence o Oscar de melhor atriz coadjuvante por ele em 2005.

59. Objetos dos curtas *Ilha das Flores* (Jorge Furtado) e *Boca de lixo* (Eduardo Coutinho).

60. *Cruor*, em latim, significa "sangue". "Cruel" é o que derrama sangue.

61. Antonin Artaud (1896-1948) foi um poeta, ator (*A paixão de Joana d'Arc, Napoleão*) e teórico visionário do teatro. A partir de 1931, ele começa a publicar artigos sobre o "teatro da crueldade", reunidos em "Le théâtre et son double" (1938).

62. Nascida em 1950, essa musa do Cinema Novo, nascida no Rio e filha de um deputado de Pernambuco, casou com Cecil Thiré (filho de Tônia Carrero), Nelson Pereira dos Santos e depois Gustavo Dahl. Intérprete de Hirszman, Saraceni, Diegues, Babenco, Glauber Rocha, ela se tornou diretora com o média-metragem *Mulheres de cinema* (1977), em que presta homenagem a dez atrizes ou diretoras: Aurora Fúlgida, Eva Nil, Carmen Santos, Gilda Abreu, Eliana, Helena Ignez, Norma Bengell, Isabel Ribeiro, Ana Carolina e Dina Sfat. Também dirigiu *Lara*, biografia de Odette Lara.

63. *Folha de S.Paulo*, 9 jun. 1997.

64. Ibid.

65. *O Estado de S. Paulo*, 1997.

66. Ibid.

67. Atriz formada no Teatro Oficina de São Paulo por José Celso Martinez, celebrizado sob a ditadura pela encenação de *O rei da vela* (1967), de Oswald de Andrade, segundo divisor de águas do teatro brasileiro, depois da montagem de *Vestido de noiva* de Ziembinski (1943). Iniciado em 1971 mas lançado em 1982, o filme *O rei da vela* é uma montagem de diversas versões da peça.

68. Em 2007, seu terceiro filme explora a vida na favela sob o ponto de vista de quatro jovens cantoras de rap e funk, *Antônia*.

69. Assistente em *Os fuzis*, o filho de Tônia Carrero e de Carlos Thiré (*Luz apagada*) dirigiu um longa-metragem audacioso sobre o tema do incesto, *O diabo mora no sangue*.

70. Atriz negra de rosto característico e expressivo, Zezeh Barbosa interpreta todas as funções da empregada no cinema da Retomada: governanta submissa em *Paixão perdida*, ela se rebela em *Cronicamente inviável* e faz um belo casamento em *Bendito fruto*.

71. Mencionado pelo *Dicionário de filmes brasileiros: Longa-metragem*, pp. 232-3.

72. *Madame Satã* (1930), de Cecil B. DeMille. "Um filme delirante que culmina na orgia a bordo do dirigível conduzido por um coreógrafo demente. A mais característica das obras de DeMille, em que encontramos seu gosto pela desmesura e suas fantasias" (Tulard, op. cit., t. 2, p. 78).

73. *Folha de S.Paulo*, 18 out. 2002.

74. Em *O céu de Suely*, Aïnouz também trabalha, mas de maneira diferente, o espaço e o campo dos personagens em função de suas capacidades de passar ou ficar.

75. O filme de Aïnouz impulsionou para a categoria de astro esse jovem ator que aparecera brevemente ao lado do amigo Wagner Moura em *Sabor da paixão* (Fina Torres). Seu talento excepcional e versátil e as circunstâncias favoráveis das cotas reservadas a atores negros o ajudaram a se tornar popular em 2006, com o personagem simpaticamente sem escrúpulos Foguinho, na novela *Cobras e lagartos*. Ele formou, depois de Zózimo Bulbul e Leila Diniz, o primeiro verdadeiro casal inter-racial da TV Globo com Débora Falabella em *Duas caras* (novela de Aguinaldo Silva, 2007). Para Ruth de Souza, trata-se do ator negro mais completo e carismático depois de Grande Otelo.

76. Dira Paes é a única atriz entrevistada por Sylvie Debs em *Brésil L'atelier des cinéastes* (pp. 167-70). Ela confessa que "Para mim, o cinema foi a verdadeira maneira de viver e sentir o Nordeste e o sertão". Também afirma: "Temos mais de

mil sertões, mais de mil Nordestes. O sertão e o Nordeste são maiores que qualquer filme".

77. Dos trezentos cinemas do Rio dos anos 1950-60 e dos esplêndidos edifícios do bairro da Cinelândia restaram, restaurados, apenas o Cine Palácio e o Cine Odeon, local privilegiado das estreias nacionais.

78. Palavra espanhola intraduzível que define um mau gosto voluntário que se compraz no sórdido e no mórbido.

79. Ele será o notável jovem herói de *Caminhando nas nuvens*.

80. Pedro Butcher e Anna Luiza Müller, *Abril despedaçado, história de um filme*. São Paulo: Companhia das Letras, 2002.

81. "A analogia entre guerra e cinema é recorrente entre os cineastas. Jean-Luc Godard, Samuel Füller e Stanley Kubrick já compararam o set a um campo de batalha" (ibid., p. 131).

82. Ibid., p. 139.

83. Ibid.

84. Um dos grandes diretores de fotografia do cinema brasileiro, muito valorizado pela Retomada (*Central do Brasil, Madame Satã*). Vítima de graves distúrbios oculares, realizou um notável documentário sobre as complexas relações entre os cegos e a arte ou a literatura: *Janela da alma* (2001).

85. O roteiro do filme (assinado por Luiz Bolognesi e publicado em 2002 pela Editora 34) se inspira no livro *Canto dos malditos*, de Austregésilo Carrano Bueno.

86. Marcelo Coelho, *Folha de S.Paulo*, Ilustrada, 11 jun. 2003.

87. Cf. Jaime Biaggio, Segundo Caderno, *O Globo*, 5 out. 2002, p. 4.

88. Ibid.

89. Marcelo Coelho, *Folha de S.Paulo*, Ilustrada, 11 jun. 2003.

90. *O mensageiro*, de Joseph Losey, começa com uma belíssima frase de Harold Pinter dita por Michael Redgrave: "O passado é uma terra estrangeira, nele as coisas acontecem diferentemente".

91. Mestre americano do filme de terror, especialista em Edgar Allan Poe.

92. Efeito de metamorfose cinematográfico (de homem em lobisomem, por exemplo).

93. Recentemente Carvalho experimentou duas novelas originais e fora dos padrões habituais na Globo, *Meu pedacinho de chão* (2014) e, no horário nobre, *Velho Chico* (2016), desconcertando o grande público. A nova estrela internacional Rodrigo Santoro aceitou participar da primeira fase, antes de interpretar o papel de Jesus na nova superprodução hollywoodiana de *Ben-Hur*.

94. *Folha de S.Paulo*, 29 set. 2001.

95. *O Estado de S. Paulo*, 27 nov. 2000.

96. Ibid.

97. *Cahiers du Cinéma*, n. 526.

98. Os principais filmes da Retomada que abordam esse tema são *O que é isso, companheiro?, Dois córregos, Araguaya, a conspiração do silêncio* e *O ano em que meus pais saíram de férias.*

99. Entrevistas com Marcelo Taranto, Beth Goulart e Gracindo Júnior no DVD do filme (2002).

100. Objeto de um belo documentário de César e Marie-Clémence Paes, *Saudade do futuro* (2000).

101. Myrian Muniz agita o cinema desde *Macunaíma.*

102. *Rio Show, O Globo.*

103. *Jornal do Brasil.*

104. O sucesso do filme vai levar Padilha a Hollywood, onde filma *Robocop* em 2014, além de mais quatro diretores brasileiros de dez do filme coletivo *Rio, eu te amo* (2014), Fernando Meirelles, Vicente Amorim, Andrucha Waddington e Carlos Saldanha, dos desenhos animados *A era do gelo* e *Rio.*

105. *Folha de S.Paulo*, Ilustrada, 22 fev. 2002, p. E1.

106. Ibid.

107. Ibid. O filme seguinte, mais light, ainda que corrosivo, será *Os inquilinos* (2009).

108. Entrevista no Amazonas, em 2000.

109. *O Globo*, 27 set. 2002.

110. A de *Favela dos meus amores*, de Humberto Mauro, filmado na primeira favela do Rio, hoje um morro perto do Sambódromo.

111. Esse ator refinado parece gostar de provocar: muito exibicionista em *Cama de gato* e *Baixio das bestas*, ele forma um trio notável com Alexandre Rodrigues (*Cidade de Deus*) e Maria Flor em *É proibido proibir*, de Jorge Duran.

112. Verso do pantum "Harmonie du soir", de Baudelaire.

113. *Dicionário de filmes brasileiros*, p. 851.

114. Alguns criticam Villa-Lobos, "maestro-chefe do ensino musical do Estado", por suas excelentes relações com a ditadura varguista. Mas Getúlio não foi o único presidente realmente preocupado em promover a cultura brasileira em todos os seus aspectos: erudita, popular, teatro (Serviço Nacional do Teatro), cinema (primeiras leis protecionistas), música (ensino obrigatório de música na escola) e até mesmo as rainhas radiofônicas (Linda Batista) ou vedetes do teatro de revista (Virginia Lane).

115. Fanny Ardant teria recusado o papel. O de Amélia (papel-título) desaparece no meio do caminho. Quase não vemos a excelente Marília Pêra no filme.

116. Mais cosmética que crítica, *Raça* ignorou *Cruz e Sousa* e *O Aleijadinho.*

117. Empresa "sem fronteiras" de Donald Ranvaud, inicialmente localizada em Madri e depois em Paris.

118. Cf. artigo de J. Biaggio, em *O Estado de S. Paulo*, Caderno 2, 7 mar. 2004: "Quem pode pode e faz — Os irmãos Salles e Fernando Meirelles usam seus sucessos para promover novos cineastas".

119. Coproduzidos pela Globo, esses filmes são decorrência de um proselitismo missionário. Diante do crescimento das seitas no Brasil (do espiritismo de Allan Kardec aos evangelismos variados), a figura católica do padre Marcelo seria uma criação "global" para recatolicizar o país: ele conduz o espetáculo desses esquematismos bíblicos cinematográficos na tradição do cinema mudo.

120. O exigente crítico da *Folha de S.Paulo* Inácio Araujo acha esse filme particularmente interessante em termos cinematográficos, em especial na utilização das paisagens desérticas do Brasil (Rio Grande do Norte) e em sua dimensão alegórica. Para ele, a cena da elevação da cruz é a mais bela do gênero.

121. Filme de Helvécio Ratton, adaptação do livro infantil de Ziraldo, que fez grande sucesso em 1995.

122. Em *Cobras e lagartos*, novela de 2006, Taís Araújo é uma mistura de Mariah Carey, Whitney Houston e Beyoncé.

123. Vicky Safra, ligada a um poderoso banco brasileiro (Banco Safra) e diretora da revista hebraica sul-americana *Morasha*, hesitou em publicar um artigo sobre esse filme, considerado pouco ortodoxo.

124. Agora existe o filme humanista de Sérgio Machado, *Tudo que aprendemos juntos* (2015), sucesso europeu.

125. Propaganda bastante mentirosa, pois Ruth de Souza fora a protagonista de *A cabana do pai Tomás* (1969-70, Hady Maia, Fábio Sabag). Em 2009, Taís se torna a estrela de uma "novela das oito" de Manoel Carlos, mas Alinne Moraes lhe rouba o protagonismo.

126. Citado por Albert Camus, de quem Abdias foi cicerone no Rio, em seus diários da viagem ao Brasil.

EPÍLOGO [pp. 471-82]

1. Em junho de 2006, a pilhagem de uma barragem pelos índios do Xingu em seu território sagrado alimentou essa imagem de "selvagens" que a televisão gosta de passar, esquecendo quem são os ocupantes e quem são os ocupados.

2. "Homem" em tupi.

3. De 1995 a 2007, 216 cineastas conseguiram dirigir um primeiro filme de ficção ou documentário.

4. Daniel Caetano (Org.), *Cinema brasileiro: 1995-2005. Ensaios sobre uma década*. Rio de Janeiro: Azougue, 2005.

5. No filme-montagem *Banana is my business* (1995, Helena Solberg), vemos a "saída de cena" da estrela tropical, vítima de um ataque cardíaco durante o programa de televisão de Jimmy Durante aos 46 anos, em 1955.

6. Em um desenho de Paul Verlaine, preso depois de ter atirado em Arthur Rimbaud, podemos ler: "fui eleito... fui condenado".

7. Máximo Barro, *O cinema aprende a falar*. São Paulo: Centro Cultural de São Paulo, 1997, pp. 9-10.

8. Cf. Nelson Hoineff, "Audiovisual e os limites do Estado", *Jornal do Brasil*, 20 maio 2003.

9. Programa Cinejornal, 12 jun. 2006.

10. Por Clóvis Gusmão, reproduzida em parte em Alex Viany (Org.), *Humberto Mauro: Sua vida, sua arte, trajetória no cinema* (Rio de Janeiro: Arte Nova; Embrafilme, 1978, p. 114).

11. González Iñárritu já ganhou quatro Oscars, sendo dois de melhor diretor. Cuarón ganhou o Oscar de melhor diretor por *Gravidade*.

12. Entrevista em 2 out. 2009.

13. O cineasta Joel Pizzini, genro "póstumo" de Glauber (marido de Paloma Rocha, filha de Helena Ignez), dirigiu um curta-metragem poético (*500 almas*) sobre a questão indígena. Cinco séculos depois da descoberta do Brasil e da controvérsia de Valladolid, ele questiona alegoricamente a sociedade brasileira de hoje: alguns índios que vivem em comunidades ditas "alternativas" continuavam não sendo cidadãos reconhecidos, sem reais direitos jurídicos.

14. Josué de Castro, *Géopolitique de la faim*. Paris: Editions ouvrières, 1971, p 179.

15. *O Globo*, Segundo Caderno, 24 mar. 2006, p. 1.

16. Ibid.

17. Ibid. (Segundo Nicole Algranti.)

18. Ibid.

19. Ibid.

20. René Gardies, *Glauber Rocha*. Paris: Seghers, 1974, p. 122.

21. Provérbio da ilha Reunião (ex-Bourbon) e das ilhas Maurício (ex-Île de France). O songe é uma planta tropical aquática comum às ilhas Mascarenhas e ao Brasil, também conhecida como "taro" (palavra de origem polinésica). [Em francês, também significa "sonho", daí a beleza do ditado. (N. T.)]

LISTAS [pp. 523-4]

1. Entre 1908 e 2002, foram recenseados 3415 longas-metragens (Antonio Leão da Silva Neto. *Dicionário de filmes brasileiros: Longa-metragem*. São Paulo: IBAC, 2002).

Listas

Do ciclo do cangaço ao ciclo da favela, do nordestern ao cinema da crueldade, imagens e miragens do cinema brasileiro,[1] ou o sonho de um cinema tupiniquim.

Os dez melhores filmes brasileiros segundo 24 críticos (*Folha de S.Paulo*, 1999)

Deus e o diabo na terra do sol (1964, Glauber Rocha)
Vidas secas (1963, Nelson Pereira dos Santos)
Terra em transe (1967, Glauber Rocha)
Limite (1930, Mário Peixoto)
O bandido da luz vermelha (1968, Rogerio Sganzerla)
Ganga bruta (1933, Humberto Mauro)
Macunaíma (1969, Joaquim Pedro de Andrade)
Pixote, a lei do mais fraco (1980, Hector Babenco)
São Paulo S.A. (1965, Luís Sérgio Person)
O pagador de promessas (1962, Anselmo Duarte)

Lista pessoal alternativa de 21 títulos
Anjos da noite (1987, Wilson Barros)
Anjos do arrabalde (1986, Carlos Reichenbach)
Assalto ao trem pagador (1962, Roberto Farias)
Barravento (1961, Glauber Rocha)

Bye bye Brasil (1979, Cacá Diegues)
Os cafajestes (1962, Ruy Guerra)
O cangaceiro (1953, Lima Barreto)
O canto do mar (1954, Alberto Cavalcanti)
Como era gostoso o meu francês (1970, Nelson Pereira dos Santos)
O desafio (1965, Paulo Cesar Saraceni)
Os deuses e os mortos (1970, Ruy Guerra)
Dona Flor e seus dois maridos (1976, Bruno Barreto)
Eros, o deus do amor (1981, Walter Hugo Khouri)
A grande cidade (1966, Cacá Diegues)
A margem (1967, Ozualdo Candeias)
O menino e o vento (1967, Carlos Hugo Christensen)
O monge e a filha do carrasco (1996, Walter Lima Jr.)
Noite vazia (1964, Walter Hugo Khouri)
Rio Babilônia (1982, Neville d'Almeida)
São Paulo, a sinfonia da metrópole (1929, Rex Lustig e Adalberto Kemeny)
Também somos irmãos (1949, José Carlos Burle)

Melhores filmes ficcionais da Retomada (avaliação pessoal)
Árido movie (2005, Lírio Ferreira)
Baile perfumado (1997, Paulo Caldas e Lírio Ferreira)
Central do Brasil (1998, Walter Salles)
Cidade de Deus (2002, Fernando Meirelles)
Cinema aspirinas e urubus (2005, Marcelo Gomes)
Cronicamente inviável (2000, Sérgio Bianchi)
Desmundo (2002, Alain Fresnot)
Lavoura arcaica (2001, Luiz Fernando Carvalho)
Nina (2004, Heitor Dhalia)
Ó paí, ó (2007, Monique Gardenberg)
Tônica dominante (2000, Lina Chamie)
Tropa de elite (2007, José Padilha)
Um céu de estrelas (1996, Tata Amaral)

Créditos das imagens

pp. 1, 5 (acima), 6 (acima), 12 (abaixo) e 15 (acima): Luz Mágica Produções Audiovisuais.

pp. 2 (acima) e 6 (abaixo): Regina Filmes/ Acervo Cinemateca Brasileira/ SAv/MinC.

pp. 2 (abaixo), 3, 4 (abaixo) e 12 (ao centro): Associação dos Amigos do Tempo Glauber Rocha.

p. 4 (acima): Ruy Guerra/ Acervo Cinemateca Brasileira/SAv/MinC.

p. 5 (abaixo): Joffre Rodrigues/ Acervo Cinemateca Brasileira/SAv/MinC.

p. 7: Filmes do Serro (acima); Guido Cosulich e Affonso Beato/ Filmes do Serro (abaixo).

p. 8: Mapa Filmes (acima à esq.); Gustavo Dahl/ Acervo Cinemateca Brasileira/SAv/MinC (acima à dir.); Oswaldo Caldeira/ Acervo Cinemateca Brasileira/SAv/MinC (abaixo à esq.); Jorge Bodanzky (abaixo à dir.).

p. 9: Tietê Produções Cinematográficas (acima); Gullane Entretenimento (abaixo).

p. 10: Walter Salles/ VideoFilmes.

p. 11: André Sigwalt/ Gullane Entretenimento.

p. 12 (acima): José Luiz Benicio da Fonseca/ Produções Cinematográficas LC Barreto

p. 13: José Medeiros/ Produções Cinematográficas LC Barreto (acima); Marcia Ramalho/ VideoFilmes (abaixo).

p. 14: VideoFilmes (acima); O2 Filmes (abaixo).

p. 15 (abaixo): David Prichard/ VideoFilmes.

p. 16: Christian Cravo/ VideoFilmes.

Índice remissivo

007 ½ no Carnaval, 55
007 contra o foguete da morte, 55-6
I Congresso Nacional de Cinema, 94
I Festival Internacional de Cinema do Rio de Janeiro, 167
20th Century Fox, 35-6, 90
2-5499 Ocupado (telenovela), 310

À margem da imagem (documentário), 442
À margem da margem (Augusto de Campos), 246
À meia-noite levarei sua alma, 206, 235, 238, 241
À noite sonhamos, 450
Abá, 473-4
Abacaxi azul, 57
ABC da greve, 299
Abissínia, 284
Abolição, 81, 269, 467
Abolição da escravatura (1888), 19, 26, 177, 274, 467

Abrahão, Benjamin, 349, 386
Abranches, Aluizio, 317, 344, 360, 365, 440, 449
Abreu, Cláudia, 342, 354-5, 362, 391, 466, 515
Abreu, Gilda de, 58, 417, 516
Abreu, Zequinha de, 84
Abril despedaçado, 360, 382, 388, 410, 416, 426, 428, 436, 498
Absolutamente certo, 46
Abujamra, Clarisse, 302
aburguesamento do cinema brasileiro, 339
Abysses, Les, 450
Acabaram-se os otários, 47
Academia Brasileira de Letras, 340
Acaiabe, João, 460-1
Ação entre amigos, 439
Acapulco, Festival de, 163, 186
Acossado, 107, 114
Adamov, Arthur, 415
Adivinhe quem vem para jantar, 399

Adlon, Percy, 378
Adorável trapalhão, 361
Adriano, Carlos, 229
África, 15, 108-9, 113, 127, 136, 141, 248, 267, 275-7, 346, 374, 414, 463, 496
Agenin, Béatrice, 450
Aglaia, 121
Água negra, 315, 380
Agulha no palheiro, 101, 121-2
AI-5 (Ato Institucional nº 5), 197, 271, 367
Aïnouz, Karim, 17, 271, 381-2, 415, 422, 464, 517
Ajuricaba, o rebelde da Amazônia, 227, 456, 472
Alagoas, 126, 154, 157, 195, 287, 318, 397
Alain-Fournier, 91
Aleijadinho, O, 450-1
Aleluia, 112
Aleluia Gretchen, 464
Além da paixão, 322
Além da vida, 166
Alemanha, 93, 95, 98, 222, 224, 276, 364, 485
Alencar, Iracema de, 210, 502
Alencar, José de, 28-9, 216-9, 221, 266
Alexander Nevsky, 178
Algranti, Nicole, 480
Aliança Libertadora Nacional, 367
Alice nas cidades, 375
Alice, Mauro, 100
"Alienista, O" (Machado de Assis), 211-2
Allen, Woody, 193, 357
Alma corsária, 17, 302, 334, 341
Almeida, Abílio Pereira de, 66, 73, 75, 90
Almeida, Guilherme de, 73, 80, 200

Almodóvar, Pedro, 173, 204, 316
Alô, alô, Brasil, 31, 47, 56, 487
Alô, alô, Carnaval, 31, 47, 56
Alô?!, 432, 461
Alves, Amilar, 490
Alves, Castro, 341
Alves, Francisco, 43
Amado, Jorge, 42, 44, 105, 107, 110, 200, 257, 259, 281, 322, 342-3, 366
Amantes, Os, 215
Amar, Leonora, 66
Amar, verbo intransitivo (Mário de Andrade), 271
Amaral, Suzana, 305, 323, 365, 417
Amaral, Tarsila do, 345
Amaral, Tata, 324, 339, 360, 415, 417--8, 432
Amarelo manga, 232, 236, 416, 424-5, 445
Amazonas, rio, 227
Amazônia, 27, 222-3, 312, 320, 382, 435, 480
Amazônia em chamas, 258, 320
Amazônia nua, 446
"Amazônia" (documentário), 224
Amberg, Lucas, 462
Amei um bicheiro, 51, 57, 101, 125
Amélia, 450
América, 381
América do Sul, 26, 139, 148, 161, 169, 277-8, 299, 312, 317, 336, 388, 443, 459, 472
América Latina, 65, 137, 168-9, 289, 291, 310, 312, 369, 411, 479, 485, 490, 509
América nuestra, 169, 190, 279
Amigo das crianças, O, 247
Amor bandido, 257
Amor e traição, 402

Amor voraz, 294-5

Amor, estranho amor, 249, 294-5, 346, 454

Amores de apache, 107

Amores possíveis, 357, 432

Amorim, Celso, 272, 284, 305

Amorim, Vicente, 515, 519

Amuleto de Ogum, O, 340, 467, 501

Ana, 104

Ana Carolina, 271, 323, 417, 450, 516

Anahy de las misiones, 425

analfabetismo, 95, 139, 141, 182, 218, 353, 376, 422, 459

Anastácia, a mulher sem destino (telenovela), 311

Anchieta José do Brasil, 207, 217, 260, 264-5

Anchieta, José de, padre, 265

Anderaos, Fouad, 386

Andrada, Tuca, 391

Andrade, Carlos Drummond de, 129, 166, 193

Andrade, João Batista de, 306, 511

Andrade, Joaquim Pedro de, 15, 52, 133, 143, 146, 151, 166, 193-4, 198, 201, 203-5, 260, 263

Andrade, Mário de, 194, 196, 198-9, 201, 216-7, 220, 271, 464, 502, 515

Andrade, Oswald de, 195, 198, 200, 205, 217, 228, 347, 381, 517

Ângela, 66, 73-6, 79

Angeli, Pier, 92

Angélica (apresentadora), 362, 396, 455

Anhembi (revista), 226

Anjo da noite, O, 294

Anjo do lodo, 95

Anjo exterminador, O, 161

Anjo loiro, 268

Anjo mau, 90

Anjo nasceu, O, 245

Anjo negro (filme de 1972), 252

Anjo negro (Rodrigues), 183, 493

Anjos da noite, 259, 301, 314, 323, 330

Anjos do arrabalde, 301, 314, 418

Anjos e demônios, 98

Ankito, 51, 160

Anna Karenina, 486

Annaud, Jean-Jacques, 371

Ano em que meus pais saíram de férias, O, 519

Ano passado em Marienbad, 132, 155

Anos JK, uma trajetória política, Os, 296

Anouilh, Jean, 297

Antígona (Anouilh), 166, 297

Antônio Conselheiro, 80, 355

Antonioni, Michelangelo, 100, 152-3, 161-3, 282, 316, 375, 504, 508

Antunes Filho, 490

Apavorados, Os, 57

Apocalypto, 479

Appassionata, 66, 83-4

Aquarius, 513

Arabesco, 324, 359

Araçatuba, 74

Aragão, Paulo, 361

Aragão, Renato, 361, 395

Araguaya, a conspiração do silêncio, 519

Arantes, Silvana, 39

Arara vermelha, 123

Araripe, José, 382

Araújo, Fransérgio, 419

Araujo, Inácio, 237, 242, 344, 378, 400, 520

Araújo, Joel Zito, 455, 465

Araújo, José, 352-3

Araújo, Taís, 312, 463, 467, 499, 520
Araújo, Vicente de Paula, 16
Araújo, Zito, 499
Ardant, Fanny, 519
Argélia, 109, 496
Argentina, 26, 52, 150, 197, 266, 310, 388, 477
Argila, 36
Argumento (revista), 486
Árido Movie, 445-6
aristofânica, comédia, 53
Armes, Roy, 276
Aronovich, Ricardo, 180, 184
Arraes, Guel, 342, 365, 393, 396
Arraial do Cabo, 497
Arroseur arrosé, L', 47
Arruda, Genésio, 84
Artaud, Antonin, 415
"Ártico" (documentário), 224
Aruanda, 130, 138, 497
Asas do Brasil, 38-9
Asfalto selvagem, 205
Ásia, 127, 247
Assalto ao trem pagador, 158-61, 189, 194, 205, 269, 297, 304
Assassinato sob duas bandeiras, 321-2
Assis Brasil, Giba, 443
Assis, Cláudio, 415, 424, 445
Assis, Machado de, 126, 211-2, 347, 421
Associação Brasileira de Arte Muda (ABAM), 29
Associação Brasileira de Cineastas (ABRACI), 270
Associação Brasileira de Críticos de Cinema, 44
Associação Cinematográfica dos Produtores Brasileiros (ACPB), 35, 94

Associações Negras do Brasil, 466
Assum, Priscilla, 407
Astaire, Fred, 97, 301
Astruc, Alexandre, 97, 107, 492
Ataíde, Tristão de, 126
Até que a vida nos separe, 462
Atlântida, 11, 16, 18, 20-1, 25, 29, 31, 34, 38-41, 43-5, 47, 49, 51, 53-4, 57-9, 61, 64-5, 83, 87, 89, 96-7, 101, 118, 159, 163, 165, 214, 238, 250, 269, 332, 337, 345, 358, 435, 481, 487, 489
Através da janela, 419, 433
Audrá Jr., Mário, 104-5
Audrá, família, 86
Audran, Stéphane, 154
Augusto, Sérgio, 20, 48, 56, 80, 116, 169, 486
Autant-Lara, Claude, 80
Auto da Compadecida, O, 20, 342, 393-4, 396
Autran, Paulo, 89, 169, 172
Avaeté, semente da violência, 227-8, 472
Avancini, Walter, 312
Avassaladoras, 432
Avellar, José Carlos, 245, 249, 282, 306, 327-8, 335, 359
Aventuras amorosas de um padeiro, As, 269, 467
Aves sem ninho, 37, 95, 121, 362
Aviso aos navegantes, 49, 160
Azeredo, Ely, 133, 246, 442, 492
Azevedo, Alinor, 39, 40, 44, 89
Azevedo, Aluízio, 265
Azevedo, Dionysio, 123
Azulay, Jom Tob, 366
Azyllo muito louco, 160, 198, 211

Babel, 479

Babenco, Hector, 15, 91, 98, 258, 271, 288-91, 305, 313, 319-21, 331, 345, 405

Babilônia 2000, 401, 431

Bachiana Brasileira n. 5 (Villa-Lobos), 286

Back, Sylvio, 313, 381, 462, 464, 472-3

Bahia, 79, 118, 129-30, 141-2, 154, 168, 176, 179, 195, 342, 354, 362, 382, 392, 426, 429

Bahia de todos os santos, 130

Baia, Eunice, 456

Baile perfumado, 19, 339, 341, 348-9, 354, 378, 382, 386, 389, 391, 445

Baixio das bestas, 236, 415, 519

Baker, Caroll, 320

Banana is my business, 417, 521

Banana-da-terra, 38

Banco do Brasil, 78

Banco do Estado de São Paulo, 78, 80, 84

Banco Real, 354

Bandeira, Manuel, 129

Bandeirantes, Os, 107

Bandido da luz vermelha, O, 236, 242-3, 248, 257

Bang bang, 247

Barão Otelo no barato dos bilhões, O, 166

Baratier, Jacques, 494

Barbosa, Jarbas, 55

Barbosa, Zezeh, 420, 460-1, 517

Barcinski, André, 239, 241

Bardèche, Maurice, 14

Bardot, Brigitte, 97, 154, 193

Baricelli, Luigi, 437

Barnabé tu és meu, 49

Baroncelli, Jean de, 145-6, 162

Barra da Tijuca (Rio de Janeiro), 327

Barra Funda, bairro da (São Paulo), 29

Barravento, 15, 33, 68, 131-2, 140-4, 147, 149, 157, 164, 176, 185, 195, 268, 275, 277, 385

Barreto, Bruno, 14, 15, 221, 256, 259, 319, 321-2, 396-7, 431, 442, 479

Barreto, Fábio, 221, 335-6, 366-7, 451, 510

Barreto, Lima, 14, 19, 66, 69, 74, 76-80, 128, 132, 350, 364, 386, 451, 477

Barreto, Lucy, 256, 321, 335

Barreto, Luiz Carlos, 128, 160, 221, 256, 270, 285, 304, 321, 335, 428, 452, 478

Barro, Máximo, 32, 67, 105, 189, 477

Barros, Carlos Alberto de Souza, 90

Barros, Fernando de, 66, 83

Barros, Luiz de, 28, 47, 94-5, 218, 242, 265, 486

Barros, Wilson, 259, 301, 323

Barthes, Roland, 435

bases americanas no Brasil (1942), 94

Bastos, Oliveira, 284

Bastos, Othon, 145-6, 164, 176-7, 179, 230, 255, 315, 339, 357, 380, 428

Batalha de Guararapes, 264

Bates, Kathy, 289, 320

Batista, Dircinha, 47, 56, 310

Batista, Djalma Limongi, 300, 358, 504

Batista, Linda, 47, 310, 519

Bauraqui, Flávio, 488

Baxter, Anne, 101, 358

Bayard, Andréa, 99

Bazin, André, 18, 459, 485

Beato, Affonso, 173, 176

Beaubourg *ver* Centre Georges Pompidou (Beaubourg)

Bebel, garota-propaganda, 193

Becker, Cacilda, 43, 72, 489
Becker, Jacques, 107
Beckett, Samuel, 155, 415
Behrends, Dilson, 409
Behring, Mário, 30
Beijing, 302
Beijo da mulher-aranha, O, 15, 91, 258, 289, 305, 319-20
Beijo no asfalto, 182, 257, 418, 501
Beijos proibidos, 174
Beirão, Vicentino, 505
Bela da tarde, A, 372
Bela donna, 367
Bela época do cinema brasileiro, A (Araújo), 16, 485
Bela Palomera, 315
BelAir, 247-8
belle époque do cinema brasileiro, 26-7, 269, 304, 358
Bellini e a esfinge, 439-40
Bellocchio, Marco, 295
Bellon, Yannick, 105
Belo Horizonte, 402, 445
Bem amado, O (telenovela), 311
Ben Jor, Jorge, 342
Benário, Olga, 93
Bendito fruto, 517
Bengell, Norma, 97, 153-4, 164, 188, 295, 364, 389, 417, 467, 486, 495, 500, 506, 516
Ben-Hur, 518
Benício, Murilo, 112, 462
Benigni, Roberto, 368
Bens confiscados, 302, 444
Bentes, Ivana, 113, 383-9, 391, 412, 487
Benvenuti, Mário, 188
Berenger, Tom, 289, 320
Bergman, Ingmar, 100, 126, 133-4, 295
Bergman, Ingrid, 72

Berlim da batucada, 34, 94
Berlim, Festival de, 19, 76, 82, 152, 154, 207, 210, 302, 323, 352, 364, 368, 417, 433, 443, 514
Berlim, sinfonia da metrópole, 61
Bernardet, Jean-Claude, 48, 141, 142, 155, 222, 230-1, 417, 497-8
Bernhardt, Sarah, 450
Bernoudy, Edmond, 44
Bernstein, Marcos, 370
Berto, Juliet, 280, 509
Bethleem, Maria Zilda, 432
Beto Rockfeller (telenovela), 311
Betti, Paulo, 354, 391
Biáfora, Rubem, 73, 90, 100-1, 232, 268
Bianchi, Sérgio, 324, 414, 419-22, 425-6, 444, 473
Biarritz, Festival de, 289, 344, 359, 417
Biblioteca Nacional, 421
Bicho de sete cabeças, 416, 428, 433, 498
Bienal de Arte Moderna de São Paulo, 195
Bierce, Ambrose, 344
Bilharinho, Guido, 48, 317, 340
bilinguismo, 367
Binoche, Juliette, 501
Biquefarre, 153
Black Jack, 157
Blanco, Armino, 190
"Blasfêmia" (Meireles), 129
Blat, Caio, 448
Bloch, Jonas, 229
Bloch, Sérgio, 456
"boa vizinhança", política de (Brasil--Estados Unidos, anos 1940), 59
Boas-vidas, Os, 134
Boca de lixo, 431
Boca de ouro, 36, 124, 183, 205, 319

Boca do Lixo (São Paulo), 236, 238, 242, 244, 248-51, 266, 418
Bocage, o triunfo do amor, 357-8, 504
Bodanzky, Jorge, 216, 220, 222, 224-5, 229, 428, 473
Bodanzky, Laís, 416, 498
Bogarde, Dirk, 450
Boleiros, 460
Bolívia, 13, 26, 316, 374, 388, 472, 505
Bolkan, Florinda, 431-2
Bom burguês, O, 312
Bom crioulo, O (Caminha), 192
bom selvagem, mito do, 219, 226, 456, 503-4
Bombaim, 302
Bonassi, Fernando, 417, 438
Bonequinha de seda, 31
Bonfá, Luis, 109-10
Bonitinha mas ordinária, 365, 418
Bonitinha, mas ordinária, 183, 206
Boorman, John, 226, 425
Borges, Alexandre, 360, 434, 462
Borges, Jorge Luis, 98, 192, 372
Borges, Miguel, 151, 165-6, 194, 262, 264
Bórgia, Lucrécia, 332
Bory, Jean-Louis, 15, 143, 170-1, 203, 276, 278
Bosque das ilusões perdidas, O (Alain-Fournier), 91
bossa nova, 110, 153, 184, 193, 269, 296, 372, 376, 396
Bossa nova, 321, 396
Botelho, Chico, 300, 305, 313
Boussinot, Roger, 60
Boyer, Jean, 493
Braga, Alice, 343, 429
Braga, Gilberto, 311, 466

Braga, Sônia, 91, 256-9, 292-3, 312-3, 320, 322, 331, 342-3, 460, 512
Brah, Lola, 100
Brando, Marlon, 269
branqueamento, ideologia do, 466, 474
Brant, Beto, 416, 438, 449
Brás, bairro do (São Paulo), 120, 239
Brasa adormecida, 300
Brasa dormida, 27, 486
Brasil ano 2000, 198, 210-1, 280, 344
Brasil em tempo de cinema (Bernardet), 141
Brasil Filmes, 90, 100, 451
Brasil Vita Filme, 29, 35-6, 38, 44, 57
Brasil Vox Film, 35-6
Brasil, Edgar, 27, 41, 121
Brasil, país do futuro (Zweig), 210
Brasil, Ubiratan, 184, 504
Brasília, 36, 53, 107, 113, 133, 173, 202, 222, 224, 261, 282-3, 296, 327, 384, 443, 446, 448, 474, 478
Brasília 18%, 124, 340, 495
"brasilidade", 12, 45, 67, 75-6, 99, 143, 175, 194, 196, 205, 232, 262, 280, 344, 449, 501
Brasillach, Robert, 14
Brava gente brasileira, 430
Bravo (revista), 201, 286, 438
Bravo guerreiro, O, 166, 172, 174
Brazza, Afonso, 446, 511
Bréa, Sandra, 294
Brecheret, Victor, 63
Brecht, Bertolt, 49, 91, 105, 146, 148, 209, 214, 277, 299, 357, 390, 422, 442
Brésil (barco francês), 25-6, 378

Brésil, L'Atelier des Cinéastes (Cariry), 350

Bressane, Júlio, 236, 244-7, 315, 357, 390

Bresson, Robert, 161-3

Breton, André, 229

Brincando nos campos do Senhor, 289, 319-20, 405

British Film Institute, 341

Bróder, 468

Brooks, Louise, 501

Bruger, Karl, 222

Bruno, Nicette, 447

Buarque de Holanda, Sérgio, 157, 195

Buarque, Chico, 156, 214-5, 256, 299, 342, 344-5, 425

Buarque, Sílvia, 425

Bucareste, Festival de, 163

Buda, 276

Bueno, Aldo, 460-1

Bueno, Clóvis, 221, 424

Bueno, Silveira, 502-3

Bufo & Spallanzani, 439

Bulbul, Zózimo, 81, 111, 193, 269, 393, 459, 466-7, 488, 490, 499, 517

Bündchen, Gisele, 452, 455

Buñuel, Luis, 107, 146, 161, 163, 278, 289, 303, 372, 412, 504

burguesia, 44, 61, 64-5, 75, 89, 111, 113, 120, 138, 152, 167, 199, 247, 248, 269, 277, 279, 293, 406, 428, 447, 459, 479

Burle, José Carlos, 39-41, 45, 47, 52-3, 58, 89, 160

Burle, Paulo, 39-41, 47

Butcher, Pedro, 427

Bye bye Brasil, 15, 272-3, 287-8, 307, 312, 403

Byington Jr., Alfredo, 29, 37-8, 41, 47

Byington, Bianca, 345

Cabana do pai Tomás, A, 80, 520

Cabana no céu, Uma, 112

Cabaret mineiro, 323

Cabeças cortadas, 15, 279

Cabeza de Palenque (Acapulco), 186

Cabezas cortadas, 278

Cabo Frio, 154

Cabo Verde, 275, 461

Cabra marcado para morrer, 166, 296

Cabral, Amílcar, 275, 277

Caçador de esmeraldas, O, 262, 264

Cacau (Amado), 200

cacau, ciclo do, 179

Cacoyannis, Michael, 114, 162

Caetés (Ramos), 200

Cafajestes, Os, 14, 97, 124, 151-4, 194, 345

café, período de expansão do, 274

Caffé, Eliane, 324, 339, 344, 359, 416, 435

Cafundó, 423

Cahiers du Cinéma, 11, 17-8, 20, 110, 116, 129, 148, 153, 156, 162, 166, 196, 313, 319, 328, 335, 338, 342, 369-70, 374, 385, 439, 485

Caiçara, 18, 66-8, 72-5, 83, 120-1, 141, 144, 149, 316

caipiras, 47, 84, 239

Caixa de Pandora, A, 501

Caldas, Paulo, 348, 382, 445

Caldeira, Oswaldo, 227, 312, 366

Calderón de la Barca, 501

Califórnia, 321

Caligrama, 324, 359

Calígula, 487

Calil, Carlos Augusto, 21, 60, 305, 486-7

Callado, Antônio, 505
Callegaro, João, 235, 248
Cama de gato, 236, 361, 447, 519
Camargo, Aguinaldo, 44, 487
caméra-stylo, 97, 107, 128, 147, 157, 492
Caminha, Adolfo, 192
Caminho das nuvens, O, 515
Caminho de pedras (Queiroz), 200
Caminho dos sonhos, 462
Caminho para dois, Um, 168
Caminhos da liberdade, Os, 274
Campanha da Paz, 121
Campinas, 10
Campos do Jordão, 84
Campos, Augusto de, 246
Campos, Fernando Coni, 247, 271
Campos, Haroldo de, 315
Camurati, Carla, 17, 315, 324-5, 328-33, 336, 339, 462
Camus, Albert, 130, 487, 520
Camus, Jean-Christophe, 113
Camus, Marcel, 15, 106-7, 109, 111-4, 397-8, 458, 491, 493-4
Canadá, 514
cana-de-açúcar, ciclo da, 190
Canal Brasil, 473, 478
Canalha em crise, 166, 194
Canby, Vincent, 289
Câncer, 237, 279
Candango na belacap, Um, 160
Candeias, da boca pra fora, 506
Candeias, Ozualdo, 235-8, 241, 244, 506
Candinho, 47, 66, 74, 84
candomblé, 122, 142, 157, 164, 240, 415, 456, 458
Cangaceiro, O, 14, 19, 66, 74, 77-8, 80, 82, 84-5, 99, 109, 123, 144, 332,

348-9, 368, 386-7, 389, 391, 477, 490
cangaço, ciclo do, 205, 364, 385, 445
"canibal-tropicalista", fase (última fase do Cinema Novo), 198, 232
Cannes, Festival de, 16-7, 19-20, 76-8, 80, 108, 114, 118, 128-9, 144, 146, 148, 161, 170, 176, 188, 191, 195, 242, 255, 287, 298, 302, 317, 320, 345, 348, 423, 474, 494, 499, 513-4
Cantando na chuva, 214
Cantinflas, 50, 84
Canto da saudade, O, 28
Canto do mar, O, 86-9, 496
Canudos, guerra de, 80, 347, 355, 390, 391
Capanga, O, 123
Capdelac, Michel, 179
Capellaro, Vittorio, 218
Capitães da areia (Amado), 200
Capitu, 166, 502
Capovilla, Maurice, 193, 239
captatio benevolentiae (princípio retórico), 177
Cara a cara, 244
caraíba, índios, 201
Caramuru, 20, 342, 365, 396, 403
Carandiru, 98, 393, 399, 416, 423-4, 433, 452, 465
Caravela de Prata (Lisboa), 159
Carax, Leos, 501
Cardin, Pierre, 214
Cardoso, Armando Levy, 503
Cardoso, David, 220, 249
Cardoso, Fernando Henrique, 370, 378, 445
Cardoso, Ivan, 248, 305, 434-5
Cardoso, Laura, 319, 373, 419
Cardoso, Louise, 193

Cardoso, Lúcio, 343
Cardoso, Pedro, 367
Cardoso, Sérgio, 174
Caribe, 279
Cariocas, As, 206
Cariry, Rosemberg, 349-52
Carlota Joaquina, d., 332
Carlota Joaquina, princesa do Brazil, 17, 315, 325, 329, 330-4, 338-9, 365-6, 396, 403, 417, 460, 462, 479
Carmen Jones, 112
Carnaval, 31, 34, 41, 48, 55, 87, 103, 109-10, 151, 156, 172, 202, 230, 271, 295, 336, 365, 376, 395, 398-9, 401, 403, 415, 457-8
Carnaval Atlântida, 49, 53
Carnaval no fogo, 41, 49, 53, 55-6, 59, 83
"Carnaval" (esquete em Technicolor), 42
Carne, A, 35, 266
Carneiro, Cassiano, 406
Carneiro, João Emanuel, 370, 514
Carneiro, Kadu, 464, 488
Carneiro, Pereira, conde, 40
Carnets (Camus), 487
Carolina, 468
Caron, Leslie, 97
Carreiras, 357
Carrero, Tônia, 98, 516
Carrocinha, A, 89
Cartagena, Festival de, 163
Cartaxo, Marcélia, 302-3, 313
Cartola, 158
Carvalho, Luís Fernando, 365, 381, 437, 518
Carvalho, Pamphilo de, 507
Carvalho, Walter, 423, 427, 452
Carvana, Hugo, 229

Casa assassinada, A, 343
Casa das Meninas, 37, 94
Casa de açúcar, 98
Casa de areia, 317, 344, 378, 452
Casa de Cinema de Porto Alegre, 324, 443-4
Casa-grande e senzala (Freyre), 52, 195
Casamento de Louise, O, 425, 432
Casamento dos Trapalhões, O, 361
Casarès, Maria, 493
Casé, Regina, 392, 433
Casseta e Planeta (programa de TV), 393
Cássia, Edna de, 223-5, 292
cassino da Urca, 95
cassinos, fechamento dos (década de 1940), 52
Castelo Branco, Humberto de Alencar, marechal, 165
Castelo Rá-Tim-Bum, 416, 433, 456
Castro Alves, 340, 346
Castro, Josué de, 480
Cataguases, ciclo de, 27
Catalunha, 277
Cavalcanti, Alberto, 15, 19, 60-1, 63, 65, 67, 69, 71-2, 74-6, 85-7, 101-2, 119, 121, 128, 132-3, 153, 477
Cavalli, Alleyona (Leona), 417, 419, 426
Caymmi, Dorival, 39, 156
Cazuza, o tempo não para, 334, 452
Ceará, 33, 38, 382, 389
Cecílio Neto, 455
Ceiça, Maria, 112, 399, 451, 460-1, 467
Cela s'appelle l'aurore, 107
Celebridade (telenovela), 466
Celi, Adolfo, 64, 66-7, 69, 102
Cem anos de cinema brasileiro (Bilharinho), 48, 317

Cena Muda (revista), 82, 88
Cendrars, Blaise, 29, 61, 486, 489
censura, 94-5, 102, 119, 134, 169, 174-5, 188, 197, 206, 212, 222, 224, 231, 240-1, 247, 250, 255, 263, 269, 367, 398, 486
Censura Estadual da Guanabara, 152
Central do Brasil, 15, 17, 43, 104, 113, 139, 158-9, 182, 239, 288, 290, 292, 316-7, 328, 338-9, 362, 364, 367, 369-70, 374-5, 377-80, 382-4, 393, 403, 405, 453, 479, 498-9, 502, 518
Centre Georges Pompidou (Beaubourg), 239, 308, 318
Centro Popular de Cultura (CPC), 150, 181
Centro Sperimentale di Cinematografia (Roma), 186-7
Cerri, Flamínio Bollini, 66
Certa Lucrécia, Uma, 57, 123, 332
Certo capitão Rodrigo, Um, 90
Cervoni, Albert, 303
Césaire, Aimé, 493
César e Cleópatra (espetáculo britânico), 82
Céu de estrelas, Um, 338, 360, 415-7, 419, 426
Céu de Suely, O, 381, 415, 517
Chabrol, Claude, 156, 160, 494
"Chacina fashion" (Lima), 411
Chagnard, Patrice, 145
Chahine, Youssef, 515
Chamas no cafezal, 89
Chamie, Lina, 416, 448
Chamie, Mário, 448
chanchada, 20, 38, 41, 45-9, 52-7, 61, 64, 84, 88, 117, 133, 148, 175, 202, 204, 214, 242, 249, 257, 259, 267,

311, 314, 330, 334, 435, 486-7; *ver também* pornochanchada
Chão bruto, 123
Chaplin Club, 31
Chaplin, Charles, 31, 50, 84, 104, 371
Charatz, Mendel, 120
Charisse, Cyd, 301
Chatô, 365
Cheiro do ralo, O, 236, 415
Chico Rey, 355, 463, 513
Chico Rey (escravo), 52
Chile, 26, 150, 197, 266, 388
China, 105
Chinesa, A, 174
Christensen, Carlos Hugo, 98, 113, 123, 160, 191-2
Christian, Linda, 91
Chronique des années de braise, 164
Chuvas de verão, 287
cianciata (etimologia italiana de "chanchada"), 46
Ciao maschio, 238
Cidade ameaçada, 160, 161, 185
Cidade baixa, 343, 381, 416, 423, 428, 498
Cidade de Deus, 16-7, 21, 36, 113, 159, 289-90, 292, 317, 339, 349, 363-4, 379, 381-2, 393, 396, 399-401, 403-4, 407, 409-12, 415, 448, 452-3, 465, 467, 479, 481, 502, 514, 516, 519
Cidade dos homens, 339, 396, 410, 443
Cidade maravilhosa, 103
Cidade mulher, 36
Cidade oculta, 300, 301, 305, 324
Cinco vezes favela, 36, 118, 150-1, 156, 165, 181, 401, 467, 479
Cinderelo Trapalhão, O, 361
Cinearte (revista), 30
Cineasta da selva, O, 341

Cinecittà, 18, 337, 486

Cinédia, 29-36, 38, 42, 47, 56-8, 64, 337, 487

Cinédia Jornal, 33

Cinedistri, 58, 262, 264, 348

cinéfilos, 116, 150, 300, 340

Cinelândia (Rio de Janeiro), 518

Cinéma 84 (revista), 303

Cinema brasileiro, 1995-2005 (livro), 476

Cinema brasileiro: De O pagador de promessas a Central do Brasil, O (Labaki), 338

Cinema Brasiliano, Il (livro italiano), 307

Cinéma brésilien, Le (livro), 68

"cinema da crueldade" (anos 2000), 236, 324, 415

"cinema de autor", 97

Cinema de lágrimas, 341

Cinema de preto, 468

Cinema do Lixo, 250

Cinema em close-up (revista), 249

cinema infantil, 360-1, 362, 455-7

cinema marginal, 11, 206, 216, 232, 235, 242, 245-9, 261, 266, 270, 330, 337, 340, 415

cinema mudo, 28, 30, 61-2, 120, 357, 386, 479

Cinema Novo, 11, 15, 17-20, 28, 36, 81, 87-8, 93, 97, 101, 105-6, 114, 116-9, 123, 128-30, 132-4, 137-41, 145-6, 150-1, 153-8, 160-1, 163-4, 166, 170, 173-6, 179-83, 185, 187-93, 195, 197-8, 205, 207, 209-10, 214-5, 224-5, 228, 232, 235-7, 243-4, 250, 261, 263, 265, 267, 269-70, 273, 275-6, 280, 285, 298-9, 304, 313, 327, 330, 337, 339-41, 343, 345, 351, 355, 368-70, 380, 384, 386-9, 398, 403, 459-60, 467, 474, 488, 496, 498, 505, 516

Cinema, aspirinas e urubus, 388, 427, 445, 511

Cinema: Trajetória no subdesenvolvimento (Sales Gomes), 21, 270, 486

Cinemateca Brasileira, 185, 486

Cinemateca Francesa, 18, 71, 120, 318, 486

cinematógrafo, 10-1, 25-6, 46, 288, 328, 382

cinema-verdade, 122, 127-8, 134-6, 139, 158, 485

Cinzas, 29

Ciro, rei da Pérsia, 276, 279

Civelli, Mario, 86, 89, 495

"Clair de Lune" (Debussy), 302

Clair, Janete, 311, 511

Claro, 280

classe média, 30, 120, 129, 139, 183-6, 194, 237, 244, 319, 326, 336, 357, 367, 373, 379, 399, 401, 416-7, 419-20, 424, 428, 432-3, 447, 456, 461-2, 466, 479

classes A e B, 314

classes B e C, 356

classes C e D, 314, 417, 433

classicismo, 323, 449

Claude Antoine, 275

Cléber Eduardo, 408

Clementi, Pierre, 278

Cleópatra (filme brasileiro), 232

Cleópatra (fime americano), 36

Clermont-Tonnerre, Martine de, 370-1

Close, Glenn, 456

Clube de Cinema da Bahia, 130

Coal Face, 62

Cobras e lagartos (telenovela), 514, 517, 520
Coca-Cola, 94
cocaína, 285
Cocteau, Jean, 112, 177, 493
Código é: tigre, O, 161
Coelho, Kátia, 448
Coelho, Lauro Machado, 283
Cohn, Arthur, 370
Coimbra, Carlos, 19, 123, 221, 260, 332-3, 495, 508
Coisas nossas, 38, 47
Colassanti, Arduíno, 207, 212
Colégio de brotos, 96
Columbia Pictures, 77-8, 84-5, 87, 90, 209, 354, 444, 452
Columbia Records, 38
comédia latina, 49
comédias pequeno-burguesas, 356
Comédie Française, 450
Comilança, A, 247
Comissão Federal de Cinema, 253
Comissão Permanente de Defesa do Cinema Nacional, 152
commedia dell'arte, 48-9, 394
Como era gostoso o meu francês, 14, 198, 206-7, 212, 217, 220-1, 227, 250
Como nascem os anjos, 362, 406, 446, 453, 460
Como ser solteiro, 356
Compadecida, A, 269
Companhia Walter Pinto, 50
Compasso de espera, 81
Complainte du phoenix (1970-2000), La (Desbois), 11
Comprador de fazendas, O, 102
Concerto para piano em formas brasileiras (Tavares), 185

Conde de Monte Cristo, O (Dumas), 311
Condenados da terra, Os (Fanon), 134
Condenados, Os, 228
Confúcio, 276
Congo, 15, 230, 275
Congonhas (MG), 77, 451
Congresso Paulista de Cinema, 102
Conselho Nacional de Cinema (Concine), 255, 270
Conspiração Filmes, 365, 434, 439, 452
Constituição brasileira (1946), 45
Contos de Lygia, 365
Contra todos, 426, 447
Convenção Cinematográfica Nacional, 35
Convite ao prazer, 293-4
Copa do Mundo (1970), 297
Copo de cólera, Um, 360, 365
Coppola, Francis Ford, 301
Corcovado, 102, 139, 376
cordel, literatura de, 27, 177, 353, 389, 391, 436
Cordélia, Cordélia, 345
Córdova, Arturo de, 98
Corell, H. B., 89
Corisco (cangaceiro), 144-7, 351-2
Corisco e Dadá, 349, 351, 354, 389, 425
Corisco, o diabo loiro, 262
Corman, Roger, 206, 435
Corneille, Pierre, 504
Corpo a corpo (telenovela), 466
Corpo ardente, O, 294
Corpo em delírio, Um, 266
Corpo, O, 365
Correia, Carlos Alberto Prates, 323
Correia, Tony, 221
Correio Aéreo Nacional, 38
Correio Braziliense, 178, 191

Correio da Manhã, 241
Correspondente estrangeiro, 45
Cortázar, Júlio, 358
Cortez, Raul, 514
Cortiço, O, 265
Corveloni, Sandra, 511, 514
"cosmética da fome", 383, 385, 412
Costa e Silva, Artur da (general), 168
Costa, Gal, 210, 258, 342
Costa, Haroldo, 112, 269, 464, 487, 493
Costa, Lúcio, 36, 63
Costa-Gavras, 372
"Couro de gato" (episódio de *Cinco vezes favela*), 151, 497
Coutinho, Eduardo, 104, 166, 182, 193, 296, 300, 431
Coutinho, Galeão, 88
Coutinho, Jorge, 158
Couto, José Geraldo, 352-3, 422
Cowl, Darry, 493
Coyote, Peter, 315
Craque, O, 89
Crede mi, 389
Criadas, As, 450
Crianças invisíveis, 413
Crime delicado, Um, 440, 449
Crime e castigo (Dostoiévski), 440
Cristo *ver* Jesus Cristo
Crônica da cidade amada, 184
Cronicamente inviável, 236, 324, 339, 416, 419, 424-5, 444, 473, 517
Crônicas do Rio colonial (Biblioteca Nacional), 421
Cruz e Sousa (poeta), 292, 463-4
Cruz e Sousa, o poeta do desterro, 339, 451, 462-4
Cuarón, Alfonso, 479
Cuba, 74, 82, 136, 279, 310-1, 345
Cuba (empresa cinematográfica), 61

cultura brasileira, 36, 65, 113, 144-5, 200-1, 215, 220, 336-7, 383, 386
Cultura, TV, 310, 342
Cunha, Darlan, 407-8, 410, 443, 488
Cunha, Euclides da, 347, 349, 351, 354
Cuoco, Francisco, 311, 456

d'Almeida, Neville, 236, 247, 258-9, 330, 365
d'Annunzio, Gabriele, 346
d'Ávila, Roberto, 287, 371
Da cor do pecado (telenovela), 467, 514
"Da estética à cosmética da fome" (Bentes), 385
Dadá (mulher de Corisco), 144-5, 351
Daguerre, Louis, 10
Dahl, Gustavo, 133, 172, 174, 190, 217, 222, 227, 264-5, 492, 516
Dama do cine Shangai, A, 300, 358
Dama do lotação, A, 258-9, 272, 329-30
Damas, Léon Gontran, 493
Dancin'Days (telenovela), 257
Dandara, 465, 468
Daney, Serge, 11, 12
Daniel Filho, 396, 411, 514
Dantas, Daniel, 420
Darlan, Siro, 408
Das tripas coração, 323, 417, 450
Davesa, Julio, 506
Dávila, Sérgio, 256
Davis, Bette, 101
Dawn, Marpessa, 108, 111, 493
Day, Robert, 487
De Gaulle, Charles, 491
De l'esclavage des nègres (Montesquieu), 268
De Palma, Brian, 300, 340, 412, 510
De passagem, 407
De Sica, Vittorio, 75, 91, 97, 408, 432

De vento em popa, 96
Déa, Marie, 493
Debs, Sylvie, 27, 346-7, 349, 353, 387, 490-1, 495, 513, 515, 517
Debussy, Claude, 302
decreto 20493 (1946), 45
Deheinzelin, Jacques, 64
del Picchia, Menotti, 200
Del Rangel, 365
del Rey, Geraldo, 131, 146, 164
Delac, Louis, 506
Delacy, Monah, 268
Delannoy, Jean, 80, 153
Delírio de amor, 449-50
DeMille, Cecil B., 53-4, 422, 450, 479, 517
democracia racial, mito da, 114, 460, 466
Demônios, Os, 209
Deneuve, Catherine, 372
Departamento Federal de Segurança Pública, 45
Depravação, 29
Desafio, O, 167, 172, 174, 194, 264
Desbois, Laurent, 11-2, 338, 369
Descobrimento do Brasil, O, 207
Desejo selvagem, 249
Desejo, O, 294
Desmarets, Sophie, 114, 162
Desmundo, 207, 339, 416, 429, 430
Despertar da besta, O, 241
Desprezo, O, 97
Destino da humanidade, O, 286
Destino em apuros, 89, 495
Deus é brasileiro, 343, 403, 415
Deus e o diabo na terra do sol, 12, 14, 19, 105, 114, 129, 140, 143-5, 164, 176, 178, 189, 195, 281, 286, 368, 403, 502, 504, 515

Deusas, As, 294
Deuses e os mortos, Os, 14, 156, 178-81, 195, 198, 345
Dhalia, Heitor, 317, 415-6, 440
Di, 284
Di Cavalcanti, Emiliano, 63, 280, 285
di Venanzo, Gianni, 508
Dia da caça, O, 439-40
Dia do Índio, 472
Dia, O (jornal), 409
Diabo e o bom Deus, O (Sartre), 145
Diabo no corpo, O, 295
Diamante de sangue, 479
Diário de Notícias, 244
Diário do Rio de Janeiro, 218
Diário Nacional, 486
Dias melhores virão, 259, 314, 319, 341
Dias, Gonçalves, 218
Dias, Umberto, 252
Dicionário de filmes brasileiros, 67, 109, 317
Dictionnaire des films (Sadoul), 15
Dictionnaire du Cinéma (Passek), 323
Diderot, Denis, 219
Dieckmann, Carolina, 455
Diegues, Cacá, 10, 14-5, 111-2, 114, 119, 133, 149, 151, 156-8, 165, 174-5, 178, 184-5, 194, 196-7, 214, 242, 258-9, 267, 269, 287-8, 294, 299, 303, 306, 312, 314, 319, 339, 341, 343, 355, 370, 396-8, 401, 403, 406, 415, 462-4, 467, 479, 498-500, 504, 515
DIFILM, 160
Difilmes, 304
Diniz, Leila, 193, 212, 268-9, 311, 466, 517
Dioguinho, 123, 262, 332
Direito de nascer, O (telenovela), 310

541

Disney, Walt, 226

Distraída para a morte, 468

ditadura militar (1964-85), 18, 119, 150, 164, 166-8, 176, 182, 188, 197, 203, 211-3, 223, 236, 240-1, 246, 251, 266, 268, 271, 279, 294-5, 297-8, 304-6, 341, 367, 415, 433, 439

Do começo ao fim, 449

Doce vida, A, 152

Dogma & Desejo (1999), 474

Dogma 95 (Dogma dinamarquês, manifesto), 468, 474

Dogma Feijoada (manifesto), 465, 467

Doillon, Jacques, 407

Dois córregos, 302, 366, 433, 511, 519

Dois filhos de Francisco, 360, 434, 452

Dois ladrões, Os, 50, 96

Dois perdidos numa noite suja, 365

Dom Casmurro (revista), 478

Domésticas, 414

Domingo no Rio de Janeiro, Um, 103

Dona da história, A, 357

Dona Flor e seus dois maridos, 14-5, 232, 249, 256-9, 266, 272, 321-2, 329, 343, 368

Donen, Stanley, 168

Doniol-Valcroze, Valcroze, 494

Dória, Jorge, 159

"Dos canibais" (Montaigne), 207

Dostoiévski, Fiódor, 372, 440

Downey, Wallace, 38, 47

Dragão da maldade contra o santo guerreiro, O, 15, 117, 147, 176, 198, 275, 279, 380

"Drão" (canção), 342

Dreyer, Carl Theodor, 144, 511

Dreyfuss, Richard, 320

Duarte, Anselmo, 45-6, 54, 56, 65, 81, 114, 123, 161, 164, 489, 499

Duarte, Benedito J., 63, 88, 126, 147

Duarte, Lima, 344, 392

Duarte, Paulo, 486

Duarte, Regina, 311, 393

Duas caras (telenovela), 517

Duelo ao sol, 179

Dumont, Alberto Santos, 260

Dumont, Denise, 295

Dumont, José, 229, 360, 427, 436, 511

Dunne, Irene, 91

Dupla do barulho, A, 49-51, 81

Duprat, Rogério, 202, 211

Duqui, Edyr, 402

Duran, Jorge, 274, 519

Durante, Jimmy, 521

Duras, Marguerite, 114, 231

Durst, Walter George, 90

Durval discos, 433

Dutourd, Jean, 162

Dutra, Eurico Gaspar, 45, 94

É com esse que eu vou, 42, 49

E Deus criou a mulher, 97, 154

E o mundo se diverte, 41, 49, 52

E o vento levou, 19, 80

É proibido beijar, 66

É proibido proibir, 519

É proibido sonhar, 41, 43

É tudo verdade, 30, 33, 42

E.T., 316

Eastmancolor, 100, 123

Eastwood, Clint, 258, 313, 320

Ébrio, O (filme), 58

Ébrio, O (telenovela), 311

Eclipse, O, 161

Ed Mort, 362, 429

Edifício Master, 431

Edimburgo, Festival de, 76, 108, 128, 163

Edu, coração de ouro, 206

Egito, 19, 493

Eisenstein, Serguei, 33, 134, 146, 148, 178, 181, 205, 297, 485

Elbrick, Charles, 367

Ele, o boto, 344

Electra, 114, 162-3

Eles não usam black-tie, 182, 299, 302, 492, 501

Eliana (apresentadora), 455

Élis, Bernardo, 221

Elke Maravilha, 290, 454

Elley, Derek, 15

Éluard, Paul, 102

Em família, 502, 504

Emanuelle tropical, 266

Embrafilme, 11, 18, 161, 197, 220, 232, 250, 252-5, 258-61, 263-70, 273, 280-1, 284, 288, 297, 303-8, 312, 329, 337, 354, 443, 474, 486

En rade, 62, 88

Enciclopédia do cinema brasileiro, 46, 88

Encouraçado Potemkim, O, 414

Encyclopédie du cinéma (Boussinot), 60

Engraçadinha depois dos trinta, 206

Ensaio sobre a cegueira, 343, 479

Ensaios (Montaigne), 201, 207, 504

Entre quatro paredes (Sartre), 166

Época (revista), 408-9

Era do gelo, A, 519

Era uma vez no oeste, 177

Erêndira, 155, 299, 315

Eros, o deus do amor, 100, 294

erotismo, 17, 30, 124, 207, 220, 241, 246, 249, 259, 266-7, 293-4, 306, 360

Escola de Comunicação e Artes da USP, 300

"Escola de samba Alegria de Viver" (episódio de *Cinco vezes favela*), 151

Escola de sereias, 52

Escrava Isaura (telenovela), 311-2

Espanha, 15, 74, 153, 199, 206, 277, 303

Espártaco, 513

Esperando Godot (Beckett), 415

Espiã de olhos de ouro contra o dr. K, A, 161

Esquecidos, Os, 289, 412

esquetes, 52, 96, 206, 241, 341, 365, 432

Ésquilo, 493

Esquina da ilusão, 66

Esse milhão é meu, 96

Esse Rio que eu amo, 184

Esta noite encarnarei no teu cadáver, 206, 241

Estação Carandiru (Varela), 423

Estado de S. Paulo, O, 287, 438, 445

Estado Novo, 30, 36, 93, 174

Estados Unidos, 26-7, 44, 59, 271, 279, 300, 306-7, 312, 315, 322, 344, 354, 366-7, 371, 378, 440, 455, 460-1

Este mundo é um pandeiro, 20, 41, 49-50, 52, 486

Estômago, 236

Estorvo, 155, 345

Estrada da vida, A, 290

Estrangeiro, O (Salgado), 200

Estranho encontro, 90, 99, 508

Estranho mundo de Zé do Caixão, O, 206, 239

Estrela sobe, A, 256

Estudantes, 31
Eternamente Pagu, 364
Eu, 306, 346
Eu compro esta mulher (telenovela), 311
Eu não conhecia Tururú, 431
Eu sei que vou te amar, 302, 305
Eu te amo, 258-9, 274, 292-3
Eu, tu, eles, 388, 392, 434
Eu, um negro, 112, 485, 494
Eurípides, 114, 162
Europa, 12, 16, 20, 25, 27, 29, 51, 59, 61, 63-4, 88, 105, 134, 148, 153, 170, 178, 180, 199, 201, 207, 247, 276-7, 284, 308, 312, 367, 370, 410, 448, 452
Europa (revista), 199
Evelyn, Carlos, 207
Évora, Cesária, 461
Ewald Filho, Rubens, 257, 348, 421, 468-9
Excelsior, TV, 310
experimentalismo, 213, 324

Fagundes, Antônio, 393, 450
Falabella, Débora, 517
Falecida, A, 166, 181-3, 185, 194, 196, 206, 501
Família Lero-Lero, 66
Fanon, Frantz, 134, 496
Fantasma por acaso, 49
Faria Jr., Miguel, 315, 406, 493
Faria, Betty, 256-7, 265, 288, 302, 311, 312, 322, 343, 359
Faria, Marcos, 151
Faria, Reginaldo, 159-60, 297, 305
Farias, Arnaldo, 39, 40
Farias, Marcos, 166
Farias, Roberto, 159-61, 185, 194, 254-

5, 258, 265, 270-2, 297, 304-5, 313, 393, 504
Farkas, Pedro, 221, 320, 344
Farkas, Thomaz, 505
Farney, Cyll, 54, 56
Farrebique, 153
fascismo, 298, 303, 503
Fassbinder, Rainer Werner, 222, 301, 418
Fassoni, Orlando, 202, 226
Fausto (Goethe), 301
Favela dos meus amores, 35, 400, 414, 469, 519
"Favelado, Um" (episódio de Cinco vezes favela), 151
favelas, 36, 44, 103, 113-4, 118, 120, 130, 149, 151, 159, 166, 290-1, 312, 383, 385-6, 395, 397-406, 408, 410, 412, 414, 431, 435, 442, 447, 465, 467, 476, 479, 487
Febem, 289
"Felicidade, A" (canção), 110, 491
Feliz ano velho, 298
Fellini, Federico, 133-4, 152, 204, 490
Fenelon, Moacyr, 25, 38, 39-41, 43, 47, 58
Feras, As, 346
Fernandel (comediante), 50
Fernandes, Ismael, 311
Fernandes, Maria Dezzone Pacheco, 80
Fernandes, Millôr, 488
Fernandes, Nelito, 408
Fernando de Noronha, arquipélago de, 153
Ferraz, Iléa, 468
Ferreira, Bibi, 501
Ferreira, Lírio, 348, 382, 445
Ferreira, Procópio, 32, 89, 94
Ferreri, Marco, 238, 247

Ferrez, Júlio, 47
Festa brava, 89
Festival da Juventude Comunista de Berlim, 120
Festival de Cinema Brasileiro *ver* Gramado, Festival de
Festival de Cinema de Mulheres de Créteil, 417
Festival de Curtas-Metragens de São Paulo, 324
Feyder, Jacques, 107
ficção científica, 211, 213, 242
Figueiredo, João (general), 296, 306
Filhas do fogo, As, 294
Filhas do vento, 339, 399, 447, 468-9, 499
Filho sem mãe, 386, 445
Filhos da esperança, 479
Filhos sem mãe, 77
Fillardis, Isabel, 112, 460-1
Film and Reality, 62
Filme Cultura (revista), 270
Filme demência, 301, 418
Filme do diabo, 235, 506
Filme e realidade (Cavalcanti), 63, 69, 102, 119, 496
Filmes Artísticos Brasileiros (FAB), 35
Filmusical brasileiro e chanchada, pôsters e ilustrações (Piper), 48
"filmusicarnavalescos", produtos, 48
Fim de jogo (Beckett), 415
Finis hominis, 240-1
First odalisca, The, 248
Fischer, Vera, 249, 259, 292, 295, 312
Fitzcarraldo, 320
Flaherty, Robert, 142, 372, 514
Fleming, Rhonda, 91
Floradas na serra, 66, 68, 72, 84
Florence, Hercule, 10

Floresta das esmeraldas, A, 226, 425
Florianópolis, 464
Flynn, Errol, 91
Folha da Noite, 75
Folha da Tarde, 75
Folha de S.Paulo, 239, 345, 368-9, 402
fome, estética da, 134, 137-8, 140, 383, 390
Fonda, Jane, 323
"fonocinex" (equipamento sonoro), 38
Fonseca, José Henrique, 433-4
Fonseca, Rubem, 316, 372, 433
Fontaine, Joan, 72, 91
Fontes, Guilherme, 365
Fontoura, Antônio Carlos, 271, 422
For All, 407, 460
Força de um desejo (telenovela), 513
Ford, John, 120, 134
Forever, 315, 319, 346
Forofina, 248
Fortaleza (Ceará), 33, 354, 382
Fowle, Henry Chick, 64, 79, 100, 105, 163-4, 505
Fragmentos de um discurso amoroso, 435
França, 11, 14-5, 19, 63, 91, 105, 109, 118, 120, 125, 132, 148, 153-4, 199, 201, 207, 214, 231, 276, 279, 306-7, 327, 345, 350, 371, 402, 423, 450, 455, 461, 491, 504
França, Patrícia, 112, 342, 399
Franco, Francisco (general), 153, 303
Franco, Itamar, 327, 445
Franco, Mario, 487
Franju, Georges, 486
Frankenheimer, John, 258, 320
Frears, Stephen, 173
Freire, Nelson, 435

Frente Negra Brasileira, 94
Fresnot, Alain, 362, 429-30
Freud, Sigmund, 201
Freyre, Gilberto, 157, 195
Frodon, Jean-Michel, 371
Fronteiras do inferno, 90, 100, 188, 262
Fúlgida, Aurora, 516
Füller, Samuel, 518
Fundo do coração, O, 301
Fürstenberg, Ira de, 249
Furtado, Celso, 306
Furtado, Jorge, 238, 323-4, 410, 443
Furtado, Pedro, 443
futebol, 27, 52, 59, 111, 113, 118, 182, 295, 445, 450, 458, 461
Futebol, 381, 431, 435
Futebol em família, 39
futurismo, 199-200, 503
Fuzis, Os, 14-5, 114, 149, 152-5, 164, 180, 189, 380

Gabeira, Fernando, 367
Gabriela (filme), 258
Gabriela (telenovela), 257
Gabriela, cravo e canela (Amado), 322
Gaijin, 15, 273, 275, 332, 366, 505
Gainsbourg, Serge, 238
Galanga, rei do Congo, 513
Galvão, Maria Rita, 67-8, 75, 78
Gance, Abel, 414, 485
Ganga bruta, 30, 134
Ganga Zumba, 82, 114, 149, 156-7, 166, 185, 299, 303, 463
Ganga Zumba (quilombola), 52
Garbo, Greta, 74, 486
García Márquez, Gabriel, 215, 299, 315
Garcia, Chianca de, 32
Garcia, Galileu, 84
Garcia, José Antônio, 365

Garcia, Léa, 112-3, 158, 429, 469, 487
Garcia, Márcio, 365, 486
Garcia, Stênio, 392
Gardenberg, Monique, 315, 366-7
Gardies, René, 129, 481
Garota de Ipanema, 184, 193
Garrido, Toni, 112, 399, 401
Garrincha, 499
Garrincha, alegria do povo, 166
Gary, Romain, 114, 162
Gato de madame, 83, 90
Gatti, André, 487
Gatti, José, 276
Gazzara, Ben, 315, 346
Geisel, Ernesto (general), 273, 279, 284, 295
Genet, Jean, 450
Gênova, Festival de, 128
Gente honesta, 43
Gerbase, Carlos, 443
Gerber, Raquel, 275
Gervitz, Roberto, 298
Getúlio, 93
Ghessa, Rossana, 193, 266, 268, 294
Gibson, Mel, 479, 504
Gigante de pedra, O, 99
Gigi, 29
Gil, Gilberto, 202, 211, 342, 392, 477
Gilda, 52
Giorgi, Bruno, 63
Gish, Lillian e Dorothy, 185
Gladys, Maria, 248, 499
Glauber, Rudolf, 129
Globo de Ouro, 17, 108, 368
Globo Filmes, 396-7, 411, 444, 452, 514
Globo Repórter (programa de tv), 224, 300
Globo, O (jornal), 369, 370, 402, 490
Globo, Rede, 20, 36, 95, 264, 291, 300,

310-2, 324, 335, 343, 345, 354, 357, 362, 365, 368, 393, 396, 410, 436, 444, 451, 465-7, 498, 514, 517-8

Globofilmes, 20

Glória, Darlene, 270

Gnattali, Radamés, 495

Godard, Jean-Luc, 110-1, 135, 156, 167-8, 174, 243, 277, 459, 492, 494, 496, 518

Góes, Esther, 357

Góes, Moacyr, 365

Goethe, Johann Wolfgang von, 301

Gofman, Betty, 420

Goiás, 511

Gol da vitória, 52

Goldfeder, Miriam, 95

Goldwyn, Samuel, 61

Golias, Ronald, 51

golpe militar (1964), 115, 119, 139, 148, 150, 154, 165, 169, 184, 195, 197, 211, 222, 296, 371

Gomes, Carlos, 217, 340, 500

Gomes, Dias, 161, 311

Gomes, Eliezer, 158-9, 488

Gomes, João, 461

Gomes, Marcelo, 388, 445

Gomes, Michel, 488

Gomes, Paulo Emílio Sales, 10, 16, 21, 28, 99, 117, 118, 125, 133, 222, 252, 270, 295, 475, 491, 507

Gonçalves, André, 499

Gonçalves, Dercy, 57, 123, 332

Gonçalves, Maria do Carmo Santos *ver* Santos, Carmen

Gonçalves, Maurício, 451, 488

Gonçalves, Milton, 52, 271, 401, 422, 451, 461, 469, 488

Gonçalves, Nelson, 43

Gonzaga, Adhemar, 29-32, 34-5, 39, 41, 58, 265

Gonzaga, Alice, 34, 58, 487

González Iñarritú, Alejandro, 479, 521

Gordine, Sacha, 166, 493

Gordo e Magro, 49

Goulart, Beth, 433

Goulart, João, 150, 152, 169, 371

Gould, Elliott, 463

Grã-Bretanha, 276

Graça, Alberto, 439

Gracindo, Paulo, 170

Gramado, Festival de, 227, 270, 305, 315, 402, 443, 468, 474

Grande arte, A, 315-7, 319, 367, 372-4, 379

Grande cidade, A, 14, 158, 184-5, 194, 280, 288, 398, 401, 440

Grande feira, A, 130

Grande história ilustrada da sétima arte (livro), 118

Grande momento, O, 87, 104-5, 160, 191, 299

Grande noitada, A, 357, 460

Grande Otelo, 20, 33, 42-5, 49-53, 56-7, 96, 104, 108, 122, 160, 174, 196, 198, 202, 205, 252, 332, 410, 429, 436, 461, 477, 487-8, 490, 517

Grande vedete, A, 57

Greca, Rafael, 402

Grécia, 153, 180, 493

gregos da Antiguidade, 359

Grierson, John, 62

Gringo velho, 323

Grito da mocidade, 37

Grupo de Estudos da Indústria Cinematográfica (GEIC), 254

Grupo Estação, 252

Grupo Executivo da Indústria Cinematográfica, 254

Guanabara, baía de, 25-6, 33, 378

Guarani, O (Alencar), 28, 217-8

Guarani, O (filme de 1979), 220-1

Guarani, O (filmes de 1908 a 1996), 28

Guarani, O (ópera de Carlos Gomes), 217, 286, 340

Guarani, O (projeto de Bengell), 364, 389

guaranis, índios, 13

Guaranis, Os (peça de Benjamim de Oliveira), 28, 43

Guarda-chuvas do amor, Os, 144-5

Guarnieri, Gianfrancesco, 105, 299

Guarnieri, Gianfresco, 492

Guerasimov, Sergei, 105

Guerra acabou, A, 167

Guerra de Canudos, 80, 334, 354-6, 365, 389-90, 393

Guerra do fim do mundo, A (Vargas Llosa), 354, 356

Guerra dos sexos (telenovela), 393

Guerra e liberdade, 341

Guerra Fria, 96

"Guerra solitária de Glauber, A" (Magalhães), 281

Guerra, Ruy, 14-5, 114, 124, 146, 149, 151, 153-5, 178, 180, 194, 198, 271, 299, 305, 315-6, 343, 345, 387

Guevara, Che, 277

Guia da Folha, 398

Guide des films (org. Tulard), 14, 109, 175, 184

Guindane, Sílvio, 362, 401, 407, 460-1, 488

Guiné-Bissau, 275

Guinness, Alec, 50

Guitry, Sacha, 487

Gullane, Caio e Fabiano, irmãos, 424, 432-3, 436, 440, 452

Gusmão, Mário, 252

Gutenberg, Johannes, 480

Haagensen, Jonathan, 410, 488

Hafenrichter, Oswald, 65, 262

Hamburguer, Cao, 416

Hamlet (Shakespeare), 82, 201

Hammett, Dashiell, 372

Hand, Harry, 89

Hannah, Daryl, 320

Hans Staden, 207, 416, 430

Hansen, Kate, 295

Havana, Festival de, 82, 368

Hawks, Howard, 160

haxixe, 285

Hayden, Sterling, 178, 498

Hayworth, Rita, 50, 52, 358

Heffner, Hernani, 487

Helena, Heloísa, 332

Heliópolis, 423

Help!, 161

Henderson, Alexandre, 401

Henricão, 81-2

Henry, Mike, 487

Herdeiros, Os, 14, 174-5

Herrmann, Bernard, 291, 510

Herzog, Werner, 222, 320

Hessling, Catherine, 62

Heston, Charlton, 92

Hingst, Sérgio, 100

hippie, estética, 202, 214

Hiroshima, meu amor, 107, 114, 155

Hirszman, Leon, 126, 133, 146, 151, 166, 181-4, 193-4, 225, 255, 269, 299, 492, 501

Histoire d'un voyage en terre de Brésil (Léry), 503, 505

Histoire du cinéma en deux volumes
(Bardèche & Brasillach), 14
história do Brasil, 16, 174, 177, 227,
279, 356
História do Brasil (documentário), 279
História do cinema brasileiro (Ramos),
228
História ilustrada do cinema brasileiro
(Paiva), 228
História ilustrada dos filmes brasileiros,
1929-1988 (Paiva), 73
História visual do cinema brasileiro
(Monteiro), 145
Hitchcock, Alfred, 45, 429, 495
Hitler, Adolf, 94
Hoffmann, E. T. A., 75
Hollywood, 16-7, 19, 29-31, 36-7, 39,
47, 53, 57, 64, 74, 85, 91, 101, 118,
132, 163, 249, 257-8, 289, 319-22,
336-7, 358, 370, 432, 438, 477, 485,
519
Homem da capa preta, O, 305
Homem do ano, O, 433-4, 439
Homem do pau-brasil, O, 205
Homem do Sputnik, O, 96, 154
Homem nu, O, 460
Homem que copiava, O, 324, 423,
443-4
Homem que virou suco, O, 302, 436
homo brasilis, 147, 197, 216, 360, 374,
394-5
homossexualidade/homossexuais,
192, 251, 420, 422, 449
Hora da estrela, A, 302, 305, 314, 323,
365, 417, 436
Hora e a vez de Augusto Matraga, A,
106, 190
Hora mágica, A, 357-8
Hora marcada, A, 439-40, 498

Hotel clandestino, 107
Houve uma vez dois verões, 443
Huelva, Festival de, 511
Hugo, Victor, 291, 414
Hunter, Jeffrey, 91
Hurt, William, 91, 289, 320
Huston, John, 372

Ibéria Cinematográfica, 238
Ibotirama (Bahia), 427
Icsey, Rudolf, 99, 257, 508
Idade da terra, A, 82, 174, 180, 273,
275, 278-9, 281-5, 306-7
Idade do ouro, A, 278
Idade Média, 148, 220, 480
identidade brasileira, 68, 107, 206, 208,
336, 395, 457
IDHEC (Institut des Hautes Études
Cinématographiques), 64, 120, 153,
166, 345
Ídolo caído, O, 65
Ignez, Helena, 193, 247-8, 496, 516,
521
Igreja católica, 152, 168, 278, 394
igreja de Congonhas, 451
Ileli, Jorge, 51, 57, 495
Ilha das flores, 238, 323-4, 431, 443
Ilha do dr. Moreau, A, 435
Ilhabela, 67, 72, 75
Ilhéus, 179
Iluminações (Rimbaud), 286
Império de Napoleão, O, 286
Império dos sentidos, O, 417
Incompreendidos, Os, 114, 174
Inconfidência mineira, 36, 39, 44, 53
Inconfidentes, Os, 204, 260, 262-4
Independência do Brasil (1822), 177,
199, 260, 332

549

Independência ou morte, 199, 260-4, 270, 332, 348

Índia, 19

Índia, a filha do sol, 221, 226

Indiana Jones, 329

indianista, literatura, 29, 216-21, 249, 364, 456

índios, 13, 114, 117, 178, 206-8, 210, 214, 217, 219-20, 223, 227-30, 250, 264-5, 271, 278, 320, 339, 374, 382, 405, 430, 449, 456, 471-3, 480, 485, 506, 520

Indochina, 109

"indústria da miséria", 421

Infância dos mortos, 289

infância marginalizada, 288

Inferno na torre, 256

Ingênuo, O (Voltaire), 207, 219

Inglaterra, 19, 62-3, 82, 91, 118, 237, 307

inglês, idioma, 37, 296, 315-7, 319, 321, 334, 344, 346, 366, 371-2

Inhumaine, L', 62

Inquilinos, Os, 519

Inspetor, O, 323

Instituto Cubano de Arte e Indústria Cinematográfica, 279

Instituto Nacional de Cinema (INC), 76, 87, 175, 254, 270

Instituto Nacional do Cinema Educativo (INCE), 94, 152, 253

Instituto Português de Cinema, 284

Intrusa, A, 98, 192

Invasor, O, 440

Ionesco, Eugène, 155, 415, 510

Iório, Átila, 127

Ira de Deus, A, 144

Iracema (Alencar), 216-8

Iracema (filme de 1977), 220

Iracema, a virgem dos lábios de mel (1979), 221

Iracema, uma transa amazônica, 216, 222, 224, 229, 232, 292

Irmãos de fé, 390, 453

Ironweed, 289, 320

Irving, Amy, 396

Isabella, 154, 168

Israel, 98

IstoÉ (revista), 178

IstoÉ: Novo cinema brasileiro (coleção de vídeo), 348

Itália, 64, 91, 95, 105, 118, 199, 276, 279, 280, 346, 461, 485, 503

Itaparica, 209

Ivanhoé (Scott), 220

Ivens, Joris, 105

Jabor, Arnaldo, 175, 198, 208-9, 258-9, 270-1, 292-3, 305, 399, 404, 501

Jaçanã, bairro de (São Paulo), 86

Jacarepaguá, 34, 398, 453

Jacobbi, Ruggero, 66

Jagger, Mick, 372

James Bond, 55, 379

Jangada, 38

Jansen, William, 34

Japão, 19, 85, 98, 274, 374

Japeri, 158

japoneses no Brasil, 274

Japu, aldeia de (Maranhão), 227

Jardel Filho, 169, 171

Jardim de guerra, 247

Jardim dos Finzi-Contini, O, 370

Jardim, João, 93

Jardineiro fiel, O, 414

Jarman, Derek, 504

Jarry, Alfred, 202

Jefferson De, 465, 467

Jenipapo, 315, 366-7
Jerônimo, São, 390
jesuítas, padres, 265, 464, 472, 481
Jesus Cristo, 82, 148, 269, 276, 282-3, 390, 437
Joanna francesa, 158-9, 175, 214, 215, 267, 287, 318, 368
João da Mata, 74, 490
João Gilberto, 110, 372
João ninguém, 42
João Ninguém, 487
João VI, d., 332, 334
Jobim, Tom, 109-10, 184, 258, 372, 397, 399, 491
Joffily, Felipe, 448
Joffily, José, 291, 365
John, Kennedy, 95
Jolie, Angelina, 511
Jonas, George, 393
Jorjamado no cinema, 281
Jornal da Tarde, 104, 222
Jornal do Brasil, 40, 180, 241, 306, 327, 441, 468, 485, 487
jornalismo, 135, 222, 393
Jubiabá, 122, 124, 459
Jubiabá (Amado), 200
Judeia, 390
Judeu, O, 366
judeus, 181, 462, 464
Juiz de Fora (MG), 191
Juliana do amor perdido, 252
Justos, Os, 130
Juventude, 120

Kadiweu (índio), 229
Kael, Pauline, 289
Kafka, Franz, 297, 458
Kardec, Allan, 520
Karina, Anna, 154, 168

Karlovy Vary, Festival de, 101, 163
Katukina, Benjamim André Shre, 471, 480
Kaye, Danny, 50
Kelly, Gene, 97
Kemeny, Adalberto, 38, 61, 68
Kenoma, 344, 357, 359, 360, 378, 392, 416, 427, 433, 435-6
kenoma (significado grego), 359
Kerska, Maria, 76
Khouri, Walter Hugo, 90, 99-101, 125-6, 132, 187-8, 194, 242, 249, 293, 295, 301, 306, 315-6, 319, 345-6, 454, 459, 497, 508
Khouri, Wilfred, 188
Khouri, William, 90
Kiel, Richard, 379
Kieslowski, Krzysztof, 320
Kika, 316
Kikitos (Festival de Gramado), 468
Kinetópolis, projeto de, 29, 61
Kinofilmes, 86-7
Kiss, Cássia, 428
kitsch, estética, 243, 358
Klotzel, André, 323, 512
Kovensky, Hugo, 360, 418
Krajberg, Franz, 514
Kuarup, 15
Kubitschek, Juscelino, 103, 253, 296
Kubrick, Stanley, 518
Kurosawa, Akira, 372
Kusturica, Emir, 413

L'Herbier, Marcel, 62
Labaki, Amir, 164, 196, 323, 337-8, 417
Lábios sem beijos, 30, 35
Lacerda, Carlos, 165, 170
Lacerda, Ravi Ramos, 427
Lacerda, Thiago, 451

Ladrões de cinema, 271
Lafond, Monique, 295
Lafont, Bernadette, 154
Lage, condes, 72
Lage, Eliane, 66, 68, 72-4, 81, 100
Lamarca, 366
Lamarca, Tânia, 456
Lambada — o filme, 464
Lampião (Virgulino Ferreira da Silva), 77, 94, 177, 348-9, 391
Lampião, o rei do cangaço, 205, 262, 386
Lane, Virginia, 95-6, 506, 519
Lang, Fritz, 20, 146, 358
Lang, Jack, 318
Langlois, Henri, 18, 120, 486
Lanna, Sylvio, 247-8
Lapa, bairro da (Rio de Janeiro), 271
Lara, Odette, 99, 123, 154, 174, 188, 422, 516
latim, 357, 390, 504, 516
Latitude zero, 378, 383, 392, 416, 437-8
Latorraca, Ney, 265
Lattuada, Alberto, 490
Laurelli, Glauco Mirko, 257
Lavoura arcaica, 365, 381-2, 416, 437
Leal, António, 28
Leal, Leandra, 344
Leão de Bronze (Veneza), 19, 81, 97
Leão de Ouro (Veneza), 299
Leão de sete cabeças, O, 15, 140, 174, 275, 279
Leão, Nara, 175, 214
Léaud, Jean-Pierre, 174, 275, 277
Lee, Fred, 58
Lee, Rita, 314
Lee, Spike, 413
Lei do Audiovisual (1992), 327-8, 445, 474, 478

Lei do Complemento Nacional (1932), 71, 94, 253
Lei Rouanet (Lei de Incentivo à Cultura — 1991), 327-8, 478
Leme, Guilherme, 301
Lemmertz, Lilian, 271, 295, 358, 360, 366, 462
Lenda de Ubirajara, A, 221
Leonardo, José Gonçalves, 47
Leone, Sergio, 177, 340
Leonora dos sete mares, 87, 98, 160
Léry, Jean de, 201, 219, 505
Lessa, Bia, 389
Lettres françaises, Les (Capdelac), 179
Lévi-Strauss, Claude, 216, 220, 224-5, 229, 231, 503-6
Lewgoy, José, 56, 153, 315, 358
Liberato, Ingra, 432
Libertinas, As, 248-9
Lição de amor, 271
Lilian M.: Relatório confidencial, 301, 418
Lima Jr., Walter, 146, 160, 189, 198, 210, 228, 244, 280, 315, 343-4, 355, 406, 463, 501-2
Lima, Antônio, 248
Lima, Eduardo Souza, 411, 447
Lima, Gilvan e Genivaldo, 127
Limite, 31, 35, 120-1, 125, 300, 316
Linder, Max, 28
Linha de passe, 410, 511, 514
Lins, Paulo, 404
Lira do delírio, A, 280, 501
Lira paulistana, 396
Lisbela e o prisioneiro, 20
Lisboa, Festival de, 128, 159
Lispector, Clarice, 365
Listomania, 449
Liszt, Franz, 449

Lithgow, John, 320
Littín, Miguel, 388
Loach, Ken, 157, 237
Lobato, Monteiro, 86, 457
Locarno, Festival de, 163, 289, 298
Lombardi, Ugo, 66
Londres, 26, 247
Lopes, Sidnei Paiva, 191
Loren, Sophia, 368
Lorenzaccio (Musset), 166
Los Angeles, 289
Losey, Joseph, 518
Lost Zweig, 464
Louzeiro, José, 289
Lua de cristal, 275, 453-4
Lua de fel, 316
Lua negra, 213
Luar sobre Parador, 320
Lucas, George, 300
Lucinda, Elisa, 379, 461
Lúcio Flávio, o passageiro da agonia, 125, 271, 305-6, 424
Lucíola, 28, 266
Lufti, Dib, 170, 175, 180, 186
Lula, filho do Brasil, 452, 510
Lumière, irmãos, 10, 26, 46, 135, 458
Lunas, Marcelo, 445
Lund, Kátia, 17, 364, 381, 383, 405, 412-3, 431
Lustig, Rodolfo Rex, 61, 68
luta de classes, 82, 143, 310
Luz apagada, 66
Luz de meus olhos, 489
Luz dos meus olhos, 43
Luz, bairro da (São Paulo), 248
Lyon, 10
Lyra, Kate, 294

MacDonald, Jeannette, 91
Macedo, Eliana, 56
Macedo, Joaquim Manoel de, 257
Macedo, Watson, 45, 52-6, 97, 160
Macedo, Zezé, 96
Macedônia, 368
Machado, Aníbal, 191-2, 256
Machado, Sérgio, 381-2, 423, 429, 520
MacLaren, Norman, 64
Maconha, erva maldita, 38
Macunaíma, 15, 52, 143, 196-8, 201-3, 205, 208-9, 263
Macunaíma (Mário de Andrade), 194, 196, 198, 201, 216, 502-3
"Macuñaima" (ser da mitologia amazônica), 502-3
Madame Bovary (Flaubert), 72, 184, 266
Madame Satã, 17, 232, 381-2, 416, 422, 429, 442, 464-5, 511, 517-8
Mademoiselle Cinema, 35
Madri, 342
Magalhães, Ana Maria, 212, 227, 281-2, 417
Magalhães, Yoná, 145, 498, 515
Magnani, Umberto, 420
Mahler, 449
Mahler, Gustav, 449
Maia, Nuno Leal, 221
Maior amor do mundo, O, 112, 343
Maioria absoluta, 182
Mairiporã, 89
Málaga, 50-1
Malle, Louis, 201, 213, 295, 459, 503
Malraux, André, 89, 491
Manaus, 28, 202, 446
Manchete (revista), 81, 222
Manchete, TV, 312, 463
Mandacaru vermelho, 123-4

Manga, Carlos, 45, 48, 51, 53, 65, 96, 345
Mangue bangue, 247
Mangueira (escola de samba), 156
Mangueira, morro da, 237
"Manhã de Carnaval" (canção), 109
Manifesto antropofágico (1928), 200-1, 203, 205, 208, 217, 381
Manifesto da poesia pau-brasil (Oswald de Andrade), 195, 200
Manifesto de Brasília (1998), 474
Manifesto do Cinema Cafajeste, 235
Manifesto regionalista (1926), 200
Mankiewicz, Joseph, 36
Manoel Carlos, 466, 520
Mansur, Fauzi, 221
Maomé, 276
Mãos sangrentas, 87, 98, 113, 160, 192
Mãos sujas, As (Sartre), 172
Mapa (revista), 130
Mapa Filmes, 228
Maputo, 153
Mar de rosas, 450
Marais, Jean, 153, 493
Maranhão, Luiza, 141-3, 154, 158-9
Marcorelles, Louis, 144
Marcos Paulo, 466
Mardore, Michel, 498
Maré, nossa história de amor, 339
Margem, A, 235-7, 244
Maria Bethânia, 214
Maria Bonita, rainha do cangaço, 262
Maria Fernanda, 45, 66
Maria Flor, 519
Maria, mãe do filho de Deus, 390, 437, 453
Marília (sp), 191
Marinetti, Filippo, 199, 503
Marinho, Roberto, 170, 310, 369

Marins, José Mojica (Zé do Caixão), 206, 235, 238-9, 241, 244, 248, 250, 418, 434, 507
Mário Sérgio, 68, 74, 99-100
Maristela, 58, 83, 86-7, 89, 98, 105-6, 160, 183, 508
Marker, Chris, 135-6
Marreco, José, 266
Marrocos, 247
Marselha, 284
Marselhesa (hino), 391
Martinez, José Celso, 517
Mártir da independência, 264
Marvada carne, 323, 330
Marx, Karl, 274
marxismo, 195, 279
Masagão, Marcelo, 474
Masculino feminino, 174
Masina, Giuletta, 290
Masp (Museu de Arte de São Paulo), 61, 72
mass medias, 20
massacre da igreja da Candelária (1993), 441-2
Massaini, Oswaldo, 261-2, 348, 389, 391
Mastroianni, Marcello, 258, 322
Matadores, Os, 416, 438-9
Matar ou correr, 49, 51, 54, 96
Matar ou morrer, 54
Matarazzo, Ciccillo, 72
Matarazzo, família, 61, 86
Matarazzo, Yolanda, 72
Mathiessen, Peter, 320
Mato Grosso, 228, 382, 480
Matou a família e foi ao cinema, 245
Matozinho, Paulo, 121, 457
Matta, Roberto da, 227
Maupassant, Guy de, 387, 510

Mauro, André Felippe, 486
Mauro, Humberto, 27-8, 30-1, 35-6, 39, 65, 94, 128, 132, 134, 207, 217, 253, 265, 381, 400-1, 478, 519
Mauvaise Vague, 232
Mauvaises rencontres, Les, 107
Mazursky, Paul, 320
Mazzaropi, Amácio, 47, 83-4, 90, 239, 395, 491
Médici, Emílio Garrastazu (general), 261
Medina, José, 29
Meira, Tarcísio, 261-2, 310, 466
Meireles, Cecília, 45, 129-30, 204, 263
Meirelles, Fernando, 17, 290, 292, 364, 381, 405, 408, 412, 426, 479, 519-20
Méliès, Georges, 30
Mello, Breno, 111-3, 493
Mello, Fernando Collor de, 11, 312-4, 317-9, 325-7, 329, 341, 346, 373, 443, 445
Mello, Selton, 394, 396, 437
Mello, Zélia Cardoso de, 373
Melo Neto, João Cabral de, 129, 228
melodramas, 28, 43-4, 55, 57-8, 64, 66, 72, 167, 268, 318, 321, 333, 341, 343, 383, 403
Mémoires de Sophie, Les (Desmarets), 162
Memórias da telenovela brasileira (Fernandes), 311
Memórias de um gigolô, 268
Memórias do cárcere, 298, 303, 343
Memórias póstumas de Brás Cubas, 343
Mendes, Cassiano Gabus, 90
Mendes, Otávio Gabus, 30
Meneghel, Xuxa, 275, 295, 346, 362, 453-5, 457
Menezes, Glória, 261-2, 310

Menezes, Sérgio, 466
Meninas, As, 365
Menino de engenho, 189, 210, 228, 280, 343
Menino do Rio, 194
Menino e o vento, O, 98, 191-3
Menino maluquinho, O, 402, 455
Mensageiro, O, 518
Mercosul, 98
Merinow, Victor, 100
Merten, Luiz Carlos, 34, 245, 386, 421, 438, 499, 508
Mesquitinha, 42, 52, 88, 487
Messalina, 29
Mestres loucos, Os, 385
metáforas, 44, 101, 127, 130, 153, 164, 173, 175, 197, 212, 214, 217, 271, 276, 297-8, 344, 350, 359, 368, 389, 405, 416, 487
Metro Goldwyn Mayer, 54, 90, 257, 322
Metrópolis, 146
Meu destino é pecar, 183, 495
"Meu limão meu limoeiro" (canção), 490
Meu pedacinho de chão (telenovela), 518
Meu tio matou um cara, 324, 339, 410, 423, 443-4
Meus amores no Rio, 123
México, 33, 66, 74, 108, 186, 289, 297, 302, 310
Michaux, Henri, 357
Migliori, Gabriel, 76, 77, 79, 163-4
Mignone, Francisco, 68, 81, 186
Mil e uma noites, As (contos), 332
"milagre econômico" brasileiro (anos 1970), 293, 297
Milagres (Bahia), 154, 176, 380

Miller, Henry, 187
Minas Gerais, 27, 36, 42, 52, 77, 152, 192, 259, 359, 511
Ministério da Cultura, 318, 328, 445
Ministério da Educação, 94, 305
Ministério da Justiça, 94
Ministério do Trabalho, 94
Minnelli, Vincente, 97, 112, 396
"Miragem de Carnaval" (canção), 342
Miramax, 317, 411, 444, 452
Miranda, Ana, 430
Miranda, Aurora, 47
Miranda, Carmen, 19, 31, 34, 39, 47, 57, 59, 175, 206, 257, 343, 417, 432, 477, 489
Miranda, Luís Felipe, 487
miserabilismo, 138-9, 400-1
Miseráveis, Os (Hugo), 291; 414
Mistério de São Paulo, O, 86
Mistério na ilha de Vênus, 385
mitologias africanas, 110
Moçambique, 153
Mocarzel, Evaldo, 442
Modernismo, 198
Moleque Tião, 20, 41-3, 51
Molière, 48, 183, 394
Molinaro, Edouard, 494
MoMA (Museu de Arte Moderna de Nova York), 239, 241, 301, 331
Monde, Le, 145, 162, 282, 371
Monge e a filha do carrasco, O, 315, 344
Monicelli, Mario, 432
Monjardim, Jayme, 93, 335
Monroe, Marilyn, 95
Monstro Caraíba, O, 247
Monstros de Babaloo, Os, 247
Montaigne, Michel de, 201, 207, 219, 504-5

Monteiro, José Carlos, 81, 145, 194, 298, 301
Montenegro, Fernanda, 50, 175, 182, 364, 368, 377, 405, 488, 501-2, 511, 514
Montesquieu, 268
Montevidéu, Festival de, 104
Mooca, bairro da (São Paulo), 106, 418
Moore, Julianne, 511
Moraes, Alinne, 520
Moraes, Vinicius de, 108-12, 129, 184, 193, 397, 418, 458, 491
Moravia, Alberto, 282
Moreau, Jeanne, 159, 175, 215, 499-500, 504
Moreira Salles, família, 511-2
Moreira, Roberto, 426
Morelenbaum, Jacques, 335
Moreninha, A (Macedo), 257
Moreno, Alexandre, 402, 466, 488-9
Moreno, Antônio, 192
Morineau, Antoinette, 86
Morineau, Henriette, 86
Morte comanda o cangaço, A, 123, 205, 262
Morte e vida severina, 228, 255
Morto que ri, O, 62
Mortos sem sepultura, 130
Mossy, Carlo, 252, 266
Motta, Zezé, 111, 259, 267, 314, 331, 342, 401, 460-1, 466
Moura, Edgar, 274
Moura, Wagner, 498, 517
Mourão, Mara, 432, 461
Movimento Revolucionário Oito de Outubro, 367
MPB, 156, 342, 434
Mulher, 30

Mulher de verdade, 86-8

Mulher fatal encontra o homem ideal, A, 324

"Mulher rendeira" (canção), 77, 349, 490

mulheres cineastas, proliferação de, 339

Mulheres de cinema, 516

Mulheres do Brasil, 357, 432

Mulheres e luzes, 490

Müller, Anna Luiza, 427

Multifilmes, 89-90

Muna Moto, 505

Muniz, Myrian, 441

Murat, Lúcia, 430

Murnau, F. W., 142

Museu da Imagem e do Som do Rio de Janeiro (MIS), 169

Museu da República, 471-2

Museu de Arte de São Paulo *ver* Masp

Museu de Arte Moderna da Bahia, 130

Musset, Alfred de, 166

Mussolini, Benito, 94

Mussum (comediante), 361

Mythes du sertão: émergence d'une identité nationale, Les (Debs), 347

Na boca do mundo, 269, 467

Na garganta do diabo, 188

Na primavera da vida, 27

Na senda do crime, 66

Na solidão da noite, 62

Nachtergaele, Matheus, 47, 394, 395

nacionalismo, 124, 199-200, 205, 251, 260, 264, 313

Nadando em dinheiro, 66, 84

Nagib, Lúcia, 321, 487

Nanini, Marco, 334

Nanni, Rodolfo, 86, 101-2, 121-2, 345-6, 457, 495

Não adianta chorar, 41, 45, 49

Napoleão, 414

Naranjo Sotomayor, René, 313, 335, 356, 369, 439

Narciso rap, 468

Narradores de Javé, 435

Nascimento dos deuses, O, 279, 281

Nascimento, Abdias do, 467, 487, 493

Nascimento, Milton, 342

Nascimento, Norton, 333, 460-2, 488

Nascimento, Sandro do, 441-2

Nassar, Raduan, 360, 365, 437

Nassau, Maurício de, 264

Natal da Portela, 343

Natal-Dakar, linha aérea, 463

naturalismo, 164, 185, 216-7, 290, 302, 400, 406, 437, 441

Náusea, A (Sartre), 173, 500

Navalha na carne, 365

Nazareth, Ernesto, 186

nazismo, 298

Nedjar, Didier, 331

Negação do Brasil, A (Araújo), 455, 465

Negação do Brasil, A (documentário), 465, 467

Negro, rio, 227

Nelson Freire, 381

Nem Sansão nem Dalila, 50, 53, 56

Neorrealismo, 20, 64, 88, 99, 101, 106, 122, 134, 185, 247, 337

Nerval, Gérard de, 291

Neschling, John, 274, 291

Neves, David, 133

New York Times, The, 289

New Yorker (revista), 289

News for the navy, 64

Nhô Anastácio chegou de viagem, 47

Nicholson, Jack, 289, 320
Niemeyer, Oscar, 63, 112
Nijinski, Vaslav, 50
Nil, Eva, 516
Nina, 317, 416, 433, 440
No Brasil depois de abril, 167
No mundo da lua, 160
No país dos tenentes, 306
Nogueira, Ana Beatriz, 302-3, 313, 366
noir, filmes/estilo, 57, 64, 66, 125, 160, 184, 205, 297, 429, 434, 438
Noite vazia, 90, 100, 126, 187-8, 293, 301, 508
Noites cariocas, 42
Noiva de Frankenstein, A, 435
Noke haweti?, 471, 480
Nordeste brasileiro, 77, 88, 94, 124, 126, 130, 146, 149, 157, 165, 175, 180, 183, 195, 200, 214, 288, 312, 318, 347, 358, 378, 387, 389, 392, 394, 397, 424, 459
"nordestern", gênero, 77
Noronha, Linduarte, 130
Nós do Morro (grupo), 410
Nos tempos de Tibério César, 511
Nosferatu no Brasil, 248, 435
Nossa aventura na tela (Souza), 145
Notícias de uma guerra particular, 381, 383, 412, 431, 435
Nouvel Observateur, Le, 15
Nouvelle Vague, 20, 97, 99, 107, 114, 116-7, 135, 152-4, 156, 160, 163, 167, 174, 186-7, 195, 246, 275, 337, 370, 492
Nova York, 188, 239, 247, 272, 279, 289-90, 302, 331, 336, 449
Novak, Kim, 92
novelas radiofônicas, 310

"Novos caminhos do cinema brasileiro" (retrospectiva), 270
Nunca fomos tão felizes, 298, 303, 323
Nunes, Benedito, 201
Nunes, Vera, 44

Ó pai, ó, 423, 465, 511
O que é isso, companheiro?, 113, 366-8, 519
"O que é que a baiana tem?" (canção), 39
"O que será" (canção), 256
O'Black, Vinícius, 488
Obama, Barack, 493
Oberon, Merle, 450
Objeto não identificado, 211
Ódiquê?, 448
Ohana, Cláudia, 299, 315
Oiticica, Hélio, 203
Olga, 93, 335, 393
Oliveira, André Luís de, 221
Oliveira, Benjamin de, 28, 43
Oliveira, Daniel de, 452
Oliveira, Denoy de, 357
Oliveira, Domingos de, 193, 206, 357, 513
Oliveira, Lourdes de, 112-3
Oliveira, Vinícius de, 362, 368, 410, 514
Omar, Artur, 216, 220, 229-31, 323, 473
Onda no ar, Uma, 59, 401-3, 407, 465
Onde a terra acaba, 35, 429
Ônibus 174, 431, 441-2
Onofre, Waldyr, 269, 271, 459, 467, 499
Ópera do malandro, 299, 305
Ophüls, Max, 449
orçamento da Cultura no Brasil, 445

Orfeu (filme de 1999), 111, 259, 339, 343, 396-401, 403-4, 407, 462-4

Orfeu da Conceição (Vinicius de Moraes), 107-8, 112, 397, 399, 462, 464, 491

Orfeu e Eurídice, mito grego de, 110

Orfeu negro, 15, 68, 106-9, 111-4, 149, 166, 368, 397, 458, 460, 491, 493

Orff, Carl, 498

Organização Católica Internacional do Cinema e do Audiovisual (ocic), 128

Organização dos Estados Americanos (oea), 204

Orgulho, 74

Oricchio, Zanin, 212, 358, 418

Orico, Vanja, 74, 77, 153, 490

Origem dos meus sonhos, A (Obama), 493

Oriundi, 332, 366

Ornellas, Danielle, 399

Oroz, Sílvia, 341, 487

"Orphée noir, L'" (Sartre), 493

Orquídea selvagem, 319

Ortiz, José Mario, 487

Oscar, 15, 17, 47, 108, 113, 320, 334, 336, 349, 364, 366-70, 411, 413, 451, 468

Oscarito, 20, 41, 45, 49-53, 56-7, 96, 252, 332, 395

Osso, amor e papagaios, 90

Ostra e o vento, A, 344

Outro lado da rua, O, 514

P'tite Lili, La, 62, 69

Pabst, Georg Wilhelm, 501

Padilha, José, 442, 519

"Padre e a moça, O" (Drummond de Andrade), 193

Padre e a moça, O, 166, 193-4, 204

Paes, Dira, 226, 351, 410, 420, 425, 436, 517

Paes, Juliana, 466

Pagador de promessas, O, 114, 146, 152, 158, 161, 163-4, 189, 262, 311, 368, 440

Páginas da vida (telenovela), 513

"Pai contra mãe" (Machado de Assis), 421

Painel, 451

Paiol velho, 73

País do Carnaval, O (Amado), 200

Paiva, Marcelo Rubens, 240, 298

Paiva, Salvyano Cavalcanti de, 73, 100, 125, 142, 144, 151, 167, 170, 176, 182, 186, 228, 237, 239, 241, 264, 282, 294, 307

Paixão de Cristo, A, 504

Paixão de gaúcho, 90

Paixão de Jacobina, A, 451

Paixão e sombras, 294

Paixão na praia, 268

Paixão perdida, 346, 460, 517

Paixão selvagem, 238

Palácio de São Cristóvão (Rio de Janeiro), 30

Palácio dos anjos, 294

Palácio dos anjos, O, 90, 249

Palestina, 390

Palma de Ouro (Cannes), 108, 114, 144, 158, 161-3, 166

Palmeira dos Índios (Alagoas), 154

Palmeira, Marcos, 229, 450

Palmer, Lilli, 81

Paltrow, Gwyneth, 368

Pan-American, 57

Pantanal, 312

Pão de Açúcar, 55, 102, 110, 139, 375
Papai fanfarrão, 96
Papas, Irene, 162
Papatakis, Nico, 450
Paraguai, 160, 341, 439
Parahyba, mulher macho, 275
Paraíba, 27, 297, 394
Paramount, 27
Paranaguá, Paulo Antônio, 16, 27, 226, 251-2, 254, 257, 305, 487, 491, 506
Paraty, 212, 257, 320
Parente, Nildo, 212
Paris, 11, 26, 28, 52, 62, 71-2, 85, 112, 132, 153, 175, 188, 200, 214, 239, 246, 272, 279, 284, 308, 331, 336, 341, 342, 344, 371, 396, 477
Paris-Match (revista), 406-7
Partido Comunista Brasileiro, 93, 105
Partido dos Trabalhadores, 299
Partilha, A, 357
Pasolini, Pier Paolo, 247
Pasquale, Frédéric de, 213
Passageiro, O, 498
Passarinho, Jarbas, 259-60, 270, 274
Passek, Jean-Loup, 323
pastiche, 52, 54, 333
Pastores da noite, Os, 107
paternalismo, 136-7, 163, 238, 481
Pathé-Journal, 135
Pátio, 131
Pátria minha (telenovela), 466
Paula, Betse de, 425, 432
Paulista, TV, 310
Paulo José, 193, 196, 205
Paulo Thiago, 264, 364
Payne, Tom, 19, 65-6, 69, 72-3, 75-6, 81-2, 98, 113, 463, 477
Paz, Guilherme, 212-3

Peck, Gregory, 323
"Pedreiro de São Diogo" (episódio de *Cinco vezes favela*), 151
Pedro I, d., 261, 332
Peixe, Guerra, 68
Peixoto, Floriano, 355
Peixoto, Mário, 31, 35, 132, 300, 429, 459
Pelé, 52, 113, 454, 458
Pellegrino, Hélio, 12
Peluffo, Manuel, 183, 495
Penderecki, Krzysztof, 498
Penna, Hermano, 297, 323
peplums, 29, 53, 356, 486, 511
Pequeno dicionário amoroso, 338, 356, 432
Pêra, Marília, 290, 301, 314, 342, 366, 460, 519
Perdida, 486
Perdidas de amor, 246
Perdidos e malditos, 247
Pereio, Paulo César, 172, 223, 225
Pereira, Agostinho Martins, 83, 90
Pereira, Geraldo Santos, 90, 451
Pereira, José Haroldo, 228
Pereira, Regina Paranhos, 48
Pereira, Renato Santos, 90, 451
Pernambuco, 27, 88, 296, 339, 382, 386, 445
Pérolas da coroa, As, 487
Pérsia, Myriam, 105-6
Person, Luís Sérgio, 186-7, 241, 257, 337, 502
Person, Marina, 502
Perugorria, Jorge, 345
Petit chaperon rouge, Le, 62
Petri, Elio, 187
Petrobras, 411, 452

Picchi, Luigi, 89
Pidgeon, Walter, 91
Pieralisi, Alberto, 66, 102, 268
Pierre et Jean (Maupassant), 510
Pierre, Sylvie, 129, 131, 133, 149, 166, 172, 178, 215, 285, 328, 330, 343, 369, 485
Pilar, Luiz Antônio, 468
Pimenta, Mattos, 487
Pindorama, 90, 175, 198, 208-9, 211, 215, 217, 227, 292
Ping pong (Adamov), 415
Pinter, Harold, 518
Pinto, Fernando Alves, 319, 373, 448
Pipa, Dikongue, 505
Piper, Rudolf, 48
Piranhas do asfalto, 247
Pires, Glória, 221, 226, 336
Pires, Roberto, 130
"Pisada de elefante" (canção), 342
Pitanga, Antônio, 141, 158, 164, 185, 214, 269, 271, 282, 447, 459, 467, 488
Pitanga, Camila, 396, 447
Pitanga, Rocco, 447
Pixinguinha, 186
Pixote, a lei do mais fraco, 15, 232, 273, 289-92, 297, 306-7, 319, 331, 368, 399, 405-6, 408-10, 424, 443, 453
Pizzini, Joel, 500, 521
Plano Cruzado, 305
Plauto, 48
Plínio Marcos, 365
Poitier, Sidney, 44, 399
Polanski, Roman, 316, 446
polinésia, cultura, 201
Politique des auteurs, La (Daney), 11
Pollet, Jean Daniel, 494
Polônia, 118, 368, 485

Pompeo, Augusto, 460-1
Pompeu, Antônio, 464, 467, 499
Pompeu, Maria, 495
Ponette, 407-8
Pons, Gianni, 66
Pontecorvo, Gillo, 105, 269, 496
Ponti, Carlo, 453
Por amor (telenovela), 466
"Por uma estética da fome" (Rocha), 134
pornochanchada, 55, 193, 220, 236, 242, 248-52, 258-9, 261, 266-9, 271, 274, 293-5, 306, 313, 330, 333, 339, 360, 418; *ver também* chanchada
pornografia, 220, 235, 250, 274, 294, 307
Pornógrafo, O, 235
Portinari, Candido, 63
Porto Alegre, 165, 274, 324, 443-5
Porto das caixas, 141, 167, 183, 194
Porto Rico, 322
Portugal, 26, 34, 74, 153, 199, 207, 228, 276, 285, 286, 319, 332, 334, 373, 461, 485
português, idioma, 72, 108, 113, 119, 122, 175, 199, 201, 207-8, 215, 270, 308, 315-6, 430, 456, 471, 477
Possessão, 209
"Povos indígenas retomam o Brasil, Os" (Conferência Indígena), 473
Powell, Jane, 91
Power, Tyrone, 91
Pra frente, Brasil, 297-8, 305
Praça Onze (Rio de Janeiro), 33
Prado, Guilherme de Almeida, 300, 358
Prado, Marisa, 74
Prado, Osmar, 93
Prado, Paulo, 194, 200

Prata, Sebastião Bernardes de Souza *ver* Grande Otelo

Prazer, O, 449

Preisner, Zbigniew, 320

Preminger, Otto, 112

Prêmio Embrafilme, 255

Prêmio Especial de Arte Negra (Senegal), 159

Presença de Anita, 86

Presley, Elvis, 96

Prestes, Luís Carlos, 93

Preto e branco em cores, 370

Primeira Guerra Mundial, 27

Primeira missa, A, 80

Primeira noite, A, 91

Primeiro Congresso da Indústria Cinematográfica, 260, 270

Primeiro Congresso Nacional do Cinema Brasileiro, 36

Primeiro dia, O, 360

Primeiro Festival de Cinema do Brasil, 91

Primeiro Mundo, 139, 422, 455

Príncipe de Nassau, O, 264

Prisioneiro da grade de ferro, O, 424

Prisioneiro do sexo, O, 294

"Problema do conteúdo do cinema brasileiro, O" (Pereira dos Santos), 102

Processo de Joana d'Arc, O, 161

Processo, O (Kafka), 298

Proclamação da República (1889), 26, 177, 355

Proença, Maitê, 358, 443

Professeur de violon, Le, 423

Profissão: Repórter, 316, 375

Projac, 375

Promio, Auguste, 135

protecionismo do cinema nacional (era Vargas), 35, 59, 94, 253

Próxima vítima, A (telenovela), 461, 466

Psicose, 435

Puenzo, Luiz, 323

Puig, Manuel, 320

Pulga na balança, Uma, 66

Punta del Este, Festival de, 67, 76

Pureza, 32, 121, 362, 469

Pureza proibida, 193, 268-9

"Put the blame on Mame" (canção), 52

Puzzi, Nicole, 294-5

Quando o Carnaval chegar, 158, 175, 214

Quanto vale ou é por quilo?, 414, 422, 444

Quatrilho, O, 113, 332, 335-6, 338, 366-8, 510

"Quatro homens numa jangada", 33

Que horas ela volta?, 433

"Que país é este?" (Salles), 378

Que viva México!, 297

quéchua, índios, 13, 472

Queda, A, 271

Queimada, 269

Queiroz, Rachel de, 79, 200

Quem é Beta?, 211-3

Quem é você? (telenovela), 466

Quem matou Anabela?, 87, 508

Quem matou Pixote?, 291, 406, 443

Queneau, Raymond, 201, 503

Querelle, 301, 429

Quilombo, 82, 156-7, 259, 299, 303, 318, 355, 463-4, 467

Quilombo dos Palmares, 157

Quincas berro d'água, 381

Quinn, Anthony, 366
Quinze, O (Queiroz), 200
Quinzena dos Realizadores (Cannes), 255

Rabal, Francisco, 278
Rabelais, François, 201
Raça (revista), 451, 461, 466
rádio, 56, 95, 135, 174, 213, 293, 310, 312, 315, 402
Rádio Nacional, 18, 95, 310, 358
Rainha diaba, A, 271, 422
Rainha morta, A (Montherlant), 166
Raízes do Brasil (Buarque de Holanda), 195
Ramalho Jr., Francisco, 265
Ramos, Fernão, 210, 228, 487
Ramos, Graciliano, 63, 122, 124-6, 200, 298
Ramos, Helena, 220, 249, 266, 294
Ramos, Lázaro, 271, 410, 423, 429, 443, 465, 488, 498
Ramos, Luciano, 225
Ramos, Ortiz, 215, 253, 263, 267
Ramos, Tony, 93
Ranvaud, Donald, 411, 519
Rap do pequeno príncipe, O, 445
"Rascunhos e exercícios" (Sales Gomes), 99
Rasmussen, Eric, 65
Ratton, Helvécio, 59, 402, 520
Ravina, 73, 90-100, 133, 268
Ray, Satyajit, 459
Reali, Cristiana, 345-6
Realidade (revista), 222
realismo, 62, 65, 88, 98, 135, 154, 175, 185, 197, 213, 215, 277, 351, 383, 385, 401, 416, 418, 485, 501
realismo mágico, 215

Rebecca, 45
Rebelião em Milagro, 258, 320
Rebelião em Vila Rica, 90, 451
Recife, 77, 200, 348, 381-2, 386, 445-6
Recife, Festival de, 401, 451, 516
Record, Rede, 310
Redenção, 130-1
Redentor, 317, 434, 439
Redford, Robert, 258, 313, 320, 370
Redgrave, Michael, 518
Reeves, Steve, 486
Regabofe, O (Zola), 131
Régia Filmes, 57
Rego, José Lins do, 32, 189
Rei da vela, O (Oswald de Andrade), 517
Reichenbach, Carlos, 17, 186, 235-6, 239, 248, 301-2, 313-4, 334, 418, 433, 444
Reichenbach, François, 494
Renaud, Line, 493
Renoir, Jean, 62, 459
República Democrática Alemã, 104
República guarani, 464, 472
Resistência Indígena, Negra e Popular, 473
Resnais, Alain, 114, 132, 152, 167
Retomada, 11, 17-9, 36, 139, 258, 302, 314, 316-7, 324, 326, 328, 331, 334, 336, 338-43, 345-6, 348, 352, 354, 356-7, 360, 362-4, 366, 372-3, 381-3, 385, 389, 393, 395-7, 400, 411, 415, 425, 431, 434, 436-8, 441, 445, 453-4, 458, 460, 462, 465, 475, 478-9, 488, 497, 511, 514, 517-9
Retrato do Brasil (Prado), 194
Rêves d'Icare (1940-1970), Les (Desbois), 11

Revisão crítica do cinema brasileiro
(Rocha), 28, 132, 165
Revista de Antropofagia, 200
Revolução de 1930, 93
Revolução de 1930, A, 464
Revolução do Cinema Novo (Rocha),
132, 173, 180, 236-7
Reymond, Cauã, 448
Reynolds, Debbie, 57, 92, 97
Rezende, Daniel, 412
Rezende, Sérgio, 80, 305, 355, 389-90
Ribeirão das Lages, hidroelétrica de,
26
Ribeiro Jr., Severiano, 87
Ribeiro, Darcy, 226, 286
Ribeiro, Emiliano, 365
Ribeiro, Isabel, 516
Ribeiro, João Ubaldo, 298, 415
Ribeiro, Júlio, 266
Ribeiro, Maria, 127-8, 191, 340
Ribeiro, Severiano, 41, 45, 53, 96
Ricardo, Cassiano, 200
Richers, Herbert, 36, 125, 270
Rico ri à toa, 41, 160
Rien que les heures, 62
Rimbaud, Arthur, 284, 286, 521
Rinoceronte (Ionesco), 415, 510
Rio (desenho animado), 519
Rio Babilônia, 247
Rio de Janeiro, 17, 19, 26-31, 33, 36-7,
42, 46-7, 51, 53, 58-9, 61, 83, 92, 94,
96-7, 102-3, 109-10, 112-4, 120-1,
128, 151, 158-9, 167, 181, 184, 194,
200, 204, 206-7, 209, 218, 245, 247-
8, 252, 256, 268, 270, 283, 293, 308,
314-6, 321, 327, 339-41, 356, 359,
374-6, 378, 381-2, 396-8, 400, 405,
408, 418, 443, 445, 449, 464, 471,
480, 518

Rio do arrozal sangrento, O, 107
Rio fantasia, 97
Rio Grande do Norte, 520
Rio Grande do Sul, 27, 324, 443, 485
Rio Show (revista), 412
Rio, 40 graus, 97, 99, 101-4, 118, 120,
122-3, 127, 129, 136, 151, 159, 160,
195, 289, 299, 362, 399, 414, 459,
469
Rio, eu te amo, 519
Rio, verão & amor, 194
Rio, zona norte, 43, 87, 97, 101, 104,
123, 181
Rio, zona sul, 104, 123
RioFilme, 306, 327-8, 335
Ripper, Luiz Carlos, 175, 209, 212
Rita Cadillac, 433
Ritual dos sádicos, 240
road movie, 17, 368, 429
Robbe-Grillet, Alain, 132, 155, 188,
498
Roberto Carlos, 454
*Roberto Carlos e o diamante cor-de-
-rosa,* 161
Roberto Carlos em ritmo de aventura,
161
Robinson Crusoé (Defoe), 332
Robinson, Edward G., 91
Robocop, 519
Rocha, Anecy, 154, 174, 184-5, 210,
280, 501
Rocha, Glauber, 11-2, 14-5, 28, 33, 68,
80, 99, 114, 116, 128-32, 134-49,
152, 155, 157-8, 160, 165-6, 168-71,
173-4, 176, 178, 180-1, 184-5, 190,
193-4, 197-8, 204-5, 214, 228, 232,
236-7, 239, 241, 243-4, 248, 269,
273, 275, 277-86, 296, 298, 307,
327-8, 330, 340, 345, 348-51, 385-

388, 390, 412, 418, 450, 467, 473, 477, 479-81, 492, 496-7, 499-501, 507, 509-10, 521
Rocha, Lúcia, 284, 286, 510
Rocha, Paloma, 500, 521
Rodrigues, Dulce, 124
Rodrigues, Joffre, 319, 344, 365
Rodrigues, Márcia, 193-4
Rodrigues, Nelson, 124-5, 182, 183, 205, 259, 270, 319, 365, 418, 434, 493, 495, 501, 504
Rohmer, Eric, 357
Roma, 26, 187-8, 246, 279-80, 432, 490
Romance da empregada, 322
Romanceiro da Inconfidência (Cecília Meireles), 204, 263
romantismo, 28, 228
Romeu e Julieta (Shakespeare), 219, 332, 463
Rondon, Cândido, marechal, 217, 446
Rookie, 258, 320
Rookie, um profissional do perigo, 258
Roquette-Pinto, Edgar, 94, 207, 217
Rosa dos ventos, 87, 104-5
Rosa, Guimarães, 191, 340, 351
Rosemburgo, Regina, 213, 511
Rosi, Francesco, 187
Rossellini, Renzo, 279
Rossellini, Roberto, 75, 97, 103, 133-4
Rossi, Marcelo, padre, 520
Rotary Club, 487
Roterdam, Festival de, 301, 418
Rouch, Jean, 18, 112, 135-6, 143, 385, 485, 496
Roulien, Raul, 29, 30, 36-9, 94-5
Rouquier, Georges, 153
Rousseau, Jean-Jacques, 201, 219
Rousseff, Dilma, 445, 513
Rovai, Pedro Carlos, 250

Rozenbaum, Priscilla, 513
Rozier, Jacques, 494
Ruman, Michal, 416, 455
Ruschel, Alberto, 74
Rush, Barbara, 91
Russell, Ken, 209, 449
Rússia, 105, 274
Ruttmann, Walter, 61

Sabor da paixão, 517
Saci, O, 86, 101-2, 121-2, 127, 361-2, 457, 469
Sadoul, Georges, 15, 18, 81, 160, 223, 485
Safra, Vicky, 520
Sagrada família, 247
Sai da frente, 66, 84
Saint-Cyr, Renée, 42
salário mínimo, instauração do (1940), 94
Salce, Luciano, 64, 66, 69, 75
Saldanha, Carlos, 519
Salem, Helena, 49, 50, 83, 105, 119, 120, 487
Salgado, Plínio, 200
Salgado, Sebastião, 33, 62, 131, 373, 414
Salles, Almeida, 67, 242
Salles, João Moreira, 381, 383, 412, 431, 435, 510
Salles, Murilo, 298, 303, 323, 362, 406, 446, 447
Salles, Walter, 10, 15, 17, 50, 104, 125, 173, 186, 290, 292, 315-9, 338, 340-1, 360, 364, 367, 369-72, 374, 377-81, 383, 410, 411, 427-8, 434-7, 452-3, 478-9, 488, 498, 511, 514
Salò, 247
Saltimbancos Trapalhões, Os, 361

Salvador (Bahia), 129-30, 209, 283, 429

samba, 31, 44, 55, 102-3, 108-10, 143, 156, 376, 401, 457, 458, 500

"Samba do grande amor" (canção), 342

Samba em Berlim, 34, 57, 95

Sampaio, Oswaldo, 19, 66, 80

San Francisco, Festival de, 163

San Sebastian, Festival de, 289, 368

Saneamento básico, 324

Sangue mineiro, 27, 35

Sangue ruim, 501

Sanjinés, Jorge, 388, 472, 505

Santa Catarina, 302, 382, 464

Santa Marta, duas semanas no morro, 431

Santana, Dedé, 361

Santiago, 381

Santiago (mordomo), 435

Santiago, Ilda, 508

Santiago, Sidney, 488

Santo forte, 431

Santoro, Fada, 57

Santoro, Rodrigo, 427-8, 498, 518

Santos, Agostinho dos, 109

Santos, Carmen, 29, 34-6, 39, 41, 53, 263, 417, 516

Santos, João Francisco dos (Madame Satã), 271, 422

Santos, Lucélia, 311

Santos, Luís Paulino dos, 141, 144

Santos, marquesa de, 261

Santos, Milton, 327, 512

Santos, Nelson Pereira dos, 11, 14-5, 28, 36, 63, 86, 97, 99, 101-4, 106, 114, 120-7, 129, 132-3, 136, 141, 144, 148-9, 151, 154, 166, 183, 191, 194, 198, 206-7, 210-1, 222, 242, 250, 270, 275, 295, 298, 303-4, 313, 339-41, 343, 346, 351, 369, 387-8, 428, 437, 467-8, 492, 494-5, 501, 504, 511, 516

Santos, Roberto, 106, 160, 190-1, 206, 337

Santos, Ruy, 89, 121-2, 125, 495

Santuário, 76

Santucci, Roberto, 439

São Bernardo, 126, 255

São Bernardo do Campo, 65, 76, 84, 86

São Jerônimo, 390

São Paulo, 10, 26-9, 38, 58-9, 61, 65, 69, 72, 74-6, 79, 86, 88-91, 98, 103, 106, 120-1, 133, 141, 175, 186-8, 195, 199-200, 202, 214, 218, 222, 228, 232, 236-8, 240, 248, 289, 290, 301, 315, 339-40, 345, 359, 381, 440, 443, 445, 447, 459, 462, 506

São Paulo em festa, 80

São Paulo S.A., 186-7, 196

São Paulo Sonofilm, 38

São Paulo, a sinfonia da metrópole, 61, 68

São Petersburgo, 440

Sapatinhos vermelhos, Os (espetáculo britânico), 82

Sapato de cetim, O (Claudel), 166

Saraceni, Paulo César, 116, 133, 146, 151, 167, 184, 194, 207, 217, 228, 260, 264-5, 343

Sardenha, 193

Sargento Getúlio, 297-8, 323

Sartre, Jean-Paul, 130, 145, 172, 493, 500

Scarface, 412

Schwaab, Catherine, 406

Scola, Ettore, 432

Scott, Ridley, 413
Scott, Walter, 220
Se eu fosse você, 357
Seabra, Tancredo, 386, 445
Secco, Deborah, 396
Seconde mère, Unne, 433
Segall, Beatriz, 265
Segall, Lasar, 63
Segreto, Afonso, 26, 471
Segreto, irmãos, 10, 26
Segunda Guerra Mundial, 34, 69, 467
Segura esta mulher, 52
Seja o que Deus quiser, 446-7, 465
Selva de pedra (telenovela), 311
Selva trágica, 160, 194
Semana de Arte Moderna, 199, 497
Semprun, Jorge, 167
Sêneca, 415
Senegal, 159
Senghor, Léopold Sédar, 493
Senhor (revista), 257
Senhor Puntilla e o seu criado Matti (Brecht), 91
Senna, Orlando, 216, 220, 222, 224, 229
Sentença de Deus, 238
Ser e o nada, O (Sartre), 173
Serafin, Marly, 487
Sérgio Ricardo, 252
Sergipe, 94, 298
Sermões, Os, 315
Sertanejo, O, 80
sertão, 19, 29, 79, 94, 109, 114, 118, 123, 126, 144, 146-7, 149, 157, 164, 168, 173, 176-8, 181, 183, 194-5, 229, 281, 296, 339, 347, 349-52, 354-6, 359, 380, 383-96, 416, 426-8, 438, 480

Sertão das memórias, O, 338, 352-4, 389
Sertões, Os (Cunha), 354
Serviço de Censura de Diversões Públicas, 45
Set (revista), 328-9
Sete mercenários, 178
Sete samurais, 178
Sete vampiras, As, 305
Seu Jorge (cantor), 410
Severi, Alberto, 123
Severo, Marieta, 333-4, 354, 391, 456
sexo explícito, filmes de, 242, 250, 306
Sfat, Dina, 205, 256, 268, 516
Sganzerla, Rogério, 236, 239, 242-4, 247-8
Shakespeare apaixonado, 368
Shakespeare, William, 179, 183, 208, 298, 504
Sheikh de Agadir, O (telenovela), 311
Shire, Talia, 463
Sidney, George, 52
Silva Neto, Leão da, 101, 167, 320
Silva, Aguinaldo, 517
Silva, Douglas, 410, 488
Silva, Eduardo, 461
Silva, Felipe Paulino da, 408
Silva, Fernando Ramos da, 289, 291, 405-6, 409
Silva, Jaime Pedro, 32
Silva, Leônidas da (Diamante Negro), 52
Silva, Lídio, 146
Silva, Luiz Inácio Lula da, 299, 433, 435, 445, 478, 510
Silva, Orlando, 43
Silva, Rose da, 473
Silva, Virgulino Ferreira da *ver* Lampião

Silveira, Sara, 302
Simão, o caolho, 86-8, 102
Simão, o fantasma trapalhão, 361
Simon, Simone, 449
Simonetti, Enrico, 68, 100
sincretismo religioso, 164, 415
Sincrosinex, 61
Sinfonia amazônica, 457
Sinfonia carioca, 97
Sinhá moça, 19, 66, 73, 78, 80-2, 97, 109, 113, 121, 149, 261, 332, 368, 463, 477
Sitges, 239
Soares, Elza, 499
Soares, Ilka, 506
Soberba, 101
Sobrado, O, 90
Socorro Nobre, 377
Sol de Ouro (Biarritz), 359
Sol sobre a lama, 122
Solanas, Fernando, 388
Solberg, Helena, 417, 521
Solimões, rio, 227
Sollers, Philippe, 188
Soluços e soluções, 461
Sonho acabou, O (Paiva), 307
Sonho de amor, 450
Sonofilms, 29, 36, 38, 57, 487
Sopro no coração, O, 295
Sorrah, Renata, 229
SOS Noronha, 153
Souto, Hélio, 89
Souza, Carlos Roberto de, 68, 79, 145, 281
Souza, Cláudio Mello e, 124
Souza, Martim Afonso de, 505
Souza, Ruth de, 44, 50, 65, 75, 81-2, 100, 122, 159, 268, 379, 436, 451,

466, 469, 487, 490, 495, 499, 517, 520
Spielberg, Steven, 256, 300, 316
Spiller, Letícia, 450-1, 455
Stálin, Ióssif, 95
Stanwyck, Barbara, 74
Star system (revista), 432
Stefânia, Irene, 302
Stelinha, 315
Sternheim, Alfredo, 266, 268
Stewart, Alexandra, 154
Stockler, Alexandre, 447
Strasberg, Susan, 178, 498
Streep, Meryl, 289, 320
Stresser, Guta, 441
Stulbach, Dan, 420
Sturgess, Ray, 81-2
Suassuna, Ariano, 393
Suécia, 84
Suíça, 62, 370, 485
Sukman, Hugo, 369
Sukowa, Barbara, 511
Sulistrowski, Zygmunt, 446, 511
Sundance, Festival de, 352, 370, 433, 439
Super Xuxa contra o baixo astral, 362, 453
Supplément au Voyage de Bougainville (Diderot), 219
Susana Freire, 123
Svartman, Rosane, 339, 356, 432

Tabu, 142
Tainá, 226, 456, 457, 472
Taine, Hippolyte, 232
Tambellini, Flávio, 439, 508
Também somos irmãos, 20, 43, 81, 469
Tanko, J. B., 160, 361
Tapete vermelho, 47

Tarantino, Quentin, 439
Taranto, Marcelo, 439, 498
Tarsila, 346
Tarzan e o grande rio, 487
Tarzan e o menino da selva, 487
Tati, a garota, 256
Tavares, Heckel, 185
Tchaikovski, Piotr, 449
Tchecoslováquia, 485
Tchékhov, Anton, 183
teatro de revista, 47-8, 50, 487
Teatro Experimental do Negro, 44, 65, 112, 183, 467
Teatro Oficina, 517
Technicolor, 42, 149
Teixeira, Aldo, 141-2
Teixeira, João Pedro, 499, 500
Téléciné (Chagnard), 145
telenovelas, 20, 44, 48, 139, 189, 197, 257, 275, 310, 311, 313, 318, 333, 335, 360, 365, 376, 393, 436-7, 455, 458, 465, 467
televisão, 19-20, 46, 48, 91, 95, 161, 193, 197, 222, 227, 249, 251, 257, 261, 263-4, 269, 279, 287-8, 293, 296, 307, 309-10, 312-4, 319, 329, 334, 336, 339, 348, 360, 362, 365-6, 373, 375-6, 379-80, 383, 393, 402, 410, 421, 428, 431, 436-7, 442, 452, 457-8, 465, 473, 478
Telles, Lygia Fagundes, 365
Tempestade, A (Shakespeare), 504
Tempos modernos, 371
TEN (grupo artístico), 487
Tenda dos milagres, 501
Tendler, Sílvio, 285, 296, 512
Teorema baiano, 252
"Teoria e prática do cinema latino--americano" (Rocha), 137

Terceira margem do rio, A, 340
Terceiro homem, O, 65
Terceiro Mundo, 18, 113, 118, 137, 140, 148, 161, 242, 275, 277, 281-2, 322, 368, 422, 509
Terêncio, 48, 488
Ternos caçadores, 155, 178, 180
Terra dos índios, 228, 449
Terra é sempre terra, 66, 68, 73-4, 76
Terra em transe, 14-5, 140, 143, 168-70, 172, 174, 177, 190, 228, 236, 241, 281-2, 284, 322, 378, 449, 498, 500, 502, 507
Terra estrangeira, 319, 367, 373-5, 448
Terra Nostra (telenovela), 366
Terra violenta, 44
Terras do sem-fim, 44
terror, filmes de, 206, 235, 238, 241, 249, 434
Tesouro perdido, 27
Testamento do senhor Napumoceno, O, 461
Theatro Municipal de São Paulo, 92
Theatro Municipal do Rio de Janeiro, 112, 183, 397, 450
Thérèse Raquin (Zola), 426
Thimberg, Nathalia, 192
Thiré, Carlos, 66
Thiré, Cecil, 420, 516
Thomas, Daniela, 318-9, 367, 373
Thorpe, Richard, 89
Tico-tico no fubá, 66, 74, 83-4, 102
Tieta (telenovela), 311, 343
Tieta do agreste, 258-9, 342, 365, 460
Tietê, rio, 237
Tigre se perfuma com dinamite, O, 161
Tijuca (Rio de Janeiro), 35
Tinti, Gabriele, 188
Tiradentes, 366

Tire-au-Flanc, 62
Tocaia no asfalto, 130-1
Toda nudez será castigada, 270, 501
Todas as mulheres do mundo, 166, 193, 206, 357
Todor, Eva, 43, 50
Toledo, Fátima, 289-90, 321, 405, 408
Toledo, Kleber, 513
Toledo, Sérgio, 323
Tolerância, 443
Tolstói, Liev, 387
Tonacci, Andrea, 247, 472
Tônica dominante, 416, 433, 448
Tony Tornado, 290
Tóquio, 85, 241, 302
Torloni, Christiane, 295
Toronto, Festival de, 163, 417
Torquato Neto, 202
Torres, Cláudio, 317, 396, 434
Torres, Fernanda, 302, 313, 511
Torres, Fernando, 495, 501
Torres, Fina, 517
Torres, Miguel, 154
Totó (comediante), 50
tradição oral afro-brasileira, 157
tragédia grega, 167, 415
Traição, 365, 433-4, 439
Trapalhão nas minas do rei Salomão, O, 361
Trapalhões na guerra dos planetas, Os, 361
Trapalhões na Serra Pelada, Os, 361
Trapalhões, Os, 332, 361-2, 393
tratado comercial Brasil-Estados Unidos (1935), 27
travelling, 134-5, 149, 316
Trem para as estrelas, Um, 306
Três Marias, As, 317, 334, 344, 378, 383, 392, 440

Três mosqueteiros, Os (Dumas), 332
Três vagabundos, Os, 49
Três zuretas, Os, 455
Trigueirinho Netto, 105, 130, 132
Trilogia do terror, 241
Trindade, Diler, 434, 453-4
Trindade, Zé, 160
Tristão e Isolda (conto), 332
Triste fim de Policarpo Quaresma (Lima Barreto), 364
Triste trópico, 216, 220, 229, 231-2, 236, 264-5
Tristezas não pagam dívidas, 41, 45, 49, 55, 96
Troca de cabeças, 429
Troia, Festival de (Portugal), 228
Tronco, O, 511
Tropa de elite, 159, 236, 339, 379, 433, 479, 514
Tropa de Elite, 442
Tropicália (disco), 203
Tropicalismo, 11, 172, 175, 179, 195, 197, 202-7, 209, 211, 216-7
tropicalistas, 47, 203, 205, 207, 210, 217, 226, 236, 270, 429
Truffaut, François, 80, 107, 114, 129, 156, 162-4, 174, 316, 397, 429, 459, 485, 494-5, 499, 510
Tubarão, 256
Tudo azul, 41
Tudo bem, 271, 501
Tudo que aprendemos juntos, 423, 520
Tulard, Jean, 14, 175, 179, 184, 276, 278
tupi, língua, 67, 200, 207-8, 217, 221, 265, 502
Tupi, TV, 264, 310, 465
tupinambás, índios, 13, 201
Twenty years after, 296

570

Uberlândia, 42
Ubirajara, 29
Ubirajara (Alencar), 217-9
"udigrúdi", 206, 216, 232, 235-6
Uirá (índio maranhense), 226
Uirá, um índio em busca de Deus, 217, 222, 226-7
Última Hora (jornal), 248
Última mulher, A, 247
Última parada 174, 442, 479
"Último Eldorado, O" (documentário), 224
Último êxtase, O, 294
União Cinematográfica Brasileira, 87
União Nacional dos Estudantes, 150, 181
União Soviética, 14, 96, 105
Unibanco, 371
Unicef, 413
United Artists, 90
Universal Studios, 87
Universidade de Brasília, 222
Universidade de Ulm, 222
Urso de Ouro (Berlim), 364, 368, 514
Urso de Prata (Berlim), 154-5, 210, 323, 364, 368
Uruguai, 67, 382
Urutau, 34

Vadim, Roger, 193, 494
Vagabundos Trapalhões, Os, 361
Vagareza (comediante), 51, 57
Valadão, Jece, 104, 124-5, 183
Valère, Jean, 494
Valle, Maurício do, 176
"Valsa de Eurídice" (música), 397
Vamos caçar papagaios (Ricardo), 200
Van Damme, ou Jean-Claude, 329
Vanoye, Francis, 492, 498

Varela, Dráuzio, 423
Vargas Llosa, Mario, 354, 356
Vargas, Darcy, 37, 94
Vargas, Getúlio, 30, 32-4, 36-7, 45, 50, 56, 59, 71, 76, 87, 92-6, 130, 169, 174, 253, 450, 471, 477, 519
Variety movie guide 2000 (org. Elley), 15, 17
Varsóvia, Festival de, 128
Vasconcelos, Gilberto, 378
vaudevile, 48, 55
Vauthier, Jean, 450
Veja (revista), 196
Veja esta canção, 341-2, 398, 406
Velho Chico (telenovela), 518
Velhos marinheiros, Os, 366
Veloso, Caetano, 111, 156, 174-5, 202, 211, 221, 315, 335, 342, 399
Veloso, Geraldo, 247-8
Veluma (modelo), 461
Veneno, 66
Veneno da madrugada, O, 156, 345
Veneza, Festival de, 19, 76-7, 81-2, 97-8, 174-5, 182, 184, 262, 281-2, 284, 299, 302, 492
Venturi, Toni, 416, 438
Vera, 302, 323
Vera Cruz, 18, 20, 56, 59-60, 64-9, 72-91, 96-101, 105, 118, 120-3, 132-3, 141, 149, 163-4, 166, 188, 261, 320, 337, 339, 386-7, 451, 459, 477, 490, 499, 500, 505
Verdades e mentiras, 442
verde-amarelismo, 200, 503
Verdi, Giuseppe, 500
Vereda da salvação, 164
Verger, Pierre, 130
Vergueiro, Carlos, 81
Vergueiro, Maria Alice, 357

Verlaine, Paul, 521
Verne, Júlio, 109
Vertov, Dziga, 134
Vestido de noiva, 365, 447
Vestido de noiva (Rodrigues), 183, 504, 517
Véu de noiva (telenovela), 311
"Via-crúcis do corpo, A" (Lispector), 365
Viagem ao fim do mundo, 247
Viagem aos seios de Duília, 98, 192
Viajante, O, 343
Viana, Oduvaldo, 31, 473
Viana, Zelito, 172, 228-9, 255, 449, 500
Viany, Alex, 36, 41, 48, 60, 74, 78, 80, 85-6, 101, 105, 108, 121-2, 133-4, 244, 490, 495
Vida é bela, A, 368
Vida em família, 157
Vidas em conflito, 193, 269, 466
Vidas secas, 14, 36, 105, 114, 121, 123-6, 128-9, 131, 138, 140, 149, 164, 173, 189-91, 194, 205, 289, 303, 316, 318, 322, 340, 375, 388, 428, 437, 500, 502
Vidas secas (Ramos), 200
Vídeo nas Aldeias (projeto audiovisual indígena), 472
videoclipe, estética de, 349, 398, 441
Videofilmes, 341, 381, 411, 435, 452-3
Vidigal, favela do, 410
Vidor, King, 112, 185, 450
Vieira, João Luís, 50
Vielmond, Renée de, 491
Vietnã, 107
Vietri, Geraldo, 264
Vila Rica, 513
Vilallonga, José Luis de, 215
Vilar, Leonardo, 339-40

Villa-Lobos, 93, 334, 449
Villa-Lobos, Heitor, 63, 94, 146, 185, 286, 449-50, 498, 500-1, 519
Vinhas da ira, 134
violência, estética da, 140-1
Viridiana, 303
Visão (revista), 279
Visconti, Eliseu, 247
Visconti, Luchino, 97, 375, 432, 459
Visita da velha senhora, A (Dürrenmatt), 91
Visitantes da noite, Os, 166
Vitaphone, 47
Vitória da Conquista (Bahia), 129
Viúva virgem, A, 250
Viuvinha, A, 29
Viva Zapata, 80
Viver a vida, 324
"Você é linda" (canção), 342, 398, 406
Voltaire, 84, 109, 207, 219
voto feminino, instauração do (1932), 94
voyeurismo, 251, 295, 411, 416, 431, 449
Voz da Razão, A (jornal), 94
Voz do Carnaval, A, 31
Vu Kuo Yin, 105

Waddington, Andrucha, 317, 344, 392, 434, 452, 519
Wanderley, Paulo, 51, 57
Warner Bros. Pictures, 366
Washington, 371
Wayne, John, 91, 407
Week-end à francesa, 168
Weigel, Hélène, 105
Weisz, Rachel, 516
Welles, Orson, 33-4, 42, 46, 101, 213, 242-3, 286, 358, 442, 458, 504, 510

Wenders, Wim, 375
Werneck, Sandra, 339, 356, 432, 452
western, gênero, 77, 123, 130, 177-8, 205, 249, 251, 350, 387
"Western: Introdução ao estudo de um gênero e de um herói, O" (Glauber), 130
Wildbunch, 452
Wilker, José, 264, 288, 312, 354
Williams, Esther, 52
Wilma, Eva, 160
Woo, John, 413

Xavier, Ismail, 283
Xavier, Joaquim da Silva (Tiradentes), 36, 204, 263-4
Xavier, Nelson, 271, 461
Xeretas, Os, 416, 455-6
Xica da Silva (filme), 15, 156, 232, 259, 266, 272, 287, 306, 332, 334, 368, 463
Xica da Silva (telenovela), 15, 312, 463
Ximenes, Mariana, 455
Xuxa e o mistério de feiurinha, 453
Xuxa e o tesouro da cidade perdida, 453, 456
Xuxa e os duendes, 453
Xuxa e os Trapalhões, 453
Xuxa em sonho de menina, 453
Xuxa gêmeas, 453
Xuxa popstar, 275, 453-4
Xuxa requebra, 275, 453-4

Yáconis, Cleyde, 501
Yamasaki, Tizuka, 15, 274, 453-4
Yawar Mallku, 505
Yndio do Brasil, 464, 472
Yvette, 62, 69

Zacarias (comediante), 361
Zampari, Débora, 78
Zampari, Franco, 61, 67, 69, 72, 75, 78-9, 82-4, 86
Zanin Orichio, Luís, 487
Zanuck, Darryl, 61, 453
Zaragoza, José, 462
Zazie no metrô (Queneau), 201
"Zé da Cachorra" (episódio de *Cinco vezes favela*), 151
Zé do Caixão *ver* Marins, José Mojica
Zé do Norte, 79
Zé Keti, 102, 104, 186
Zezé di Camargo e Luciano, 434
Ziembinski, 183, 210, 504, 517
Zinnemann, Fred, 54
Ziraldo, 520
Zoando na TV, 396
Zola, Émile, 131, 174, 185, 274, 290, 426
Zulawski, Andrzej, 209
Zumbi dos Palmares, 157, 277
Zurlini, Valério, 187, 502
Zweig, Stefan, 13, 210, 464
Zweig: a morte em cena, 464
Zwick, Edward, 479

ESTA OBRA FOI COMPOSTA PELA SPRESS EM MINION E IMPRESSA EM OFSETE PELA RR DONNELLEY SOBRE PAPEL PÓLEN SOFT DA SUZANO PAPEL E CELULOSE PARA A EDITORA SCHWARCZ EM NOVEMBRO DE 2016

A marca FSC® é a garantia de que a madeira utilizada na fabricação do papel deste livro provém de florestas que foram gerenciadas de maneira ambientalmente correta, socialmente justa e economicamente viável, além de outras fontes de origem controlada.